von Oy/Sagi
Lehrbuch der heilpädagogischen Übungsbehandlung

Clara Maria von Oy
Alexander Sagi

Lehrbuch der heilpädagogischen Übungsbehandlung

Hilfe für das Kind
mit Entwicklungsstörung
oder Behinderung

15., durchgesehene und überarbeitete Auflage

von Elke Biene-Deißler
und Barbara Schroer

»Edition S«

Bibliografische Information der Deutschen Nationalbibliothek

Die Deutsche Nationalbibliothek verzeichnet diese Publikation
in der Deutschen Nationalbibliografie;
detaillierte bibliografische Daten sind im Internet
über http://dnb.d-nb.de abrufbar.

ISBN 978-3-8253-8352-7 · 15. Auflage

Dieses Werk einschließlich aller seiner Teile ist urheberrechtlich geschützt.
Jede Verwertung außerhalb der engen Grenzen des Urheberrechtsgesetzes
ist ohne Zustimmung des Verlages unzulässig und strafbar. Das gilt
insbesondere für Vervielfältigungen, Übersetzungen, Mikroverfilmungen
und die Einspeicherung und Verarbeitung in elektronischen Systemen.

© 2022 Universitätsverlag Winter GmbH Heidelberg —»Edition S«
Imprimé en Allemagne · Printed in Germany
Umschlagdesign: Drißner-Design und DTP, Meßstetten
Druck: Memminger MedienCentrum, 87700 Memmingen

Gedruckt auf umweltfreundlichem, chlorfrei gebleichtem
und alterungsbeständigem Papier.

Den Verlag erreichen Sie im Internet unter:
www.winter-verlag.de

Inhalt

Vorwort zur 15., durchgesehenen Auflage 9

Vorwort zur 14., überarbeiteten und erweiterten Auflage 11

Vorwort 13

Teil I   **Behinderung** 15

     1   Definitionen 15

     2   Bündelung der Definitionsansätze 21
           2.1   Das Dreifaktoren-Modell 21
           2.2   ICF 21
           2.3   ICD-10 26

     3   Behinderung und Verhaltensauffälligkeit 31
           3.1   Verhaltensauffälligkeit 31
           3.2   Entwicklungspsychologischer Zugang 32

Teil II   **Das Phänomen Behinderung aus der Sicht unterschiedlicher Disziplinen. Möglichkeiten in Diagnostik und Behandlung** 43

     1   Medizinische Sichtweise 43
           1.1   Schwangerschaft 44
           1.2   Geburt 45
           1.3   Frühgeburt 45
           1.4   Vorsorgeuntersuchungen im Kindesalter 48
           1.5   Medizinische Untersuchungsmethoden bei Entwicklungsauffälligkeiten 49
           1.6   Ursachen von Entwicklungsstörungen 51
           1.7   Medizinische Behandlungsmaßnahmen 52

     2   Psychologische Sichtweise 55
           2.1   Hauptrichtungen der Psychologie 56
           2.2   Psychologische Diagnostik 60
                 2.2.1   Die Anamnese 60
                 2.2.2   Die Verhaltensbeobachtung 61
                 2.2.3   Die Testdiagnostik 63
           2.3   Psychologische Behandlungsansätze 66

     3   Heilpädagogische Sichtweise 70
           3.1   Heilpädagogik ist Erziehung 70
                 3.1.1   Erziehung ist Beziehung 71
                 3.1.2   Erziehung ist eine Haltung 74
           3.2   Heilpädagogik ist Theorie einer Praxis 84
                 3.2.1   Handlungskonzept 85
           3.3   Kernelemente 90

		3.3.1	Förderdiagnostik 91

         3.3.1   Förderdiagnostik 91
                 3.3.1.1   Anamnese..93
                 3.3.1.2   Spiel-Beobachtung..94
                 3.3.1.3   Entwicklungstests..96
                 3.3.1.4   Analyse von Behinderung..100
         3.3.2   Förderung und Begleitung 105
                 3.3.2.1   Methodenkombination in der HPÜ 106
                 3.3.2.2   Basale Förderung 108
                 3.3.2.3   Heilpädagogische Rhythmik...................................111
                 3.3.2.4   Heilpädagogische Spieltherapie.............................112
         3.3.3   Beratung und Anleitung..115

Teil III   Grundphänomen Spiel 121

   1   Spieltheoretische Aspekte...121

   2   Spielformen 125
        2.1   Funktionsspiel 126
              2.1.1   Entwicklungspsychologische Aspekte
                      des Funktionsspiels...127
        2.2   Rollenspiel 133
              2.2.1   Entwicklungspsychologische Aspekte
                      des Rollenspiels 134
        2.3   Konstruktionsspiel..137
              2.3.1   Entwicklungspsychologische Aspekte
                      des Konstruktionsspiels 138
        2.4   Regelspiel...141
              2.4.1   Entwicklungspsychologische Aspekte
                      des Regelspiels..142
        2.5   Spieldimension in den ersten Lebensjahren 144

   3   Besonderheiten im Spiel von Kindern mit Behinderung 149

   4   Spiel als die Sprache des Kindes 156

   5   Exkurs in die Geschichte der Spielpädagogik.................................161

Teil IV   Einführung in die heilpädagogische Übungsbehandlung......................175

   1   Anfänge 176

   2   Das Menschenbild in der HPÜ 179

   3   Leitbegriffe in der HPÜ 181
        3.1   Überlegungen zur Be-Handlung...181
        3.2   Überlegungen zur Übung 187
        3.3   Spiel und Übung...192

Teil V   Das Förderkonzept der heilpädagogischen Übungsbehandlung 195

   1   Rahmenbedingungen 197

   2   Eingangsphase (erste diagnostische Einschätzung) 197
        2.1   Vorstellungsanlass..197

		2.2	Erstgespräch	198
		2.3	Anamnesegespräch mit den Eltern	202
		2.4	Kontaktaufnahme mit dem Kind	207
		2.5	Spielbeobachtung	209
		2.6	Auswahl und Einsatz von standardisierten Testverfahren	212
		2.7	Einholen von Vorbefunden	212
		2.8	Auswertung der gesamten Daten zur Erstellung einer heilpädagogischen Diagnose	212
			2.8.1 Entwicklungsleiste	213
			2.8.2 Beschreibung des Entwicklungsstandes	215
		2.9	Entscheidung für oder gegen eine heilpädagogische Entwicklungsförderung und Begleitung	220
		2.10	Interdisziplinäre Zusammenarbeit	221
	3		Bearbeitungsphase (Prozessverlauf)	222
		3.1	Begegnung mit dem Kind im Spiel	223
			3.1.1 Zielformulierung	223
			3.1.2 Methodisches Vorgehen	226
			3.1.3 Entwicklung im förderdiagnostischen Prozess	246
			3.1.4 Von der Einzelbehandlung zum Gruppenangebot	249
		3.2	Begegnung mit den Eltern in Beratung und Anleitung	249
			3.2.1 Explorationsgespräche	250
			3.2.2 Hausbesuche	251
			3.2.3 Zielformulierung	252
			3.2.4 Beratungsgespräche	253
			3.2.5 Anleitung	255
			3.2.6 Information und Koordination	258
	4		Abschlussphase (Verabschiedung)	259
Teil VI			**Fallbeispiele**	263
			Lea – Fallbeispiel von Sabine Bruns-Kruse	264
			Jule – Fallbeispiel von Evelyn Rief	291
			Sam – Fallbeispiel von Sarah Gollan	321
			Leon – Fallbeispiel von Joanna Roman	349
Teil VII			**Anregungen zu Spielangeboten und Übungen**	383
	1		Übungen zum Funktionsspiel	383
		1.1	Spielmaterial zur Einübung des Funktionsspiels	392
	2		Übungen zum Rollenspiel	393
		2.1	Spielmaterial zur Einübung des Rollenspiels	399
	3		Übungen zum Konstruktionsspiel	400
		3.1	Spielmaterial zur Einübung des Konstruktionsspiels	410
	4		Übungen zum Regelspiel	411
		4.1	Spielmaterial zur Einübung des Regelspiels	416

5	Übungen zur Förderung des Sozialspiels	417
6	Übungen zur Förderung der Sprachentwicklung	422
7	Das Bilderbuch	425
8	Rhythmikmaterial	429
9	Musikinstrumente und CDs	433
10	Sing- und Bewegungsspiele in Verbindung mit Mal-Schreib-Übungen	436
	10.1 Herstellung von Leimfarben	440

Der Spiel-Beobachtungsbogen – ein förderpädagogischer Beitrag zur Durchführung der heilpädagogischen Übungsbehandlung 441

Schlusswort 445

Verzeichnis der verwendeten und der weiterführenden Literatur 447

Abbildungsverzeichnis 465

Zu den Autoren 467

Vorwort zur 15., durchgesehenen Auflage

Im Reigen des mannigfachen Methoden-Spektrums, das im Laufe der letzten 50 Jahre innerhalb der Heilpädagogik entwickelt wurde, gehört die Heilpädagogische Übungsbehandlung als spielbasierte Methode und als Handlungskonzept weiterhin zu den Angeboten, die in der Praxis überzeugen und die sich etabliert haben.

Die Heilpädagogin/der Heilpädagoge schafft im alltäglichen Arbeitsvollzug einen Raum, in dem unterschiedliche Ausdrucksformen erkundet und erfahrbar werden und die sich vereinen in einer lebbaren Balance.

Wir möchten Sie ermuntern, Ihre eigenen beruflichen Leitlinien zur Selbstbefragung und zur Überprüfung einer Standortbestimmung zu nutzen, sodass die gewählten Arbeitsschritte – auch unter gesellschaftlich sich verändernden Lebensbedingungen – sich organisch zu einem Ganzen zusammenfügen lassen.

Münster/Coesfeld im Oktober 2021

Elke Biene-Deißler und Barbara Schroer

Vorwort zur 14., überarbeiteten und erweiterten Auflage

In großer Freude und Dankbarkeit darf ich auf die Aktualisierung der „Heilpädagogischen Übungsbehandlung" schauen und hinweisen. Die Überarbeitung und Neugestaltung des Lehrbuches – erste Auflage 1975 – war notwendig. Sie wurde von Elke Biene-Deißler und Barbara Schroer mit großem persönlichem Engagement übernommen. Ihre heilpädagogische Fachkompetenz und ihr erarbeitetes und langjährig erprobtes Fachwissen in Theorie und Praxis überzeugen durch Herz, Sinn und Verstand.

Staunend stelle ich fest, dass unser Lehrbuch den aktuellen wissenschafts-theoretischen Erkenntnissen geöffnet wird – und unsere zentralen Überzeugungen, unser Anliegen erhalten bleiben und weiter entwickelt werden.

Die Neugestaltung möge Ermutigung für alle werden, die in der Heilpädagogik und mit der Heilpädagogischen Übungsbehandlung (HPÜ) arbeiten. Die Freude, die die Autoren bewegt, möge auch auf den Leser überspringen und zur lebendigen Motivation im Berufsalltag werden: „Alles wirkliche Leben ist Begegnung" (M. Buber).

Die HPÜ ist aus der Praxis und für die Praxis entstanden und systematisiert worden. Als wir – Alexander Sagi und ich – unser Buch 1975 veröffentlichten, dachten wir in erster Linie nicht an eine wissenschaftstheoretische Bearbeitung. Wir haben gehofft, dass unsere Erfahrungen hilfreich sein könnten: für Kinder mit Behinderung, die mit der von uns praktizierten Methode ihre Möglichkeiten entdecken und entwickeln können; für Heilpädagoginnen und Heilpädagogen, denen wir unsere Erfahrungen und Vorstellungen als Hilfe für ihre tägliche Arbeit anbieten wollten; für die Lehrenden an Hochschulen und anderen Ausbildungsstätten, mit deren Wissenschafts- und Handlungskonzepten unser Ansatz erprobt, vermittelt und erweitert werden könnte.

In der Überarbeitung wird die Methode vertieft, das Konzept inhaltlich erweitert und theoretisch untermauert. Die Aktualisierung zeigt weiterhin das Grundanliegen der HPÜ unverändert auf: Über eine vertrauensvolle Beziehungsgestaltung wird das Kind ermutigt, sich mit sich selbst und seiner Lebenswelt konstruktiv auseinander zu setzen. Über gezielte Spielangebote und Übungen, die planvoll und ausgewogen aufeinander aufbauend und sich ergänzend eine Spieltätigkeit erlernbar machen, werden erworbene Kompetenzen differenziert und stabilisiert hin zu einem positiven Selbstbild.

Ich glaube, auch in einer wissenschaftlichen Bearbeitung muss Raum sein für etwas, das wir nicht kategorisieren, über das wir nicht verfügen können. Im Zusammenhang der HPÜ ist das die individuelle Persönlichkeit der Beteiligten, des Kindes und der Heilpädagogin oder des Heilpädagogen. Für mich persönlich ist dieser Respekt unmittelbarer Ausdruck meines Glaubens, dass wir Menschen in der Liebe Gottes aufgehoben sind – jeder so, wie er ist. Dieser Glaube ist für mich Grundlage, aber nicht Bedingung für die fruchtbare Praxis der HPÜ.

Der Arzt und Pädagoge, von dem ich am meisten gelernt habe und den ich besonders verehre, ist Janusz Korczak. In seinem Buch „Wie man ein Kind lieben soll" schrieb er diese zeitlosen Worte: „Drei Grundrechte habe ich herausgefunden":

„1. Das Recht des Kindes auf seinen Tod," (oder von der Notwendigkeit, ihm sein Leben zuzutrauen)

„2. Das Recht des Kindes auf seinen heutigen Tag," (oder vom Segen des gegenwärtigen Augenblicks)

„3. Das Recht des Kindes, so zu sein, wie es ist" (oder von der Notwendigkeit, dem Kind in seinem So-Sein zu trauen).

In den vergangenen Jahrzehnten hat sich die HPÜ als eine spezifische Methode bzw. ein originär heilpädagogisches und unverwechselbares Förderkonzept erwiesen. Sie ist zum Teil der Ausbildung und der beruflichen Praxis von Heilpädagoginnen und Heilpädagogen geworden und wird in einschlägigen Berufsbild-Beschreibungen aufgeführt.

Wenn ich heute das Lehrbuch der Heilpädagogischen Übungsbehandlung in die Hand nehme, empfinde ich Dankbarkeit. Dank gebührt Leserinnen und Lesern, die unsere Gedanken zum Teil ihrer praktischen Arbeit gemacht haben. Dankbar bin ich für die langjährige und bereichernde Zusammenarbeit mit Alexander Sagi, dessen wachem, kritischem und inspirierendem Geist ich viele Anregungen für meine eigene Lehrtätigkeit verdanke. Den Verlagen, die uns und unser Buch über die Jahrzehnte betreut haben, danke ich für ihre treue Arbeit.

Wie gern würde ich allen Heilpädagoginnen und Heilpädagogen meine ergänzenden Gedanken zum Lehrbuch überreichen. In „Erinnerung an eine geschenkte Zeit" (Heidelberg, 2002) zeige ich mein Grundanliegen der HPÜ auf, das nichts an Aktualität verloren hat.

Borken/Westf. im November 2009

Clara Maria von Oy

Vorwort

Das Lehrbuch der Heilpädagogischen Übungsbehandlung (HPÜ) liegt nun in der 14. Auflage überarbeitet und erweitert vor.

Im Rückblick auf die 1. Auflage 1975 sehen wir eine beeindruckende Pionierarbeit von Clara Maria von Oy und Alexander Sagi in der Behindertenhilfe. Die normale Spielentwicklung als Orientierung für das Kind mit Behinderung zu nutzen und ihm zu seinem Recht auf diese frühe Bildungsform im Spiel zu verhelfen war damals eine ganz neue Perspektive, die aktuell als selbstverständlich gilt.

Wir wünschen uns, dass das zeitlose Anliegen der HPÜ seinen bewährten Platz in der Praxis der Heilpädagogik behält.

In dem Grundlagenkapitel erfolgt eine Annäherung an das Phänomen Behinderung, das dann aus unterschiedlichen Perspektiven vertiefend betrachtet wird. Die heilpädagogische Sichtweise beleuchtet die Erziehung unter erschwerten Bedingungen. Das Handlungskonzept wird mit seinen Kernelementen Förderdiagnostik, Förderung/Begleitung und Beratung/Anleitung theoretisch untermauert dargestellt. Das sich daran anschließende Kapitel zum Grundphänomen Spiel, dem Herzstück der HPÜ, zeigt spieltheoretische Aspekte, die Spielformen in der kindlichen Entwicklung und die spielpädagogische Nutzung auf. Die Einführung und die Darstellung des Förderkonzeptes der HPÜ bieten dem Leser eine Systematik und eine inhaltliche Gestaltung aller Arbeitsschritte, die zur konkreten Umsetzung gehören. Der Leser wird beim Studium des Gesamttextes auf inhaltliche Wiederholungen stoßen, die von uns gewollt sind: Bedeutsame Aussagen finden so eine Gewichtung. Die Praxisbeispiele von vier Studentinnen der Heilpädagogik an der Katholischen Hochschule NRW, Abteilung Münster, veranschaulichen das Förderkonzept. Die Beispiele entstammen der Fallarbeit im Studium, die von uns als lehrende Heilpädagoginnen begleitet wurde.

Ein Spiel-Beobachtungsbogen zur praktischen Anwendung steht in PDF-Format unter der DOI: https://doi.org/10.33675/2011-82539300 zum Download bereit. Alternativ kann er auch über info@winter-verlag.de bezogen werden.

Wir sind vom Förderkonzept der HPÜ überzeugt und wünschen uns Leser und Leserinnen, die sich anstoßen und bewegen lassen.

Münster/Coesfeld im November 2009

Elke Biene-Deißler und Barbara Schroer

Teil I Behinderung

Die Heilpädagogische Übungsbehandlung (HPÜ) versteht sich als ein pädagogisch ausgerichtetes Konzept im Sinne einer heilpädagogischen Entwicklungsförderung und Begleitung im Spiel. Sie richtet sich an Kinder mit Entwicklungsstörung und Behinderung – insbesondere mit einer geistigen Behinderung – die auch mit sozial-emotionalen Beeinträchtigungen einhergehen können. Die Zusammenarbeit mit den Eltern ist integrierter Bestandteil der HPÜ.

Von der Zielgruppe ausgehend kommt es zunächst darauf an, die Begrifflichkeit Behinderung zu klären.

1 Definitionen

Behinderung ist ein komplexes Phänomen personaler Existenz und ein mehrdeutiges Konstrukt. Es resultiert aus verschiedenen Bedingungsfaktoren und kann unterschiedlich, aus dem Blickwinkel der jeweiligen Fachdisziplin heraus, definiert, verstanden und erklärt werden. Die folgende Einteilung stellt eine Orientierungshilfe dar, ohne den Anspruch zu erheben, dem Phänomen Behinderung gerecht werden zu wollen (vgl. Bundschuh 1995, S. 33; Gröschke 2007 a, S. 102).

Die *gesetzliche Definition von Behinderung* ist im Grundgesetz (Art.3, Abs.3 Satz 2 GG) und im Sozialgesetzbuch (§2 (1) SGB IX) der Bundesrepublik Deutschland verankert. Seit März 2009 ist die Behindertenrechtskonvention („Übereinkommen über die Rechte von Menschen mit Behinderungen" der Vereinten Nationen) für Deutschland verbindlich. Die Konvention setzt inhaltliche Impulse für die Weiterentwicklung der Rechte von Menschen mit Behinderung und deren Umsetzung gewinnt im rechts-politischen Raum an aktueller Relevanz.

Die *medizinische Definition von Behinderung* geht von körperlichen Bedingungen aus, wonach ursächlich organische Schädigungen zu Funktionseinschränkungen des Individuums führen. Bei der Bezeichnung Behinderung handelt es sich um einen schwer abzugrenzenden Sammelbegriff, der im anatomisch-physiologischen Bereich anzusiedeln ist. Die medizinische Bestimmung ist darauf ausgerichtet, Behinderung von Krankheit abzugrenzen; das ist für die Therapie und Rehabilitation von Bedeutung (vgl. Häußler 1996, S. 21ff.).

Die *psychologische Definition von Behinderung* lässt sich aus dem zugrunde liegenden wissenschaftlich-empirischen Verständnis vom Erleben und Verhalten einer Person vor ihrem jeweiligen biologischen und sozio-kulturellen Hintergrund ableiten. Die Abweichungen in der Entwicklung und im Verhalten ergeben sich hier aus einem normativen Bezug. Bei einer geistigen Behinderung steht im psychologischen Verständnis die Intelligenzminderung im Vordergrund (vgl. Petermann 2000 a, S. 58 f.; Gröschke 2005, S. 269 ff.; Speck 1999 S. 47 ff.).

Die *soziologische Definition von Behinderung* betrachtet insbesondere die sozialen und gesellschaftlichen Bedingungen und Folgen von Behinderung. Behinderung kann demnach immer auch ein gesellschaftlich verursachtes Problem sein oder als Produkt der Gesellschaft verstanden werden (vgl. Bigger 2005, S. 246; Bundschuh 1995, S. 33 f.). Die „Soziologie der Behinderten" (Cloerkes) und das Modell der Inklusion, das sich auf die Luhmannsche Systemtheorie bezieht, stellen einen aktuellen Handlungsansatz in der Heilpädagogik dar (Cloerkes 2007, S. 2 ff.; vgl. Greving 2005, S. 175 f.).

Die heilpädagogische Definition von Behinderung

bezieht sich vor allem auf den Erziehungs- und Bildungsprozess, der für die Beteiligten erschwert ist und behindert wird. Im Vordergrund steht hierbei das Wechselwirkungsverhältnis zwischen individuellen Dispositionen und sozialen Faktoren. Die heilpädagogische Herangehensweise nimmt die subjektiven Anteile des Menschen in den Blick und ist auf Förderung ausgerichtet (vgl. Speck 1999 S. 44; Gröschke, 2007 a S. 98; Gröschke 1997, S. 71).

Deutlich wird dies in der Rahmendefinition des Deutschen Bildungsrates:
„Als behindert im erziehungswissenschaftlichen Sinne gelten alle Kinder, Jugendlichen und Erwachsenen, die in ihrem Lernen, im sozialen Verhalten, in der sprachlichen Kommunikation oder in den psychomotorischen Fähigkeiten soweit beeinträchtigt sind, dass ihre Teilhabe am Leben in der Gesellschaft wesentlich erschwert ist. Deshalb bedürfen sie besonderer pädagogischer Förderung. Behinderungen können ihren Ausgang nehmen von Beeinträchtigungen des Sehens, des Hörens, der Sprache, der Stütz- und Bewegungsfunktionen, der Intelligenz, der Emotionalität, des äußeren Erscheinungsbildes sowie von bestimmten chronischen Krankheiten. Häufig treten Mehrfachbehinderungen auf" (zitiert nach Thimm 1994, S. 73).

In der frühen Tradition der Behindertenhilfe waren die ersten Begrifflichkeiten deutlich von der Medizin geprägt. Um sich von der medizinischen Ausrichtung ab- und sich der pädagogischen Aufgabe zuzuwenden, wurde in den wissenschaftlichen Anfängen der Heilpädagogik vermehrt nach eigenen Fachbegriffen gesucht: „Gegenstand des heilpädagogischen Begriffs ist die pädagogische Aufgabenstellung und nicht mehr der medizinische Sachverhalt" (Moor 1965, S. 268).

Heinrich Hanselmann, Inhaber des ersten Lehrstuhls für Heilpädagogik an der Universität Zürich (1931), bestimmte den Begriff der „Entwicklungshemmung". In seinem noch medizinisch-biologisch geprägten Verständnis von Behinderung wurden sowohl individuelle als auch soziale Faktoren mitberücksichtigt, die heute noch von zentraler Bedeutung sind.

Sein Schüler und Nachfolger Paul Moor hat die pädagogische Aufgabenstellung weiter hervorgehoben, indem er betonte, „Heilpädagogik ist Pädagogik und nichts anderes" (Moor). Auf der Basis einer philosophisch-pädagogischen Anthropologie begründete er sein Konstrukt vom „inneren Halt" (> Teil II, 3.1.2).

Historisch gesehen hat sich das medizinische Modell von Behinderung als das einflussreichste erwiesen. Die heilpädagogischen Begriffsbestimmungen konnten sich kaum durchsetzen (vgl. Gröschke 2007 a, S. 99; Haeberlin 2005, S.11 ff.).

Das Wort Behinderung wurde erstmals von Egenberger (1958) in einem heilpädagogischen Werk verwendet und ohne eine weitere Definition im Sinne einer Schädigung gebraucht (vgl. Haeberlin 2005, S. 68).

Aus pragmatischen Gründen wurde dann Anfang der sechziger Jahre der in der Alltagssprache gebräuchliche und allgemein verständliche Terminus „Behinderung" in die Wissenschaftssprache aufgenommen und als sozialrechtlicher Verwaltungsbegriff in der Gesetzgebung aufgegriffen.

In den siebziger Jahren haben Bleidick (kritisch rationalistisch) und Jantzen (kritisch-materialistisch) den Terminus in den pädagogisch-sozialwissenschaftlichen Kontext übertragen und in der Fachbezeichnung „Behindertenpädagogik" verwendet.

Aktuell konzentriert sich die Heilpädagogik als eigenständige Handlungswissenschaft auf den Oberbegriff Behinderung, wobei unterschiedliche wissenschaftstheoretische Positionen bestimmt werden können (vgl. Gröschke 2007 a, S. 100 ff.; Haeberlin 2005, S. 13 f.; Greving 2005, S. 146):

- kritisch-materialistische Heil- und Behindertenpädagogik
- geisteswissenschaftlich orientierte Heilpädagogik

Aus Sicht der kritisch-materialistischen Behindertenpädagogik wird Behinderung im Kontext der gesellschaftlichen Verhältnisse gesehen und als „sozialer Tatbestand" verstanden, der eine „Verelendung" nach sich zieht und im schlimmsten Fall zur Isolation führt. Demnach handelt es sich nicht um ein naturwüchsig entstandenes Phänomen, sondern Behinderung existiert erst als sozialer Gegenstand, wenn die Merkmalsausprägungen eines Individuums den gesellschaftlichen Vorstellungen nicht entsprechen und zur Ausgrenzung führen (vgl. Jantzen 1992, S. 18, S. 33 f.; Jantzen 2007, S. 91).

Speck zeigt (aus geisteswissenschaftlicher Sicht mit systemtheoretischen Begründungszusammenhängen) auf, dass Behinderung, speziell die geistige Behinderung, ein so komplexes und schwer abzugrenzendes Phänomen menschlich-existentieller Realität ist, dass eine Definition, wenn alle Erfordernisse und Bedenken berücksichtigt werden sollten, nicht mehr realisierbar ist. Bei allen Definitionsversuchen kommt es jedoch darauf an, sich nicht bloß auf eine defizitäre Aufzählung zu beschränken, sondern den darin liegenden pädagogischen Auftrag einzubeziehen. Da Definitionen auch die Gefahr beinhalten, Menschen in definitiven Kategorien festzulegen und deren Möglichkeiten und Gemeinsamkeiten mit anderen auszublenden, stellt sich inzwischen eine vorsichtige Distanz und Kritik gegenüber der Begrifflichkeit ein. Die daraus resultierenden Bemühungen, Stigmatisierungen und Abwertungen über Begriffe zu verhindern, führen jedoch zur Verschleierung und Vermeidung. Alle derartigen Versuche gelten als gescheitert und ein solches Vorgehen erweist sich aus der Sicht von Speck als fragwürdig. Die in der Gesellschaft existierenden Stigmatisierungsprozesse lassen sich nicht dadurch beheben, dass lediglich die diskriminierenden Begriffe ausgetauscht und ausgesondert werden. Klare, international vergleichbare Begriffe zu verwenden ist, so Speck, aus wissenschaftlicher Sicht erforderlich (vgl. Speck 1999, S. 38 ff.). Eine wirkliche Integration kommt erst dann zustande, wenn die Begrifflichkeiten keine Rolle mehr spielen. „Die Akzeptanz des Andersseins kann nicht von Namen abhängig sein" (Speck 1999, S. 41). „Entscheidend für die Akzeptanz und soziale Eingliederung ist das Bewusstsein davon, dass jeder Name nur einen Teil bezeichnet, nicht also alles, was einen Menschen ausmacht. Das Ausschlaggebende und allgemein Verbindende am Phänomen einer geistigen oder mentalen Behinderung ist anthropologisch gesehen das Menschsein. Das Menschliche ist nicht teilbar. Mensch ist Mensch. Die Würde des Menschen ist unteilbar. Diese Gemeinsamkeit des Menschseins beansprucht unter dem Aspekt der Verwirklichung von Humanität Priorität" (Speck 1999, S. 42).

Für Haeberlin ist Heilpädagogik (in geisteswissenschaftlicher Ausrichtung) in erster Linie wertgeleitetes Empfinden, Denken und Handeln. Das Wort Heilpädagogik „soll auch eine Bezeichnung für die Achtung vor der Schöpfung sein, die Annahme jedes Menschen als Person und Partner bedeutet" (Haeberlin 2005, S. 34). Aus dieser ethisch ausgerichteten heilpädagogischen Haltung heraus betrachtet er den Behinderungsbegriff als mögliche Gefahr. Er macht auf das Problem der Aufteilung nach Behinderungsarten aufmerksam und zeigt, ebenso wie Speck, die Gefahren der Stigmatisierung auf, die in der Bürokratisierung, der Professionalisierung, der Institutionalisierung und der Diagnostizierung deutlich werden (vgl. Haeberlin 2005, S. 67 ff.). Ziel der „wertgeleiteten Heilpädagogik" nach Haeberlin ist die Normalisierung, „die Hilfe zu höchstmöglicher Selbständigkeit und Lebensqualität für jeden Menschen […] unabhängig von Behinderung oder Abweichung" (Haeberlin 2005, S. 46).

Gröschke (der wie Haeberlin eine pragmatisch und ethisch ausgerichtete Position einnimmt) weist auf den mehrdeutigen Gehalt des Begriffs Behinderung hin. Seine Auffassung von Behinderung als Metapher bedeutet für die Heilpädagogik, dass nicht allein das Individuum mit seinen körperlichen und geistigen Beeinträchtigungen im Zentrum steht, sondern dass Behinderung als ein multipolares und multifaktorielles Beziehungsfeld, das sich um die betreffende Person herum aufgebaut hat, zu verstehen ist (vgl. Gröschke 2007 a, S. 101 f.).

Dieses Beziehungsfeld beschreibt Kobi (aus geisteswissenschaftlicher Anschauung mit konstruktivistischen Bezügen) als Behinderungszustand. Ausgehend von einer linearen Kausalkette ursächlicher Schädigungen entsteht ein kreisförmiger Prozess. In diesem gehen Ursache und Wirkung ineinander über und es entsteht ein Behinderungszustand im Sinne eines lebendigen Systems. Dieses psychosoziale Feld setzt sich aus den folgenden Dimensionen in ihren gegenseitigen Bezügen zusammen: (A) die Merkmale einer Behinderung, (B) das subjektive Erleben der betroffenen Person, (C) die mit den Normen einhergehenden Erwartungshaltungen und (D) die Hilfen zur Normalisierung (vgl. Kobi 2004, S. 115 f.).

In der Heilpädagogik steht das menschliche Subjekt im Mittelpunkt. Der Mensch tritt in Beziehungen und erlebt im Vergleich mit anderen sein So-Sein und das Anders-Sein. Über diesen Existenzvergleich entsteht die Bewertung „Behinderung". Nicht die kausal-linear verursachten Defekte, sondern die sozialen und individuellen Auslegungen und Ansprüche schaffen Behinderung: „Behindert im heilpädagogisch relevanten Sinne ist ein Mensch, der erstrebenswerten Bildungs- und Erziehungsansprüchen nicht in einem erwarteten Mass, nicht in der als üblich vorausgesetzten Art und Weise zu entsprechen vermag.

Definitionen

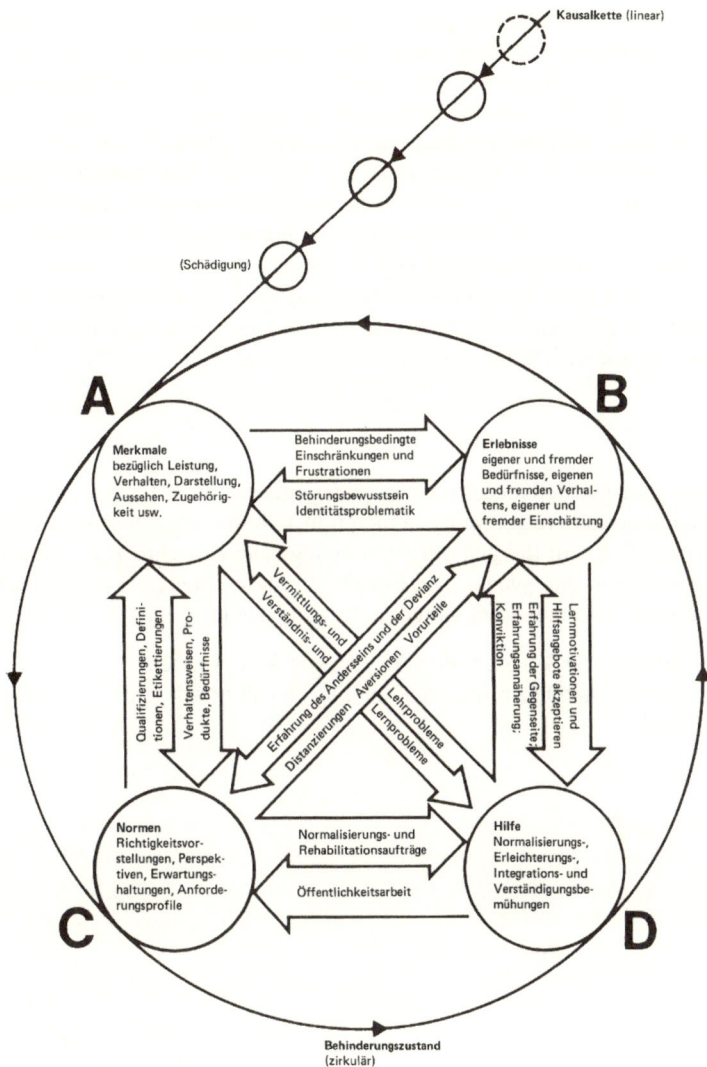

Abb. 1: Behinderungszustand (aus Kobi 2004, S. 116.)

Behindert **ist** ein Mensch, der bestimmte Erwartungen nicht zu erfüllen verspricht; behindert **bleibt** ein Mensch, für den keine als sinnvoll und befriedigend empfundenen Daseinsformen gefunden und realisiert werden können" (Kobi 2004, S. 34). Der Aufgabenbereich der Heilpädagogik gilt der Erziehung, verstanden als eine Haltung und gemeinsame Daseinsgestaltung, die sich in einer intersubjektiven Beziehung gründet und vollzieht (vgl. Kobi 2004, S. 34, S. 71 ff.).

Dem Phänomen Behinderung nähern sich Klein und Neuhäuser über die Orientierung an der „Lebensweisheit" von Menschen mit Behinderung. Bei dem drohenden „Kältetod des Gefühls" und einem Gesellschaftsmodell, das den sozialen Anspruch des Einzelnen nicht mehr hinreichend beachtet, braucht es einer berührenden Begegnung, die den anderen in seiner Leiblichkeit als Subjekt sieht und eine Nähe zu seinem Leben und Leiden entstehen lässt. Klein und Neuhäuser betonen, dass jeder Mensch seinen Wert in sich hat und ein Recht auf Teilhabe sowie auf ein Leben in Würde. Sie verstehen Heilpädagogik als therapeutische Erziehung und betonen die enge Verknüpfung zwischen Medizin und Pädagogik vor allem bei schwer behinderten Kindern und Jugendlichen. Therapeutische Erziehung meint, dass die medizinischen Indikationen und die daraus resultierenden therapeutischen Maßnahmen mit pädagogisch geleiteter Förderung verknüpft sind. Das Miteinander von medizinischer Therapie und heilpädagogischer Förderung zeigt sich insbesondere bei Menschen mit schwerer Behinderung. Funktionell orientierte Therapien sind langfristig im Erziehungsprozess angelegt und werden darin realisiert. Die therapeutische Erziehung haben Arzt und Pädagoge gemeinsam zu verantworten. Der Erziehungsbegriff geht von einer leiblich-seelisch-geistigen Einheit des Menschen aus (vgl. F. Klein 2006, S. 15 ff, S. 76 f., S. 117 f.).

Zwischenbilanz

Die HPÜ als ein ganzheitlich ausgerichtetes pädagogisches Förderkonzept basiert auf einer Haltung der Achtung und Annahme des anderen in seinem „So-geworden-Sein" (Ehrfurcht vor dem Leben). Sie ist auf die gemeinsame, dialogische Beziehungsgestaltung ausgerichtet. Im Mittelpunkt steht das Suchen und Finden von individuellen Wegen in der Erziehung von Kindern mit Behinderung unter Berücksichtigung des jeweiligen Beziehungsfeldes.

Die HPÜ bezieht in ihrer konzeptionellen, eklektischen Ausrichtung Kenntnisse aus den anderen aufgezeigten Fachdisziplinen ein, die hier nur kurz mit je einem Definitionsansatz vorgestellt werden.

2 Bündelung der Definitionsansätze

Die im vorherigen Kapitel aufgezeigten Definitionsansätze können in einer disziplinübergreifenden, international anerkannten Klassifikation von Behinderung durch die „World Health Organization" (WHO) gebündelt werden.

2.1 Das Dreifaktoren-Modell

Die WHO hat 1980 die „International Classification of Impairments, Disabilities and Handicaps" (ICDIH) vorgelegt. Behinderung wird in drei aufeinanderfolgenden Dimensionen definiert: *impairment* (Schädigung), *disability* (Fähigkeitsstörung) und *handicap* (soziale Beeinträchtigung).

Das daraus resultierende Dreifaktoren-Modell wurde für alle Disziplinen im Rehabilitationsprozess maßgebend und zeigt die jeweiligen Aufgabenschwerpunkte auf. Der pädagogische Zuständigkeitsbereich bezieht sich auf die individuellen funktionellen Einschränkungen und auf die sozialen Beeinträchtigungen. Auch in der fachlichen Begriffsbestimmung der Heil-, Sonder- und Behindertenpädagogik wurde das Modell genutzt, um den Behinderungsbegriff inhaltlich zu füllen.

Das Dreifaktoren-Modell benennt die körperlichen, psychischen und sozialen Faktoren. Deren Zusammenhänge werden in einer linearen Kausalkette aufgezeigt: ausgehend von der körperlichen Schädigung, zu den individuellen Auswirkungen aufgrund der Schädigung bis hin zu den daraus resultierenden sozialen Benachteiligungen. Diese Beeinträchtigungen haben persönliche, familiäre und gesellschaftliche Folgen. Die Wechselwirkungsprozesse zwischen diesen Dimensionen werden dabei kaum berücksichtigt.

Um die sozialen Konsequenzen einer Schädigung noch deutlicher hervorzuheben wurde 1997 von der WHO eine modifizierte Fassung, die ICIDH II, herausgegeben (vgl. Haeberlin 2005, S. 14 f.; Gröschke 2007 a, S. 103 f.).

2.2 ICF

In der Weiterentwicklung des eindimensionalen Dreifaktoren-Modells wurde im Revisionsprozess die ICIDH II 2001 von der „International Classification of Functioning, Disability and Health" (ICF, auf Deutsch die „Internationale Klassifikation der Funktionsfähigkeit, Behinderung und Gesundheit") abgelöst und von der WHO als aktuelles, international gültiges Konsensmodell für den Bereich der Rehabilitation verabschiedet (vgl. Gröschke 2007 a, S. 104; DIMDI 2005, S. 175, S. 178).

Das Modell der ICF integriert das medizinische (Behinderung als persönliches Problem in Folge einer Schädigung) und das soziale (Behinderung als gesellschaftlich verursachtes Problem) Modell und zeigt ein übergreifendes bio-psycho-soziales Verständnis von Behinderung auf, das die Person und ihre Partizipation in den Vordergrund stellt (vgl. Bigger 2005, S. 247).

Mit der ICF wird eine einheitliche Klassifikationsform gestellt, die es ermöglicht, unterschiedliche Gesundheitszustände und mit Gesundheit zusammenhängende Zustände (Gesundheitsdomänen) unter den Gesichtspunkten des Körpers, des Individuums und der Gesellschaft universell für jeden Menschen zu beschreiben (vgl. DIMDI 2005, S. 9, S. 14; Fischer 2008, S. 391; Markowetz 2008 S. 245).

Sie hat das Ziel, einen gemeinsamen, fachübergreifenden Sprach-Raum (z.B. für Juristen, Mediziner und Pädagogen) zu schaffen. Somit kann die ICF auch als ein interaktives Modell verstanden werden, da es in der Praxis dazu auffordert, mit allen am Rehabilitationsprozess Beteiligten in ein Gespräch zu gehen, sich auszutauschen und abzustimmen. Auch wird mit Hilfe der ICF eine internationale Verständigung über Behinderung ermöglicht (vgl. DIMDI 2005, S. 9 f.; Beck 2005, S. 448).

In der ICF wird Behinderung als ein allgemeiner Oberbegriff für Schädigungen, Beeinträchtigungen der Aktivität und Einschränkungen der Partizipation verwendet und als ein mehrdimensionales Phänomen erfasst, das „aus der Interaktion zwischen Menschen und ihrer materiellen und sozialen Umwelt resultiert" (DIMDI 2005, S. 171). „Von zentraler Bedeutung sind die Kontextfaktoren, also der Lebenshintergrund einer Person, von dessen Gegebenheiten die Entstehung von Behinderungen abhängt" (Beck 2005, S. 448). Streng genommen werden keine Behinderungen klassifiziert, sondern Bereiche umschrieben, in denen Behinderungen auftreten können (vgl. Markowetz 2008 S. 246).

Alle in der ICF beschriebenen Komponenten sind in ihrer Interdependenz, also ihrer wechselseitigen Beeinflussung zu sehen, wobei die komplexen Wechselwirkungsprozesse in alle Richtungen zu denken sind: „Erst das Wechselspiel zwischen Umweltfaktoren, personenbezogenen Faktoren und dem funktionellen Problem konstituiert Behinderung" (Beck 2005, S. 448).

Die ICF hat den Anspruch, ein wertneutrales Klassifikationssystem zu sein, das neutral gefasst ist, um Etikettierung und Stigmatisierung von Menschen zu vermeiden. Das wird in den ethischen Leitlinien formuliert. Die Verwendung der ICF fordert den Respekt vor dem Individuum und ein Vertrauensverhältnis zwischen den Beteiligten ein. Auch soll die betroffene Person (oder ihre Vertreter) in den Klassifizierungsprozess mit einbezogen werden (vgl. DIMDI 2005, S. 173).

Kritisch angemerkt wird, dass die neutrale Begriffsfassung auch die Gefahr einer „Hygienisierung der Begriffe" einschließt und dass die subjektiven Einschränkungen der Person an standardisierten Normen gemessen und eingeteilt werden (vgl. Fischer 2008, S. 402).

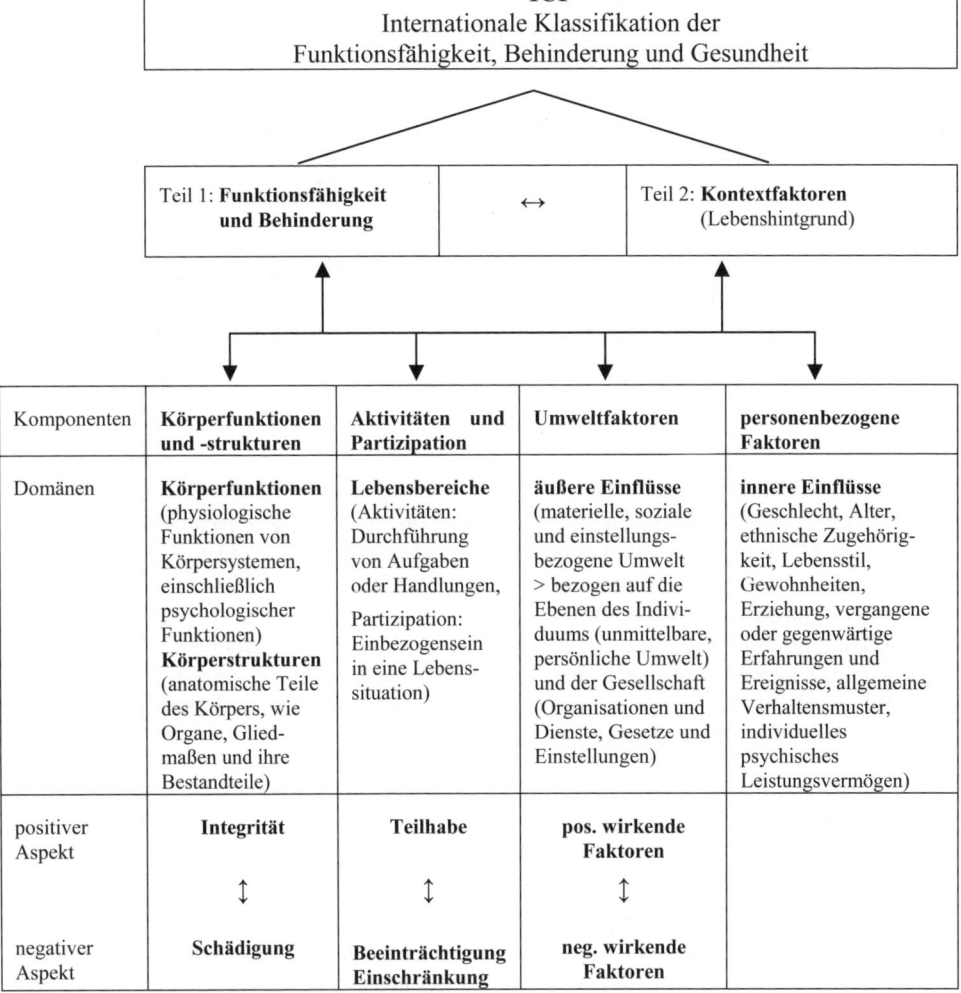

Abb. 2: Das bio-psycho-soziale Modell der ICF (in Anlehnung an DIMDI 2005)

Hinweis: Die ICF kann kostenlos im Internet beim deutschen Institut für medizinische Dokumentation und Information abgerufen werden: www.dimdi.de

In der Gesamtbetrachtung der ICF zeigt sich, dass alle vorher benannten Definitionsansätze und Dimensionen sich in der „Klassifikation der Funktionsfähigkeit, Behinderung und Gesundheit" wiederfinden und zusammenfließen.

Dieses Modell stellt demnach den kleinsten gemeinsamen Nenner dar, vor dessen Hintergrund alle im interdisziplinären Kontext Beteiligten mit den Betroffenen zusammen zu deren Wohlbefinden den Rehabilitationsprozess gestalten.

In einem weiteren Schritt werden die einzelnen Dimensionen vor dem Hintergrund der ICF noch einmal vertiefend dargestellt.

Rechtliche Dimension

Die Vorläuferfassung der ICF (ICIDH II) hat einen wesentlichen Einfluss auf die Gestaltung des Neunten Sozialgesetzbuches (SGB IX) „Rehabilitation und Teilhabe behinderter Menschen" genommen. Die bestehenden rechtlichen Grundlagen sind eine Anlehnung an die ICF (vgl. F. Klein 2006, S. 59), wobei diese viel weitreichender ist als das SGB IX. Der sozial-rechtliche Begriff entspricht nicht in Gänze dem in der ICF zugrunde gelegten Verständnis (vgl. Fischer 2008, S. 402). Ferner besteht nicht für alle sich aus der ICF ergebenen Notwendigkeiten ein Rechtsanspruch.

Die sozial-politische Ausrichtung der ICF besteht darin, zur Weiterentwicklung der Gesetze und zur Verbesserung der Lebensumstände und -qualitäten von Menschen mit Behinderung beizutragen. Durch die Bereiche der Aktivität und Partizipation, die das Ziel der Teilhabe am Leben in der Gemeinschaft haben, werden das sozial-politische Mandat der Solidarität und das soziale Handeln in kollektiver Verantwortung bekräftigt (vgl. Markowetz 2008 S. 246 f.; Fischer 2008, S. 410; DIMDI 2005, S. 172, S. 174; F. Klein 2006, S. 47).

Medizinische Dimension

Ein medizinischer Schwerpunkt liegt auf den Komponenten der Körperfunktionen (physiologische Funktionen von Körpersystemen), der Körperstrukturen (anatomische Teile des Körpers, wie Organe, Gliedmaßen und ihre Bestandteile) und auf deren Schädigungen (Beeinträchtigungen einer Körperfunktion oder -struktur). Die Schädigungen können in der ICF als Hintergrund bzw. als eine Komponente herangezogen werden, wodurch die Entwicklung, das Lernen und damit der Kompetenzerwerb erschwert werden (vgl. Fischer 2008, S. 395, S. 408 f.). Darüber hinaus gewinnen auch die Kontextfaktoren an Bedeutung – insbesondere in der Rehabilitationsmedizin oder der Sozialpädiatrie.

Auch die medizinischen Assistenzberufe (Physiotherapie, Ergotherapie und Logopädie) orientieren sich in der Therapie an der ICF.

Psychologische Dimension

Innerhalb der Komponente Körperfunktionen kommen die psychologischen Funktionen (z.B. kognitive Fähigkeiten, Motivation, Wahrnehmung) zum Tragen. Die Kompetenzen in den unterschiedlichen Entwicklungs-, Lern- und Lebensbereichen lassen sich mit der ICF als Aktivitäten beschreiben. In Bezug auf die in der ICF genannten Kontextfaktoren sind das Verhalten und das Erleben der betroffenen Person und die psychosozialen Begleitumstände von psychologischem Interesse (vgl. Fischer 2008, S. 409 f.).

Soziologische Dimension

Die ICF ist ein behindertensoziologisch ausgerichtetes Modell, da es Behinderung als eine soziale Kategorie erfasst. Die Wechselwirkungsprozesse der Komponenten sind aus dieser Perspektive heraus von Bedeutung. Jedoch steht in der Soziologie der Behinderung die Partizipation im Vordergrund der wissenschaftlichen Forschung. Der mit der ICF eingeführte Leitgedanke der Partizipation verdrängt den Behinderungsbegriff und zeigt das Ziel und den Weg der Integration auf. Auch der Inklusions- und Exklusionsgedanke wird in der ICF betont und unterstützt (vgl. Markowetz 2008, S. 246 ff.; Fischer 2008, S. 410).

Heilpädagogische Dimension

Das heilpädagogische Verständnis von Behinderung als einem Wechselwirkungsprozess entspricht den Intentionen der ICF, die Behinderung als bio-psycho-soziale Gegebenheit bestimmt und den Menschen mit Behinderung in einem ganzheitlichen Zusammenhang seiner Lebenswelt sieht. Auch findet sich in diesem Modell eine individualisierende Betrachtungsweise, die die vielfältigen Lebenshintergründe eines Menschen berücksichtigt und eine ressourcenorientierte Betrachtungsweise, die die positiv wirkenden Umwelt- und personenbezogenen Faktoren in den Blick nimmt. Das Konzept der ICF stellt ein Bezugssystem dar, in dem die Aufgaben der Heilpädagogik enthalten sind. Diese beziehen sich auf die optimale Teilhabe am Leben in der Gemeinschaft und auf die Stärkung der Kompetenzen im Bereich der Aktivitäten mit dem Ziel der größtmöglichen Autonomie in sozialer Bezogenheit. Ausgehend von der pädagogisch-therapeutischen Erziehung erfasst die ICF das medizinisch-pädagogische Aufgabenfeld in gemeinsamer Verantwortung von Arzt und Erzieher und bildet die leiblich-seelisch-geistige Einheit des Menschen ab.

Kritisch ist aus heilpädagogischer Sicht anzumerken, dass die ICF in erster Linie eine Ist-Stand-Erhebung ermöglicht und die biographischen Aspekte dabei nur am Rande berücksichtigt werden. Die ICF stellt ein grob ausgerichtetes Modell dar, das die wesentlichen Bedingungen/Bereiche erfasst, jedoch einer weiteren konkreten Ableitung, beispielsweise in Form eines förderdiagnostischen Verfahrens, bedarf (vgl. Senckel 2007, S.14; Bigger 2005, S. 246 ff.; F. Klein 2006, S.57, S.76; Fischer 2008, S. 406 ff.).

In der Rehabilitation kann die ICF bei folgenden Arbeitsprozessen Perspektiven eröffnen: Eingangsgespräche, Zielsetzungen, Förder- und Therapiepläne, Kontrolle der Ziel-Erreichung, Dokumentation, Evaluation (vgl. Grampp 2005, S.273)

ICF am Beispiel

Bei den personenbezogenen Faktoren lassen sich zunächst die Klientendaten nennen: Paul, männlich, 4;3 Jahre, dessen bisherige Erfahrungen in der Anamnese abgebildet werden. In der Erziehung von Paul verfügen die Eltern über gute Kompetenzen, emphatisch auf ihn und seine Bedürfnisse einzugehen. Mit liebevoller Konsequenz gelingt es ihnen in überzeugender Weise, auf einer konkreten, handlungsbezogenen und für Paul unmittelbar nachvollziehbaren Ebene die situativen Anforderungen zu vermitteln. Die Annahme der Behinderung von Paul wird durch die liebevolle Aussage der Eltern deutlich: „Paul spricht downisch, eine Sprache, die wir erst lernen müssen".

Paul ist ein Kind mit Trisomie 21. Diese Chromosomenanomalie ist eine Schädigung der Körperfunktionen, der physiologischen Funktionen des Körpersystems. Die muskuläre Hypotonie stellt eine Beeinträchtigung der motorischen Funktionen dar. Aufgrund dessen erfolgt eine Physiotherapie nach Bobath (> Teil II, 1.7) mit dem Ziel, die Tonusregulation zu verbessern und seine motorische Entwicklung zu unterstützen. Außerdem wird im Rahmen der Logopädie eine orofaciale Stimulationstherapie nach C. Morales durchgeführt, die sich förderlich auf die Sprachentwicklungen auswirken soll. Die Herzfehlbildung ist eine Organschädigung, die operativ behandelt werden musste. Außerdem hat Paul oft Atemwegserkrankungen. Dies führt dazu, dass seine körperliche Belastbarkeit eingeschränkt ist.

In der materiellen, sozialen und einstellungsbezogenen unmittelbaren Umwelt von Paul können insbesondere positiv wirkende Faktoren ermittelt werden. Paul wohnt mit seinen Eltern und seinen älteren Geschwistern in einem Einfamilienhaus am Rande einer Kleinstadt. Die Eltern sind beide berufstätig und die Familie ist finanziell gut abgesichert. Die älteren Geschwister gehen zur weiterführenden Schule, spielen gern mit ihrem kleinen Bruder und kümmern sich selbstverständlich um ihn. Den 40 Jahre alten Eltern, war das Risiko, ein Kind mit Behinderung zu bekommen, bewusst. Sie haben sich bei der nicht geplanten Schwangerschaft wohlüberlegt gegen eine Fruchtwasseruntersuchung entschieden.

Im Rahmen der Entwicklungsförderung und Begleitung im Spiel werden gezielte Übungsangebote von der Heilpädagogin eingebracht, um bestimmte Fertigkeiten anzubahnen, damit Paul diese über die Wiederholung sicher zu beherrschen lernt. Diese Hilfe ist aufgrund gesetzlicher Regelungen möglich, die damit zu den begünstigenden Umweltfaktoren zählt.

Eine Teilhabe am Leben in der Gemeinschaft ist altersgerecht möglich (Partizipation). In der Familie, in der Nachbarschaft, im integrativen Kindergarten und in der Eltern-Kind-Turngruppe ist Paul in die alterstypischen Lebenssituationen einbezogen und integriert. Er verfügt über gute Kompetenzen in der Imitation von Handlungen und lernt im sozialen Bereich vor allem am Modell, was sich positiv auf seine Gesamtentwicklung auswirkt und als Stärke im Entwicklungsprofil zum Ausdruck kommt. Die Durchführung von alterstypischen Handlungen und Aufgaben im lebenspraktischen Bereich sind noch nicht möglich, so dass Einschränkungen in den Aktivitäten bestehen.

Die psychologischen Funktionen wurden mittels eines allgemeinen Entwicklungstests erfasst. In allen Entwicklungsbereichen zeigt Paul eine relativ ausgeglichene, deutliche Abweichung von etwa zwei Jahren, so dass von einer globalen Entwicklungsretardierung auszugehen ist. Seine Stärken liegen im sozial-emotionalen Bereich. Deutliche Schwächen werden in der kognitiven Entwicklung ersichtlich. Bei individuellen Stärken im Sprachverständnis ist seine Sprachproduktion erheblich eingeschränkt. Paul hat ein ausgeprägtes Mitteilungsbedürfnis, spricht jedoch nur einzelne Worte für andere verständlich aus.

Zwischenbilanz

Aus dem eindimensionalen Drei-Faktoren Modell hat sich ein mehrdimensionales bio-psycho-soziales Wechselwirkungsverständnis von Behinderung herausgebildet, das in der ICF- Klassifikation ihren konkreten Ausdruck findet. Die Umsetzung dieses vielversprechenden Ansatzes in der Alltags-Praxis eröffnet eine neue Form der interdisziplinären Zusammenarbeit, in der die Aufgabenschwerpunkte aller Beteiligten gleichwertig einfließen und berücksichtigt werden: Sich in einem gemeinsamen Sprach-Raum mit dem Klienten über die Gestaltung des Rehabilitationsprozesses zu verständigen kann so realisiert werden und kann auch ein Ausblick auf die Weiterentwicklung der ICF sein.

2.3   ICD-10

Eine weitere in der Praxis gängige Klassifikation der WHO ist die „Internationale Klassifikation der Krankheiten", 10. Revision (ICD-10), die in der Diagnostik genutzt wird, um die Entwicklungsstörung oder Behinderung abzubilden.

Die ICF (bio-psycho-soziales Modell) und die ICD-10 (medizinisch-psychiatrisches Störungskonzept) ergänzen einander und können gemeinsam verwendet werden, wobei es auch zu Überlappungen beider Klassifikationen im Bereich der Körperstrukturen und -funktionen kommt (vgl. DIMDI 2005, S. 9).

Grundsätzliche Aussagen:

Die ICD-10 ist ein deskriptiv ausgerichtetes und theorieneutral gehaltenes Diagnosesystem. Darin werden die aktuelle Situation und die momentanen Schwierigkeiten beschrieben und die vorliegende Störung wird entsprechend der diagnostischen Kriterien eingeordnet. Hierbei ist zu betonen, dass die ICD-10 multiaxial aufgebaut ist und sich die komplexe Diagnose auf unterschiedliche Ebenen bezieht, die in den folgenden sechs Achsen aufgezeigt werden:
Achse 1: klinisch-psychiatrisches Syndrom
Achse 2: umschriebene Entwicklungsstörungen
Achse 3: Intelligenzniveau

Achse 4: körperliche Symptomatik
Achse 5: aktuelle abnorme psychosoziale Umstände
Achse 6: Globalbeurteilung des psychosozialen Funktionsniveaus

Inhaltliche Darstellung der ersten vier Achsen:

Auf der ersten Achse der klinisch psychiatrischen Störungen werden u.a. die tiefgreifenden Entwicklungsstörungen (F84.-) abgebildet, die das Autismusspektrum erfassen.

Typisch für diese Gruppe von Störungen sind (vgl. Remschmidt 2006, S. 21 ff.):

- qualitative Beeinträchtigungen in sozialen Interaktions- und Kommunikationsmustern
- eingeschränkte, stereotype, sich wiederholende Interessensgebiete und Formen von Aktivitäten
- auffällige Entwicklungsverläufe meist von frühester Kindheit an
- dass sie überwiegend mit einer allgemeinen kognitiven Beeinträchtigung einhergehen (da nicht immer eine Intelligenzminderung vorliegt, wird diese extra unter F70-79 klassifiziert)

unterschieden wird u.a. zwischen dem:

- frühkindlichen Autismus (F84.0)
- atypischen Autismus (F84.1)
- Rett Syndrom (F84.2)
- Asperger Syndrom (F84.5)

Im Klassifikationsschema werden sowohl die diagnostischen Leitlinien und Kriterien als auch die Ausschlusskriterien ausführlich aufgeführt.

Entwicklungsstörungen werden in der ICD-10 Klassifikation auf der zweiten Achse unter F80-F89 (außer F84: tiefgreifende Entwicklungsstörungen) zusammengefasst und wie folgt benannt (vgl. Remschmidt 2006, S. 281 ff.):

- Beginn ausnahmslos im Kleinkindalter
- Entwicklungseinschränkungen oder -verzögerungen von Funktionen, die eng mit der biologischen Reifung des Zentralennervensystems verknüpft sind
- ein stetiger Verlauf, der keine Remission (Verbesserung/Nachlass von Krankheitssymptomen) oder Rezidive (Verschlechterung/erneutes Auftreten einer Krankheit, die überwunden war oder schien) zeigt

unterschieden wird u.a. zwischen den

- umschriebenen Entwicklungsstörungen des Sprechens und der Sprache (F80.-)
- umschriebenen Entwicklungsstörungen schulischer Fertigkeiten (F81.-)
- umschriebenen Entwicklungsstörungen der motorischen Funktionen (F82.-)
- kombinierten umschriebenen Entwicklungsstörungen (F83.-)

In der Früherkennung von Intelligenzstörungen zeichnen sich deutliche Entwicklungsauffälligkeiten bereits im Kleinkindalter ab. Diese bestehen in allen Bereichen, jedoch in unterschiedlicher Form und Ausprägung. Die erheblichen Verzögerungen werden voraussichtlich bleibende Beeinträchtigungen in der Entwicklung nach sich ziehen und nicht aufgeholt werden können. Unterschieden werden kann hier zwischen einer Verzögerung, wenn die Entwicklung im Vergleich zu anderen Kindern auffallend langsam verläuft, und einer Störung, wenn die Entwicklung andersartig verläuft. Man spricht von einer:

- allgemeinen oder globalen Entwicklungsverzögerung oder -störung (F.89).

Zu berücksichtigen gilt, dass die Anwendung der ICD-10 Klassifikation im Kleinkindbereich jedoch nur bedingt möglich ist, da viele Kategorien erst ab dem Schulalter beginnen.

Da die weitere Entwicklungsprognose auf der Grundlage der entwicklungsdiagnostischen Einschätzung mit einem standardisierten Testverfahren (> Teil II, 2.2.3) unsicher ist, sollte bei einer globalen Entwicklungsverzögerung oder -störung erst ab einem Lebensalter von mindestens 5 Jahren von einer geistigen Behinderung gesprochen werden (vgl. Freitag 2005, S. 329; Sarimski 2005 b, S. 137 ff.; Thurmair 2007, S. 50; Tietze-Fritz 1995, S. 68 ff., Straßburg 1997, S. 12).

Eine Erläuterung dazu:
Bei leichteren Entwicklungsverzögerungen können Abweichungen und Auffälligkeiten diagnostisch erfasst werden, jedoch ist eine Vorhersage für die weitere Entwicklung erschwert. Unsicherheiten in der Früherkennung ergeben sich auch bei Kindern mit definierten Syndromen oder bei Frühgeborenen mit komplikationsreicher Neonatalzeit, trotz der bekannten organisch-biologischen Störungen und Risiken. Entwicklungsstudien zeigen eine erhebliche Variabilität in den individuellen Entwicklungsverläufen auf. Ferner kristallisieren sich viele Störungen erst im weiteren Verlauf deutlicher heraus, so dass auch eine neuropädiatrische und humangenetische Untersuchung und Ursachenklärung erst relativ spät erfolgt. Eine sicherere Prognose ist bei Kindern mit einer ausgeprägten Entwicklungsverzögerung gegeben. Wenn der Entwicklungsquotient <50 ist bzw. ein Rückstand von mehr als 6 Monaten in allen Entwicklungsbereichen besteht, d.h. wenn im Alter von einem Jahr noch nicht die durchschnittlichen Fähigkeiten von sechs Monate alten Kindern gezeigt werden, dann ist mit einer hohen Wahrscheinlichkeit davon auszugehen, dass auch die weitere Entwicklung langsamer verlaufen wird und sich bei diesen Kindern eine drohende geistige Behinderung herausstellen wird, von der jedoch erst ab einem Lebensalter von mindesten 5 Jahren gesprochen werden kann (vgl. Freitag 2005, S. 329; Sarimski 2005 b, S. 137 ff.; Thurmair 2007, S. 50; Tietze-Fritz 1995, S. 68 ff., Straßburg 1997, S. 12).

Eine geistige Behinderung wird in der ICD-10 als Intelligenzminderung (F 70-F79) diagnostiziert und auf der dritten Achse beschrieben (vgl. Remschmidt 2006, S. 303 ff.):

- manifestierende, stehengebliebene oder unvollständige Entwicklung der geistigen Fähigkeiten
- besonders beeinträchtigt sind die Fertigkeiten, die zum Intelligenzniveau beitragen, wie z.B. Kognition, Sprache, motorische und soziale Fähigkeiten
- kann allein oder kombiniert mit anderen psychischen und/oder körperlichen Störungen auftreten
- erschwerte Anpassungsfähigkeit an alltägliche Aufgaben

Diagnostische Leitlinien/Beschreibungskriterien:

- allgemeines Intelligenzniveau
  Mittels eines standardisierten, psychometrischen Intelligenztests (> Teil II, 2.2.3) wird der IQ bestimmt. Individuelle und herausragende Stärken in bestimmten Bereichen sind zu beachten, da bei Menschen mit geistiger Behinderung große Unterschiede in den einzelnen Funktionsbereichen bestehen können.
- sozial-adaptive Kompetenzen
  Einschätzung der sozialen Anpassung an die Umwelt und Einschätzung der Fertigkeiten zur Bewältigung der Anforderungen des alltäglichen Lebens.

Bündelung der Definitionsansätze 29

Unterschieden wird in der ICD-10 zwischen:

- leichter Intelligenzminderung (F70.-)
  IQ-Bereich von 50-69; mentales Alter von 9-12 Jahren; verzögerter Spracherwerb, Lernschwierigkeiten in der Schule, Ausbildungserwerb, Ausführung einer erlernten praktischen Arbeit, meist volle Unabhängigkeit in der Selbstversorgung und in häuslichen Tätigkeiten.

- mittelgradiger Intelligenzminderung (F71.-)
  IQ-Bereich von 35-49; mentales Alter von 6-9 Jahren; deutliche Entwicklungsverzögerungen in der Kindheit: unterschiedliches Ausmaß der Sprachentwicklung bei meist ausreichender Kommunikationsfähigkeit, Einschränkungen der motorischen Fertigkeiten, deutliche Grenzen im schulischen Lernen, Ausführung praktischer Tätigkeiten in einem strukturierten und betreutem Arbeitsfeld, gewisses Maß an Unabhängigkeit mit unterschiedlichem Ausmaß an Unterstützung im täglichen Leben.

- schwerer Intelligenzminderung (F72.-)
  IQ-Bereich von 20-34; mentales Alter von 3-6 Jahren; deutlich ausgeprägte motorische Schwäche und andere Ausfälle, die auf das Bestehen einer Schädigung oder Fehlentwicklung des ZNS hinweisen, andauernde Unterstützung ist notwendig.

- schwerster Intelligenzminderung (F73.-)
  IQ unter 20; mentales Alter unter 3 Jahren; die Kommunikation, die Bewegungsfähigkeit und die eigene Versorgung sind hochgradig beeinträchtigt, bedürfen einer umfassenden Hilfe und ständiger Beaufsichtigung.

Anmerkung:
Die Einteilung nach IQ-Werten ist problematisch, da die standardisierten Intelligenztests einerseits bei diesem Personenkreis meist nicht angewendet werden können und da diese andererseits nach unten hin nicht differenzieren und somit die unteren IQ- Bereiche nicht mehr erfasst werden können.

Tritt eine Verhaltensstörung (> Teil I, 3.1) in Kombination mit der Intelligenzminderung auf, kann diese durch eine weitere Kennziffer nach dem Punkt (z.B. F71.0 bedeutet, dass keine Verhaltensstörung vorliegt oder F71.1 bedeutet das auch eine Verhaltensstörung vorliegt) klassifiziert werden.

Kinder mit geistiger Behinderung zeigen häufig herausfordernde und problematische Verhaltensweisen: soziale Unsicherheit und Angst, reizempfindliches Verhalten, zwanghaftes oder stereotypes Verhalten, motorische Unruhe und Hyperaktivität, oppositionell-aggressives/destruktives Verhalten oder selbstverletzende Verhaltensweisen. Strukturierte und normierte Verhaltensfragebögen für Kinder mit Entwicklungsstörungen ermöglichen über die Beurteilung der Eltern und anderer Bezugspersonen eine Aussage über die Ausprägung der Auffälligkeiten im Verhalten:

- Verhaltensfragebogen für Kinder mit Entwicklungsstörungen (VFE) von Einfeld, Tonge und Steinhausen, 2006
- Nisonger Beurteilungsbogen für das Verhalten von behinderten Kindern (NCBRF) von Aman, Tassé, Rojahn und Hammer, 1996
- Inventar für Verhaltensprobleme (IVP) von Rojahn, 2001

Die ICD-10 bietet eine zusätzliche Klassifizierung für Kinder mit Intelligenzminderung an, die eine schwere motorische Überaktivität mit Aktivitäts- und Aufmerksamkeitsproblemen und/oder repetitives und stereotypes Verhalten zeigen (vgl. Remschmidt 2006, S. 29 f.):

- Überaktive Störung mit Intelligenzminderung und Bewegungsstereotypien (F84.4)

Bei Kindern mit Behinderung ist das Risiko einer psychischen Störung höher als bei Kindern, deren Entwicklung nicht beeinträchtigt ist. Für die emotionalen Störungen und für die

Störungen des Sozialverhaltens werden in der ICD-10 zusätzliche Klassifikationsnummern genutzt, wenn die diagnostischen Kriterien erfüllt sind (vgl. Remschmidt 2006, S. 37 ff.):

- Störungen des Sozialverhaltens (F91)
- kombinierte Störung des Sozialverhaltens und der Emotionen (F92)
- emotionale Störungen des Kleinkindalters (F93)
- Störungen sozialer Funktionen (F94)
- Ticstörungen (F95)

Kritisch ist dabei anzumerken, dass die Übertragung dieses Ansatzes auf Kinder mit Behinderung problematisch ist, da standardisierte Untersuchungsinstrumente und Referenznormen (> Teil II, 2.2.3) fehlen. Auch bringt die ICD-10-Klassifikation die Gefahr mit sich, die entwicklungs- und lebenslaufbezogenen Entstehungsbedingungen und die sozialen Faktoren zu vernachlässigen (vgl. Sarimski 2005 a, S. 42).

Für begleitende Zustandsbilder, wie Syndrome, Epilepsien oder schwere körperliche Behinderungen, werden zusätzliche Klassifikationsnummern auf der vierten Achse der körperlichen Symptomatik genutzt (vgl. Remschmidt 2006, S. 311 ff.):

- endokrine, Ernährungs- und Stoffwechselerkrankungen (E00-E90)
- Krankheiten des Nervensystems (G00-G99)
- zerebrale Lähmung und sonstige Lähmungssyndrome (G80-G83)
- angeborene Missbildungen, Deformitäten und Chromosomenaberrationen (Q00-Q99)

Da Entwicklungsbeeinträchtigungen meist in mehreren Bereichen auftreten, kann jede Behinderung als Mehrfachbehinderung angesehen werden.

Zwischenbilanz

Die ICD-10-Klassifikation ist die Grundlage der medizinischen und der psychologischen Diagnosestellungen, die uns in unterschiedlichen Tätigkeitsfeldern der Heilpädagogik begegnen und die in die heilpädagogische Diagnostik einfließen. Um sich dazu in ein Verhältnis setzen zu können, sind grundlegende Kenntnisse erforderlich, die auch für die interdisziplinäre Zusammenarbeit unabdingbar sind.

3 Behinderung und Verhaltensauffälligkeit

Wie bereits in der Ausführung zur ICD-10 angesprochen, besteht bei Kindern mit Behinderung ein erhöhtes Risiko für Beeinträchtigungen in ihrer sozial-emotionalen Entwicklung, die zu Verhaltensauffälligkeiten und im Weiteren zur Ausbildung psychischer Störungen führen können. Psychische Störungen werden nach der ICD-10 diagnostiziert, wenn die Fehlanpassungen in Bezug auf den Zeitrahmen und die Häufigkeit von der Alters- bzw. Entwicklungsnorm abweichen (vgl. Schmidtchen 2001, S. 12). Daher ist es wichtig, diesen Gesichtspunkt gesondert zu bearbeiten und differenzierter zu beleuchten, um über unterschiedliche Zugänge zu einem umfassenderen Verständnis zu gelangen.

3.1 Verhaltensauffälligkeit

Das Phänomen Verhaltensauffälligkeit/Verhaltensstörung ist, wie auch das Phänomen der Behinderung, interdisziplinär geprägt und liegt im Schnittbereich der Medizin, insbesondere der Kinder- und Jugendpsychiatrie und der Neurologie, der Psychologie, der Soziologie und der Heilpädagogik (vgl. Stein 2008, S. 3 f.). Die Begriffe „Verhaltensauffälligkeiten" und „Verhaltensstörungen" werden in der Literatur und in der Praxis meist synonym verwendet. Auch hier findet sich in der Literatur eine Reihe von Definitionen, die je nach theoretischem Hintergrund ihren Fokus auf unterschiedliche Aspekte richten. Eine Übereinstimmung scheint hinsichtlich der Normabhängigkeit zu bestehen (vgl. Theunissen 2005, S. 49).

Verhaltensstörung kann definiert werden als „ein von den zeit- und kulturspezifischen Erwartungsnormen abweichendes maladaptives Verhalten, das organogen und/oder milieureaktiv bedingt ist, wegen der Mehrdimensionalität, der Häufigkeit und des Schweregrades die Entwicklungs-, Lern- und Arbeitsfähigkeit sowie das Interaktionsgeschehen in der Umwelt beeinträchtigt und ohne besondere pädagogisch-therapeutische Hilfe nicht oder nur unzureichend überwunden werden kann" (Myschker 1999, S. 41).

Angesicht der Komplexität, die einer Verhaltensstörung zugrunde liegt, ist eine vielschichtige Sicht erforderlich.

In dem folgenden Erklärungsmodell von Seitz (1992) werden unterschiedliche Aspekte in das Zentrum der Betrachtung genommen, die ihren jeweiligen Beitrag zur Erklärung leisten.

Von den gesellschaftlichen Rahmenbedingungen ausgehend bezieht das Modell die Vergangenheit, d.h. die Entstehung einer Verhaltensauffälligkeit (Ontogenese), und die gegenwärtigen Bedingungen, in denen sich das aktuelle auffällige Erleben und Verhalten (Aktualgenese) zeigt, ein.

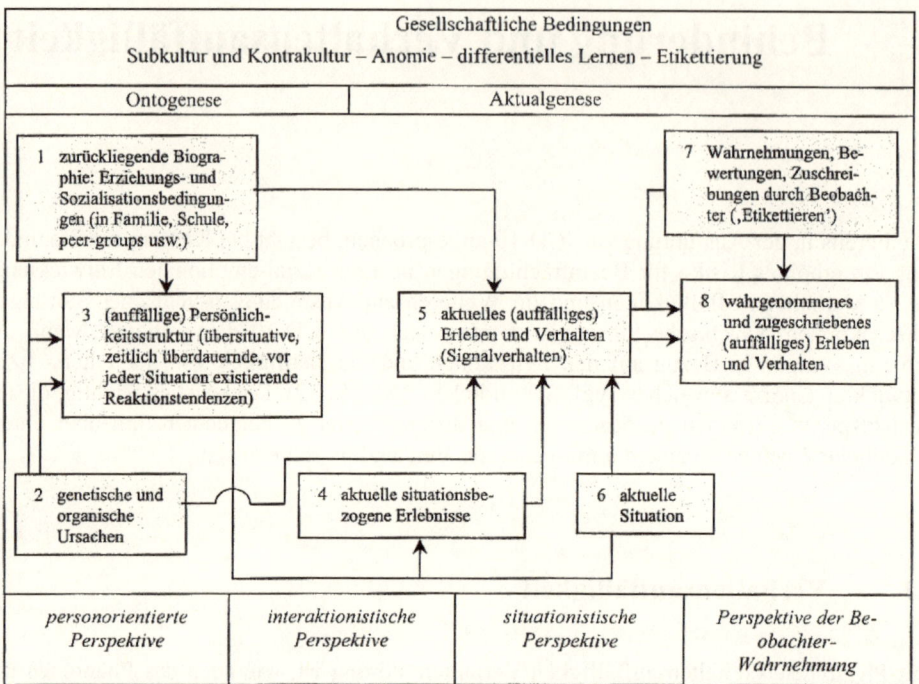

Abb. 3: Modell der Genese von Verhaltensstörungen nach Seitz (aus Stein 2008, S. 52)

Die personorientierte Perspektive sieht die Ursache einer Verhaltensstörung in der auffälligen Persönlichkeitsstruktur, die in Bezug zu verschiedenen psychologischen Theorien (> Teil II, 2.1) eingeordnet werden kann. Bei der situationistischen Perspektive treten die Person-Variablen in den Hintergrund und die aktuelle Situation und ihre Bedingungen sind für das Auftreten einer Verhaltensstörung entscheidend. Die Wechselwirkungen zwischen den Person-Variablen und den aktuellen Bedingungen nimmt die interaktionistische Perspektive in den Blick. Da ein bestimmtes Verhalten, das gezeigt wird, von den Beobachtern als auffällig wahrgenommen und beschrieben wird, ist die Perspektive der Beobachter-Wahrnehmung wesentlich (vgl. Stein 2008, S. 52-57).

3.2 Entwicklungspsychologischer Zugang

Um die Zusammenhänge normaler (angepasster) und abweichender (fehlangepasster) Entwicklung zu erkennen, sind entwicklungspsychologische Kenntnisse erforderlich, mit deren Hilfe pathologische, also abweichende Verläufe erfasst werden können. Die entwicklungspsychologischen Grundlagen stellen einen weiteren Zugang zum Verständnis von psychischen Störungen bei Kindern mit Behinderung dar.

Im Rahmen der klinischen Kinderpsychologie nimmt die Entwicklungspsychopathologie, die die biologischen, psychosozialen und psychologischen Ansätze integriert, einen besonderen Stellenwert ein, um Erkenntnisse für die Entstehung und den Verlauf psychischer Störungen zu gewinnen (vgl. Petermann 2000 b, S. 141 f.).

Behinderung und Verhaltensauffälligkeit 33

Von zentraler Bedeutung ist in diesem Kontext das Konzept der Risiko- und Schutzfaktoren, um die Entstehung, den Verlauf und die Qualität (Ausprägung) von psychischen Auffälligkeiten zu erkennen und zu beschreiben. Diesem Konzept unterliegt ein dynamisches Modell von Entwicklung, bei dem das Kind aktiv auf seine Umwelt einwirkt und von der jeweiligen Umwelt beeinflusst wird. Das Gelingen dieses Entwicklungsprozesses hängt von der „Passung", der Stimmigkeit zwischen den individuellen Bedürfnissen und Möglichkeiten des Kindes und den Unterstützungen und Anforderungen von Seiten der Umwelt ab. Emotionale Störungen und Verhaltensstörungen sind demnach Ausdruck einer nicht gelungenen oder fehlenden Abstimmung, die auch als „Misfit" umschrieben werden kann (vgl. Largo 2006, S. 294 ff.; Sarimski 2005 a, S. 20 f.).

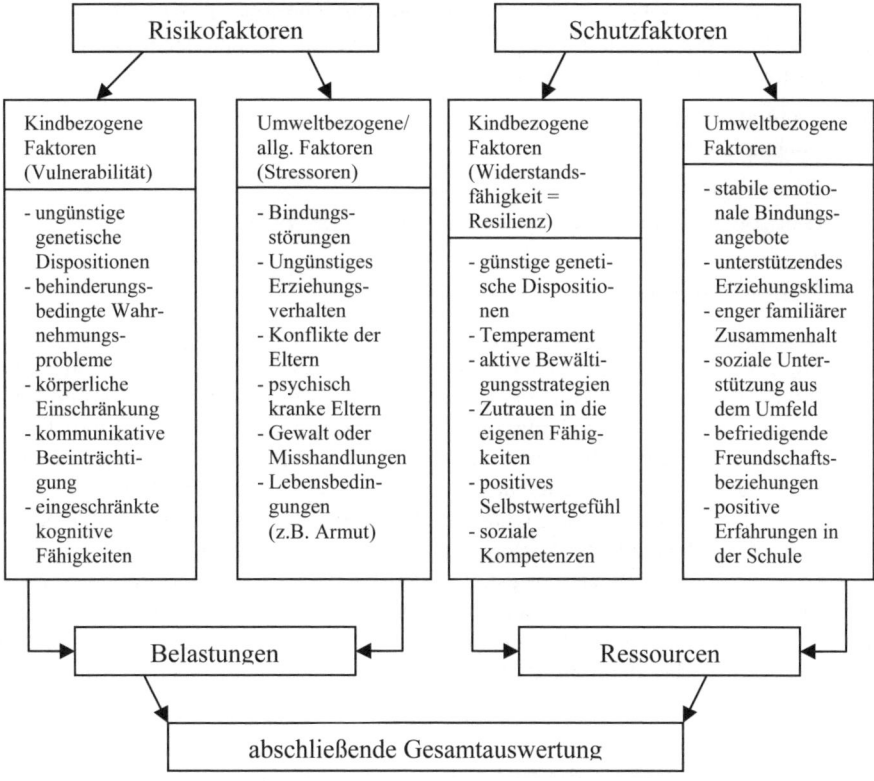

Abb. 4: Risiko- und Schutzfaktoren der kindlichen Entwicklung (in Anlehnung an Petermann 2000b, S. 143)

In Bezug auf Kinder mit Behinderung ist das Konzept der Risiko- und Schutzfaktoren besonders relevant, da die Erfahrungen zeigen, dass Kinder mit den gleichen diagnostizierten Entwicklungsstörungen und Behinderungen sich individuell unterschiedlich entwickeln. Jedes Kind verfügt über spezifische Ressourcen, also über entwicklungsunterstützende Potentiale, um die von innen und außen an es gerichteten Anforderungen zu bewältigen. Gelingt es dem Kind in Interaktion mit seiner Umwelt, mit den herausfordernden Lebensumständen und belastenden Bedingungen konstruktiv umzugehen und diese zu meistern, so hat es die Fertigkeit erworben, die dazu notwendigen Bewältigungsmechanismen zu aktivieren. Dies wird als Resilienz verstanden. Kinder, die diese erworbene Widerstandsfähigkeit besitzen, können auch die anstehenden alterstypischen Entwicklungsaufgaben adäquat bewältigen.

Die Resilienzforschung zeigt komplexe Faktoren auf, die eine schützende Funktion in der Entwicklung einnehmen. Im Zentrum stehen dabei eine stabile emotionale Beziehung, die sozialen Kompetenzen und ein positives Selbstkonzept des Kindes (vgl. Sarimski, 2005 a, S. 20 f.).

Beziehungs- und Bindungsqualitäten

Aus der Eltern-Kind-Beziehung gehen die Bindungsqualitäten und -typen hervor, die sich hauptsächlich in der zweiten Hälfte des ersten Lebensjahres entwickeln und ein altersspezifisches Entwicklungsthema darstellen. Die spätere Bindungsqualität ist neben der Beständigkeit einer Bezugsperson, in der Regel der Mutter, wesentlich von deren Feinfühligkeit in der frühen Eltern-Kind-Interaktion bestimmt.

Unter Feinfühligkeit (Ainsworth) wird die Fähigkeit und Bereitschaft der Mutter verstanden (vgl. Weinberger 2001, S. 52),

- die Signale des Kindes wahrzunehmen,
- die Äußerungen aus dem Erleben des Kindes heraus richtig zu interpretieren,
- prompt darauf zu reagieren
- und angemessen zu beantworten.

Entscheidend für die Qualität der Eltern-Kind-Interaktion ist eine gute „Passung" bzw. Abstimmung zwischen den kindlichen Bedürfnissen und den elterlichen Erwartungen. Die sozialen und emotionalen Erfahrungen, die das Kind in Bezug auf Zuwendung und Verfügbarkeit mit seiner jeweiligen Bindungsperson macht, werden mit der Zeit verinnerlicht und als „innere Arbeitsmodelle" (Bowlby) gespeichert, die auch in Abwesenheit der Mutter wirksam sind. Das Bindungsverhalten des Kindes ist Ausdruck und Spiegelbild der erlebten Interaktion mit der Bindungsperson. Unter Bindung wird eine lang andauernde, emotionale Beziehung zu einer bestimmten Person verstanden, die für das Kind ein „emotionales Band" (Ainsworth) darstellt. Bei Angst, Gefahr, Kummer, Krankheit oder Erschöpfung sucht das Kind die „sichere Basis" der Mutter, um das Gefühl von Sicherheit, Vertrauen, Schutz und Geborgenheit zu erfahren. Gleichzeitig ist dieser sichere Heimatstützpunkt Ausgangsort für die Erkundung der Welt (> Teil IV, 3.1).

Die Bindungsqualitäten und -muster, die das Kind entwickelt und zeigt, sind unterschiedlich und können auf der Grundlage von empirischen Untersuchungen in vier verschiedene Bindungstypen eingruppiert werden (vgl. Brisch 2005, S. 25 f.):

- sicher-gebunden
    - offener emotionaler Austausch mit der Bezugsperson
    - sucht Nähe und Körperkontakt oder Austausch bei Belastungen
    - kann schnell und gut durch die Bezugsperson wieder beruhigt werden
    - erkundet danach eigenaktiv die Umwelt

- unsicher-vermeidend
    - Bezugsperson reagiert mit Zurückweisung auf die Bedürfnisse des Kindes
    - Kind vermeidet nach Trennung den Kontakt und die Nähe
    - es hat sich an die Verhaltensbereitschaft der Bindungsperson angepasst
    - Wunsch nach Nähe wird nicht so intensiv geäußert, da dieser nicht erfüllt wird
    - geringer mimischer Ausdruck emotionaler Belastungen
    - in extremen Situationen wird die Bindungsvermeidung aufgegeben, und das Kind wendet sich hilfe- und schutzsuchend an die Mutter, die in diesen Situationen Schutz gewähren kann

- **unsicher-ambivalent**
  - Bezugsperson beantwortet die Signale des Kindes mal zuverlässig und feinfühlig, mal zurückweisend und ablehnend
  - diese ambivalenten bzw. widersprüchlichen Botschaften verunsichern das Kind
  - Kind verhält sich meist sehr ängstlich
  - bei Trennungen, die kaum möglich sind, reagiert es extrem aufgebracht, weint oder klammert
  - zeigt eine starke emotionale Erregung und kann nur schwer beruhigt werden
  - nach der Trennung klammert es sich auf der einen Seite an die zurückgekehrte Mutter, auf der anderen Seite zeigt es eine aggressive Ablehnung

- **unsicher-desorganisiert**
  - zeigt motorische Sequenzen von stereotypen Verhaltensweisen oder hält in der Bewegung inne und erstarrt für einige Sekunden (Einfrieren des Gesichtes oder des Köpers, was an dissoziative Phänomene erinnert)
  - widersprüchliche Bindungsverhaltensstrategien
  - desorganisiertes Verhalten kann eine direkte Auswirkung von Traumata sein, sowohl in Bezug auf das Kind als auch auf die Eltern, die unter den Auswirkungen eines Traumas leiden

Die Bindungstypen stellen ein Spektrum an unterschiedlichen Verhaltensweisen dar. Die individuellen Unterschiede in der Bindungsqualität sind sowohl vom Verhalten der Eltern, das durch die eigenen Beziehungserfahrungen geprägt ist, als auch von den Charakteristiken, den angeborenen Temperamentsmerkmalen des Kindes abhängig.

Die Bindungsqualität wird im Säuglingsalter über gezielte Beobachtungen der Feinfühligkeit in der Eltern-Kind-Interaktion meist mit Hilfe von Videoaufnahmen erfasst. Zwischen 12 und 24 Monaten kommt die von Ainsworth entwickelte „Fremde Situation" zum Tragen. Für das Kindergartenalter wurde eine modifizierte Fassung entwickelt (Marvin und Brittner). Im Kindergarten- und Grundschulalter bieten sich verschiedene Puppenspiele mit bindungsrelevanten Ausgangssituationen an (Bretherton, Gloger-Tippelt).

Längsschnittstudien belegen eine hohe Stabilität der Bindungsqualität über die Kindheitsjahre hinweg. Die „inneren Arbeitsmodelle", d.h. die Bindungsrepräsentanzen, beeinflussen auch im weiteren Entwicklungsverlauf die Interaktionsmuster mit Bezugspersonen. Sie steuern die Emotions- und Verhaltensregulierung innerhalb dieser Beziehungen. Die Beziehungsqualität und der Aufbau einer stabilen Bindung sind wichtige Grundlagen für die kindliche Anpassungsfähigkeit und die Bewältigung der Entwicklungsaufgaben (> Teil II, 2) im weiteren Verlauf. Eine sichere Bindung stellt dabei einen Schutzfaktor dar, garantiert jedoch nicht dafür, keine pathologischen Auffälligkeiten zu entwickeln. Ebenso führt eine unsichere Bindung nicht zwangsläufig zu psychischen Störungen, jedoch ist in diesem Fall von einer größeren Vulnerabilität (Verletzbarkeit) auszugehen. Frühe Bindungsstörungen gelten als ein Hinweis für mögliche emotionale Störungen (vgl. Weinberger 2001, S. 49 ff.; Sarimski 2005 a, S. 21 ff.; Brisch 2005, S. 23 ff.).

Bei Kindern mit Entwicklungsstörungen oder Behinderung kann die Eltern-Kind-Beziehung – aufgrund der erschwerten Abstimmung der Mutter auf die kindlichen Bedürfnisse – mit Beeinträchtigungen einhergehen. Kommt das Kind als Frühgeburt zur Welt, sind die ersten Lebensmonate durch intensiv-medizinische Bedingungen im Krankenhaus eingefärbt. Die sterile Umgebung, die Apparate und der Inkubator, in dem das winzige Kind an Schläuche angeschlossen hinter der Glasscheibe liegt, können die Eltern massiv verunsichern. Ihre intuitiven Fähigkeiten als Eltern werden sich kaum natürlich entfalten können. Das Frühgeborene kann nur bedingt Signale senden, so dass diese von den Eltern weitgehend unbeantwortet bleiben (> Fallbeispiel Jule von Evelyn Rief).

Soziale Kompetenzen

In der Entwicklung sozialer Kompetenzen stellt die emotionale Selbstregulation im Säuglingsalter eine wichtige Basis dar. In einem gewissen Maße können Säuglinge bereits ihre Emotionen selbst regulieren und sich selbst wieder beruhigen, indem sie an ihren Fingern oder dem Schnuller saugen, ihren Körper oder den Kopf rhythmisch bewegen oder ihren Blick abwenden, um sich vor Reizüberflutungen zu schützen. Hierbei sind sie jedoch auf die wohlwollende Unterstützung ihrer Bezugsperson angewiesen. In der frühen Zwiesprache (Eltern-Baby-Talk) erfolgt über nonverbale Signale und Lautäußerungen eine soziale Abstimmung im Dialog, indem Mutter und Kind mit ihrer ganzen Aufmerksamkeit aufeinander ausgerichtet sind. Über die Ammensprache, die Eltern instinktiv einsetzen, erlebt das Kind eine emotionale Übereinstimmung und erfährt sich selbst wie in einem Spiegel, wobei das Spiegeln ein bedeutendes kommunikatives Grundelement darstellt. Das soziale Lächeln, ein gerichtetes Lächeln des Kindes, das meist ab dem dritten Lebensmonat zu beobachten ist, gilt als ein Meilenstein in der sozialen Entwicklung. Im weiteren Verlauf des ersten Lebensjahres verändert sich der zunächst nur auf die Person ausgerichtete Dialog und es entwickelt sich daraus eine Interaktion um ein gemeinsames Thema. Mit der serialen Reizverarbeitung (> Teil III, 1 und Teil III, 2.4) ist das Kind in der Lage, einen referentiellen bzw. triangulären Blickkontakt herzustellen, indem es das Du und die Sache miteinander verbindet und einen Bezug zwischen dem Du, der Sache und sich selbst aufbaut. Das Kind schaut abwechselnd auf einen Gegenstand und auf die Person, um die Aufmerksamkeit auf das Objekt zu lenken. Es deutet darauf hin, um es zu zeigen oder haben zu wollen. Die Objekte werden zum Zentrum der gemeinsamen Aufmerksamkeit, was sich in wiederholten, ritualisierten Spielen, wie dem Geben- und Nehmen-Spiel oder beim Hin- und Herrollen eines Balles, zeigt und auch bei gemeinsamen Bilderbuchbetrachtungen zum Ausdruck kommt (> Teil III, 2.1.1 und Fallbeispiel Lea von Sabine Bruns-Kruse). Diese Fähigkeit bildet sich immer weiter aus, so dass dem einjährigen Kind eine triadische Ausrichtung seiner Aufmerksamkeit auf die Bezugsperson und den Gegenstand gelingt. Mit der Triangulierung setzt auch die eigentliche Sprachentwicklung ein und in den gemeinsamen Spielhandlungen gewinnt die sprachliche Begleitung, die sich auf die Handlung oder die Gegenstände bezieht, an Bedeutung.

In der Eltern-Kind-Interaktion eignen sich die Kinder grundlegende kommunikative Fertigkeiten an, die eine Voraussetzung für das Gelingen sozialer Beziehungen darstellt.

Ab einem Jahr lassen sich erste, einfache, sozial ausgerichtete Spiele mit Gleichaltrigen – pro-soziale Verhaltensweisen, wie das Teilen, Trösten und Helfen – und Konflikte um die Beanspruchung von Spielsachen (Mein-Dein) beobachten. Das individuelle Verhalten im spielerischen Kontakt gilt zu diesem Zeitpunkt als ein relativ stabiles Merkmal und stimmt meist mit den späteren sozialen Kompetenzen überein. Um Konflikte im Spiel mit anderen Kindern zu vermeiden, muss das Kind sich und seine Emotionen regulieren können, wozu auch die Fähigkeit gehört, eigene Handlungsimpulse zu hemmen und sich zurückzuhalten. Mit zwei Jahren ist es dazu in der Lage, die Absichten der anderen Kinder zu erkennen und entsprechend auf die Situation zu reagieren. Dieses frühe Verständnis differenziert sich immer weiter aus, so dass das Kind mit vier Jahren emotionale und soziale Zusammenhänge verstehen kann. Mit dem Zuwachs der sprachlichen Fähigkeiten hat das Kind die Möglichkeit, seine Wünsche auch verbal auszudrücken und seine emotionalen Befindlichkeiten, ob es fröhlich, traurig, ängstlich oder wütend ist, mitzuteilen. Die Anfänge sind mit etwa zwei Jahren und deutlicher mit drei Jahren zu beobachten. Im Kindergartenalter entwickelt sich dann zunehmend ein sprachlicher Dialog mit Gleichaltrigen. Freundschaften aufzubauen und Anerkennung in der Gruppe zu erhalten, sind in diesem Alter wesentliche Themen in der sozialen Entwicklung. Kinder, die sich sozial und kooperativ verhalten, ihre eigenen Gefühle zeigen und diese selbst regulieren können, sind meist beliebte Spielpartner und haben gute Freundschaftsbeziehungen aufbauen können. Ein weiterer Meilenstein ist die Perspektivenübernahme, zu der Kinder mit drei bis vier Jahren in der Lage sind. Aufbauend auf der Vorläuferfähigkeit, die Gefühlsausdrücke anderer zu erkennen und zu benennen, können die Kinder sich dann in die andere Person hineinversetzen und haben ein Gespür dafür entwickelt, was der andere denkt, fühlt oder beabsichtigt. Der Umgang in und mit sozialen Situationen erfordert darüber hinaus auch, mögliche Handlungsalternativen zu kennen und anwenden zu können, um in der jeweiligen Situation eine darauf abgestimmte und sinnvolle Strategie einzusetzen (vgl. Sarimski 2005 a, S. 28 ff.; Senckel 2002, S. 36 ff.; Zollinger 1997, S. 20 ff.).

Damit die sozialen Interaktionen mit Gleichaltrigen gelingen und aufeinander abgestimmt werden können, sind nach Sarimski folgende Basisfertigkeiten erforderlich (vgl. Sarimski 2005 a, S. 29 f.):

- gemeinsame Aufmerksamkeit und Nachahmungsfähigkeit
- emotionale Selbstregulation
- Hemmung impulsiven Verhaltens
- Verstehen sozialer Zusammenhänge
- sprachliche Verständigung
- Perspektivenübernahme
- Problemlösefähigkeit

Bei Kindern mit Entwicklungsstörungen oder Behinderungen sind diese Basisfähigkeiten meist eingeschränkt, die sozialen Interaktionen mit Gleichaltrigen sind störanfällig und der Aufbau sozialer Kompetenzen ist erschwert. Den betroffenen Kindern fällt es oft schwer, die komplexen sozialen Situationen zu überblicken und für sich zu entschlüsseln. Sind die sprachlichen Fähigkeiten eingeschränkt, können sich die Kinder nur bedingt mitteilen und sich für andere verständlich ausdrücken. Das kann zu frustrationsbedingter Wut und Ohnmacht oder zu einem verzweifeltem Rückzug in sich selbst führen. Häufig erscheinen bei Menschen mit geistiger Behinderung Symptome einer Verhaltensstörung deshalb besonders gravierend, weil sie über die üblichen Ausdrucksmittel – vor allem über die Sprache – nicht oder nicht ausreichend verfügen. Es bleibt ihnen nichts anderes übrig, als ihre Unsicherheit, Verlassenheit oder Angst mit Bewegungen (d. h. tätlich) mitzuteilen.

Selbstkonzept

Das Selbst – das Selbstkonzept, die Selbsttheorie, das Selbstmodell: viele Begriffe und unterschiedliche Dimensionen, die in diesem Zusammenhang in der Literatur zu finden sind und oft gleichbedeutend verwendet werden.

Das Selbst – ist eng verbunden und größtenteils deckungsgleich mit dem unscharf davon abgetrennten Begriff der Identität.

Das Selbst – ist ein Konstrukt, eine übergeordnete Struktur, eine einzigartige subjektive Organisation; darin sind die unterschiedlichen Elemente, Instanzen und Erfahrungen integriert und darin ist ein inneres Bild der eigenen Person eingeschlossen.

Die Entwicklung des Selbst ist eng von den Erfahrungen in den ersten Lebensjahren abhängig. Die einzelnen Komponenten der Selbstentfaltung können in unterschiedlichen Phasen beschrieben werden. Zu nennen ist hier u.a. D. Stern, der die Entwicklung des Selbstempfindens in einem Wechselspiel von eigenen Empfindungen und der sozialen Bezogenheit darstellt. Über das „auftauchende Selbstempfinden" (0-2 Monate), die Phasen des „Kern-Selbstempfindens" (2/3-7/9 Monate) und das „subjektive Selbstempfinden" (7/9-15/18 Monate), in denen das Kind zwischen sich selbst und dem anderen unterscheiden lernt, gelangt es zu einem „verbalen Selbstempfinden" (ab. 15/18 Monaten). Hiermit hat das Kind eine grundlegende sprachliche Reflexionsfähigkeit erworben, die zur Ausbildung eines Selbstkonzeptes führt (vgl. Dornes 2004 b, S. 79 ff.).

Das Selbstkonzept entwickelt sich demnach über subjektive Empfindungen von sich selbst und über die Erfahrungen in der Auseinandersetzung mit der sozialen und materiellen Umwelt und differenziert sich immer weiter aus.

Das Selbstkonzept kann in zwei Hauptsäulen unterteilt werden: Die eine Säule beinhaltet die affektiven, emotionalen Anteile des Selbstkonzeptes (Selbstvertrauen, Selbstwertgefühl, d.h. der Vorstellung oder die Bewertung, die man von sich selbst hat) und die andere erfasst das kognitive Wissen, das man von sich hat (Selbstbild, Fähigkeitskonzept).

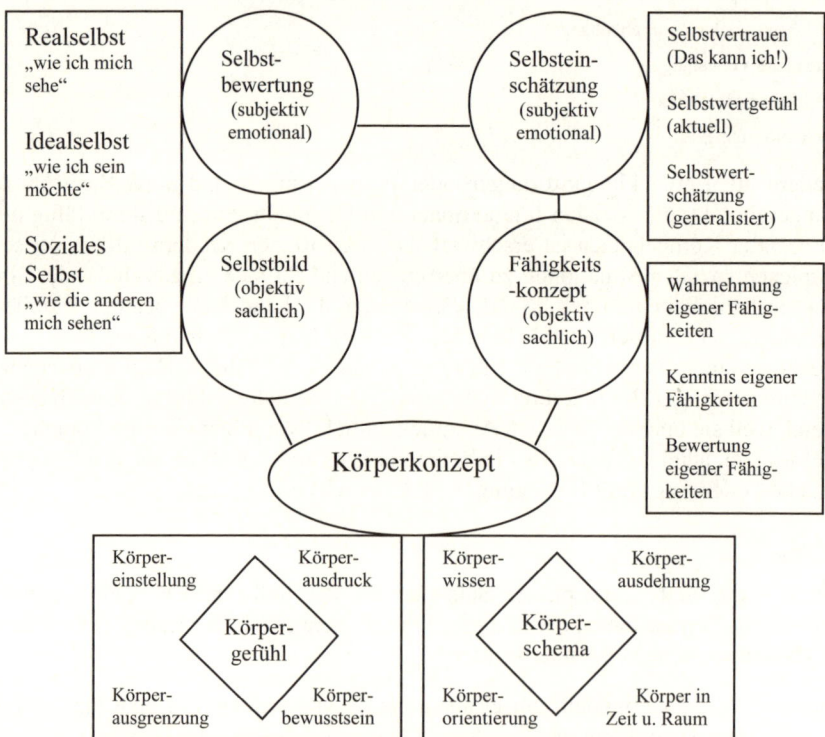

Abb. 5: Das Selbstkonzept (in Anlehnung an Eggert 2003, S. 28 ff.)

Das Selbstkonzept wird als ein lebendiges und sich wandelndes, aber auch stabiles, in sich geschlossenes Gebilde verstanden, das verschiedene Bestandteile umfasst, die miteinander vernetzt sind (vgl. Sarimski 2005 a, S. 37; Oerter/Montada 2002, S. 213 f., S. 290 f.; Zimmer 2006, S. 51 ff.; Eggert 2008, S. 214 f.; D. Stern 1998).

Wie sich das Selbstkonzept im Laufe der Entwicklung ausformt, wird im Folgenden vertiefend ausgeführt.

Die Entwicklung eines Selbstkonzeptes erfolgt in einem fortlaufenden aufeinander aufbauenden Prozess der Differenzierung und Integration. Aus den emotional bedeutsamen Erfahrungen mit sich und den Außen-Informationen über die eigene Person wird unbewusst ein eigenes, individuell geformtes Selbstkonzept, eine Vorstellung von sich selbst aufgebaut. Grundlage sind die körperbezogenen Empfindungen. Über die Wahrnehmung und die Bewegung, also die Senso-Motorik, bildet sich ein basales und subjektives Erleben des eigenen Selbsts, ein frühes körpernahes Ich aus. Diese Erlebnisseite der Körperlichkeit kann auch mit dem Begriff Leib umschrieben und als Grundphänomen der Leiblichkeit (> Teil II, 3.2.1), als ein existenzielles „In-der-Welt-sein" verstanden werden.

Im Laufe des ersten Lebensjahres macht das Kind die Erfahrung, dass sein Ich getrennt von den anderen existiert und es ist in der Lage, zwischen sich und den anderen zu unterscheiden. In einem weiteren Schritt entdeckt das Kind, dass es seine Gefühle und Gedanken mit anderen teilen und diese mitteilen kann, was im Dialog mit den anderen zu einer Affektabstimmung (D. Stern) führt.

Mit zunehmender Selbstständigkeit erobert das Kind seine Welt. Es erlebt sich selbst als Urheber von Handlungen und erfährt sich in seinem Tun als selbstwirksam. Das Kind setzt sich mit Herausforderungen auseinander, bewältigt diese freudig und erprobt sein Können, so dass es an Zutrauen in sich und seine Fähigkeiten gewinnt.

Mit Beginn der Symbolfunktion (Piaget) gegen Ende des zweiten Lebensjahres erwirbt das Kind die Fähigkeit, sich Dinge oder Handlungen vorzustellen, d.h. sie zu repräsentieren. Dies befähigt das Kind einerseits zu einer aufgeschobenen Nachahmung und andererseits kann es sich selbst als Objekt sehen. Es ist in der Lage, konkrete und beobachtbare Merkmale von sich selbst zu beschreiben, indem es erklärt, was es schon kann, was es gern macht, wie es aussieht und welche sozialen Beziehungen ihm wichtig sind. Auch kann es sich einer bestimmten Kategorie zuordnen (z.B. ob es ein Mädchen oder ein Junge ist). Jedoch unterscheidet das Kind noch nicht zwischen seinem Wunschbild und dem realen Bild. Wie das Kind seine Leistungen bewertet, ob es Stolz oder Scham empfindet, ist von den vorausgegangenen Reaktionen der Erwachsenen geprägt, die es bewertet und verinnerlicht. Das Kind hat mit etwa 3 Jahren ein erstes inneres Bild von sich aufgebaut.

In der mittleren Kindheit – ab etwa 5 Jahren – ist das Kind zu einer Differenzierung seines Selbstkonzeptes imstande. Es kann eigene Merkmale miteinander verknüpfen und in bestimmte Bereiche einordnen. Meist beschreibt es sich mit Hilfe von Gegensatzpaaren, indem es aufzeigt, dass es kleiner oder schneller ist als. Im weiteren Verlauf ist somit auch ein Vergleich mit anderen möglich, indem die eigenen Leistungen oder sozialen Verhaltensweisen mit denen anderer Kinder verglichen und bewertet werden.

Im Grundschulalter ist es in der Lage, eine klare Selbsteinschätzung vorzunehmen. Das Kind entwickelt ein Idealselbst und steckt sich selbst gesetzte Ziele, die es aus eigener Motivation heraus erreichen will.

Das Selbstkonzept wird immer realistischer, differenzierter und komplexer, so dass im Jugendalter eine neue Qualität erwächst. In dieser Zeit ist die Identitätsfindung eine zentrale Entwicklungsaufgabe (> Teil II, 2).

Inwieweit das Kind ein positives Bild von sich selbst verinnerlichen und ein gestärktes Selbstwertgefühl ausbilden kann, ist auch von den sozialen Erfahrungen und den Bestätigungen durch die Eltern sowie durch Gleichaltrige abhängig (vgl. Sarimski 2005 a, S. 37 ff.; Dornes 2004 b, S. 80 ff.; Gröschke 1997, S. 194 ff.; Eggert 2003, S. 15; Oerter/Montada 2002, S. 214 ff.; Ginsburg 1993, S. 85 ff.; Schmidtchen 2001, S. 50 f., S. 47, S. 64 f., S. 104 f., S.118; Stemmer-Lück. 2004, S. 126 ff.).

Bei Kindern mit Entwicklungsstörungen oder Behinderung zeigt sich vermehrt, dass sie an den herausfordernden Aufgaben scheitern, die Anforderungen aus eigenen Kräften heraus nicht bewältigen können und darum wenig Vertrauen in sich und ihre Fähigkeiten entwickeln. Die wiederholten Misserfolgserlebnisse, die mit einer negativen Selbstbewertung einhergehen, können dazu führen, dass sie ein geringes Selbstwertgefühl ausbauen. Hinzu kommt, dass sie meist wenig Anerkennung für ihre eigenen Bewältigungsstrategien erfahren. Sie erleben sich in Abhängigkeit und sind auf Hilfe angewiesen, die sie von sich aus einfordern oder zu schnell angeboten bekommen. Aus der subjektiv empfundenen Hilflosigkeit des betroffenen Kindes kann ein Muster „gelernter Hilflosigkeit" erwachsen.

Zu bedenken ist auch, dass Kindern mit Behinderung erfahrungsgemäß eine lebenslange Hilfebedürftigkeit bevorsteht. In der Verantwortung für diese Kinder gründet auch das Ziel, sie aus ihrer subjektiven Hilflosigkeit zu befreien, sie zu einem ihnen möglichen selbstverantwortlichen Handeln zu befähigen und sie in ihrem Selbstwert zu stärken. Da Kinder mit einer vorwiegend geistigen Behinderung die höheren Reflexionsebenen des Selbstkonzeptes in der Regel nicht erlangen, sind sie auf einer basalen, leiblichen Ebene darauf angewiesen, wiederholt positive Erfahrungen machen zu können. Die Ziele in der Entwicklung des Selbsts müssen bei Kindern mit Behinderung die gleichen bleiben wie bei Kindern ohne Behinderung.

Zusammenfassend lässt sich festhalten, dass sich eine Behinderung erschwerend auf den gesamten Entwicklungsprozess des Kindes auswirkt und mit individuellen Schwierigkeiten und besonderen Herausforderungen einhergeht. Die behinderungsbedingten Funktionseinschränkungen, die möglichen Irritationen und Verunsicherungen in der Eltern-Kind-Beziehung und die meist unzureichenden sozialen Erfahrungen gefährden die adäquate Bewältigung der anstehenden Entwicklungsaufgaben und die Ausbildung eines positiven Selbstkonzeptes. Sie stellen spezifische Risiken für die Ausbildung psychischer Störungen dar, wobei kritische Lebensbedingungen noch hinzukommen können.

Zwischenbilanz

Die hier aufgezeigten Grundlagen sind wichtig, um die Gestaltung der Entwicklungsförderung und Begleitung wirksam ausrichten zu können. Inhalt und Ziel ist es, die Schutz- und Risikofaktoren aufzuspüren, die verändert werden können, um eine optimale Abstimmung zwischen den kindlichen Bedürfnissen und Möglichkeiten und dem Lern- und Entwicklungsumfeld zu erreichen. Wie sich in diesem Kontext gezeigt hat, sind eine sichere Bindung, der Aufbau sozialer Kompetenzen und die Entwicklung eines positiven Selbstkonzeptes von besonderer Bedeutung. Die HPÜ ist auf Beziehung, auf ein förderliches Miteinander im Spiel-Dialog ausgerichtet. Gelingt es, eine tragfähige Beziehung aufzubauen, in der sich das Kind in seinem Sosein angenommen und verstanden fühlt, dann kann es positive Beziehungserfahrungen machen, die es in seinen sozialen Kompetenzen stärken und die in sein Selbstbild integriert werden. Im gemeinsamen Spiel der HPÜ kann das Kind sich mit seiner dinglichen und sozialen Umwelt auseinandersetzen und sich als selbstwirksam erleben, was sich förderlich auf den Aufbau eines positiven Selbstkonzeptes auswirkt.

Teil II Das Phänomen Behinderung aus der Sicht unterschiedlicher Disziplinen. Möglichkeiten in Diagnostik und Behandlung

Ausgehend von der Zielgruppe der HPÜ wurden bisher unterschiedliche Definitionsansätze aufgezeigt, um die Begrifflichkeit Behinderung zu klären. Dabei wurde deutlich, dass es sich lediglich um eine Annäherung handeln konnte. Die Definitionsansätze ließen sich in der ICF als disziplinübergreifende, international anerkannte Klassifikation von Behinderung der WHO bündeln und fanden ihren gemeinsamen Nenner in diesem bio-psycho-sozialen Modell. Da Kinder mit Behinderung ein erhöhtes Risiko haben, eine psychische Störung auszubilden, erfolgte eine weitergehende Bearbeitung dieser Thematik.

In einem weiteren Schritt werden nun die unterschiedlichen Sichtweisen von Behinderung – also die medizinischen, psychologischen und heilpädagogischen Aspekte – wieder getrennt voneinander aufgezeigt und vertiefend dargestellt.

1 Medizinische Sichtweise

Wie die Eingangsdefinition gezeigt hat, geht die medizinische Betrachtungsweise von körperlichen Bedingungen aus, wonach ursächlich organische Schädigungen zu Funktionseinschränkungen des Individuums führen.

Die kindliche Entwicklung wird verstanden als lebenslanger Anpassungs- und Differenzierungsprozess, der von genetischen Faktoren und Umwelteinflüssen bestimmt wird. Dieser wird ab der Feststellung der Schwangerschaft von medizinischen (gynäkologischen und kinderärztlichen) Vorsorgeuntersuchungen beurteilend begleitet. Treten bei den regulären Vorsorgeuntersuchungen in der Schwangerschaft oder im Kindesalter Auffälligkeiten auf, hat der Arzt bei jedem Verdacht auf eine Entwicklungsstörung die Möglichkeit und die Pflicht, eine weitergehende diagnostische Abklärung zu veranlassen. Der Schwerpunkt der medizinischen Diagnostik bezieht sich auf die Feststellung von Entwicklungsstörungen oder Behinderungen und deren Ursachen. Von der Verdachtsdiagnose ausgehend werden weitere Schritte im Abklärungsprozess in Form eines Ausschlussverfahrens vorgenommen, die zu immer mehr Sicherheit führen bis hin zu einer endgültigen Diagnose und der möglichen Ursachenklärung. Hierbei greift der Mediziner – je nach Fragestellung – auf unterschiedliche Untersuchungsmethoden zurück. Auf der Grundlage der Diagnosestellung werden je nach Indikation entsprechende medizinisch notwendige Behandlungen und Therapien eingeleitet (vgl. Straßburg 1997, S. 4 f., S. 13 f.; F. Klein 2006, S. 80 ff.; Seidel 2005, S. 298 ff.; Freitag 2005, S. 329).

1.1 Schwangerschaft

Bereits in der Schwangerschaft können Entwicklungsstörungen frühzeitig erkannt werden, wozu folgende Untersuchungsmethoden eingesetzt werden (vgl. Straßburg 1997, S. 16 f.):

- Sonografie (Ultraschalluntersuchung)
  Die Sonografie ist ein bildgebendes Verfahren zur Untersuchung von organischem Gewebe und gilt als ein Standardverfahren in der Schwangerschaftsvorsorge. Eine spezielle Untersuchung der Pränataldiagnostik zur Erkennung von Entwicklungsstörungen und körperlichen Besonderheiten ist der Feinultraschall.

- Nackenfaltenmessung
  Zur Risikoeinschätzung einer Trisomie 21 wird in der 9.-12. Schwangerschaftswoche (SSW) der Nacken des Fötus, der im Ultraschallbild gut gesehen werden kann, vermessen, wenn im ersten Ultraschallscreening im Rahmen der Vorsorgeuntersuchung Auffälligkeiten gefunden wurden.

- Triple-Test
  Zwischen der 15. und 20. Schwangerschaftswoche (SSW) wird das Blut der werdenden Mutter untersucht und es werden drei Hormonwerte bestimmt, mit denen das Schwangerschaftsalter errechnet werden kann. Ebenso wird eine Risikoabschätzung bezüglich Trisomie 21 und Spina bifida vorgenommen. Dies soll der Schwangeren eine Entscheidungshilfe geben, ob sie eine Fruchtwasseruntersuchung (Amniozentese) durchführen lassen möchte. Allerdings kann der Triple-Test auffällige Ergebnisse liefern, ohne dass das Kind wirklich geschädigt ist.

- Chorionzottenbiopsie
  Diese gehört nicht zu den Routineuntersuchungen. Sie kann in besonderen Fällen auf Wunsch der Eltern durchgeführt werden. Sie dient dem vorgeburtlichen (= pränatalen) Nachweis einer chromosomal bzw. genetisch bedingten Besonderheit des Kindes (u. a. Trisomie 21, Trisomie 13/Pätau-Syndrom, Trisomie 18/Edwards-Syndrom, Trisomie 8) sowie dem Nachweis einiger Stoffwechselerkrankungen und kann zu einem früheren Zeitpunkt in der Schwangerschaft (ab der 11. SSW empfohlen) als die Amniozentese angewendet werden. Durch das Einführen einer Nadel durch die Bauchdecke oder über den Muttermund werden Zellen (Chorionzotten) aus der Plazenta entnommen und untersucht.

- Amniozentese (Fruchtwasseruntersuchung)
  Ab der 13. SSW ist eine Amniozentese möglich, bei der durch das Einführen einer Nadel durch die Bauchdecke einer schwangeren Frau die im Fruchtwasser befindlichen fetalen Zellen entnommen und dann im Labor untersucht werden. Dadurch ist es möglich, bestimmte Fehlentwicklungen des zentralen Nervensystems (ZNS) abzuschätzen sowie einige Erbkrankheiten und einige chromosomale Besonderheiten mit hoher Sicherheit zu diagnostizieren. So wie die Chorionzottenbiopsie birgt auch diese Untersuchung enorme Risiken in sich.

- Magnetresonanztomographie (MRT)
  Die MRT ist ein bildgebendes Verfahren, das zur Darstellung von Struktur und Funktion der inneren Organe eingesetzt wird. Bei der fetalen MRT handelt sich um eine Schnittbildmethode, die ohne Verwendung von Röntgenstrahlen und Kontrastmitteln Bilder aus dem Körperinneren des ungeborenen Kindes beziehungsweise der Plazenta und Gebärmutter liefert. Eingesetzt wird diese Methode meist nach auffallenden Ultraschallbefunden, um Gesichtsfehlbildungen, Fehlbildungen des Gehirns sowie aller Organe oder fetale Wachstumsstörungen sowie mütterliche Probleme zu erkennen.

Die zunehmenden Möglichkeiten der Pränataldiagnostik und deren Konsequenzen werfen aber auch ethische Fragen auf, die kritisch diskutiert werden müssen (> Fallbeispiel Lea von Sabine Bruns-Kruse).

Medizinische Sichtweise

1.2 Geburt

Die Geburt stellt für die werdenden Eltern ein tiefgehendes emotionales Erlebnis dar, das oft mit großen Schmerzen, aber auch meist mit großer Freude verbunden ist. Dieses besondere und bewegende Ereignis kann sehr unterschiedlich gesehen werden. Auf der einen Seite ist die Geburt ein natürlicher, optimal abgestimmter Vorgang eines aktiven Zusammenspiels zwischen Mutter und Kind. Auf der anderen Seite kann die Geburt als ein medizinisches Ereignis gesehen werden, insbesondere wenn es zu Komplikationen kommt und medizinische Eingriffe erforderlich sind. Die meisten Geburten finden in Deutschland im Kreißsaal eines Krankenhauses unter der Leitung einer Hebamme und eines Arztes statt. Durch die Möglichkeiten der modernen Geburtshilfe wurden die Komplikationen während der Geburt, wie die Gefahr eines Sauerstoffmangels, deutlich vermindert. Bei einem Geburtsstillstand findet eine Vakuumextraktion (Saugglockengeburt) oder eine Zangenentbindung statt. Aus medizinischen Gründen – mittlerweile aber auch auf Wunsch der Mutter – wird ein Kaiserschnitt vorgenommen; dabei wird zwischen einer primären (vorzeitig geplanten) und einer sekundären (aufgrund von Komplikationen während der Geburt veranlassten) Sectio unterschieden.

Wie dem Neugeborenen die Anpassung an das Leben außerhalb der Gebärmutter gelingt und wie der Übergang von dem fetalen in den neonatalen Zustand verläuft, wird üblicherweise mit dem APGAR-Index (> Fallbeispiel Jule von Evelyn Rief) beschrieben. Anhand der fünf Kriterien: Herzfrequenz, Atmung, Muskeltonus, Hautfarbe und Reaktion auf äußere Reize werden eine, fünf und zehn Minuten nach der Geburt für jedes Merkmal Punkte zwischen 0 (fehlend), 1 (nicht ausgeprägt) und 2 (gut) vergeben. Die Summe der Punkte ergibt den APGAR-Index (Score). Mit einem APGAR-Index von 8-10 Punkten wird somit ein lebensfrisches Neugeborenes beschrieben. Ist der APGAR-Index nach mehr als 5 Minuten < 7, zeigt dies ein erhöhtes Risiko für bleibende Entwicklungsstörungen an.

Direkt nach der Geburt wird auch über das entnommene Blut der Nabelschnur der Nabelarterien-ph-Wert bestimmt, der eine Aussage über den Geburtsstress des Kindes ermöglicht. Werte unter 7,15 liegen unterhalb des Normalbereichs (vgl. Straßburg 1997, S. 41 f.; Jorch 2006, S. 28 f.).

1.3 Frühgeburt

Mit einer Frühgeburt geht ein deutlich erhöhtes Risiko für Entwicklungsstörungen einher. Von einer Frühgeburt wird gesprochen, wenn das Neugeborene vor Vollendung der 37. Schwangerschaftswoche (SSW) zur Welt kommt (normalerweise dauert eine Schwangerschaft 37-42 Wochen und das durchschnittliche Geburtsgewicht beträgt 3500 Gramm). Sehr kleine Frühgeborene kommen in der Regel vor der 30 SSW zur Welt und wiegen weniger als 1500 Gramm. Extrem kleine Frühgeborene von 24 und 25 SSW haben meist ein Geburtsgewicht von weniger als 1000 Gramm.

Die Fortschritte in der Neugeborenenintensivmedizin führten in den letzten Jahren zu einer höheren Überlebenswahrscheinlichkeit der extrem kleinen frühgeborenen Kinder. Trotz der steigenden Überlebensrate hat sich der relative Anteil von schweren neurologischen Schädigungen nicht verändert. Die Annahme, dass die Anzahl der Behinderungen zunimmt, wenn immer jüngere und kleinere Kinder überleben, konnte nicht bestätigt werden. Mit den medizinischen Fortschritten stellt sich auch die ethische Frage: „Wie weit darf die Medizin gehen?"

Um eine optimale medizinische Versorgung zu gewährleisten, sollte bei einer drohenden Frühgeburt nach Möglichkeit die Geburt und die intensiv-medizinische Behandlung und Pflege in einem Perinatalzentrum erfolgen. Die Intensität und das Ausmaß der medizinischen Maßnahmen hängen von dem Reifungsgrad und dem individuellen Zustand des zu früh geborenen Kindes ab.

Je unreifer das Kind geboren wird und je niedriger das Geburtsgewicht, desto größer ist die Gefahr schwerer Komplikationen und das Risiko bleibender Entwicklungsbeeinträchtigungen, die in Art und Schwere variieren.

Die folgende Tabelle gibt eine Übersicht über die vorgeburtliche Entwicklung:

Alter	Größe/ Gewicht	Biologische Entwicklung	Verhaltensentwicklung
0-16 Tage	1 mm	Empfängnis; Ausbildung von drei symmetrischen Keimblättern; Lageorientierung im Raum; Körperzellenspezialisierung; Einnistung in den Uterus	
18-21 Tage	2mm	Ausbildung der Nervenplatte; Aufstülpung derselben zur Corda und zur Kopffalte; Ausbildung eines zentralen Nervensystems; Wanderung von Nervenzellen	
22-25 Tage	5 mm	Ausbildung von Muskelzellen längs der Körpermitte; Körperaufteilung in Segmente	
4 Wochen	6-8 mm	Ausbildung der inneren Organe; Knospen der Extremitäten; Verbindung zwischen den Neuronen durch Axone; Resorption überzähliger Nervenzellen; Augen, Ohren, Nase, Mund, Zunge erkennbar	
8 Wochen	8-20 mm	erstes Funktionieren der inneren Organe; Ausbildung der Hände und Füße; Wachsen visueller Nervenfasern zum Mittelhirndach; elektrische Hirnimpulse messbar	Ende der 8. Woche: erste Spontanbewegungen des Rumpfes (Zusammenzucken); isolierte Extremitätenbewegungen; Drehen der Kopfes; Schluckauf
8-12 Wochen	3-8 cm	Ausdifferenzierung und Funktionieren der Organe (Herz, Leber, Niere); Androgenproduktion; Wahrnehmungsorgane funktionieren; Nervenfaservernetzung zwischen Hirn und Peripherie	Hand-Gesicht-Berührungen um die 11. Woche
12-16 Wochen	9-15 cm	Knorpelbildung; Knochenzellen; Anlage von Finger- und Zehennägel; Geschlechtsorgane differenzieren sich aus; Stimmbänder; Ausdifferenzierung des Vorderhirns und der Hirnhemisphären	viele weitere Bewegungen (Zwinkern, Saugen, Schlucken, Streck- und Drehbewegungen, Bewegungen der Finger und Handgelenke); Ganzkörperaktivitätszunahme; zyklische Ruhephasen

Medizinische Sichtweise

16-20 Wochen	16-24 cm, 100-300g	verstärktes Wachstum der Beine; Augenmuskeln funktionstüchtig	Fötusbewegungen spürbar; auslösbare Reflexe; taktile und Schmerzreize werden unterschieden; differenzierte Handbewegungen; Mimik
21-24 Wochen	25-29 cm, 400-600g	noch rudimentäres Kleinhirn; Hautstruktur endgültig; Hautsinne ausgebildet; Talgdrüsenfunktion; Strecken der Knochenachse; Wachstumsbeschleunigung des zentralen Nervensystems; Neuronenvermehrung	Zunahme von Spontanbewegungen; Wach- und Dämmerzustände deutlich unterschieden; Atmen und Schreien möglich
25-28 Wochen	30-34 cm, 700-1100g	Augen voll ausgebildet; Flüssigkeitsregulation über die Haut; Ganzkörperbehaarung (Lagunahaar); Geschmacksknospen auf der Zunge; Hirnstrompotentiale nehmen zu (bedingt lebensfähig)	geöffnete Augen; Atembewegungen; Schlucken; Anpassung der Körperhaltung an die der Mutter
29-32 Wochen	35-44 cm, 1200-1900g	Haarwuchs am Kopf; Absinken eines Hodens in den Hodensack bei männlichen Föten; zunehmende Muskelspannung und Stärke der Reflexe; eigenständige Atmung möglich; Großhirn umfasst nahezu das gesamte Hirn	Atmung; Schreien, Schlucken; viele Spontanbewegungen; Überleben außerhalb des Uterus möglich (infektionsanfällig)
33-36 Wochen	45-50 cm, 2000-2900g	Straffen der Haut durch Unterhautfettbildung (Gewichtszunahme von ca. 250 g pro Woche); ausgereifte Nervenverbindungen zwischen Sinnesorgan und Gehirn	großer Aktivitätslevel; Hören möglich; aber eingeschränkt durch Herztöne der Mutter und Umweltgeräusche
37-42 Wochen	51-54 cm, 3000g und mehr	zweite schnelle Wachstumsphase des Gehirns (von 100 auf 400 ccm); Differenzierung der Hirnzellen; Absinken in den Geburtskanal	selektives Hören von äußeren Geräuschen möglich; Rückgang der Spontanbewegungen aufgrund räumlicher Enge

Übersicht über die vorgeburtliche Entwicklung (aus Kasten 2005, S. 56-57)

Wie die tabellarische Übersicht der vorgeburtlichen (intrauterinen) Entwicklung zeigt, sind bei einem zu früh geborenen Kind die Organe, insbesondere die Lunge und das zentrale Nervensystem (ZNS), noch unreif und nicht voll entwickelt, so dass es zu Komplikationen kommen kann, von denen einige im Folgenden aufgeführt sind:

- Störungen der Temperaturregulation (→ Inkubator (Brutkasten))
- Trinkstörungen, unzureichende Flüssigkeitszufuhr (→ Infusionen)
- unreife Lungenfunktion, Atemnotsyndrom (→ künstliche Beatmung)
- Nierenunterfunktion, die zu lebensbedrohlichen Herzrhythmusstörungen führen kann
- Darmentzündungen
- Störungen des kindlichen Blutkreislaufes
- Netzhautschäden, die zu späteren Sehbeeinträchtigungen führen können
- Risiko akuter Erkrankungen
- mangelhafte Ausreifung des ZNS, so dass wesentliche Entwicklungsprozesse des ZNS extrauterin stattfinden und dabei besonders störanfällig sind, hinzu kommt, dass das noch nicht ausreichend differenzierte ZNS noch keine hinreichende Kapazität besitzt, um die Umwelteinflüsse außerhalb des Mutterleibes angemessen verarbeiten zu können.

- Hirnblutungen, unterteilt in die Schweregrade I° bis IV°. Bei einer Hirnblutung III° und IV° Grades ist höchstwahrscheinlich mit einer neurologischen Entwicklungsstörung zu rechnen. Die Folgen sind von dem Zeitpunkt, dem Ort und dem Ausmaß der Hirnblutung und der daraus entstanden Läsion (Schädigung/Verletzung) sowie der Schwere weiterer Komplikationen abhängig.

Von der kindlichen Reife und dem Ausmaß der Komplikationen im Verlauf hängt die generelle Entwicklungsprognose ab, die auch durch die Ursache der Frühgeburt, die Versorgung in der Klinik, die familiäre Situation und eine entwicklungsförderliche Betreuung mitbestimmt wird. In den letzten Jahren zeichnet sich ein deutlicher Trend ab, die intensivmedizinischen Bedingungen zum Wohle des Kindes umzugestalten, um förderlich auf die neurologische Entwicklung einzuwirken (z.B. Känguruh-Pflege, Ansatz eines sanften Umgangs mit Frühgeborenen nach Marina Marcovich, NIDCAP-Konzept der entwicklungsfördernden individuellen Pflege von Heidelise Als).

Jedes frühgeborene Kind hat seine ureigene Entwicklungs- und Lebensgeschichte, die nicht aus den Statistiken vorhersehbar ist, da die weitere Entwicklung individuell unterschiedlich verläuft und von mehreren Bedingungsfaktoren abhängig ist (> Fallbeispiel Jule von Evelyn Rief). So kann ein ehemaliges Frühgeborenes der 34. SSW später eine Behinderung haben und ein sehr kleines Frühgeborenes sich normal entwickeln. Obwohl sich die Prognosen vor allem für ehemalige Frühgeborene mit einem höheren Geburtsgewicht verbessert haben und die Hauptrisikofaktoren rückläufig sind, haben extrem kleine Frühgeborne nach wie vor ein hohes Entwicklungsrisiko. Daher sind insbesondere bei sehr unreif geborenen Kindern und Kindern mit einem niedrigen Geburtsgewicht unter 1500 Gramm regelmäßige entwicklungsneurologische und entwicklungspsychologische Kontrolluntersuchungen wichtig (vgl. Sarimski 2000, S. 15 ff.; Straßburg 1997, S. 17, S. 42, S. 116 ff.).

1.4 Vorsorgeuntersuchungen im Kindesalter

Die Beurteilung der kindlichen Entwicklung erfolgt regulär in den kinderärztlichen Vorsorgeuntersuchungen, ein Angebot, das von den Eltern freiwillig angenommen werden kann. Angefangen bei der U1 nach der Geburt sind zehn weitere U-Untersuchungen im Kindesalter bis zur U10 vom 7. bis zum 8. Lebensjahr (neue Vereinbarung in NRW seit Dezember 2007) vorgesehen.

Im Rahmen dieser kinderärztlichen Untersuchung ist die Feststellung der körperlichen Entwicklung ein wesentlicher Bestandteil. Im Verlauf werden das Körpergewicht, die Körpergröße und der Kopfumfang in eine Wachstumskurve eingetragen, die Aufschluss über die geschlechtsspezifischen Längen-Gewichts-Proportionen gibt. Bezogen auf die Normalverteilungskurve (> Teil II, 2.2.3) angegeben in Perzentilen (prozentuale Verteilung), kann eine altersentsprechende oder abweichende körperliche Entwicklung aufgezeigt werden. Zudem findet eine körperliche Untersuchung (Ganzkörperstatus) statt. Nach altersspezifischen Kriterien wird eine neuropädiatrische Untersuchung durchgeführt, die sich im ersten Lebensjahr vorwiegend auf die Reflexe, Reaktionen und die statomotorischen Verhaltensweisen bezieht und dann im Kindergarten- und Schulkindalter spezielle Untersuchungen umfasst. Schlaf-, Ess- und Trinkgewohnheiten werden abgefragt. Je nach Alter wird ergänzend eine Ultraschalluntersuchung sowie ein Hör- oder Seh-Screening durchgeführt. Der allgemeine Entwicklungsstand wird anhand von Grenz- bzw. Meilensteinen der grob- und feinmotorischen, der sprachlichen und der sozial-emotionalen Entwicklung erfasst. Zum Teil werden auch Elternfragebögen eingesetzt (vgl. F. Klein 2006, S. 82 ff.; Straßburg 1997, S. 5 ff.).

1.5 Medizinische Untersuchungsmethoden bei Entwicklungsauffälligkeiten

Zeigen sich Entwicklungsauffälligkeiten, wird eine weitergehende diagnostische Abklärung veranlasst, die meist mit einer Überweisung in ein Sozialpädiatrisches Zentrum und/oder in eine Fachklinik einhergeht. Sie dient der genauen Beurteilung der kindlichen Entwicklung und der Feststellung von Funktionsbeeinträchtigungen und soll zu Klärung der verantwortlichen Ursache beitragen.

Entsprechend der Symptomatik und der diagnostischen Fragestellung werden unterschiedliche medizinische Untersuchungsmethoden durchgeführt (vgl. F. Klein 2006, S. 95 ff.; Straßburg 1997, S. 52 ff., S. 63 ff.; Freitag 2005, S. 329 ff.):

- Medizinische Anamnese (Vorgeschichte)
  Sie beinhaltet eine sorgfältige Befragung der Eltern, um genaue Informationen über die Schwangerschaft, die Geburt und die kindliche Entwicklung zu erhalten. Sie gibt Aufschluss über mütterliche und kindliche Risikofaktoren, mögliche Komplikationen und über die Entstehung bestimmter Symptome. Der Schwerpunkt liegt darin, die Krankengeschichte zu ermitteln.

- Körperliche Untersuchung
  Die körperliche Untersuchung erfasst den Allgemeinzustand und die Körpermaße. Auffällige Wachstums- und Gewichtskurven sowie ein zu großer oder ein zu kleiner Kopfumfang können richtungsweisende Befunde sein. Kleine Anomalien des Kopfes, der Augen, des Mundes, der Ohren, der Hände, der Genitalien und der Haut können für die diagnostische Zuordnung wichtig sein.

- Neuropädiatrische Befunderhebung
  Hierbei werden überwiegend entwicklungsabhängige Fähigkeiten und Fertigkeiten geprüft, wie die Muskelspannung, Muskeleigenreflexe und Hautreflexe, Hirnnervfunktionen und Körperkoordination. Zu beachten sind auch Gelenkfehlstellungen oder Kontrakturen.

- Orthopädische Untersuchung
  Bei Kindern mit angeborenen oder erworbenen Form- oder Funktionsfehlern des Stütz- und Bewegungsapparates, also der Knochen, Gelenke, Muskeln und Sehnen, ist eine orthopädische Untersuchung sinnvoll.

- Hörprüfung / phoniatrisch-pädaudiologische Untersuchung
  Die Phoniatrie ist zusammen mit der Pädaudiologie das medizinische Fachgebiet für Sprach-, Stimm-, und kindliche Hörstörungen und für die auditive Wahrnehmung im Kindesalter. Bei einem Verdacht auf eine verminderte Hörfähigkeit, bei Problemen in der auditiven Wahrnehmung und bei Auffälligkeiten in der Sprachentwicklung ist eine entsprechende Untersuchung angezeigt.

- Überprüfung der Sehfähigkeit / augenärztliche Untersuchung
  Fixierung der Augen, spontane Augenbewegungen, Augenfolgebewegungen, Pupillenreaktionen und das Gesichtsfeld werden bei der kinderneurologischen Untersuchung geprüft. Ist eine weitergehende Untersuchung angezeigt, findet diese bei einem auf Kinder spezialisierten Augenarzt statt, der speziellere Untersuchungen zur differenzierten Einschätzung der Erkrankung vornehmen kann.

- Bildgebende Verfahren
  Darunter werden die apparativen Verfahren zur Visualisierung von medizinischen Befunden verstanden, die eine hohe diagnostische Bedeutung haben und bei jedem Kind mit einer gravierenden Entwicklungsstörung eingesetzt werden sollten.

  Sonografie (Ultraschalluntersuchung)
  Sie wird zur Untersuchung von organischem Gewebe eingesetzt und stellt eine unschädliche, oft wiederholbare und wenig aufwändige Methode dar, die vom Kind und von den Eltern meist als nicht belastend erlebt wird. Dieses Verfahren wird in der Regel als primäre apparative Untersuchungsmethode eingesetzt, da viele diagnostische Fragestellungen bei Entwicklungsstörungen damit beantwortet werden können. Beim Fötus (mit Ausbildung der inneren Organe nach der 9. SSW) und bei Kindern bis zum Ende des ersten Lebensjahres (bis zum Verschluss der Schädelnähte und der Fontanellen) können mit Hilfe einer zerebralen Ultraschalluntersuchung das Gehirn und die Gehirngefäße dargestellt werden.

Röntgen
Vor allem bei Kindern mit Wachstumsstörungen ist eine Röntgenaufnahme der linken Hand zur Bestimmung des Knochenalters wichtig. Auch bei Verdacht auf unterschiedliche Syndrome ist eine Röntgenuntersuchung sinnvoll. Bei Kindern mit einer beinbetonten spastischen Zerebralparese sind regelmäßige Röntgenaufnahmen erforderlich, um mögliche Folgeschäden frühzeitig zu erkennen.

Magnetresonanztomographie (MRT)
Durch die MRT werden die Strukturen und Funktionen des körperlichen Gewebes und der Organe – wie beispielsweise die Strukturen des Gehirns – dargestellt und somit können angeborene Fehlbildungen oder später hinzukommende Veränderungen beschrieben werden. Auch ist es möglich, einige Stoffwechselerkrankungen zu erkennen.

Computertomographie (CT)
Im Gegensatz zur MRT entstehen bei der CT Strahlenbelastungen, so dass bei Kindern fast ausschließlich die MRT eingesetzt wird. Mit beiden Verfahren kann beispielsweise der Ort und das Ausmaß einer Hirnblutung erfasst werden. Die MRT kommt meist bei langfristigen diagnostischen Fragestellungen zum Einsatz. Die CT wird in Akut-Situationen (z.B. Schädel-Hirn-Trauma) durchgeführt, da dieses Verfahren schneller durchzuführen ist und insbesondere die knöchernen Veränderungen erfasst.

- **Neurophysiologische Methoden**
Mit diesen Methoden werden Veränderungen der hirnelektrischen Aktivität beurteilt.

Elektroenzephalogramm (EEG)
Das EEG ist ein Verfahren, mit dem die bioelektrischen Aktivitäten des Gehirns aufgezeichnet und eine rhythmische Grundaktivität registriert werden kann. Ist der Grundrhythmus abnorm, weist dies auf Allgemeinveränderungen hin. Neben diesen können auch Herdbefunde und spezielle Wellenformationen einer Region erkannt werden. Mit Hilfe des EEGs kann eine erhöhte zerebrale Anfallsbereitschaft erkannt werden, da es bei epileptischen Anfällen – auch im anfallsfreien Intervall – relativ charakteristische Veränderungen zeigt. Bei anfallsartigen Symptomen und deutlichen, aber ungeklärten Veränderungen im Entwicklungsverlauf ist eine EEG-Ableitung erforderlich.

Evozierte Potentiale (EVP)
Durch die Reizung eines Sinnesorgans oder eines peripheren Nervs werden elektrische Aktivitäten in den verarbeitenden Regionen des ZNS ausgelöst, die als evozierte Potentiale messbar sind. Hierdurch kann die (visuelle, akustische, sensorische) Reizverarbeitung getestet werden.

- **Laboruntersuchungen**
Nur aufgrund einer erforderlichen Indikationsstellung sollten Laboruntersuchungen wie eine Urin- oder Blutuntersuchung, eine Untersuchung von Gewebeproben oder die Liquoruntersuchung erfolgen.

Stoffwechseluntersuchungen
Stoffwechselstörungen werden mit Screening-Untersuchungen des Blutes oder des Urins ermittelt.

Genetische Untersuchungen
Werden meist bei Kindern mit einer ungeklärten globalen Entwicklungsverzögerung oder einer geistigen Behinderung durchgeführt. Mit der zytogenetischen Untersuchung können chromosomale Störungen erfasst werden. Bei begründetem Verdacht erfolgt eine molekulargenetische Untersuchung meist zur Abklärung eines Fragilen-X-Syndroms. Geben diese Untersuchungen keinen Hinweis auf mögliche Ursachen, erfolgt meist ein allgemeines genetisches Screening.

Liquoruntersuchung
Der Liquor (Gehirn-Rückenmarks-Flüssigkeit) wird durch eine Punktion im Bereich der Lendenwirbelsäule gewonnen und wird vor allem bei Verdacht auf eine Entzündung im Bereich des Nervensystems durchgeführt (z.B. Meningitis). Entzündungen des Gehirngewebes oder der Hirnhäute verändern die Liquor-Zusammensetzung, die im Labor untersucht wird.

Medizinische Sichtweise 51

1.6 Ursachen von Entwicklungsstörungen

Die Einteilung der Ursachen von Entwicklungsstörungen oder Behinderungen kann an der Entwicklung orientiert vorgenommen und nach den Entstehungsphasen vor, während und nach der Geburt gegliedert werden. Je nach Zeitpunkt, Art und Schwere der Schädigung sind aus medizinischer Sicht unterschiedliche Folgen zu erwarten (vgl. F. Klein 2006, S. 92 ff.; Speck 1999, S. 46 f.):

Pränatal (vor der Geburt)

- genetische Ursachen (vererbte Stoffwechselstörungen, Fehlbildungen der Organsysteme und Differenzierungsstörungen auf Grund von Mutationen)
- chromosomale Ursachen (Chromosomenanomalien wie Trisomie, Prader-Willi oder Angelman-Syndrom)
- exogene Ursachen (Virusinfektionen, Alkohol, Drogen, Toxine, Medikamente, Strahlen)
- multifaktorielle Ursachen (Kombination genetischer und exogener Faktoren, beispielsweise bei Neuralrohrdefekten (Spina bifida meist mit Hydrocephalus))
- unbekannte Ursachen (in 40-50 % der Fälle)

Perinatal (während der Geburt)

- durch Sauerstoffmangelzustände verursachte Hirnerkrankungen
- Blutungen im Inneren des Hirnschädels (Hirnblutungen)
- Infektionen
- Stoffwechselveränderungen
- Atemstörungen

Postnatal (nach der Geburt)

- angeborene Stoffwechselstörungen
- schwere Erkrankungen und Infektionen (Enzephalitis (Entzündung des Gehirns), Meningitis (Hirnhautentzündung) und Meningoenzephalitis (Entzündung der Hirnhäute und des Gehirns))
- Trauma (z.B. Verletzungen durch Kindesmisshandlung)
- akut lebensbedrohliches Ereignis (ALE) (z.B. Ertrinkungsunfälle, die zu Sauerstoffmangel führen)
- psychosoziale Deprivation

Um die Ursachen vieler Entwicklungsstörungen nachvollziehen zu können, sind Grundkenntnisse über die intrauterine Entwicklung (> Teil II, 1.3 und Tabelle: Übersicht über die vorgeburtliche Entwicklung), insbesondere über die Entwicklung des zentralen Nervensystems (ZNS) und über die weitere Gehirnentwicklung in den ersten Lebensjahren erforderlich.

In der intrauterinen Entwicklung des ZNS kommt es zunächst zu einer Überproduktion an Nervenzellen und deren Verbindungen (Synapsen). Daraufhin setzt bereits intrauterin ein Zelluntergang (natürlicher Zelltod) der Nervenzellen, die nicht benötigt werden, ein. Dieser Zelluntergang setzt sich nach der Geburt weiter fort. Die nicht notwendigen synaptischen Verbindungen und Nervenzellen gehen unter. Parallel zu diesem Abbauprozess der nicht aktiven Verbindungen zeigt das Gehirn in den ersten Lebensjahren ein enormes Wachstum mit verstärkter Ausdifferenzierung von aktivierten Nervenzellen und deren weiteren Verknüpfungen. Die Entstehung von Vernetzungen ist aktivitätsabhängig, da die Nervenzellen benutzt werden müssen, um miteinander verschaltet werden zu können. Dieser Prozess wird insbesondere von Umweltanregungen, wie beispielsweise der Stimulation des Gehirns über Sinnesreize, beeinflusst. Es wird davon ausgegangen, dass es in der Entwicklung des ZNS typische Zeitfenster (sensible Phasen) gibt, in denen bestimmte Erfahrungen einen bestmöglichen Einfluss nehmen (> Teil IV, 3.2). Insgesamt verfügt das Gehirn über eine enorme Veränderbarkeit und Anpassungsfähigkeit an die Umweltbedingungen. Das wird als Plastizität verstanden. Bei Schädigungen ist durch eine Reorganisation des ZNS eine Kompensation innerhalb gewisser Grenzen möglich. Diese zeigt sich jedoch erst im Laufe der Entwicklung (vgl. Zimmer 2004, S. 27 ff.; Hülshoff 2000, S. 13 ff.).

1.7 Medizinische Behandlungsmaßnahmen

Ausgehend von der Diagnosestellung, der Ursache, sofern diese erkannt wurde – und von der damit absehbaren Prognose, sind bestimmte medizinische Maßnahmen indiziert.

In der Medizin werden die Maßnahmen zur Behandlung von Krankheiten oder Verletzungen als Therapie bezeichnet. Eine Therapie ist zeitlich begrenzt und verfolgt ein bestimmtes Ziel, das sich überwiegend an körperlichen oder psychischen Funktionen orientiert. Das Ziel aller Maßnahmen ist die Heilung, Beseitigung oder Linderung von Symptomen und die Wiederherstellung von körperlichen und psychischen Funktionen. Die allgemeine Therapie orientiert sich am Gesamtzustand des Patienten. Die spezielle Therapie bezieht sich auf konkrete Details der Behandlung. Je nach Ziel und Zweck kommen unterschiedliche Therapieformen zum Tragen. Eine kausale Therapie versucht, die krankheitserregenden Ursachen zu beseitigen, was z.B. bei antibiotischen Behandlungen bakterieller Infektionen der Fall ist. Bei vielen Entwicklungsstörungen oder Behinderungen ist die Ursache nicht bekannt oder medizinisch beeinflussbar, so dass nur ein Teil der Symptome verändert werden kann. Hier spricht man von einer symptomatischen oder palliativen Therapie.

Die medizinischen Maßnahmen umfassen die medikamentösen Behandlungen, die chirurgisch-operativen Eingriffe, die Hilfsmittelversorgung und die Heilmittelverordnungen (vgl. F. Klein 2006, S. 105 ff., S. 117; Straßburg 1997, S.107 f., S. 243 ff., S. 258 ff., S. 265 ff.; Fricke 2007, S. 42; Thurmair 2007, S. 180 f.):

- Medikamente
  Auf manche Stoffwechselstörungen kann durch eine gezielte medikamentöse Behandlung erfolgreich eingewirkt werden. Treten zerebrale Anfälle auf, ist eine medikamentöse Therapie erforderlich, um die epileptischen Anfälle zu verhindern oder ihre Ausprägung und Häufigkeit zu mindern. Bei infantilen Cerebralparesen (CP) oder ähnlichen Bewegungsstörungen erfolgt bei bestimmten Indikationen eine Therapie mit Botulinumtoxin, um die Spastizität zu reduzieren. Menschen mit schweren Behinderungen und herausfordernden Verhaltensweisen bekommen zur Beruhigung oft Psychopharmaka verabreicht.

- Operationen
  Chirurgische Eingriffe sind aufgrund verschiedener Organstörungen erforderlich. Bei enormen Schwierigkeiten in der Ernährung kann eine Magensonde (PEG) gelegt werden. Das ist oft bei Frühgeborenen oder bei Kindern mit schwerst-mehrfacher Behinderung notwendig. Ein Hydrozephalus wird meist operativ mit einer Liquorableitung aus einem Ventrikel in die Bauchhöhle (Shuntsystem) behandelt. Orthopädische Operationen sind bei Kindern mit Bewegungsstörungen angezeigt.

Medizinische Sichtweise

- **Hilfsmittelversorgung**
  Die Hilfsmittelversorgung, mit der die Behinderung ausgeglichen oder die Rehabilitation unterstützt werden soll, ist gesetzlich im SGB V geregelt. Die Spitzenverbände der gesetzlichen Krankenkassen haben ein Hilfsmittelverzeichnis, das regelmäßig aktualisiert wird, erstellt. Die bewilligten Hilfsmittelleistungen sind hier aufgeführt. Hier können orthopädische Gegenstände, wie beispielsweise Prothese, Sitzschale, Stehbrett, Korsett, Rollator oder Rollstuhl, genannt werden.

- **Heilmittelverordnung**
  Der Arzt kann medizinisch notwendige Behandlungsmaßnahmen (Heilmittel) entsprechend der vorgegebenen Kriterien (Leitlinien der Deutschen Gesellschaft für Sozialpädiatrie und Jugendmedizin unter www.awmf-leitlinien.de) verordnen. Die Verordnung erfolgt über spezielle Formulare, die der Arzt ausfüllt (z.B. Patientendaten, Diagnose, therapeutische Maßnahmen mit Zahl der Therapieeinheiten und Häufigkeit) und die dann vom Therapeuten mit den erbrachten Therapieeinheiten u.a. ergänzt und vom Patienten (den Eltern) in Form einer Unterschrift quittiert werden. Erst bei Vorlage einer ärztlichen Verordnung darf mit der Therapie begonnen werden. Der Therapeut rechnet die Kosten über Abrechnungszentren mit den Krankenkassen ab. Für Kinder sind die Heilmittel kostenfrei. Als medizinisch orientierte Behandlungsmaßnahmen gelten Physiotherapie, Ergotherapie und Logopädie.

  ### Physiotherapie (Krankengymnastik)
  Sie hat die Aufgabe, gestörte Körperfunktionen – insbesondere der Motorik – zu erkennen. Das Ziel ist die Verbesserung entwicklungsabweichender oder gestörter Bewegungsabläufe. Im Kinderbereich erfolgt die krankengymnastische Behandlung meist auf neurophysiologischer Grundlage; bekannt sind die in der Praxis gängigen Verfahren nach Bobath oder nach Vojta, die sich in ihrer Vorgehensweise deutlich unterscheiden:

  Im **Bobath-Konzept** waren ursprünglich die Tonusnormalisierung, die Hemmung der pathologischen Bewegungsmuster und die Anbahnung von physiologischen Bewegungen die drei grundlegenden Vorgehensweisen. In der ständigen Weiterentwicklung hat sich mehr eine Hilfe zur Eigenregulation als ein Schwerpunkt des Miteinanderhandelns von Kind und Therapeutin ergeben. Von großer Bedeutung ist das aus dem Bobath-Konzept heraus entwickelte „handling". Ziele dieses Ansatzes sind die Differenzierung der funktionellen Fähigkeiten, die Erweiterung der Handlungskompetenz und das Erreichen einer größtmöglichen Selbstständigkeit. Die therapeutischen Maßnahmen dienen der Unterstützung der Eigenregulierung von Haltung und Bewegung. In der Therapie werden Bedingungen so gestaltet, dass das Kind seine Intention umsetzen und seine individuelle Lösung zur Zielumsetzung finden kann. Mit diesem Lösungsweg werden gleichzeitig der Tonus und die Haltungskontrolle den individuellen Möglichkeiten des Kindes entsprechend angepasst.

  Bei der Behandlung nach **Vojta** wird das Kind in eine definierte Ausgangsstellung gebracht (Rückenlage, Seitenlage, Bauchlage). An bestimmten Körperzonen werden gezielte propriozeptive Reize (kinästhetische Wahrnehmung > Teil III, 1) gesetzt, die im Zentralennervensystem angelegte Haltungs- und Bewegungsmuster, die den ganzen Körper erfassen, abrufen. Diese Bewegungsmuster werden im Reflexumdrehen und Reflexkriechen ausgelöst und dienen dem Ziel, sich bestmöglich gegen die Schwerkraft aufzurichten und fortzubewegen. Sie dienen auch der Verbesserung der Wahrnehmung und der Feinmotorik.

  Die Überlegenheit einer der beiden Methoden ist bisher nicht sicher nachgewiesen. Auch haben sich weitere Methoden und Spezialisierungen entwickelt. Ein aktueller Trend scheint sich jedoch dahingehend zu entwickeln, dass sich diese zwei klassischen Ausrichtungen immer mehr „aufheben" und sich eine allgemeine Physiotherapie für Kinder auf der Grundlage aktueller wissenschaftlicher Erkenntnisse etabliert.

  Die Physiotherapie ist vor allem in den ersten Lebensjahren von Bedeutung. Bei Kindern mit schweren Körperbehinderungen ist eine physiotherapeutische Behandlung meist andauernd notwendig, um die erreichten Bewegungsmöglichkeiten zu sichern und um Kontrakturen oder Deformitäten entgegen zu wirken. Auch erfolgt im Rahmen der Therapie die Hilfsmittelversorgung.

  ### Ergotherapie
  Das Ziel der Ergotherapie ist die Verbesserung, Wiederherstellung und Kompensation der beeinträchtigten Fähigkeiten und Funktionen, damit das Kind alltagspraktische Tätigkeiten und Bewegungsabläufe selbstständig ausführen kann, also eine größtmögliche Selbstständigkeit und Handlungsfähigkeit erwirbt. Inhaltlich ist sie auf die Bereiche der Wahrnehmung, der Motorik und der Kognition ausgerichtet. Die Ergotherapie wird wesentlich von unterschiedlichen Ansätzen wie der sensorischen Integrationsbehandlung (SI-Therapie) nach Ayres oder dem Affolter-Konzept (problemlösende Alltagsgeschehnisse – PLAG) geprägt.

Nach dem Heilmittelkatalog werden unter anderem eine motorisch-funktionelle und eine sensorisch-perzeptive Behandlung unterschieden. Auch die Hilfsmittelversorgung kann im Rahmen der Ergotherapie erfolgen. Der Stellenwert der ergotherapeutischen Behandlung im Kindesalter wird zurzeit sehr kontrovers diskutiert, da die Indikationen im Heilmittelkatalog sehr weit gefasst sind und wissenschaftlich anerkannte Evaluationsstudien zur Wirksamkeit fehlen.

Logopädie

Die Logopädie ist eine noch junge medizinisch-therapeutische Fachdisziplin der Sprach-, Sprech-, Stimm-, Schluck- oder Hörbeeinträchtigung und der Kommunikationsfähigkeit. Verordnet wird sie unter anderem bei Kindern mit Artikulationsstörungen und expressiven und rezeptiven Sprachstörungen. Die allgemeinen Therapieziele – Verbesserung der Kommunikation, Wecken der Sprechfreude und Ausbau des Sprachverständnisses – werden mit spezifischen Zielen, die sich an dem jeweiligen Sprech- bzw. Sprachproblem orientieren, erweitert. In der Logopädie gibt es verschiedene Methoden. Der zuständige Therapeut wählt je nach Störung und den individuellen Stärken und Problemen des Kindes entsprechend die geeignete Vorgehensweise aus. Vor allem bei jüngeren Kindern und bei Kindern mit globalen Entwicklungsretardierungen, bei denen der Spracherwerb erschwert ist, kommt das Konzept von Zollinger zum Tragen. In diesem Ansatz basiert die Diagnostik und Förderung auf einer breit angelegten und entwicklungspsychologisch fundierten Grundlage, in die die Sprache eingebettet ist. Sie wird ganzheitlich in Spiel- und Interaktionssituationen entdeckt und geweckt. Bei Störungen der Mundmotorik sowie bei Schluckproblemen erfolgt eine orofaziale Regulationstherapie meist nach dem umfassenden Konzept von Castillo Morales.

Rehabilitationssport

Der Rehabilitationssport für behinderte und von Behinderung bedrohte Menschen wird auf Verordnung durch einen Arzt von der Krankenkasse übernommen. Als Erstverordnung können 50 Übungseinheiten über 18 Monate oder bei bestimmten Erkrankungen über 120 Übungseinheiten verschrieben werden. Im Kinderbereich wird die psychomotorische Therapie über den Rehabilitationssport verordnet und in vielen Bundesländern von der Krankenkasse bezahlt.

Zwischenbilanz

Die medizinischen Möglichkeiten in der Diagnostik dienen der Feststellung von Funktionseinschränkungen und der Ursachenklärung von Behinderung. Bevor eine pädagogisch gesicherte Intervention erfolgen kann, bedarf es in der Regel einer medizinischen Abklärung. Diese Beurteilungen müssen in die heilpädagogische Diagnose und Förderung einbezogen werden. Die medizinisch-therapeutischen Behandlungsmaßnahmen erfolgen meist parallel zu den heilpädagogischen. Das inhaltliche Vorgehen sollte eng aufeinander abgestimmt sein. Für diese interdisziplinäre Zusammenarbeit braucht die Heilpädagogin medizinische Grundlagenkenntnisse.

2 Psychologische Sichtweise

Wie die Eingangdefinition gezeigt hat, ergeben sich aus der psychologischen Betrachtungsweise vom Erleben und Verhalten einer Person Entwicklungsabweichungen und -störungen aus einem normativen Bezug heraus.

Entwicklung wird unter dieser Perspektive als ein lebenslanger, fortschreitender Veränderungsprozess zur psychischen Differenzierung und Integration verstanden. Eine herausragende Bedeutung hat dabei die kindliche Entwicklung, da in dieser Lebensspanne fundamentale persönlichkeitsbildende Prozesse erfolgen. Der Entwicklungsbegriff ist zukunftsorientiert und auf positive Ziele ausgerichtet. In der Entwicklung kommt es zu Veränderungen, die überdauern und stabil sind. Daran sind auch immer auf das Lebensalter bezogene Erwartungen geknüpft. Entwicklung bezieht sich jedoch nicht nur auf objektiv feststellbare Prozesse, sondern sie beinhaltet außerdem Veränderungen, die subjektiv bedeutsam sind. Neben dem Wandel besteht auch eine Kontinuität in der Entwicklung, da die Einheit der Person – in ihrer Substanz – über die Zeit hinweg beständig bleibt.

Wie die Entwicklungsprozesse erklärt werden, ist von der jeweiligen theoretischen Ausrichtung abhängig. Die Extrempositionen der endogenistischen und der exogenistischen Sichtweise spiegeln den Kernkonflikt in der Anlage-Umwelt-Debatte wider. Von aktueller Bedeutung sind die konstruktivistischen und interaktionistischen Erklärungsmodelle, die auch miteinander verbunden werden können (vgl. Gröschke 2005, S. 201 ff.; Oerter/Montada 2002, S. 5 f.; Schuck 2005, S. 7 f.).

		UMWELT	
		passiv	aktiv
P E R S O N	passiv von inneren oder äußeren Bedingungen bestimmt	endogenistische Theorien Entwicklung verstanden als Reifung Entsprechend eines angelegten Plans, entfalten sich die für einen Lebensabschnitt spezifischen Merkmale. Die Veränderungen in der Entwicklung werden nur mittels Anlage und Reifung erklärt. (Phasenlehre)	exogenistische Theorien Entwicklung durch Umwelteinflüsse Entwicklungsfortschritte werden direkt auf Umwelteinflüsse zurückgeführt. Das Verhalten wird ausschließlich durch äußere, auslösende und verstärkende Reize bestimmt und verändert. (behavioristisches Modell)
	aktiv das Kind als aktiver Gestalter seiner Entwicklung	konstruktivistische Theorien Entwicklung in Selbstkonstruktion Entwicklung erfolgt in selbstaktiver Auseinandersetzung mit der Umwelt: das Kind wirkt handelnd auf sie ein, erkennt und interpretiert sie, wodurch es komplexere Kompetenzen aufbaut. Die Umwelt ist nicht aktiv. (Selbstgestaltungstheorien)	interaktionistische Theorien Entwicklung als Wechselwirkung Kind und Umwelt stehen in einem Austauschprozess und wirken wechselseitig aufeinander ein, woraus sich die Entwicklungsfortschritte ergeben (Ko-Konstruktion). (transaktionale Theorien)

Abb. 6: Entwicklungsmodelle (in Anlehnung an Montada 2002)

Ein sozialisations- und handlungsorientiertes Modell von Entwicklung stellen die erstmals von Havighurst (1948) eingeführten Entwicklungsaufgaben dar: „Das Konzept der Entwicklungsaufgaben verbindet Individuum und Umwelt, indem es individuelle Leistungsmöglichkeiten mit kulturellen Anforderungen in ein dynamisches Verhältnis bringt, zugleich aber der Person eine aktive Rolle in der Ausgestaltung der eigenen Entwicklungsschritte einräumt" (Gröschke 2005, S. 215). Entwicklungsaufgaben stellen bestimmte, lebenslaufbezogene Anforderungen dar, die der Mensch in aktiver Auseinandersetzung erfolgreich bewältigen muss, um sich fortschreitend entwickeln zu können. Im Weiteren werden die Entwicklungsaufgaben vom Säuglingsalter bis zum Schulalter aufgezeigt (vgl. Schmidtchen 2001, S. 47):

Entwicklungsaufgaben des Säuglingsalters (0-2 Jahre)
- Ausbau von physiologischen Regulationsfertigkeiten
- Ausbau des Selbstsystems
- Erwerb von Bindungskompetenzen
- Ausbau von frühen Denk- bzw. Problemlösungskompetenzen

Entwicklungsaufgaben des Kindesalters (3-4 Jahre)
- Ausbau von spielerischen Verarbeitungskompetenzen
- Erwerb von sprachlichen Kompetenzen
- Erwerb von moralischen Urteilskompetenzen (Gewissensnormen)

Entwicklungsaufgaben des Vorschulalters (5-6 Jahre)
- Erwerb von Geschlechtsrollenkompetenzen
- Erwerb von Kompetenzen zum Umgang mit Altersgenossen und außerfamiliären Bezugspersonen
- Erwerb von Rollenkompetenzen des täglichen Lebens

Entwicklungsaufgaben des Schulalters (7-12 Jahre)
- Erwerb von schulischen Kompetenzen
- Erwerb von Gruppenkompetenzen

2.1 Hauptrichtungen der Psychologie

Die im Folgenden aufgeführten Hauptrichtungen sind psychologische Konstrukte, die die Menschwerdung, im Sinne eines vertiefenden Verständnisses der menschlichen Entwicklung, und das Menschsein zu erklären versuchen. Gespeist werden die verschiedenen Ausrichtungen von bestimmten Menschenbildannahmen, die auch in den Entwicklungsmodellen zum Ausdruck kommen. Der Mensch als ein eigenaktives Wesen in sozialer Bezogenheit erfährt sich als Lernender in einem lebenslaufbezogenen Prozess der Persönlichkeitsentwicklung. Die psychologischen Modelle geben Hinweise auf die Entstehung pathologischer Entwicklungsverläufe. Sie ermöglichen es, die soziale Realität auf unterschiedlichen Ebenen zu reflektieren und besser zu verstehen. In einem weiteren Schritt lassen sich daraus Wege für die Therapie und Förderung ableiten.

- Geisteswissenschaftliche Psychologie

In den aktuellen Theoriedebatten der empirisch ausgerichteten Psychologie spielt diese Richtung eine untergeordnete Rolle, da diese philosophisch fundierte Ausrichtung als eine überwundene Phase mit historischer Bedeutung angesehen wird. **Dilthey** (1833-1911) war der Begründer der geisteswissenschaftlichen Psychologie. Im Gegensatz zu der naturwissenschaftlich-erklärenden Psychologie stehen hier die Beschreibung und Analyse eines Zusammenhangs und das Verstehen individuellen Erlebens im Vordergrund. Als geisteswissenschaftliche Methode gilt die Hermeneutik, die über den hermeneutischen Zirkel einen Prozess der verstehenden Annäherung beschreibt, der subjektiv und einzelfallbezogen zu interpretativen Auslegungen führt. Dieser methodische Ansatz bleibt für die heilpädagogische Fallarbeit aktuell (vgl. Gröschke 2005, S. 177).

- Tiefenpsychologie

Das dynamische Zusammenspiel von bewussten und unbewussten Anteilen der Person bildet den Kern psychoanalytischen Denkens. Konfliktbesetzte Wünsche, die unerträglich geworden sind, sowie vergangene, verinnerlichte Beziehungserfahrungen werden in das Unbewusste verdrängt. In der Gegenwart können die unbewussten Anteile in „verkleideter Form" wieder auftauchen und dargestellt werden (szenisches Verstehen). Das Ich, als Ort der Organisation von Handlungen, entwickelt sich im Raum von Interaktionen in der Auseinandersetzung von Es, Ich und Über-Ich (Instanzen > Teil III, 2.2.1). Die Übereinstimmung aller tiefenpsychologischen Ansätze liegt darin, dass alle auf das Werden des Individuums in sozialer Bezogenheit ausgerichtet sind.

Aus der von **Freud** (1856-1939) begründeten Psychoanalyse haben sich in kritischer Auseinandersetzung alle weiteren tiefenpsychologisch fundierten Theorien – wie die Individualpsychologie von Adler, die analytische Psychologie von Jung oder die neofreudianische Psychoanalyse von Horney – entwickelt. Fromm hat die psychoanalytische Theorie insbesondere auf sozial-kulturelle Probleme hin angewendet.

Erikson, ein Vertreter der Ich-Psychologie, stellt die Entwicklung der Persönlichkeit in Stadien dar, wobei er die psychosexuellen Stadien Freuds mit den Kenntnissen über das physische und soziale Wachstum des Kindes innerhalb seiner Familie und der Sozialstruktur verknüpft. Hierin spiegelt sich seine Idee von der Identitätssuche des Menschen wider, die biologischen, kulturellen und psychodynamischen Lebenszyklen unterworfen ist. Den Entwicklungsprozess zeigt Erikson unter dem Gesichtspunkt der Dynamik von inneren und äußeren Konflikten auf – im Sinne von lebenslaufbezogenen Entwicklungskrisen, die durch Polaritäten gekennzeichnet sind (> Teil III, 4).

Psychoanalytisch orientierte Säuglingsforschungen gingen von Mahler und D. Stern (> Teil I, 3.2) aus. Die Bedeutung der Erkenntnisse neuerer Säuglingsforschung für die Psychoanalyse wird von Dornes in seinem Buch „Der kompetente Säugling" (2004) aufgezeigt, wobei er die Theorien von Mahler und D. Stern in kritischer Würdigung gegenüberstellt.

Mahler beschreibt den Prozess der Loslösung und Individuation in folgenden Phasen: normal autistische Phase, symbiotische Phase, Differenzierungsphase, Übungsphase, Wiederannäherungsphase und Befestigungsphase. Es ist zu bedenken, dass die Theorie von Mahler kritisch bedacht werden muss. Die aktuelle Säuglingsforschung belegt, dass der Säugling von Geburt an über differenzierte Wahrnehmungs- und Interaktionsfähigkeiten verfügt und deshalb nicht von einer normal autistischen oder symbiotischen Phase gesprochen werden kann, wie es Mahler tut. Jedoch gibt es in dieser kritischen Auseinandersetzung auch Vertreter, die in ihren Arbeiten belegen, dass der Symbiosebegriff durchaus eine entwicklungspsychologische Realität beschreibt. Es ist überzeugender, nur von symbiotischen Momenten zu sprechen, die individuell gesehen werden müssen. Die Bedeutsamkeit dieser Momente ergibt sich nicht nur aus den intrinsischen, körperlich-affektiven Empfindungen des Kindes, sondern in erster Linie aus der Qualität der elterlichen Reaktionen. In Anlehnung an Mahler zeigt Senckel in ihren Büchern die Bedeutung der Ich- und Beziehungsentwicklung für Menschen mit geistiger Behinderung auf (> Fallbeispiel Jule von Evelyn Rief).

In diesen Theorien werden die zentrale Bedeutung der frühen Mutter-Kind-Interaktion und der Vorstellungen des Kindes über sich und seine Bezugspersonen für die spätere Beziehungsgestaltung und für die Persönlichkeitsentwicklung herausgestellt (vgl. Gröschke 2005, S. 146 ff.; Greving 2005, S. 293 ff.; Stemmer-Lück, 2004, S. 29 ff., S. 126, S. 183; Erikson 1995 a, S.55 ff.; Dornes 2004 b, S. 49 ff.; Mahler 1996; D. Stern 1998; Senckel 1998; Senckel 2002; Dornes 1999, S. 154 ff.).

- Behaviorismus

Die von dem amerikanischen Psychologen **Watson** (1878-1958) geprägte Richtung ist auf das beobachtbare Verhalten bezogen, das auf naturwissenschaftlicher Basis objektiv beschrieben und untersucht werden kann. Auf der Grundlage von experimentellen Forschungen wurden Gesetzmäßigkeiten im Anpassungsverhalten von Tieren und Lernprinzipien entdeckt, die auf das menschliche Verhalten übertragen werden konnten. Die Zusammenhänge zwischen den äußeren Reize, der darauf folgenden Reaktion und dem beobachtbaren Verhalten wurden empirisch untersucht und unterschiedliche Gesetzmäßigkeiten des Lernens wurden erkannt. Unter den lerntheoretischen Ansätzen können das klassische Konditionieren (**Pawlow**), das operante Konditionieren (**Skinner**) und das Lernen am Modell (**Bandura**) gefasst werden. Beim klassischen Konditionieren wird durch einen spezifischen Reiz eine bestimmte Reaktion wiederholt ausgelöst; darüber werden einfache Abfolgen gelernt. Beim operanten Konditionieren erfolgt auf die Reaktion eine gezielte Konsequenz (Verstärker), die dazu führt, dass das Verhalten wiederholt (bei Belohnung) oder unterlassen (bei Bestrafung) wird. Beide Ansätze werden in der Verhaltensformel S-O-R-K-C zusammengefasst, die eine diagnostisch relevante Verhaltensanalyse ermöglicht. Auf dieser Grundlage erfolgt dann eine verhaltenstherapeutische Intervention. Das Lernen am Modell basiert auf der Nachahmung beobachtbarer Verhaltensweisen und kann auch als sozial-kognitive-Lerntheorie bezeichnet werden, die einen Übergang zum Kognitivismus darstellt. Der Behaviorismus wurde von einem mechanistischen Verhaltensmodell zu einem kognitiven Handlungsmodell weiterentwickelt (vgl. Gröschke 2005, S. 112 ff.; Greving 2005, S. 289 ff.; Senkel 1998 S. 38 ff.).

- Kognitivismus

Mit der kognitiven Wende in der Psychologie wurden zunehmend kognitive, d.h. geistige Prozesse untersucht und intern vermittelnde (kognitive) Variablen zwischen Reiz und Reaktion für die Erklärung von Verhaltensmustern aufgezeigt. Im Kognitivismus wird die Handlung als eine absichtsvolle, bewusst geplante und selbstreflektierte Verhaltensweise betont. Außerdem werden die inneren Vorgänge, die Denkprozesse, die das Handeln bestimmen, erklärt. Über die aktive Auseinandersetzung mit der Umwelt gelangt das Kind zu Erkenntnissen. Reize werden nicht nur aufgenommen, sondern auch einer Bewertung und Verarbeitung unterzogen, wobei dieser Vorgang, der zwischen Reiz und Reaktion stattfindet, als kognitive Repräsentation bezeichnet wird. Diesen Prozess der Verinnerlichung hat **Piaget** (1896-1980) in seiner Entwicklungstheorie dargestellt (> Teil III, 1; 2.1.1). Kognitives Lernen wird als Informationsaufnahme und -verarbeitung bezeichnet, da die Person aktiv an dem Prozess beteiligt ist. **Gagné**, ein führender Vertreter des Kognitivismus, hat zusammenfassend eine Hierarchie von Lernarten entwickelt (> Teil II, 3.3.1.4) (vgl. Gröschke 2005, S. 133 ff.; Straßburg 1997, S.176 ff.; Ginsburg 1993 S. 34 ff., 95 ff.; Strasser 2001, S. 71 ff.).

- Humanistische Psychologie

Diese psychologische Richtung entstand in Reaktion auf den Behaviorismus und in Abgrenzung zur Psychoanalyse. Sie hat ihre weltanschaulichen Wurzeln in den drei folgenden Strömungen: im Humanismus (philosophisch geprägte Weltanschauung, die an den Werten und der Würde des einzelnen Menschen orientiert ist) – im Existentialismus (im Sinne der existenzphilosophischen Richtung, die die Existenz des Subjekts, als die Besonderheit des Menschen vor allem anderen Seienden, betont) – in der Phänomenologie (eine philosophische Strömung, die auf Husserl zurückgeht und den Ursprung der Erkenntnisgewinnung in den unmittelbar gegebenen Erscheinungen sieht). Im Zentrum steht das Erleben des Menschen, der die Fähigkeit zur Selbstverwirklichung hat, sich selbst in der Beziehung zum anderen entdeckt und das Bedürfnis hat, seine Möglichkeiten in der Beziehung zur Welt zu entfalten.

Die Ursprünge der humanistischen Psychologie gehen auf **Maslow** (1908–1970) zurück, der die Motivationstheorie (Maslowsche Bedürfnispyramide) entwickelt hat. Weitere Vertreter sind Perls, der die Gestalttherapie begründet hat, und Cohn, die die Themenzentrierte Interaktion (TZI) entwickelt hat.

Von Bedeutung für die Praxis ist insbesondere der klienten- bzw. personzentrierte Ansatz nach **Rogers** (1902-1987). Er geht davon aus, dass der Mensch die grundsätzliche Fähigkeit besitzt, sich selbst zu erhalten, all seine Möglichkeiten zu entfalten und sich in konstruktiver Weise weiterzuentwickeln. Dieses Entwicklungsprinzip wird als Aktualisierungstendenz (> Teil II, 3.3.2.4) bezeichnet. Ein Teil dieser Aktualisierungstendenz versinnbildlicht das, was wir das Selbst nennen. Das Kind hat das Grundbedürfnis, bedingungslos angenommen und akzeptiert zu werden. Es integriert seine Wahrnehmungen so in seine Vorstellungen von sich selbst und der Umwelt, dass es mit sich selbst im Einklang steht. Dabei werden positive und negative Erfahrungen und Bewertungen aufgenommen. Das Kind erfährt sich in seinem Handeln auch durch die Umwelt begrenzt und negativ bewertet. Es muss sich anpassen, um die Liebe der Eltern nicht zu verlieren. Es verzichtet zu Gunsten der Anpassung auf sein Bestreben, sich selbst radikal zu verwirklichen. Die elterlichen Bewertungsprozesse liefern dem Kind einen notwendigen Orientierungsrahmen. Sie können sich aber auch negativ auf das Selbstwertgefühl des Kindes auswirken. Stimmen die tatsächlichen Erfahrungen mit dem Selbst nicht überein, so befindet sich das Kind in einem widersprüchlichen Zustand und erlebt eine innere Spannung. Um diese Unvereinbarkeit zu lösen, werden die entsprechenden Erlebnisse verzerrt wahrgenommen oder gänzlich ignoriert. Leidet das Kind in einem gesteigerten Ausmaß unter diesen psychischen Konflikten, mag es sein, dass es sich zurückzieht und die entsprechenden Erfahrungen vermeidet. Dann stagniert seine gesunde Entwicklung. Im personzentrierten Ansatz (Rogers) wird dem Klienten die Möglichkeit gegeben, über eine nach bestimmten Kriterien gestaltete Beziehung wieder zu sich selbst und seinen aufbauenden Kräften zu finden.

Den klientenzentrierten Ansatz von Rogers führten Tausch und Tausch in den deutschsprachigen Raum ein und bezogen diesen insbesondere auf erzieherische Aspekte (vgl. Gröschke 2005, S.168 ff.; Greving 2005, S. 299 ff.; Weinberger 2001, S. 22 ff.).

- Biologische Psychologie

Bei dieser in jüngster Zeit einflussreichsten psychologischen Forschungsrichtung ist vor dem Hintergrund von biologischen und körperlichen Dimensionen das Verhältnis von Gehirn (ZNS), Erleben und Verhalten von zentralem Interesse. Ein Teilgebiet der biologischen Psychologie ist die Neuropsychologie, die sich mit den Auswirkungen physiologischer Prozesse – vor allem im zentralen Nervensystem – auf psychische Prozesse beschäftigt. Die empirischen Studien befassen sich u. a. mit den biologischen Ursachen von Entwicklungs- und Verhaltensstörungen, insbesondere mit den Folgen zerebraler Traumata. Die kognitiven und affektiven Veränderungen aufgrund einer Hirnschädigung objektivierend zu erfassen, ist Aufgabe der neuropsychologischen Diagnostik (vgl. Gröschke 2005, S.185 ff.; Heubrock 2005, S. 74 ff.).

2.2 Psychologische Diagnostik

Hier können die drei folgenden methodischen Zugänge unterschieden werden (vgl. Gröschke 1997, S. 274 ff.; Bundschuh 1999, S. 55): Anamnese und Exploration, Verhaltensbeobachtung, Testdiagnostik (psychometrische Testverfahren, projektive Verfahren).

2.2.1 Die Anamnese

dient dazu, die biographischen, entwicklungsrelevanten Daten zu ermitteln, um die gesamte Lebensgeschichte des Kindes und seiner Familie einschließlich der biologischen, psychischen und sozialen Momente zu erfassen. Sie beinhaltet relativ objektive Angaben über die Lebensdaten sowie den Entwicklungsverlauf und darüber hinausgehend die lebensbedeutsamen Ereignisse sowie das subjektive Erleben der beteiligten Personen. Ausgehend von einer konkreten Problemstellung liefert die Anamnese wichtige Informationen zur Ursache von Entwicklungs- und Verhaltensstörungen und Daten für die weitere diagnostische Abklärung. Sie verdeutlicht die Zusammenhänge zwischen dem Entwicklungsverlauf und dem Verhalten des Kindes im Kontext seiner familiären und sozialen Bezüge.

Unterschieden werden kann zwischen der Eigenanamnese (Mitteilungen der betroffenen Person selbst) und der Fremdanamnese (Befragung der wesentlichen Bezugspersonen). Bei Kindern wird überwiegend eine Fremdanamnese durchgeführt. In der Praxis ist es gängig, die anamnestischen Daten in schriftlicher Form mit Hilfe eines Elternfragebogens zu erheben und anschließend in einem persönlichen Gespräch mit den Bezugspersonen zu vertiefen. In der Gestaltung des Anamnesegesprächs kommen die Techniken der Gesprächsführung zum Tragen. Die inhaltliche Strukturierung erfolgt anhand eines Anamneseschemas. In der Literatur werden verschiedene solcher Leitfäden angeboten, die je nach Problemstellung modifiziert werden müssen. Jede Anamneseerhebung umfasst generell folgende Inhalte (vgl. Bundschuh 1999, S. 124 ff.): Vorstellungsanlass, Entwicklung des Kindes bis zum augenblicklichen Zeitpunkt, Krankheiten oder Besonderheiten, bisherige Förderungen/Therapien, spezifische Fragen bei besonderen Problemstellungen, Familiensituation und Umweltbeziehungen, Wohnort und äußerer Lebensrahmen, familiäre Erkrankungen oder Besonderheiten.

In der Exploration werden besondere Themenbereiche vertiefend erfragt.

Psychologische Sichtweise 61

2.2.2 Die Verhaltensbeobachtung

ist im wissenschaftlich orientierten Sinne eine zielgerichtete (bewusst ausgerichtete), differenzierte (umfassende) und objektive (um Sachlichkeit bemühte) Beobachtung. Gemeint ist die aufmerksame Wahrnehmung von äußeren Merkmalen, konkreten Verhaltensweisen und verbalen Äußerungen vor dem Hintergrund einer bestimmten Situation (vgl. Bundschuh 1999, S. 133; Strasser 2001, S. 43).

Die Beobachtung und deren Beurteilung sind mit Fehlerquellen behaftet, die aus der Sozialpsychologie bekannt und belegt sind. Hierunter fallen beispielsweise (vgl. Strasser 2001, S. 44; Bundschuh 1999, S. 131 f.):

- die Attribution
  Die Lücke zwischen der wahrgenommenen Wirklichkeit und dem persönlichen Eindruck wird durch Zuschreibungen geschlossen.

- die Projektion
  Der Beobachter schreibt dem anderen eigene positive oder negative Eigenschaften zu.

- die Stereotypisierung
  Die Angehörigen einer bestimmten Gruppe werden mit Merkmalen und Eigenschaften, die dieser Gruppe zugeschrieben werden, belegt.

- der logische Irrtum
  Der Beobachter nimmt an, dass bestimmte Eigenschaften und Verhaltensweisen gemeinsam auftreten und miteinander verbunden sind.

- der Halo-Effekt (oder Hof-Effekt)
  Ausgehend von einzelnen wahrgenommenen Verhaltensweisen, entsteht ein Gesamteindruck der Person, der die weiteren Beobachtungen überstrahlt.

- die selbsterfüllende Prophezeiung (auch Rosenthal- oder Pygmalion-Effekt)
  Die Erwartungen des Beobachters bewirken mit großer Wahrscheinlichkeit, dass sich der andere entsprechend dieser Erwartung verhalten wird.

- der Milde-Effekt
  Der Beobachter gewichtet positiv wahrgenommene Verhaltensweisen stärker und mildert negative.

Die Beobachtungsfehler können durch geeignete Beobachtungs- und Protokollierungsverfahren, die gezielte Schulung der Beobachter und durch die Teilnahme mehrerer Beobachter reduziert werden (vgl. Bundschuh 1999, S. 133).

Die Verhaltensbeobachtung ist möglich in Form (vgl. Bundschuh 1999, S. 130 ff.; Strasser 2001, S. 39 ff.):

- der mittelbaren (vom Laien berichteten) und unmittelbaren (vom Fachmann praktizierten) Durchführung
- der Gelegenheitsbeobachtung (zufällig durchgeführt) und der systematischen (an bestimmte Bedingungen gebundenen) Beobachtung
- der freien (nicht standardisierte Beobachtung, bei der es dem Beobachter freigestellt ist, was bzw. welche Verhaltensweisen er beobachten will) und der gebundenen Beobachtung (standardisierte Beobachtung nach einem bestimmten Beobachtungssystem, bei dem bestimmte Merkmale etc. vorgegeben sind)
- der Beobachtung einer alltäglichen, natürlichen Situation oder während einer Testdurchführung

Sie kann weiter unterteilt werden in:

- die nicht-teilnehmende (direkte Beobachtung durch Protokollierung oder technisch unterstützte Beobachtung mittels Ton-, Film und Videotechnik)
- und die teilnehmende Beobachtung (aktiv teilnehmend in der Doppelrolle des Handelnden und des Beobachters oder passiv teilnehmend als Zuschauer)

Die reine Verhaltensbeobachtung beschränkt sich auf die Beschreibung dessen, was der zu Beobachtende in einem umschriebenen Kontext tut/nicht tut und sagt, ohne dass eine beurteilende Interpretation erfolgt. Die Verhaltensbeschreibung erfolgt mittels Verben, allenfalls Adverbien, also auf einem verbal-adverbialen Niveau. Bei den Verhaltensbeschreibungen sollten keine Adjektive und Substantive verwendet werden, da diese Eigenschaften beschreiben und Wertungen beinhalten. Auf diesem Niveau werden Zuschreibungen vermittelt und der Leser kann sich kein eigenes Bild mehr machen. Getrennt von der Beobachtung werden dann die möglichen Interpretationen, Erklärungen und Beurteilungen aufgezeigt und Hypothesen abgeleitet (> Teil II, 3.3.1.2 und Teil V, 2.8) (vgl. Strasser 2001, S. 45 ff.).

Inventare

Eine Sonderform der Verhaltensbeobachtung ist die Inventarisierung. Inventare sind gezielte Beobachtungsverfahren, die die Verhaltensbeobachtung steuern und systematisieren. Sie ermöglichen eine diagnostische Einschätzung der Fähigkeiten und Kompetenzen eines Kindes in unterschiedlichen Entwicklungsbereichen. Im Gegensatz zu den psychometrischen Testverfahren, die auf der Grundlage einer mathematisch-statistischen Mess- und Messfehlertheorie ausgewählte und umschriebene, psychologisch definierte Persönlichkeitsmerkmale klassifizieren, werden die Inventare nicht in einer standardisierten und objektiven Prüfungssituation angewendet. Sie werden stattdessen in offen gestalteten Situationen unter ökologisch validen (gültigen) und optimalen Bedingungen über einen längeren Zeitraum durchgeführt. Mit Hilfe von Inventaren kann ein breites Spektrum an alltagsnahen kindlichen Handlungen erfasst und das Entwicklungsniveau des Kindes ermittelt werden. Dieser methodische Ansatz orientiert sich an dem individuellen Entwicklungsverlauf des Kindes und ist insbesondere für den förderdiagnostischen Prozess bedeutend. Für die psychomotorische Förderung hat Eggert eine Reihe an speziellen Inventaren entwickelt (vgl. Gröschke 2004, S. 16; Strasser 2001, S. 51; Eggert 2008, S. 106 ff.). Zum Überblick werden einige allgemeinere Entwicklungsinventare aufgezeigt:

- Förderdiagnostik für schwerstbehinderte Kinder zur Ermittlung des sensomotorischen Entwicklungsniveaus im ersten Lebensjahr von Fröhlich und Haupt
- Die Ordinalskalen zur sensomotorischen Entwicklung (OSE) für den Altersbereich von 0-2 Jahren von Uzgiris und Hunt in deutscher Bearbeitung von Sarimski
- Vademecum für die Entwicklung des Säuglings und Kleinkindes im Alter von 0-3 Jahren von Schlienger
- Beobachtungsbogen für mehrfachbehinderte Kinder auf einem Entwicklungsniveau von 0-48 Monaten von Nielsen
- Sensomotorisches Entwicklungsgitter für Kinder im Alter von 0-4 Jahren von Kiphard; Erweiterung für die Altersspanne von 4-7 ½ Jahren von Sinnhuber als Screening-Verfahren
- Diagnostische Einschätzskalen (DES) zur Beurteilung des Entwicklungsstandes und der Schulfähigkeit für Kinder ab 5 Jahren von Barth
- Heidelberger Kompetenz-Inventar für geistig Behinderte (HKI) zur Erfassung der individuellen praktischen, kognitiven und sozialen Kompetenzen im Alter von 7-16 Jahren von Holtz

2.2.3 Die Testdiagnostik

wird in die psychometrischen Testverfahren und in die projektiven Verfahren unterteilt. Diese gängige Zuordnung kann auch kritisch gesehen werden, da die projektiven Verfahren (z.B. Szeno-Test, Familie in Tieren, Satzergänzungs-Test) weitestgehend auf tiefenpsychologischen Annahmen beruhen und nach Maßstäben der klassischen Testtheorie nicht messbar sind. Methodenkritisch betrachtet sind die projektiven Verfahren der Psychodiagnostik keine Testverfahren, sondern Methoden des Befragens und Beobachtens. Ihr Wert liegt in der Ergänzung bisheriger Arbeitshypothesen (vgl. Gröschke 2004, S. 17; Tietze-Fritz 1996, S. 120). Im Weiteren wird der Schwerpunkt auf die psychometrischen Testverfahren gelegt.

Die psychometrischen Testverfahren
sind standardisierte Testverfahren, zu denen die allgemeinen Entwicklungstests und die Intelligenztests zählen. Das Wort „Test" bedeutet soviel wie „Probe". Im Wesentlichen ist ein Test eine Verhaltensstichprobe, die unter standardisierten Bedingungen stattfindet. Diese Stichprobe erlaubt Rückschlüsse auf die individuelle Merkmalsausprägung bei einer Person (vgl. Bundschuh 1999, S. 64).

Nach Lienert & Raatz (1998) kann ein Test als „ein wissenschaftliches Routineverfahren zur Untersuchung eines oder mehrerer empirisch abgrenzbarer Persönlichkeitsmerkmale mit dem Ziel einer möglichst quantitativen Aussage über den relativen Grad der individuellen Merkmalsausprägung" definiert werden.

Die psychometrischen Testverfahren basieren auf der klassischen Testtheorie und stellen eine psychologische Methode dar, mit der die Ausprägung eines Persönlichkeitsmerkmals gemessen und in einem Testwert angegeben wird. Die klassische Testtheorie geht davon aus, dass jeder Testwert auch mit einem Messfehler behaftet ist. Auf der Basis dieser Annahme sind die drei grundlegenden Gütekriterien psychometrischer Testverfahren definiert (vgl. Bundschuh 1999, S. 71 ff.):

- Objektivität
  Sie bestimmt den Grad, in dem die Testergebnisse unabhängig vom Untersucher sind, d.h. dass verschiedene Untersucher bei demselben Kind zu gleichen Ergebnissen gelangen und bezieht sich auf die Durchführung, die Auswertung und die Interpretation.
- Reliabilität
  Die Zuverlässigkeit bestimmt den Grad der Genauigkeit, mit dem der Test ein bestimmtes Persönlichkeitsmerkmal misst, d.h. eine Testwiederholung unter gleichen Bedingungen müsste zu dem gleichen Ergebnis führen.
- Validität
  Die Gültigkeit bestimmt den Grad der Genauigkeit, mit dem das Persönlichkeitsmerkmal, das der Test messen soll, tatsächlich gemessen wird, d.h. inwieweit das Testverfahren wirklich das misst, was es zu messen beansprucht.

Einen weiteren wichtigen Platz unter den Gütekriterien nimmt die Normierung ein. Erst mit der Normierung gewinnt ein Test an diagnostischer Bedeutung und Aussagekraft. Ein individuelles Testergebnis allein reicht nicht aus. Es ist nur in Bezug auf ein größeres Bezugssystem – nämlich Normen – interpretierbar und vergleichbar (vgl. Bundschuh 1999, S. 86 f.).

Die Normverteilung kann auch als Wahrscheinlichkeitsverteilung bezeichnet werden. Demnach befinden sich die Mehrheit der Personen im mittleren Durchschnittsbereich und die Minderheit in den äußeren Bereichen. Diese typische Erfahrungsverteilung wurde durch zahlreiche theoretische und experimentelle Forschungen ermittelt. Sie kann mathematisch ausgedrückt und in einer Kurve dargestellt werden, die „Glockenkurve" heißt und manchmal auch „Gaußsche Kurve" genannt wird, da sich der Gedanke der Normverteilung auf Gauß zurückführen lässt.

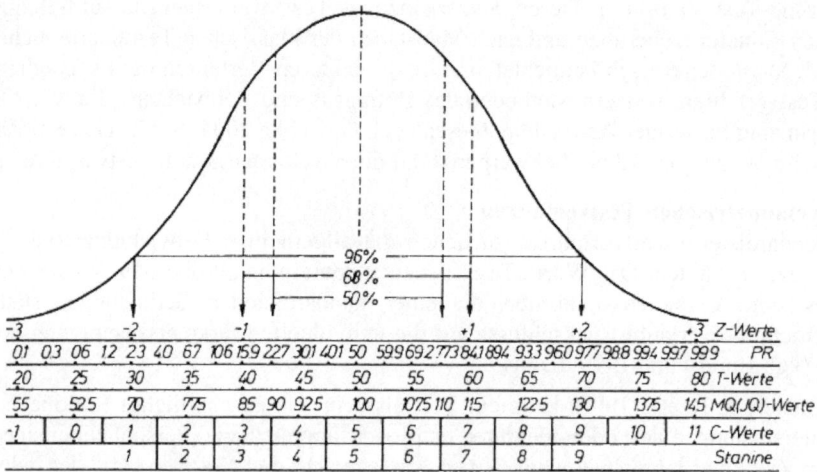

Abb. 7: Normverteilungskurve, Darstellung der PR-, t-. MQ-, C- und Stanine-Skala (aus Zimmer 1987, S. 37)

Auch wenn Kritik am Modell der Normalverteilung geäußert wird, muss bedacht werden, dass die Normverteilungskurve eine der bedeutendsten mathematischen Grundlagen der gesamten Testtheorie darstellt. Vor allem der Gedanke der Normierung von Tests (wie weit weicht ein Individuum mit seiner Leistung vom Durchschnitt ab) geht von dieser Grundlage aus (vgl. Bundschuh 1999, S. 88 f.).

Die in einem Test ermittelten Rohwerte oder Messwerte können in verschiedene Normskalen transportiert werden. Diese gehen von einem Mittelwert (MW) und einer jeweiligen Standardabweichung (SD) aus. Der Mittelwert ermöglicht die Einschätzung, ob sich ein individuelles Messergebnis über oder unter dem Durchschnitt befindet. Die Standardabweichungen geben an, wie weit der einzelne Messwert vom Mittelwert abweicht und in welchem Bereich dieser liegt. Der Durchschnittbereich beschreibt das Feld von einer Standardabweichung nach oben und nach unten. Bei mehr als einer Standardabweichung handelt es sich um ein über- oder unterdurchschnittliches Ergebnis.

Die Normen können u.a. in Prozenträngen, IQ/EQ-Werten und T-Werten angegeben werden. Vergleichbar ist dies mit einem Messbecher: Befindet sich darin eine bestimmte Menge eines Stoffes, kann dieser feststehende Inhalt anhand der äußeren Skalen in unterschiedlichen Zahlen bzw. Größenordnungen angegeben werden.

Beim Prozentrang handelt es sich um eine Grobnormierung. Es wird gefragt, wie viel Prozent aller Probanden eine gleich gute oder schlechtere Leistung erreicht haben wie das zu beurteilende Kind. Die IQ/EQ (Entwicklungsquotient)-Skala wird als Abweichungsskala durch einen Mittelwert von 100 und eine Streuung von $S,IQ = +/- 15$ definiert. Die T-Wert-Skala (Standard-Äquivalent-Normen) reicht von 20-80, hat einen Mittelwert von $T = 50$ und eine Streuung von $S,T = 10$.

Psychologische Sichtweise   65

Da jedes Testergebnis mit einem gewissen Messfehler behaftet ist, kann mit Hilfe des Standardmessfehlers der Bereich errechnet werden, in dem der „wahre Leistungswert" liegt. Dieser Bereich wird Vertrauensintervall oder Konfidenzintervall genannt.

Nebengütekriterien von Tests sind die Vergleichbarkeit, die Ökonomie und die Nützlichkeit (vgl. Bundschuh 1999, S.72).

In der Praxis werden standardisierte Testverfahren in der Eingangs- und Verlaufdiagnostik angewendet. Je nach diagnostischer Fragestellung wird ein geeignetes Verfahren ausgewählt, um den aktuellen Entwicklungstand mit den individuellen Stärken und Schwächen des Kindes zu erfassen. Das Ergebnis gibt auch einen Hinweis auf den Förderbedarf des Kindes, so dass entsprechende pädagogisch-therapeutische Maßnahmen initiiert werden können. Der weitere Entwicklungsverlauf, die Fortschritte, aber auch Stagnationen und Rückschritte können durch eine erneute Entwicklungsüberprüfung abgebildet werden.

Bei Kleinkindern (meist ab dem 2. Lebensjahr) werden allgemeine Entwicklungstests eingesetzt, die in einzelnen Entwicklungsbereichen durch spezifische Verfahren (z.B. Sprachentwicklungstest) ergänzt werden können. Zu berücksichtigen ist hierbei, dass es sich um eine Momentaufnahme handelt. Die Ergebnisse sind stark von der Motivation des Kindes und der Aufmerksamkeit abhängig und können auch aufgrund von Schwierigkeiten in der Kommunikation schwanken. Daher ist es erforderlich, wiederholte Überprüfungen durchzuführen, um eine gesicherte Diagnose, z.B. die einer globalen Entwicklungsretardierung, zu stellen. Erst mit zunehmendem Alter weisen die Testergebnisse eine gewisse Stabilität auf. Die Ergebnisse der allgemeinen Entwicklungstests im Kleinkindalter lassen nur bedingt eine Prognose der weiteren Entwicklung – insbesondere der intellektuellen Fähigkeiten – zu. Jedoch ist mit einer hohen Wahrscheinlichkeit davon auszugehen, dass Kinder mit einer ausgeprägten Entwicklungsverzögerung (EQ < 50, d.h. bei einem Lebensalter von 12 M ein Entwicklungsalter von weniger als 6 M), sich auch weiterhin deutlich langsamer als der Durchschnitt entwickeln und später zu der Gruppe der Kinder mit einer geistigen Behinderung gehören werden (vgl. Sarimski 2005 b, S. 141).

Ab dem Vorschulalter – spätestens mit Eintritt in die Schule – wird in der Regel ein Intelligenztest durchgeführt. Die geläufigsten Tests für diese Altersgruppe sind:

- Snijders-Oomen non-verbaler Intelligenztest (SON-R 2 ½-7 bzw. 5 ½ -17)
- Kaufman-Assessment Battery for Children (K-ABC 2;6-12;5 Jahre)
- Hamburg-Wechsler-Intelligenztest für Kinder –IV (HAWIK IV 6;0-16;11 Jahre)

Um die weiteren Entwicklungsbereiche des Kindes zu erfassen, werden andere Verfahren ergänzend hinzugezogen: z.B. motometrische Verfahren zur Einschätzung der fein- und grobmotorischen Entwicklung, visuelle Wahrnehmungstests oder Teilleistungstests zur Überprüfung bestimmter schulischer Fertigkeiten.

Auf methodische Hinweise zur Durchführung von Testverfahren wird nicht weiter eingegangen. Diese finden sich in den Testhandbüchern der unterschiedlichen Verfahren. Die Besonderheiten bei der Testdurchführung von Kindern mit Behinderungen werden in der heilpädagogischen Sichtweise (> Teil II, 3.3.1.3) aufgezeigt.

2.3 Psychologische Behandlungsansätze

Aus den zuvor aufgezeigten Hauptrichtungen der Psychologie lassen sich die unterschiedlichen Behandlungsansätze in der Psychotherapie ableiten. Hier wird der Schwerpunkt auf die psychotherapeutische Behandlung von Kindern gelegt.

- behavioral-kognitive Psychotherapie / Verhaltenstherapie für Kinder

Die Verhaltenstherapie stellt einen störungszentrierten Ansatz dar, bei dem gezielte Maßnahmen auf der Grundlage einer individuellen Verhaltensanalyse eingesetzt werden. Bei der Behandlung der Störungssymptome sollte auc h die Pathogenese, also die Krankengeschichte des Kindes, berücksichtigt werden. Parallel dazu ist oft eine Eltern- bzw. Familientherapie erforderlich. Um die verhaltenstherapeutischen Maßnahmen effektiv einsetzen zu können, ist es erforderlich, den kognitiven Entwicklungstand des Kindes zu berücksichtigen, da die Wirksamkeit der Interventionen davon abhängig ist (vgl. Schmidtchen 2001, S. 53 f.; Senckel 1998, S. 38 ff.). Unterschieden werden können nach Schmidtchen (vgl. Schmidtchen 2001, S. 20):

- Respondente Maßnahmen für Kinder zum Abbau von primär angstgeleiteten Verhaltensweisen

  Hier kommen u.a. Maßnahmen der Reizkonfrontation und der systematischen Desensibilisierung zum Tragen.

- Operante Maßnahmen für Kinder zum Auf- und Abbau aller Arten von Verhaltensweisen

  Die Behandlung erfolgt durch ein gezieltes Verstärker- und Kontingenzmanagement und durch den Einsatz von Tokensystemen. Der Aufbau neuer Verhaltensweisen wird durch Selbstverstärkungsmaßnahmen unterstützt. Problematische Verhaltensweisen werden durch zeitlichen Ausschluss, Verstärkerentzug und kontrollierte Bestrafung abgebaut.

- Trainingsprogramme für Kinder unter Verwendung des Modell-Lernens zum Auf- und Abbau von komplexen Verhaltensmustern

  Die Durchführung findet in Einzel- oder Gruppentherapien statt. Zum Einsatz kommen u.a. die Verhaltensformung (Shaping-Technik), mit der neues Verhalten aufgebaut wird, Rollenspiele, in denen das Zielverhalten eingeübt und mittels Selbstverstärkungen gefestigt wird und Modell-Lerntechniken. In Form von Psychotherapiemanualen gibt es unterschiedliche Therapieprogramme zur Behandlung bestimmter Störungen (z.B. Training mit aggressiven Kindern von Petermann oder das Therapieprogramm für Kinder mit hyperkinetischen und oppositionellen Problemverhalten von Döpfner).

- Kognitive Umstrukturierungs- und Selbstkontrollmaßnahmen für Kinder zum Auf- und Abbau von Überzeugungen, Wahrnehmungen und Handlungsmustern

  Diese Interventionsstrategie setzt voraus, dass die Fähigkeit zur Selbstexploration und zum formal-operatorischen Denken (n. Piaget ab ca. 10 Jahre) erworben wurde. Sie ermöglicht, abstraktere Informationen kognitiv zu verarbeiten und mehrdimensionale Perspektiven einzunehmen. Daher wird dieser Ansatz erst bei älteren Kindern und Jugendlichen angewendet. Zum Tragen kommen hier beispielsweise die Selbstverbalisierung und die Selbstinstruktionen im Rahmen des Selbstmanagements und die Vermittlung von Problemlösestrategien.

- klienten- bzw. personzentrierte Psychotherapie / Spieltherapie für Kinder

Aufgrund von gestörten Erfahrungsprozessen, nicht gelösten inneren Konflikten (Inkongruenzen) und gestörten Beziehungsverhältnissen zu sich selbst und zu anderen gelingt es dem betroffenen Kind nicht, seine Entwicklungsaufgaben (> Teil II, 2) angemessen zu bewältigen und an Autonomie zu gewinnen, so dass es in seiner Selbstfunktion eingeschränkt ist. Die Therapie setzt bei den Ressourcen des Kindes an, damit es seine Schwierigkeiten aus eigenen Kräften heraus optimaler bewältigen kann. Es bekommt einen Raum geboten, in dem es entwicklungs- und selbstkonzept-förderliche Erfahrungen machen kann. Dabei steht die ganzheitliche Persönlichkeitsentwicklung im Vordergrund.

Das zentrale Element im personzentrierten Ansatz ist das Beziehungsangebot, das folgende Grundhaltungen aufweist: einfühlendes Verstehen (Empathie), unbedingte Wertschätzung, Echtheit (Kongruenz).

Ein weiteres Kernelement ist das heilungsfördernde Spiel – das freie Spiel, in dem das Kind sich und seine Befindlichkeiten ausdrücken und seine innere Wirklichkeit darstellen kann. Es kann seine Erfahrungen ausspielen, die damit verbundenen Gefühle wieder erleben und im Spiel konstruktiv be- und verarbeiten. Daher wird dieser Ansatz als Spieltherapie bezeichnet. Die ursprünglich non-direktive Spieltherapie (Axline) hat sich zu einer klientenzentrierten bzw. personzentrierten Kinderpsychotherapie weiterentwickelt. In der Spieltherapie werden die Gefühle des Kindes, die es verbal und nicht-verbal mitteilt, aufgegriffen, damit es die Möglichkeit hat, die eigenen Gefühlsqualitäten wahrzunehmen, sich selbst zu verstehen und anzunehmen. In der klassischen non-direktiven Spieltherapie gibt das Kind das Thema und das Tempo im Spiel vor und die Therapeutin nimmt eine non-direktive Haltung ein, indem sie dem Kind folgt, das Spiel verbal begleitet und die Gefühle des Kindes reflektiert. Heute erfolgen die Interventionen auch auf der Spielebene, indem die Therapeutin durch die Art und Weise ihres Mitspielens dem Kind eine klare Resonanz gibt. Das klienten- bzw. personzentrierte Behandlungskonzept ist in Form der prozessleitenden Hilfen erweitert worden (vgl. Weinberger 2001, S. 36).

Nach Schmidtchen gibt es folgende Interventionen (2001, S.171 f.):

- Personzentrierte Beziehungsgestaltung zur Verbesserung des Selbstkommunikations- und Sozialverhaltens

  Die Beziehungsgestaltung ist durch die personzentrierte Grundhaltung geprägt. Das Kind kann darin emotional korrigierende Beziehungserfahrungen machen, eine bessere Beziehung zu sich selbst aufbauen und ein positives Selbstkonzept (> Teil I, 3.2) entwickeln. Fühlt sich das Kind so, wie es ist, angenommen, traut es sich, sich auszuprobieren, neue Schritte zu wagen und seine Gefühle uneingeschränkt auszudrücken, so dass es aus eigenen Kräften heraus sein inneres Potential entfalten kann. In der Beziehung werden also die Aktualisierungstendenzen des Kindes geweckt, so dass therapeutische Prozesse in Gang gesetzt werden können (vgl. Weinberger 2001, S. 24 f., S. 36, S. 97).

- Nicht-direktive Spiel- und Gesprächsführung zur Förderung von selbstinitiierten, intrinsisch-motivierten Erfahrungsprozessen

  Das freie Spiel in der Spieltherapie ist dadurch gekennzeichnet, dass das Kind das spielen kann, was es möchte. Es kann frei aus dem umfassenden Spielzeugangebot wählen, seine Spielhandlungen selbst gestalten und seine Lebensthemen in seinem eigenen Tempo bearbeiten. Das Kind weist den Weg und die Therapeutin wartet ab, verhält sich nicht di-

rektiv und vertraut darauf, dass das Kind seinen eigenen Weg findet. Voraussetzung dafür ist, dass das Kind spielen kann.
- Prozessleitende Hilfen zur Inkongruenzbewältigung

Diese Hilfen setzen ein, wenn das Kind seine inneren Konflikte nicht allein, aus eigenen Kräften heraus lösen kann. Sie bestehen aus gezielten Lernfördermaßnahmen. Ein weiteres Prinzip stellen die entwicklungsfördernden Impulse dar, die sich an der „Zone der nächsten Entwicklung" (> Teil II, 3.3.1.2) orientieren. Auch die erforderlichen Grenzsetzungen bei Überschreiten der sozialen Regeln kommen hier zum Tragen.

- tiefenpsychologisch fundierte Psychotherapie für Kinder

Das Therapiemedium ist das Spiel, in dem Übertragungsprozesse in Form von Spielinszenierungen stattfinden und sich das Kind von inneren Spannungen und seelischen Konflikten auf emotionaler Ebene befreien kann (kathartischer Effekt).

Spezifische Interventionen sind nach Schmidtchen (2001, S. 183):

- Nutzung von Übertragungsprozessen bei Kindern zur Verbesserung der trieb- und affektmotivierten Entwicklung

Das Kind kann seine Spielthemen frei wählen und die Therapeutin hält sich in ihrer Spieltätigkeit sehr zurück, damit die gehemmten Entwicklungsbedürfnisse des Kindes freigesetzt werden und das Kind seine Fixierungen und Regressionen überwinden kann. Im Unterschied zur non-direktiven Spieltherapie, die auf der Handlungsebene ansetzt, steht hier die Methode der szenisch-analytischen Spieltherapie (Krucker) im Vordergrund. Die Therapeutin deutet dem Kind seine Inszenierung.

- Dialogische Einsichtsförderung bei Kindern zur Konfliktbewältigung

Auf der Spielebene teilt das Kind seine Konflikte mit, auf die die Therapeutin in Form von Fragen, Deutungen und Vorschlägen eingeht. So veranlasst sie das Kind dazu, seine verdrängten Motive zu berücksichtigen, um die Konflikte lösen zu können.

- Richtungsgebende Hinweise für Kinder zur Korrektur von gestörten Selbststrukturen und Objektbeziehungen

Damit das Kind seine problematischen Beziehungserfahrungen verarbeiten kann, die Auseinandersetzung zwischen den psychischen Instanzen (Es, Ich, Über-Ich) verbessert wird und die Abwehrmechanismen abnehmen, gibt die Therapeutin selektive Deutungen, Erklärungen und richtunggebende Hinweise.

- Allgemeine Psychotherapie für Kinder

Nach Schmidtchen sollte die Behandlung von psychischen Störungen multidimensional ausgerichtet sein. Um eine optimal angepasste Psychotherapie durchzuführen, müssen die Maßnahmen der behavioral-kognitiven, klientenzentrierten und tiefenpsychologischen Verfahren kombiniert werden.

- Familiensystemische Psychotherapie

Dieser Ansatz unterscheidet sich grundlegend von den bisher genannten Ausrichtungen. Die Störungen, die das Kind zeigt, werden auf interaktive Dysfunktionen im Familiensystem zurückgeführt. Daher steht bei diesem systemtheoretischen Ansatz auch die Familie als System im Zentrum der therapeutischen Behandlung und nicht das Kind mit seinen Symptomen. In der systemischen Familientherapie werden unterschiedliche Interventionsstrategien angewendet, die darauf ausgerichtet sind, die familiären Interaktionen und Konfliktbewältigungen zu verbessern. Die Familie wird dazu angeregt, ihre Eigenzustände zu korrigieren und sich weiter zu entwickeln (vgl. Schmidtchen 2001, S. 191 ff.).

Zwischenbilanz

Wie auch bei der medizinischen Sichtweise zeigt sich hier, dass die psychologischen Grundlagen für die interdisziplinäre Zusammenarbeit unabdingbar sind. Hier sollten alle fachspezifischen Bausteine ergänzend ineinander fließen, um zu einem umfassenden Verständnis zu gelangen und eine mehrdimensionale Behandlung zu realisieren. Viele der psychologischen Theorien und die daraus abgeleiteten Behandlungsansätze kommen in der heilpädagogischen Diagnostik und Förderung zur Anwendung. Diese eklektische Vorgehensweise ist das Besondere in der Heilpädagogik.

3 Heilpädagogische Sichtweise

Von der Eingangsdefinition ausgehend wird Behinderung aus heilpädagogischer Sicht als Behinderungszustand (Kobi) verstanden, bei dem die Wechselwirkungsverhältnisse zwischen individuellen, sozialen und institutionellen Faktoren betont werden und die pädagogische Aufgabe der Entwicklungsförderung unter erschwerten Bedingungen in den Blick genommen wird.

In der vertiefenden Auseinandersetzung mit der heilpädagogischen Sichtweise geht es zunächst um die pädagogische Aufgabe, also um die heilerzieherischen Herausforderungen in der konkreten Alltagspraxis.

Die Erziehung unter erschwerten Bedingungen wird in der Beziehung zum Kind gestaltet und ist von der Haltung der HP geprägt. In dieser Erziehungswirklichkeit werden die Momente und Bedingungsfaktoren erlebbar, die den Behinderungszustand ausmachen.

Um die umfassende und vielschichtige Praxis fachlich fundiert gestalten und erfolgreich meistern zu können, braucht es einen theoretischen Orientierungsrahmen, eine Theorie für die Praxis.

Aufgabe der Heilpädagogik als Handlungswissenschaft ist es deshalb, ein theoretisch begründetes Handlungskonzept für die Gestaltung der Praxis zu entwickeln. Das Handlungskonzept stellt einen umfassenden Rahmen dar, aus dem unterschiedliche Föderansätze abgeleitet werden können. Die Schwerpunkte dieser Förderkonzepte orientieren sich an den Grundphänomenen personaler Existenz (> Teil II, 3.2.1) und können so substanziell begründet und systematisiert werden. Innerhalb der Förderkonzepte kommen spezifische methodische Ausrichtungen und Vorgehensweisen zum Tragen.

In die verschiedenen Förderkonzepte sind die Kernelemente Diagnostik, Förderung/Begleitung und Beratung/Anleitung integriert.

Die heilpädagogische Diagnostik ist immer eine individuelle, auf die Förderung ausgerichtete Verstehensdiagnose im Prozess. Die heilpädagogische Förderung und Begleitung kann in unterschiedlichen Schwerpunktbereichen ansetzen, die sich wechselseitig beeinflussen und immer ganzheitlich angelegt sind. Die Beratung und die Anleitung sind darauf ausgerichtet, die Eltern in ihrer Auseinandersetzung mit der Entwicklungsstörung oder Behinderung ihres Kindes zu begleiten und sie in ihren speziellen Erziehungskompetenzen zu stärken.

3.1 Heilpädagogik ist Erziehung

Erziehung (althochdeutsch: irzohan = herausziehen; lateinisch: educere = hinausführen) ist ein lebendiger Prozess zwischen Individuen, der geleitet wird von sozial geprägten Normen und Werten. Erziehung meint Beeinflussung. Buber spricht von der Auslese der wirkenden Welt durch das Medium „Erzieher" (Buber 2005, S. 24), der im Kind dauerhafte Persönlichkeitsstrukturen aufbauen will. Dieser Prozess verläuft jedoch nicht nur hierarchisch orientiert; zunehmend zählen dazu selbstorganisierte Lernprozesse: Das eigenständig handelnde Individuum nutzt die Einflüsse der Lebenswelt und verarbeitet sie zu einer eigenen Daseinsgestalt. Erziehung lässt sich in diesem Sinn verstehen als eine von Erzieher und Kind gemeinsam gestaltete Wirklichkeit.

Diese Überlegungen gelten gleichermaßen für den Personenkreis der Heilpädagogik. Wird Heilpädagogik als Erziehung unter erschwerten Bedingungen verstanden, so zeichnet sie sich durch folgende Merkmale aus:

- Sie wendet sich an den Personenkreis der Erziehungs- und Behindertenhilfe.
- Sie ist eine professionelle und spezielle Erziehung.
- Sie benötigt besondere Methoden, die auf das Kind mit Behinderung abgestimmt sind.

Aufgabe der HP ist es, die beeinträchtigten Erziehungsverhältnisse (> Teil II, 3.3.1.4) aufzuspüren, zu erkennen und verstehen zu lernen, um einen Kontakt zum Kind herzustellen und förderliche Beziehungsverhältnisse zu ermöglichen, in denen eine spezielle Erziehung realisiert werden kann.

3.1.1 Erziehung ist Beziehung

Da Erziehung in Beziehung stattfindet, die aus der Begegnung mit dem Kind erwächst, ist es erforderlich, sich mit der Bedeutung dieser Wesensmerkmale vertiefend auseinanderzusetzen.

Begegnung

meint: mit einer Situation, einem Objekt, einem Menschen in Kontakt zu kommen (indogerm.: kon = mit, miteinander; lat.; contra = gegen, gegenüber; lat.: tangere > tactus = berühren, betasten – auch in der passiven Form: berührt werden > die Haut als taktiles Sinnesorgan ist auch Grenzorgan zwischen Innen und Außen, ist damit Kontakt-Organ und Kommunikations-Organ),

meint: unmittelbar gegenwärtig zu sein; aufmerksam hinzuhören und hinzuschauen; auf das Kind ausgerichtet zu sein und intuitiv zu erspüren, was das Kind mir anbietet, wie es mir begegnet und was es mir mitteilt;

meint: geduldig abzuwarten, dem Kind Raum zu geben und wachsam zu sein für die Signale des Kindes; wahrzunehmen, was es über seine Haltung, seine Bewegung und seine Spiel-Handlungen ausdrückt;

meint: sich gegenüber zu stehen; jede Person bringt ihr Eigenes mit; die sich daraus ergebenden spezifischen Lebensweisen stoßen nun aufeinander, suchen nach äußeren und inneren Berührungen. Diese sich öffnende Bewegung erzeugt positive und/oder negative Spannung, die neugierig machen kann auf mehr gegenseitiges Sich-Zeigen und Sich-Entdecken – in Wiederholung.

Aus diesen Begegnungen entsteht eine Beziehung, die ich als HP anbiete, eingehe und mitgestalte.

Beziehung

meint: ein gemeinsames Aushandeln von Nähe und Distanz, ein Geben und Bekommen/Nehmen und ein immer wieder neues Sich-aufeinander-Einlassen, Sich-aufeinander-Einstimmen und ein Sich-Abstimmen im Dialog – im Sinne eines Zwiegespräches, einer Wechselrede.

Der Dialog beruht auf Gegenseitigkeit, indem beide aufeinander bezogen sind und das Ich am Du wird und wachsen kann (Buber). Damit das Kind ein wirkliches Du erfährt, muss die HP sich als ganze Person einbringen und als stimmig und echt erlebt werden.

Das bedeutet: mit allen Sinnen wahrzunehmen und in der Situation präsent zu sein mit Kopf, Herz und Hand; gedanklich hell wach und bei der Sache, bei der Person zu sein; emotional mitzuschwingen, mitzugehen und Resonanz zu geben; lebendig, spontan und unbefangen sich handelnd einzubringen; aber auch reflexiv auszuwählen, was ich von meinen Gedanken und Gefühlen zeigen und mitteilen kann und darf; ohne eine Rolle zu spielen oder etwas vorzutäuschen.

In der Beziehung wird ein Raum geformt von/zwischen wenigstens zwei Individuen (= in sich nicht teilbar), die je mit ihrer eigenen Subjektivität einen „unendlichen" Abstand übersteigen und sich voneinander – auf Dauer – berühren lassen. Aufeinanderbezogen werden Aussagen mitgeteilt, ausgetauscht und miteinander zu etwas Neuem gestaltet, das nun einander gehört – in einer unverwechselbaren Gestalt.

Die Beziehungsgestaltung braucht Zeit, um zu wachsen. Über ein vorsichtiges zunächst oberflächliches Herantasten entsteht eine Annäherung, die immer tiefer gehen kann und eine miteinander vertraute Innigkeit entstehen lässt.

Diese entstehende Intimität lebt jedoch nicht nur von Vertrautheit (= sich trauen, sich etwas zutrauen), Geborgenheit und Schutz, sondern auch von einer andauernden Spannung. Martin Buber spricht von der „Dämonie des anderen". Er meint damit eine Fremdheit, die von der Person des anderen her gegen uns „anbrandet" und die nicht grundsätzlich, sondern immer wieder vom Neuen anteilig überwunden werden muss (vgl. Buber 1969).

Das Kind mit Behinderung erscheint mir als HP in seiner einzigartigen Andersartigkeit auch fremd. Oft gelingt es mir nur schwer, einen Zugang zu bekommen und ein Gefühl für dieses Kind zu entwickeln. Der Blickkontakt ist mitunter brüchig. Die Signale, die das Kind sendet, kann ich noch nicht entschlüsseln. Es spricht eine Sprache, die ich noch nicht verstehe, und es lebt in einer Welt, die ich noch nicht kenne. Ich erlebe die Distanzen und mir wird bewusst, was uns voneinander trennt. Es sind vor allem meine eigenen Unzulänglichkeiten, Unsicherheiten und Ängste als HP, die mich hemmen, blockieren und isolieren. Die Bereitschaft, meine eigenen Grenzen und Ängste zu überwinden, mich zu trauen, mich auf etwas noch Fremdes und Neues einzulassen und mich der Herausforderung zu stellen, ist der erste Schritt, um auf das Kind zuzugehen, etwas Einzigartiges zu entdecken und auf Dauer anteilig verstehen zu lernen.

Die „Dämonie" wird (oft genug) über Deutungsversuche (z.B. nur eine Verstimmung, eine Nichtpassung) reduziert und verharmlost. Die Anstrengung, sich dem je Fremden zu stellen, sich arbeitend mit ihm auseinander zu setzen, kann dann – eher – ignoriert werden. „Einem Menschen begegnen (mit ihm in Beziehung bleiben) heißt, von seinen Rätseln wach gehalten zu werden", formuliert E. Levinas. Beziehung verwirklicht sich im Überschreiten von vorschnell gezogenen Grenzen hin zum anderen. Dabei entstehen Verbindungen, die wiederum gemeinsam geteilte Bedeutungsräume schaffen.

Mit dem Kind gemeinsam etwas zu erleben, positive Erfahrungen zu teilen, sich miteinander zu freuen und zu lachen, aber auch die schmerzhaften Begrenzungen, die Traurigkeit und die ohnmächtige Wut des Kindes auszuhalten und mitzutragen, schafft eine einmalige Verbundenheit. Eine besondere Bedeutung kann dem gemeinsam erlebten Schmerz beigemessen werden, aus dem eine Kraft entspringen kann, wie es das folgende Zitat beschreibt: „Nur indem ein Kind beim eigenen Schmerz bleiben kann und vom Erwachsenen begleitet wird, kann es Kraft aufbauen Mensch zu sein" (Gruen 2003 zitiert aus F. Klein 2006, S. 125).

Das Miteinandersein – gerade im Überwinden und Akzeptieren von Grenzen (die auch Schutz geben) – erschließt sich auch aus dem Gegen-etwas/Jemanden-Sein. Das „Gegen" schafft Raum – bestätigt Persönlichkeit. Zum Entgegensetzen gehören Kraft und Energie. Nur über Interaktion gelingt das Ausmessen/Ermessen von Beziehungsräumen. Die Differenz, die bleibt, ist nicht per se etwas Negatives, das immer aufzulösen wäre. Sie bleibt anteilig auszuhalten und muss gegenseitig anerkannt werden. So kann Beziehung weiter wachsen und in ihr die je agierende Persönlichkeit.

Lebendig bleibt die Beziehung nur, wenn in ihr immer wieder das „Besondere" geschieht: das Aufmerken und das Innehalten, das wache Zugewandtsein und das Erstaunen.

Der Aufbau einer tragfähigen Beziehung und die Beziehungsgestaltung sind der Kern heilpädagogischen Handelns.

Auf der unmittelbaren Handlungsebene wird das, was das Kind mitbringt und das, was die HP mitbringt, in Beziehung zueinander gesetzt, woraus sich etwas Gemeinsames und damit auch Neues im Prozess entwickeln kann. Dieses Aufeinander-bezogen-Sein, dieser positive emotionale Bezug – d.h.: diese gegenseitige Achtung, Annahme und Zuneigung zwischen der HP und dem Kind mit Behinderung, ist unverzichtbarer Bestandteil erfolgreicher heilpädagogischer Arbeit. Das heilpädagogische Angebot, das auf Beziehung ausgerichtet ist, sich an der Person des Kindes orientiert und die Person der HP in einem umfassenden Sinne fordert, kann als ein personales Beziehungsangebot verstanden werden.

Dieser emotionale Bezug muss immer kontrolliert bleiben. Das meint: Eine professionelle Nähe entstehen zu lassen und dabei gleichzeitig die notwendige und angemessene Distanz zu wahren, sich am Geschehen zu beteiligen, sich einzubringen und sich dabei nicht von der Dynamik absorbieren zu lassen, sich darin nicht zu verlieren.

Um das zu verwirklichen, muss das Geschehen, die Beziehung zwischen dem Kind und der HP immer wieder auf der Metaebene – aus der Vogelperspektive – betrachtet und reflektiert werden. Aus diesem emotionalen Abstand heraus muss das Geschehen, die gesamte Situation erneut in den Blick genommen werden und der Fokus kann nun anders ausgerichtet und erweitert werden.

In erster Linie kommt es auf die Person der HP an und nicht nur auf ihr Fachwissen und die Anwendung von Methoden/Techniken.

Die fachliche Kompetenz entsteht aus einem von der Person der HP zu integrierenden Muster aus instrumenteller (Fachwissen und Methoden), sozialer (Empathie und Einfühlungsvermögen) und reflexiver Kompetenz (Intersubjektivität in der Beziehung und eigene biographisch bedingte Personanteile), die sich in ihrem Zusammenspiel gegenseitig bedingen und miteinander zu einer Form verschmelzen (vgl. Gröschke 1997, S. 119).

Daher ist es elementar, sich selbst als HP in den Blick zu nehmen und die eigenen Anteile wohlwollend anzunehmen, aber auch kritisch zu hinterfragen. Das bedeutet auch, an sich selbst zu arbeiten, die eigene Selbst- und Fremdwahrnehmung auszudifferenzieren, sich klar darüber zu werden, auch einen „blinden Flecken" zu haben (Teile des Selbsts oder Ichs, die nicht wahrgenommen werden); sich seiner eigenen Stärken und Schwächen bewusst zu werden und eigene Fehler einzugestehen. Das heißt: sich zu verändern, die Dinge neu und anders zu gestalten, um auf dem Weg des Suchens und Reifens zu bleiben – im Sinne der Selbsterziehung des Erziehers (Moor).

Beispiel:

Nadine – ein 8 Jähriges lebensfrohes und energiegelandenes Mädchen mit syndromalbedingtem Kleinwuchs und Mikrocephalie – wird sich in der Spielstunde der heilpädagogischen Entwicklungsförderung und Begleitung ihrer eigenen Grenzen schmerzlich bewusst. Nadine baut mit unterschiedlichen Materialien einen Bewegungsparcours auf, bei dem sie von Teppichfliese zu Teppichfliese gehen, über Holzklötze balancieren und über eine Hürde aus Schaumstoffmatten springen muss. Immer wieder versucht sie, die Hürde zu bewältigen und scheitert daran. In Wiederholung erfährt sie, dass ihr das, was sie können möchte, nicht gelingt, auch wenn sie sich noch so anstrengt. *(Diese Spielszene spiegelt auch ihr Lebensthema wider – in der Schule kann sie sich noch so anstrengen, doch die anderen sind ihr körperlich als auch kognitiv überlegen und sie befindet sich in einer permanenten Überforderungssituation, die mit Misserfolgserlebnissen einhergeht)* Langsam, den Blick auf mich gerichtet, kommt Nadine auf mich zu und stellt sich vor mich. Ihr von Tränen verschleierter Blick drückt all ihren Kummer, ihre Traurigkeit und Hilflosigkeit aus. Tröstend nehme ich sie in den Arm, sie lehnt sich an mich und lässt ihren Tränen freien Lauf.

In dieser emotional bewegenden und mitreißenden Situation wurde ich als Heilpädagogin mitgerissen, war tief berührt und betroffen und habe intuitiv aus meinem Gefühl heraus gehandelt, wobei ich mich eher als eine umsorgende Mutter erlebt habe und weniger als eine fachlich kompetente Heilpädagogin. In der Reflexion wurde mir bewusst, dass ich an dieser Stelle die professionelle Distanz überschritten habe und dass ich den emotionalen Bezug zu diesem Mädchen noch einmal überprüfen muss: Wodurch hat sie so tiefe mütterliche Gefühle in mir ausgelöst? Warum hat sie den Eindruck bei mir erweckt, genau das – in den Arm genommen zu werden – in diesem Moment zu brauchen? Kritisch war nicht, dass ich sie in den Arm genommen habe, sondern dass ich zu sehr bei meinen eigenen Gefühlen gewesen bin und so ihre Befindlichkeit, ihre Themen aus dem Blick verloren und verzerrt wahrgenommen habe. Nachdem ich diesen Aspekt in kollegialer Beratung für mich vertiefen konnte, war ich in der Lage, mit ihrem Schmerz anders umzugehen und diesen anders für mich und Nadine zu thematisieren und zu behandeln. Indem ich mich aus der Mutter-Rolle befreit habe, konnte sie im weiteren Prozess auch ihrer hilflosen und abhängigen Kind-Rolle entwachsen und einen eigenverantwortlichen Weg finden, mit ihrem Schmerz umzugehen und die eigenen Grenzen anzunehmen, wobei ich sie als Heilpädagogin emotional begleiten und stärken konnte, indem ich, wie beschrieben, bei ihr geblieben bin.

3.1.2 Erziehung ist eine Haltung

Wie ich als HP dem Kind mit Behinderung begegne, ist im Wesentlichen von meiner inneren Haltung eingefärbt und geprägt. Entscheidend ist nicht das Was – was ich mache, sondern das Wie – wie ich dem Kind begegne, wie ich etwas gestalte und wie ich etwas dafür, für das Fehlende tue. Das Sein der HP und ihr inneres Ausgerichtet-Sein auf das Kind im Miteinander – also die Haltung – finden ihren Ausdruck in verschiedenen Verhaltensweisen und Tätigkeiten (vgl. Kobi 2004, S. 73 f.).

Sich als HP die eigene Haltung immer wieder bewusst zu machen, ist Bestandteil der fortwährenden Reflexion: Mein inneres Ausgerichtet-Sein auf das Kind bestimmt meine Wahrnehmungen, Bewertungen und Handlungen. Hier muss berücksichtigt werden, dass ich als HP meine eigene Wirklichkeit konstruiere, die nicht gleichzusetzen ist mit der Wirklichkeit des Kindes.

Anregend für die Reflexion sind die Fragen: Was sind meine Wertvorstellungen, was erlebe ich als richtig und gut oder falsch? Was sind meine Ideale; wie bin ich und wie möchte ich sein? Was gedenke ich zu erreichen?

In der Heilpädagogik gibt es sehr viele und hohe Ideale, die ich zu realisieren bestrebt bin, an denen ich jedoch auch immer wieder scheitere, da ich diesen vollkommenen Idealvorstellungen und den damit einhergehenden Ansprüchen in Gänze gar nicht gerecht werden kann. Ich kann nur immer wieder bei mir schauen, was mir in der Umsetzung gelungen ist und akzeptieren, wo es mir nicht möglich gewesen ist.

> „Das erste Wirkende ist das Sein des Erziehers;
> das zweite, was er tut;
> das dritte erst, was er redet." (Guardini 2008, S. 33)

Heilpädagogik kann als eine Haltung (Haeberlin) verstanden werden und damit auch als eine personorientierte Lebensweise.

Mit dem Begriff Person wird in philosophisch-anthropologischen und christlichen Kontexten und damit auch in der personalen Pädagogik die Substanz des Menschen umschrieben: Sein geistiger Kern, also seine Innerlichkeit, die – nicht fassbar – immer schon da ist und sich nicht erst entwickeln muss, weist über sich selbst hinaus auf das Göttliche, auf den Schöpfer und zeigt damit zugleich auf den anderen als Nächsten – als Mitgeschöpf (vgl. Hengstenberg 1966, S. 49).

Hier scheint die Gott-Ebenbildlichkeit des Menschen auf. Dieser Begriff geht zurück auf Bibeltexte des Alten und Neuen Testaments und behält seine Aktualität in der Gegenwart: Der Mensch handelt auf Erden im Namen Gottes und macht so seine *Güte* erfahrbar, lässt etwas aufschimmern von seiner *Freiheit*, die in Verantwortung für das Mitgeschöpf gelebt werden muss und lässt so etwas von seiner *Gerechtigkeit* Wirklichkeit werden. Diese drei Begriffe – hier exemplarisch ausgewählt – seien kurz mit heilpädagogischem Denken und Tun gefüllt.

Güte: verstehen wollen, verzeihen können, immer wieder einen neuen Anfang wagen; Ressourcen entdecken, jedem etwas zutrauen/zumuten.
Gerechtigkeit: versuchen, jedem das Seine zu geben; nicht allen das Gleiche oder irgendetwas Beliebiges.
Freiheit in Verantwortung: das Sich-Entscheiden ermöglichen – nicht gängeln; sich um Begründungen, um das Transparentmachen von pädagogischen Konsequenzen bemühen; Übergriffe in die Freiräume des anderen vermeiden; das Anderssein des Gegenübers darf gelebt werden.

Dieses Handeln – gebunden an die Gott-Ebenbildlichkeit des Menschen – formt ein bestimmtes Menschenbild und lässt eine Haltung wachsen, die zum tragenden Fundament wird, aus dem mein Fühlen, Denken und Handeln entspringt und das sich so im konkreten heilpädagogischen Bezug widerspiegelt: Jeder Mensch ist einzigartig und hat den gleichen

Wert, bedingungslos. Er wird in seinem individuellen So-Sein angenommen, unabhängig davon, ob er die Wunsch- oder Durchschnittsnorm erfüllt (vgl. Haeberlin 2005, S. 40 ff.).

Das Bild vom anderen darf nicht festgelegt werden. Er darf nicht so konstruiert werden, dass wir ihn – endlich – erkennen und verstehen können. Dieses „Durchschaubar-machen-Wollen" wird künstlich bleiben und damit unwirklich – die Persönlichkeit reduzierend und manipulierend. Diese Versuchung aktualisiert sich in heilpädagogischen Arbeitsprozessen insbesondere dann, wenn uns der andere allzu fremd ist und damit auch abstoßend werden mag. Die Mechanismen, die uns bei unserem Menschenbild Farben weglassen oder auftragen lassen, bleiben oft genug versteckt, holen uns aber unversehens ein. Sie lassen sich kaum gänzlich aufdecken, weil sie unser eigenes Befremden, unsere eigene Not schützend kaschieren wollen. Daraus ergibt sich die Notwendigkeit, unser aktuelles Menschenbild immer wieder befragend zu konkretisieren. Das bedeutet auch, es von der Schlagwort-Mentalität zu entschälen.

Idealisierungen und Entwertungen liegen in ihrer Polarität nah beieinander; sie bedingen sich gegenseitig, gefährden sich gleichermaßen und führen leicht zur Destruktion.

Paul Moor differenziert das Menschenbild als das Gegenwärtige, das was ist und das Zukünftige, das was werden kann, wie folgt:

- das Gegebene (Anlage und Dispositionen)
- das Aufgegebene (Entwicklung zur Selbstbestimmung im inneren Halt)
- das Verheißene (Lebenssinn und Lebensinhalt, die dem emotional empfangsbereiten Menschen von einer übersinnlichen Kraft geschenkt werden: Ergriffenheit) (vgl. Gröschke 1997, S. 109; Haeberlin 2005, S. 256 f.)

Erziehung richtet sich auf das Aufgegebene, auf das, was werden kann und das in einer dialogisch ausgerichteten Beziehung gestaltet wird. Sie geht von einem Subjekt aus und wird intersubjektiv, zwischen einem Ich und einem Du, ausgetauscht und ausgehandelt.

Von der existentiellen und dialogischen Grundfrage ausgehend, stellt sich die Frage nach dem Sein eines Menschen: Wer bist du, wer bist du für mich? Wer bin ich, wer bin ich für dich? Was können wir füreinander sein und füreinander bedeuten?

Das Wir ist die Voraussetzung und das Herzstück der Erziehung, die als eine gemeinsame Daseinsgestaltung erfasst werden kann. Sie führt zu einer Veränderung und zu einem Wandel beider Existenzen in ihrem Beziehungsverhältnis.

Erziehung ist demnach keine klar abgegrenzte, umschriebene Tätigkeit oder ein planmäßig auszuführendes Handwerk, sondern vor allem eine Haltung. Diese ist nicht in Gänze durch erziehungswissenschaftliche Erkenntnisse und objektive Kriterien rational zu erfassen, sondern sie zeigt eine individuelle Herausforderung auf und wird im Wesentlichen emotional erlebbar. Sich auf das Grundlegende, also auf das, was uns trägt, zu besinnen, kann uns in der Erziehung Kraft und Orientierung geben (vgl. Kobi 2004, S. 19, S. 31 f., S. 34 f., S. 73 ff., S. 86 f., S. 414).

Es sind die folgenden Dimensionen, die in der erlebten Erziehungswirklichkeit an unmittelbarer Bedeutung gewinnen können:

Achtung vor dem Kind (Korczak)

Dem Kind Achtung entgegen zu bringen – bedeutet, das Kind so, wie es ist, bedingungslos anzunehmen, in seiner Einzigartigkeit wertzuschätzen und zu respektieren.

Die Achtung vor dem Kind basiert auf der Liebe zum Kind. Die Liebe zum Kind ist nach Korczak eine schöpferische Liebe, die das Verbindende, den gemeinsamen Kern, die menschliche Einheit sucht. Sie wird von dem Glauben an das Gute im Menschen getragen und stellt die Würde des Menschen in seiner Einmaligkeit in den Mittelpunkt, indem die Individualität des anderen geachtet wird.

Die vorbehaltlose Annahme des anderen beschreibt Buber in seiner Philosophie vom Dialogischen Prinzip als das „Innewerden eines anderen Menschen". Von dem Wort Innewerden ausgehend meint dieses „Inne", innerlich aufzumerken, die Aufmerksamkeit auf die Mitte des Kindes auszurichten und bei ihm zu verweilen, so dass es mir gegenwärtig wird. Diese „personale Vergegenwärtigung", von der Buber in diesem Zusammenhang spricht, bedeutet auch, das Ich des Kindes zu respektieren, im gegenseitigen Respekt (respizere = zurückschauen) von sich selbst abzusehen und die unterschiedlichen Ausrichtungen in diesem Miteinander zu beachten, d.h. aufeinander Rücksicht zu nehmen.

Ausdruck erfährt die schöpferische Liebe zum Kind darin, dass das Kind mit all seinen Bedürfnissen und Gefühlen, mit all seinen Möglichkeiten, aber auch Begrenzungen, mit seinen Stärken als auch Schwächen angenommen wird. Jedes Verhalten macht für das Kind einen aktuellen Sinn, den ich als HP zu verstehen versuche.

Aus der liebenden Annahme heraus erwächst eine emotional bestimmte Bindung, eine subjektiv einzigartige Beziehung, die weniger Sachverhalte erfasst, sondern eine Sprache des Herzens (Moor) ist. Das Kind liegt mir „am Herzen"; dem Kind Zuwendung, Anteilnahme und Verständnis zu schenken, es liebevoll zu behandeln, freundlich und herzlich mit ihm umzugehen, drückt die Achtung vor dem Kind aus. Das Kind mit dem Herzen wahrzunehmen, zeigt sich auch in einem versöhnungsbereiten Handeln: dem Kind, auch wenn es Fehler gemacht hat, zu verzeihen (vgl. F. Klein 1998, S. 37 ff.; Kobi 1998, S. 73; Haeberlin 2005, S.36 ff.; Biene-Deißler 2007 a, S. 24).

Die Achtung vor dem Kind beruht auch auf der Annahme, dass jeder Mensch das ursprüngliche Bedürfnis hat, um seiner Selbst willen geliebt und geachtet zu werden. Der Mensch hat ein tiefes Anliegen, seine Abgetrenntheit, seine Isolation zu überwinden und aus dem Gefängnis seines Alleinseins, seiner Einsamkeit herauszukommen. Eine Lösung dieses existentiellen Problems sieht Fromm in der zwischenmenschlichen Einheit, in der Vereinigung mit einem anderen Menschen, in der Liebe. Zu lieben beschreibt er als eine Kunst – eine Kunst, die erlernt werden muss. Eine fundamentale Art von Liebe ist die Nächstenliebe – seinen Nächsten zu lieben wie sich selbst (Lukas 10,28). Damit kann ein Gespür für Achtung, Fürsorge und Verantwortlichkeit für den anderen gemeint sein sowie der Wunsch, dessen Leben zu bereichern. Die Nächstenliebe basiert auf der Erfahrung, dass wir alle eine Einheit sind. Wesentlich ist die Identität des menschlichen Kerns. Die Unterschiede von Begabung, Wissen und Intelligenz sind dabei nebensächlich: „Nächstenliebe ist Liebe zu allen menschlichen Wesen. Es ist geradezu kennzeichnend für sie, dass sie niemals exklusiv ist" (Fromm 1990, S. 58).

Von der Achtung vor dem Kind ausgehend können weitere Dimensionen abgeleitet werden.

Verantwortung

Die Verantwortung umfasst die Versorgung der körperlichen und seelischen Bedürfnisse des Kindes, die die HP übernimmt.

Jede Person, der ein Kind mit Behinderung anvertraut wird, hat die grundlegende Pflicht, das Kind zu versorgen und zu schützen. Für das Kind zu sorgen, es zu versorgen, beinhaltet die grundlegenden Versorgungsaspekte: die Pflege (Körper- und Gesundheitspflege), die Fürsorge (Wohnung, Ernährung, Kleidung – Schutz) und die emotionale Versorgung (Nähe, Zuwendung und Geborgenheit), die das Kind braucht, um sich entwickeln zu können. Hierzu gehören auch entwicklungsförderliche Anregungen und Milieu-Bedingungen, also die Förderung/Bildung. Die HP ist dafür verantwortlich, den Lebensraum des Kindes so zu gestalten, dass das Kind sich akzeptiert, geschützt und geborgen fühlt und die kindlichen Selbstgestaltungskräfte angeregt werden.

Sich für das Kind verantwortlich zu fühlen, die Verantwortung für sein Wohlergehen zu übernehmen, bedeutet, das Mögliche für das Kind zu tun, sich im Interesse des Kindes einzusetzen und stark zu machen. Es bedeutet auch, sich selbst in die Verantwortung zu nehmen, sein eigenes Handeln zu überprüfen, zu reflektieren und zu modellieren, um es optimal auf das Kind abzustimmen. Eine Antwort zu geben und sich zu verantworten, schließt auch eine ethische Verpflichtung mit ein. Somit ist die Erziehung immer an Wertvorstellungen gebunden.

Das Erziehungsverhältnis wird von einem gegenseitigen Vertrauen getragen, indem sich beide aufeinander verlassen können. Das Kind muss die HP als zuverlässig erleben können, als einen beständigen Halt und als eine Person, die da ist, da bleibt und die ihm Vertrauen entgegenbringt, egal was das Kind sagt oder tut. Die HP muss Vertrauen in das Kind, in das ihm innewohnende Potential haben und dem Kind diese Gewissheit, an es zu glauben, vermitteln. Das Prinzip des Zutrauens meint, dass die HP es dem Kind zutraut, die entwicklungsbedingten Anforderungen anteilig aus eigenen Kräften heraus bewältigen zu können. Dieses Prinzip ist auf die Gegenwart und das Zukünftige, auf Entwicklung ausgerichtet und setzt die Annahme voraus, dass jedes Kind, auch das Kind mit schwerster Behinderung lernfähig ist und sich entwickeln kann und wird.

Gestaltungsprozess (Kobi)

Wie eingangs schon aufgezeigt, wird Erziehung im Prozess gemeinsam gestaltet. Sie ist nicht einseitig vorgegeben, sondern sie entwickelt sich im gegenseitigen Bezug. Beide, das Kind und die HP, sind aktiv daran beteiligt. Die Gestaltungsmöglichkeiten werden, wenn möglich, gemeinsam ausgehandelt. Aufgabe der HP ist es, nach Verhandlungsmöglichkeiten zu suchen, mit den Stärken des Kindes zu arbeiten und angemessene Impulse zu setzen, um Mängel und Stagnationen aufzuheben (vgl. Kobi 2004, S. 74 ff.).

Das gemeinsame Aushandeln findet in einem bestimmten Spiel-Raum statt, der durch Grenzen festgelegt ist. Erziehung ist nicht grenzenlos: Das Kind braucht einen klar strukturierten Rahmen, der ihm Halt und Orientierung gibt und in dem es in konstruktiver Auseinandersetzung „wachsen" kann. Ist der Spielraum zu groß und fehlt der haltgebende Rahmen, kann sich das Kind darin verlieren und sich überfordert fühlen. Daher braucht das Kind einen individuell ausgerichteten bzw. angepassten Entfaltungsraum, in dem es innerhalb der bestehenden Grenzen selbstbestimmt handeln kann. Die Grenzen und Freiräume müssen immer wieder neu ausgelotet und mit dem Kind verhandelt werden, um eine optimale, auf das Kind abgestimmte Balance zwischen Halten und Lassen – dem „pädagogischen Zugriff" und der „pädagogischen Zurückhaltung" (Moor) – zu finden. Diese Balance – als das ausgewogene Verhältnis zwischen den Polaritäten – orientiert sich am jeweiligen Kind, an dem, was es braucht, seinem Entwicklungsalter und seinen momentanen Bedürfnissen und Lebensthemen. Von der HP erfordert das, auf das Kind ausgerichtet zu sein und einen verstehenden Zugang zum Kind zu finden.

Wichtig ist aber auch, dass die HP sich ihrer selbst sicher ist und einen inneren Halt hat, der kritisch überprüft werden muss im Hinblick auf seine Begründungen und Gefährdungen. Erst dann kann sie dem Kind den notwendigen „äußeren Halt" und die Sicherheit geben, die das Kind als Unterstützung braucht, um einen „inneren Halt" aufbauen zu können.

Paul Moor hat die Sichtweise vom inneren und äußeren Halt geprägt. Der „innere Halt" umfasst die *Willensstärke*, verstanden als die Fähigkeit zur Selbststeuerung, und die *Gemütstiefe*, verstanden als das emotionale Ergriffensein (vgl. Greving 2005, S. 314 f.). Die *Willensstärke* – also das Wollen – betont die Eigenaktivität des Menschen, seinen Wunsch, sein Streben, sein Bemühen, einen Halt zu erlangen, die Aufgaben im Leben zu suchen und zu meistern – das Aufgegebene. Die *Gemütstiefe* – also die Empfänglichkeit – hebt das Innehalten, das Verweilenkönnen des Menschen hervor: für das, was ihm begegnet, angeboten und geschenkt wird, offen und wach zu sein; es anzunehmen; sich davon angesprochen zu fühlen und erfüllen zu lassen, um darin Halt und Verwirklichung im Leben zu empfangen – das Verheißene.

Aus der komplexen Wechselwirkung von Wollen und Empfänglichkeit erwächst als eine dritte Komponente des inneren Haltes das *Können* – also die Fähigkeiten, die dem Menschen gegeben wurden, um Fertigkeiten und Techniken auszubauen, die es ihm wiederum ermöglichen, leben zu können – das Gegebene. Der „innere Halt" baut sich erst da auf, wo das tätige und das empfangende Leben zusammenwirken. Erst dann „vermag ein Mensch die inneren Gegensätze zu überwinden und seine echte Mitte, das „Selbst" zu finden" (Moor 1974, S. 265).

Die Ausbildung des inneren Haltes führt nicht zu etwas Statischem, sondern sie vollzieht sich in einem sich bewegenden und fortwährenden Prozess, in dem Wollen, Empfänglichkeit und Können miteinander in Beziehung stehen und aufeinander einwirken. Das Da-Sein reguliert sich in einem dynamischen Gleichgewicht zwischen zwei Schwerpunkten: einerseits sich von den Begebenheiten des Lebens emotional ergreifen zu lassen und sie anzunehmen und andererseits selbst aktiv tätig zu werden, sich für das, was im Leben wichtig ist, einzusetzen und sich stark zu machen.

Das Kind braucht eine Mitwelt, die das Wollen vorlebt, eine Heimat, die ein emotionales Erfülltsein erlebbar macht, und eine Umwelt, die das Können vermittelt. Das Kind findet hier seinen „äußeren Halt", an dem es seinen „inneren Halt" entwickeln kann.

Diese Dimensionen des „inneren Halts" lassen sich auf das zu erziehende Kind und auf die Person der HP beziehen. Sie muss sich in ihrem Handeln auf das Wollen hin differenziert kontrollieren. Die Weite oder Enge der Empfänglichkeit für die Freuden, Nöte und Ängste wird das Maß einfühlenden Verstehens mitbestimmen. Das Können der HP umfasst ihre instrumentelle, soziale und reflexive Kompetenz (> Teil II, 3.2.1) im Gestaltungsprozess.

Als HP eine klare Haltung, eine eindeutige Position einzunehmen und in sich gefestigt zu sein ermöglicht es, in Auseinandersetzung zu gehen und einen Verhandlungsspielraum zu eröffnen. In der Verhandlung entstehen auch Reibungspunkte, mitunter Konflikte, die ausgetragen und adäquat gelöst werden müssen. Ein konstruktives Konfliktlösungsverhalten als HP vorzuleben und zu gestalten, ist eine unerlässliche und bedeutende Erfahrung für das Kind. Hier kommt auch die Vorbild-Funktion zum Tragen, die in der Erziehung eine wesentliche Rolle spielt.

Grundsätzlich ist zu berücksichtigen, dass in der Erziehung eine Grenze besteht zwischen der Erwachsenen-Ebene und der Kind-Ebene, die es einzuhalten gilt. Es liegt in der Verantwortung des Erwachsenen, den Überblick zu haben bzw. vorausschauend die Situation einzuschätzen und handlungsfähig zu bleiben. Heilpädagogisch zu handeln, heißt nicht nur zu reagieren, sondern vor allem gezielt und bewusst zu agieren und besonnen etwas zu unterlassen. Dabei wird das eigene Handeln fortwährend reflektiert, modelliert und an die Situation und das Kind angeglichen. Wichtig ist es dabei, die Komplexität der heilpädagogischen Aufgabe zu sehen und sich nicht im Augenblick zu verlieren (vgl. Gröschke 1997, S. 135).

In der Erziehung ist ein konsequentes Handeln der HP gefordert. Es ist wesentlich, dass getroffene Absprachen, die für das soziale Miteinander notwendig sind, eingehalten werden, damit das Kind die HP als verlässlich erlebt. Die Regeln und die damit einhergehenden Anforderungen müssen für das Kind klar, verständlich und erfüllbar sein. Das heilpädagogische Handeln muss für das Kind überschaubar und berechenbar bleiben.

Werden die Regeln erfüllt, braucht das Kind eine positive Bestärkung, damit es diese auch weiterhin einhält und gesichert verinnerlicht. Bei Nichterfüllung sollte eine angemessene negative Konsequenz erfolgen, die auf eine konkrete und handlungsbezogene Weise für das Kind nachvollziehbar und damit wirksam ist. Positive Bestärkung (materiell, sozial) wie negative Konsequenz müssen unmittelbar der entsprechenden Szene folgen. Sie müssen passen: nicht zu hoch oder zu niedrig dosiert. Sie müssen zeitlich begrenzt eingesetzt werden. Lob darf für das Kind nicht überflüssig und pauschalisiert sein, Strafe darf nicht beschämend-entwertend, moralisierend wirken. Lob und Strafe sollen das Kind nicht unverhältnismäßig abhängig von der HP machen.

Bei grenzüberschreitendem Verhalten ist ein abgestuftes und situations-angepasstes Vorgehen, bei dem der Bezug zum Kind aufrechterhalten bleiben muss, angezeigt:

Die geltenden Regeln sollten klar benannt werden. Grenzen müssen gesetzt werden. Die an das Kind in dieser Situation gerichteten Erwartungen können in Form von Ich-Botschaften deutlich gemacht werden. Dem Kind wird eine eindeutige Rückmeldung zu seinem Verhalten gegeben. Wenn es erforderlich ist, wird die HP direktiver werden und aktiv einschreiten. Ein direktiveres Vorgehen ist insbesondere bei selbst- oder fremdverletzenden Verhaltensweisen und bei der Beschädigung von Gegenständen unerlässlich. Die Gefühle und Befindlichkeiten des Kindes werden in der Situation und im Anschluss daran aufgegriffen und verbalisiert.

Die „Heil-Erziehung" ist ein gemeinsamer Weg, ein intuitiver und zugleich fachlich fundierter Prozess, in dem beide – sowohl das Kind als auch die HP – voneinander lernen und entwicklungsförderliche Erfahrungen machen können.

Während der heilpädagogischen Arbeit baut sich eine gegenseitige Beeinflussung auf: Die HP erzieht das Kind mit Behinderung und das Kind die HP, von der es u.a. Wachheit, Flexibilität, Geduld, Genauigkeit, Disziplin erwarten darf. Dabei ist die HP auf das Wohlwollen des Kindes angewiesen. Die gegenseitige Abhängigkeit kann durchaus positiv sein, solange sich die HP dessen bewusst bleibt und ihre eigene Entwicklung laufend reflektiert.

> **Beispiel:**
> Von Kristina, einer Jugendlichen mit schwerst-mehrfacher Behinderung, habe ich gelernt, meine Aufmerksamkeit auf die kleinen Dinge im Alltag zu richten und mit all meinen Sinnen bewusster wahrzunehmen. Wie fühlt sich das Blatt, der Klotz, die Bürste usw. an? Welche Empfindungen löst die Berührung damit bei mir aus? Was erlebe ich als angenehm und was nicht? Wie ist es, sich in den eigenen Körper einzuspüren, locker zu lassen und sich zu entspannen, diesen Moment als etwas Bedeutendes zu genießen? Das war eine Erfahrung, die ich mit Kristina machen konnte. Kristina war in ihrer Tetra-Spastik gefangen und sie stand unter einer enormen, permanenten körperlichen Anspannung. Ihr rechter Arm drückte in den Brustkorb und ihr Becken wurde mit einem Keilgurt im Rollstuhlsitz nach unten gedrückt und fixiert. Phasenweise waren die körperlichen Schmerzen so massiv, dass sie nur noch geschrieen hat. Umso kostbarer waren die Momente, in denen sie auf dem Wasser-Bett entspannen und mit ihrer linken Hand unterschiedliche Materialien ertasten konnte. Gab es etwas, das ihr gefiel, lachte sie, ein fröhliches, durchdringendes und ansteckendes Lachen – ein Lachen, in das ich einstimmen konnte und das mich noch heute bewegt.

Zielvorstellungen

Erziehung ist in der Gegenwartsgestaltung auf das Aufgegebene, auf das Zukünftige, auf das, was werden kann, ausgerichtet und ist somit mit bestimmten Zielvorstellungen verbunden.

Heilpädagogisches Handeln ist ein zielgerichteter Prozess, der konkrete Leitvorstellungen braucht. Diese spannen sich von umfassenden globalen Zielen bis hin zu konkreten Lernzielen (> Teil V, 3.3.1) (vgl. Gröschke 1997, S. 128).

Das umfassende Ziel aller erzieherischen/heilerzieherischen Bemühungen kann so formuliert werden: Das Kind soll zu optimaler Autonomie (bestmöglicher Selbstbestimmung) in sozialer Bezogenheit befähigt werden.

Die Möglichkeiten der Selbstbestimmung sind einerseits durch die Fähigkeiten der Person (von innen) und andererseits durch unverzichtbare soziale Rücksichten (von außen) begrenzt und das nicht nur bei Menschen mit Behinderung. Um das Ziel der optimalen Autonomie zu erreichen, muss das Kind persönliche Handlungskompetenz und soziales Verhalten gleichwertig entwickeln.

In der HPÜ soll das Kind seine Fähigkeiten entfalten können und die Fertigkeiten lernen, die es ihm ermöglichen, die aktuellen und zukünftigen Entwicklungsaufgaben aktiv und adäquat bewältigen zu können. Das soziale Verhalten wird von dem eigenen, persönlichen Wertbewusstsein gesteuert. Für den Aufbau sozialer Kompetenzen sind Vorbilder und Hilfestellungen im Beziehungs- und Erziehungsprozess erforderlich.

In der heilpädagogischen Praxis stellt sich immer wieder neu die grundlegende Frage „Was soll ich tun?", also die ethische Frage nach den Zielen, Inhalten und Aufgaben. Die Fragestellung erweitert sich nach der Beantwortung um das pragmatisch-methodische Element „Was soll ich *wie* tun?". Dabei sind die Ziele (was soll gelehrt/gelernt werden) vorrangig vor den Methoden (wie sollen die Inhalte und Ziele vermittelt werden). (> Teil V, 3.1.2) Ich habe nicht die Methode und suche mir dann die passenden Ziele, sondern aus der konkreten Situation heraus ergeben sich die Aufgaben, zu deren angemessener Lösung ich einen Weg, ein methodisches Vorgehen suchen und entwickeln muss (vgl. Gröschke 1997, S. 124, S. 261).

Die Ziele heilpädagogischen Handelns lassen sich aus den folgenden Schwerpunkten ableiten (vgl. Gröschke 1997, S. 41):

- Hilfe zur Stärkung der beeinträchtigten körperlichen, geistigen und seelischen Kräfte
- Hilfe zur Lebensentfaltung im Behindertsein
- Hilfe bei der Eingliederung in die Gesellschaft

Ausgehend von dem Richtziel der möglichen Selbstverwirklichung in sozialer Integration leitet Speck konkretere Aufgabenstellungen der Persönlichkeits- und Sozialisationsförderung auf der Nahzielebene ab (vgl. Speck 1999, S. 183 ff.).

Lebenshaltungen erwerben
(Wertorientierung, Wertstabilisierung)
Die Lebenshaltung ist das umfassende Resultat der Erschließung von Lebenszutrauen, der Ausbildung von Fertigkeiten und der Lebensorientierung, die durch eine emotionale, eine praktische und eine kognitive Komponente zustande kommt.
Beispiel: Arbeitshaltung und Einstellung zu anderen

Lebensfertigkeiten ausbilden
(Motorik, Pragmatik)
Kinder mit Behinderung, insbesondere mit einer geistigen Behinderung, sind meist darauf angewiesen, dass sie lebensbedeutsame Fertigkeiten und Kompetenzen mittels Übung erlernen, die für die soziale Eingliederung erforderlich sind.
Beispiel: sich eigenständig kleiden

Lebensorientierung vermitteln
(Information, Kommunikation)
Kinder mit Behinderung, insbesondere mit einer geistigen Behinderung, sind meist darauf angewiesen, dass ihnen bedeutende Umwelterfahrungen vermittelt werden und sie in der Kommunikation mit anderen eine anleitende Begleitung erfahren.
Beispiel: sich in der Umgebung situativ und sozial zurechtfinden

Lebenszutrauen erschließen
(Aktivierung, Motivierung)
Kinder mit Behinderung, insbesondere mit einer geistigen Behinderung, sind meist darauf angewiesen, dass sie Anregungen von außen erfahren, ihr Interesse geweckt wird, sie in Bewegung/Aktivität gebracht und ihre Lernmotivation geweckt und lebendig gehalten wird.
Beispiel: den eigenen Körper in seiner Lebendigkeit wahrnehmen

Abb. 8: Die pädagogische Aufgabenstellung (in Anlehnung an Speck 1999, S. 191)

Im Laufe der kindlichen Entwicklung wandeln sich die Inhalte und Aufgaben in der Heilerziehung. Mit zunehmender Loslösung des Kindes reduziert sich auch die Erziehung immer mehr. Mit anderen Worten: Erziehung ist darauf ausgerichtet, sich aufzulösen und überflüssig zu werden. Das Kind soll unabhängig werden und nicht abhängig gemacht werden. Auch die Beziehung in professionellen Kontexten muss lösbar bleiben. Die HP begleitet das Kind mit Behinderung nur eine Zeit lang, danach muss das Kind ohne sie auskommen, ohne durch die Trennung einen andauernden Schock zu erleiden.

So lässt sich auch beschreiben, wann Erziehung aufhören muss: Wenn der Mensch fähig geworden ist, sich selbst zu schützen, sich zu pflegen, für seine Wohnung, Ernährung und Kleidung zu sorgen, sich aus eigener Überzeugung sozial zu verhalten, für die Folgen seines Verhaltens einzustehen und emotionale Bindungen verantwortungsvoll zu gestalten.

Bei Menschen mit Behinderung wird prinzipiell von einer Entwicklungs-, Lern- und Handlungsfähigkeit ausgegangen, die eine Selbstständigkeit ermöglicht, die jedoch oft erst zu einem späteren Zeitpunkt oder nur in Teilbereichen verwirklicht werden kann. Sie sind in der Regel auf eine besondere, mitunter lebenslange Begleitung, die auf ihr Entwicklungsniveau ausgerichtet ist, angewiesen. Diese Begleitung sollte immer eine Hilfe zur Selbsthilfe sein und sich an dem Prinzip „so viel wie nötig und so wenig wie möglich" orientieren.

Bei erwachsenen Menschen mit geistiger Behinderung soll nicht weiter von Erziehung gesprochen werden, zumal viele, je nach Grad der Behinderung, in einzelnen Bereichen (Selbstversorgung, Einkaufen, Erledigung übertragener Aufgaben, Freizeitgestaltung) weitgehend selbständig werden, allerdings ohne die volle Verantwortung für ihre Existenz übernehmen zu können. In diesem weiteren, umfassenden Sinne muss Erziehung durch Betreuung, Begleitung und Bildung abgelöst werden. Das ändert jedoch nichts an der Verantwortung der HP.

Die Leitvorstellungen richten sich nach Idealen. Sie stellen einen hohen Anspruch für die HP dar, der nicht in Gänze erfüllt werden kann, sondern eine richtungsweisende Orientierung aufzeigen möchte, die immer wieder im Prozess der Annäherung aktualisiert werden muss. Das gilt auch für die Arbeit unter erschwerenden institutionellen Bedingungen.

Ethik

Unverzichtbare Grundlage beim Aufbau und Erhalt eines Wertbewusstseins sind Überzeugungen, die allen methodischen Überlegungen vorausgehen. Darunter werden unerschütterliche Annahmen verstanden, die das schlussfolgernde Denken eines Menschen bestimmen. Eine solche Annahme ist z.B., dass jeder Mensch, ohne Rücksicht auf seine (voraussichtliche) Leistungsfähigkeit, vom Anfang seiner menschlichen Existenz an denselben Anspruch auf Schutz seines Lebens, auf Achtung seiner Person und nach Bedarf auf umfassende und dauerhafte Pflege/Hilfe hat.

Sollen solche Überzeugungen auf Dauer wirksam bleiben, bedürfen sie eines sichernden Hintergrundes, der sich in der Regel rationaler Überprüfung entzieht. Ein solcher Hintergrund kann der Glaube an einen Schöpfer- und Erlösergott sein, der alle Menschen in gleicher Weise akzeptiert und allen ein neues Leben bereitet, das keine Behinderung mehr kennt. Auch eine human ausgerichtete Ideologie, die unter den Menschen keine Wertunterschiede nach Begabung und Leistung akzeptiert und jeden Menschen zu einem ihm angemessenen erfüllten Leben befähigen will, kann als sichernder Hintergrund gelten.

Relevant werden die ethischen Überlegungen insbesondere bei den Themenkreisen:
- Pränataldiagnostik und Spätabtreibungen von Kindern mit Behinderung
- Pflege von Kindern mit Schwerstmehrfachbehinderung
- Umgang mit massiven auto- und fremdaggressiven Verhaltensweisen
- Stigmatisierung und Ausgrenzung in gesellschaftlichen/institutionellen Kontexten

Zusammenfassend lässt sich festhalten, dass Erziehung unter erschwerten Bedingungen eine besondere Form intuitiven, sozial-kommunikativen und verstehensorientierten Handelns ist. Das erzieherische Handeln ist von der Haltung der HP geprägt und wird in einer dialogisch ausgerichteten Beziehung gestaltet. In diesem Gestaltungsprozess gewinnen fundamentale Dimensionen an unmittelbarer Bedeutung: Aus der Achtung, der bedingungslosen Annahme des Kindes erwächst die Verantwortung in der Erziehung – mit dem Ziel einer größtmöglichen Selbstständigkeit in sozialer Bezogenheit.

Die gelebte Erziehungswirklichkeit ist so komplex, das sie einer fachtheoretischen Orientierung und Fundierung bedarf – einer Theorie für die Praxis.

3.2 Heilpädagogik ist Theorie einer Praxis

In der Heilpädagogik als Handlungswissenschaft geht es primär um die Praxis, die konkrete Hilfe, Förderung und Begleitung von Menschen mit körperlichen, geistigen und seelischen Behinderungen, die in ihrer Alltagsbewältigung beeinträchtigt und an der Teilhabe am Leben in der Gemeinschaft eingeschränkt sind. Die Praxis, die handelnde Auseinandersetzung mit den Aufgaben und Herausforderungen der alltäglichen und realen Lebenswelt ist der Ursprung und das Bewährungsfeld der Heilpädagogik (vgl. Gröschke 1997, S. 122 f.).

Um die aus der Praxis kommenden Fragen zu beantworten und die darin liegenden heilpädagogischen Aufgaben zu reflektieren, bedarf es theoretischer Grundlagen und Modelle. Die theoretische Bearbeitung der Problemstellungen führt zu neuen Erkenntnissen, die wiederum auf die Praxis übertragen werden und sich darin förderlich auswirken sollen.

Dieser für die Heilpädagogik typische und unerlässliche Theorie-Praxis-Bezug beinhaltet auch, dass unterschiedliche Theoriekonstrukte und wissenschaftlich belegte Arbeitsformen entwickelt und zur Verfügung gestellt werden müssen, die in der Praxis angewendet und überprüft werden, um sich darin zu bewähren.

Daraus ergibt sich ein ständiger Wechselwirkungsprozess.

Viele Praktiker, mitunter auch Theoretiker, erleben oft eine Kluft zwischen Theorie – der wissenschaftlichen Welt – und Praxis – der Alltagswirklichkeit. Heilpädagogik als Handlungswissenschaft oder „Theorie einer Praxis" (Gröschke) setzt an dieser Schnittstelle an und will das Zusammenspiel dieser beiden Wirklichkeiten realisieren: Heilpädagogisches Handeln muss sich als eine professionelle, wissenschafts-theoretisch begründete Lebenspraxis ausweisen. Theorie und Praxis ergeben nur in ihrem wechselseitigen Bezug einen Sinn: Theorie ohne Praxis ist leer – und Praxis ohne Theorie ist blind. Trotz dieser Verbundenheit bleibt jedoch eine Rest-Differenz bestehen, die es auszuhalten gilt.

Die konkrete Berufspraxis braucht neben den Theorien aber auch wertbezogene Stellungnahmen und wertgeleitete Handlungsweisen. Daher ist Heilpädagogik in ihrer geisteswissenschaftlich-hermeneutischen Ausrichtung (> Teil I, 1.5) keine wertfreie Theorie und keine empirisch analytische Erziehungswissenschaft, sondern ein ethisch normativer Begriff (vgl. Gröschke 1997, S. 21 ff.). Untermauert wird dies durch das Zitat von Haeberlin: „Ehrfurcht vor dem Wort `Heilpädagogik` ist für uns symbolisch Ehrfurcht vor einer Haltung, welche kein unwertes Leben kennt" (Haeberlin 1985, S. 13).

Das Besondere in der Heilpädagogik als Teilbereich der allgemeinen Pädagogik besteht u.a. in ihrer interdisziplinären Struktur. Heilpädagogik ist eine Wissenschaft, die historisch von medizinischen und psychologischen Quellen gespeist ist, ein philosophisch-theologisches Fundament aufweist und sich auf die Soziologie/Politologie und die Rechtswissenschaft bezieht.

In der Heilpädagogik werden die theoretischen Grundlagen – das Fachwissen der Bezugswissenschaften – nicht in einem Eins-zu-eins-Verhältnis übernommen und angewendet, sondern in Bezug auf den Personenkreis der Menschen mit Behinderung ins Verhältnis gesetzt, kritisch geprüft und ausgewählt. Handlungsleitend ist dabei vorwiegend die Maxime der heilpädagogisch ausgerichteten Anthropologie und Ethik, die in der Heilpädagogik unter oft extremen Handlungsvollzügen eine besondere Relevanz haben.

Die Heilpädagogik als Handlungswissenschaft ist durch eine eklektische Vorgehensweise ausgezeichnet. Die gesicherten Forschungsergebnisse und Befunde der Bezugswissenschaften (z.B. Medizin und Psychologie) werden ergänzend hinzugezogen und als konstruktive Anregung begriffen. Elemente aus den unterschiedlichen Bezugswissenschaften werden entnommen, modelliert und miteinander verknüpft. So entsteht eine an die Bedingungen und Erfordernisse der heilpädagogischen Praxis angepasste Methoden-Kombination, die ein in sich stimmiges Gebilde schafft. Mitunter stoßen dabei auch Widersprüche aufeinander, die in ihren Polaritäten ein Spannungsfeld entstehen lassen, deren bewegende Kräfte genutzt werden können, um Einseitigkeiten zu vermeiden, Widersprüche auszusöhnen und zu einem tieferen Verstehen zu gelangen (vgl. Kobi 2004, S.376 ff.; Gröschke 2007 c, S. 71).

3.2.1 Handlungskonzept

Als eine Verbindung, eine Brücke zwischen Theorie und Praxis führt Gröschke den Begriff „Konzept" ein. Ein Konzept ist ein gedanklich konstruierter Handlungsentwurf. Dieser umfassende Entwurf berücksichtigt wissenschaftliche Erkenntnisse und bezieht theoretische Grundlagen ein, um die daraus abgeleiteten und so begründeten Formen heilpädagogischen Handelns zu systematisieren, d.h. geordnet darzustellen.

Das hier vorgestellte Handlungskonzept ist hermeneutisch-pragmatisch ausgerichtet. Auf die Kurzformel „verstehen um zu handeln" gebracht, stellt es eine Einheit von Denken, Verstehen und Handeln dar. Ausgangslage und Zielpunkt aller Überlegungen ist die Praxis – die Erziehungswirklichkeit, in der ein Verstehen des anderen zur wechselseitigen Verständigung im Alltag angestrebt wird, um in der praktischen Erziehungssituation reflektiert und verantwortungsbewusst handeln zu können. Ein Handlungskonzept ist ein theoretisch begründeter Plan, der konkret beschreibt, wie in der Praxis gehandelt werden kann und soll. Da es sich um einen gedanklich konstruierten Entwurf handelt, weist es einen meist vorläufigen, orientierenden Charakter auf.

Ein Handlungskonzept beinhaltet die diagnostische Einschätzung der Ausgangslage und des weiteren Prozessverlaufs, die sich daraus ergebenden Zielsetzungen, das in einem weiteren Schritt abgeleitete methodische Vorgehen und die dazugehörige Dokumentation sowie die Evaluation. Dabei müssen die institutionellen Rahmenbedingungen und die gesetzlichen Grundlagen berücksichtigt werden. Eine wesentliche Orientierung stellen die Werte, Normen und Leitsätze der Handelnden dar. Die einzelnen Bestandteile oder Strukturelemente sind inhaltlich aufeinander abgestimmt und weisen eine innere Logik auf, so dass ein in sich rundes, stimmiges und sinnvolles Ganzes entsteht.

Im Zentrum des heilpädagogischen Handlungskonzeptes steht die Person. Sowohl die Person „Kind", die einer heilpädagogischen Entwicklungsförderung und Begleitung bedarf, als auch die Person „Heilpädagogin", die das Kind in seiner Entwicklung förderlich begleitet, sind damit gemeint. Beide Personen, das Kind und die HP, stehen in einer Interaktionsbeziehung zueinander und sind intersubjektiv am Prozess der Förderung beteiligt. Das Kind und die HP als einzigartige Personen sind in diesem Förderprozess nicht beliebig austauschbar.

Das Handlungsergebnis ist im Wesentlichen davon abhängig, inwieweit Person und Konzept aufeinander abgestimmt sind. Diese Abstimmung – Gröschke spricht hier von einem Passungsverhältnis – muss auf mehreren Ebenen erfolgen und bezieht sich auf unterschiedliche Wirkzusammenhänge: Die Beziehung zwischen dem Kind und der HP muss für beide passen. Das Handlungskonzept muss auf das jeweilige Kind ausgerichtet sein. Die HP muss sich mit diesem Handlungskonzept identifizieren können. Ist diese Stimmigkeit gegeben, so können beide miteinander im gemeinsamen Prozess kooperieren und es können förderliche Interaktionen in einer aufeinander bezogenen Handlungsweise entstehen.

Das so in sich „runde" Handlungskonzept ist ein dynamisches Gebilde, dessen einzelne Elemente im Rahmen der Reflektion immer wieder modelliert und neu angepasst werden müssen (vgl. Gröschke 1997, S. 105 ff., S. 110 ff., S. 115 ff.).

Das heilpädagogische Handlungskonzept bietet also einen roten Faden, der es der HP ermöglicht, ihr praktisches Handeln entsprechend der individuellen und situativen Bedingungen zu gestalten.

Das folgende Schaubild soll eine Übersicht über die einzelnen Bestandteile und Bezüge im Handlungskonzept geben.

	HANDLUNGSKONZEPT			
THEORIE	Verbindungsbrücke zwischen			**PRAXIS**
das Allgemeine Ideenwelt Denken	Gedanklich konstruierter Handlungsplan, der wissenschaftstheoretisch begründet ist und systematisch organisierte Arbeitsformen zur Verfügung stellt, in deren Rahmen sich professionelles heilpädagogisches Handeln in der Praxis vollzieht.	↔		das Besondere Lebenswelt Handeln
↓ **Bedingungen**	↔		↔	↓ **Prinzipien**
Anthropologisch	Kognition/Fachwissen			Personbezogen
Ethisch	wertgeleitete Stellungnahmen			Individualisierend
Pragmatisch	Motive/Ziele			Lebensbezug
	Interaktionsbeziehungen methodisches Vorgehen			
	präsent retrospektiv instrumentell Kind↔HP sozial prospektiv reflexiv			
	Einheit von Person – Milieu – Methodik			

Abb. 9: Handlungskonzept (in Anlehnung an Gröschke 1997, S. 120)

Wie eingangs aufgezeigt, ist ein Handlungskonzept eine Verbindungsbrücke zwischen der allgemeinen Theorie, der Ideenwelt, die das (Nach-)Denken ermöglicht, und der besonderen heilpädagogischen Praxis, der individuellen Lebenswelt von Klienten, die das professionelle Handeln erfordert.

In der Definition des Handlungskonzepts bestimmt Gröschke die Struktur als eine Einheit von „Kognitionen (*Fachwissen*), wertenden Stellungnahmen („*Gewissen*"), *Motiven* (Absichten, Zielen) und *Interaktionsbeziehungen* zwischen mindestens zwei Personen" (Gröschke 1997, S. 115).

Heilpädagogische Sichtweise

Die Personen – das Kind und die HP – sind das wichtigste Element in diesem Bedingungsgefüge. Das Kind und die HP bringen je ihre eigene Lebens- und Entwicklungsgeschichte (Retrospektive), ihr aktuelles So-Sein, ihr Da-Sein (Präsenz) und ihren Lebensentwurf, also das, was werden kann (Prospektive), in die Interaktionsbeziehung mit ein. Die HP begegnet dem Kind also vor dem Hintergrund ihrer beruflichen/ fachlichen (instrumentellen, sozialen und reflexiven) Kompetenzen.

Eingerahmt werden diese Strukturelemente von den theoretisch begründeten anthropologischen, ethischen und pragmatischen Bedingungen auf der einen Seite und den handlungsleitenden Prinzipien, dem Personalitätsprinzip, dem Individualisierungsprinzip und dem unmittelbaren Lebensbezug auf der Seite der Praxis. Bedingungen und Prinzipien sind aufeinander bezogen, da die theoretischen Auslegungen unmittelbar relevant sind für die Praxis und in ihr umsetzbar sein sollten.

Das Fundament des Handlungskonzeptes bildet die Einheit von Person, heilpädagogisch gestaltetem Milieu und Methodik, aus deren Zusammenspiel sich eine förderliche Wirkung entfaltet (vgl. Gröschke 2007 c, S. 69 ff.; Gröschke 1997, S. 267 f.).

Die einzelnen Elemente des Handlungskonzepts werden nun näher erläutert.

Bedingungen

- Die *anthropologischen* Bedingungen beziehen sich auf die Lehre vom Menschen und begründen in diesem Sinne eine *inklusive* Heilpädagogik, die die unhintergehbaren Gegebenheiten menschlicher Existenz betont und niemanden aus dem Kreis des Humanen ausschließt. Davon ausgehend muss sich vor allem das Handlungskonzept für den Personenkreis der Menschen mit schwerst-mehrfacher Behinderung bewähren und als berechtigt ausweisen (vgl. Gröschke 2007 c, S. 71; Gröschke 1997, S. 43 ff.).

- Die *ethischen* Bedingungen beziehen sich auf die Lehre vom sittlichen, an Normen und Werten orientierten Wollen und Handeln und begründen das Grundverständnis der Heilpädagogik, nach dem jeder Mensch immer und unter allen Bedingungen als Person anerkannt wird. Im Handlungskonzept muss sich dieses ethisch ausgerichtete Menschenbild widerspiegeln. Jeder Mensch sollte immer als ein Subjekt, ein „Jemand" behandelt werden und niemals bloß als ein Objekt, ein „Etwas" (vgl. Gröschke 2007 c, S. 72; Gröschke 1997, S. 43 ff.).

- Die *pragmatischen* Bedingungen beziehen sich auf das Selbstverständnis der Heilpädagogik als Handlungswissenschaft, als eine Theorie für die Praxis der Erziehung, Förderung und Bildung der Menschen mit Behinderung (vgl. Gröschke 1997, S. 41, S. 110; Gröschke 2007 c, S. 72). Das Primat der Praxis bedeutet insbesondere, dass das konkrete heilpädagogische Handeln vorrangig ist vor allen Theoretisierungen, im Sinne von Georgens und Deinhardt: „Die Praxis kann nicht warten, bis die Wissenschaft fertig ist." (1861, S. 24).

Prinzipien

- In der heilpädagogischen Praxis geht es primär um die Person, um personale Beziehungsverhältnisse und intersubjektive Handlungsweisen. Die Vermittlung der Theorie und die Umsetzung des Handlungskonzeptes sind also auf die Person bezogen und daran gebunden. Verantwortungsbewusst nach dem *Personalitätsprinzip* zu handeln, vollzieht sich in der konkreten Erziehungswirklichkeit (vgl. Gröschke 1997, S. 114; Gröschke 2007 c, S. 69).

- Die heilpädagogische Praxis ist auf den Einzelfall ausgerichtet. Jedes Kind ist einmalig und einzigartig in subjektiver Hinsicht. Nach dem *Individualisierungsprinzip* muss das heilpädagogische Handeln individuell auf das jeweilige Kind abgestimmt sein (vgl. Gröschke 2007 c, S. 69).
- In der heilpädagogischen Praxis ist es erforderlich, das biographische Geworden-Sein und die aktuelle *Lebenswirklichkeit*, die Alltagswelt des Kindes verstehend zu erfassen, um die daran angepassten theoretisch begründeten Ziele (Normalisierung, Integration und Inklusion) über ein wertgeleitetes Handeln zu verwirklichen (vgl. Gröschke 1997, S. 114).

Einheit von Person, Milieu und Methodik

- Person
  Die Personen, das Kind und die Heilpädagogin, haben einen zentralen Stellenwert im Handlungskonzept, was bereits mehrfach benannt und dargestellt wurde (vgl. Gröschke 2007 c, S. 74; Gröschke 1997, S. 267 f.).
- Milieu
  Das Milieu ist der entwicklungsförderliche Lebensraum, innerhalb dessen das heilpädagogische Handeln gestaltet wird und sich vollzieht. Die Umsetzung eines bestimmten Förderkonzepts ist an spezifisch gestaltete räumliche Bedingungen, also an Handlungs- und Behandlungsräume geknüpft. Für jedes Kind muss dieser Handlungsraum im Prozess individuell vorbereitet und ausgestaltet werden (vgl. Gröschke 2007 c, S. 74; Gröschke 1997, S. 267 f.).
- Methodik
  Die methodischen Elemente eines Konzeptes zeigen eine Reihe von Handlungsregeln und -empfehlungen auf, die beschreiben, wie im Konkreten vorzugehen ist, um die klar umschriebenen Ziele des Konzepts zu erreichen. Dabei ist zu berücksichtigen, dass heilpädagogisches Handeln sich nicht in der strikten Ausführung bestimmter Regeln, sondern in der gemeinsam gestalteten Erziehungssituation vollzieht, in der methodische Elemente in einer bestimmten Art und Weise eingesetzt werden (vgl. Gröschke 2007 c, S. 74; Gröschke 1997, S. 266 ff.).

Die methodischen Kernelemente im Handlungskonzept bilden die folgende Trias (vgl. Köhn 2001, S. 60):

- Diagnostik
- Förderung und Begleitung
- Beratung und Anleitung

Weitere Elemente im Handlungskonzept sind folgende Aufgaben, die hier nur aufgezählt werden: organisatorische und institutionell bedingte Aufgaben, Dokumentation und Gutachtenerstellung, Teamarbeit, kollegiale Beratung, interdisziplinäre Zusammenarbeit, Öffentlichkeitsarbeit.

Das heilpädagogische Handlungskonzept hat das Ziel, „einer beeinträchtigten Person Lern- und Entwicklungshilfen anzubieten, durch die sie ihre Fähigkeiten der Daseinsgestaltung optimal entfalten, bewahren und wiederherstellen kann" (Gröschke 1997, S. 269). Eine wesentliche fachliche Maxime ist die ständige individuelle, entwicklungs- und umweltspezifische Anpassung der Zielsetzungen, der methodischen Vorgehensweisen und der Inhalte, d.h. entsprechend der dynamischen Veränderungsprozesse sind die Förderangebote kontinuierlich auf den aktuellen Entwicklungs- und Befindlichkeitszustand sowie auf die Umweltbedingungen abzustimmen.

Das hier vorgestellte Handlungskonzept stellt einen umfassenden Rahmen dar, aus dem unterschiedliche Förderkonzepte abgeleitet werden können. Die Substanz der Förderkonzepte ergibt sich aus den Grundphänomenen personaler Existenz (Gröschke).

Hierbei handelt es sich um elementare Phänomene, die das Dasein jeder Person bestimmen. Die Grundphänomene – Leiblichkeit (s.u.), Bewegung, Entwicklung, Spielen, Lernen, Sprachlichkeit und Tätigkeit – können unter anthropologischen (Begegnung, Erziehung) ethischen (Eigenaktivität, Selbstgestaltung) und pragmatischen (entwicklungsförderliches Handeln) Aspekten reflektiert werden. Hierzu wird der phänomenologische Ansatz herangezogen, der von Husserl begründet wurde. Gemeint sind Analyse und Sinnverstehen der alltäglichen, oft unbedeutend erscheinenden Gegebenheiten. In der heilpädagogischen Praxis gelten die Grundphänomene als unhintergehbar. Sie bezeugen vor allem die personale Existenz von Menschen mit schwerster Behinderung und ermöglichen über eine verstehende Anschauung im Einzelfall konkrete Anknüpfungspunkte für entwicklungsförderliches pädagogisches Handeln.

Als das zentrale Phänomen beschreibt Gröschke die Leiblichkeit der Person, die als Leibapriori ein stets gegebenes Grundphänomen ist und als ein elementares leibgebundenes „Inder-Welt-Sein" verstanden wird. Alle weiteren, oben benannten Grundphänomene sind an die Leiblichkeit gebunden. Die Phänomene weisen ein unterschiedliches Abstraktionsniveau auf. Sinnlich erfahrbar sind die Leiblichkeit, die Bewegung und das Spielen. Abstrakter sind die theoretischen Sammelbegriffe Entwicklung und Lernen, die einen Veränderungsprozess umfassen (vgl. Gröschke 1997, S. 185 ff., S. 187 ff., S. 194 ff., S. 238).

Die Grundphänomene und die daraus abgeleiteten Förderkonzepte stehen in einer Interdependenz zueinander. Sie bedingen und beeinflussen sich gegenseitig und gehen inhaltlich oft ineinander über. Die Person steht im Zentrum dieser Systematik, da sie alle Grundphänomene in sich vereint. In den ganzheitlich ausgerichteten Förderkonzepten sind alle Grundphänomene involviert, auch wenn die Schwerpunkte und Herangehensweisen unterschiedlich gewichtet sind. Die dargestellten Förderbereiche sind offene und übergeordnete Handlungsansätze, in denen sich verschiedene Konzepte mit spezifischen Methoden wiederfinden (vgl. Gröschke 1997, S. 278, S. 268).

So können die Förderkonzepte systematisiert werden, wie das folgende Schaubild aufzeigt.

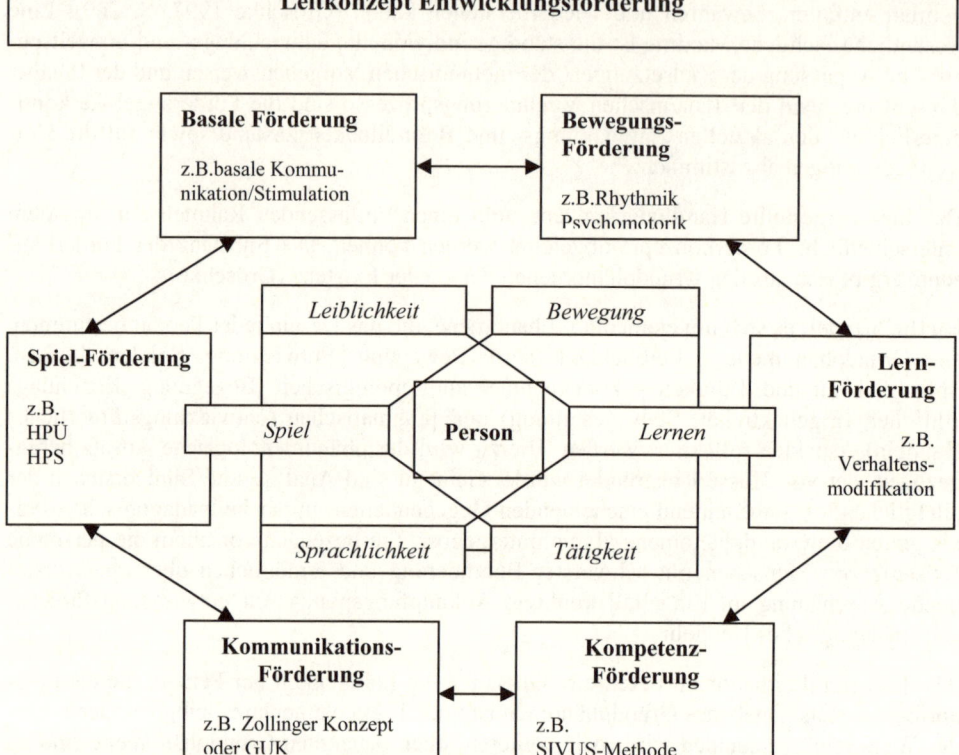

Abb. 10: Systematik heilpädagogischer Förderkonzepte (in Anlehnung an Gröschke 1997, S. 278)

Als übergeordneter Sammelbegriff für die vielfältigen Aufgaben, Tätigkeiten und Handlungsansätze im Arbeitsfeld der Heilpädagogik kann das Leitkonzept der Entwicklungsförderung verwendet werden.

3.3 Kernelemente

Das Handlungskonzept umfasst die Kernelemente Diagnostik, Förderung/Begleitung und Beratung/Anleitung. Um die darin liegenden Herausforderungen zu bewältigen, braucht die HP ihre Fachkompetenzen (> Teil II, 3.2.1). Diese machen sie zum Werkzeug d. h. zum Wahrnehmungsorgan (vgl. Gröschke 2004, S. 28 f.) mit „Kopf, Herz und Hand" (Pestalozzi).

Heilpädagogische Sichtweise

3.3.1 Förderdiagnostik

Die diagnostische Einschätzung ist die Grundlage einer verantwortungsvollen Förderung und der Zugangsweg zu der subjektiven Erlebniswelt des Kindes im Sinne der heilpädagogischen Maxime von Moor „Erst verstehen, dann erziehen". Zu allererst geht es darum, das Kind in seinem „So-geworden-Sein" verstehen zu wollen und aus dieser verstehenden Haltung heraus die gesamte Lebenssituation des Kindes zu betrachten.

Die heilpädagogische Diagnostik ist immer auf die Förderung ausgerichtet und kann daher als Förderdiagnostik (FD) bezeichnet werden. Sie ist nicht auf die Defizite hin ausgerichtet. Die offenen Möglichkeiten des Kindes und seines Umfeldes stehen im Vordergrund. Daraus lässt sich die Frage ableiten: Was kann das Kind und was kann aus ihm werden? Die *FD* ist auf die gesamte Persönlichkeit mit all ihren individuellen Ausprägungen – also ganzheitlich – ausgerichtet. Sie bezieht sich immer auf den laufenden Prozess und ist somit Status- und Prozessdiagnostik zugleich (vgl. Strasser 2001, S. 22).

Die Diagnostik orientiert sich an unterschiedlichen Fragestellungen, wobei die heilpädagogischen Grundfragen nach KOBI als Ausgangspunkt dienen können (vgl. Kobi 2004, S. 18 ff.):

- WER ist das Kind mit Entwicklungsbeeinträchtigungen und wer ist die Heilpädagogin? Diese existenzielle Frage bezieht sich in der Diagnostik auf die handelnden Personen und orientiert sich am Dasein des Kindes.
- WAS für Beeinträchtigungen können beobachtet werden? Diese phänomenologische Frage bezieht sich in der Diagnostik auf das Erscheinungs-, Zustands-, und Symptombild, das wertneutral beschrieben wird.
- WO sind die Entwicklungsbeeinträchtigungen auszumachen, wo liegen die Stärken und die Schwächen des Kindes? Diese topologische Frage bezieht sich in der Diagnostik auf die Fähigkeits- bzw. Entwicklungsbereiche und auf die darin liegenden Stärken und Schwächen.
- WANN treten die Beeinträchtigungen auf? Diese chronologische Frage bezieht sich in der Diagnostik auf den Entwicklungsverlauf und auf die aktuellen Auslöse-Bedingungen.
- WARUM bestehen die Entwicklungsbeeinträchtigungen? Diese ätiologische Frage bezieht sich in der Diagnostik auf die Ursachen der Beeinträchtigung und ist auf die Kausalbeziehungen, die Sinnzusammenhänge ausgerichtet.
- WOHIN, WOZU soll die diagnostische Abklärung erfolgen? Diese teleologische Frage bezieht sich in der Diagnostik auf die Zielsetzungen – auf das, was mit der diagnostischen Abklärung erreicht werden soll.
- WIE sollen die diagnostischen Schritte umgesetzt werden, wie soll die Entwicklungsdiagnostik ablaufen? Diese methodische Frage bezieht sich in der Diagnostik auf das diagnostische Vorgehen im Prozess und auf die Umsetzung der entsprechenden Schritte.

Die heilpädagogische Diagnostik richtet sich nie auf eine Fragestellung allein, sondern alle diagnostischen Fragestellungen sind in ihrer Interdependenz zu reflektieren. Die zentrale Grundfrage der *FD* lautet: „Wie gelange ich zu einem annähernd richtigen oder umfassenden Verständnis, zu Beurteilungen und Interpretationen über Fähigkeiten, über Verhaltensweisen, deren Ursachen und Motive, über innere Zustände und Befindlichkeiten" (Strasser 2001, S. 35), des Kindes, das ich begleite und fördere. Die heilpädagogische Einschätzung des Kindes geschieht nicht im Sinne einer „objektivierenden Tatbestanddiagnostik, sondern gesucht sind ‚Wege der verstehenden Erfassung'" (Gröschke 1997, S. 273).

Kriterien, die eine heilpädagogische Förderdiagnostik ausmachen:

- biographisch ausgerichtet
  Das existentielle Dasein gestaltet sich in lebenslaufbezogenen Phasen. Jeder hat seine eigene Biographie und entwickelt sich nach eigenen Mustern. Das, was das Kind aktuell mitbringt, hat immer eine individuelle Geschichte, einen ureigenen Entwicklungsverlauf. Das „So-geworden-Sein" des Kindes rekonstruierend zu erfassen, ist Aufgabe der heilpädagogisch ausgerichteten FD.

- ganzheitlich ausgerichtet
  Der ganzheitliche Ansatz hat einen zentralen Stellenwert in der Heilpädagogik. Der Begriff „heilen" bedeutet hier im umfassenden Sinne Verganzheitlichung und Sinnerfüllung des Lebens. Die Ganzheitlichkeit bezieht sich auf die lebendige, unteilbare Wirkeinheit der Person, von Körper und Geist, Leib und Seele. Das Kind in seiner Komplexität ganzheitlich zu sehen, ihm in seiner personalen Einheit zu begegnen und ihm insgesamt gerecht zu werden, meint, dass alle Entwicklungs- und Lebensbereiche in die FD mit einbezogen und nicht nur einzelne Funktionen und Teilaspekte in den Blick genommen werden müssen (vgl. Gröschke 1997, S. 24, S. 34; Tietze-Fritz 1996, S. 158).

- kindorientiert
  Im Zentrum steht die Person. Das förderdiagnostische Vorgehen orientiert sich am jeweiligen Kind und berücksichtigt die Individuallage. Es gibt kein allgemeingültiges Schema, das auf alle angewendet werden kann, sondern es wird im Einzelfall geschaut, ausgehend von den diagnostischen Fragestellungen und kindspezifischen Bedingungen, welche Mittel und Wege hier angebracht sind. Dabei wird der Fokus auf die individuellen Entwicklungs-, Lern- und Handlungsvoraussetzungen und Möglichkeiten gelenkt. Eine kindgerechte FD findet im und über das Spiel statt, da das Spiel die Lebenswelt und das Ausdrucksmittel des Kindes ist.

- milieuorientiert
  In die FD ist nicht nur das Kind, sondern auch sein soziales und materielles Umfeld (z.B. Familie, Kindergarten) einzubeziehen. Im Kindesalter steht immer eine Kind-Umwelt-Interaktionsdiagnostik im Vordergrund, die beide Seiten, „das Kind als Entwicklungssubjekt mit seinen Entwicklungsvoraussetzungen und gegenwärtigen Entwicklungserrungenschaften, aber auch die Umwelt mit ihren jeweiligen entwicklungsfördernden oder – erschwerenden Bedingungen – und zwar in ihrer dynamischen Wechselwirkung" (Gröschke 2003, S. 110), berücksichtigt.

- verstehensorientiert
  Das Verhalten des Kindes, das, was es sagt und tut, was es auf eine bestimmte Art und Weise spielt, hat immer einen Sinn. Die Frage nach dem Sinn bezieht sich einerseits auf den Kontext, in dem dieses Verhalten zu beobachten ist und eine Bedeutung hat. Andererseits hat das Verhalten einen subjektiv bedeutenden Sinn für das Kind. Diesen Sinn zu erfassen, das, was phänomenologisch in Erscheinung tritt, sinnhaft wahrgenommen und beobachtet werden kann, zu interpretieren und ihm eine Bedeutung zu geben, ist Aufgabe

Heilpädagogische Sichtweise 93

der HP. Die FD ist somit eine hermeneutische Methode, die nicht objektiv, sondern subjektiv ausgerichtet ist und die Sinnzusammenhängen verstehen will. Aus diesem Verstehen kann die HP die Frage beantworten: Was braucht das Kind jetzt? (vgl. Kobi 2004, S. 364 ff.).

Im Sinne der Förderdiagnostik kommen diese Handlungsprinzipien nicht nur in der diagnostischen Einschätzung zu Beginn der Förderung zum Tragen, sondern sie gelten auch im Prozess der Förderung.

Um das Kind in seiner personalen Ganzheit zu verstehen, ist ein Methodenpluralismus erforderlich, der eine diagnostische Informationssammlung und die einzelfallbezogene Auswertung dieser Daten ermöglicht (vgl. Gröschke 1997, S. 274; Köhn 2001, S. 227).

Die komplexen Methoden können in drei wesentliche diagnostische Zugangswege unterteilt werden, die aus der Psychologie (> Teil II, 2.2) bekannt sind und hier aus heilpädagogischer Sicht ergänzt werden:

3.3.1.1 Anamnese

Um die notwendigen biographischen Daten zu erheben, müssen die Eltern (Bezugspersonen) befragt werden. Die Anamnese ist das diagnostische Instrument zur Erfassung der Lebens- und Entwicklungsgeschichte. Aus der Lebenswegbeschreibung wird die momentane Situation des Kindes in seinen Beziehungen erkennbar. Um die wichtigen anamnestischen Daten zu erhalten, liefern gängige Erhebungsbögen (Anamneseschemata) die zu berücksichtigenden Fragestellungen, die die einzelnen Entwicklungsetappen und -bereiche strukturieren und so eine systematische Rekonstruktion ermöglichen (vgl. Köhn 2001, S 187, S. 193; Gröschke 2003, S. 111). (> Teil V, 2.3)

Ergänzend zu dem Anamnesegespräch können Elternfragebögen einbezogen werden. Im Rahmen von Entwicklungsinventaren oder -tests kommen häufig sogenannte Report-Items zum Tragen, die Aufschluss über bestimmte Entwicklungsbereiche geben.

Die gesammelten Informationen dienen nicht allein der annähernd objektiven Bestandsaufnahme über die Entstehung der Entwicklungsbeeinträchtigungen. Sie wollen zugleich das subjektive Erkennen und Verstehen von Lebensdaten in ihrer Lebensbedeutsamkeit für das Kind ermöglichen.

Um die Daten vor dem Hintergrund verschiedener Theorie-Ansätze zu reflektieren bzw. auszuwerten und zu gewichten, bietet es sich an, diese in eine Entwicklungsleiste (> Teil V, 2.8.1) einzutragen, um den Entwicklungsverlauf chronologisch aufzuzeigen. So werden die Meilensteine in der Entwicklung des Kindes – die biographischen Übergänge und kritischen Lebensereignisse in der bisherigen Lebensgeschichte – deutlich. Die dem Lebensalter zugeordneten Informationen können mit der altersentsprechenden Entwicklungsaufgabe (> Teil II, 2) in Beziehung gesetzt werden, da die Bewältigung bzw. Nichtbewältigung der Entwicklungsaufgaben die Entwicklungschancen nachhaltig bestimmen wird (vgl. Köhn 2001, S. 200, Abb. 17, S. 199; Gröschke 2003, S. 110; Schmidtchen 2001, S. 46 ff.). Die lebenslaufbedeutenden Ereignisse und altersspezifischen Entwicklungsphasen können mit Anmerkungen und Teil-Hypothesen belegt werden, die es – dann wieder im Ganzen gesehen – ermöglichen, das Kind in seinem *So-geworden-Sein* zu verstehen. Die anamnestischen Daten sind notwendig, um die im Spiel dargestellten Konflikte und Szenen vor dem biographischen Hintergrund erschließen zu können und um die Bedeutung für das Kind zu erfassen.

Um die heilpädagogisch relevanten Daten zu erfahren, sind in den Elterngesprächen entsprechende methodische Vorgehensweisen in der Gesprächsführung erforderlich (> Teil V, 2.2 und Teil V, 2.3). Als grundlegende Bedingung gelten vor allem die drei Variablen nach Rogers: *Echtheit* (Kongruenz), *positive Wertschätzung* und *einfühlendes Verstehen* (Empathie). Sie zeichnen die Haltung der HP gegenüber den Eltern aus. Durch die verstehende Anteilnahme kann eine tragfähige Beziehung zu den Eltern entstehen, die Sicherheit gibt und so die Bereitwilligkeit zu weiterer Mitarbeit stärkt. Diese Beziehung stellt eine wesentliche Voraussetzung für eine weitere Beratung dar, da die Zusammenarbeit mit den Eltern immer ein integrierter Bestandteil der heilpädagogischen Entwicklungsförderung und Begleitung ist.

3.3.1.2 Spiel-Beobachtung

Das Spiel gehört zur Lebenswelt des Kindes. Es nimmt eine zentrale Bedeutung im Förderkonzept der HPÜ (> Teil V, 2.5) ein. Daher wird hier der Schwerpunkt auf die Spiel-Beobachtung gelegt.

Im und über das Spiel ist eine Kontaktaufnahme zum Beziehungsaufbau mit dem Kind möglich. Eine Atmosphäre, in der das Kind sich angenommen fühlt, schafft eine emotional und motivational optimale Bedingung. Diese ist die grundlegende Basis dafür, dass das Kind zeigt, was es kann, und sich traut, seine Befindlichkeit im Spiel auszudrücken und darzustellen.

Die Spiel-Beobachtung kann in unterschiedlichen Formen stattfinden (> Teil II, 2.2.2). Ursachen und Ausprägungen von bekannten Beobachtungsfehlern (> Teil II, 2.2.2) sind zu berücksichtigen.
Wo und wie das Kind in seinem Spiel beobachtet werden soll, hängt von der Fragestellung bzw. Zielsetzung ab. Eine Beobachtung sollte immer zielgerichtet, differenziert und um Sachlichkeit bemüht sein (vgl. Bundschuh 1999, S. 133). Damit eine Spiel-Beobachtung zielgerichtet ist, stellt sich der Beobachter die Frage: Was will ich wozu beobachten? Da es unmöglich ist, alles zu beobachten bzw. wahrzunehmen, muss der Fokus auf bestimmte Aspekte ausgerichtet werden. Diese werden mit Hilfe von Beobachtungskriterien vor einem theoretisch fundierten Hintergrund umschrieben bzw. festgelegt.
Somit ist die Spiel-Beobachtung eine aufmerksame, kriteriengesteuerte Wahrnehmung von Ereignissen. Auch wenn sich die Spiel-Beobachtung auf eingegrenzte Aspekte des Spielverhaltens im Detail bezieht, ist die Wahrnehmung immer auch auf das Kind in seiner personalen Ganzheit ausgerichtet (vgl. Gröschke 2004, S. 16).

Das Spiel ist das diagnostische Medium, um das Kind in seiner personalen Ganzheit zu verstehen und einen Zugangsweg zu seiner subjektiven Erlebniswelt zu bekommen. Das methodische Hilfsmittel ist hierbei die Spiel-Beobachtung mit den richtungsweisenden, übergeordneten Fragestellungen: Was spielt das Kind und wie spielt es?

In seiner diagnostischen Funktion weist das Spiel zwei Hauptrichtungen auf: die entwicklungspsychologische Spieldiagnostik im gelenkten Spiel, um das Spielentwicklungsniveau zu ermitteln und die spieltherapeutisch orientierte Spieldiagnostik im freien Spiel, um die emotionale Befindlichkeit und die Lebensthemen zu erheben (vgl. Hetzer 1995, S. 98 ff.; Tietze-Fritz 1996, S. 159 ff.).

Diese beiden Hauptrichtungen werden im Anschluss getrennt voneinander dargestellt.

Um das Spiel-Entwicklungsniveau des Kindes zu ermitteln, bietet es sich an, auf Hilfsmittel in Form von Entwicklungsinventaren (> Teil II, 2.2.2) zurückzugreifen, die die Beobachtung steuern und systematisieren sollen. Dieses diagnostische Verfahren ist eine Sonderform der Verhaltensbeobachtung, die im Gegensatz zum Testen nicht in standardisierten Prüfungssituationen abläuft. Alle Entwicklungsinventare sind Hilfsmittel, die eine Spiel-Beobachtung im Dialog mit dem Kind nicht ersetzen, sondern ergänzen. Dabei muss im Einzelfall geschaut werden, ob ein Verfahren und, wenn ja, welches in Frage kommt. (vgl. Strasser 2001, S. 51; Gröschke 2004, S. 16).

Der Spiel-Beobachtungsbogen – entwickelt für die HPÜ – liefert ein praxisorientiertes Hilfsmittel für die heilpädagogische Spiel-Diagnostik (als PDF erhältlich unter der DOI: https://doi.org/10.33675/2011-82539300 oder über info@winter-verlag.de).

Mit Hilfe der Spiel-Beobachtung kann das Spiel-Entwicklungsniveau des Kindes erfasst werden. Hierdurch lässt sich auch die *Zone der nächsten Entwicklung* (ZNE) im Spiel (Wygotski) ermitteln. Darunter wird das „Entwicklungsniveau oberhalb des aktuellen Entwicklungsstandes, auf dem das Kind mit Hilfe kompetenter Partner Aufgaben lösen kann, zu deren Bewältigung es allein nicht fähig ist" (Oerter 1996, S. 268 f.), verstanden. Dieser Bereich des „Noch-nicht-allein-Könnens" ist für die Förderung im Spiel, die entsprechende Lernzielableitung und für das methodische Vorgehen von Bedeutung. Auch ermöglicht die ZNE eine inhaltlich zielgerichtete Intervention (vgl. Oerter 2001, S. 126; Oerter 1993, S. 147 ff.).

Die Inhalte einer Spiel-Beobachtung werden als wertfreie Beschreibung schriftlich fixiert. In einem nächsten Schritt wird dem Spiel-Verhalten unter Einbeziehung der gesamten Daten eine Bedeutung gegeben, um die Sinnzusammenhänge zu entschlüsseln. Diese Auswertung wird von der Beobachtung getrennt und als solche gekennzeichnet dargestellt (beispielsweise im Protokoll der Spiel-Stunde).

Die diagnostische Funktion einer solchen Spielanalyse ist in der Annahme begründet, dass das Kind im Spiel sich selbst darstellt und seine Persönlichkeit offenbart. Um die sozialemotionale Befindlichkeit des Kindes im Spiel zu erfassen, richtet sich die diagnostische Wahrnehmung auf die inhaltliche Spielgestaltung und den Symbolgehalt des Spiels, der im Sinne einer Spielanalyse interpretiert wird. Diese Interpretation kann z.B. vor dem Hintergrund tiefenpsychologischer Theorien (> Teil II, 2.1) erfolgen (vgl. Mogel 1994, S. 189 f.; Schmidtchen 1976, S. 99; Köhn 2001, S. 318 f.; Gröschke 2004, S. 29). Ein wertvolles Instrument ist das aus der psychoanalytischen Pädagogik stammende *szenische Verstehen*: Das Kind stellt seine Lebensthemen auf der szenischen Spielebene dar, indem es im „Spielprozess seine Vorstellungen, Gefühle, Gedanken oder Impulse auf die analoge Ebene der Spielfiguren überträgt. In der Interaktion mit diesen Spielfiguren entwickelt das Kind seine szenische Übertragung" (Krucker 1997, S. 43). Dabei kann die HP beobachten und verfolgen, welche Themen und Beziehungsmodi in direkter oder symbolischer Form vorkommen, und diese diagnostisch auswerten, um das Kind in seinem *So-geworden-Sein* zu verstehen.

Diese zwei Richtungen sind auch im Schwerpunktbereich der Spiel-Förderung (> Teil II, 3.2.1 und Teil II, 3.3.2.1) in den konzeptionellen Ansätzen der HPÜ und der HPS (Heilpädagogische Spieltherapie) wiederzufinden.

Im Spiel als Symbol der kindlichen Entwicklung fließen alle Aspekte bzw. beide „Strömungen" zu einer einheitlichen, aber in sich komplexen, vielschichtigen und zum Teil widersprüchlichen Gestalt zusammen. Mittels einer Beobachtung sollte diese diagnostisch entschlüsselt und für heilpädagogische Zwecke genutzt werden, um dem Kind in seiner personalen Ganzheit zu begegnen und es zu begleiten.

Daher ist die Spiel-Beobachtung im *gelenkten* und *freien Spiel* der methodische Zugangsweg oder, in Gröschkes Worten, der „Königsweg" in der Förderdiagnostik

3.3.1.3 Entwicklungstests

Ausgehend von den testtheoretischen Grundlagen, die unter der psychologischen Sichtweise dargestellt wurden (> Teil II, 2.2.3), wird im Folgenden kurz auf die allgemeinen Entwicklungstests eingegangen, da diese in der HPÜ zur Anwendung kommen können.

Die Entwicklungsdiagnostik ist in der Förderung und Begleitung von Kindern mit Entwicklungsbeeinträchtigungen eine wesentliche Aufgabenstellung. Um den allgemeinen Entwicklungsstand des Kindes zu erheben, bieten sich Entwicklungstests an, die das Entwicklungsalter (EA) oder den Entwicklungsquotienten (EQ) angeben (> Teil II, 2.2.3). Zur Anwendung kommen sie in der Eingangsdiagnostik, um eine Entwicklungsabweichung oder -verzögerung zu ermitteln. In der Verlaufsdiagnostik werden sie relevant, um den Entwicklungsverlauf im Rahmen einer gezielten Förderung zu erfassen.

Diese objektivierende Beurteilung eines Kindes ist u. a. für eine sachliche und sozialrechtliche Begründung gegenüber dem Kostenträger erforderlich, um die heilpädagogische Maßnahme zu legitimieren. Qualitative Verfahren – wie die Spiel-Beobachtung – müssen zu diesem Zwecke mit standardisierten und normierten Verfahren ergänzt werden, um eine quantitative Aussage machen zu können. Auch dient die objektivierende Beurteilung im Sinne der Selbstkontrolle dazu, den subjektiven Eindruck zu überprüfen und mit einer testtheoretisch gesicherten Aussage über den Entwicklungsstand abzugleichen.

Laut Kobi liegt der diagnostische Nutzen der Anwendung von Tests in einem:
- interpersonellen Vergleich mit der Eichstichprobe
- intrapersonellen Vergleich der verschiedenen Fähigkeitsbereiche (Profilbildung)
- sequenziellen Vergleich durch Testwiederholung nach einer gewissen Zeit (Überprüfung der Entwicklungsfortschritte) (vgl. Strasser 2001, S. 55)

Im Rahmen der Fallarbeit ist die HP dazu verpflichtet, Entwicklungstests verantwortungsvoll und im Einzelfall begründet einzusetzen, da vieles im Bereich der Frühdiagnostik dafür spricht, „den methodischen Ansatz der Entwicklungs- und Verhaltensbeobachtung mittels Entwicklungsinventaren dem Testansatz vorzuziehen" (Gröschke 2003, S. 113).

Bei der Anwendung von Entwicklungstests muss die HP über ein vertieftes und umfangreiches Grundlagenwissen zur Testtheorie verfügen. Sie muss sowohl den Test standardisiert und kindgerecht anwenden als auch die Qualitäten anhand der Gütekriterien und die Aussagemöglichkeiten und -grenzen kompetent und kritisch bewerten können (vgl. Gröschke 2003, S. 114).

Um die Möglichkeiten aber auch Grenzen der Verfahren bewerten zu können, muss geklärt werden, von welchem Entwicklungsmodell das jeweilige diagnostische Verfahren ausgeht und ob das Verständnis von Entwicklung dem aktuellen Forschungsstand entspricht (vgl. Gröschke 2003, S. 109 ff.). In der Entwicklungspsychologie sind heute die konstruktivistischen und interaktionistischen Entwicklungsmodelle (> Teil II, 2) gültig.

Aus dem Testverhalten, also der Anzahl der richtig oder falsch gelösten Testaufgaben unter standardisierten Durchführungsbedingungen, wird die metrische Ausprägung des Entwicklungsmerkmals ermittelt und in Zahlenwerten ausgedrückt. Jedoch gibt die gelöste Testaufgabe noch nicht zwangsläufig einen Aufschluss über die Qualität der Ausführung, der Wahrnehmung oder der Bewegung (vgl. Tietze-Fritz 1995, S. 143).

Zu beachten ist, dass die Testergebnisse nur eine Momentaufnahme darstellen und im Gesamtkontext gesehen werden müssen. Wiederholte Testungen sind erforderlich, um eine gesicherte Diagnose stellen zu können. Jedoch ist bei vielen Kindern im heilpädagogischen Tätigkeitsfeld eine standardisierte Testung nicht möglich.

Im Kleinkindalter können aufgrund von Kommunikations- und Mitteilungsschwierigkeiten und von Schwankungen in der Aufmerksamkeit große Messfehler auftreten. Die Ergebnisse werden stark von der Motivation des Kindes beeinflusst. Auch emotionale Faktoren wirken wesentlich auf die Testleistungen ein und können diese negativ beeinflussen. Diese Bedingungs- und Wirkfaktoren sind bei der Interpretation der Ergebnisse zu berücksichtigen, da das Kind möglicherweise unter seinen Möglichkeiten geblieben ist und der Entwicklungsstand hierdurch unterschätzt wird.

Daher ist es bei jeder Testdurchführung wichtig, das Verhalten des Kindes während der Durchführung zu beobachten, zu protokollieren und in den Testbefund aufzunehmen.

In der Kleinkindtestung braucht die HP viel Erfahrung und Einfühlungsvermögen, um das Kind zu motivieren und die Aufgaben mit einer spielerischen Leichtigkeit und unter Berücksichtigung der standardisierten Bedingungen anzubieten und durchzuführen. Im Einstieg stehen die Kontaktaufnahme und die situative Erfassung im Vordergrund. Die Durchführung sollte am Interesse des Kindes orientiert und auf seine Bedürfnisse abgestimmt sein. Positive Bestärkung und ein bewusst gewähltes Tempo in der Darbietung der Aufgaben helfen, die Motivation und Aufmerksamkeit aufrechtzuerhalten. Dies erfordert eine Flexibilität in der Testreihenfolge, die in den allgemeinen Entwicklungstests meist gegeben ist. Es empfiehlt sich, Aufgaben, die inhaltlich zusammengehören oder das gleiche Testmaterial erfordern, sinnvoll zu kombinieren.

Der weitere Schwerpunkt wird auf die Entwicklungsdiagnostik von Kindern mit Behinderung gelegt.

Bei diesen Kindern muss das diagnostische Vorgehen auf die individuellen Bedingungen und Möglichkeiten abgestimmt werden. In der Praxis hat es sich als sinnvoll bewährt, zunächst eine Spieldiagnostik durchzuführen. Vom Spielentwicklungsniveau ausgehend kann dann – unter Berücksichtigung der jeweiligen Fragestellung – ein entsprechendes Entwicklungstestverfahren ausgewählt werden, das die Entwicklung des Kindes abbildet und eine relativ gültige Aussage liefert. Dazu ist es notwendig, dass die HP alle gängigen Testverfahren (> Teil II, 2.2.3) kennt: Sie weiß, was welches Verfahren erfasst und kann diese anwenden.

Die Durchführung orientiert sich am jeweiligen Kind. Der Testeinstieg beginnt mit den Aufgaben, die das Kind sicher kann. Die weiteren Aufgaben werden von unten nach oben, vom den leichten zu den schweren Aufgaben durchgeführt, um sich so vorsichtig an den höheren Schwierigkeitsgrad heranzutasten. Dieses kleinschrittige Vorgehen ermöglicht es, die Leistungsgrenzen eines Kindes zu ermitteln und dessen Stärken und Schwächen zu beschreiben.

Bei disharmonischen Entwicklungen kommt es vor, dass in der Abfolge einige Aufgaben nicht bewältigt werden. Das weist auf Brüche in der Entwicklung hin. Auch können enorme Schwankungen zwischen den einzelnen Entwicklungsbereichen auftreten. In diesem Fall macht es Sinn, dass bestimmte Untertests bzw. Skalen aus anderen Verfahren ergänzend hinzugezogen werden, um eine differenzierte Einschätzung in diesen einzelnen Bereichen zu erhalten und um die bisherige Einschätzung zu überprüfen. Bestehen körperliche Behinderungen oder Sinneseinschränkungen, kann es zu Schwierigkeiten im Umgang mit dem Testmaterial kommen. Die betroffenen Kinder können viele Aufgaben nicht entsprechend der Durchführungsbedingungen bearbeiten. Hier gibt es zum einen die Möglichkeit, den Test entsprechend der Standardanweisungen durchzuführen und den Einfluss der Einschränkungen zu protokollieren, so dass ein Normabgleich erfolgen kann. Zum anderen ist es möglich, von den standardisierten Bedingungen abzuweichen und die Testmaterialien sowie die Durchführungsbedingungen an die individuellen Möglichkeiten des Kindes anzupassen. In diesem Fall erfolgt eine qualitative Auswertung und Beurteilung (vgl. Reuner 2007, S. 28 ff.).

Beispiel zur Entwicklungsdiagnostik von Kindern mit Behinderung

Moritz ist ein korrigiert 24 Monate alter Junge mit einer infantilen Cerebralparese vom Typ der spastischen Triparese rechts. Er geht offen in den Kontakt, lächelt viel und sucht den sozialen Abgleich. Auf Spielangebote geht er motiviert ein und setzt sich intensiv und ausdauernd mit den darin liegenden Anforderungen auseinander. Das Hantieren mit den Gegenständen ist erheblich eingeschränkt. Seine rechte Hand hat er meist gefaustet und an den Brustkorb gedrückt. Mit der linken Hand kann Moritz gezielt greifen, einen Scheren- oder Pinzettengriff einsetzen und Gegenstände festhalten und gezielt loslassen. Er ist in der Lage, seine rechte betroffene Hand willentlich gesteuert zu öffnen. Es kostet Moritz aber enorme Kraft, gegen den Widerstand anzugehen. So gelingt es ihm, etwas mit links in die rechte Hand zu geben und kurz festzuhalten. Jedoch kann er diese noch nicht als Halte-Hand einsetzen. Seine Hände kann er in der Mitte zusammen führen, wobei er beispielsweise mit der rechten Hand etwas mittig festhält und mit der linken Hand einen anderen Gegenstand dagegen schlägt. Seine betroffene Hand mit einzubeziehen, übt er von sich aus oder macht es nach Aufforderung. Oft scheint er sich seiner betroffenen Hand jedoch nicht bewusst zu sein und verliert diese aus dem Blick. Seine Einschränkungen versucht er zu kompensieren, indem er Gegenstände mit den Zähnen festhält oder mit den Beinen fixiert. Die Materialien erkundet er meist liegend in der Bauch- oder Rückenlage, da er noch nicht frei sitzen kann. Moritz hat eine therapeutische Sitzhilfe, die ihm den notwendigen Haltungshintergrund gibt, um feinmotorisch am Tisch – wie oben beschrieben – hantieren zu können.

Da die motorischen Funktionen medizinisch untersucht und physiotherapeutisch erhoben wurden, zielt die Entwicklungsdiagnostik darauf ab, seine frühen kognitiven Fähigkeiten zu ermitteln. Hierzu wurde die Mental Scale der Bayley Scales of Infant Development II ausgewählt, die ein sprachgebundenes und handlungsbezogenes Aufgabenspektrum erfasst. Die Bayley wurde von unten nach oben hin aufbauend durchgeführt. Die Einschränkungen der Handmotorik verhindern zum Teil eine Durchführung gemäß den Standardanweisungen und die Darbietung des Materials wurde an die individuellen Möglichkeiten angepasst. Daher ist eine normierte Auswertung nur bedingt möglich. Das Ergebnis stellt eine richtungsweisende Einschätzung dar, die vor allem eine qualitative Beurteilung zulässt. Von der Basal-Regel ausgehend erzielt Moritz mit einem Rohwert von 103 im Vergleich zu seiner Altersnorm (24 Monate) einen Entwicklungsindex (MEI) von 53 (59-64) und erreicht damit ein sehr schwaches Ergebnis, mit dem er weit unter dem Durchschnitt liegt. Seine gezeigten Leistungen entsprechen einem Entwicklungsalter von etwa 13-16 Monaten. Es zeigt sich eine deutliche Diskrepanz zwischen seinen motorischen Fähigkeiten und seiner frühen kognitiven Entwicklung, wo er deutlich weiter entwickelt ist.

Da wir in der heilpädagogischen Praxis nicht auf Entwicklungstests verzichten können, wäre es – abgesehen von der Erarbeitung neuer Entwicklungstests – wünschenswert, wenn die vorhandenen Verfahren überarbeitet und verbessert würden, um die von Petermann und Winkel konstatierte *diagnostische Lücke* (vgl. Petermann/Winkel 2005, S. 20, S. 23) im Sinne einer förderorientierten Kind-Umwelt-Interaktionsdiagnostik zu schließen.

Zusammenfassend lässt sich festhalten, dass die hier beschriebenen diagnostischen Zugangswege im Einstieg der Entwicklungsförderung und Begleitung der Reihe nach ablaufen und im förderdiagnostischen Prozess immer wieder zum Tragen kommen. Im Beratungskontext werden die anamnestischen Daten in den Elterngesprächen vertieft. Durchgängig erfolgt eine Spielbeobachtung, um das Verhalten des Kindes in jeder Fördereinheit zu dokumentieren. Punktuell werden im Verlauf Entwicklungstests eingesetzt.

Abschließende Anmerkungen zur Förderdiagnostik

Die heilpädagogische Diagnose wird im förderdiagnostischen Prozess immer weiter fortgeschrieben – verdichtet, ausdifferenziert und konkretisiert (> Teil II, 3.3.1 und Teil V, 2.8).
Sie ist etwas Dynamisches, das verändert, ergänzt und modelliert werden muss, da zunehmend weiterreichende Erkenntnisse erlangt werden – vergleichbar mit einem unscharfen Bild, das immer klarer und facettenreicher wird oder mit einem Puzzle, das sich immer mehr zu einer erkennbaren Gestalt zusammensetzt.
Zu Beginn hat die HP einen ersten vagen Eindruck, eine Vermutung, die mit Vorurteilen behaftet sein und den Gesamtblick verengen kann. Aufgabe ist es, das eigene Bild bewusst zu machen und zu hinterfragen, um Festschreibungen in eine bestimmte Richtung zu verhindern.

Im Verlauf erhält die HP immer mehr Daten und Informationen, die systematisch eingeholt und zusammengefügt werden müssen. Der entscheidende Schritt besteht darin, das Material im Sinne eines hermeneutischen Akts zu interpretieren und die inneren Sinnzusammenhänge zu erschließen. Daraus lassen sich vorläufige Arbeitshypothesen ableiten, die das weitere Vorgehen bestimmen. Die Hypothesen können in ganz unterschiedliche Richtungen gehen und sich mitunter auch widersprechen. Im Weiteren werden diese überprüft, widerlegt oder bestätigt – bis hin zu einem umfassenden und tiefergehenden Verständnis. Diesen hermeneutischen Zirkel beschreibt Köhn mit den Begriffen Vermutungsdiagnose, Hypothetische Diagnose und Verstehensdiagnose (vgl. Gröschke 1997, S. 274; Köhn 2001, S. 296 ff., S. 295).

Ein Konsens in der fachlichen Erörterung zu Fragen der Diagnostik in der Heilpädagogik besteht darin, dass die diagnostische Erhebung in der heilpädagogischen Fallarbeit nicht eine objektivierende Messung isolierter Persönlichkeitsmerkmale ist, sondern in der Sicherung der Entwicklungsausgangsbedingungen sowie in ihrer prozessbegleitenden und evaluierenden Funktion liegt. Die heilpädagogische Aufgabe im Rahmen der *FD* besteht darin, die medizinisch, psychologisch und sozialpsychologisch-soziologisch orientierten diagnostischen Daten auf ihre heilpädagogische Notwendigkeit hin zu ordnen und auszuwerten. Um diese komplexe Aufgabenstellung zu lösen, ist eine interdisziplinäre Vorgehensweise erforderlich (vgl. Gröschke 2003, S. 110 f.; Gröschke 1997, S. 274 f.).

In diesem Zusammenhang lässt sich sagen, dass eine heilpädagogische Förderdiagnostik objektivierende (versachlichte) und subjektivierende (verstehende) Anteile umfasst und diese heilpädagogische Befindlichkeitsdiagnostik über eine objektivierende Tatsachendiagnostik hinausgeht (vgl. Gröschke 1997, S. 275; Köhn 2001, S. 236 f.).

Diese Polarität zwischen der objektiven Sicht auf der einen Seite und der subjektiven Ebene auf der anderen Seite macht das gesamte Spektrum aus, das es zu erfassen gilt. In diesem Spannungsfeld kann nach Kobi auch die existentielle Bedeutung einer Behinderung reflektiert werden (Kobi 2004, S. 34, S. 66 ff.):

- die phänomenologische Frage (was?)

zeigt auf, wer objektiv im normativen Bezug als auffällig gilt und sich auf der Subjektebene als „Andersheit" erlebt

- die topologische Frage (wo?)

erfasst die Rahmenbedingungen, in denen der Mensch als nicht-konform gilt und sich subjektiv in diesem Feld als unpassend und ausgewiesen erlebt

- die chronologische Frage (wann?)

bezieht sich auf den Entwicklungsprozess, der auf der Objektebene temporär abweicht und auf der Subjektebene das unzeitgemäße Erleben enthält

- die ätiologische Frage (warum? wozu?)

zeigt Ursachen und Erklärungsmodelle der Schädigung auf, die die Person in eine Abhängigkeit versetzt, in der sie sich subjektiv ausgeliefert fühlt

- die teleologische Frage (wozu? wohin?)

stellt Normabweichungen dar, die auf der subjektiven Erlebnisebene zu Abwertungen und Minderwertigkeit führen

- die methodische Frage (wie?)

bezieht sich auf die Steuerungssysteme (Organisationsformen, Hilfestellungen, Behandlungsweisen), in denen sich die Klientel als widerständig erweist und die Helfer ihre Gestaltbarkeit als reduziert ansehen, so dass sich die Person in ihren Handlungsmöglichkeiten subjektiv als beschränkt erlebt

- die dialogische Frage (wer?)

erfasst die Beziehungsformen in ihrer Gegenseitigkeit, die auf der objektiven Seite als Distanzphänomene wahrzunehmen sind und subjektiv zum Erleben der Isolation führen können.

Behinderung erscheint in diesem Zusammenhang als „Entfremdung: Behindert ist ein Mensch, der keine personale Bestätigung mehr findet, als Unperson auf einen Objektstatus reduziert wird und aus dem gemeinsam-verwandtschaftlichen Daseinszusammenhang herauszufallen droht" (Kobi 2004, S. 68).

3.3.1.4 Analyse von Behinderung

In der Heilpädagogik brauchen wir ein Modell, das einerseits dazu dient, den Behinderungszustand eines Individuums in seinen konkreten Lebensvollzügen diagnostisch zu erschließen und zu analysieren. Andererseits dient es dazu, die pädagogische Aufgabe der Entwicklungsförderung und Begleitung abzuleiten und bestimmen zu können. Das Modell soll eine Zusammenschau der einzelnen Bausteine in der Diagnostik ermöglichen: Wo bewegt sich das Kind in seiner Entwicklung? Was braucht das Kind? Wo kann die Förderung ansetzen?

Gröschke zeigt in seinem Modell zur Analyse von Behinderung die drei Dimensionen der Entwicklungs-, Lern- und Handlungsfähigkeit auf, in denen es aufgrund der Behinderung zu graduellen Einschränkungen und Retardierungen kommt (vgl. Gröschke 2007 a, S. 106). Nach Kobi kann die heilpädagogische Aufgabenstellung über die drei Einflussbereiche – Entwicklungsphasen, Erziehungsverhältnisse und Bildbarkeit – bestimmt werden. Letzterer überschneidet sich inhaltlich mit der von Gröschke definierten Handlungsfähigkeit. (vgl. Kobi 2004, S. 140).

Diese Bereiche können, wie das untere Schaubild aufzeigt, in fünf Dimensionen zusammengefasst werden.

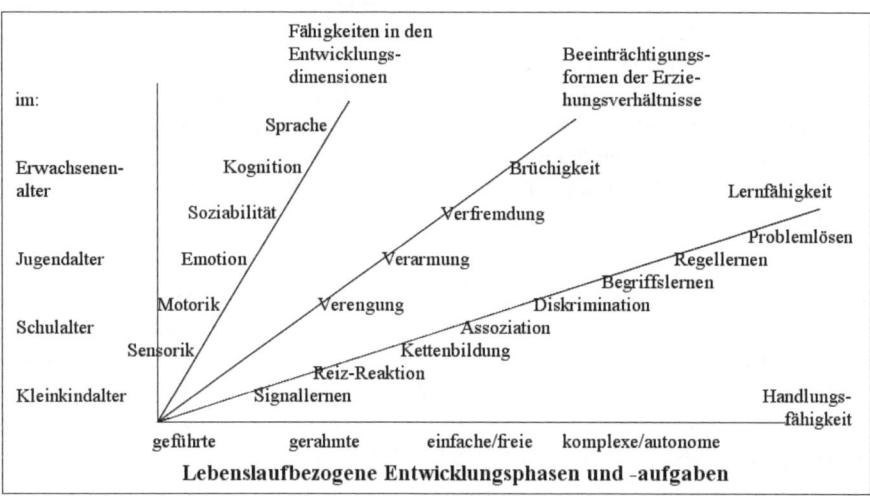

Abb. 11: Analyse von Behinderung

Zum Schaubild:
Von den lebenslaufbezogenen Entwicklungsphasen und -aufgaben ausgehend verfügt der Mensch mit Behinderung – hier bezogen auf das Kind – über bestimmte Fähigkeiten in den unterschiedlichen Entwicklungsdimensionen. Im Mittelpunkt stehen die Beziehungs- und Erziehungsverhältnisse, die bei Kindern mit Behinderungen unterschiedliche Beeinträchtigungsformen aufweisen können. Die Lernfähigkeit baut sich von einfachen zu komplexen Formen auf. Die Handlungsfähigkeit eines Kindes vollzieht sich in unterschiedlichen Ausprägungen.

Zwischen diesen fünf möglichen Dimensionen können Verbindungslinien entsprechend der erhobenen Daten gezogen werden. So spannt sich ein individuelles Feld auf, dessen Nahtstellen das aktuelle Entwicklungsprofil darstellen, in dem sich das Kind bewegt. Das Modell ist somit ein dynamisches Gebilde, das sich im Prozess wandeln und verlagern wird.

Bei der graphischen Darstellung ist zu berücksichtigen, dass die benannten Erziehungsverhältnisse aus der Logik der aufeinander aufbauenden Abfolgen der anderen Dimensionen herausfallen. Die unterschiedlichen Zustandsbeschreibungen unterliegen keiner hierarchischen Gliederung, d.h. eine Brüchigkeit schließt nicht zwangsläufig die Verfremdung, Verarmung und Verengung mit ein, jedoch können diese Formen in Kombination auftreten. Aber auch die anderen Dimensionen weisen keine strenge Stufeneinteilung auf, so dass auch in diesen Bereichen Dissoziationen möglich sind. Festhalten lässt sich, dass die einzigartigen und vielfältigen Lebensweisen doch nur bedingt in einer Graphik abgebildet werden können.

Beispielsweise kann sich ein Kind mit geistiger Behinderung im Schulalter in der sensomotorischen Entwicklung befinden. Die Erziehungsverhältnisse können verarmt sein. Ein Lernen über Reiz-Reaktionen ist möglich und es mag über eine geführte Handlungsfähigkeit verfügen, so dass es ein entsprechendes Angebot braucht, um sich als Handlungssubjekt erleben zu können. Eine basale Förderung im Bereich der „Leiblichkeit" steht im Zentrum.

Ein anderes Profil zeichnet sich beispielsweise bei einem Kind mit Spina bifida ab, das im Rollstuhl sitzt und als Integrationskind die 2. Klasse im gemeinsamen Unterricht (GU) besucht. Dieses Kind verfügt über gute altersentsprechende sprachlich-kognitive Fähigkeiten. Die Einschränkungen in den motorischen Funktionen können zu verengten Beziehungsverhältnissen führen. Die Lernfähigkeit ist brüchig und es kann von einer einfachen Handlungsfähigkeit mit Einschränkungen ausgegangen werden, so dass eine gezielte Förderung im Schwerpunkt „Bewegung" und „Tätigkeit" sinnvoll ist. Eine optimale Hilfsmittelversorgung ist nötig.

Bei einem Kleinkind, das in Deprivationsverhältnissen aufwächst, kommt es bei einer durchschnittlichen kognitiven Leistungsfähigkeit zu Auffälligkeiten in der Motorik und in der Sprache aufgrund mangelnder Anregungen. Die Beziehungsverhältnisse sind brüchig. Es verfügt über eine altersentsprechende Lernfähigkeit. In seiner Handlungsfähigkeit ist es seinem Alter voraus, da es erfahren hat, sich selbst versorgen zu müssen und es so kompensatorische Überlebensstrategien entwickeln musste. Hier setzt die Förderung an den Milieubedingungen und im sozial-emotionalen Bereich an.

- Entwicklungsphasen

Die lebenslaufbezogenen Entwicklungsphasen und die darin einfließenden Aufgaben weisen eine chronologische Abfolge auf, die jeder Mensch durchläuft.

Im Kleinkindalter steht die Entwicklung der Basisfunktionen im Vordergrund. Im Schulalter geht es um die Ausbildung bestimmter Kulturtechniken und um die soziale Anpassung. Im Jugendalter setzt die Pubertät ein und der Prozess der Identitätsfindung ist von zentraler Bedeutung. Im Erwachsenenalter wird der Mensch volljährig und erhält rechtlich sowie politisch einen anderen gesellschaftlichen Status. Die berufliche Aus- und Weiterbildung, die Paarbeziehung und die Familiengründung sind in dieser Lebensspanne vorrangige Themen (vgl. Kobi 2004, S. 144).

Beispiel: Vom Lebensalter ausgehend ist ein Zwanzigjähriger mit geistiger Behinderung, der sich vom Entwicklungsalter her in den „sensomotorischen Lebensweisen" befindet, ein junger Erwachsener, der die Schulbahn durchlaufen hat, die Werkstatt besucht und in ein Wohnheim zieht, jedoch nicht alle Rechte und Pflichten der Erwachsenen übernehmen und erfüllen kann.

Jede Entwicklungsphase hat ihren eigenen Charakter, der weder aus der vorausgegangenen noch aus der danach folgenden abgeleitet werden kann. Aber jede Phase ist in das Ganze eingeordnet und es ist immer ein und derselbe Mensch, der sie lebt, sich darin verantwortet und sich das Gewesene vergegenwärtigen kann (vgl. Guardini 2008, S. 11-14).

- Entwicklungsfähigkeit

In dieser Dimension werden das Entwicklungsniveau und die Stärken bzw. Schwächen des Kindes in den unterschiedlichen Entwicklungsbereichen diagnostisch erfasst und abgebildet. Darüber ist es möglich, das Kind dort abzuholen, wo es „steht", d.h. die Förderangebote auf das Entwicklungsalter und die aktuellen Entwicklungsthemen abzustimmen. In der Förderung wird das Kind in seinem Entwicklungsprozess begleitet. Das setzt die Annahme voraus, dass jeder Mensch, auch mit einer schweren Behinderung, (prinzipiell) entwicklungsfähig ist und bleibt.

Von aktueller Bedeutung ist das konstruktivistische und vor allem das interaktionistische Erklärungsmodell der Entwicklung (> Teil II, 2). Diese Modelle können auch miteinander verbunden werden, indem aus dem gegenstandsbezogenen Handeln ein interaktives Handeln über den gemeinsamen Gegenstandsbezug wird. Das gilt in der HPÜ für das gemeinsame Spiel mit dem gezielt ausgewählten Material.

Von der konstruktivistischen Entwicklungstheorie nach Piaget ausgehend, können dem Kind als einem selbstaktiven Individuum, das sich handelnd mit den Objekten seiner Umwelt auseinandersetzt, stadienspezifische Materialangebote gemacht werden. Die Umwelt besteht jedoch nicht nur aus Objekten, die das Kind be-greifen lernt, sondern es treten andere Personen hinzu, die mit dem Kind zusammen das Objekt erkunden. Es entsteht ein gemeinsamer Gegenstandsbezug, der eine Interaktion ermöglicht. Dieser dialogisch-kommunikative Prozess, in dem das Kind und der Erwachsene aufeinander Einfluss nehmen und sich miteinander entwickeln, ist Gegenstand der interaktionistischen Entwicklungstheorie. In dieser Theorie werden die sozialen Kontexte betont und das Kind wird als Akteur seiner Entwicklung betrachtet (vgl. Gröschke 2007 a, S. 106 f.; Gröschke 2005, S. 204 f.).

- Erziehungsverhältnisse

Kobi benennt als Beeinträchtigungsformen der Erziehungsverhältnisse: Verengung, Verarmung, Verfremdung und Brüchigkeit.

Eine *Verengung* entsteht durch Mängel, Ausfallerscheinungen und Einschränkungen in den Sinnesbereichen oder den motorischen Funktionen beim Kind. Die zwischenmenschlichen Kontaktmöglichkeiten sind eingeengt und der Zugang des Kindes zur dinglichen und sozialen Welt ist reduziert. In der Erziehungs- und Beziehungsgestaltung ist daher mit einem verengten Zugang zum Kind zu rechnen. Das Ziel ist die Überbrückung des verengten Zugangs und die Verganzheitlichung durch Kompensation der Ausfallerscheinungen, beispielsweise durch eine spezielle Förderung der intakten Sinnesbereiche oder durch die Hilfsmittelversorgung im Rahmen der Rehabilitation.

Eine *Verarmung* entsteht meist bei geistiger Behinderung oder tiefgreifenden Entwicklungsstörungen. Die Kontaktmöglichkeiten sind begrenzt und verringert. Das Erziehungs- und Beziehungsverhältnis ist durch eine geringe Intensität, d.h. Tiefe und Dichte, gekennzeichnet und weist damit eine veränderte Qualität auf, so dass ein individueller und meist basaler Zugangsweg gesucht werden muss. Ein grundsätzliches Ziel ist die Verbesserung der Erziehungs- und Beziehungsverhältnisse, indem der Kontakt intensiviert und differenziert gestaltet wird.

Eine *Verfremdung* kommt meist bei Verhaltensstörungen zum Tragen. Die Unberechenbarkeit der herausfordernden Verhaltensweisen und die oft nicht einzuordnenden Reaktionen führen zu erheblicher Verunsicherung in der Erziehung. Aber auch gesellschaftliche Missverhältnisse, die eine kindgerechte Erziehungsgestaltung verhindern, können eine Verfremdung mit sich bringen. Die gestörte Erziehungssituation zu durchleuchten, trägt dazu bei, zu einem umfassenderen Verständnis zu gelangen. Das Ziel der erzieherischen Aufgabe ist die Verbundenheit. Eine Erziehungsberatung und Veränderungen im System, aber auch eine psychotherapeutische Behandlung sind notwendig.

Eine *Brüchigkeit* in den Erziehungsverhältnissen ist Folge einer Verwahrlosung. Wachsen Kinder in einem Milieu auf, das die Erziehungsaufgaben missachtet und die Fürsorge der Kinder nicht gewährleistet, kommt es zu Deprivationserscheinungen, die sich auch in einer geringen Bindungsfähigkeit widerspiegeln. Das Ziel ist die Festigung der Erziehungs- und Beziehungsverhältnisse. Das kann durch eine qualitativ neu gestaltete Teilnahme und Anteilnahme im Zusammenleben realisiert werden (vgl. Kobi 2004, S. 140 ff.).

- Lernfähigkeit

Lernen ist ein Grundphänomen personaler Existenz (> Teil II, 3.2.1). Unter Lernen kann der Prozess des Wissenserwerbs verstanden werden – ein produktiver Leistungsaufbau, der die Innerlichkeit (Verstehen, Einsicht) und die Äußerlichkeit (Verhalten, Haltung) umfasst (vgl. Derbolav 1987, S. 101).

Der Lernprozess wird durch motivationale Faktoren – vor allem durch ein Diskrepanz- oder Konflikterleben – in Gang gesetzt mit dem Ziel, ein neues psychisches Gleichgewicht herzustellen. Er kann in vier Phasen aufgeteilt werden: das Aufnehmen von Informationen, der Erwerb über eine zentrale Weiterleitung und Verarbeitung, die Speicherung in bildhafter oder begrifflicher Form im Kurzzeit- und Langzeitgedächtnis und die Reproduktion, bei der die gelernten Inhalte, das Wissen und Können abgerufen werden.

Die Formen menschlichen Lernens können nach Gagné (> Teil II, 2.1) in acht Lernarten unterschieden werden, die hierarchisch aufeinander aufbauen: Signallernen, Reiz-Reaktions-Lernen, Kettenbildung, sprachliche Assoziation, Diskriminationslernen, Begriffslernen, Regellernen und Problemlösen (vgl. Gagné 1973, S. 37 ff.).

Diese Lernhierarchie kann auch kritisch bedacht werden. Zum einen wird der Lernende in diesem lerntheoretisch begründeten und kognitivistisch erweiterten Modell als eine passiv-aufnehmende und mechanistische Person gesehen. Zum anderen besteht die Gefahr, dass nur die höheren Lernformen geschätzt und angestrebt werden, was in Hinblick auf den Personenkreis der Menschen mit Lern- oder geistiger Behinderung, die die komplexeren Lernformen nicht beherrschen werden, zu bedenken ist.

Aus heilpädagogischer Sicht gewinnen phänomenologisch orientierte Überlegungen menschlichen Lernens an Bedeutung. Diese noch nicht sehr weit ausgebauten Konzeptionen betonen das alltags- und lebensweltbezogene Lernen, das als Modifikation und Umstrukturierung von bedeutungshaltigen Erfahrungshorizonten einer Person beschrieben wird.

Die lebenslangen Lernprozesse können mit dem Begriff der Bildung beschrieben werden, wobei das Recht auf Bildung nicht an kognitiv-rationale Leistungen und Voraussetzungen gebunden werden darf (vgl. Gröschke 1997, S. 241 ff.; Gröschke 2005, S. 240 ff.; Gröschke 2007 a, S. 107).

- Handlungsfähigkeit

Handlungen sind intentionale Verhaltensweisen, die eine Person willkürlich, bewusst und ausgewählt für ein bestimmtes Ziel einsetzt. Das Ziel ergibt sich aus den Motiven, den individuellen Beweggründen und den Zielsetzungen, die sowohl von kognitiven als auch motivational-emotionalen Anteilen abhängig sind. Eine Handlung vollzieht sich in unterschiedlichen Teilschritten: Die Zielsetzung und die Planung fließen in den Handlungsentwurf (innere Vorstellung) ein, der ausgeführt und anschließend einer Erfolgskontrolle unterzogen wird. Gelingt die erfolgreiche Planung und Umsetzung, ist eine Handlungskompetenz erreicht, die grundlegende (sensorische, motorische, interaktive, kognitive und emotionale) Fähigkeiten und Fertigkeiten voraussetzt bzw. erfordert.

Ein übergeordnetes Ziel der heilpädagogischen Entwicklungsförderung und Begleitung ist der Aufbau, der Erhalt und die Wiederherstellung der Handlungsfähigkeit. Aus heilpädagogischer Sicht werden alle subjektiv sinnvollen und intentionalen Lebensäußerungen einer Person als Handlung verstanden. Aus dieser anthropologischen und ethischen Haltung heraus sind auch Menschen mit schwerer Behinderung prinzipiell handlungsfähig (vgl. Gröschke 2005, S. 286 ff.; Gröschke 2007 a, S. 107).

Die Handlungsfähigkeit kann in die geführte, die gerahmte, die einfache/freie und die komplexe/autonome unterschieden werden:
Eine *geführte Handlungsfähigkeit* bezieht sich auf die elementare und abhängige Existenz- und Lebensfähigkeit, die im Säuglings- und Kleinkindalter dominiert und die Lebensweise bei Menschen mit schwerst-mehrfacher Behinderung bleibt.
Eine *gerahmte Handlungsfähigkeit* wird im Kleinkindalter erreicht und ermöglicht es dem Kind, in anleitender Begleitung Handlungen nachzuvollziehen.
Eine *einfache/freie Handlungsfähigkeit* wird im Schulalter deutlich. Sie befähigt das Kind dazu, sich ohne direkte Hilfe in vorstrukturierten und vertrauten Situationen zurechtzufinden.
Eine *komplexe/autonome Handlungsfähigkeit* wird im Jugend- und Erwachsenenalter erreicht. Sie befähigt dazu, Situationen und Handlungen eigenständig zu strukturieren und optimal aufeinander abzustimmen (vgl. Kobi 2004, S. 145; Gröschke 2007 a, S.106).

Aus der diagnostischen Einschätzung ergibt sich der Förderbedarf. Was braucht das Kind? Was braucht sein Umfeld? Welche Helfer-Systeme müssen aktiviert werden? Wo liegt der Arbeitsauftrag der Heilpädagogin? Aus dieser hypothesengeleiteten Auswertung können die Ziele abgeleitet werden. Je nach Zielsetzung werden die individuell ausgewählten Schwerpunktbereiche der Förderung ersichtlich, die im Folgenden aufgezeigt werden.

3.3.2 Förderung und Begleitung

Der Begriff Förderung betont die gezielte Entwicklung von Kompetenzen, die dem Kind helfen, sich handelnd mit der materiellen und sozialen Lebenswelt (fortschreitend) auseinanderzusetzen und damit in konstruktiver Weise sich seiner selbst zu vergewissern.

Der Begriff Begleitung betont den Anspruch der HP, *mit* und *nicht für* das Kind auf einem schwierigen Lebensabschnitt neue Problemlösungswege zu suchen. Mitteilungen des Kindes über seine sozial-emotionale Befindlichkeit stehen im Vordergrund des heilpädagogischen Interesses; sie werden verbal und/oder im Spiel-Dialog reflektiert. Das aktiviert beim Kind im Prozess – im „Werdegang" – der heilpädagogischen Arbeit Perspektiven und die Initiative, neue Akzente im Selbst-und Weltbezug zu suchen und zu leben.

Von den Grundphänomenen personaler Existenz ausgehend, lassen sich die Schwerpunktbereiche bestimmen (> Teil II, 3.2.1), innerhalb derer verschiedene Förderkonzepte mit spezifischen Methoden eingeordnet werden können. Dabei ist zu berücksichtigen, dass diese Förderkonzepte alle grundlegenden Aspekte eines Handlungskonzeptes (> Teil II, 3.2.1) umfassen und die Kernelemente der Diagnostik, Förderung/Begleitung und Beratung/Anleitung beinhalten.

Im Weiteren soll das Element Förderung und Begleitung ausgeführt und exemplarisch aufgezeigt werden.
Nach der diagnostischen Einschätzung, aus der sich die Zielsetzungen und Inhalte ableiten lassen, schließen sich die Fragen und die Überlegungen nach dem methodischen Vorgehen an: Wie können diese Ziele ereicht werden? Wo soll die Förderung ansetzen? Welche strukturierten Vorgehensweisen sind erforderlich? Welche planmäßigen Handlungsschritte müssen zielgerichtet verfolgt und im Prozess umgesetzt werden?

Die wichtigsten konzeptionellen Förderansätze, die in der Heilpädagogik zum Tragen kommen (z.B. Basale Kommunikation und Stimulation, Rhythmik und Psychomotorik sowie Heilpädagogische Spieltherapie und Heilpädagogische Übungsbehandlung), sind aus der Praxis heraus entstanden und entwickelt worden. Um die Förderkonzepte zu erklären, zu strukturieren, inhaltlich zu vertiefen und theoretisch zu untermauern, erfolgte erst anschließend eine fachwissenschaftliche Bearbeitung. Die theoretische Ausarbeitung dient weiterhin als Korrektiv und soll bewusst machen was, wann und warum geschieht und welches Ergebnis das pädagogisch-therapeutische Handeln in der Praxis hat (vgl. Gröschke 1997, S. 123).

3.3.2.1 Methodenkombination in der HPÜ

In der heilpädagogischen Praxis werden unterschiedliche methodische Ansätze herangezogen und angewendet, die aus anderen Fachdisziplinen stammen. Als eine spezifisch heilpädagogische Methode bzw. als ein originäres und unverwechselbares heilpädagogisches Förderkonzept gilt die HPÜ (vgl. Greving 2009, S. 21).

Die HPÜ zentriert sich um das Grundphänomen Spiel und kann als eine heilpädagogische Entwicklungsförderung und Begleitung im Spiel verstanden werden. Im Schwerpunktbereich der Spielförderung wird auch die HPS eingeordnet. So bilden die HPÜ und die HPS die beiden methodisch ausgerichteten „Säulen" im Spiel (> Teil II, 3.3.1.2 und Teil III, 1)

Die HPÜ meint ein Angebot von Übungen, die planvoll und ausgewogen aufeinander aufbauen und – sich ergänzend – eine Spieltätigkeit erlernbar machen. Erworbene Kompetenzen werden differenziert und stabilisiert – hin zu einem positiven Selbstbild (vgl. Biene-Deißler 2007 b, S. 247).

Die HPS ist ein Angebot zur Kommunikation im/über das Spiel, das primär Mitteilungen des Kindes über seine emotional-soziale Befindlichkeit aufnimmt, auswertet und im Spiel-Wort-Dialog verstehend reflektiert. Problemlösungsprozesse werden aktiviert und Veränderungen von Identitätsbewusstsein ermöglicht (vgl. Biene-Deißler 2007 b, S. 247).

In der Förderpraxis sind diese beiden „Säulen" in der Komplexität der Spielwelt des Kindes oft genug vereint und dialektisch aufeinander bezogen. Je nach Einzelfall ist meist eine Methodenkombination (> Fallbeispiele: Leon von Joanna Roman und Sam von Sarah Gollan) erforderlich, um dem Kind in seiner personalen Ganzheit zu begegnen. Aufgabe der HP ist es, einzelne Elemente bzw. Bausteine aus der HPÜ und der HPS individuell und gezielt auszuwählen und miteinander zu verknüpfen, so dass diese in einer auf das Kind abgestimmten Förderung sich verzahnen, fließend ineinander übergehen und im dialogisch gestalteten Spiel eine stimmige und wirkungsvolle Handlung ergeben. Im Spielangebot kommen also in der Regel HPÜ- und HPS-Elemente zum Tragen, wobei die Schwerpunkte im Prozess variieren und nur künstlich voneinander getrennt werden können.

Auch andere konzeptionelle Ansätze bzw. methodische Vorgehensweisen, die z.B. aus der Psychomotorik oder dem TEACCH-Ansatz stammen, können in der HPÜ berücksichtigt werden. Diese in der Heilpädagogik typische eklektische Entnahme durch die Auswahl und Kombination unterschiedlicher Methoden, gewinnt hier an unmittelbarer und praktischer Bedeutung.

Die Psychomotorik ist ein ganzheitlich ausgerichtetes Förderkonzept, das im Schwerpunktbereich der Bewegung ansetzt. Der Begriff Psychomotorik betont die Wechselwirkungen zwischen psychischen und motorischen Prozessen und zeigt das untrennbare Zusammenspiel von Wahrnehmung, Emotion und Bewegung auf. Über die Bewegungsangebote kann das Kind spielerisch sich selbst und seinen Körper erleben, sich mit der materiellen Umwelt auseinandersetzen und soziale Erfahrungen sammeln, um seine Handlungskompetenzen zu erweitern. Die psychomotorische Förderung findet meist in einer Kleingruppe statt.

Als ein ganzheitlich orientiertes pädagogisches Förderkonzept für Kinder mit Autismus-Spektrum-Störungen gilt der TEACCH-Ansatz (Treatment and Education of Autistic and related Communication-handicapped Children). Der Schwerpunkt liegt im Aufbau von kommunikativen und sozialen Kompetenzen für den lebenspraktischen und beschäftigungsbezogenen Bereich. Die individuell erarbeitete Strukturierung und die Visualisierung stellen eine grundlegende Vorgehensweise im Förderprozess dar. Um die Abläufe wiederzuerkennen und den Situationswechsel vorhersehbar und nachvollziehbar zu machen, werden deutliche Strukturierungshilfen in Form konkreter Handlungen und eindeutiger Signale eingesetzt. Hierfür steht eine Reihe von Materialien und Bildern zur Verfügung, die auch die kommunikativen Prozesse erleichtern.

Im Weiteren sollen die konzeptionellen Ansätze der Basalen Förderung, der Rhythmik und der Heilpädagogischen Spieltherapie, skizziert werden. Sie eignen sich in besonderer Weise zur Einbindung in die HPÜ.

3.3.2.2 Basale Förderung

Das Wort „basal" bedeutet in diesem Zusammenhang „ursprünglich" oder auch „bedingungslos". Es geht also um eine Förderung, die nichts – vor allem keine Mitarbeit – voraussetzt, vielmehr den Menschen mit Behinderung so akzeptiert, wie er sich in seiner Lebensweise äußert. Sie ist vor allem für Menschen mit schwersten Behinderungen konzipiert.

Die basale Kommunikation wurde von W. Mall entwickelt. Sie zeigt einen unmittelbaren Weg auf, der es ermöglicht, in spezifischer Weise – ohne Voraussetzungen und ohne Bedingungen – auch mit Menschen zu kommunizieren, die über keine verbalen oder sonstigen Zeichensysteme verfügen. Die vorhandenen kommunikativen Möglichkeiten einer Person werden von der HP wahrgenommen. Sie werden aufgenommen und auf der gleichen Ebene beantwortet. Im engen Körperkontakt schwingt sich die HP in den Atemrhythmus des Kindes ein. Sie nimmt seine Lautäußerungen und Verhaltensweisen auf und ahmt sie nach, um so in ein gemeinsames Erleben zu finden.

Wie bei jedem pädagogisch-therapeutischen Ansatz interessiert auch hier zunächst der Kommunikationsprozess. Wie schafft die HP es, zu dem weitgehend mitteilungsarmen Menschen mit Behinderung einen tragfähigen Bezug aufzubauen? Nach Kommunikationskanälen und -mitteln muss gesucht werden.

Am sinnvollsten beginnt die Suche bei der ersten Lebensäußerung des Menschen, der viele Religionen eine hervorragende Bedeutung zugewiesen haben: dem Atmen. In Indien bedeutet ATMAN (Sanskrit: Lebenshauch) die höchste Gottheit und gleichzeitig das individuelle Person-Selbst: Das schöpferische Prinzip geht in den Leib ein, verwandelt ihn in eine lebendige Individualität, die nun selbst Teil des Göttlichen ist und einen unzerstörbaren Kern hat – also ewiges Leben. Im Alten Testament beginnt die Existenz der Welt damit, dass der „Hauch Gottes" über den Wassern schwebt, und der erste Mensch erlangt sein (menschliches) Leben, weil ihm Gott seinen Odem verleiht. Mit dem Kind zusammen zu atmen, kann ihm eine Art bedingungsloser Lebensgemeinschaft vermitteln: Wir gehören zusammen, ich habe Interesse an dir, ich nehme an deinem Leben, deinem Schicksal teil.

Schon das Mit-Atmen bedingt in der Regel Körperkontakt, der in der leiborientierten Förderung weiterhin eine bedeutende Rolle spielt. Über die Haut, unser größtes Sinnesorgan und unsere Begrenzung nach außen, ist eine basale und zentrale Kommunikation möglich: Zuneigung, Freude, aber auch Schmerz, Bedrohung und Gefahr erspüren und erleben, auf Berührungen dementsprechend differenziert reagieren, keine Angst vor der Berührung haben, die Nähe und Distanz-Bedürfnisse regulieren und aufeinander im Dialog abstimmen.

Besonders in den Blick zu nehmen ist in der basalen Kommunikation wie in der basalen Stimulation (Fröhlich/Haupt) das Erleben der fürsorglichen Hand – die Hand, die – sich anbietend ausgestreckt – ergriffen werden kann, die erspürt und wohltuende Nähe spendet, die hält, versorgt und beschützt. Neben der fürsorglichen Hand gibt es auch die eigene Hand die entdeckt und erkundet wird, die die dingliche und soziale Umwelt greifen kann, Dinge eigenaktiv in die Hand nehmen, spüren, abtasten, aber auch loslassen und wegwerfen kann: die „geistgelenkte Hand" (Kükelhaus).

Ein weiterer Impuls zur Kontaktaufnahme und zur weiteren Beziehungsgestaltung im Prozess ist der Aufbau von Blickkontakt: Visuell aufzumerken, zu fixieren und zu verweilen, führt zu einem intensiven, interessierten Betrachten des anderen. Ihn anzuschauen, gesehen zu werden, mit den Blicken sich auszudrücken und sich mitzuteilen, Geschichten zu erzählen, etwas von sich preiszugeben, sich mit dem anderen verbunden zu fühlen, schafft betrachtende Nähe.

Die Begegnung, die Kommunikation über basale Kanäle steht im Mittelpunkt beider Ansätze und soll einen Zugangsweg eröffnen und dazu befähigen, sich aus der Isolation zu befreien und eine Beziehung zu gestalten (vgl. Fröhlich 2001, S. 68).

Die basale Förderung soll in einem ruhigen, reizarmen Raum erfolgen, in dem nur die Gegenstände sichtbar vorhanden sind, die man in dieser Stunde voraussichtlich auch braucht. Die Sprache der HP soll ruhig und deutlich, nicht zu laut sein. Es soll immer wieder der Versuch unternommen werden, mit dem Menschen mit Behinderung zumindest Blickkontakt aufzunehmen, ohne ihn dazu zu zwingen. Im Zusammenhang mit der basalen Förderung lässt sich die Wirkung heilpädagogischer Arbeit erneut beschreiben:

Die wichtigste Aufgabe ist die Herstellung eines tragfähigen persönlichen Bezugs. Der Kontakt wird optisch, taktil, akustisch oder verbal hergestellt und aufrechterhalten. Gleichzeitig muss die Umwelt für den Menschen mit Behinderung gestaltet werden. Die HP ist dafür verantwortlich, welche Gegenstände in welchem Raum sind und welche Personen ihm in der Zeit begegnen. Damit ist bereits ein Teil der heilpädagogischen Arbeit geleistet, denn aus dieser für diesen Menschen gestalteten Umwelt kommen gezielte Reize an ihn. Die HP kann ihm helfen, in den ihm bekannten Situationen adäquat zu reagieren.

Die Reize werden von den Sinnesorganen aufgenommen und verschlüsselt an das Zentralnervensystem weitergeleitet. Dort werden sie bewusst und mit früheren Erfahrungen verknüpft. Sie lösen Freude, Trauer, Angst oder Aggressivität aus und werden über motorisch bestimmte Funktionen (Mimik, Gestik, Bewegungen und Sprache) als Reaktion an die Umwelt abgegeben.

Auf die Reaktionen des Individuums reagiert die Umwelt. Sie beeinflusst dadurch sowohl die Bedeutung künftiger Reize als auch deren Aufnahme und Verarbeitung und damit auch das zukünftige Verhalten. In der Förder-Situation ist die HP die „soziale Umwelt". Dadurch hat sie entscheidenden Einfluss auf den Aufbau späteren Verhaltens.

Da das Repertoire der Menschen mit schwerster Behinderung meist so limitiert ist, dass die freie und zielgerichtete sensorische Betätigung und die Wahrnehmungserfahrung nur eingeschränkt möglich sind, brauchen sie gezielte Angebote, die ihrem Verarbeitungsniveau entsprechen und die bei Autostimulationen die Monotonie im Verhalten reduzieren, bei Apathie aktivieren und bei Überregung beruhigen.

Diese basalen Förderangebote setzen auf der Leib-Ebene an. Ausgangspunkt sind die grundlegenden, bereits vorgeburtlichen Wahrnehmungserfahrungen: die vestibuläre (das Lage- und Gleichgewichtssystem stimulierende Anregungen), die somatische (den ganzen Körper einbeziehende taktil-kinästhetische Anregungen) und die vibratorische (auf Schwingungen hinzielende Anregungen) Erfahrung.

Die gezielte Anregung der Sinne ermöglicht eine Wahrnehmungsaktivierung. Über die Sinnesorgane werden die Reizinformationen aus der Außenwelt aufgenommen, weitergeleitet, verarbeitet, d.h. in bedeutungs- und sinnvolle Wahrnehmung umgewandelt und beantwortet. Kern der Wahrnehmung ist in erster Linie nicht die Reizaufnahme, sondern die sinnstiftende Verarbeitung als ein aktiver Austauschprozess (vgl. Fröhlich 2001, S. 45 ff., S. 49 ff., S.181 ff.).

Vestibuläre Anregungen zielen auf die Gleichgewichtsregulation ab, die durch geplante und begrenzte Veränderungen der Körperlage erfolgt (z.B. Schaukeln). Dabei können Luftmatratze, Schaukel und Gymnastikball gute Dienste leisten. Das Kind soll lernen, sich nicht allein auf einer festen Unterlage zu orientieren, wie Säuglinge, sondern seinen Muskeltonus aufgrund der Informationen des Gleichgewichtssinnes nach Drehungen und Beschleunigungen einzustellen.

Bei der somatischen Anregung kann die gesamte Körperoberfläche als das wichtigste Wahrnehmungsorgan betrachtet werden. Ihre Stimulation erfolgt am besten im Rahmen der notwendigen Pflege (Förderpflege); es wird die für das Kind angenehmste Temperatur des Badewassers ermittelt, dann wird das Kind im Bad mit einem variablen Duschkopf über den ganzen Körper stimuliert, anschließend frottiert und eingecremt. Beim Waschen können im Laufe der Zeit verschiedene Waschhandschuhe – vom feinen bis zum groben – verwendet werden, um dem Kind eine abgestufte Hautempfindung zu vermitteln. Bei schwer wahrnehmungsgestörten Kindern wird man mit extrem unterschiedlichen Eindrücken (sehr fein – äußerst grob) beginnen müssen. Die Fähigkeit, feiner abgestufte Berührungsformen zu unterscheiden, ist hier bereits ein Erfolg (vgl. Fröhlich 1979, S. 1062).

Durch vibratorische Stimulation akustischer Eindrücke kann nicht nur hörgeschädigten, sondern auch gehörlosen Kindern und Jugendlichen das Empfinden von Klangunterschieden vermittelt werden. Sie können die durch Musikinstrumente erzeugte Klangqualitäten – z.B. am Tamburin – ertasten. Feiner kann die Differenzierung werden, wenn die vermittelnden Klangkörper den Kopf berühren und so zur Schwingung gebracht werden. Das gilt auch für normalhörige Behinderte, die aufgrund einer Wahrnehmungsstörung trotz intakter Wahrnehmungsorgane Klänge nicht (wie üblich) empfinden. Klassische Musik mit betonten Baßanteilen bei herabgesetzten Höhen kann (bei Hörenden) vibratorische Empfindungen in reine Hörempfindungen überleiten – außerdem wirkt sie erfahrungsgemäß beruhigend.

Die Geruchs- und Geschmacksstimulation sind Grundlage sowohl für die Differenzierung von Speisen und Getränken als auch – ursprünglich – für das „Naherkennen" von Personen. Hautsensibilität und Körpergeruch sind wahrscheinlich die ersten Unterscheidungsmerkmale, an denen das Kind die Mutter erkennt. Sie sind gleichzeitig Bedingung einer eventuell notwenigen Esstherapie. Durch sie können dem Menschen mit schwerster Behinderung wichtige Erlebnisbereiche erschlossen werden. Gelingt es festzustellen, was er gern isst und was er nicht mag, so hat man bereits einen weiteren Zugang zu ihm gefunden.

Selbst wenn das Sehen intakt ist, muss das Schauen bei vielen Menschen mit Behinderung erst einmal entwickelt werden. Man muss herausfinden, auf welche Entfernung welche Größenordnungen sicher unterschieden werden können und zwar, in welchen Farbkontrasten bzw. in welchen abgestuften Grauwerten. Ein weiterer Schritt ist die Hinführung zur Koordination von Schauen und Sich-Bewegen, d.h., das Erblickte in der Bewegung zu verfolgen: aufmerken, fixieren, verfolgen.

In der HPÜ kommen die Elemente der basalen Förderung bei Kindern mit schwerer Behinderung zum Tragen. Sie brauchen gezielte Anregungen in den grundlegenden Wahrnehmungsbereichen.

3.3.2.3 Heilpädagogische Rhythmik

Die bekannteste und nach unseren Erfahrungen in der notwendigen Breite effektivste Form der heilpädagogischen Rhythmik wurde von Mimi Scheiblauer, einer Schülerin des Schweizer Musikpädagogen Emil Jacques-Dalcroze (1865-1948), begründet. Sie hat keine umfassende Beschreibung ihres Werkes hinterlassen, wohl aber das von Neikes verfasste Buch „Scheiblauer Rhythmik" (1969) als Darstellung ihrer heilpädagogischen Arbeit – noch in ihrem letzten Lebensjahr (1968) – autorisiert.

Ausgehend vom Prinzip Charlotte Pfeffers „Bewegung, aller Erziehung Anfang" (1958) wandte sich die heilpädagogische Rhythmik von Anfang an sowohl an Kinder mit Behinderung als auch an Kinder mit Verhaltensstörung. In der folgenden kurzen Darstellung wird im wesentlichen Bezug auf das zitierte Buch von Neikes genommen.

Im Gegensatz zum üblichen Weg unserer Erziehung und Bildung, vom Benennen („Das ist eine Kugel!") über das Erkennen („Suche im Raum weitere Kugeln!") zum Erleben zu gelangen („Nimm die Kugel in die Hand, beschreibe, was Du wahrnimmst!"), wählte sie den umgekehrten Weg: erleben, erkennen, benennen. So entsteht weniger Leistungsdruck sondern mehr Anschauung und Eigeninitiative. Daher ist dieser Weg dem Kind mehr angemessen, provoziert weniger das verhaltensgestörte Kind und zeigt sich oft als die einzige Möglichkeit, einem Kind mit geistiger Behinderung bestimmte Wissensinhalte (Erfahrungsinhalte) zu vermitteln.

Die ersten rhythmischen Übungen – die in der Regel in der Gruppe erfolgen – zielen auf die Erfahrung des freien Raumes. Die Kinder lernen, dass sie sich bei der „Eroberung des Raumes durch Bewegung" dann am wenigsten behindern, wenn sie sich in einem vergleichbaren Rhythmus bewegen. Rhythmik bedeutet, dass in ähnlichen Zeitabständen Vergleichbares (Ähnliches) geschieht – im Gegensatz zum Takt, wo in gleichen Zeitabständen das Gleiche geschieht. Würde sich eine Gruppe im Raum im Takt bewegen, müsste es zu Zusammenstößen, vielleicht auch zur Frontbildung kommen. Bewegungen der Gruppe im „beschränkten" Raum verlangen bereits ein höheres Maß an Konzentration, sei es, dass Kinder – spontan oder auf ein Signal hin – stehen bleiben oder dass Hindernisse im Raum aufgebaut werden.

Durch die Beachtung akustischer, optischer oder taktiler Signale, die ein Innehalten (Unterbrechen) oder eine Veränderung der Bewegung (Umschalten) verlangen, lernt das Kind die Koordination von Sinneseindrücken und Motorik. Behutsamkeit in der Konzentration und soziale Rücksichtnahme werden verlangt, wenn Kinder mit zwei aufeinander gestellten Rundhölzchen oder einem Tennisball auf dem Rundhölzchen balancierend durch den Raum gehen.

Besonders eindrucksvoll sind die Partnerschaftsübungen in der heilpädagogischen Rhythmik, wenn z.B. zwei Kinder mit je zwei Hölzchen ein drittes gemeinsam durch den Raum tragen, damit vielleicht noch über Hindernisse steigen, oder wenn mehrere Kinder vorsichtig in einer ununterbrochenen Linie Rundhölzchen vorsichtig über den Boden rollen, wobei jedes Kind nicht nur die Nachbarn, sondern die ganze Reihe beobachten muss.
Natürlich sind das nur wenige Mosaiksteine aus dem bunten Bild der heilpädagogischen Rhythmik, selbst für eine verkürzte Übersicht müsste man noch die Übungen für die visuelle, akustische und taktile Sinneswahrnehmung, für Ausdauer, Sorgfalt, Behutsamkeit und

Phantasiebildung anführen. Aber schon diese kurzen Andeutungen zeigen: Elemente der heilpädagogischen Rhythmik sind sowohl für die Wahrnehmungsförderung als auch für die sozial-emotionale Förderung nützlich.

Zusammenfassend lässt sich sagen, dass alle Inhalte zur Rhythmik sich strukturieren lassen nach: Sinnesübungen, Ordnungsübungen, Sozialübungen, Begriffsbildungsübungen, Phantasieübungen.

Die Angebote realisieren sich

- in der Zeit   (z.B. Bewegung – Ruhe; Wechsel auf ein Signal hin)
- im Raum   (im freien – im eingeschränkten Raum)
- im Kraftgefüge   (Wechsel in der Dynamik: laut – leise; schnell – langsam)
- in der Form   (mit – ohne Material; einzeln – in Gruppe; laufen – sitzen)

3.3.2.4 Heilpädagogische Spieltherapie

Nachdem Sigmund Freud um die Jahrhundertwende seine psychoanalytische Methode als Therapie für Erwachsene entwickelt hatte, wendete er dieselbe Methode zwischen 1906 und 1909 erstmals auf ein Kind an. Er veröffentlichte den Verlauf in „Analyse der Phobie eines fünfjährigen Knaben" (Freud 1972, S. 243 ff.). Allerdings wählte Freud beim „kleinen Hans" einen neuen Ansatz: Er wirkte über den Vater auf das Kind ein. Er sah den kleinen Hans während der Therapie nur ein einziges Mal, dann noch einmal später, als der bereits 19 Jahre alt war. Der „Fall" zeigt neben dem außergewöhnlichen methodischen Geschick Freuds auch die Notwendigkeit, für Kinder eine eigene Therapie zu entwickeln.

Die erste Darstellung der Kinderpsychotherapie – allerdings ohne eigenständige, von der Erwachsenentherapie sich abhebende Systematik – stammt von Hermine von Hug-Hellmuth (Hug-Hellmuth 1921, S. 7). Sie verlangte eher eine „auf psychoanalytische Erkenntnisse gegründete Erziehung" und hielt am erzieherischen Auftrag des Kindertherapeuten fest.

Systematisch ausgearbeitet wurde die Kinderpsychotherapie/Kinderanalyse durch Melanie Klein (Die Psychoanalyse des Kindes) und Anna Freud (Einführung in die Technik der Kinderanalyse), die in der „Londoner Diskussion" ihre voneinander abweichenden Meinungen dargetan haben.

Übereinstimmung herrscht bei allen Kinderpsychotherapeuten darüber, dass in der Psychotherapie das Spiel des Kindes die Sprache des Erwachsenen ersetzt. So formuliert Axline im Rahmen der nicht-direktiven Spieltherapie, dass „das Spiel ein natürliches Mittel zur Selbstdarstellung der Kinder ist. Sie (die Spieltherapie) gibt dem Kind die Gelegenheit, seine Gefühle und Konflikte ‚auszuspielen', – genauso wie der Erwachsene sich in bestimmten Arten von Therapie über seine Schwierigkeiten ausspricht" (Axline 1984, S. 6).

Allen Spieltherapien gemeinsam ist die Annahme, dass beim Kind mit Verhaltensstörung eine Desintegration des emotionalen Erlebniszusammenhanges vorliegt, die sich in der Regel in angst- und/oder in schuldbesetzten Konflikten demonstriert. Angst kann dabei im Laufe der Zeit in Aggression umschlagen.

Phänomenologisch erscheinen diese Konflikte in aggressiven, depressiven oder gehemmten Verhaltensweisen, in Leistungsversagen, in Kontaktstörung oder in einem generalisierten Fehlverhalten.

Zielsetzung jeder Spieltherapie ist deshalb immer die Wiederherstellung des emotionalen Erlebniszusammenhanges

— über die zunehmende Fähigkeit, die eigenen Gefühle wahrzunehmen, sie zu formulieren und zu akzeptieren, sie zu kontrollieren und in das Gesamtverhalten einzuordnen, sowie
— darüber die Gefühle anderer wahrzunehmen, sie zu akzeptieren, im eigenen Verhalten zu berücksichtigen und angemessen zu beantworten.

Ziel aller Kinderspychotherapien ist nach A. Dührssen (1980):

— Auflösung von Ängsten und Verdrängungen,
— bessere Verarbeitung der Antriebs- und Impulswelt,
— bessere Realitätsanpassung,
— tragfähigere Gefühlslage,
— Klärung des Eltern-Kind-Verhältnisses,
— ausreichende Steuerungsmöglichkeiten gegenüber Triebansprüchen durch Stärkung des kindlichen Ichs als Grundbedingung des Sozialisationsprozesses und der Selbstverwirklichung.

Zur Realisierung dieser Zielsetzungen braucht der Therapeut handlungsleitende Prinzipien. Axline formuliert im Rahmen der nicht-direktiven Spieltherapie, aus der die personzentrierten Kinderpsychotherapie entstanden ist, wie folgt (vgl. Axline 1984, S. 75 ff.):

— Der Therapeut muss zum Kind eine warme, freundliche Beziehung aufnehmen, die baldmöglichst zu einem guten Kontakt führt.
— Der Therapeut muss das Kind annehmen, wie es ist.
— Der Therapeut muss ein Klima des Gewährenlassens aufbauen, damit das Kind sich frei fühlt, alle seine Gefühle uneingeschränkt auszudrücken.
— Der Therapeut muss die Gefühle des Kindes erkennen und reflektieren, um dem Kind Einsicht in sein Verhalten zu vermitteln.
— Der Therapeut muss die Fähigkeit des Kindes achten, mit seinen Konflikten selbst fertig zu werden, wenn man ihm nur die Gelegenheit dazu bietet.
— Das Kind weist dem Therapeuten den helfenden Weg, der Therapeut folgt ihm.
— Der Therapeut versucht nicht, den Gang der Therapie zu beschleunigen.
— Der Therapeut setzt nur Grenzen, wo diese notwendig sind, um die Therapie in der realen Welt zu verankern und um dem Kind seine Mitverantwortung an der Beziehung klarzumachen.

Für die Verwirklichung der oben genannten Ziele braucht das Kind das freie Spiel als grundlegende Bedingung.
Das Kind kann sich in seinem selbst gewählten Tempo ausdrücken, sich mitteilen und seine innere Wirklichkeit, seine Lebensthemen inszenieren. Im Spiel werden Gefühle wieder belebt und so einer Bearbeitung zugänglich gemacht. Mit der Aufforderung „Du kannst hier das spielen, was du möchtest" werden die Prozesse aktiviert und die Aktualisierungstendenzen stimuliert, die zu positiven Veränderungen im Selbstkonzept führen. Im freien Spiel erlebt sich das Kind als selbstwirksam und lernt, eigene Entscheidungen zu treffen und Verantwortung für sein Leben zu übernehmen. Es kann die verschiedensten Nuancen seiner Persönlichkeit in sein Selbstbild integrieren.

Indem der Therapeut die verbal und non-verbal ausgedrückten Gefühle, die emotionale Befindlichkeit und die innere Welt des Kindes empathisch aufgreift, kann das Kind seine unterschiedlichen Gefühlsqualitäten besser wahrnehmen, verstehen und damit auch annehmen lernen. Die emotionalen Erlebnisinhalte des Kindes oder der Spielfiguren werden mit eigenen Worten aufgegriffen und verbalisiert.

Auch auf der Spielebene wird dem Kind durch die Art und Weise des Mitspielens eine Resonanz gegeben. Der Therapeut kann auf Aufforderung des Kindes in das Spiel einsteigen. Hierzu wird er sich eine Regieanweisung einholen. Das Spiel kann durch das aktive Mitspielen begleitet werden. Dort können gezielte Interventionen auf der Spielebene erfolgen. Zulliger betont: Auch der Therapeut spielt, er beantwortet die im Spiel dargestellten Konflikte des Kindes ebenfalls mit Elementen des Spiels (vgl. Zulliger 1959, S. 305).

Das Spiel des Kindes wird reflektiert, damit es sich selbst wie in einem Spiegel entdecken kann, um seine Erfahrungen, Erlebnisse und Konflikte besser als bisher bewältigen zu können. Über das Probehandeln im Spiel können eigene Lösungen ausprobiert und Antworten gesucht werden.

Das Gewährenlassen im freien Spiel hat auch in der Spieltherapie seine Grenzen. Insbesondere bei aggressiven Kindern ist eine stärkere Grenzsetzung gefordert und von zentraler Bedeutung. Auch kommen differenzierende Vorgehensweisen und gezielte Spielangebote zur Anwendung (vgl. Weinberger 2001, S. 35 ff.).

Nach Jaede können drei Phasen der Spieltherapie unterschieden werden (vgl. Jaede 2002, S. 141 ff.):

- Phase 1: Vertrauensaufbau, Ich-Stärkung, Ortsidentität und Spielfähigkeit
- Phase 2: Inkongruenzerfahrungen und Konfliktbearbeitung
- Phase 3: Realitätsbewältigung und Ablösung

Heilpädagogisch wird die Spieltherapie vor allem durch eine unverzichtbare Bedingung: In der heilpädagogischen Spieltherapie muss der Bezug zur realen Wirklichkeit sorgfältig beachtet werden, zumal das (behinderte) Kind zwischen der Therapiestunde und dem Alltag keinen Unterschied zu machen versteht. Vielmehr wird es bestrebt sein, die Möglichkeiten einer allzu gewährenden Zuwendung eines für es allein anwesenden Erwachsenen als Forderung in die Familie/Wohngruppe zu übertragen. In der heilpädagogischen Spieltherapie wird grundsätzlich der (heil)pädagogische Bezug aufrechterhalten: Das, was in der realen Welt „draußen" nicht erlaubt/möglich ist, wird auch in der Therapie als unerlaubt bezeichnet, wenn auch in der Regel ohne Sanktionen.

Zur Ausgestaltung von Kommunikationsprozessen innerhalb einer HPS eignen sich auch die Vorschläge von Just:

- „Ansprechen und Hinterfragen von unangemessenen Verhaltensprozessen, von Spannungen, von Diskrepanzen, z.B. im non-verbalen Verhalten, zwischen non-verbalem und aktionalem Verhalten, bei widersprechendem Verhalten.
- Problematisieren und Überspitzen einer Verhaltensäußerung.
- Grenzsetzungsverhalten.
- Ignorierendes Verhalten.
- Positive Verstärkungen angemessenen Verhaltens.
- Informationsverhalten, z.B. in Bezug auf angemessenes Verhalten, normative Hilfen.
- Generalisierung einer Äußerung; selbstexplorative Therapeutenmitteilungen.

Heilpädagogische Sichtweise 115

- Fragen: z.B. Verständnis-, Selbstbewertungs- und Fremdbewertungs-, Differenzierungsfragen.
- Gelegentliches provozierendes Verhalten.
- Gelegentliches interpretatives Verhalten.
- Vorsichtiges Alternativangebot." (Just 1982, S. 154 f.).

Die HP hat die Aufgabe, in Prozessen der „verstehensfördernden Aufmerksamkeit" (Schmidtchen 2001, S. 181) die „Spiel-Sprache" des Kindes zu entschlüsseln, bewertend zu verstehen und dem Kind Antworten und Anregungen zu geben, die es schützen und die ihm Orientierung geben.

Das gemeinsame Spiel ist für die HP wie für das Kind Mitteilung. Spiel wird damit zum Medium von Übertragungsprozessen (z.B. das Kind reagiert auf die HP mit ganz bestimmten Verhaltensweisen, mit denen es im Alltag auf seine Mutter reagiert). Die HP muss lernen, diese zu erkennen und angemessen zu beantworten. Sie hat dabei unbedingt zu beachten, dass sie den realen Wirklichkeitsbezug nicht verlässt. Zu psychoanalytisch orientierten Deutungsversuchen für das Kind fehlt ihr eine einschlägige Ausbildung. Tiefenpsychologisches Wissen kann jedoch helfen, vergangene und aktuelle Lebensvollzüge vertieft zu erschließen und zu verstehen. Mit diesem Wissen kann sie sich selbst in Gegenübertragungsprozessen (z.B. die HP reagiert auf ein nörgelndes Kind gereizt und schimpfend, weil eigenes früheres, problemlastiges Erleben durch das Kind aktualisiert wird) kontrollieren und orten.

In der heilpädagogischen Begleitung von Kindern, bei denen eine sozial-emotionale Problematik im Vordergrund steht, kann die HP Elemente aus den unterschiedlichen Theorieansätzen zur Spieltherapie entnehmen. Da Kinder mit Behinderung in erhöhtem Maße zusätzlichen Beeinträchtigungen in ihrer sozial-emotionalen Entwicklung ausgesetzt sind, ist dieser Schwerpunktbereich von hoher Relevanz.

3.3.3 Beratung und Anleitung

Die Beratung ist als Kernelement Bestandteil eines jeden Förderkonzepts und gehört daher unabdingbar zur HPÜ. Ohne Zusammenarbeit mit den Eltern bleibt jede Entwicklungsförderung fragmentarisch und gefährdet. Die Eltern eines Kindes mit einer geistigen Behinderung oder eines Kindes mit einer ausgeprägten Entwicklungsstörung und emotionalen Auffälligkeiten sind in der Regel zutiefst verunsichert. Ihre bisherigen Vorstellungen zur Erziehung und ihre Lebensperspektiven auf die Zukunft sind, wie durch einen Erdrutsch, ins Wanken geraten; sie haben sich verlagert und sind wie zugeschüttet.

Die Eltern werden einen Raum brauchen, in dem sie sich geschützt fühlen mit ihrem Erleben von Versagen, Schuld, Desorientierung und Angst. Sie werden einen Raum brauchen, der es ihnen ermöglicht, weniger in die Vergangenheit zu „starren", sondern der sie vielmehr ermutigt, die Gegenwart zu betrachten: Was tut mir jetzt gut? Wo spüre ich Kraft? Wofür möchte ich mich jetzt einsetzen?

Die HP hat die Aufgabe,
- das elterliche Erleben von Hoffnung – nicht von Illusion – zu ermöglichen,
- Eltern in ihrer Rolle und Aufgabe zu bestätigen,

- mit den Eltern alltägliche Erziehungsszenen zu betrachten und Alternativen zu bisher nicht gelungenen Problemlösungen zu suchen
- erste Orientierungshilfen zur Auseinandersetzung mit der Behinderung des Kindes anzubieten.

Zu Beginn der Beratung wird die HP ein Gespür für diese Eltern entwickeln. Sie wird nicht generalisierend auf Elterntypen und Problemkreise reagieren, sondern sich als immer wieder Lernende verstehen, die die individuellen Sichtweisen der Eltern nachvollziehen will: ihre bisherigen Lösungsversuche, ihre Lösungshoffnungen; ihr Erleben von „Sackgasse"; ihre Verzweiflung und ihren Mut.
Mit dieser internalisierten Haltung wird sie notwendige Veränderungen im Leben der Eltern im gleichberechtigten Dialog anstreben.
Die Gefahr der Verfestigung hierarchischer Strukturen (HP als Expertin – Eltern auf der Suche nach dem Meister) wird sie bewusst haben und gegensteuernd tätig werden.
Die HP wird nicht selbstsicher meinen, das Problem schon zu kennen und diverse Lösungsmöglichkeiten „im Vorrat" zu haben. Sich selbst nicht sicher zu sein, eröffnet erst die Möglichkeit, sich überraschen zu lassen vom Ungewöhnlichen und sich mit dem Gegenüber auf einen neuen Weg zu begeben. Gemeinsam in Bewegung zu sein, heißt auch: beide suchen, experimentieren und fragen.
Die HP wird darauf achten, dass eine tragfähige Beziehung zu den Eltern entsteht. Sie wird die Prinzipien der personzentrierten Gesprächsführung (Rogers) realisieren (unbedingte Wertschätzung, Echtheit/Kongruenz, einfühlendes Verstehen/ Empathie) und so den Eltern einen veränderten Zugang zum eigenen Erleben und dessen Bewertung eröffnen.
Über diesen Weg wird es auch möglich sein, dass Eltern mit veränderter Perspektive ihr Kind sehen lernen, seine Botschaften neu lesen und ihre Antworten neu ausrichten. Erziehungserschwernisse (> Teil II, 3.3.1.4) können so ihre Verengung, Verarmung, Verfremdung und Brüchigkeit verlieren (vgl. Kobi 2004, S. 144 ff.).

Beratungsgespräche sind immer zielgerichtet – bezogen auf die HP und bezogen auf die Eltern, die mit einer bestimmten Intention die Beratung suchen. Zu Beginn wird miteinander der Anlass des Beratungsbedarfs geklärt, das Problem umschrieben und die Zielausrichtung erörtert. Die formalen Fragen werden geklärt.
Die Problemschilderung bleibt ein heikles Thema. Die HP hat darauf zu achten, dass die Eltern sich nicht nur auf das reduziert fühlen, was nicht funktioniert und dass sie nicht wieder beim eigenen Versagen und bei der eigenen Schuldbewertung stecken bleiben. Die HP sollte darauf hinarbeiten, die bisher probierten Problemlösungen gemeinsam zu erörtern.

In der weiteren Zusammenarbeit wird sie versuchen, den Blick für Alternativen zu öffnen. Dabei wird es hilfreich sein, wenn sie inzwischen Ressourcen dieser Eltern aufspüren konnte und sie ihnen zu vermitteln versteht (sich als Eltern etwas zutrauen, im Alltagskontext neugierig auf sich selbst sein). Anhand bestimmter umschriebener Erziehungssituationen werden eingefahrene Verhaltensmuster zwischen Kind und Eltern, Kind und Geschwistern analysiert, auf ihre Tauglichkeit geprüft und bewertet. Kleine Variationen von Veränderung werden in der Vorstellung „durchgespielt". Mit diesen erarbeiteten Szenen werden die Eltern im häuslichen Bereich experimentieren. Im nächsten Gespräch werden sie berichten. Bewährte Lösungen werden stabilisiert und dann differenziert.

Es gilt das Prinzip: Die Eltern wählen diese häusliche Aufgabe. Sie sind nicht die Vollstrecker der HP-Einfälle und -Tipps.

Für diese Ausrichtung der Beratungsarbeit braucht es Explorationsgespräche. Sie beziehen sich auf die vertiefende Erforschung und Differenzierung von Lebensereignissen, von Erfahrungen und Lebensgewohnheiten, von Szenen der Erziehungswirklichkeit und den jeweils dazugehörenden Gefühlsqualitäten – aus der Sicht des Elternteils. Den eigenen Gefühlen nachzuspüren und ihnen Namen zu geben, wird den Eltern nur gelingen, wenn sie eine grundsätzlich wertschätzende Beziehung erfahren. Diese „Selbsterforschung" ist eher ungewöhnlich und braucht deshalb Zeit und viel Vertrauen in die Person der HP.

Gelingt diese Arbeit, wird sie zur zentralen Ressource. Sie eröffnet erst die anstrengende Verhaltens- und Einstellungsänderung, die letztlich nur möglich werden, wenn entsprechende Gefühle aktualisiert und mobilisiert werden können. Die kognitiv in ihren operationalisierten Handlungsschritten erarbeitete Umstellung muss an „bewegende" Gefühle gebunden bleiben: Emotion und Kognition bilden eine Einheit. Von der HP müssen sie im Beratungsprozess gleichwertig beachtet werden.

Die Beratungsthemen der HP werden sich vornehmlich auf Erziehungsthemen beziehen. Auch Lebensthemen der Eltern werden dazugehören. „Schwere Wahrheiten" sollen Raum erhalten und besprechbar werden.
Doch hier beginnt ein Grenzbereich, den die HP achtsam berücksichtigen muss. Ihre Fachkompetenz erlaubt ihr die Arbeit mit pädagogisch relevanten Themenkreisen. Ohne weitere berufliche Qualifikation hat sie bestimmte Problembereiche, auf die sie leicht in ihrer Arbeit stößt, an andere Fachdisziplinen abzugeben: z.B. psychisch bedingte Problematiken/Erkrankungen der Eltern, Eheprobleme, Schuldnerberatung.
Ihre Aufgabe wird sein, diese Themen nicht zu tabuisieren, sondern anzusprechen, entsprechende Informationen und Adressen anzugeben und die institutionell bedingte Schwellenangst zu reduzieren.

Die HP wird in ihrer Beratungsarbeit auf Themen stoßen, die wegen ihrer Schwere bisher kaum zugelassen werden konnten. Es sind Themen, die sich um das Verlust-Erleben drehen und Verzweiflung, Angst und Trauer auslösen – immer aber eine tiefe Sinnkrise bedeuten. Die HP wird sich sorgfältig prüfen müssen, ob ihre Fachkompetenz ausreicht, Eltern hier ein hilfreiches Gesprächangebot zu machen. Verlust und Trauer gehören unmittelbar und wohl auch „andauernd" zum Erleben von Eltern eines Kindes mit einer schweren geistigen Behinderung. Diese intensiven Gefühlsqualitäten werden u. a. auch ihr Erziehungsverhalten beeinflussen. Wegen dieser Themen-Nähe ist es wichtig, dass die HP Wissen über die möglichen Phasen der Trauer im Prozess hat.

Kübler-Ross bietet ein Phasenmodell zur Krisen- und Trauerarbeit (1969), das der HP eine erste Orientierung geben kann. Gleichzeitig muss unbedingt beachtet werden, dass dieses Modell dazu verleiten kann, die subjektiv bedeutsamen und lebendigen Gefühle diagnostisch zu „katalogisieren" und damit das individuelle Erleben zu schematisieren.

Kübler-Ross beschreibt:

Eine erste Phase: Verleugnung
Erste Signale, die auf ein schwer belastendes Ereignis hinweisen, werden ignoriert und verharmlost. Die betroffene Person wird sich der schweren Wahrheit verweigern. Für die HP ist es wichtig, diese Haltung zu respektieren, weil sie weiß, die Psyche braucht jetzt diesen Schutz.

Eine zweite Phase: Aufbrechende Emotionen
Die Gewissheit über die Realitäten beginnt sich auszubreiten. Die Gefühle von Ohnmacht, Auflehnung und Verzweiflung dringen in das Bewusstsein und wenden sich anklagend und wütend gegen „alles".
Die HP wird diesen „Kampf" nicht auf die eigene Person beziehen. Sie wird Hilfen anbieten, die deutlich machen, wie legitim und gleichzeitig bedrohlich diese Gefühle für die betroffene Person sein mögen.

Eine dritte Phase: Verhandlung
Die betroffene Person beginnt, ihr Schicksal anzunehmen. Diese Annahme wird von heftigen Ambivalenzen durchkreuzt. Resignation und das Aushandeln von Vergünstigungen wechseln wie das Festhalten und Loslassen „besserer" Lebensumstände.
Die HP sollte sich als Zuhörende verstehen und Resignation wie Illusion nicht bewertend kommentieren.

Eine vierte Phase: Depression
Das Wechselbad der Gefühle ist sehr anstrengend und fordert die ganze Person. Der Verlust bezieht auch den Selbstwertverlust ein: Versagen und Schuldgefühle dominieren. Jeder Lebenswert knickt weg. Sich ergeben in die Kraftlosigkeit bleibt.
Die HP sollte „da sein", die Leere aushalten, und nicht in Aktivismus verfallen.

Eine fünfte Phase: Zustimmung
Die Annahme des Leids gelingt. Die trauernde Person fasst neuen Mut und entdeckt im erneuten Aufbruch lohnende Perspektiven (vgl. Senckel 2002, S. 128 ff.).

Zu beachten ist, dass diese Phasen in der Regel nicht in Stufen durchlaufen werden. In der Wirklichkeit des Lebens werden sie sich überschneiden, sich anteilig wiederholen oder auch gar nicht als Phase auftauchen.

Kast, Sölle, Schuchardt und Spiegel haben ebenfalls Modelle zur Beschreibung des Trauerprozesses entwickelt. Bei Spiegel findet der Leser ein Aufgaben-Modell, das sich auf den Trauernden bezieht (vgl. Spiegel 1973). Modelle, die die elterlichen Reaktionen, Bewältigungsstrategien und Ressourcen betonen, sind u.a. die transaktionale Coping-Theorie (Lazarus 1984) und das multivariate Modell zur Wechselwirkung von Anpassung bei Eltern und behindertem Kind (Barakat 1992).

Das Verstehen der biographisch gewachsenen Zusammenhänge, die Eltern in ihrem Erziehungsverhalten leiten, gehört zu den wesentlichen Voraussetzungen einer heilpädagogisch geprägten Beratung.

Anleitung
Eltern haben ihre spezifische Weise der Einflussnahme im Erziehungsprozess entwickelt und gefestigt. Daraus haben sich Überzeugungen, Sicherheiten und Selbstverständlichkeiten gebildet. Eltern mit einem Kind, das eine geistige Behinderung oder eine ausgeprägte Verhaltensstörung hat, gelingt es in der Regel nicht (mehr), tradierte Erziehungsformen so umzusetzen, dass der Erziehungsprozess für Eltern und Kind gedeihlich verläuft. Oft reicht es auch nicht, neue Konfliktlösungsstrategien im Beratungsgespräch zu bedenken. Das unmittelbare gemeinsame Tun wird dann notwendig.

Folgende Arbeitsformen eignen sich:

- Hospitation der Eltern/eines Elternteils während der Durchführung von HPÜ-Einheiten und ein auswertendes Gespräch danach;
  Inhalte:
    - Eltern teilen ihre Beobachtungen, Eindrücke, Fragen, Ideen mit; gemeinsame Reflexion.
    - Die HP erläutert und begründet ihr Material-Angebot und ihre Spielgestaltung.
    - Die HP bietet den Eltern an, ihr Wissen über den Entwicklungsstand des Kindes zu sichern und zu erweitern (vorhandene Kompetenzen des Kindes, Zone der nächsten Entwicklung).
- Eltern übernehmen gezielte Beobachtungsaufgaben.
- Eltern spielen mit ihrem Kind; anschließender Austausch über die eigene emotionale Befindlichkeit, über die des Kindes; Reflexion über die eigenen Stärken/Schwächen, die deutlich wurden.
- Aufbau und Stärkung der elterlichen Kompetenz, Mitteilungen ihres Kindes „neu" zu entschlüsseln und angemessen zu beantworten.
    - Einüben von verändertem Verbalverhalten in Erziehungsszenen – z.B.: Senden von Ich-Botschaften/Du-Botschaften; Grenzsetzungen ohne Entwertung des Kindes; Stärken mitteilen.

Zusammenfassung

Ausgangspunkt der heilpädagogischen Sichtweise ist die konkrete Praxis, die Erziehung unter erschwerten Bedingungen. Da Erziehung in Beziehung stattfindet, die aus der Begegnung mit dem Kind erwächst, ist eine vertiefende Auseinandersetzung mit der Bedeutung dieser Wesensmerkmale erforderlich.

Im Zentrum steht die Person. Sowohl die Person „Kind" als auch die Person „Heilpädagogin". Beide sind intersubjektiv am Prozess der Förderung beteiligt und nicht beliebig austauschbar.

Da die gelebte Erziehungswirklichkeit so komplex ist, bedarf sie einer fach-theoretischen Orientierung und Fundierung – einer Theorie für die Praxis. In der Heilpädagogik als Handlungswissenschaft steht der typische und unerlässliche Theorie-Praxis-Bezug im Mittelpunkt. Um die aus der Praxis kommenden Fragen zu beantworten und die darin liegenden heilpädagogischen Aufgaben zu reflektieren, bedarf es theoretischer Grundlagen und Modelle.

Als eine Verbindung zwischen Theorie und Praxis gilt das Handlungskonzept – ein theoretisch begründeter Plan, der konkret beschreibt, wie in der Praxis gehandelt werden kann und soll. Die einzelnen Strukturelemente sind inhaltlich aufeinander abgestimmt und weisen eine innere Logik auf, so dass ein in sich rundes Ganzes entsteht.

Aus dem Handlungskonzept können unterschiedliche Förderansätze abgeleitet werden. Die Schwerpunkte orientieren sich an den Grundphänomenen personaler Existenz. Innerhalb dieser Förderkonzepte kommen spezifische methodische Ausrichtungen und Vorgehensweisen zum Tragen.

Die Kernelemente der Konzepte werden durch die Trias Diagnostik, Förderung und Begleitung sowie Beratung/Anleitung dargestellt.

Die heilpädagogische Diagnostik ist auf die Förderung ausgerichtet und wird als Förderdiagnostik bezeichnet, die immer biographisch und ganzheitlich ausgerichtet, kind- und milieuorientiert und so um das Verstehen bemüht ist.

Aus der diagnostischen Einschätzung können die Ziele abgeleitet werden. Je nach Zielsetzung werden die individuellen Schwerpunktbereiche und Inhalte der Förderung und Begleitung ersichtlich. Daran schließen sich die Fragen und die Überlegungen nach dem methodischen Vorgehen an. Als ein originäres und unverwechselbares heilpädagogisches Förderkonzept gilt die HPÜ. Sie zentriert sich um das Grundphänomen Spiel und kann übergeordnet als eine heilpädagogische Entwicklungsförderung und -begleitung im Spiel verstanden werden.

Die Beratung und Anleitung sind als Kernelement Bestandteil eines jeden Förderkonzeptes. Beratung wird dann notwendig, wenn es zu erschwerten Bedingungen in der Beziehung und Erziehung kommt. Sie ist darauf ausgerichtet, die Eltern in der Auseinandersetzung und Annahme der Behinderung ihres Kindes zu begleiten und sie in ihren speziellen Erziehungskompetenzen zu stärken.

Ausblick

Im Zeitalter der Ökonomisierungen scheint auch die Heilpädagogik dazu gezwungen zu sein, die Wirksamkeit ihrer konzeptionellen Förderansätze und deren spezifische methodische Vorgehensweisen im Rahmen einer wissenschaftlichen Evaluation zu belegen.

Bei den derzeitigen Bemühungen um Qualität, Qualitätsstandards und Qualitätssicherung im heilpädagogischen Tätigkeitsfeld der Behindertenhilfe und Erziehungshilfe stammen viele Anregungen und Einflüsse aus der freien Wirtschaft (Stichwort: Kundenorientierung: Orientierung an den Bedürfnissen der Nutzer; Unterscheidung zwischen Struktur-, Prozess- und Ergebnisqualität). Bei dieser Transformation sind die grundlegenden Unterschiede zwischen den beiden Branchen zu beachten. Anders als in der Wirtschaft ist das Sozialwesen von einem Versorgungsauftrag, einer spezifischen Klientel und einem Eingriff in die Lebenswelt gekennzeichnet. Die Qualitätsdiskussion und die mit der Qualitätssicherung einhergehenden Entwicklungen und Veränderungen müssen kritisch reflektiert werden. Die darin liegenden Gefahren müssen bewusst gemacht werden, um die heilpädagogischen Beweggründe der Fürsorge und Förderung nicht aus dem Blick zu verlieren (vgl. Greving 2005, S. 68).

Teil III   Grundphänomen Spiel

Die hier vorgestellten Überlegungen beziehen sich auf das Kinderspiel in den ersten Lebensjahren.

Das Spiel ist das „fundamentale Lebenssystem des Kindes" (Mogel 2002, S. 237-257) – also ein Grundphänomen personaler Existenz (> Teil II, 3.2.1): Das Spiel ist etwas Ganzes, eine in sich stimmige Einheit – sich selbst genügend in all seiner Fülle. Im Spiel geschieht auch die (Nach-)Gestaltung der eigenen Lebenswelt: Im Tun be-greift das Kind die sozialen und materiellen Bedingungen und Zusammenhänge seiner Umgebung und versichert sich ihrer. So ist das Spiel Ausdruck von Erlebtem und dessen subjektiver Bearbeitung. So ist es Bewegung, die ein Innen nach Außen kehrt: Eine Botschaft entsteht; diese Mitteilung geschieht unbeabsichtigt; sie bleibt aber als Symbol geschützt.

1   Spieltheoretische Aspekte

Das Spiel als ursprüngliche Lebensform gehört seit alters her zum Menschen. Schon immer gab es religiöse und kulturelle Traditionen, die vom Spiel in der Fest- und Feiergestaltung lebten.

Platon und Aristoteles (beide ca. 400 Jahre v. Chr.) formulierten pädagogische Überlegungen zum Spiel: Freiheit geben – Zähmung ermöglichen.
Auch K. Groos spricht (vor etwa 100 Jahren) vom „Lebenswert des Spiels": Einübung (Selbstausbildung), Ergänzung (Erholung von der Arbeit), ästhetisches Genießen sind ihm wichtige Aspekte (vgl. Groos 1899; Mogel 1994, S. 21 f).

In den letzten 100 Jahren wurden ganz unterschiedliche Zugänge zum Phänomen Spiel formuliert. Bisher gibt es jedoch noch keine Theorie, die das Spielverhalten des Kindes umfassend erklären könnte.
So wird es sinnvoll sein, unterschiedliche Ansätze zu kennen und sie untereinander zu kombinieren, um sie pädagogisch wirksam für die Praxis auszuwerten. In diesem Text werden einige Theorieansätze kurz vorgestellt.

S. Freud (19./20. Jahrhundert) begründete den psychoanalytischen Zugang zum Spiel, in dem vornehmlich der Ausdruck des Unbewussten entdeckt wird. Das Spiel gilt als Kompensationsmöglichkeit und als Katharsis (psychische Reinigung).

A. Adler, M. Klein, H. Zulliger und A. Freud sowie E. Erikson sind im letzten Jahrhundert weitere bedeutsame Vertreter, die die Psychoanalyse bzw. die Tiefenpsychologie nutzten, um das Spiel als Therapeutikum für emotional auffällige und gestörte Kinder zu entwickeln. Ihr besonderes Verdienst liegt in der Herausarbeitung der heilenden Kräfte im kindlichen Spiel (Zulliger) (vgl. Mogel 1994; Flitner 1978).

R. Oerter formulierte in unseren Tagen einen handlungstheoretischen Ansatz (2001, S. 118-138), der sich auf drei Merkmale des Spiels konzentrieren lässt:

1. Selbstzweck
   intrinsische Motivation, Flow-Erlebnis, Freude über erbrachte Leistung
2. Wiederholung (W) und Ritual (R)
   W: positive Verstärkung wiederholbar machen, Optimierung der Leistung, Aufarbeitung traumatischer Erlebnisse, Abbau von Ängsten
   R: verleiht Sicherheit, Selbstvergewisserung, Überhöhung des Geschehens
3. Realitätsformation
   In einem anderen Realitätsrahmen kann folgenlos agiert werden: illusionäre Erfüllung von Wünschen; Bedürfnisse können ohne Tabu ausgelebt werden; soziale Fertigkeiten lassen sich leichter einüben, da Spielhandlungen keine negativen Folgen haben.

Oerter definiert drei Ebenen der Spielhandlung; er orientiert sich an Wygotski und Leontjew:

1. Operationen: einfache, automatisierte Schemata
2. Handlungen: Sie lassen sich ordnen nach Themen (z.B. Kochen, Bauernhof aufbauen) und nach Spielformen (z.B. Rollen-, Konstruktions-Spiel).
3. Tätigkeiten: Entsprechend der bisherigen Lebenserfahrungen werden aktuelle Themen gemäß der Entwicklungsaufgabe und/oder als Lebensthemen gestaltet.

Das Kernstück jeder Interaktion ist der gemeinsame Gegenstandsbezug, die kommunikative Ausrichtung mehrerer Personen auf einen Gegenstand: materielle Objekte oder Spielthemen. Oerter spricht von den subjektiven Valenzen (die besondere emotional besetzte Bedeutung) und den objektiven Valenzen eines Gegenstands (die sachlich funktionalen Bedingungen).

Anschließen soll sich das Theoriekonstrukt von Piaget. Seine Forschungsarbeit wird heute wegen seines methodischen Vorgehens und seiner strengen Einteilung der kognitiven Entwicklung in hierarchisch aufeinander folgenden Stufen und Stadien kritisch beurteilt. (vgl. Piaget 1975 a; Piaget 1975 b; Ginsburg 1993).

Im 20. Jahrhundert erforschte Piaget die geistige Entwicklung des Kindes, die sich im Spiel aktiviert und fortentwickelt. Das Spiel ist für ihn eine sensomotorische, symbolische und regelorientierte Tätigkeit, die sich in einer ständigen Wechselwirkung von Assimilation (das Kind passt die Umweltbedingungen sich an) und Akkommodation (das Kind passt sich den Außenbedingungen an) vollzieht.

Assimilation
Etwas zum Greifen ist nur zum Greifen, alle weiteren Funktionen interessieren (noch) nicht.

Akkommodation
Das bisherige Greifschema wird als erfolglos erlebt. Es muss z.B. dem Wasser angepasst werden; nur mit der Schöpfbewegung kann Wasser „gehalten" werden: Die bisherigen integrierten und automatisierten Wahrnehmungsleistungen werden differenziert.

Handlungsschemata verfeinern sich über diese beiden Prinzipien fortschreitend und führen zu kognitiven Strukturen – und damit zur Realitätserkenntnis.

Piaget zeigt die Grundformen des Kinderspiels wie folgt auf: In der ersten Phase (ab 3 Monaten) entwickeln sich die sensomotorischen Übungsspiele: die Spiele der Funktionslust, der Neugier und des Erforschens sowie des Veränderns, des Formens und Umformens. In der zweiten Phase (ab 16./17. Monat) dominieren sowohl die Symbol/Fiktionsspiele: die Erwachsenen-Imitation, die Spiele des Sich-groß-Zeigens und die Spiele mit Wettkampfcharakter als auch die Konstruktionsspiele: einfaches Konstruieren sowie Bau- und Bastelspiele. Im 5. Lebensjahr beginnt die Phase der Regelspiele, die nach kooperativen Wettspielen, Tanz- und Singspielen sowie nach Gesellschaftsspielen unterschieden werden können (vgl. Gröschke 1997, S. 239).

Von Piagets Forschungsergebnissen ausgehend entwarfen Affolter – und später Mall – ein Modell zur Entwicklung der Wahrnehmung (vgl. Affolter 1992; Mall 2003).

Ohne die sich in den ersten beiden Lebensjahren differenzierende Sinnestätigkeit wird sich das Spiel des Kindes nicht ausreichend entwickeln können; umgekehrt beeinflusst die Spieltätigkeit mit all ihren „Bewegungsformen" auch die Wahrnehmungsentwicklung.
Die Entwicklung der Wahrnehmung ist an die Gesamtheit unserer Sinne gebunden. Deren Reizaufnahme und Reizverarbeitung ist unmittelbar angewiesen auf die körpereigene Bewegung. Bewegungen provozieren Reize, die wiederum mit Bewegung beantwortet werden. Der Begriff Senso-Motorik macht diese untrennbare Einheit deutlich.
Von Geburt an sind alle Sinne funktionsfähig. Die einzelnen Sinneseinheiten (z.B. Tasten, Sehen) sind an jeweils eigene Organe gebunden. Sie haben je eine ganz bestimmte Art und Weise, Innen- und Außenreize aufzunehmen und zu bearbeiten. Sie werden darum als Modalitäten bezeichnet.

Affolter und Mall gehen davon aus, dass vor- und nachgeburtlich jede einzelne Modalität beginnt, sich auszudifferenzieren.

Modalitäten und ihre Organeinheit

Taktile Reizaufnahme:	Mundregion, Haut
Kinästhetische Reizaufnahme:	Gelenke, Muskeln, Nerven
Vestibuläre Reizaufnahme:	Gleichgewichtsorgan im Ohr
Auditive Reizaufnahme:	Ohren
Visuelle Reizaufnahme:	Augen

Im Laufe der frühen Entwicklung nimmt die Verknüpfung der einzelnen Modalitäten untereinander zu. Intermodal verbinden sich nun die visuellen und die auditiven Reizeindrücke über das vestibuläre und taktil-kinästhetische System: Etwas zum Hören ist auch zu sehen (sich hinwenden) und es lässt sich betasten.

Zunehmend erwirbt das Kind über die sich wiederholende Verknüpfungsarbeit eine Koordination und Differenzierung seiner Handlungsabläufe. Diese Handlungseinheiten erlebt das Kind für sich selbst sinnvoll. Es lernt, deren Zusammenhang zu entschlüsseln: Das Kind entdeckt die Gesetzmäßigkeit einfacher Reihenfolgen (räumliches und zeitliches Nacheinander von Reizkombinationen). Mit dieser serialen Wahrnehmungsleistung lernt es etwa mit elf Monaten, absichtsvoll/intentional in räumliche, zeitliche, ursächliche Zusammenhänge gezielt einzugreifen, um selbständig Veränderungen zu bewirken.

Der Aufbau und die Themen der sensomotorischen Lebensweisen werden noch einmal tabellarisch verdichtet aufgezeigt:

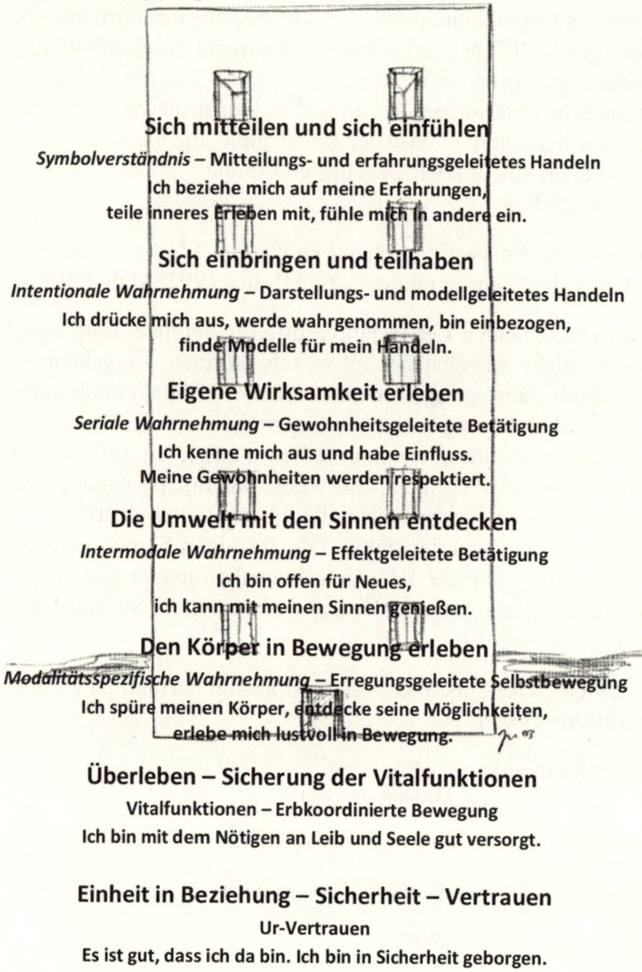

Sich mitteilen und sich einfühlen
Symbolverständnis – Mitteilungs- und erfahrungsgeleitetes Handeln
Ich beziehe mich auf meine Erfahrungen,
teile inneres Erleben mit, fühle mich in andere ein.

Sich einbringen und teilhaben
Intentionale Wahrnehmung – Darstellungs- und modellgeleitetes Handeln
Ich drücke mich aus, werde wahrgenommen, bin einbezogen,
finde Modelle für mein Handeln.

Eigene Wirksamkeit erleben
Seriale Wahrnehmung – Gewohnheitsgeleitete Betätigung
Ich kenne mich aus und habe Einfluss.
Meine Gewohnheiten werden respektiert.

Die Umwelt mit den Sinnen entdecken
Intermodale Wahrnehmung – Effektgeleitete Betätigung
Ich bin offen für Neues,
ich kann mit meinen Sinnen genießen.

Den Körper in Bewegung erleben
Modalitätsspezifische Wahrnehmung – Erregungsgeleitete Selbstbewegung
Ich spüre meinen Körper, entdecke seine Möglichkeiten,
erlebe mich lustvoll in Bewegung.

Überleben – Sicherung der Vitalfunktionen
Vitalfunktionen – Erbkoordinierte Bewegung
Ich bin mit dem Nötigen an Leib und Seele gut versorgt.

Einheit in Beziehung – Sicherheit – Vertrauen
Ur-Vertrauen
Es ist gut, dass ich da bin. Ich bin in Sicherheit geborgen.

Abb. 12: Sensomotorische Lebensweisen: Das „Haus" der Persönlichkeit (aus Mall 2006, S. 327)

Die bisherigen Ausführungen zur Spieltheorie machen deutlich, dass es unterschiedliche theoretische Ansätze und Ausrichtungen gibt.

Das Grundphänomen Spiel beinhaltet vor allem zwei Aspekte: zum einen die Auseinandersetzung mit der Umwelt und zum anderen den Ausdruck von Ich-Befindlichkeit. Die entwicklungspsychologische und die psychoanalytische Spieltheorie stellen die jeweiligen Grundlagen dafür zur Verfügung.

2 Spielformen

Im Spiel der frühen Kindheit finden sich alle Entwicklungsbereiche. Sie beeinflussen sich gegenseitig und formen die Persönlichkeitsentwicklung des Kindes. Das Spiel als Grundphänomen kann als die bedeutendste Entwicklungsdimension in den ersten Lebensjahren gelten.

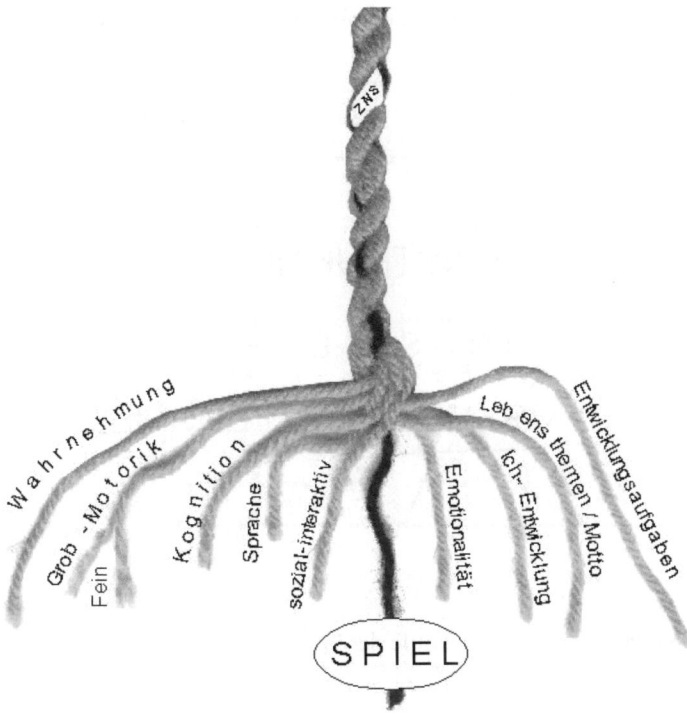

Abb. 13: Das Zusammenspiel der Entwicklungsstränge in der Persönlichkeitsentfaltung des Kindes (aus Schroer 2005, S. 57)

Mit jeder fortschreitenden Differenzierung, Integration und Organisation im Veränderungsprozess der kindlichen Entwicklung ergeben sich unterschiedliche Spielqualitäten. Diese Veränderungen im Spielverhalten des Kindes lassen sich typologisch darstellen als Funktions-, Rollen-, Konstruktions- und Regelspiel (Schenk-Danzinger 1983). In der Literatur finden sich weitere Bezeichnungen, die synonym verwendet werden. Sie unterscheiden sich in ihren Klassifikationen nur unwesentlich. (Die folgenden Ausführungen stammen aus der Diplomarbeit von B. Schroer 2005).

Das Funktionsspiel, das am Anfang der kindlichen Entwicklung steht, liefert die Ausgangsbasis für die Weiterentwicklung höherer kindlicher Spielformen. Aus den körper- und gegenstandsbezogenen Aktivitäten im Funktionsspiel differenziert sich das Konstruktionsspiel heraus. Die im Funktionsspiel erworbene Objektkonstanz ist der Vorläufer der Symbolfunktion, aus der sich das Rollenspiel entwickelt. Somit kommen parallel zwei weitere Formen des Spiels hinzu. Das Regelspiel differenziert sich aus allen drei Hauptgruppen heraus und entspricht den Erfahrungen des Kindes, dass alle Spiele bestimmten Ordnungen folgen (daher wird diese Spielform senkrecht im folgenden Schaubild eingezeichnet).

Der Wandel im Spiel bedeutet nicht, dass die jeweils früheren Spielformen aufgegeben werden, sondern sie werden vielmehr in höher entwickelte Spiele integriert. Somit lösen sich die Spielformen nicht im Verlauf der Entwicklung auf, sondern sie gehen auseinander hervor, bauen aufeinander auf, differenzieren sich aus und überschneiden sich vielfach in ihrem gegenseitigen Bezug.

Die altersspezifische Zuordnung der Spielformen kann nur als Orientierungsmaßstab gelten.

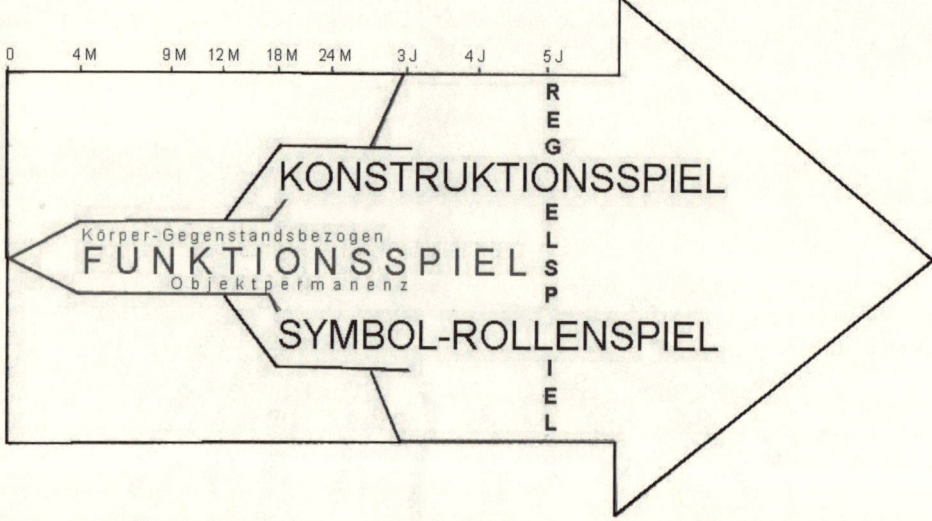

Abb. 14: Veränderungsprozesse im Laufe der Spielentwicklung (aus Schroer 2005, S. 24)

2.1 Funktionsspiel

Ein Kleinkind im Säuglingsalter liegt auf dem Rücken auf der Krabbeldecke und entdeckt seine Hände, die es vor sein Gesicht hält. Es betrachtet seine Hände, bewegt seine Finger und dreht die Hand hin und her. Zwischendurch nimmt es seine Hände als ganze Faust oder die einzelnen Finger in den Mund, um daran zu saugen. Ein paar Wochen später sieht es seine Füße, betastet zunächst die Oberschenkel und dann seine Füße. Es spielt mit seinen Füßen, betrachtet sie, zieht an der Socke und steckt die Zehen in den Mund. Diese Spiele wiederholt es langsam, aufmerksam und lustbetont. Wenn es etwas hört, wie z.B. das Rascheln von Papier, hält es in seiner Bewegung inne, lauscht und wendet seine Augen und dann den Kopf in die Richtung, aus der der Klang kam. Hört es die Stimme seiner Mutter, die zu ihm kommt und sich dazu setzt, strampelt es freudig, brabbelt und lallt vor sich hin. Es spielt mit seiner Stimme, auf die seine Mutter reagiert, indem sie die Laute nachahmt. Sein Lächeln erwidert sie und bringt es mit einigen spielerischen Variationen zum Lachen,

Jauchzen und Glucksen. Hält sie ihm von der Seite gereicht ein Spielzeug – z.B. einen Greifring – hin, bewegt es seine Hand in die Richtung, greift nach dem Ring, nimmt ihn und führt die andere Hand auch an den Ring, den es dann in den Mund nimmt. Etwas später kann es beispielsweise den Klotz von einer Hand zur anderen reichen, um dann über seine Körpermitte zur anderen Seite greifen zu können. Nun werden die Gegenstände in seinem Nahfeld zum Anreiz. Alles wird ergriffen, geschüttelt und in den Mund genommen. Wenn es dabei zufällig entdeckt, dass die Rassel ein Geräusch erzeugt, wiederholt es diese Handlung immer zielgerichteter. Jedes Teil wird zunächst geschüttelt, um zu hören, ob es auch einen Klang erzeugt. Dann nimmt das Kind den Gegenstand in den Mund, betastet ihn mit der Zungenspitze und beißt schließlich genussvoll hinein. Unterbricht seine Mutter das Spiel, lässt es den Gegenstand los und wendet sich seiner Mutter zu. Etwas später spielt es mit seiner Mutter und dem Ball, z.B. indem dieser immer wieder hin und her gerollt wird. Rollt der Ball dabei unter das Sofa, schaut es ihm hinter her, robbt zum Sofa, blickt darunter und versucht, den Ball wieder zu holen. Wenn es versteckte Gegenstände findet, wird das Ein- und Ausräumspiel mit Begeisterung gespielt. In der Küche z.B. darf es immer die Dosen und Töpfe aus den Küchenschränken räumen und mit dem Holzlöffel darauf trommeln. Es krabbelt umher und entdeckt die Tür, die sich öffnen lässt und einen anderen Raum freigibt. Neugierig krabbelt es hinaus und lässt seine Mutter zurück. Wenn sie jedoch aus dem Zimmer geht, nimmt es sein Schnuffeltuch, um sich zu trösten.

Dieses Beispiel soll dazu anregen, sich ein Bild, eine Vorstellung von einem Kind in diesem Spielalter zu machen, damit das Funktionsspiel nicht nur eine Klassifikation bleibt, sondern auch in seiner Form lebendig wird.

Die hier skizzierte Beschreibung des Funktionsspiels macht deutlich, dass durch die Spiel-Beobachtung des individuellen Spielverhaltens im jeweiligen Umfeld die besonderen Facetten des jeweiligen Kindes erahnt werden können. Das individuell gestaltete kindliche Spiel kann mit entwicklungspsychologischen Aspekten untermauert werden. An der normalen Spielentwicklung orientierte Kriterien ermöglichen es, das Spielentwicklungsniveau des jeweiligen Kindes einzuschätzen: Was kann das Kind? Was braucht es?

2.1.1 Entwicklungspsychologische Aspekte des Funktionsspiels

Zunächst sind es die spielerischen Bewegungen und das Erkunden des eigenen Körpers, die das Funktionsspiel charakterisieren. Später kommt das explorative Hantieren an und mit Gegenständen hinzu. Daher bietet sich die Unterteilung zwischen der spielenden Betätigung ohne und mit Spielmaterial an, um die beiden Unterformen noch einmal kleinschrittiger betrachten zu können.

Körperbezogene Funktionsspiele

Diese entstehen aus der Freude an der Bewegung und entsprechen dem elementaren Bedürfnis des Kindes, seinen Bewegungsapparat zu beherrschen. Hier können Bewegungen beim Kind beobachtet werden, die sich von den vorher ungesteuerten, ungerichteten und ruckartigen Massenbewegungen, wie Strampeln, unterscheiden lassen. Die um ihrer selbst willen durchgeführten, lustbetonten Bewegungen erfolgen langsam, werden vom Kind beachtet und immer wieder reproduziert. Zunächst beschränken sie sich auf die Finger und die Hände und dann weiten sie sich auf den ganzen Körper aus. Über die Bewegung erhält das Kind sensorische Informationen (Reize), die es als taktil-kinästhetische und vestibuläre Wahrnehmung verarbeitet. Diese basalen Wahrnehmungsverarbeitungen ermöglichen erst die serialen und intentionalen Leistungen, auf denen sich eine Symbolfähigkeit aufbauen kann. Der Zusammenhang von Wahrnehmung und Spiel wurde bereits bei den Spieltheorien (> Teil III, 1) aufgezeigt und wird in der Tabelle zu Spiel und Wahrnehmung (> Teil III, 2.5) vertiefend dargestellt, darum wird er hier nur kurz angemerkt.

Die Wahrnehmungsprozesse sind eng mit der motorischen Handlung verknüpft. Beide sind für das Kind Voraussetzungen, sich mit seiner Umwelt auseinandersetzen zu können. Die motorischen Anpassungsreaktionen im Spiel sind eine sinnvolle, zielgerichtete Antwort auf eine sinnliche Erfahrung. Das Gehirn hat dabei die Aufgabe, die einströmenden Reize zu sortieren, zu kanalisieren, mit vorhandenen Informationen zu vergleichen und angemessene Reaktionen zu veranlassen. Die Bewegung allein ist jedoch noch kein Spiel, sondern erst durch gestalterische Elemente wird aus dem Übermaß an Bewegung ein Spiel. Durch die spielerischen Bewegungen erkundet das Kind seine motorische Funktionsfähigkeit. Im Spiel zeigen sich die einzelnen Phasen der Bewegungsentwicklung: Es richtet sich auf, wirft sich hin, kriecht, läuft und später hüpft es, klettert, springt, balanciert, schaukelt, wälzt sich und überschlägt sich.

Durch die senso-motorischen Tätigkeiten vergewissert sich das Kleinkind seines Körpers und es hat große Freude am Sich-selbst-dabei-fühlen-Können: Es entsteht das Körperimago im Sinne eines Körpergefühls oder -erlebens, das zunächst diffus ist und sich im Laufe der Entwicklung ausdifferenziert und klarer wird. Diese Empfindung des körperlichen Zusammenhalts ist eine Selbstempfindung, die u. a. für das subjektive Erleben eines Kindes die Grundlage bildet. Die Bewegungen können demnach auch als Ausdrucks-Bewegungen verstanden werden, mit denen das Kind seine emotionale Befindlichkeit ausdrückt. Im Laufe der Entwicklung formt das Kind aufgrund seines je eigenen In-der-Welt-Seins seine leibhafte Gestalt aus, die es in seinem individuellen Muster verkörpert. Die Wurzeln des Funktionsspiels liegen im Bewegungsverhalten und damit in der Leiblichkeit der Person.
Im materialunspezifischen Funktionsspiel werden vor allem Übungseffekte wirksam, bei denen Wahrnehmungsaspekte oder Bewegungsaspekte im Vordergrund stehen (vgl. Zimmer 1995, S. 43, S. 52, S. 60 f.; Ayres 2002, S. 10; Zukunft-Huber 2002; Stern 1992, S. 21; Gröschke 1997, S. 236; Kummer 1995, S. 212 f.).

Gegenstandsbezogene Funktionsspiele
Mit der Entwicklung des Greifens (Greifschema) werden Gegenstände zum Anreiz für die Bewegungslust. Das Kind ergreift die Gegenstände, die sich in seinem Nahraum befinden oder die ihm gereicht werden. Es nimmt die Rassel, schüttelt sie, schlägt sie auf die Unterlage, reibt sie gegen den Widerstand, führt sie zum Mund und leckt an ihr. Ab dem Zeitpunkt werden die Gegenstände funktional in das Spiel einbezogen. Hierbei können folgende Tätigkeiten beobachtet werden: schütteln, schlagen, reiben, stoßen, ziehen, werfen, aneinander halten, aneinander schlagen sowie aus- und einräumen. Hat das Kind gelernt, Gegenstände einzuräumen, beginnt es damit, Stäbe in ein Lochbrett oder Ringe/Perlen auf einen Stab zu stecken. In dieser Selbstbetätigung mit Spielmaterial erfolgt die erste Auseinandersetzung des Kindes mit seiner dinglichen Umwelt. Dabei werden Umgangsqualitäten ausgekostet, Umgangserfahrungen gesammelt und erstmalig die Beschaffenheit des Spielmaterials über das Hantieren entdeckt.

Aus dem wahrnehmenden Umgang mit den konkreten Gegenständen wird der handgreifliche Umgang, das Manipulieren (vgl. Hetzer 1995, S. 77 f.). Die Art des Spiels wird erstmal nicht von der spezifischen Funktion des Spielzeuges bestimmt, sondern vielmehr von einem unspezifischen Manipulieren des Kindes. Erst später gebraucht das Kind die Spielmaterialien in spezifischer Art und Weise, indem es u.a. das Auto fahren lässt und mit Bausteinen ohne Gestaltungsabsichten hantiert.

In diesem „Objekt- oder Umgangsspiel" (Gröschke 1991 a, S. 3) macht das Kind die ersten Erfahrungen in Bezug auf die variierende Oberflächenbeschaffenheit, sowie auf Glätte und Rauheit, Größe und Gewicht, Farbe und Form. Diese Materialerfahrung macht das Kind nicht nur haptisch-manuell (taktil-kinästhetische Perzeption), sondern, wie es in dieser Phase typisch ist, durch orales Erkunden. Es erblickt die Gegenstände, fixiert sie visuell und verfolgt z.B. einen rollenden Ball und die Bewegung des Mobiles. Auch horcht es auf die Geräusche, die es beispielsweise mit der Rassel erzeugt. Es hält inne, hört, lauscht und sucht zunächst mit den Augen die Geräuschquelle und wendet dann den Kopf in die Richtung.

Im materialspezifischen, explorativen Funktionsspiel kommen vor allem Informationseffekte zum Tragen. Hier steht die Tätigkeit selbst im Vordergrund und noch nicht das, was dabei entsteht. Das Kind konzentriert sich auf seine Tätigkeit, vertieft sich in sein Spiel und scheint in seinem Tun alles um sich herum zu vergessen (*Polarisation der Aufmerksamkeit* nach Montessori).

Sozial-interaktive Dimension
Auch wenn die Funktionsspiele als Objektspiele auf die Gegenstandswelt gerichtet sind, haben sie dennoch eine sozial-interaktive Dimension. Von Bedeutung ist vor allem der andere Mensch, der mitspielt und dem Kind zuspricht, wobei die Spielhandlung meist erst vom Erwachsenen ausgeht. Das Kind kommt mit grundlegenden kommunikativen Kompetenzen zur Welt, mit denen es in Kontakt treten kann. Es teilt sein Befinden über gestisch-mimische und lautliche Signale mit. Auf die spielerischen Lall- und Sprechlaute reagieren die Bezugspersonen, indem sie meist intuitiv die Mimik, Laute und den Tonfall wie in einem Spiegel nachahmen (frühe Zwiesprache, Babytalk in den so genannten Mutter-Kind-Spielen). Dadurch erfährt sich das Kind selbst und wird in seinem *auftauchenden Selbst* bestätigt und kann sein *Kern-Selbst* entwickeln (D. Stern). Die mütterliche Feinfühligkeit ist nach Ainsworth die Hauptdeterminante der Bindungsqualität. Ein wichtiges Element hierbei ist das soziale Lächeln. Dieser spielerische Kontakt zwischen Mutter und Kind, die soziale Interaktion, ist für Sutton-Smith die Quelle der verschiedenen Spielformen (Interaktionsspiele, Spiel als Sozialform). Seine Spielempfehlung, die vitalen, körpernahen Lebensäußerungen des Kleinkindes, wie Glucksen oder Gurren, aufzugreifen und zurückzugeben, kann man mit dem oben benannten *Spiegeln* gleichsetzen. Dieser potentielle Raum zwischen Mutter und Kleinkind ist ein „Spielplatz", der beide miteinander verbindet. Die Zwiesprache mit den Eltern trägt wesentlich dazu bei, dass das Kind sich für seine Umwelt interessiert, sich für Reize öffnet und diese sinnvoll zu verarbeiten lernt. Somit hat der soziale Kontakt eine welterschließende Funktion. Über das Erleben erkennt und begreift das Kind allmählich, dass sich eine Person (oder ein Gegenstand) aus verschiedenen Sinneseindrücken zusammensetzt (intermodale Wahrnehmung), es einen Unterschied zwischen Ich und Nicht-Ich gibt und die Person (Mutter) weiterexistiert, auch wenn sie aus seinem Blickfeld verschwunden ist (Objektpermanenz). In den frühen Interaktionsspielen kann das Kind noch keine Gegenstände mit einbeziehen. Wenn die Mutter es anspricht, geht das

Kind ausschließlich auf den Dialog ein und lässt den Gegenstand unbeachtet wegfallen. Erst wenn es so viele Kenntnisse und Erfahrungen mit der Personen- und Dingwelt gemacht hat, dass es diese miteinander verbinden kann, ist es dazu in der Lage, ein Dreieck zwischen sich, der anderen Person und dem Gegenstand zu bilden. Dieser trianguläre Blickkontakt (oder referentielle Blickkontakt) ist ein wichtiger Baustein für den Handlungs- und insbesondere für den sozial-kommunikativen Bereich. Mit der fortschreitenden motorischen Entwicklung beginnt das Kind fortzukrabbeln und erkundet einen größeren Bereich seiner Umgebung. In dieser Phase tauchen die typischen „Fort-da-Spiele" auf, die sich, neben den Anfängen der Objektkonstanz, auch dadurch ergeben, dass das Kind aktiv mit emotionalen Trennungs- und Verlusterfahrungen experimentiert und auf diesem Wege seine Schwächen und Abhängigkeiten kompensiert. Das Kind beginnt allmählich, aus der Symbiose herauszuwachsen und sein Ich zu differenzieren. Die beginnende Loslösung in der von Mahler beschriebenen Differenzierungsphase spiegelt sich in den „Fort-da-Spielen" bzw. Trennungsspielen des Kindes wider. Die in diesen Spielen entstehenden Fähigkeiten des Ichs gehören zu den grundlegenden Ich-Funktionen. Das nach Winnicott benannte Übergangsobjekt (phantasierter Mutterersatz) erleichtert dabei als sicherheitsstiftender Seelentröster den Übergang in neue Umfelder. Die grundsätzliche Verfügbarkeit der Mutter bleibt dennoch notwendig. Wenn das Kind von seiner Erkundungsreise wiederkommt, sucht es meist seine Mutter als Sicherheitsstützpunkt auf, um emotional aufzutanken und sich für die nächste Reise zu stärken. Somit ist die sozial-interaktive Dimension des Spiels mit der Beziehungsgestaltung und den Bindungsqualitäten verwoben. Die Persönlichkeitsentwicklung geschieht immer im Raum von Beziehungen. Im Sinne des dialogischen Prinzips (Buber) wird das Kind am *DU* zum *ICH* (vgl. Gröschke 1991 a, S. 4 f.; Hetzer 1995, S. 81; Einsiedler 1991, S. 68; Stern 1992, S. 20 u. S. 24 f.; Dornes 2004 a, S. 44 ff; Winnicott 1987, S. 59; Zollinger 1997, S. 21 ff.; Senckel 2002, S. 40, S. 155; Winnicott 1976, S. 293 ff.).

Emotionale Dimension
Die frühe Beziehungsgestaltung und die soziale Entwicklung sind eng und fast untrennbar mit der Emotionalität verbunden. Deutlich wird dies daran, dass in der Literatur vielfach die Begriffskombination „sozial-emotional" verwendet wird.

Das Spielen hat einen großen Einfluss auf die emotionale Entwicklung des Kindes. Nach Einsiedler ist das Kind – deutlich beobachtbar – mit all seinen seelischen Kräften und seinem ganzen Erleben in diese frühe Spielform (Funktionsspiel) involviert. Die meisten Spielhandlungen gehen mit deutlichen emotionalen Äußerungen bzw. einer emotionalen Beteiligung einher. Für diese emotionalen Begleitreaktionen ist das limbische System (ZNS) verantwortlich. Freude und Lust, aber auch Anspannung und Missvergnügen können im Spiel beobachtet werden. Das zentrale Merkmal der Bewegungsspiele ist die emotionale Fundierung. Das Erleben von Spannung und Entspannung und das Bewusstsein, Handlungsträger zu sein, werden im Spiel aktiviert und vom Kind genossen. Die Emotionalität entwickelt sich – ebenso wie die Bewegung – in einem Wechselspiel von Anspannung: Asymmetrie, also Instabilität und Entspannung: Symmetrie, also Stabilität.

Demnach kann die folgende Darstellung für die motorische Entwicklung des Kindes auch auf die emotionale Dimension übertragen werden:

Spielformen

Symmetrie   Asymmetrie

Abb. 15: Die frühkindliche Bewegungsentwicklung – Vielfalt und Besonderheiten (aus Stemme 1998, S. 64)

Wichtig ist für die emotionale wie für die motorische Entwicklung das immer erneut notwendige Ausbalancieren von Stabilität und Instabilität. Das Kind stabilisiert sich durch das Erleben von Lust, die durch die vitalen Bewegung und der damit unmittelbar verbundenen taktil-kinästhetischen Wahrnehmung erzeugt wird. Alles, was hingegen diesen vitalen Rhythmus unterbricht, erzeugt Unlust und somit Instabilität. Die Freude an allen Tätigkeiten und Funktionen im Spiel kann mit dem von K. Bühler geprägten Begriff der Funktionslust umschrieben werden. Diese kann aber nicht nur aus einer Lustbefriedigung (Lustprinzip) heraus erklärt werden, auch wenn sie mit lustvollen Aspekten verbunden ist. Die sensomotorischen Handlungen, wie greifen, stellen, schieben, zerren usw., gehen mit dem Lustprinzip einher und werden immer mehr auf Personen oder Gegenstände (Objekte) bezogen. Das Kind besetzt diese libidinös, d. h. mit Libido (Verlangen, Liebe), also mit psychischer Energie. Dabei wird das Streben des Kindes nach Befriedigung und Wunscherfüllung seiner individuellen Bedürfnisse (Lustprinzip) oftmals an der gegenständlichen oder personalen Wirklichkeit (Realitätsprinzip) und an den sozialen Regeln und Normen (Moralitätsprinzip) scheitern. Dieses Scheitern ruft im Kind an Stelle der erhofften Bedürfnisbefriedigung (Lust und Entspannung) Frustration (Unlust und Spannungen) hervor. Die Freude, die Kinder in ihrem Spiel erleben, wirkt sich auf ihr emotionales Erleben und Verhalten aus. In der andauernden Wirkung bestimmt es die Art der Auseinandersetzung mit der Umwelt, also die Einstellung. Nur in emotionaler Hinsicht befriedigte Kinder können sich offen der Umwelt zuwenden (vgl. Hetzer 1995, S. 83; Gröschke 1991 a, S. 4 f.; Zimmer 1995, S. 48; Einsiedler 1991, S. 60 ff.; Doering 2001, S. 41; Flitner 1978, S. 83; Köhn 2001, S. 152 f.).

Funktionslust und Wiederholungsprinzip
Der treibende Motor des Funktionsspiels ist die Funktionslust, die sowohl eine emotionale als auch eine kognitive Dimension (siehe unten) aufweist. In der Funktionslust fließt das emotionale Erleben von Selbstwirksamkeit mit (intrinsisch) motivierenden, sich selbstverstärkenden Aspekten ein. In den Ausführungen zur kognitiven Entwicklungstheorie von Piaget wird deutlich, dass die Handlungen aus der Funktionslust heraus wiederholt und geübt werden. Die einfachste Regel für eine Spielform ist ihre Wiederholung, wodurch die darin enthaltenen Fähigkeiten (sensomotorischer, sozial-kommunikativer oder kognitiver Art) zugleich eingeübt werden.

Im Funktionsspiel des Kleinkindes stellt sich ein Wiederholungsprinzip zur Übung funktionaler Verrichtungen ein. Wiederholungen von Spiel-Handlungen und die Gestaltung von Ritualen zeigen sich aber auch in den weiteren Spielformen, dadurch wird eine Stabilisierung der Erfahrungen möglich. Rituale als festgelegte Formen sozialer Verhaltensweisen, die zu bestimmten Anlässen immer wieder und in der gleichen Weise reproduziert werden, erzeugen Geborgenheit und Sicherheit, wodurch eine Existenzsicherung und Existenzsteigerung hergestellt werden kann (vgl. Oerter 1993, S. 17 f. S. 15; Gröschke 1991 a, S. 4; Gröschke 1997, S. 232).

Kognitive Dimension
Das Spiel kann als Ausdruck einer bestimmten Stufe innerhalb der kindlichen Denkentwicklung betrachtet werden. In allen Spielformen zeigen sich die dynamisch aufeinander bezogenen Prinzipien von Assimilation und Akkommodation. Im Spiel wird ein Objekt an ein bereits bestehendes Handlungsschema assimiliert, ohne dass seine objektiven Eigenschaften beachtet würden (> Teil III, 1). So assimiliert z.B. das Kind die Gegenstände im Mund in sein Saugschema. Das Schema wird durch die Akkommodation modifiziert, meist differenziert und erweitert. Also passt das Kind die Umwelt erst an sich selbst an und dann passt es sich seiner Umwelt an. Die Sequenz der Spielaktivität entspricht in diesem basalen Entwicklungsstadium im Funktionsspiel der sensomotorischen Entwicklungsphase nach Piaget.

Weitere wichtige Errungenschaften der frühkindlichen Entwicklung, wie das Mittel-Zweck-Schema und die Objektpermanenz (Objektkonstanz > Teil III, 2.5), die als besondere Bausteine der Spielentwicklung gelten können, lassen sich mit Hilfe der kognitiven Entwicklungstheorie von Piaget erklären. Auf der Stufe *Koordination sekundärer Schemata und Anwendung auf neue Situationen* kann das Kind die verschiedenen *sekundären Zirkulärreaktionen* (Kreisreaktionen) miteinander koordinieren: Wenn das Kind beispielsweise ein Hindernis aus dem Weg räumt, um an ein Spielzeug zu gelangen, so ist es in der Lage, eine Tätigkeit als Mittel (Hindernis aus dem Weg räumen) zum Zweck (das Spielzeug zu bekommen) einzusetzen. Durch die Entwicklung der Objektpermanenz erfolgt der Übergang auf ein höheres Niveau der psychischen Differenzierung. Der Fortschritt besteht in der Fähigkeit des Kindes zu wissen, dass ein Gegenstand auch dann existiert bzw. da ist, wenn er aus dem Blickfeld verschwindet. Dieses zeigt sich u. a. in Versteck- und Wiederauftauchspielen. Hierbei ist zu bedenken, dass das Kind in der frühen Zeit der Funktionsspiele „nur" über eine unvollständige Vorstellung von der Permanenz des Objektes ohne Lokalisierung des Ortes verfügt. Erst im weiteren Verlauf entwickelt sich die vollständige Objektkonstanz (vgl. Mogel 1994, S. 101 f.; Gröschke 1991 a, S. 5; Gröschke 1997, S. 237; Straßburg 1997, S. 177; Köhn 2001, S. 157).

Um die Stufeneinteilung von Piaget noch einmal zu verdeutlichen eignet sich das folgende Schaubild:

Spielformen

> 1. sensomotorische Intelligenz (ca. 0-24 Monate)
>   - Übung der angeborenen Reflexmechanismen
>   - Primäre Kreisreaktionen
>   - Sekundäre Kreisreaktionen
>   - Koordination sekundärer Schemata und Anwendung auf neue Situationen
>   - Tertiäre Kreisreaktionen
>   - Übergang zur symbolischen Repräsentation
> 2. Präoperationales Stadium (ca. 2-7 Jahre)
>   - Stufe des symbolisch-vorbegrifflichen Denkens (ca. 2-4 Jahre)
>   - Stufe des anschaulichen Denkens (ca. 4-7 Jahre)
> 3. Stufe der konkreten Operationen (ca. 7-12 Jahre)
> 4. Stufe der formalen Operationen (etwa ab 12 Jahren)

Abb. 16: Stadien der kognitiven Entwicklung nach Piaget (aus Straßburg 1997, S. 177)

Die Entwicklung der Spielformen kann mit dem Bauen eines LEGO-Hauses verglichen werden. Wenn das Fundament auf einer unebenen Unterlage aus den schmalen Zweier-Bausteinen errichtet wird, wird spätestens in der dritten Reihe bei dem Versuch, größere Steine zu platzieren, das Erbaute wackelig und brüchig und droht einzustürzen. An diesem Beispiel wird deutlich, wie wichtig das Funktionsspiel als Fundament für die weitere Entwicklung ist.

2.2 Rollenspiel

Am folgenden Beispiel, das wiederum aus vielen Spiel- Beobachtungen gespeist ist, wird die Form des Rollenspieles deutlich.

Im Spiel legt das Kind sich hin und tut so, als ob es schlafen würde. Einen Augenblick später springt es auf, ruft „Guten Morgen!" und legt sich wieder zum Schlafen hin. Es beobachtet seine Mutter, wie sie die Wohnung staubsaugt. Daraufhin nimmt das Kind einen länglichen Bauklotz und fährt damit saugend über den Boden, wobei es die brummenden Geräusche des Staubsaugers nachahmt. In der Küche gebraucht das Kind die Töpfe, um darin aus trockenen Bohnen und Erbsen Essen zu kochen. Es rührt die Suppe um, verfeinert diese mit Ketchup aus einer leeren Flasche und weist seinen Stofftier-Bären darauf hin, dass die Suppe heiß ist. Es rührt weiter und erklärt zwischendurch dem Bären, der Hunger hat, dass er noch warten muss, da die Suppe noch nicht fertig ist. Dann füllt das Kind die lecker duftende Suppe auf einen Teller und füttert den Bären. Einige Zeit später geht das Kind, mit Taschenrechner und Tacker ausgestattet, als Zugschaffner zu seiner Mutter und bittet sie die Fahrkarte vorzuzeigen. Es betrachtet das hingehaltene Stück Papier, knipst es ab und tippt den Fahrplan in seinen Rechner. Das Kind übernimmt immer mehr verschiedene Rollen und spielt Schaffner, Lokführer, Polizist, Feuerwehrmann, Ritter usw. Als Pirat erobert es mit seinem Schiff die Weltmeere und erbeutet die tollsten Schätze. Sein Bett ist das Schiff und ein davor gestellter Stuhl der Mastkorb, von dem es Ausschau nach fremden

Schiffen halten kann. Eine Papprolle dient als Säbel, mit dem es als stärkster Pirat aller Zeiten die feindlichen Schiffe erobern und besiegen kann. Für die Playmobil-Figuren baut das Kind ein Haus und richtet die verschiedenen Räume, wie Küche, Wohn-, Schlaf- und Badezimmer ein. Auf den Küchentisch werden kleine Teller und Gläser gestellt und im Badezimmer werden Miniatur-Badeschlappen vor die Dusche platziert. Es spielt Mutter-Vater-Kind, indem die Playmobil-Frau als Mutter in der Küche steht und das Essen zubereitet. Die Playmobil-Kinder spielen im Kinderzimmer und der Vater, ein Playmobil-Mann, kommt von der Arbeit nach Hause. Im Spiel fährt die ganze Familie zusammen in den Urlaub ans Meer oder in die Berge. Hierfür wird das Auto gepackt und in ein anderes Zimmer gefahren. Wenn später weitere Kinder mitspielen, einigen sie sich zunächst, was sie spielen wollen, und legen die Rollen bzw. die Spielfiguren, mit denen der Einzelne spielen soll, fest.

2.2.1 Entwicklungspsychologische Aspekte des Rollenspiels

Das Rollenspiel kommt parallel zum Konstruktionsspiel als eine weitere Ausprägung hinzu: Die einfachste Form erscheint wie eine Fortsetzung des Funktionsspiels. Zunächst wiederholt das Kind eigene Verhaltensweisen, wie Schlafen, Essen, Waschen – ohne Zusammenhang mit der sonst üblichen Situation. Dieses Spielverhalten kann noch als „funktionelles Spiel" (Largo) bezeichnet werden. Der Gegenstand, z.B. ein Löffel, wird seiner Funktion entsprechend auf sich selbst bezogen verwendet (Essbewegung zum Mund). In der Selbstnachahmung wird das eigene Verhalten in die Spielsphäre hinein genommen. Schlafen und Essen sind häufig die ersten und elementarsten Rollenspielinhalte.

Im weiteren Verlauf werden die Verhaltensweisen anderer Personen, die das Kind beobachtet hat, im Spiel nachgeahmt und reproduziert. Das Kind liest die Zeitung, fährt Auto, staubsaugt die Wohnung usw., wobei anstelle der zur ursprünglichen Situation gehörenden Gegenstände willkürlich andere eingesetzt werden. Ein Stück weißes Papier wird zur Zeitung, der Stuhl ist das Auto und der Bauklotz der Staubsauger. Dieses Spielverhalten kann als „repräsentatives Spiel" (Largo) bezeichnet werden.

Eine weitere Form des einfachen Rollenspiels gelingt in der Übertragung von eigenen Verhaltensschemata auf Symbolfiguren: Tiere und Puppen schlafen, essen, benehmen sich gut oder schlecht. Das Rollenspiel differenziert sich immer weiter aus und schließlich übernimmt das Kind selbst die verschiedenen Rollen: Es ist Katze, Hund, Autofahrer, Lokomotivführer oder Bauarbeiter. Im Rollenspiel setzt das Kind alles, was ihm in den Sinn kommt und was für es emotional bedeutsam ist, spielerisch um. Dabei löst es sich mehr und mehr aus der direkten Nachahmung der Alltagssituationen. Seine Neigung zum „Fantasieren" bereichert auch sein Rollenspiel durch selbsterfundene Elemente (magische Phase/ magisches Denken).

Im gemeinschaftlichen Rollenspiel stehen soziale Inhalte, wie Familie, Kaufladen und Schule, sowie die Nachahmung aufregender, abenteuerlicher Ereignisse im Vordergrund (vgl. Senckel 2002, S. 299; Largo 2001, S. 294; Köhn 2001, S. 696; Weinberger 2001, S. 58).

Die Merkmale des Rollenspiels können nach Schenk-Danzinger in fünf Punkten zusammengefasst werden:

1. Als-ob-Einstellung oder die So-tun-als-ob-Haltung
2. „willkürliche Symbolbesetzung oder Umdeutung (Metamorphose der Gegenstände)
3. Verlebendigung von Leblosem (Anthropomorphismus)
4. fiktive Verwandlung der eigenen und anderer Personen (Rollen)
5. Nachahmung von Handlungen und Handlungsabläufen" (Schenk-Danzinger 1983, S. 377).

Sozial-interaktive Dimension
Mit der Übernahme verschiedener Rollen, in die das Kind schlüpft, erlebt es auf dem Wege der Identifikation die mit den Rollen/Personen verbundenen Gefühle im Sinne der Empathie. Somit differenziert es sein Sozialverhalten, da es sich im Probehandeln beispielsweise als Schulkind, Lehrer, Verkäufer, Mutter oder Vater erfährt. Durch sein aktives Verhalten eignet sich das Kind im Rollenspiel die sozial verbindlichen Verhaltensregeln mit ihren Normen und Werten an. Es bildet sich die Gemeinschaftsfähigkeit des Kindes heraus und es wächst in die Kultur und Struktur der Gesellschaft hinein.

Ein weiterer sozialer – eng mit der Emotionalität verbundener Aspekt – ist die Bindung. Aus den bereits gemachten interaktiven und kommunikativen Erfahrungen resultiert ein Gefühl der Bindung und Gebundenheit, das je nach Erfahrung unterschiedlich eingefärbt ist. Diese inneren Repräsentanzen von sich, den Eltern und der Bindung stellt das Kind im symbolischen Spiel als Inszenierung dar. Auf dieser Ebene des symbolischen Spiels gibt es wesentliche Unterschiede zwischen den verschiedenen Bindungstypen (vgl. Dornes 2004 a, S. 44, S. 64 f.; Senckel 2002, S. 299; Weinberger 2001, S. 81).

Emotionale Dimension
Mit dem Beginn der Phase des „verbalen Selbstempfindens" (D. Stern) entdeckt das Kind die Symbolfunktion. Im einfachen, aber noch deutlicher im komplexen Rollenspiel kann es sein inneres Erleben und damit auch seine Wünsche symbolisch darstellen. Die psychischen Mechanismen und ihre Darstellung, die es damit beherrscht, ermöglichen es dem Kind, seine Erfahrungen und seine Kenntnisse mit anderen Menschen zu teilen und in seiner Vorstellung oder in der Realität zu bearbeiten.

Die Wahl und die Übernahme von bestimmten Rollen haben unterschiedliche Funktionen. Im Spiel kann es die Macht umkehren (Umkehrspiele), indem es aus seiner sonst passiven Rolle schlüpft und im Spiel eine aktive Rolle einnimmt. Diese Machtumkehr ist ein wichtiger Angstbewältigungsmechanismus. Nach Adler, für den das Streben nach Macht und Überlegenheit der primäre Bewegungsgrund des menschlichen Handelns ist, bietet das Rollenspiel dem Kind die Möglichkeit, das natürliche Minderwertigkeitsgefühl zu kompensieren. Im Rollenspiel kann das Kind sich als Herrscher seiner Phantasiegestalten fühlen, Macht ausüben und die Verfügungsgewalt besitzen. Indem das Kind beispielsweise Menschen und/oder Tiere im Spiel einsperrt oder freilässt, wird ihm das Gefühl von Macht und Kontrolle vermittelt. Oft übernimmt das Kind auch die Rollen, vor denen es sich fürchtet.

Das Rollenspiel hilft dem Kind auch bei der Verarbeitung seiner Erfahrungen und der Bewältigung emotionaler Konflikte. Im Spiel wird Geschehenes wiederholt, wobei aus psychoanalytischer Sicht bei besonders belastenden Erlebnissen ein Wiederholungszwang (Wiederholungstendenz) besteht. Häufig werden affektgeladene Situationen im Rollenspiel reproduziert, wodurch sich emotionale Spannungen lösen und abgebaut werden können.

Deutlich wird: Im Spiel stellen die Kinder ihre inneren Themen entsprechend ihrer Entwicklungsstufe anschaulich und symbolisch dar (vgl. Weinberger 2001, S. 79 ff.; Senckel 2002, S. 299; Stern 1992, S. 231 f., S. 238; Gröschke 1991 a, S. 6; Schenk-Danzinger 1983, S. 378; Mogel 1994, S. 96; Fritz 2004, S. 105; Schmidtchen 1976, S. 81 f.).

Das Rollenspiel wird vom Kind psychisch real erlebt, obwohl es kognitiv zwischen der Vorstellungswelt und der Realität unterscheiden kann. Nach Mogel ist Spielen „der psychische Ausdruck des kindlichen Daseins [...] (und) die aktive Hygiene des psychischen Geschehens in der kindlichen Lebensgestaltung" (Mogel 1994, S. 97). Oder mit Zulliger ausgedrückt: Das Spielen hat „heilende Kräfte" (Zulliger 1959, S. 78 f.). In der Spielphantasie kommt es zur wachsenden Integration von innerer und äußerer Welt, so dass im Spiel nach Winnicott ein intermediärer Bereich entsteht: In diesem kommt es zum Austausch von innerseelisch-subjektiven und objektiven Gegebenheiten (vgl. Gröschke 1991 a, S. 6).
Im Spiel kann das Kind den Balanceakt zwischen den inneren Instanzen *Es, Ich* und *Über-Ich* (> Teil II, 2.1) leichter herstellen und dadurch sein inneres Gleichgewicht stabilisieren.

Das Verhältnis der psychischen Instanzen wird in der folgenden Abbildung gezeigt:

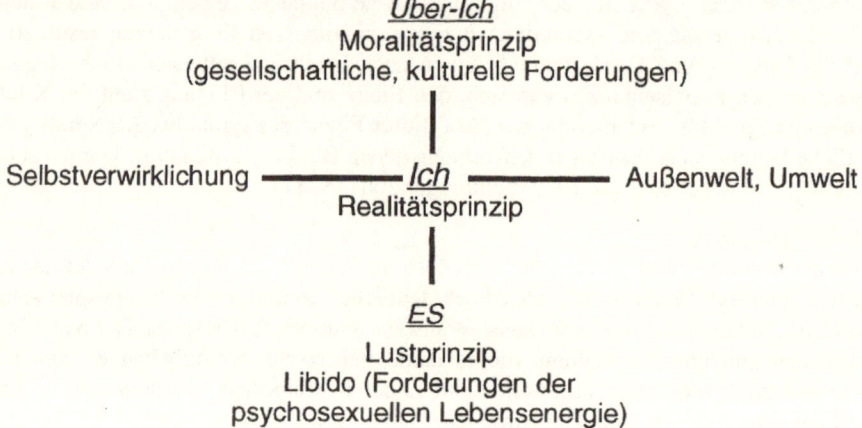

Abb. 17: Psychische Instanzen (aus Köhn 2001, S. 154)

Im Rahmen der emotionalen Entwicklung dient das Spiel nach Hering „als Trieb-, Fantasie- und Ersatzbefriedigung, als Verarbeitung unbewältigter Erfahrungen, als Angstabwehr und als Regression, Tarnung und Flucht vor der Realität" (Hering 1979, S. 21 ff.).

Kognitive Dimension
Um das Rollenspiel zu beherrschen, muss das Kind über gewisse kognitive Fähigkeiten verfügen. Gleichzeitig werden diese im Rollenspiel aufgebaut, differenziert und stabilisiert. Das Rollenspiel „baut dem Kind eine Brücke von der Stufe der gegenstandsgebundenen sensomotorischen Intelligenz ohne innere Vorstellungen (Begriffe) zum repräsentativen Denken, mit Hilfe von Bildern, Vorstellungen und schließlich Begriffen" (Gröschke 1991 a, S. 5 f.). Mit der wachsenden Vorstellungskraft, die sich in der Fähigkeit zur aufgeschobenen Nachahmung und im Symbolverständnis niederschlägt, wird es dem Kind möglich, die Haltung des ‚So-tun-als-ob' einzunehmen. Die Fähigkeit zur Symbolisierung zeigt sich

darin, dass das Kind in der Lage ist, „einen Gegenstand oder ein Ereignis durch einen anderen Gegenstand oder durch ein anderes Ereignis zu ersetzen" (Mogel 1994, S. 102).

Diese Fähigkeit des Kindes, Symbole zu gebrauchen, geschieht zunächst in dem Sinne, dass es die Symbole ohne gesichertes Wissen zur Entschlüsselung verwendet, d.h. das Kind tut es einfach – funktional orientiert. Erst später wird der Symbolgebrauch vom Kind verstanden, indem es über den Gebrauch im Sinne einer Metakognition nachdenkt, die es dem Kind ermöglicht, sich selbst, sein Denken und Fühlen zu reflektieren. Somit entwickelt sich aus der impliziten *Selbstwahrnehmung* die *Selbstbewusstheit*, die zum Gegenstand des Nachdenkens wird, so dass eine *Selbstreflexion* (innerer Dialog) entsteht. Die Symbolisierungsfähigkeit bedeutet gleichzeitig auch die Fähigkeit zur Dekontextualisierung und Abstrahierung. In Bezug auf die Wahrnehmungsentwicklung (> Teil III, 1; Teil III, 2.5) wird noch mal die Bedeutung der Symbolisierungsfähigkeit sichtbar, da das Symbolverständnis auf den basalen Wahrnehmungsleistungen aufbaut und sich daraus differenziert. Die Einbildungskraft, also die Substitution von abwesenden Gegenständen oder Situationen in der Phantasie, sowie die Objekttransformation, d.h. die Fähigkeit, ein Objekt als etwas anderes zu behandeln, spielen eine wichtige Rolle.

Die Fähigkeit der Objektumwandlung bahnt wiederum die Beweglichkeit der Denkvollzüge an. Der Rollenwechsel, also zwischen verschiedenen Rollen hin und her pendeln und aus einer Rolle heraus springen zu können, setzt die Fähigkeit zum Perspektivwechsel voraus. Indem das Kind lernt, sich in eine andere Rolle hineinzuversetzen, kann es das Geschehen aus einer anderen Perspektive erleben und so allmählich seine egozentrische Perspektive überwinden. Zunehmend kann das Kind sich in die Wahrnehmungs- und Gefühlsperspektive des Interaktionspartners hineinversetzen. Dadurch wird seine Fähigkeit zur Dezentrierung ausgebaut. Das Kind übernimmt bestimmte Rollen, stellt diese dar und modifiziert sie entsprechend seiner Erlebniswelt. Im Rollenspiel lässt sich wieder der dynamische Wechsel von Assimilation und Akkommodation beobachten (vgl. Dornes 2004 a, S. 182 f.; Gröschke 1991 a, S. 5 f.; Senckel 2002, S. 299; Köhn 2001, S. 158).

2.3 Konstruktionsspiel

Zum Einstieg in diese Spielform wird der Charakter des Konstruktionsspiels am folgenden Beispiel aufgezeigt:

Ein Kleinkind sitzt auf dem Spielteppich und durchsucht die Kiste mit Holzbausteinen. Es entdeckt einige Klötze, die es herausnimmt und auf den Boden legt. Diese stellt das Kind aufeinander und entdeckt dabei, dass ein Gebilde (Turm) entsteht. Ausgehend von diesem Erlebnis, etwas schaffen zu können, baut das Kind immer neue Türme, zunächst aus drei und später aus mehreren Steinen. Wenn es ihm nicht gelingt, den Turm aufzubauen und dieser sofort einstürzt, ist das Kind verärgert und traurig. Gelingt es ihm aber, einen hohen Turm zu bauen, bringt es diesen mit Freude zum Einsturz. Einige Zeit später interessiert sich das Kind für die Eisenbahnschienen, die es der Reihe nach aneinanderlegt. Im Zimmer entsteht ein Schienennetz aus Kurven, Brücken, Weichen und langen Strecken. Das Kind konzentriert sich auf die Schiene, die es anlegt, schaut, ob diese richtig passt, und betrachtet sein Werk, bevor es sich eine neue Schiene aus der Kiste holt. In diesem Spiel plant das Kind auch, einen Bahnhof zu bauen, und stellt einige Bauklötze nebeneinander und aufeinander an die Schienen. Fasziniert von dem Bahnhof baut es dann aus Duplo-Steinen Bahnhöfe, Häuser und einen Kran zum Verladen, wobei es zunächst ausprobiert, wie das mit den Duplo-Steinen funktioniert. Wenn seine Mutter/sein Vater kommt, zeigt es stolz sein Werk, das stehen bleiben muss. Ausgehend von diesen Erfahrungen plant es dann später, für seine Ritter eine Burg zu bauen. Es wählt die Materialien aus, legt mit den Bausteinen einen Umriss und erbaut die Mauern, die Türme sowie die Zugbrücke. Es baut so lange, bis die Burg seinen Vorstellungen entspricht und einen Kerker hat, in den es dann die Raubritter einsperren kann.

2.3.1 Entwicklungspsychologische Aspekte des Konstruktionsspiels

Zunächst hantierte das Kind aus reiner Bewegungs- und Funktionslust heraus mit den Gegenständen. Die funktionale Betätigung des Kindes mit den Spielmaterialien erfährt eine deutliche Weiterentwicklung und das kindliche Spiel gewinnt damit eine neue Dimension. Im gegenstandsbezogenen Funktionsspiel erwirbt es durch spielerisch-exploratives Erkunden die Basisfähigkeit für die Bau- und Konstruktionsspiele. Das Kind entdeckt, dass ein zufällig entstandenes Gebilde Ähnlichkeiten mit einem wirklichen Gegenstand hat. Für die erste Benennung reicht schon ein einziges Merkmal, das als Teil für das Ganze steht. Durch sein wachsendes Vorstellungsvermögen und Symbolverständnis beginnt das Kind nun planvoll zu handeln, um etwas Bestimmtes herzustellen. Im fließenden Übergang vom funktionalen zum werkreifen Spiel wandelt sich die Funktionslust in die Schaffenslust: Die Freude an der Betätigung erweitert sich um die Freude am Produkt. Das werkschaffende Spiel ist durch drei wesentliche Merkmale gekennzeichnet: Das Kind hat einen vorgefassten Plan, es benennt schon vorher sein Produkt, es führt den Plan bis zum Ende aus und das Produkt ist an einigen charakteristischen Merkmalen zu erkennen. Mit dieser Ausdifferenzierung ist die Stufe des Konstruktionsspiels erreicht. Hierbei gilt, je einfacher die Materialien sind, desto früher gelingt diese Ablösung (vgl. Senkel 2002, S. 297).

Um die Formen des Konstruktionsspiels noch einmal aufzuzeigen, wird die Unterteilung von Weinberger in drei Untergruppen übernommen: das Spiel mit amorphen Materialien, Bauen und Konstruieren sowie Malen und Zeichnen (vgl. Weinberger 2001, S. 78).

Spiel mit amorphen Materialien

Hierzu gehört das Spielen mit Sand und Wasser sowie mit Ton und Knete, also mit den Elementen aus der Natur. Beim Gestalten mit den Materialien wird ein intensiver Prozess der Vergegenständlichung, d.h. etwas zu erschaffen, zu verwandeln (z.B. etwas formen, Kuchen backen, etc) deutlich. Zunächst werden der Ton und die Knete gerollt, geknetet, gedrückt und zu Kugeln oder Würstchen geformt. Bei diesen körpernahen Spielen geht es um eine Verbindung, um ein „Verschmelzen" von Subjekt (Kind) und Objekt (Material). Dann werden die geformten Gegenstände, wie z.B. eine Schnecke, die aus einer eingedrehten Wurst entstanden ist, auf einer begrifflich-semantischen Ebene benannt. Mit Zunahme der feinmotorischen Fertigkeiten kann das Kind die Knete immer differenzierter bearbeiten und detailiertere Produkte erstellen. Es eignet sich die Technik zum Verarbeiten der Knete an, die es ihm ermöglicht, planvoll, also werkgerecht, das Material einzusetzen. Im Spiel mit amorphen Materialien lernt es auch den Werkzeuggebrauch, indem es die Knete bei-

Spielformen 139

spielsweise mit dem Nudelholz ausrollt, mit Förmchen aussticht oder mit dem Messer zurechtschneidet. Mit der Bezugsperson, die ein solches Spiel begleitet, wird gleichzeitig eine intensive Gemeinsamkeit erlebt (vgl. Weinberger 2001, S. 78; Oerter 1993, S. 195).

Bauen und Konstruieren

Zunächst verwendet das Kind die Bausteine, mit denen es vorher beim Aus- und Einräumen die notwendigen statischen Erfahrungen für das Bauen gesammelt hat. Die Bausteine werden nun aneinandergefügt: zuerst vertikal (Turm bauen), dann horizontal (Zug bauen) und dann fügt das Kind die vertikale und horizontale Raumdimension zusammen (Treppe bauen), um schließlich dreidimensional (Garage für das Auto) zu bauen.

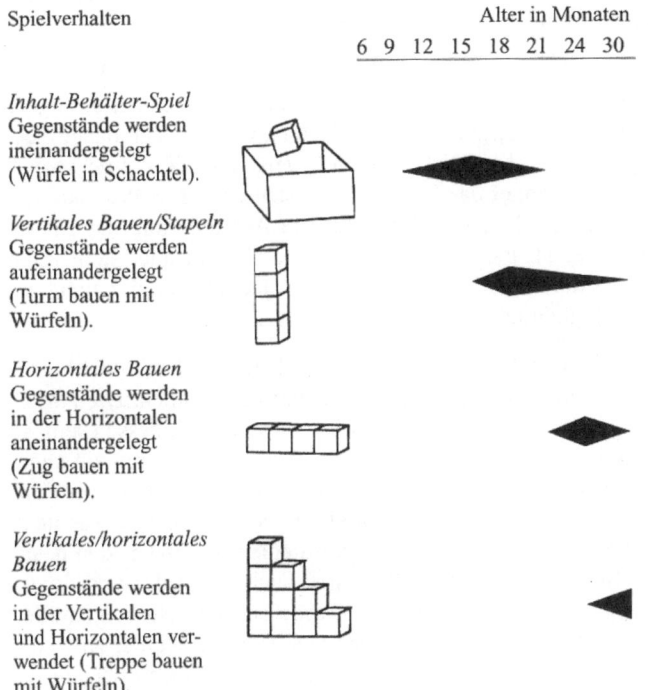

Abb. 18: Spielverhalten mit räumlichen Charakteristiken (aus Largo 2001, S. 288)

Mit dem fortschreitenden räumlichen Vorstellungsvermögen differenziert sich das Bauen immer mehr aus, bis das Kind aus Legosteinen und anderen Materialien ganze Häuser, Feuerwehrwachen und Flugzeuge nach Plan baut. Aber nicht nur das wachsende Vorstellungsvermögen, sondern auch die Wahrnehmungsleistungen sind im Übergang vom funktionalen zum werkschaffenden Konstruktionsspiel von Bedeutung. Einen Bauplan zu haben und diesen auszuführen, setzt gewisse seriale und intentionale Leistungen voraus, damit das Kind den Plan und die einzelnen Bausteine Schritt für Schritt umsetzen kann. Die darauf aufbauende Symbolfähigkeit zeigt sich darin, dass es sich die Dinge, die es bauen will, vorher vorstellen kann, sich also Bilder davon gemacht hat, und es die Fähigkeit hat, diese auch zu benennen. In dem Prozess zum werkschaffenden Konstruktionsspiel spielen die grob- und feinmotorischen Fähigkeiten eine wesentliche Rolle. Um die Handlung des Bauens ausführen zu können, muss es seine Bewegungen kontrollieren. Das Kind braucht u. a. eine gezielte Auge-Hand-Koordination und eine adäquate Tonus- und Temporegulation, um die Bausteine sicher zu platzieren. Beim Bauen sammelt das Kind Erfahrungen mit räumlichen Gegebenheiten, mit Stabilität und Plastizität, mit Raum-, Form- und Mengenverhältnissen. Je mehr Erfahrungen das Kind beim Bauen mit unterschiedlichen Materialien sammeln konnte, desto sicherer kann es diese den Anforderungen entsprechend einsetzen, anordnen und gestalten.

Die Fähigkeit zu kategorisieren, ermöglicht es dem Kind, einfache Formen zu unterscheiden bzw. zuzuordnen. Wenn das Kind in der Lage ist, Kreis, Quadrat und Dreieck in ein Formbrett einzulegen, beginnt es auch, mit Steckpuzzeln zu spielen. Seine konstruktiven Fähigkeiten differenzieren sich immer weiter aus und es lernt, Teile sinnvoll zu einem Ganzen zusammenzusetzen und immer komplexere Puzzel zu legen.

Auf der kognitiven Ebene lernt das Kind, etwas zu planen und Ziele zu entwickeln. Das Kind organisiert und bewertet seine Leistung und es bildet sich eine größere oder geringere Frustrationstoleranz aus. Es lernt Bewältigungsstrategien. Auch entwickeln sich dabei Ausdauer und Konzentrationsfähigkeit. Das Konstruktionsspiel weist ebenfalls eine sozial-interaktive Dimension auf. Meist bezeichnet das Kind seine ersten erstellten Produkte auf Nachfrage der Eltern hin als Turm oder Kuchen. Auch auf die Aufforderung der Eltern, einen Turm zu bauen, reagiert das Kind, indem es einige Steine übereinander stellt. Eine einseitige Bestätigung des Produkts durch die Bezugsperson führt jedoch zu einer allein am Erfolg orientierten Leistungsabhängigkeit des Kindes.

Eine weitere Bedeutung liegt im Erlebnis des Schaffens und des Erfolges. Durch die hinzugewonnene Schaffenslust hat das Kind Freude daran, ein Produkt herzustellen. Die Anforderungen, die das Kind sich im Konstruktionsspiel selber setzt, können angemessen sein, so dass es die Durchführung erfolgreich beendet und stolz auf sich und sein Werk sein kann. Wenn es sein Spielziel aber zu hoch ansetzt, führt dies zu einem Misserfolgserlebnis (Unzufriedenheit, Verärgerung, Zorn, Deprimiertheit) und somit zu der Erfahrung, etwas noch nicht zu können. Daraus entwickelt das Kind Bewältigungsstrategien gegenüber den negativen Folgen des Misslingens. Mit seinem Werk stellt es sich auch selbst dar und drückt darüber seine Ich-Befindlichkeit aus: Das Bauen von Häusern, Türmen, Burgen, Ställen spiegelt das Verhältnis von Selbst und Umwelt wider. Nach Oerter bauen Kinder entweder Häuser und Höhlen, um sich von der Umwelt zurückzuziehen, abzuschirmen oder um die eigene Größe in die Welt hinauszutragen. Einen Turm immer höher zu bauen, vermittelt u. a. eine verstärkte Existenzerfahrung. Das oft genussvolle Zerstören eines Bauwerkes bedeutet auch eine intensive Selbst-Umwelt-Erfahrung. Es ist eine besondere Form der Vergegenständlichung von Gefühlsqualitäten, wobei das Körpererlebnis der intensiven Bewegung und das wahrgenommene Spielereignis (Verschwinden des Gegenstandes, Lärm) – positiv oder negativ besetzt – zu einer intensiven Selbst-Umwelt-Erfahrung verschmelzen (vgl. Oerter 1993, S. 199 ff.; Largo 2001, S. 288 ff., S. 299 f.; Mogel 1994, S. 103, S. 105; Weinberger 2001, S. 78 f.; Senckel 2002, S. 297; Bühler in Gröschke 1997, S. 236).

Zeichnen und Malen

Das Zeichnen fängt mit dem Kritzelstadium an, das als ein reines Funktionsspiel gelten kann. Das Kind hat Freude an der Bewegung, wenn es Striche zieht und Linien malt. In der Übergangsphase vom funktionalen zum werkschaffenden Spiel entdeckt das Kind, dass es beim Malen etwas dargestellt hat, das es anschließend benennt. Erst damit beginnt allmählich das zielgerichtete Zeichnen, indem das Kind sich etwas Bestimmtes vornimmt, das es abbilden möchte.

Beim Zeichnen und Malen sind auch die Stifthaltung (Palmargriff, Pfötchenhaltung, Quergriff oder Drei-Punkte-Griff) des Kindes sowie der Krafteinsatz (Druck und Tonus) deutlich zu beobachten. Wenn das Kind beispielsweise ein Kreuz mit durchgezogener Linie malen kann, zeigen sich darin seine bilaterale motorische Koordinationsfähigkeit bzw. seine bilaterale Integrationsleistung. Eine besondere Bedeutung kommt der ersten Menschenzeichnung zu, dem im Kindesalter typischen Kopffüßler. An der Zeichnung wird deutlich, wie differenziert das Kind den Menschen, sich und den anderen, wahrgenommen hat. Im Laufe der Entwicklung zeichnet das Kind immer mehr Details. Sein Körperimago, -schema und -begriff (> Teil III, 2.5) spiegeln sich in den Zeichnungen wider. Somit sind die Bilder auch immer ein Ausdrucksmittel seiner Ich-Befindlichkeit, seines *So-in-der-Welt-Seins*. Auch Weinberger hebt diesen Aspekt hervor, wobei sie diesen in zwei Punkte unterteilt: Zum einen zeichnet das Kind das, von dem es weiß, dass es da ist, z.B. Materialien, die in einer Kiste sind, auch wenn man sie nicht sehen kann (Objektkonstanz), oder ein Gesicht von der Seite mit zwei Augen, weil das Kind weiß, dass da zwei Augen sind (Körperschema). Zum anderen wird die Größe des gemalten Objektes, wie auch das Verhältnis von Menschen und Dingen, nicht von den tatsächlichen Gegebenheiten bestimmt, sondern von emotionalen Faktoren (vgl. Weinberger 2001, S. 79 f.; Doering 2001, S. 34).

Die im Konstruktionsspiel erworbene Werkreife ist gleichbedeutend mit einem wesentlichen Teil der Schulfähigkeit. Wenn das Kind dazu bereit ist, eine selbstgestellte Aufgabe planmäßig und über längere Zeit hinweg durchzuführen, dann ist es auch bereit, fremdgestellte Aufgaben zu erfüllen.

2.4 Regelspiel

Das folgende Beispiel soll das Regelspiel veranschaulichen: Beim Spaziergang macht das Kind aus dem Gehen ein Spiel, indem es nicht auf die Fugen zwischen den Platten treten darf, sondern über die Fugen balancieren oder auf eine bestimmte Weise hüpfen muss. Auf dem Spielplatz schließt es sich einer Gruppe gleichaltriger Kinder an. Da alle Kinder der Reihe nach so in die Sandkiste springen, dass sie den Sandberg treffen, macht das neue Kind entsprechend mit. Dann spielt es mit seinem Vater Fußball, indem sie abwechselnd – einmal ich, einmal du – gegen die Torwand schießen. Auch denkt es sich Spiele wie Pusteblume-Schaukeln aus. Hierbei muss es immer über die Pusteblume, die unter der Schaukel liegt, hinwegschaukeln. In der Spielgruppe oder im Kindergarten macht das Kind bei Singspielen, wie „1, 2, 3 im Sauseschritt", „Der Plumpssack geht rum" oder „Klopf, Klopf, Klopf was macht die Maus" mit. Zu Hause spielt es mit seiner Mutter das Brettspiel „Tempo kleine Schnecke" und legt dabei fest, dass es immer die Schnecke vorsetzen darf, wenn es deren Farbe gewürfelt hat. Auch dürfen alle Schnecken ins Ziel nachziehen, wenn die erste da ist. Beim „Bilder-Lotto" oder bei „Memory" will das Kind gewinnen. Zum Schluss vergleicht es stolz seinen Kartenstapel mit dem seiner Mutter, der viel kleiner ist. Bei „Kinder-UNO" oder „Mau-Mau" ärgert sich das Kind jedes Mal, wenn es verliert.

2.4.1 Entwicklungspsychologische Aspekte des Regelspiels

Zu den Regelspielen gehören alle Spielarten, die vor der Durchführung durch festgelegte und mit allen Mitspielern vereinbarte Spielregeln bestimmt sind. Das Spiel kann nur gelingen, wenn sich alle daran halten. Auch die Funktions-, Konstruktions- und Rollenspiele weisen eine bestimmte Ordnung auf und folgen inneren Regeln, die eingehalten werden müssen. Es gibt ein „richtiges", den Spielerfordernissen entsprechendes und ein „verkehrtes", dem Spiel nicht dienliches Verhalten. Bei diesen Spielformen handelt es sich um immanente Spielordnungen im Gegensatz zu den Regelspielen, bei denen die Spielregeln klar formuliert werden: Die Regeln begrenzen den Handlungsspielraum und legen fest, welches Verhalten in welcher Reihenfolge unter welchen Bedingungen erfolgen soll.

Zunächst spielt das Kind nach individuellen, selbsterfundenen Spielregeln. Die ersten Regelspiele sind meist nur von kurzer Dauer, es sei denn ein Erwachsener spielt mit und hilft den Kindern, die ursprüngliche Zielsetzung zu erhalten. Einfache Regelspiele sind Partnerspiele. Sobald das Kind in der Lage ist, mit anderen gleichaltrigen Kindern eine Gruppe zu bilden, passt es sich den gruppenspezifischen Spielordnungen an. Außerdem ist das Regelspiel durch die Wettbewerbssituation charakterisiert.

Die Regelspiele können in zwei Gruppen unterschieden werden. Die erste umfasst die organisierten Bewegungsspiele und Gesellschaftsspiele und die zweite beinhaltet das Parteienspiel und komplizierte Brett- und Kombinationsspiele. Da die Regelspiele vor allem im fortgeschrittenen Kindesalter (Schulalter) beherrscht werden und dann erst eine wesentliche Rolle spielen, kommt diese Spielform bei Kindern mit Behinderung nur bedingt zum Tragen (vgl. Schenk-Danzinger 1983, S. 380 ff.; Senckel 2002, S. 300).

Im Folgenden werden einige relevante Punkte aufgezeigt:

Soziale Dimension
Im Regelspiel übt das Kind seine soziale Anpassungsfähigkeit und stellt seine eigenen Impulse zugunsten des gemeinsamen Spiels zurück. Es macht dabei die Erfahrung, dass dieses soziale Geschehen nur aufrechterhalten werden kann, wenn sich alle an die Spielregeln halten. Die beginnende Gruppenfähigkeit ist eine weitere Voraussetzung für diese Spielform. Sie hat sich im Verlauf der Entwicklung im Rahmen der Sozialspiele vom Parallelspiel über die einfachen und komplementären Sozialspiele und die kooperativen und komplexen Rollenspiele ausdifferenziert. Da auch die erwachsenen Mitspieler an diese Regeln gebunden sind, hat das Kind die Möglichkeit, den Erwachsenen im Spiel zu besiegen (vgl. Mogel 1994, S. 59 f.; Senckel 2002, S. 300 f.; Oerter 2002, S. 228 f.).

Emotionale Dimension
Im Spiel erlebt das Kind positive und negative Emotionen: die Freude über einen Sieg sowie Missmut oder Zorn beim Verlieren. Das Kind kann im Spiel lernen, mit diesen Emotionen aktiv umzugehen, sie zu beherrschen und seine Affektausbrüche zu regulieren. Jedoch wird der Misserfolg erst mit zunehmender Frustrationstoleranz leichter hingenommen. Anfangs können die Kinder noch nicht verlieren, da die Spielsituation kognitiv noch nicht erfasst wird, sondern lediglich emotional besetzt ist (vgl. Mogel 1994, S. 59, S. 110).

Kognitive Dimension
Die Voraussetzung für diese Spielform ist die Entwicklung des anschaulichen Denkens, das der zweiten Stufe im *präoperationalen Stadium* nach Piaget entspricht. Daher tritt diese

„höhere" Spielform auch erst im Verlauf der Spielentwicklung als vierte Grundform auf. In den ersten Gesellschaftsspielen, wie „Memory" oder „Obstgarten", werden kognitive Leistungen wie Merk- und Konzentrationsfähigkeit oder die Zuordnung nach Farbkategorien gefordert. Auch die Kombinationsfähigkeit und die Strukturierung der Handlungsplanung werden im Regelspiel erwartet und entfaltet (vgl. Mogel 1994, S. 59; Senckel 2002, S. 300).

Abschließende Anmerkungen zu den Spielformen

Im realen Spielverlauf gehen die dargestellten Spielformen ineinander über und vermischen sich. Im Konstruktionsspiel werden oftmals noch die Funktionen des Materials spielerisch erkundet, z.B. beim Bauen mit neuen Elementen. Mit dem Ergebnis des Konstruktionsspiels, z.B. dem Lego-Auto, dem Tierstall oder der Ritterburg, wird anschließend ein Rollenspiel gestaltet. Sowohl das Funktionsspiel als auch das Konstruktionsspiel können die Basis eines Regelspiels bilden. Letztlich kann sogar das Rollenspiel nach strengen Regeln ablaufen. Durch jede weitere Spielform, die im Laufe der Entwicklung hinzukommt, wird das Spielverhalten zunehmend differenzierter und komplexer. Das Kind erwirbt ein vielfältiges Verhaltensrepertoire, das sich im und durch das Spielen entwickelt. Neu erworbene Fähigkeiten zeigen sich im Spiel und verändern wiederum das Spielverhalten.

2.5 Spieldimension in den ersten Lebensjahren

Lebens-alter	Kindliche Betätigung im Spiel	Spielformen	Wahrnehmungsdimension	Sensomotorische Leistungen
1./2. Monat	mit eigenen lustbetonten Bewegungen spielen; strampeln; Bewegungspause oder verstärkte Bewegungen bei Ansprache; Kopf in Bauchlage auf die andere Seite drehen; liebt Vermittlung von Lageveränderung; Gegenstände: farbig, mit Geräuschen werden in Bewegung kurzfristig fixiert und verfolgt, lauscht aufmerksam; berührt zufällig aber genießend Materialien seiner nächsten Umgebung	körperbezogenes Funktionsspiel leitendes Thema: sich in Bewegung erleben Spielangebote: - Handling - Babymassage - Baden	modalitätsspezifische Wahrnehmung	Körpererleben entfaltet sich bezogen auf: Gleichgewichtsempfinden (vestibuläre W.) Körperbewusstsein: sich selbst bewegen – bewegt werden, Berührungen genießen/ablehnen (vestib., taktil-kinästhetische W.) Körperorientierung: eigene Körperlage wahrnehmen und verändern, sich in Beziehung zu etwas im Raum setzen, sich einer Quelle zuwenden (taktil-kinästhet. W.)
ab 3. Monat	langsame, lustvolle Bewegungen werden gezielt wiederholt; entdeckt seine Hände, beobachtet deren Bewegungen, nimmt die Hände in den Mund, saugt daran, spielt mit beiden Händen; nach erreichbarem Material wird getastet, greift erst, wenn seine Hand mit Gegenstand berührt wird, er wird kurz gehalten; spielt mit Tüchern; erforscht durch das Erkunden mit dem Mund; beobachtet Personen seiner Bezugswelt > im 4. Monat greift es selbsttätig nach Material, ergreift seitlich den hingehaltenen Ring, nimmt den Gegenstand mit beiden Händen, führt diesen zum Mund und erkundet ihn mit Zunge und Lippen; fixiert und verfolgt sich bewegende Gegenstände > ab dem 5. Monat greift es zielsicher mit der ganzen Hand, wechselt Klotz vor seinem Gesicht zwischen beiden Händen, spielt zunächst vor der Körpermitte, greift dann über seine Körpermitte nach dem Spielzeug; greift nach seinen Oberschenkeln, seinen Knien und den Füßen, die es	körper- und gegenstandsbezogenes Funktionsspiel leitendes Thema: die Umwelt entdecken und erforschen Spielmaterialien: - Greifspielzeug - Spielzeug aus unterschiedlichen Materialien (Holz, Plastik, Stoff usw.)	intermodale Wahrnehmung	Das Körpererleben differenziert sich. Das Körperbewusstsein erlaubt eine Raum-Lage-W. und eine erste Bewegungsplanung, mit der das Kind sich in Beziehung setzen kann zu Materialien und zu Personen. Das Richtungsempfinden entsteht und festigt sich zur ersten Raumorientierung. Über das orale und haptisch-manuelle Erkunden der Materialien sammelt das Kind Erfahrungen über die physikalischen Eigenschaften von Objekten (Größe, Form, Konsistenz und Oberflächenbeschaffenheit), gewinnt taktil-kinästhet. Informationen und lernt, die Gegenstände zu unterscheiden. erste einfache Kategorienbildung: angenehme/unangenehme Erlebnisse werden unterschieden; erste Erfahrungen mit der Kraftdosierung (taktil-kinästhetische Differenzierung); erste Hand-Hand-Koordination; erste Auge-Hand-Koordination; Auge-Hand-Fuß-Zusammenspiel; erste Figur-Grund-Unterscheidung; erste Eindrücke zum Körperschema;

Spielformen

	entdeckt seine Körpermitte und in einem weiteren Schritt gelingt das Überkreuzen der Körpermitte			
ab 8. Monat	dann auch in den Mund nimmt; löst gern akustische Reize aus, zunächst zufällig dann immer gezielter, schüttelt den Gegenstand, schlägt ihn auf die Unterlage oder wirft ihn weg; erkundet die Gegenstände haptisch-manuell. spielt gern auf der Seite liegend, hält in jeder Hand ein Spielzeug, greift auch nach etwas außerhalb seiner Reichweite; entdeckt kleinste Materialien und will sie greifen mit Zangen-/ Scherengriff; der sich zum Pinzettengriff weiter entwickelt; öffnet die Hände und lässt los; holt gern etwas aus gefülltem Behälter und untersucht es; richtet seine Körperbewegungen aus, um etwas zu sehen, zu hören, zu greifen; im kurzfristig gelingenden freien Sitzen hält es gern ein Spielzeug, mit dem es unterschiedliche Funktionen probiert: rollen, rasseln (horcht dem sich verändernden Geräusch nach); löst gern akustische Reize aus, klopft zwei Klötze gegeneinander, zieht Gegenstände – wie ein Spielzeugauto oder eine Ente – an einer Schnur zu sich heran. Guck-Guck-Spiel, versteckt sich und taucht wieder auf, wirft Spielzeug herunter und beobachtet, wohin es verschwindet, zeigt ein aktives Suchverhalten, findet einen Gegenstand, der vor seinen Augen zum größten Teil zugedeckt wurde; Gebe- und Nehme- Spiele, Ball zurollen; blickt abwechselnd auf einen Gegenstand und auf die Person.	gegenstandsbezogenes Funktionsspiel seriale Wahrnehmung leitendes Thema: beherrschen von Zusammenhängen Spielmaterialien: - Kleinteile zum Greifen - Klangspiele - Bälle - Ziehente - Tücher - Puppe/Teddy		Die aufrechte Körperhaltung verändert die Orientierung im Raum. Sie ist erst einmal instabil, gewinnt dann aber zunehmend an Komplexität. Objektpermanenz bleibt auch bei kleinen Veränderungen erhalten, da eindeutige Vorstellungen von vertrauten Personen und Objekten entstanden sind. Durch eigene Tätigkeiten kann es gezielt Wirkungen auslösen. Es erfasst den Zusammenhang zwischen seiner Handbewegung und dem ausgelösten Effekt und beginnt, die Auswirkungen einfacher Handlungen zu begreifen (Wenn-dann-Beziehung/ Mittel zum Zweck). Es kann den Gegenstand mit der Person, also die Sache mit dem Du verbinden (Triangulierung). Gewohnte Abläufe können auf eine neue Szene übertragen werden. Es unterscheidet deutlich zwischen Bevorzugtem und Abgelehntem. Es differenzieren und stabilisieren sich weiterhin: Figur-Grund-W.; Auge-Hand-Koordination; Kraftdosierung. Das Überkreuzen der Körpermitte in Wiederholung formt das Körperschema. Das sich entfaltende körperlicher Verlässlichkeit wird zur Grundlage für das subjektive Erleben der Beherrschung von motorischen Fähigkeiten /Fertigkeiten – Dieses positive Körperimago wird sich emotional beflügelnd auf die Qualität der Ausbildung weiterer Kompetenzen auswirken.

	komplexes Funktionsspiel	intentionale Wahrnehmung	Ableiten lässt sich: Das Kind entwickelt auf der Leib-Ebene ein erstes Modell von sich selbst in dieser Welt. Die Qualität seiner gesammelten Erfahrungen beginnt, sein Selbstkonzept zu formen.
ab 11. Monat	beginnt, krabbelnd sich hin zu Materialien zu bewegen, die es dann erforscht: tickende Uhr am Ohr, horchen am Telefon; holt sich gezielt Materialien; schiebt Objekte weg – zieht sie wieder zu sich heran, trägt sie an verschiedene Plätze; Kind räumt Behälter, Schränke, Kisten usw. aus, füllt auch kleine Materialien in Behälter, das sich zum gezielten Einwerfen in Loch-Dosen weiter entwickelt; steckt Würfel ineinander und nimmt sie auseinander; hält zwei Klötze in einer Hand; beim Hantieren bevorzugt es meistens eine Hand; steckt Ringe auf die Steckpyramide, Stifte in das Steckbrett und legt den Deckel auf die Dose; experimentiert mit Wasser und Sand, aber auch mit Brei; variiert Spielhandlungen nach eigenen Einfällen, beobachtet den Effekt seiner Handlungen; lustvolle Wiederholungen „gelernter" Spielsequenzen; versucht, mechanisches Spielzeug aufzuziehen; deckt vollständig verstecktes Spielzeuge auf, findet Spielzeug unter einem von drei Bechern und erfasst die Raumverlagerung eines Objektes in der gesehenen Reihenfolge; beobachtet einfache Verhaltensweisen und imitiert sie (auf etwas zeigen)	leitendes Thema: Verfolgen von Absichten Spielmaterialien: - Behälter (Dosen, Schachteln usw.) - Materialien zum Aus- und Einräumen - Steckbretter - Bauklötze - Puppenwagen	In diese Phase fallen das Kriechen, Krabbeln, Stehen und die ersten selbständigen Schritte. Die bisher erworbenen Kompetenzen erlauben dem Kind ein absichtsvolles/gezieltes Eingreifen in Zusammenhänge, um sie zu verändern. Probleme werden durch unmittelbares Ausprobieren über „Versuch und Irrtum" gelöst. Im Tun entstehen neue Spielideen. Das Kind benutzt die Gegenstände zunehmend funktionsgerecht. Krabbeln und Stehen differenzieren die vestibuläre, die taktil-kinästhetische W. und die Raumorientierung. Die Bewegungsrichtung einzuschätzen, wird neu austariert; sich zu Objekten in Beziehung zu setzen, gewinnt eine neue Qualität; Greifen – willkürliches Loslassen automatisiert sich; Kraftdosierung wird zunehmend angemessen; Gegenüberstellung von Daumen und Zeigefinger (Pinzettengriff) automatisiert sich; Auge-Hand-Koordination stabilisiert sich; Seitendominanz bildet sich aus; Hand-Hand-Koordination verfeinert sich, das koordinierte Zusammenspiel beider Körperhälften gelingt zunehmend
ab 18. Monat	spielt erworbene Verhaltensweisen, die ihm emotional bedeutsam sind, tut so, als ob es schlafen oder essen würde, die Handlungen werden noch eher funktional ohne Szenenverbindung gespielt; Verhaltensmuster werden nachgespielt, die es bei anderen	Rollenspiel Symbolverständnis Beginn des Denkens	Die unbedingte Einheit von Wahrnehmung und Bewegung als Fundament jeder Betätigung wird schrittweise aufgelöst. Die bisherigen sensomotorisch bestimmten Leistungen haben sich im einübenden Tun soweit stabilisiert und hirnorganisch ein-

Spielformen

Alter	Beschreibung (links)	Leitendes Thema	Spielmaterialien	Beschreibung (rechts)
ab 18. Monat	Personen beobachtet hat: Kochen, Schreiben, Hämmern; eigene Verhaltensweisen werden auf Puppen/Tierfiguren übertragen und dort belebt: Puppe waschen oder kämmen, schimpft mit ihr oder lobt sie; verleiht einem Gegenstand die Bedeutung eines nicht vorhandenen Gegenstandes oder stellt sich diesen einfach vor, z.B. ist der Schuh ein Auto, Sand wird zum Kuchenteig, Klotz zum Brot; im Weiteren werden komplexe Handlungsabläufe bestimmter Alltagssituation, die zu einer Thematik gehören, nachgespielt, z.B. Mahlzeit: kocht, rührt Bohnen, Nudeln usw. in einen Topf, deckt den Tisch, setzt die Puppen daran und lässt sie essen; übernimmt dann selbst Rollen: ist Löwe, Bauarbeiter, Schaffner oder Arzt, gestaltet die Szenen immer komplexer: Sandarbeiten, Badeszenen; aktuelle Erlebnisse und kleine Geschichten werden nachgespielt	**leitendes Thema:** Symbole verstehen, Vorstellungen in Handlung umsetzen	Spielmaterialien: - Puppen - Stofftiere - Puppenküche - Kaufladen - Haushaltsgegenstände - Verkleidungssachen - Puppenhaus - Playmobil - Autos - Tierfiguren	graviert, dass sich „innere Bilder" geformt haben, die abgerufen und in Handlung umgesetzt werden können. Diese gewonnene Vorstellungskraft ist eingefärbt von bisherigen sozial-emotionalen Erfahrungen und bestimmt im Ausdrucksverhalten das Spiel des Kindes: Sensomotorische Leistungen werden zu psychomotorischen: Erlebte Szenen mit den dazugehörigen Gefühlsqualitäten werden nachgespielt. Konkrete Gegenstände bekommen eine neue, oft wechselnde Bedeutung. Einfache bis komplexe Reihen werden auf der Symbolebene gebildet: reale Erlebnisse, Geschichten, Fingerspiele, Reime. Zusätzlich zur bisherigen Lust am Tun entwickelt sich die (Vor-) Freude am Produkt. Das Kind kann sich gefühlsmäßig in andere Personen versetzen, d.h. es kann sich von sich selbst distanzieren und Abstraktionsleistungen erbringen
	sortiert und gruppiert Spielsachen und Gegenstände nach bestimmten Eigenschaften; kann einfache Formen und die Grundfarben voneinander unterscheiden und zuordnen; beginnt zu puzzeln; stapelt die Gegenstände aufeinander; baut einen Turm aus Klötzen, der immer höher wird; wirft den gebauten Turm mit Begeisterung immer wieder um; zerlegt die Dinge; legt die Klötze nebeneinander und baut eine Reihe, gestaltet so einen Zug, hängt die Eisenbahnwagen zusammen und legt die Schienen aneinander;	**Konstruktionsspiel** **leitendes Thema:** etwas erschaffen wollen Symbolverständnis Beginn des Denkens	Spielmaterialien: - Formwürfel - Steckpuzzle - Holzklötze - Eisenbahn	Ausgehend vom funktionsorientierten Erkunden der Materialeigenschaften und von den räumlichen Beziehungen der Gegenstände zueinander, lernt das Kind die Fähigkeit zu kategorisieren und wird jetzt zunehmend planvoll vorgehen. Es geht ihm immer weniger um rasche eindeutige Effekte. Das zu schaffende Produkt rückt in den Vordergrund: Es kann mit den Materialien etwas konstruieren. Zunächst erfasst es die vertikale Dimension, dann die horizontale, die es schrittweise miteinander kombiniert. Bedeutend ist zu Beginn das lustvolle Zerstören des Gebauten (Destruktionsspiel). Über die damit einhergehende Erfahrung, dass es den Turm immer wieder neu herstellen kann, wird sich das Kind

ab 3 Jahre	fügt im Weiteren das Aufeinander-und-nebeneinander-Legen zusammen und baut eine Brücke oder eine Mauer; noch komplexer dann eine Treppe; baut einfache dreidimensionale Gebilde (z.B. Garage) und benennt sie auf Befragen, wobei die Bezeichnung wechseln kann; kleine Szenen werden mit Klötzen gestaltet; baut nach Plan, benennt zuvor sein Produkt und führt erkennbar seinen Plan aus	seines Könnens sicher. Es beherrscht die Materialien, die es nach eigenen Vorstellungen aufbauen kann. Das Gebaute, sein Werk, rückt immer mehr in den Vordergrund. Es will ein Produkt herstellen. Deutlich wird dies im werkschaffenden Konstruktionsspiel, das das höchste Niveau in dieser Phase erreicht: 1. Plan, Benennung des Produktes 2. Ausführung 3. Erkennbarkeit des Produktes Das Kind ist bereit, Materialeigenschaften zu berücksichtigen. Die Speicherungsfähigkeit von komplexen „inneren Bildern" und das schrittweise Abrufen von Anteilen des Ganzen gelingen (Analyse und Synthese). Die Körper-/Bewegungsorientierung und die Raumorientierung sowie die Hand- und Fingergeschicklichkeit sind weiter fortgeschritten. Die Kraftdosierung automatisiert sich. Der Körperbegriff beginnt sich auszubilden.
	- Duplo-Steine	
	Regelspiel	
	leitendes Thema: Regeln aufstellen und einhalten	
	Das Regelspiel wird tabellarisch nicht mehr berücksichtigt. Für diese Spielform braucht das Kind kognitive Kompetenzen, die den Erwerb seiner Fähig-/Fertigkeiten in den ersten beiden Lebensjahren übersteigen. Im Funktions-, Rollen- und Konstruktionsspiel lassen sich innere Regeln und Ordnungen erkennen, die sich als Vorläufer zum Regelspiel verstehen lassen. Das spielende Kind setzt sich in diesen Spielformen seine Ordnungen selbst. Es imitiert die vom Erwachsenen gesetzten, regelhaften Abläufe. Das Guck-Guck-Spiel lebt von dieser festen Abfolge: verstecken – aufdecken – entdecken. Deutlich wird hier auch, dass die verlässliche Regel das Kind schützt und gleichzeitig für die Spannung sorgt, die das Spiel aufrechterhält (vgl. Largo 2001; Zukunft-Huber 2002; Tietze-Fritz 1995).	

Abb. 19: Der Erwerb von Spielkompetenzen (Biene-Deißler/Schroer)

3 Besonderheiten im Spiel von Kindern mit Behinderung

Das Spielen ist für jedes Kind „Lebenselixier" und hat darum eine elementare Bedeutung. Die Spielentwicklung und ihre Spielformen sind für alle Kinder relevant. Verzögerungen in der Entwicklung und andersartige Entwicklungsverläufe betreffen auch die Spielentwicklung. Erschwerte Entwicklungsbedingungen und -abweichungen sowie behinderungsbedingte Einschränkungen wirken sich im Spielverhalten aus. Das Spiel von Kindern mit Behinderung weist meist Besonderheiten auf und hat oft eine andere Qualität. Typische Formen (wie stereotypes, erstarrtes oder dranghaftes Tun) und Merkmale mit der Tendenz des „Nicht-Könnens" (übermäßig langes Verharren und eine nicht hinreichende Ausdifferenzierung der Spielformen usw.) können beobachtet und aufgezeigt werden. Wichtig ist es, dass die möglichen Entwicklungspotentiale und -beeinträchtigungen im Einzelfall erkannt und an den Richtwerten (Bausteine der Spielentwicklung) orientiert ermittelt werden. In der Entwicklungsförderung und Begleitung brauchen Kinder mit Behinderung gezielte Anregungen in ihrer Spielentwicklung und die übende Wiederholung.

Initiative und Spielaktivität, die das nicht behinderte Kind spontan entwickelt, müssen beim behinderten Kind geweckt, planvoll entwickelt und systematisch aufgebaut werden. Durch das Spiel soll das Kind mit Behinderung sich aus seiner Passivität und Ich-Verhaftung lösen; es soll spielend zu den Objekten seiner Umwelt in Beziehung treten, zunächst unter Mitwirkung einer Bezugsperson, später immer mehr selbständig.

Initiative und Aktivität zum Spiel entwickeln sich beim sich regelhaft entwickelnden Kind gleichsam von selbst. Es genügt, ihm dafür Raum, Material, Zeit, Ruhe und eine spannungsfreie Atmosphäre sowie zeitweise die Bereitschaft zum Mitspielen zu gewähren. Das Kind findet heraus, wie die Gegenstände seiner Umgebung sind und was man mit und aus ihnen machen kann durch Beobachtung, Nachahmung und Wiederholung. Es lernt spielend den Umgang mit den Dingen seiner erreichbaren Umgebung und entwickelt so sein Verhältnis zur Umwelt, zum Teil ohne Hilfe von außen.

Das Kind mit Behinderung spielt in diesem Sinne nicht. Je nach Entwicklungsverzögerung und Schweregrad der Behinderung verhält es sich anders. Oft weiß es nicht, was es mit dem bereitgestellten Material anfangen soll, häufig fehlt ihm jegliches Interesse am Spielzeug. In Wirklichkeit kann es damit nichts anfangen. Deshalb kommt es oft vor, dass das Kind nicht einmal nach Spiel verlangt und dabei gar keinen unzufriedenen Eindruck macht. Zeitweise döst es, von der Umgebung mehr oder weniger beachtet, vor sich hin, oder es nimmt einen Gegenstand und klopft stundenlang mit dem Finger dagegen, wenn dieses stereotype Tun nicht unterbrochen wird. Manchmal wird auch, über das übliche Alter hinaus, das Spielzeug lediglich weggeworfen oder in Teile zerlegt, ohne dass der Versuch unternommen wird, die Teile wieder zusammenzufügen. Die bevorzugte Form des Spielens bei diesem Kind kann zum Funktionsspiel gerechnet werden. Die Ausführung einfacher Tätigkeiten wird unzählige Male wiederholt. Die aktive Gestaltung ist dabei gering, der

Verlauf spannungslos. Dieses Tun hat kein eigentliches Ende, nach vielen Wiederholungen (Schranktür auf- und zuklappen) wird es einfach abgebrochen.

Hetzer beobachtete Kinder mit geistiger Behinderung beim Spiel. Während der altersgerecht entwickelte Säugling im Spiel mit Rassel und Ring sehr viele verschiedene Manipulationen vornahm, schwenkte das Kind mit geistiger Behinderung die Gegenstände lediglich hin und her. Es war auch unfähig, Anregungen des erwachsenen Spielpartners aufzunehmen. Bereits in diesem frühen Alter zeigte sich die Tendenz zum Verharren und zur Enge der Spielmöglichkeiten.

Das altersgerecht entwickelte Kind verhält sich so, als ob es alle Möglichkeiten des Spielgegenstandes ausprobieren wolle, und kommt darüber zu einer Differenzierung der Handlungen. Piaget spricht von sekundären Kreisreaktionen: Zufällige Bewegungen werden absichtlich wiederholt, weil Mittel und Zweck erfasst werden. Das Kind mit Behinderung gelangt oft über primäre Kreisreaktionen, das heißt wiederholte Zufallsbewegungen, nicht hinaus. Es kann, wenn es sich selbst überlassen bleibt, lange Zeit mit demselben Spielgegenstand ein einziges Spiel in Gleichförmigkeit und ohne aktiven Einsatz ausführen (Lampen an- und ausknipsen, Türen auf- und zumachen). Oft ist es so sehr auf diese Tätigkeit fixiert, dass es schwierig ist, das stereotype Spiel zu unterbrechen. Wegen der geringeren Variationsbreite kommt das Kind über das Funktionsspiel nur dann zu echten Erfahrungen im Umgang mit dem Spielmaterial, wenn ihm dabei geholfen wird. Dasselbe gilt auch für die weiteren Spielarten: das Rollenspiel, das Konstruktionsspiel und4 das Regelspiel. Die Möglichkeiten der Entwicklung und Bildung im Spiel sind für das Kind mit geistiger Behinderung, das sich selbst überlassen bleibt, sehr gering oder gar nicht vorhanden, da es ihm meist an Eigenaktivität, Initiative und der Fähigkeit zur Nachahmung bzw. zur Übung mangelt.

Neben den bereits erwähnten Besonderheiten ist die Tätigkeit und damit auch die zunächst spielerische Tätigkeit des Kindes mit geistiger Behinderung meist durch motorische Unruhe gekennzeichnet. Das Kind ist dauernd in Bewegung, es wechselt sein Spielzeug ohne ersichtlichen Grund und ebenso rasch auch die Beziehung zu verschiedenen Personen. Es geht zwar auf alle Reize ein, aber vielfach nur kurzfristig und in der Regel undifferenziert: Die Reaktion bleibt trotz verschiedener Intensität des Aufforderungscharakters die gleiche. Bei manchen Kindern ist daneben die motorische Koordination nicht ausreichend: Sie stolpern und fallen leicht. Manche schwanken auch zwischen Extremformen des Sozialverhaltens: Entweder dauert es lange, bis man Kontakt zu ihnen aufnehmen kann, oder sie neigen zur Distanzlosigkeit und suchen ständig den hautnahen Kontakt. Bei diesen Kindern sind insbesondere Gemeinschaftsspiele schwierig, weil sie noch nicht in der Lage sind, Regeln zu befolgen. In der HPÜ – zunächst zu zweit – können auch diese Kinder „spielend spielen erlernen". Die HP wird jedem Kind bei den ihm möglichen Entwicklungsschritten soviel begleitende Hilfe anbieten, wie das Kind sie im jeweiligen Augenblick gebraucht, damit es – wie jedes andere Kind – im Spiel zu einer Ich-Findung, zur Kommunikation und zur Auseinandersetzung mit der Umwelt kommt und Kenntnisse, Fähigkeiten, Verhaltensweisen und Haltungen „spielend" üben kann.

Besonderheiten im Spiel von Kindern mit Behinderung

Beispiele

Anne (5;0 Jahre besucht den heilpädagogischen Kindergarten)

Anne kommt der Aufforderung zu spielen nach und geht an der Hand mit in das Spielzimmer, das sie aus der vorherigen Stunde kennt. Dort setzt sie sich an den großen Tisch. Über das bereit gelegte Spielzeug kann ihr Interesse geweckt werden. Anne richtet ihre Aufmerksamkeit auf den Spielgegenstand, nimmt die Holzstäbe in die Hand, leckt sie ab und schlägt sie aneinander. Die Materialien erkundet sie zunächst oral und hantiert damit in den ihr bekannten und vertrauten Mustern. Neue bzw. andere Ausführungen, die ihr vorgemacht werden, wie das Einstecken der Stäbe in das Lochbrett, beobachtet sie, wiederholt dann zunächst ihr vertrautes Muster und führt das Einstecken der Stäbe später aus.

Anne kann einfache Handlungen nachahmen, jedoch ist eine verzögerte Reaktion und Imitation zu erkennen. Aus ihrem Verhalten lässt sich oft schwer einschätzen, ob sie die an sie gerichteten Anforderungen ausführen kann oder nicht. Hier scheint auch ihre Eigenmotivation eine wesentliche Rolle zu spielen, die als sehr schwankend wahrgenommen wird. Anne braucht eine anleitende Begleitung, mit vielen Anregungen und gezielten Hilfestellungen. Ihr Interesse und ihre Aufmerksamkeit für die eingebrachten Spielangebote müssen immer wieder geweckt werden. Vor allem wenn das Spielmaterial gewechselt wird, scheint ihr die Umstellung auf etwas Neues schwer zu fallen und sie verharrt in gleichbleibenden und bekannten Mustern. Zwischenzeitlich scheint sie sich auch aus dem Geschehen auszublenden. Sie wirkt verträumt, in sich versunken bzw. auf sich bezogen und sie scheint in ihrer eigenen Welt zu sein. In diesen Momenten reagiert sie auf keine Ansprache.

Über rhythmische Elemente – wie das Klopfen oder Rasseln, verbunden mit einer melodisch angepassten Stimme – kann sie meist aus ihrer Lethargie zurückgeholt werden. Oft ist auch ein Körperkontakt, der ihr einen spürbaren Impuls gibt, erforderlich. Anne sucht die Begrenzungen und starke körpereigene Reize, um sich spüren zu können. Sie produziert sehr tiefe, brummige Kehllaute oder führt stereotype Schaukelbewegungen mit dem Oberkörper im Langsitz aus. Anne hat eine Vorliebe für Musik, Sing- und Bewegungsspiele. Fingerspiele, die sie von zu Hause und aus dem Kindergarten kennt, hat sie über die Wiederholung eingeübt und kann diese auch in anderen Kontexten über das lautmalerische Anstimmen der Melodie – verbunden mit der entsprechenden Handbewegung – einbringen. Hierüber sucht sie auch den Kontakt, den sozialen Abgleich mit einer anderen Person und stimmt sich gestisch und mimisch im Dialog ab, wobei sie auf das Du hin ausgerichtet ist. Eine Triangulierung, bei der sie die Person mit dem Gegenstand verbindet und eine gemeinsame Aufmerksamkeit hergestellt wird, kann in ersten Ansätzen beobachtet werden.

Anne verfügt über basale kommunikative Kompetenzen, da sie ihre Bedürfnisse non-verbal deutlich machen und ihre Befindlichkeit über Laute und Geräusche klar zum Ausdruck bringen kann. Insgesamt macht Anne einen zufriedenen und ausgeglichenen Eindruck. Deutlich wird dies, wenn sie in ihr Spiel vertieft ist oder vor sich hinträumt. In der Stunde zeigt sich auch, dass sie über einen starken Eigen-Willen verfügt. Sie weiß, was sie will, und weiß, dass sie ihre Wünsche aktiv einfordern und sich gut durchsetzen kann. Hier wird ihre temperamentvolle Seite erlebbar. Ist sie mit der Situation unzufrieden, wird ihre Wut spürbar und sie drückt diese mimisch und gestisch mit Lauten untermalt aus.

Felix (10;0 Jahre geht in die Förderschule mit dem Schwerpunkt geistige Entwicklung)

Spielverhalten

Felix kommt interessiert mit mir in das Spielzimmer. Im Kontakt können wir an die vorherige Stunde anknüpfen und darauf aufbauen. Felix ist mir diesmal zugewandt und hält den Blickkontakt. Ein gemeinsames Spiel kommt schnell zustande. Wir können uns gut aufeinander einlassen und ein sozialer Abgleich ist möglich. Felix scheint die ungeteilte Aufmerksamkeit in der Einzelsituation zu genießen und Vertrauen gefunden zu haben. Der Kontakt vertieft sich und es entwickelt sich ein positiver Bezug.

Felix zeigt eine ausgeprägte Spielfreude und kann sich in sein Spiel vertiefen. Es herrscht eine sehr lebendige Atmosphäre und bei dem gefühlsbetonten Spiel kann es mitunter sehr laut und temperamentvoll zugehen. Felix spricht in dieser Stunde sehr viel, wobei er Mehrwortsätze bildet und nicht mehr auf Lautierungen zurückgreift.

Im Vergleich zu den letzten Stunden sind die problematischen Verhaltensweisen deutlich reduzierter und es kann ein sozial angepassteres Verhalten beobachtet werden. Felix hält sich an die im Spielzimmer bestehenden Regeln, nimmt eine Grenzsetzung an und kann sich an die gemeinsam vereinbarten Absprachen halten. In diesem klar strukturierten und überschaubaren Rahmen in der Einzelsituation, die eine intensive Begleitung ermöglicht, ist das herausfordernde Verhalten deutlich gemindert.

<u>Spielentwicklungsniveau</u>

Im Einstieg stehen Bewegungsspiele im Vordergrund. Beim Kegeln versucht er, alle zu treffen, und er kann die unterschiedlichen Materialeigenschaften der Bälle erfahren und benennen.

Danach wählt er ein Regelspiel aus dem Vorschulbereich, bei dem es inhaltlich um die Farbzuordnung geht. Felix erfasst den Spielablauf nach einer Erklärung. Die Farben kann er erkennen, zuordnen und benennen. Ihm gelingt eine Mengenerfassung von 4 und er zählt bis 5. Inwieweit er mit einem Zahlenwürfel umgehen kann, konnte in dieser Situation nicht beobachtet werden. Felix zeigt eine positive Anspannung im Spiel und freut sich zu gewinnen. Er ist in der Lage, sich bei den Spielzügen abzuwechseln, gibt den Würfel weiter und hält sich an die vorgegebenen Regeln im Spiel. Felix verfügt über grundlegende Regelspielkompetenzen und hat ein Regelverständnis erworben.

Nach einer kurzen Orientierungsphase verschafft er sich einen weiteren Überblick über das Spielangebot und nutzt die Tierfiguren sowie den Stofftier-Teddy für sein Rollenspiel. Felix verfügt über grundlegende Rollenspielkompetenzen. Er ist in der Lage, „so zu tun, als ob" und er kann einfache Handlungen auf die Spielfiguren übertragen und diese lebendig werden lassen. Es gelingt ihm, einfache Regieanweisungen zu geben. Konkrete, handlungsbezogene Spielanregungen greift er auf. Komplexere hingegen kann er nur bedingt in seinem Spiel umsetzen. Seine Spielhandlungen weisen insgesamt wenige Variationen auf und Felix spielt wiederholt dieselbe Spielhandlung mit gleichem Inhalt nach.

<u>Spielthemen</u>

Im freien Spiel stellt Felix wiederkehrend die gleichen Themen von Macht, Bedrohung, Angst und Ohnmacht dar. Sein Rollenspiel weist aggressive und destruktive Anteile auf. Er nimmt die Rolle des bösen Tieres ein, das mit den anderen Tieren kämpft und diese tötet. Das Thema Tod kommt auch bei seiner Familien-Zeichnung zur Sprache. Felix malt sich und seine Mutter, seinen Papa malt er nicht, da dieser tot sei, auch sein Opa und seine Tiere, alle sind gestorben.
Felix nimmt in seinem Spiel ausschließlich die mächtigere Rolle ein, um sich möglicherweise zu schützen und seine Angst aushalten zu können. Er spielt den bösen Stofftier-Teddy, der sich im Spiel an mich in meinem Versteck heranschleicht, mich plötzlich bedroht und Angst macht. Felix durchspielt wiederholt die gleiche Szene, in der die angstauslösende Bedrohung im Vordergrund steht, die auch seine gemachten Erfahrungen widerspiegeln könnten.

Funktionsspiel

Das Kind mit geistiger Behinderung, das nicht aus eigenem Antrieb zum Funktionsspiel kommt, wird durch gezielte Spielangebote und Übungen, die seiner augenblicklichen Entwicklung entsprechen, dazu angeleitet. Bevor das Kind greift, muss es schauen und erkennen können. Wiederholte regelmäßige Angebote von ausgewähltem Schau- und Greifspielzeug verhelfen ihm dazu, Blickkontakt aufzunehmen, den Gegenstand zu fixieren und unter den verschiedenen Angeboten zu differenzieren. Das Fixieren und das wechselnde einfache Hantieren können einen ersten Schritt aus der Passivität in die zunehmend wachsende Aktivität bedeuten. Sie sind der Anfang der Entwicklungsförderung.

Wenn das Kind die Funktionen beim Hantieren erfasst und wiederholt, differenzieren sich seine Beobachtungs- und Wahrnehmungsfähigkeit. Allmählich lernt es Dinge zu vergleichen, zu unterscheiden, aufzuteilen, zusammenzufügen, zu erweitern und wieder zu erkennen. Damit beginnt im Spiel die Umwelterfassung. Ihre Qualität ist abhängig von der Spielanleitung durch den Erwachsenen. Neben der gegenständlichen Erfahrung vermittelt das Funktionsspiel auch Anpassungshilfen an die Umwelt. Es ist gleichzeitig der erste Schritt zur Befähigung zum freien spielerischen Tun, das auch formulierte Zielsetzung für die HP bleiben muss.

Das Funktionsspiel gilt als potenzierende Grundlage aller weiteren Bildungs- und Entwicklungsmöglichkeiten, deshalb muss es in der HPÜ einen breiten Spielraum einnehmen und genügend lange angeboten werden.

Rollenspiel

Das Rollenspiel stellt den geeigneten Weg dar, frühzeitig soziale Kompetenzen (unerlässliche Bedingung der späteren Gruppen- und Gemeinschaftsfähigkeit) aufzubauen; gleichzeitig entwickelt sich im Rollenspiel der emotionale Bereich.

Das Rollenspiel als Ausdrucksmittel der Persönlichkeit und der persönlichen Befindlichkeit muss dem Kind mit Behinderung vermittelt werden. Hier zeigen sich oft erhebliche Schwierigkeiten. Alles, was das altersgerecht entwickelte Kind in seiner Spielentwicklung anscheinend mühelos erreicht, muss dem Kind mit Behinderung in kleinsten Lernschritten aufgezeigt werden. Eine wichtige Voraussetzung des Rollenspiels ist die Imitation. Deshalb stehen Imitations-Spiele am Anfang der Einübung des Rollenspiels. Das Kind hat oft nicht die Fähigkeit, Vorstellungen zu entwickeln, Zusammenhänge wahrzunehmen, Erfahrungen einzuordnen und Kreativität in seinem Tun zu entwickeln. All das braucht es aber für das Rollenspiel. Die einzelnen Fähigkeiten müssen also durch entsprechende Spielangebote aufgebaut werden. Die mangelnde oder andersartige Phantasie und Vorstellungskraft werden mit Hilfe von besonders gut ausgesuchtem Spielmaterial entwickelt.

Besondere Bedeutung kommt für die Entwicklung der emotionalen Kompetenzen Puppen und Tieren zu. Wenn das Kind mit Behinderung die Puppe oder das Tier als Spielzeug erkennt und damit eine besondere Beziehung darstellt, so kann die HP dieser Beobachtung einen diagnostischen Wert geben und für ihre Beziehungsgestaltung nutzen.

Ist es dem Kind gelungen, im Puppenspiel neue Ausdrucksmöglichkeiten zu finden, so gehören Puppen und Tiere nun zu seinen Spielgefährten, die ständig bei ihm sind. Sie nehmen an seinen Lebenssituationen teil und können im Spiel Konflikte darstellen. Die spielerische Wiederholung typischer Konfliktsituationen kann zur Verarbeitung beitragen. Außerdem kann die HP diesen Spielverläufen wichtige Hinweise für die Gestaltung der weiteren Förderung und für das Gespräch mit den Eltern entnehmen. Viele Kinder mit geistiger Behinderung entwickeln durch die Reaktionen der Umwelt auf ihr typisches Verhalten zusätzlich verschiedene Formen der Verhaltensauffälligkeiten. Diesen Kindern wird durch eine „übend-therapeutische" Spielbegleitung Kommunikation, Auseinandersetzung mit der Umwelt und Ich-Findung im gezielt angebotenen Rollenspiel ermöglicht. Die HP wird übende Anteile mit spieltherapeutischen Elementen in einem dem jeweiligen Kind angemessenen Rollenspiel verbinden.

Konstruktionsspiel

Aus den Erfahrungen beim Aus- und Einräumen von Materialien entwickelt sich das Bauen. Das Kind beginnt zunächst, einfache Türme aus zwei, drei und mehr Bausteinen zu gestalten. Die Konstruktionsfähigkeit entwickelt sich langsam bis zum Bauen komplizierter Burgen und Schlösser.

Gibt man dem Kleinkind mit Behinderung einen Bauklotz in die Hand, greift es ihn nicht oder lässt ihn gleich wieder fallen. Deshalb muss in der Regel als erstes das Greifen geübt werden. Da das Bauen die Vorstufe des komplizierten Konstruktionsspiels darstellt, wird zunächst die HP die Funktionen übernehmen, die das altersgerecht entwickelte Kind selbst macht: zwei Klötze aneinander halten, vergleichen, aus- und einräumen, aufeinander und nebeneinander stellen. Nach der Höhendimension wird durch Nebeneinanderlegen die Breite vorbereitet. Aus dem bloßen Hantieren entwickelt sich so ein Gebilde. Auch das Kind mit Behinderung erlebt die Freude am Produkt: Die Funktionslust verwandelt sich in Schaffenslust. Das ist Voraussetzung für das Konstruktionsspiel.

Planendes Gestalten kann beim Kind mit Behinderung auch im spielerischen Umgang mit natürlichen Elementen angeregt werden: Spiele mit Wasser und Sand bereiten den Umgang mit Farbe und Ton vor. Beim Aufbau des bildnerischen Gestaltens sollte man insbesondere die Kinder berücksichtigen, die nicht sprechen können, damit ihnen ersatzweise ein anderes Ausdrucksmittel geboten werden kann. Sobald das Kind mit Wasser und Sand umgehen kann, werden Erdfarben mit Wasser und Leim in Verbindung gebracht. Mit den Händen oder breiten Pinseln wird die Farbe auf großen Papierbögen gestrichen. Es kann später gerissen, geschnitten, beklebt oder bemalt werden. Dabei erweitern sich die Erfahrungen des Kindes in Bezug auf unterschiedliche Materialqualitäten und die manuelle Geschicklichkeit entwickelt sich. Das Funktionsspiel wird zusehends zu einem gegenstandsgebundenen (werkreifen) Spiel.

Die Freude am Schöpferischen im Spiel wird dem Kind entsprechend seiner Entwicklungsmöglichkeit im Rahmen des Konstruktionsspiels geboten. Dabei entwickeln sich Ausdauer und Konzentration. Die Möglichkeit des Gestaltens, um damit den anderen zu beschenken, gibt ihm die beglückende Erfahrung, nicht nur der Empfangende, sondern auch der Gebende zu sein – eine Erfahrung, die gleichzeitig zusätzliche Motivation zu planmäßigem Handeln beinhalten kann und dem Kind mit Behinderung häufig angeboten werden sollte.

Regelspiel

Das Kleinkind spielt vornehmlich allein. Im dritten und vierten Lebensjahr beobachtet man im Kindergarten ein kurzfristiges Miteinanderspielen. Daran beteiligen sich in der Regel nicht mehr als drei Kinder. Größere Spielgemeinschaften finden sich erst im sechsten bis siebten Lebensjahr zusammen. Zur gleichen Zeit tritt das Regelspiel auf und entwickelt sich zum wichtigsten Spiel des Schulalters.

Die erfolgreiche Durchführung des Regelspiels hängt davon ab, ob sich die Teilnehmer an die vereinbarten Regeln halten. Wann wird nun das Kind mit Behinderung fähig sein, sich ordnungsgemäß in dem von den Spielregeln und den Mitspielern vorgegebenen Verhaltensraum zu bewegen? Sicherlich erst dann, wenn bestimmte Fähigkeiten vorhanden sind, die als Voraussetzung für die Durchführung von Regelspielen entwickelt sein müssen. Dazu gehören: Zielvorstellungen, die aufmerksam und konzentriert verfolgt werden, Entscheidungsfähigkeit, Sachbezogenheit und Handlungsplanung, außerdem bestimmte soziale Verhaltensmuster wie Ein- und Unterordnung, Anpassungsfähigkeit und Frustrationstoleranz.

Der abwechselnde Spielvollzug – das Kind und ein Partner tun abwechselnd das gleiche – gelingt dem Viereinhalbjährigen, die Verbindung von abwechselndem Spielvollzug und Wettbewerb aber erst dem Sechsjährigen, doch in der Regel auch nur dann, wenn der Partner ein Erwachsener oder ein wesentlich älteres Kind ist. Das Kind mit Behinderung, das sich am Anfang oft an gar keine Spielregel halten kann, muss zunehmend Vereinbarungen einfachster Art befolgen lernen: „Du setzt ein Klötzchen in die Schachtel, dann setze ich ein Klötzchen in die Schachtel ..." So kann sich langsam Regelbewusstsein entwickeln.

Im Regelspiel lernt das Kind lebenswichtige soziale Verhaltensweisen: die Partnersituation, den Verzicht auf regelwidrige Aktionen und das Verlieren-können. Es lernt, Rücksicht zu nehmen, zu warten, bis es an der Reihe ist und sich einzusetzen, wenn es gilt. Bei den Regelspielen, die etwa mit dem zehnten Lebensjahr in den Vordergrund treten, kommt es ganz besonders auf die Initiative des Einzelnen an: Der persönliche Einsatz kann den Ausgang des Spiels bestimmen. In diesen größeren Gemeinschaftsspielen kann auch das Kind mit Behinderung Einsatzbereitschaft, Kameradschaftlichkeit, Tapferkeit und Zuverlässigkeit entwickeln, sofern ihm die Spielregeln am Anfang sehr einfach und durchschaubar dargestellt worden sind.

Gemeinschaftsspiele in der integrativen Kindergruppe vermitteln ein Zusammengehörigkeitsgefühl, das gerade wegen der drohenden Isolierung besondere Bedeutung für das Kind mit Behinderung hat. Die aktive und passive Anpassung an die Gemeinschaft gibt ihm Übungs- und Erfahrungsmöglichkeiten im Sozialisationsprozess. Im Regelspiel kann sich das Kind als wertvolles Glied einer Gemeinschaft erleben und durch seine Andersartigkeit auch diese Gemeinschaft bereichern.

Bei aller Gemeinsamkeit im Spielverhalten – es gibt eine Entwicklungspsychologie des Spiels: Spiel als Lernziel für das Kind mit Behinderung – sollte die HP die „einmalige" Spielentwicklung jedes einzelnen Kindes in der HPÜ beachten und nie aus dem Auge verlieren. Gerade hier gilt für den Nach-Vollzug einzelner Spielentwicklungsschritte: Hilfe soviel wie nötig – Freiheit soviel wie möglich – in der Beachtung des individuellen Spiel-Entwicklungs-Verlaufes jedes Kindes.

Notizen zum Spiel des Kindes mit sozial-emotionalen Auffälligkeiten

Diese Kinder werden in der Regel unter ihren ausgeprägten Beziehungsstörungen leiden. Ihre Ich-Entwicklung hat Brüche, so dass sie sich selbst und ihre Lebenswelt verzerrt, eingeengt und verfremdet erleben. Sie verstehen sich selbst und ihre Bezugspersonen nicht mehr und leben in hoher emotionaler Daueranspannung. Das Spiel als vitale und lustvolle Ausruckskraft versandet. Diese Kinder können oft gar nicht mehr spielen. Alles Tätigwerden mag Angst, Verzweiflung, Resignation auslösen. Ein wenig ausbalanciertes Verhalten – einerseits (totaler) Rückzug, andererseits (auto-)aggressive Verhaltensweisen – mag die Folge sein. Das Spielen muss sich vorsichtig neu entwickeln.

Dieser Prozess wird sich nur entfalten können, wenn das Kind Erfahrungen im geschützten Raum machen kann, die seine Angst und Wut reduzieren und dafür sein Vertrauen in eine Person wachsen lässt. In der Folge wird auch sein Selbstvertrauen wachsen. Die Gestaltung von eigenen Lebensthemen im Spiel gelingt (wieder). Das Kind ist auf der Suche nach neuen Antworten auf seine Gefühle. So werden die Gegenwart und die Lebensperspektiven „sortiert", neu bewertet und konstruktive Entwürfe im Spiel experimentiert und geprüft.

Die HP wird entscheiden müssen, ob und wie lange ein Kind Sicherheit gebende Strukturen und Vorgaben zur Spielgestaltung braucht, bis es von sich aus sein Spiel als ein Medium zur Klärung eigener Konflikte und Lebensfragen nutzen kann.

4 Spiel als die Sprache des Kindes

Im Rahmen der Entwicklung von Spielkompetenzen entfaltet und formt sich gleichzeitig die Persönlichkeit des Kindes. Das „Wie" der Erfahrungen, also die individuelle Bewertung des Erlebten – „Ich kann etwas, das mich befriedigt und das sozial verstanden und akzeptiert wird" – prägt das Zugehen auf Welt und die Selbsteinschätzung. Dieser Prozess der Identitätsentwicklung ist voller Risiken und damit spannungsreich. Er bewegt sich zwischen Polaritäten, die Erikson (vgl. Erikson 1968, S. 243) in acht Phasen dargestellt hat. Hier werden die für die kindliche Entwicklung bedeutsamen benannt.

Urvertrauen – Urmisstrauen (Schwerpunkt 1. Lebensjahr)
Autonomie – Scham/Zweifel (Schwerpunkt 2./3. Lebensjahr)
Initiative – Schuldgefühl (Schwerpunkt 4./5. Lebensjahr)
Leistung/Werksinn – Minderwertigkeit (Schwerpunkt 6.-12. Lebensjahr)

Die Bewältigung dieser Kernkonflikte (von Erikson auch Krisen genannt) stellt sich als zentrale Entwicklungsaufgabe dar.
Innerhalb eines jeden von diesen sich durch die existentiellen Konflikte ergebenden Spannungsbögen sollte das Kind eine Lösung finden, in der die jeweiligen kritischen Pole – je nach Anforderung und Bedingungen – gut ausbalanciert sind, so dass das Kind Grundhaltungen entwickeln kann, die eindeutig und wenig zwiespältig sind.
Nur dann können sie sich förderlich auf den weiteren Entwicklungsprozess auswirken.

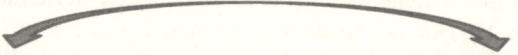

Urvertrauen	**Urmisstrauen**
sich verlassen können auf gleichwertige und dauerhafte Versorgung; den eigenen Fähigkeiten trauen können; Prinzip Nähe	ersehnte Ziele entziehen sich; personale und materielle Unzuverlässigkeiten bestimmen die Beziehungsqualitäten; orientierendes Abtasten von Grenzen gelingt nicht; Prinzip Distanz

Entwicklungsaufgabe
Verhaltens- und Beziehungsformen aufbauen, die als sinnvoll erlebt werden, weil sie von Außen bestätigt werden; Zuwendung angemessen aufschieben können; Versagungen aushalten lernen

Autonomie	**Scham/Zweifel**
sich sehr stark fühlen; eigene Wünsche entwickeln und durchsetzen; auf eigenen Füßen stehen wollen	sich dauerhaft unsicher und in Frage gestellt fühlen; sich den kontrollierenden Blicken der Umwelt schutzlos ausgesetzt fühlen; sich die eigene Unsichtbarkeit wünschen

Entwicklungsaufgabe
Festhalten und Loslassen – Geben und Nehmen konstruktiv einsetzen: auf der Leib-Ebene, auf der emotionalen Ebene, auf der sozialen Ebene

Initiative etwas unternehmen wollen; Freude an der Aktion, an Veränderung; neugierig etwas erforschen wollen		**Schuldgefühl** nicht zu umgehende Niederlagen führen zur Resignation, zu Angst und Schuldgefühlen und zur strengen Selbstbestrafung
	Entwicklungsaufgabe sich trauen, etwas zu „machen"; aus Niederlagen konstruktiv lernen; sich begrenzen (lassen)	
Leistung/Werksinn Anerkennung wird über Leistung gesucht; Aufgaben suchen und erfüllen wollen		**Minderwertigkeitsgefühl** an sich selbst zweifeln, weil das Werk nicht gelingt; sich selbst entwerten; kaum noch Hoffnung auf Verbesserung entwickeln können
	Entwicklungsaufgabe sich einer Aufgabe stellen und auftauchende Hindernisse bewältigen wollen; sich mit anderen messen wollen	

Im Prozess der Bewältigung jeder einzelnen Krise bilden sich die phasenspezifischen Themen des Kindes heraus. Entsprechend der individuellen und der sozialen Bewertung werden sich Schwerpunkte ergeben zum Selbstbild und zur erlebten Nähe und Distanz zur sozialen Umwelt. Diese persönlichen Gewichtungen finden ihren Niederschlag in der Auswahl der Spielthemen und in ihrer Ausgestaltung.

Je nach dem Gehalt der Konflikthaftigkeit und nach dem Grad der individuellen Suche nach Lösungen, wird das Kind in Wiederholung seinen Themen im Spiel Ausdruck geben und sie in diesem geschützten Rahmen bearbeiten. Für die HP lassen sich diese Lebensthemen des Kindes aus seinem Spiel erschließen.

Spiel wird – wie aufgezeigt – zur Sprache, zur Mitteilung des Kindes über sich selbst und sein Wirken im sozialen Kontext. Im Spiel findet das Kind Antworten auf seine Fragen. Im Spiel ordnet es für sich die Fülle an Eindrücken, die auf es einstürmen – als aktiver Gestalter.

Das Spiel als Sprache des Kindes lässt sich in drei Dimensionen betrachten:

1. Spiel als Auseinandersetzung mit der Umwelt
2. Spiel aus Ausdruck der emotionalen Befindlichkeit
3. Spiel als Ich-Findung

Das Mutter-Kind-Spiel von Eva (7 Jahre) und Tim (5 Jahre) bezieht sich auf die dritte Spielstunde, aus der eine Szene hier vorgestellt wird.

Eva wird von ihrer Mutter „klein" und unselbständig gehalten. Tim wird nur gesehen, wenn er etwas leistet. Seit drei Wochen haben die beiden noch ein Geschwister.

Die Kinder nehmen in dieser Stunde ihr Spielthema aus der letzten Woche wieder auf. Tim hatte die Rolle des Babys übernommen. In dieser Stunde zieht er sofort eine leere Kiste heran und ruft: „Aber dieses Mal umgekehrt!" Er fordert Eva auf, sich in das Bett zu legen. Eva ist einverstanden und Tim gestaltet das Bett mit vielen Decken, Tüchern und Styroporkugeln: „Ein Baby darf nicht frieren!" Eva kuschelt sich in die Decke und lutscht genüsslich an ihren Fingern. Fiktiv bereitet Tim den Inhalt des Fläschchens vor; ein Plüschball wird zur Babyflasche umfunktioniert. Er will nun das Baby füttern. Eva wehrt sich dagegen: „Das Baby ist doch schon groß, ich kann das allein!"

Für Tim scheint dieses Verhalten nicht verständlich zu sein: „Du bist doch gerade aus dem Bauch gekommen, du bist noch ganz klein!" Er versucht von neuem, dem Baby fürsorglich die Flasche zu geben. Eva lässt es dann zu, nachdem sie Tim erklärt: „Ich tue so, als ob ich klein wäre, aber in Echt bin ich die große Eva!" Tim kommt zu einer Lösung, indem er „Kraftfutter" in die Flasche füllt: „Jetzt kannst Du ganz schnell wachsen und wie Papa stark werden!" Damit ist Eva einverstanden und sie klettert, nachdem sie von der Mutter gefüttert wurde, sofort aus ihrem Bett heraus. Sie springt und tanzt ausgelassen im Zimmer umher.

Eva besteht in dieser Stunde darauf, dass die Rollen getauscht werden. Sie übernimmt jetzt selbst die Mutterrolle. Die Mutter muss unbedingt einkaufen gehen. Tim – in der Rolle des Babys – beginnt daraufhin sofort laut zu schreien und ruft: „Das Baby hat doch Angst!", dabei klammert er sich an der Mutter fest. Eva scheint zu überlegen, will sich aber nicht von ihrem Entschluss abbringen lassen. Sie holt zwei Kasperlefiguren (Großmutter, Kasper): „Das sind die Freunde der Mutter und die hat zu ihnen gesagt, dass sie dich bewachen sollen!" Das Baby Tim scheint beruhigt zu sein, es hört auf zu weinen. Die Mutter kann getrost das Haus verlassen. Zuvor informiert sie ihre Freunde, wo sich Schnuller und Pflaster befinden, falls das Baby Schmerzen bekommen würde.

Auswertung
Im Spiel gehen alle drei Dimensionen ineinander über. Hier werden sie künstlich voneinander getrennt.

Auseinandersetzung mit der Umwelt
Für beide Kinder haben sich die familiären Bedingungen erheblich verändert. Im Spiel suchen sie – jeder für sich und auch gemeinsam – eine neue Orientierung. Beide Kinder haben unterschiedliche Vorstellungen von ihrer Rolle. Sie können sich aber über Kompromisse einigen und so die Spielhandlung fortführen, die dann für beide befriedigend verläuft. Spielmaterialien können den aktuellen Interessen entsprechend umgedeutet und den neuen Funktionen entsprechend eingesetzt werden.

Ausdruck der emotionalen Befindlichkeit
Beide Kinder setzen sich mit Gefühlen auseinander, die einerseits durch ihre familiäre Wirklichkeit ausgelöst werden und die andererseits der jeweilige Spielpartner mit seinen Interessen bei ihnen aktiviert.

Jedes Kind kann sich unerfüllte Wünsche und Sehnsüchte erfüllen: Tim kann das Baby so umsorgen, wie er es für sich gern hätte. Als Baby zeigt er die Angst, die das Gefühl des Alleingelassenseins bei ihm auslöst. Diese Rolle erlaubt es ihm, Gefühle zuzulassen, die in der Wirklichkeit nicht erlaubt sind.

Eva kommt die Rollenbesetzung „passives Baby" erst dann entgegen, als Tim das Baby rasch wachsen lässt. Jetzt kann sie endlich einen eigenen Stand entwickeln und zeigen. Als Mutter schreibt sie sich eine Rolle zu, in der sie selbständig und frei ihre eigenen Interessen gestalten kann, ohne Schuldgefühle entwickeln zu müssen.

Ich-Findung
Beide Kinder haben ihre individuelle, auf das eigene Selbst/Ich bezogene Wahrnehmung. Von dort leiten sie ihre Spieleinfälle ab. Beide Kinder zeigen eine ausgeprägte Ich-Stärke, die es ihnen ermöglicht, die eigenen Wünsche nicht aufzugeben, sondern abgestimmt mit dem Du im Spiel zu gestalten: Ich teile mich dir mit. Ich nehme Deine Mitteilung auf. Wir finden eine Lösung für Dich und mich.

Beide Kinder finden keine Übereinstimmung von realem Erleben und den Vorstellungen über sich selbst. Im Spiel können sie sich diesen Ausgleich verschaffen. Die Rollenexperimente können zum (kurzfristigen?) „Einklang mit sich selbst und der Umwelt" (Th. Morton) führen. Und das bedeutet, sich heil zu erleben.

Spiel als die Sprache des Kindes 159

Spielpädagogische Nutzung

Die HP wird je nach Notwendigkeit im und über das Spiel Meilensteine setzen, die dem Kind Schutz und Orientierung geben sollen.

- Solche Markierungen können sich auf Ordnungsprinzipien beziehen (z.B. die HP plant und strukturiert ein Spielangebot).
- Sie können Rituale einbeziehen (die regelmäßige Wiederkehr bestimmter vertrauter Spieleinheiten schafft entlastende und befreiende Zeiten).
- Sie können Verhaltensmerkmale enthalten, die das Kind positiv überraschen und ermutigen (z.B. Wertschätzung, Empathie und Kongruenz als grundlegende Prinzipien der Beziehungsgestaltung).
- Es können auch Angebote sein, die das Kind fordern (z.B. angemessenes Konfrontieren).

Das Spiel ist für das Kind sein unmittelbares Lernfeld, in dem es seine Erfahrungen gestaltet, kontrolliert und bewertet. Mit veränderten Setzungen im geschützten Spiel-Raum sucht es neue Lebensantworten und experimentiert mit ihnen.

Heilpädagogen gehören zu den Berufsgruppen, die das absichtslos gestaltete Spiel des Kindes für ihre Zielsetzungen nutzen: eine gefährliche Gratwanderung? – Ja!

Die HP muss sich dieser Gefährdung bewusst sein. Das Miteinander-Spielen, das Sich-leiten-Lassen von den aktuellen Spieleinfällen und die dabei entstehende Freude sind immer von höherem Wert als das strenge (verbissene) Verfolgen von aufgestellten Zielen und den zugeordneten Spielinhalten.

Beispiel:

Ben – 2;5 J. – Trisomie 21 – Entwicklungsalter: etwa 1;5 J.

Ben baut mit 3 Bauklötzen einen Turm, den er mit großer Begeisterung immer wieder umwirft. Seine Freude an diesem Spiel drückt er durch Lachen, Juchzen und durch das Wippen mit dem ganzen Oberkörper aus. Die HP schaut Ben zunächst eine Weile zu, bis sie sich selbst ebenfalls einen 3-Klötze-Turm baut und diesen wie Ben umwirft. Das Spiel beginnt ein Wechselspiel zu werden: Ben wirft den Turm der HP um und die HP den seinigen. Beide zeigen ihre Freude an diesem lang andauernden Zusammenspiel.

Bedingungen dieses gemeinsamen Spiels:

- Von Ben geht ein Signal aus: „Mir macht es jetzt Spaß, diesen Turm zu bauen und umzuwerfen. Das kann ich gut. Darum möchte ich es immer wieder machen."
- Die HP beachtet dieses Signal und gibt ihm eine Bedeutung.
- Sie re-agiert mit dem gleichen Signal, das Ben entschlüsseln/verstehen kann.
- Die Botschaft für Ben lautet: „Ich nehme das auf, was du tust. Ich möchte daran teilnehmen. Darf ich?"
- Antwort von Ben: „Ja!"

Was die HP nicht tut:

Sie programmiert den Weg nicht vor, indem *sie* den nächsten Schritt plant und umsetzt. Das würde bedeuten, nur die eigenen gesteckten Ziele zu verfolgen, die jedoch den aktuellen Bedürfnissen des Kindes entgegengesetzt sein könnten. Damit wäre das Spiel ausgenutzt worden. Es wäre nicht mehr das Spiel des Kindes und würde nicht mehr vom Kind ausgehen. Wahrscheinlich entstünde eine Kluft zwischen dem Spiel von Ben und dem Handeln der HP. Das Kind könnte dem Tun der HP nicht mehr folgen; es bliebe sozusagen „isoliert auf der Strecke", während die HP ebenso isoliert „weiterführe". Mit-teilungen könnten den jeweils anderen nicht mehr erreichen. Eine Verständigung wäre dann nicht mehr möglich. Das gleiche tun wie das Kind heißt, auf seiner Ebene zu sein, mit ihm zu gehen in seinem Tempo, in seiner Vorstellungswelt. Das Kind kann so ein Gefühl von Sicherheit und von Aufgehobensein entwickeln. Gleichzeitig wird sein Selbst-Bewusstsein gestärkt, das mag es ermuntern, risikofreudig mit Spielmaterialien und Ideen zu experimentieren und Neues zu wagen. (Ur-)Vertrauen, Autonomie und Initiative (Erikson) werden wachsen. (> Teil II, 2.1 und Teil III, 4)

Zum Gelingen dieser Kommunikation im und über das Spiel muss die HP einiges beitragen:
- dem Kind seinen Raum geben
- akzeptieren der kindlichen Spieltätigkeit
- einfühlendes Verstehen

Diese Prinzipien können nur verwirklicht und gelebt werden, wenn das Spiel des Kindes nicht als „Spielerei" im Sinne einer belanglosen Tätigkeit verstanden wird. P. Moor sagt dazu: „Wie Erwachsenen pflegen wohl *Spiel und Ernst* einander gegenüberzustellen. Betrachten wir aber das kindliche Spiel, so bemerken wir, daß es nicht der Gegensatz zum Ernste ist, daß es vielmehr kaum etwas Ernsthafteres gibt als dieses Spiel des Kindes […]"(Moor 1973 b, S. 37).

Zusammenfassend lässt sich sagen, dass das Spiel als Ausdrucksform des Kindes und damit als Zugang zu seiner subjektiven Erlebniswelt gilt. So wird es zum wesentlichen diagnostischen Medium. Im Spiel zeigt das Kind, was es kann und wie es sich in seiner Welt erlebt. Seine Spielkompetenzen und seine Lebensthemen machen Aussagen zu den Entwicklungsbereichen Bewegung, Wahrnehmung, Emotionalität, Soziabilität, Kognition und Sprache. In der Spielbeobachtung wird die HP gleichermaßen darauf achten, was und wie das Kind spielt. Die Klassifikation der Spielformen, das Entwicklungsmodell nach Erikson und die aufgeführten drei Dimensionen dienen der HP zur Orientierung, um die Spiel-Sprache zu entschlüsseln und um den Entwicklungsstand zu ermitteln.

5 Exkurs in die Geschichte der Spielpädagogik

Friedrich Fröbel bezeichnete das Spiel als die erste entscheidende Bildungsform des Kindes. 1826 sprach er vom Spiel als der höchsten Stufe der Kindesentwicklung. Diese Aussage war und ist den Eltern und Erziehern spielender Kinder nicht immer selbstverständlich. Jahrhunderte lang sah man im Kind die unvollkommene Vorstufe des Erwachsenen. Deshalb wurde die Pädagogik als Mittel verstanden, das Kind möglichst bald zu einem nützlichen Mitglied der menschlichen Gesellschaft zu machen.

Der Gedanke, das Spiel des Kindes pädagogisch – was immer man auch unter Pädagogik verstand – zu nutzen, ist so alt wie die Pädagogik selbst, angefangen bei den frühesten Reflexionen über erzieherische Fragen in der antiken Philosophie – bis in die Neuzeit. Dass das Spiel zur Natur des Kindes gehört und eine charakteristische Form seiner Ausdrucksmöglichkeiten darstellt, blieb dabei unumstritten.

Das Spiel hat seit der Antike eine allgemeine pädagogische Vermittlungs- und Übungsfunktion, besonders im politischen und im religiösen Bereich. Davon abzuheben sind Spielauffassungen, die allgemein auf die Erziehung und speziell auf die Bildung des Kindes gerichtet sind. Man sieht im Spiel eine zweckfreie Form menschlicher Betätigung, die aber zum Lernen und Üben von notwendigen Fertigkeiten, Kenntnissen und Tugenden benutzt werden kann. Darüber hinaus wird dem Spiel auch eine charakterformende Bedeutung zuerkannt. Bestimmte Spiele können tapferes und zielbewusstes Handeln fördern oder verhindern. So liest man in Platons Staat: „Wer unter unehrbaren Spielen aufwächst, kann kein ehrbarer Mann werden; wer unter weichlichen Spielen verzärtelt wird, dem wird es später an Tapferkeit mangeln; wer unbeständig und flatterhaft schon in seinen Kinderspielen dauernd nach Neuerungen strebt, sich jeder Laune hingibt, ohne dass sie ihm verwehrt wird, der wird später unbeständig, flatterhaft, launisch, neuerungssüchtig und damit ein schlechter Staatsbürger sein."

Der Grundgedanke, dass Spiel sowohl den Charakter offenbart als ihn auch formt, bleibt bis in die Neuzeit erhalten. So ist es verständlich, dass man einerseits „gefährliche Spiele" beobachten und beschränken, andererseits „ehrbare" und „nützliche Spiele" fördern möchte.

Spielzeug gab man den Kindern zunächst nur, damit sie im Hause nichts anderes zerbrachen. Allerdings wurden dem Kind bald auch Gegenstände zum Spielen gegeben, die ganz bewusst dazu erdacht waren, ihm bestimmte Kenntnisse und Erfahrungen zu vermitteln. Den Wunsch, das Kind im Spiel heimlich zu überlisten, findet man bei den Pädagogen der Renaissance und der Aufklärungszeit wieder. Die gleiche Idee wurde auch von den Philanthropen aufgegriffen: Das kindliche Spiel sei eigentlich nutzlos, könne aber durch überlistende Eingriffe nutzbar gemacht werden. Im Kreise der Pietisten um August Hermann Franke ging man so weit, das Spiel für eine Eingebung des Teufels zu halten. Deshalb wurde versucht, durch strenge Zucht das Spiel aus dem gesamten Erziehungsgeschehen auszuschließen (vgl. Binswanger 1974, S. 7).

Bei Rousseau tauchte zum ersten Mal der Gedanke auf, dass das Spiel auch ohne gezielte Überlistung einen Übungswert haben könne: „Ihr seid beunruhigt, zu sehen, wie das Kind seine ersten Jahre mit Nichtstun verbringt! Wieso? Ist das nichts, glücklich zu sein? Ist das nichts, den ganzen Tag lang zu springen, zu spielen, zu laufen? Sein Leben lang wird es nicht wieder so beschäftigt sein ..." (zitiert nach Roh 1958, S. 3). Hier wird das Spiel nicht nur als Erholung geduldet, sondern als ureigenes Recht des Kindes akzeptiert.

Nach Rousseau ist das Spiel ein qualifiziertes natürliches Geschehen. Es ist als Erziehungsmittel besonders dazu geeignet, die Kinder „rechtzeitig daran zu gewöhnen, ihre Wünsche ihren Kräften anzupassen" (Binswanger 1974, S. 31). Diese Gedanken lösten eine Welle reformatorischer Ideen aus. So meinte 1787 der Pädagoge Trapp, es scheine, „daß diejenigen sich wohl irren könnten, die den Hang der Kinder zum Spielen auf Rechnung des natürlichen Verderbens oder der Einblasung des bösen Feindes setzen ..." (zitiert nach Roh 1958, S. 3). Guts-Muths, der Spielförderer und Spieltheoretiker unter den Philanthropen, gab der pädagogischen Diskussion um das Spiel eine bedeutungsvolle Wendung. Er betonte das Recht des Kindes auf Spiel als Recht auf Lebensfülle und behauptete, ein immer ernsthafter Charakter sei auch moralisch weniger vollkommen als ein aus Ernst und Heiterkeit gemischter. Damit klang die Idee der Ergänzung und Harmonisierung des Lebens durch Spiel, wie Fröbel sie später formulierte, erstmals an. Er bezog die Bedeutung des Spiels auf die frühe Kindheit und sagte: „Spiel ist das reinste geistige Erzeugnis des Menschen auf dieser Stufe und zugleich das Vorbild und Nachbild des gesamten Menschenlebens, des inneren, geheimen Naturlebens im Menschen und in allen Dingen; es gebiert darum Freude, Freiheit, Zufriedenheit, Ruhe in sich und außer sich, Frieden mit der Welt" (zitiert nach Binswanger 1971, S. 56).

Die weitere Auseinandersetzung mit der Geschichte des Spiels stellt einen Grundstein in der Entwicklung der HPÜ dar. Ausgehend von der Frage, wieweit das Spiel im Laufe der Geschichte als methodische Hilfe eingesetzt wurde, finden sich Hinweise und Anregungen bei Fröbel, Itard, Séguin, Montessori und Morgenstern. Diese Überlegungen, die von kindgemäßer Spielinterpretation bis zur Entwicklung von Behandlungsprogrammen für Kinder mit Behinderungen reichen, werden im Folgenden wiedergegeben.

Friedrich Fröbel

Fröbel (1782-1852) unterschied sich von allen früheren Theoretikern des Spiels durch seinen Symbolismus. Die Entwicklung der Dreiheit von Erkenntnis-, Schönheits- und Lebensform hat Fröbel ausführlich in der Schilderung seiner Spielgaben aufgezeigt. Sie sind eine Reihe von besonderen Formen: Ball, Kugel, Würfel, Walze und stereometrische Körper – nach dem Prinzip des „Entgegengesetzt- Gleichen" aufgebaut. Sie sollen das Kind von klein auf als „Spiegel des Lebens" mit den Gesetzen des Alls verbinden.

Fröbel hat als Grundlage seiner Erziehungsideen ein eigenes Weltbild entworfen. Es ist ein System von unter sich gleichsinnigen Gegensätze (Geist – Gemüt, Mann – Frau, außen – innen) als differenzierte Äußerung einer göttlichen harmonischen Ureinheit. Durch die Einigung mit seinem Gegensatz kann alles wiederum zum schöpferischen Mittelpunkt werden und Neues schaffen. Der Mensch erkennt diese Gesetzmäßigkeit und hat die Möglichkeit, sie in Selbstbestimmung und Freiheit zur Grundlage seines Handelns zu machen.

Fröbel unterschied zwischen „Gaben" (farbige Bälle, Kugel, Walze, Würfel, geteilte Würfel als Baukästen) und „Beschäftigungen" (Täfelchen legen, Stäbchen und Erbsen legen, Perlen aufreihen, Papier flechten und Papier falten). Das Spiel mit den Gaben führt zergliedernd von den Körpern über Flächen und Linien zu den Punkten und dann von den Punkten zurück zu den Körpern. So sollen sich kindliche Phantasie und geistige Produktivität gleichzeitig entwickeln. Die später entstandenen Bewegungsspiele haben vor allem soziale Funktion.

1840 gründete Fröbel den ersten Kindergarten als Ausgangsstufe für das Bildungswesen. Seine Bemühungen um eine Lebens- und Erziehungswissenschaft zeigen sich in der Weiterentwicklung seiner Theorie und zugleich in den praktischen Überlegungen für die Anwendbarkeit derselben für eine „Menschenbildung". Diese muss in der Kinderstube der Familie beginnen und zwar durch die Pflege des Spiels. „Daß die Bildung, die Erziehung zum Menschen, mit einer rechten Spielpflege beginnen müßte" (zitiert nach Solle 1969, S. 146), war Fröbels letzte, abschließende Erkenntnis. Diese Pflege des Spiels ist weniger Leistung und Methode, sondern mehr Freiheit und Improvisation. Sie wird bestimmt von der kindlichen Phantasie und der Aufmerksamkeit des mitspielenden Erwachsenen. Das Spiel folgt dem kindlichen Einfall, vertieft, erweitert, verlängert oder mildert und dämpft ihn. Die Führung im Spiel hat das Kind.

Die Spiel- und Beschäftigungsgaben Fröbels vermitteln dem Kind in spielerischer Weise erste Grundbegriffe. Die einzelnen Entwicklungsschritte vom Leichten zum Schweren, vom Einfachen zum Umfassenden, vom Teil zum Ganzen und umgekehrt vom Ganzen zum Teil werden im Aufbau und bei der Verwendung der Fröbelschen Gaben durchschaubar.

Durch die Erfahrungen im unmittelbaren Umgang mit dem Fröbel-Material gewinnt das Kind klare Anschauungen, Begriffe und Vorstellungen. So werden z.B. Form- und Farbbegriffe gebildet, die Eigenschaften von Körpern und Material vermittelt und konstruktive Zusammenhänge beim Bau erfasst.

„Das wirksamste Lernen erfolgt über das unmittelbare Tun." Dieser Grundsatz Fröbels gilt beim Kind mit Behinderung in besonderem Maße, sowohl für die gelenkte Eigentätigkeit, die Nachahmung als auch für die Selbständigkeit des Kindes im Spiel. Der Einsatz der Fröbelschen Gaben wird verbal begleitet, das heißt, der Erzieher bezeichnet den Gegenstand und seine besonderen Eigenschaften und beschreibt mit klaren Erläuterungen ihre mögliche Funktion. Nach Fröbel muss jedem Vorgang der richtige Inhalt durch eine eindeutige Aussage zugeordnet werden. Dadurch wird eine außerordentliche, wirksame Einheit im Angebot von Tätigkeiten und Sprache erreicht.

Zusammenfassung

Das Ganzheitsprinzip Fröbels aktiviert die Fähigkeit des Kindes, Dinge wahrzunehmen und in sich aufzunehmen, Erlebnisse zu verarbeiten und wiederzugeben. Das Kind wird sowohl im motorischen als auch im sozial-emotionalen und kognitiven Bereich angesprochen. Fröbels Spiel- und Beschäftigungsmaterial wird je nach den Bedürfnissen des Kindes mit geistiger Behinderung teilweise oder auch nur modifiziert angewendet werden können.

Heute wird kein Pädagoge mehr den Wert des kindlichen Spiels anzweifeln. Die Unfähigkeit zu spielen wird beim Kind als ein ernstzunehmendes Symptom möglicher Verhaltens- oder/und Entwicklungsstörungen gewertet. Trotzdem fehlt es nicht an wiederkehrenden

Versuchen, das Kind beim Spiel zu überlisten, indem man das Spiel mit einem Zweck verbindet und der freien kindlichen Spieltätigkeit dadurch mehr Sinn verleihen will. Allerdings soll nicht bestritten werden, dass es sinnvoll und sogar notwendig sein kann, das kindliche Spiel durch besondere Angebote so zu gestalten, dass dadurch dem Kind zusätzliche Entwicklungs- und Ausdrucksmöglichkeiten und eine besondere Konfliktverarbeitung geboten werden. Entscheidend ist dabei, dass der Charakter des freien Angebots grundsätzlich gewahrt bleibt (> HPÜ Arbeitsheft zum Fröbel-Material, Klein Jäger 1987).

Jean Marc Gaspard Itard

Itard (1774-1838) übernahm mit sechsundzwanzig Jahren die Leitung einer Pariser Taubstummenanstalt. Zu diesem Zeitpunkt wurde in den Wäldern von Aveyron ein zwölfjähriges Kind gefunden, das in sein Institut gebracht wurde und als „der wilde Junge von Aveyron" in die Literatur einging. Itard gab ihm den Namen Victor und erbot sich, das Kind zu erziehen. Wie Locke, so glaubte auch Itard, dass die menschliche Seele als „tabula rasa" geboren sei und alle Erkenntnis von der Erfahrung ausgehe. Es reizte ihn, den vermeintlichen Naturzustand des Menschen zu erforschen und zu erproben, was man durch Zivilisation aus einem „Urmenschen" machen könne. Nachdem er sich neun Monate um den Jungen bemüht hatte, stellte Itard einen Erziehungsplan auf. Er begann mit der Sinneserziehung nach fünf Gesichtspunkten:

1. Victor sollte mit dem Leben in der Gemeinschaft vertraut werden, indem es ihm schöner gestaltet wurde als in den vorangegangenen Monaten und vor allem ähnlicher dem Leben, das er früher geführt hatte.
2. Die Sensibilität seiner Nerven sollte durch starke Stimulantia und durch lebhafte seelische Affekte geweckt werden.
3. Sein Ideenkreis sollte erweitert werden, indem man ihm neue Bedürfnisse schaffte und seine Kontakte zu der Umgebung intensivierte.
4. Victor sollte durch Nachahmung und Übung die Sprache erlernen.
5. Über die Formulierung seiner Bedürfnisse sollte er zu einfachen geistigen Funktionen angeleitet werden; von da aus sollte die Vermittlung von Kulturtechniken versucht werden.

Itard stellte sich die Aufgabe, Victor in das Leben der Gemeinschaft einzuführen, seine Sinne zu schärfen, sein Gefühlsleben zu differenzieren, seinen Gesichtskreis zu erweitern, ihn zum Sprechen zu bringen und ihm die Kenntnis der Buchstaben zu vermitteln. Nach fünf Jahren Beobachtung, Erziehung und täglicher Behandlung fasste Itard die Resultate zusammen. Er beschrieb die Entwicklung der Sinnesfunktionen, der Spielfähigkeit und die Entwicklung der intellektuellen und der affektiven Fähigkeiten.

Entwicklung der Sinnesfunktionen

Auf Töne und Geräusche, die Victor nicht interessierten, reagierte er nicht, während er eine hervorragende Sensibilität für Geräusche zeigte, die für ihn eine Bedeutung hatten. Den Abschuss einer Pistole schien er nicht zu hören, wohl aber hörte er das Aufknacken einer Nuss. Die reine Empfindung des Hörens wurde von Itard intensiv gepflegt, ebenso das aufmerksame Zuhören. Der Junge sollte sich auf verschiedene Töne und Geräusche konzentrieren und diese miteinander vergleichen können. Seine Vorliebe für den Vokal „o" veranlasste Itard, ihm den Namen Victor zu geben. Er sah im Erlernen der Sprache primär einen organischen Vorgang, der durch die Übung der Nachahmung erfolgt. Die Hoffnung, dass eines Tages vermehrte Bedürfnisse den Jungen spüren lassen würden, er brauche neue

Verständigungsmöglichkeiten, erfüllte sich nicht. Victor verständigte sich durch Gesten und durch eine Zeichensprache. Wohl konnte er Buchstaben zu dem Wort „Milch" zusammensetzen und dieses Wort dann auch lesen und sprechen, aber nicht in einer eindeutig abgegrenzten Beziehung zum Inhalt. Für ihn konnte Milch bedeuten: Verlangen nach Milch, das Glas, die Milch selbst, die Freude über die erhaltene Milch und später alles, was mit Essen zusammenhing. Der eigentliche Sprachsinn blieb ihm trotz täglicher intensiver Bemühungen und methodisch aufgebauter, teils genialer Übungen, die immer dem neuen Entwicklungsstand des Jungen angepasst wurden, verschlossen.

Entwicklung der Spielfähigkeit

Itard legte Victor nach und nach verschiedenartiges Spielzeug vor und erklärte ihm stundenlang den Gebrauch. Victors Aufmerksamkeit wurde dadurch nicht geweckt, dagegen seine Ungeduld: Er versuchte, das Spielzeug zu verstecken oder zu zerstören. So versteckte er ein Kegelspiel in einem durchlöcherten Stuhl und legte es schließlich ins Herdfeuer. Ein einziges Spiel, das mit dem Essen in Verbindung stand, konnte Itard mit Victor spielen. Nach der Mahlzeit wurden verschiedene silberne Becher umgekehrt und ohne bestimmte Reihenfolge vor Victor aufgestellt. Unter einen dieser Becher legte Itard eine Kastanie, die Victor suchen musste. Zunächst bedeutete diese Spielübung eine reine Gedächtnisleistung, dann wurde sie variiert: die Reihenfolge der Becher wurde geändert, durch mehrere Kastanien die Aufmerksamkeit gleichzeitig auf mehrere Becher gerichtet, schließlich das Essbare weggelassen und so die reine Funktion zum Spiel gemacht. Zu weiteren, insbesondere zu altersgemäßen Spielen konnte Itard Victor nicht anleiten und bedauerte dies sehr: „Wenn es so weit gekommen wäre, hätte ich damit ziemlich sicher einen sehr großen Erfolg erzielt. Man sollte sich daran erinnern, welch mächtigen Einfluß die Spiele der Kindheit auf die Entwicklung der Intelligenz haben" (Itard 1965, S. 40).

Entwicklung der intellektuellen Fähigkeiten

Itard berichtete, wie durch die Sinnesübungen Victors Wahrnehmung, Aufmerksamkeit, Urteilsfähigkeit und Konzentration geschult wurden. Er betonte die Notwendigkeit aller Sinnesübungen, deren Zusammenspiel erst das erlaubt, was wir als intellektuelle Leistung bezeichnen. Zur spezifischen Schulung der intellektuellen Fähigkeiten wandte Itard unter anderem folgende Übungen an:

1. Itard verteilte auf dem Bücherregal Gegenstände des täglichen Bedarfs (Feder, Schlüssel, Messer, Schachtel) und legte kleine Kärtchen mit der Bezeichnung des jeweiligen Gegenstandes darunter. So konnte Victor Gegenstand und Wortbild assoziieren.
2. Die gleichen Gegenstände wurden in eine Zimmerecke gelegt und die beschrifteten Kärtchen in eine andere Ecke. Nun sollte Victor sich ein Wortbild aussuchen und anschließend den dazugehörigen Gegenstand holen.
3. Gegenstände und Wortbilder wurden in verschiedene Räume gelegt.
4. Es wurden mehrere Gegenstände auf einem Karton listenmäßig aufgeschrieben. Victor sollte nun alle bezeichneten Gegenstände erkennen und holen.
5. Eigenschaften (Form, Farbe, Gewicht, Größenvergleich) wurden im Wortbild dargestellt und auf Gegenstände übertragen („kleines Buch – großes Buch").
6. Auf die bekannten Gegenstände wurden Tätigkeiten bezogen, zum Beispiel Schlüssel berühren, aufnehmen, werfen, zurücklegen.
7. Nachahmen von einfachen und dann von kombinierten Bewegungsabläufen als Vorübung für das Schreiben. Victor lernte im Verlauf einiger Monate, die Worte, deren Bedeutung er kannte, abzuschreiben. Dann konnte er sie aus dem Gedächtnis wiedergeben und schließlich mit seiner unförmigen Schrift auch Bedürfnisse ausdrücken und entsprechende Mittel zur Befriedigung der Bedürfnisse erbitten.

Entwicklung der affektiven Fähigkeiten

Victor äußerte elementare Empfindungen: freudige Raserei, Melancholie, Wut. Er zeigte zunächst keine Bindung zu den wechselnden Bezugspersonen, die sich um ihn bemühten. Das änderte sich durch die intensive Zuwendung seiner Erzieherin, Madame Guérin, und zeigte sich nach seiner Flucht in die Wälder, einer vierzehntägigen Haft und der Zurückführung zu ihr.

Jeden schwachen Fortschritt während der Übungsstunden bestärkte Itard mit Lob und Aufmunterung. Er stellte fest, dass Victor mit offensichtlichem Vergnügen geliebten Menschen durch kleine Dienste einen Gefallen zu erweisen suchte. Eifrig versuchte er, ihre Wünsche zu erfüllen. Das konnte man vor allem in seiner Beziehung zu Madame Guérin feststellen.

Victor behielt eine leidenschaftliche Liebe zur Natur – zum freien Feld, zum Mondschein, zu einem verschneiten Feld – und zeigte bei einem Gewitter Freudenausbrüche. Itard stellte fest, dass diese Leidenschaft nur durch soziale Neigungen gemildert wurde. Victor zeigte sich dankbar für die Pflege, war empfänglich für eine Freundschaft, fand Gefallen am Wohltun, war beschämt über seine Fehler und zeigte Reue über seine Wutausbrüche.

Victor hat viel gelernt: Er konnte auf verschiedene Situationen und Gegenstände seine Aufmerksamkeit richten und dabei verweilen. Er konnte sich konzentrieren, genauer beobachten, wahrnehmen, Wahrnehmungen verarbeiten, vergleichen, sich erinnern und Beziehungen herstellen zwischen dem Namen und einem Ding selbst. Bis zu einem gewissen Grad lernte er, sich einzuordnen und seine Affekte zu beherrschen. Er konnte Freude und Trauer äußern, konnte lachen und lernte weinen. Aber er blieb stumm, ohne Sprache. Die erstrebte „communication des idées" blieb aus. Itard resignierte und gab die Betreuung des Jungen auf.

Zusammenfassung

Itards Verdienste sind vielfältig. Einmal liegen sie in der Pionierarbeit, die er auf dem Gebiet der Heilpädagogik für Menschen mit Behinderung geleistet hat. Vor allem aber widerlegte Itard die Ansichten seiner Zeit, dass „Schwachsinnige" nicht bildungsfähig sind. Seine Erfahrungen gaben bis in unsere Zeit wesentliche Anregungen für eine systematische Förderung von Menschen mit geistiger Behinderung. Durch Victors unleugbaren Fortschritt konnte Itard die Meinung seiner Zeitgenossen umstimmen. Itard, selbst Arzt, erkannte, dass eine bloß medizinische Betreuung der Menschen mit geistiger Behinderung, wie sie damals üblich war, nicht ausreicht. Durch Victors offensichtliche Fortschritte ermutigt, entwarf er einen langfristigen heilpädagogischen Plan, wenn auch auf der Grundlage einer falschen Annahme. Er sah in Victor den Urmenschen und nicht den Mensch mit geistiger Behinderung. In einer scharfen Selbstkontrolle überprüfte er immer wieder seinen methodischen Ansatz und stellte sowohl positive als auch negative Auswirkungen seines Verhaltens fest. So merkte er, dass es sinnlos war, Victor zu bestrafen, wenn er in alter Gewohnheit sich das, was er brauchte, nahm, was im gesellschaftlichen Sinn als „Diebstahl" bezeichnet wird. In ehrlicher Reflexion gestand Itard, dass er Victor überanstrengt hatte. Seine Aufnahmefähigkeit und sein augenblicklicher Gesamtzustand wurden in der Behandlung nicht genügend berücksichtigt. So gab Itard oft stundenlange Erklärungen von Spielen, statt im Mitspielen spielen zu lehren. Viele Übungen waren im Ansatz zu intellektuell und in der Ausführung zu mechanistisch. Itard erkannte zu spät, dass er Phantasie und Kreativität bei Victor zu wenig geweckt hatte und dass er seine emotionale und soziale Entwicklung allein an seinen eigenen Vorstellungen hatte ausrichten wollen.

Itards Übungen enthielten zu viel Dressur. Die Anwendung von Schreck- und Schockmethoden erinnert an starke Strafreize. Als Itard zunehmend einsehen musste, dass „Schwachsinn" nicht allein durch Isolierung entsteht und nicht nur einen aufholbaren Entwicklungsstand darstellt, sondern auch irreparable Schäden beinhaltet, sah er in Victor immer mehr den „Idioten" und weniger den „Urmenschen". Er intensivierte seine Bemühungen. Aber als nach sechsjähriger Arbeit keine weiteren Fortschritte mehr sichtbar wurden, befiel ihn eine tiefe Traurigkeit über sein Scheitern und noch mehr über Victors Zukunft. Er glaubte, dass Victor in diesem Zwischenzustand nur unglücklich sein konnte, obwohl er, Itard, nichts anderes gewollt hatte, als ihn glücklich zu machen.

Edouard Séguin

Séguin (1812-1880) war zunächst Taubstummenlehrer in Paris. Er wurde von Itard zum Medizinstudium angeregt und promovierte mit fünfzig Jahren. Mit der Behandlung „idiotischer" Kinder begann Séguin 1838 in Paris und setzte seine Arbeit nach der Revolution 1848 in Amerika fort. Als Erzieher und Arzt gründete er mehrere Institutionen für Menschen mit Behinderung. Durch seine Erziehungsmethode, die -ähnlich wie die Itards – auf der Schulung der Sinneswahrnehmung beruht, wurde Séguin über Frankreich hinaus als „geschickter, ausdauernder und erfolgreicher Heilpädagoge" bekannt. Die Schulung der Sinne zur Bildung des Intellekts war das Grundprinzip dieser Erziehung. Dabei setzte die Förderung immer da ein, wo beim Menschen mit Behinderung Funktionen und Fertigkeiten aufhören.

Séguin wollte mit seiner Methode den ganzen Menschen mit Behinderung erfassen, methodisch wollte er jedoch bei den einfachsten Tätigkeiten ansetzen. Er sah im „Erscheinungsbild der Idiotie" kein gottgewolltes Schicksal, sondern eine Aufgabe, durch soziale und pädagogische Maßnahmen eine Besserung des Zustandes zu bewirken. Er begann mit einem Muskeltraining und wollte den auffälligen Gang des Menschen mit Behinderung damit beseitigen. Gleichzeitig wurden mit der Hand gezielte und koordinierte Greifbewegungen ausgeführt

Bei der Sinnesentfaltung begann Séguin mit der Erziehung des Tastsinns. Der Tastsinn gibt uns – so Séguin – das präziseste Bild unserer Umwelt mit seiner vielfältigen Empfindungsskala für Oberfläche, Temperatur, Gewicht, Druck und Form. Durch den Tastsinn tritt das Kind in willentliche Verbindung mit allem, was es umgibt, ähnlich jedoch auch durch den Sinn des Sehens und des Gehörs, das Séguin in besonderer Weise für einen „intellektuellen Sinn" hielt. Der Gesichtssinn muss frühzeitig behandelt werden, weil er bei den Menschen mit Behinderung fast immer Anomalien aufweist, die in der Regel eng mit intellektuellen Störungen verbunden sind. „Die physische Sinnesbildung ist der königliche Pfad zur Bildung der Intelligenz; Erfahrung, nicht Gedächtnis ist die Mutter der Idee" (Hänsel 1974, S. 192). Dabei ist darauf zu achten, dass alles, was man lernt, in seinen natürlichen Beziehungen begriffen und – soweit nur möglich – verallgemeinert wird.

Bei der Schulung der Sinne zur Bildung des Intellekts warnte Séguin vor Übermüdung des Schülers durch übertriebene Übungen. Die Arbeit muss unterbrochen werden durch Einfügen von Ruhe, Spiel, Vergnügungen aller Art und den Aufenthalt an der frischen Luft. Es soll immer eine freundliche, heitere Stimmung herrschen, in der, wie man es heute ausdrücken würde, viel leichter motivationale Situationen für das Lernen entstehen. Damit wird an den persönlichen Einsatz des Erziehers, an seine Bindungsfähigkeit appelliert, denn ein mechanisches Training reicht nicht: „Das Kind fühlen lassen, dass es geliebt wird, und es geneigt machen, seinerseits zu lieben, ist das Ziel unseres Unterrichts, wie es sein Beginn war" (zitiert nach Hänsel 1974, S. 275).

Séguin schätzte den Wert des Spielzeugs sehr hoch ein. Er war der Meinung, dass Kinder, die kein Spielzeug haben, die Realität später begreifen und wohl niemals vollständig erfassen können. „Das Kind empfängt von seinen Spielsachen Gemütsbewegungen des Vergnügens und des Schmerzes, Gefühle, Harmonie oder Disharmonie, Sympathie oder Antipathie, und diese bezeichnen das Erwachen seiner moralischen Person und seiner Fortschritte im Guten" (zitiert nach Hänsel 1974, S. 264).

Das Spielzeug kann Gefühle ansprechen, auch wenn der Geist noch gar nicht bereit ist, darüber zu reflektieren. Das ist gerade für die Arbeit mit Menschen mit Behinderung eine bedeutungsvolle Aussage. Aber das Spielzeug sollte nicht nur individuell für das einzelne Kind gewählt werden, sondern auch sozialen Charakter haben. Viele Kinder sollten damit spielen können, damit das Spiel umso lebendiger und sozialer und das einzelne Kind durch das Spiel selbst sozial werden könnte. Die erwachende Fähigkeit, nicht nur zu empfangen, sondern auch einmal zu geben, war für Séguin die Grundlage der moralischen Entwicklung des Kindes. Im selbstlosen Akt wird der Mensch mit Behinderung am stärksten seinen eigenen Willen bekunden und mit der Umwelt in die engste Verbindung treten. Als Séguin 1848 nach der Revolution mit Frau und Kind nach Amerika floh, um der drohenden Verbannung zu entgehen, und sich zuerst als Arzt niederließ, war er selbst erstaunt, wie bekannt seine Arbeit und seine Schriften in Amerika waren. Sein Buch „Traitement moral, hygiène et éducation des idiots et des autres enfants arriérés" (1846) war das erste systematische Lehrbuch zur ganzheitlichen Behandlung von Menschen mit geistiger Behinderung. Es war eine Art Bibel der anglo-amerikanischen pädagogischen Bemühungen um Menschen mit geistiger Behinderung geworden. Zwanzig Jahre später veröffentlichte Séguin eine vollständig überarbeitete Fassung seines Lehrbuchs unter dem Titel „Idiocy and its Treatment by the Physiological Method" und stellte darin bereits den Plan auf, dieselbe Methode auf die nicht behinderten Kinder anzuwenden.

Zusammenfassung

Séguin hat sehr viel Öffentlichkeitsarbeit geleistet und trat für eine internationale Zusammenarbeit ein. Er forderte von den Erziehern protokollierte Beobachtungen und Anamnesen als Grundlagen wissenschaftlicher Arbeit über die mögliche Hilfe für die Menschen mit Behinderung. Während seine Ideen im angloamerikanischen Raum mit Begeisterung aufgenommen wurden, blieben sie in Deutschland weitgehend unbekannt, obwohl man seine Erkenntnisse in der Praxis vielfach angewendet hat. Manche warfen ihm eine materialistische Einstellung vor, weil er einen so großen Wert auf die Sinneserziehung legte. 1873 besuchte Séguin auch deutsche Anstalten für Menschen mit geistiger Behinderung, sprach sich aber über die dort erfahrene Arbeit nicht lobend aus: „Die deutsche Erziehung des geistig Behinderten läßt sich wie folgt zusammenfassen: Unterricht, Beschäftigung, aber keine Sinnesschulung und auch keine Erholung des Behinderten durch Spiel oder durch ein anderes Vergnügen" (zitiert nach Hänsel 1974, S. 169). Wenn auch einige Theorien Séguins heute überholt erscheinen, so sind viele seiner Anregungen für eine methodische Hilfe beim Kind mit geistiger Behinderung fortzuführen und auszubauen. Seine soziale Idee war, die gesamte Menschheit durch die physiologische Erziehungsmethode zu erheben.

Maria Montessori

Montessori (1870-1952) entdeckte 1898 die vergessenen Schriften von Séguin und gleichzeitig die von Itard. Sie schrieb 1926: „Man muß zugeben, daß die genauen Beschreibungen von Itard die ersten Versuche einer experimentellen Pädagogik darstellen" (Montessori 1956, S. 11). Ihre eigene pädagogische Tätigkeit begann Maria Montessori als Assistenzärztin in der psychiatrischen Klinik der Universität Rom bei Kindern mit geistiger Behinderung. Durch die praktische Arbeit mit „Geistesschwachen" kam sie zu der Erkenntnis, dass „die geistige Minderwertigkeit hauptsächlich ein pädagogisches, nicht so sehr ein medizinisches Problem darbiete" (Stoppenbrink-Buchholz 1966, Sp. 2199). Von Séguins „traitement moral" tief beeindruckt, verschaffte sie sich aus Amerika und aus Paris die Bücher von Itard und Séguin und übersetzte sie handschriftlich. Durch das Studium der französischen Heilpädagogen wurde sie in ihrer Auffassung bestärkt, dass den Menschen mit Behinderung durch ein besonderes Behandlungsprogramm geholfen werden müsse. Sie schrieb: „Da sich mein Vertrauen in diese Methode befestigt hatte, verließ ich meine Tätigkeit, die den Behinderten gewidmet war, um mich dem Studium der Werke von Séguin und Itard zu widmen" (Josef 1975, S. 11).

Montessori hielt sich längere Zeit in Paris in der Anstalt Bicêtre auf. Die physiologische Methode der Sinnes- und Muskelschulung als Grundlage für die Entwicklung der geistigen Fähigkeiten zeigte ihr neue methodische Wege. Nach den Angaben von Itard und Séguin entwickelte sie ein breites Programm didaktischen Materials und verwendete es mit überraschendem Erfolg im Unterricht von Kindern mit geistiger Behinderung. Sie verfolgte jedoch in ihren Übungen mehr die sensualistischen Methoden Itards als Séguins „traitement moral" mit dem Ziel der Willensbildung und Selbstentfaltung. Statt des „traitment moral" setzte sie „religiöses Gefühlstraining" und Übungen zur Stille ein.

Der Einsatz ihres spezifischen Materials bei Kindern mit Behinderung war ganz an die Führung durch eine Bezugsperson gebunden. Das Material selbst sprach die Kinder nicht an. Die Erzieherin musste die Auswahl treffen, den Sinn erklären und die Lösung vormachen, um das Kind zum Nachahmen anzuregen.

Von dieser ersten Erfahrung ausgehend, ging Maria Montessori dazu über, das Material auch in der Erziehungsarbeit des normal entwickelten Kindes einzusetzen. So wurde ihr die Leitung neu gebauter sozialer Zentren für Kinder berufstätiger Mütter in Rom übertragen, im Elendsviertel San Lorenzo. Das erste „Casa dei Bambini", das 1907 in den Slums von Rom entstand, gewann für die Erziehung verwahrloster Kinder besondere pädagogische Bedeutung und wurde gleichzeitig eine Stätte pädagogisch-psychologischer Forschung. Dort entstand die eigentliche Methode Montessoris. Hier hatte sie die Möglichkeit, ihre „wissenschaftliche Pädagogik" zu praktizieren. Sie brachte für die Pädagogik des normal entwickelten Kindes eine Wendung in der Unterrichtsform und fand eine rasche Verbreitung in Europa und Übersee.

Montessori-Pädagogik ist mit dem Material verbunden und doch nicht mit ihm identisch. Das normal entwickelte Kind verwendet es in einer ganz anderen Weise als das mit einer geistigen Behinderung. Schon das Kleinkind im „Casa dei Bambini" wählte instinktiv das Material, das es für seine kognitive Entwicklung brauchte. Es erkannte die im Material verborgen liegende Aufgabe aus eigenem Antrieb oder fand sie probierend und konnte sie ohne Hilfestellung des Erwachsenen lösen. Das Material wurde dem Kind zum Mittel der Spontanbildung. Es weckte seine Selbstständigkeit, die bis zu einer außergewöhnlichen und freiwilligen Aufmerksamkeitsleistung (Konzentration) anstieg und als Montessori-Phänomen bekannt wurde. Das erste Mal beobachtete Maria Montessori das von ihr beschriebene Phänomen der „Polarisation der Aufmerksamkeit" an einem dreijährigen Kind, das eine Sinnesübung unaufgefordert vierundvierzigmal wiederholte. Durch die Entwicklung eines umfassenden Übungsprogramms – die „Übungen des praktischen Lebens" und das „didaktische Material" – wurde die Konzentration des Kindes herausgefordert und gleichzeitig der bewussten Pflege der Konzentration große Bedeutung beigemessen.

Das Kind mit geistiger Behinderung kann nach der klassischen Methode Maria Montessoris das Material in freier Selbsttätigkeit nicht übernehmen und verarbeiten. Es bedarf vielmehr der Führung einer Bezugsperson, um durch die Beschäftigung mit dem Material in seiner kognitiven Entwicklung Fortschritte zu machen. Alle Übungen müssen durch den Erwachsenen eingeführt werden. Die „vorbereitete Umgebung" (> Teil V, 2.4) ist eine weitere Bedingung der erfolgreichen Arbeit bei Montessori. In der sorgfältig gestalteten Umwelt kann der erstrebte Übungseffekt weitgehend garantiert und die Eigeninitiative des Übenden trotzdem erhalten werden (> HPÜ Arbeitsheft zum Montessori-Material, von Oy 2008).

Zusammenfassung

Maria Montessori hat durch das Studium von Itard und Séguin wesentliche Anregungen für die Weiterentwicklung einer psycho-physiologischen Methode gegeben. Sie entwickelte als erste ein wissenschaftlich ausgearbeitetes System des Spiel-Materials. Ihr größtes Verdienst war die Darstellung und Verbreitung eines großartig durchgeführten Experiments. Durch ihre Berühmtheit half sie der Pädagogik Itards und Séguins mit eigenem Material zum Durchbruch. Ausgehend von der Erkenntnis, dass dem Kind mit geistiger Behinderung nicht allein mit medizinischen Mitteln geholfen werden kann, entwickelte sie ein psycho-physiologisches Behandlungsprogramm, eine so genannte „medizinische Pädagogik" für Menschen mit Behinderung. Kritische Äußerungen zur Montessori-Pädagogik betreffen vornehmlich die Überbetonung der Nützlichkeit der Übungen, die Vernachlässigung der kindlichen Phantasie im Spiel, der Fröhlichkeit und des sozialen Verhaltens. Damit unterscheidet sie sich sowohl von der Pädagogik Séguins als auch von der Fröbels. Nach Fröbel soll das Kind über das Spiel zum Lernen und zur Gemeinschaft geführt werden und darin Phantasie, Gemüt und Selbsttätigkeit entwickeln können. Während Fröbels Spiel die Phantasie des Kindes anspricht, besteht bei Montessori das Spiel vornehmlich aus Muskel- und Sinnesübungen zum Erwerb von „technischen Fertigkeiten". Vor einer solchen Perfektion und Übertreibung des Automatismus warnte aber Séguin. Er sah die Gefahr der unnötigen Erschöpfung infolge übertriebener Übungen, während Montessori eher die Gefahr einer Ermüdung durch nutzlose Tätigkeit gesehen hat. Darunter verstand sie auch spielen und austoben. Die geringe Beachtung der schöpferischen Komponente im Kinderspiel birgt bei ihr die Gefahr in sich, die Eigeninitiative und -aktivität des Kindes zu übersehen. Von Séguins Erfahrungen in der „Idiotenerziehung" hat sich Maria Montessori leider mehr und mehr entfernt.

Milan Morgenstern

Der jüdische Arzt Milan Morgenstern und seine Mitarbeiterin Helene Löw-Beer arbeiteten im Berlin der 1930er Jahre an der Entwicklung übender-therapeutischer Verfahren für schwer entwicklungsgestörte, geistig- und körperbehinderte Kinder. Ihre heilpädagogischen

Übungsprogramme entstanden in der Praxis aus der täglichen Begegnung mit den betroffenen Kindern im Gruppenalltag der Heime in einer Zeit, in der die Arbeit mit Menschen mit geistiger Behinderung vorwiegend im Versorgen und Bewahren bestand.

Milan Morgenstern und seine Mitarbeiter wandten sich mit großem Engagement diesen wenig beachteten und „vergessenen" Menschen zu. Damit stellten sie sich gegen die Haltung des nationalsozialistischen Regimes „geistig behinderten und geisteskranken" Menschen gegenüber, die sich bis zur Euthanasie verstieg.

So mussten Milan Morgenstern und Helene Löw-Beer Berlin verlassen. Sie setzten ihre Arbeit in ihrer Heimatstadt Wien fort. Auch hier trafen sie auf eine entmutigende Einstellung Menschen mit Behinderung gegenüber. Aus dem wenigen, das sie vorfanden, entwickelten sie die meisten Spiel- und Übungsmaterialien selbst und gebrauchten dazu auch ganz einfache Gegenstände aus dem täglichen Leben. Als Anleitung und Hilfestellung für Eltern und Heilpädagogen entstand das Buch „Heilpädagogische Praxis" 1937 in Wien. Die langjährigen Erfahrungen, die diesen Ausführungen zugrunde lagen, sollten Eltern und Erziehern von Kindern mit geistiger und körperlicher Behinderung praktische Anleitungen geben, die eine zielbewusste heilpädagogische Arbeit auf dem jeweiligen Gebiet ermöglichen. Das Buch wurde allerdings gleich nach dem Anschluss Österreichs an „Hitler-Deutschland", wie andere Bücher jüdischer Autoren, verboten.

Helene Löw-Beer und Milan Morgenstern konnten nach England emigrieren und in London ihre Arbeit bis zum Kriegsausbruch 1939 fortsetzen. Dr. Franz Morgenstern, Sohn des Verfassers Milan Morgenstern und Mitarbeiter an der Abteilung für Kindheitsentwicklung des Instituts für Erziehung der Universität London, hat das Buch ins Englische übersetzt und überarbeitet.

Methode und Material

Die Methode war für Morgenstern eine Verbindung von Therapie und Training. Sie beginnt mit dem Heilpädagogen, seinem Wissen und Können, zuallererst mit seiner Haltung und Einstellung zum Kind. Ohne Kontakt-Aufnahme/Beziehungs-Entwicklung ist nach Milan Morgenstern kein Anfang, geschweige denn systematisch aufbauende Arbeit, möglich. Deshalb galt der „einleitenden Behandlung" der Kinder sein besonderes Interesse, der Frage nach dem Zugang zu einem Kind mit geistiger Behinderung und der Bedeutung einer wirksamen Umgangsform zwischen Erwachsenem und Kind. Das gilt vor allem für die ersten Stunden der Begegnung. Deshalb muss die „vorbereitete Umgebung" – Wie wird das Kind erwartet? – und das erste Materialangebot so gestaltet sein, dass das Kind versteht, was von ihm erwartet wird, damit es auch an der Ausführung Freude empfindet. Ohne Freude ist – so Milan Morgenstern – die Arbeit erfolglos: Der Heilpädagoge ist enttäuscht und das Kind versagt. „Wo die Sprache fehlt, entwickelt sich der Umgang durch das Gefühl – einen gefühlsmäßigen Kontakt zwischen Kind und Pädagogen; und dies ist eine der wichtigsten Prinzipien unserer Methode" (Morgenstern 1969, S. 14). Diese enge, innere Verbindung ist aber auch notwendig, um die Möglichkeiten der Hilfe auszuloten: „Wer heilpädagogisch arbeiten will, muß imstande sein, Fähigkeiten, die unentwickelt im Kind schlummern, herauszuspüren, zu erwecken und zur Entfaltung zu bringen" (Morgenstern 1973, S. 15).

Zu Beginn der Begegnung sollte sich der „fremde Mensch" in den Hintergrund stellen und das Kind nicht durch Überredungskunst oder durch Liebenswürdigkeit seiner Person zu gewinnen suchen, sondern dadurch, dass er die Aufmerksamkeit des Kindes mit Behinderung auf ein Beschäftigungsmaterial lenkt: Morgenstern nannte dieses Material „Kontaktmaterial". Dieses Material sollte das Interesse des Kindes wecken und zu einer gern wiederholten Tätigkeit anregen. Dabei spielte die Improvisation eine wichtige Rolle: „Bei den Pädagogen setzt sie Werkzeuggeschicklichkeit und rasche Materialassoziation voraus sowie die Bereitschaft, den Kurs nötigenfalls zu ändern" (Morgenstern 1973, S. 21).

Zugang zum Kind mit geistiger Behinderung

Die erste Aufgabe des Heilpädagogen sah Milan Morgenstern darin, das Interesse des Kindes zu wecken durch das Spielen auf einem Instrument, Aufreihen von Ringen, Einhämmern von Nägeln in ein Holzbrett: Das Kind lernt durch eigene Aktivität. Die Aufgabe des Heilpädagogen besteht zunächst darin, Beschäftigungen herauszufinden, die dem Kind entsprechen und es zu eigenem Tun anregen. Aus der Freude am eigenen Tun erwächst der Wunsch zu weiterer Betätigung; daraus entwickelt sich der Kontakt zum Heilpädagogen.

Verbindung von Therapie und Training

Die Arbeit von Milan Morgenstern und Helene Löw-Beer gestaltete sich als eine Verbindung von Therapie und Training. Sie arbeiteten in Berlin unter dem Eindruck und Einfluss der Gestaltpsychologie – als Freunde und Schüler von Kurt Lewin. Die Gestaltpsychologie in dieser Zeit verwies darauf, welche wichtigen Folgerungen aus der Organisation der Hirnrinde für die Wahrnehmungspsychologie zu ziehen sind. Für Milan Morgenstern und Helene Löw-Beer hatte die Frage der Motivation eine gleichgroße Bedeutung, auf die sie die Psychoanalyse hinwies. Diskussionspartner über die analytische Einstellung und Arbeit in Bezug auf „zurückgebliebene" Kinder waren Karen Horney in Berlin und Otto Fenichel in Wien.

Aufgabe

Milan Morgenstern und Helene Löw-Beer sahen ihre Aufgabe darin, die Kontaktanbahnung zu schwer entwicklungsverzögerten, geistig- und körperbehinderten Kindern und die ersten Bildungsschritte, die mit ihnen getan wurden, zu beschreiben. In allen Begegnungen, die möglich waren, konnte der Nachweis von Beziehungs- und Bildungsfähigkeit erbracht werden. Es war ihnen auch wichtig, eine positivere Einstellung „für das defekte Kind" zu gewinnen und den Menschen, die mit den Kindern verbunden sind, einen Weg zu zeigen, der „trotz aller Schwierigkeiten beschritten werden kann und ungehoffte Aussichten aufscheinen läßt" (Morgenstern 1973, S. 92).

Zusammenfassung

Viele Erkenntnisse, methodische Grundsätze und Materialangebote von Milan Morgenstern geben neben den klassischen Arbeiten von Itard, Séguin und Montessori Hinweise für die heilpädagogische Praxis. Dabei ist die von Milan Morgenstern geforderte „rasche Materialassoziation" und „Werkzeuggeschicklichkeit" der HP Voraussetzung aller heilpädagogischen Arbeit. Sie besteht hauptsächlich darin, „dem Kind in geeigneter Weise Material zur Betätigung in die Hände zu geben" (Morgenstern 1972, S. 27). Wesentlich ist für Milan Morgenstern das Zusammenbringen von Kind und Material in der geeigneten Situation.

Seine Prinzipien gelten auch in der HPÜ:

- Für jede Begegnung mit dem Kind wählt die HP ein Thema aus, das dem Entwicklungsstand des Kindes entspricht.
- Aufgaben zum Thema müssen im Bereich der jeweiligen Möglichkeiten liegen, damit ein erster Erfolg leicht zustande kommt.
- Die HP muss diesen Erfolg dem Kind sehr stark zum Bewusstsein bringen.
- Während das Kind zu bestimmten Beschäftigungen angeleitet wird, sollte in keiner Weise ein Zweifel an der Möglichkeit des Gelingens ausgedrückt werden.
- Die Auswahl verschiedener Materialien und Mittel entscheidet das jeweilige Kind.
- Die vielfältigen Inhalte und Betätigungen zu Anfang bahnen den Kontakt an und bauen „Ermüdungserscheinungen" vor. „Auch deshalb führt man, wenn möglich, Verschiedenstes von Anfang an an das Kind heran, das dann in den nächsten Stunden als bereits bekannt begrüßt wird" (Morgenstern 1973, S. 24).
- Die HP muss dem Kind Geduld einräumen, Verständnis und Hilfe gewähren. „Ruhiges Beobachten, gründliches Forschen und richtiges Erkennen einer kindlichen Haltung schützt vor Irrwegen, Zeitverlust und Energieverschwendung auf beiden Seiten und liegt bereits auf dem Weg der Arbeit" (Morgenstern 1973, S. 88).

Geradezu überraschend zeitgemäß erscheint seine Forderung (die auch für die HPÜ gültig ist): Die HP darf und muss bei ihrer „gesamten Arbeit mit einem Kind ein Ziel haben", aber sie „muss jederzeit bereit sein, es auch fallen zu lassen, wenn darüber der positive Kontakt mit dem Kind verloren gehen könnte" (Morgenstern 1973, S. 30).

Nach der Abhandlung verschiedener Übungsvorschläge kam Milan Morgenstern zu einer wichtigen Feststellung, die auch in der HPÜ weitgehend gültig geblieben ist: „Viele Erfolge heilpädagogischer Arbeit verdanken ihren Ursprung der Tatsache, daß die Behandlung zur Zeit der größten Bildungsfähigkeit, also beim Kleinkind, einsetzte" (Morgenstern 1973, S. 91).

Teil IV Einführung in die heilpädagogische Übungsbehandlung

Die HPÜ versteht sich als eine eigenständige Methode in einem pädagogisch ausgerichteten Konzept der Entwicklungsförderung und Begleitung für Kinder mit Entwicklungsstörungen oder Behinderungen, die in der Regel mit sozial-emotionalen Beeinträchtigungen einhergehen. Sie ist ein Angebot für Kinder, die nicht oder nur brüchig spielen können oder nicht mehr spielen.

Die HPÜ ist gleichermaßen methodisch orientierte Hilfe wie persönliche Begegnung mit dem Kind: Im konzentrierten aufeinander Hinhören und im immer wieder erneuten Sich-aufeinander-Einstellen soll unter Berücksichtigung der individuell unterschiedlichen Möglichkeiten – so wie es die Persönlichkeit des Kindes unter den gegebenen Umständen verlangt – eine systematische, d.h. eine gezielt geplante und ganzheitliche Förderung erreicht werden.

Das Richtziel in der HPÜ, dem alle Nah- und Lernziele untergeordnet sind, ist die Stärkung der Persönlichkeit. Durch ein ausgewogenes Angebot von Übungseinheiten im gemeinsamen Spiel sollen neue Kenntnisse, Fähigkeiten und sinnvolle Verhaltensweisen in Einzel- und Gruppensituationen geweckt, entwickelt und stabilisiert werden. Die HPÜ ist also grundsätzlich auf die Gesamtförderung, d.h. auf die Förderung der sensorischen, motorischen, sozialen, emotionalen, kognitiven und sprachlichen Fähigkeiten, ausgerichtet. Leistungsschwächen unterschiedlicher Ursachen sollen durch ein vielfältiges Angebot an Erfahrungs- und Handlungsmöglichkeiten in der taktil-kinästhetischen, akustischen und visuellen Erfassung und Differenzierung der Umwelt ausgeglichen werden. In dieser ganzheitlichen Ausrichtung steht das kindliche Spiel im Zentrum aller Bemühungen.

Aufgabe der HP ist es, die Eigenart – Einmaligkeit – des betroffenen Kindes zu entdecken und die Planung der Hilfe seiner Persönlichkeitsentfaltung zunehmend anzupassen, die in allen Kontakten unter behutsamer Anleitung anzustreben ist. Die HPÜ ist Hilfe zur Selbsthilfe.

Die Zusammenarbeit mit den Eltern ist integrierter Bestandteil der HPÜ.

1 Anfänge

> „Es verlangt mich von Mal zu Mal meinem Mitmenschen zu danken, selbst wenn er nichts Besonderes für mich getan hat. Wofür denn? Dafür, dass er mir, wenn er mir begegnete, wirklich begegnet ist, dass er die Augen auftat und zuverlässig vernahm, was ich ihm zu sagen hatte, ja, dass er das auftat, was ich recht eigentlich anredete, das wohlverschlossene Herz" (Martin Buber).

Die HPÜ ist eine Methode, die aus den langjährigen Praxis-Erfahrungen im heilpädagogischen Arbeitsfeld hervorgegangen ist und weiter entwickelt wurde.

Als Heilpädagogin übernahm ich, Clara Maria von Oy, 1965 eine Tätigkeit in einem Heim für Menschen mit geistiger Behinderung. Zehn Kinder im Alter von sieben bis zehn Jahren wurden mir zur Betreuung übergeben. Sie waren in der Unterstufe einer im Aufbau stehenden „Heimsonderschule für geistig Behinderte" zusammengefasst. Bei aller redlichen Bemühung um die betroffenen Kinder fehlte der Arbeit eine geplante Zielsetzung, die systematisch verfolgt und am Schluss kontrolliert werden konnte. Es musste also eine methodische Hilfe gefunden werden, die alle Entwicklungsmöglichkeiten des Kindes in einer ihm angemessenen Form auszuschöpfen versuchte. Da es sich um Kinder mit schwerster Behinderung handelte, die in ein damals bestehendes Schulsystem nicht eingegliedert werden konnten, musste die Förderung dort ansetzen, wo die Kinder entwicklungsmäßig standen. Das setzte die umfassende Kenntnis der bisherigen Entwicklung voraus. So las ich die vorhandenen anamnestischen Gutachten. Eine kontinuierlich durchgeführte und schriftlich fixierte Beobachtung der mir anvertrauten zehn Kinder in und außerhalb der Schulsituation und ergänzende Gespräche mit den Gruppenerziehern korrigierten das im Aktenstudium gewonnene Bild und rundeten es vielfach auch ab. Die Förderung erfolgte erst nach einer Zeit der Beobachtung mit einem Mittel, das dem Kind als Übung nicht bewusst werden sollte. Dieses Mittel bot sich im Spiel und im Spielmaterial an.

Da sich inzwischen herausgestellt hatte, dass keines der Kinder spielen konnte, wurde die Spielentwicklung zum ersten Ziel. Das Spiel der nichtbehinderten Kinder galt als Maßstab für die Spielentwicklung der geistig behinderten Kinder.

Mit dem Kennenlernen der Kinder ging der Aufbau einer persönlichen Beziehung zum Kind Hand in Hand.

Die vorbehaltlose Annahme des Kindes in seiner Behinderung – ganz gleich, in welchem Schweregrad sie sich darstellt – ist die erste Voraussetzung für eine nachfolgende wirksame Hilfe. Meine erste Aufgabe bestand also darin, eine tragende Beziehung zwischen dem Kind und mir aufzubauen.

Jeden Morgen begrüßte ich jedes einzelne Kind meiner Gruppe. Ich gab ihm die Hand, nannte seinen Namen und stellte mich mit meinem Namen dem Kind vor. Dabei versuchte ich, wenigstens für einen Augenblick, mit dem Kind Blickkontakt aufzunehmen. Wenn nun alle auf ihren Plätzen saßen, begann ich mit einem Ballspiel. Dieses Partnerspiel hatte kein anderes Ziel, als in spielerischer Form den Bezug zwischen den Kindern und mir und den Kindern untereinander zu stärken.

„Guten Morgen, Angela", dabei rollte der Ball auf Angela zu, die ihn mit einem Gegengruß, soweit sie dazu imstande war, zurückrollte. Der Ball war weich, in leuchtend roter Farbe und so groß, dass die Kinder ihn gut mit den Händen greifen und festhalten konnten. Der Zuruf erfolgte rhythmisch in einer einfachen Tonsequenz, die auch bei nicht vorhandenem Sprachvermögen nachgesummt oder gebrummt werden konnte. Dieses Spiel wurde von den Kindern mit sichtlicher Freude aufgenommen, und es gelang nach kurzer Zeit, das Partnerspiel zwischen den einzelnen Kindern und mir zu einem Gruppenspiel auszubauen.

Um die Kinder aus ihrer Isolation herauszuholen und jedes einzelne in seinem einmaligen Personsein im Unterschied zu den anderen zu stärken, schrieb ich die Namen der Kinder an die Tafel, dazu ihr Geburtsdatum und den Geburtsort. Die Kinder konnten weder lesen noch schreiben. Trotzdem dauerte es nicht lange, bis sie wussten, welche geschriebenen Worte ihren Namen darstellten.

Aus ihren Geburts- bzw. Heimatorten erbat ich mir Prospekte, die ich einzeln vorstellte und neben den Namen des Kindes an die Wandtafel heftete. Ursula, ein zehnjähriges Mädchen mit geistiger Behinderung, die gut artikuliert sprach, konnte sich gar nicht genug wundern. Ihr Gesichtsausdruck erhellte sich, wenn sie auf „ihre" Stadt blickte: „Ursula, du bist in Osnabrück geboren!" Nun wiederholte sie alles, was ich von dieser Stadt erzählt hatte. Und einmal folgte nach einer nachdenklichen Pause: „Und wo ist Ursulas Mama?" Hatte Ursula eine Mama, einen Papa oder eine Schwester? Das Bewusstsein der eigenen Person war verknüpft mit der Frage nach der Familie, die in den meisten Fällen nicht beantwortet werden konnte. Sieben der zehn Kinder hatten außerhalb des Heimes keinen Menschen, der sich in irgendeiner Form um sie gekümmert hätte.

Mit der Einführung des Zeitbegriffs, angefangen bei den vier Jahreszeiten, die besungen, gemalt, ausgeschnitten, geklebt und in der Natur betrachtet wurden, lernten die Kinder ihren Lebensanfang noch besser einzuordnen.

An der Heimsonderschule hatte ich auch Religionsunterricht zu erteilen. Ich versuchte, den Kindern den Begriff des liebenden und beschützenden Gottes zu vermitteln, und erzählte ihnen mit einfachen Worten in kurzen, klaren Sätzen von Jesus, der sich besonders der Hilflosen annahm. Da viele Kinder gar nicht die Möglichkeit hatten, ihre Empfindungen verbal auszudrücken, suchte ich nach einer anderen Möglichkeit des Ausdrucks. Eines Tages forderte ich sie auf, zu malen, was ich erzählt hatte. Dabei fiel mir auf, dass einige Kinder auf den großen Papierbögen rechts oder links ein mehr oder weniger erkennbares kleines Gebilde zeichneten. Das Blatt war bis auf diese kleine Zeichnung leer. Daraufhin gab ich den Kindern Zeichenblätter, die ich mit einer bunten Farbe einrahmte: „Das ist ein Bilderrahmen, das Bild kann bis an den Rand gemalt werden." Ich zeigte den Kindern die Handhabung der Farben und des Papiers in kleinen Schritten auf. Sie hatten zunächst die Möglichkeit, damit zu hantieren nach eigenem Rhythmus. Allmählich wurden die Zeichnungen groß und ausdrucksvoll. Die Kinder fanden eine Ausdrucksmöglichkeit, bei der sie sich mit den Schwierigkeiten der Sprache nicht auseinandersetzen mussten.

Rückblickend kann ich nicht recht unterscheiden, ob die Einübung in die Technik des bildnerischen Gestaltens, die Darbietung der Erzählung in möglichst einfacher bildhafter Sprache oder die Bestärkung jedes Einzelnen, sobald er nur tätig wurde, diese Ergebnisse bewirkt hatten.

Zunächst ist sicherlich die Gestaltung einer Atmosphäre entscheidend, in der sich jeder Einzelne und alle miteinander angenommen fühlen. In diesem Da-Sein mit- und füreinander wurde „Begegnung" immer mehr möglich und für uns alle erfahrbar. Die Bereitschaft der Auseinandersetzung mit der „Auslese der Welt" (Buber 1969, S. 24), die ich zu Anfang an die Kinder herantrug, wuchs stetig und wurde von ihnen jeweils neu, individuell gestaltet und beantwortet.

Ein wesentliches Ziel der HPÜ lag im Anfang in der Vermittlung von Ausdrucksmöglichkeiten, vor allem bei Kindern, bei denen ein Sprachaufbau nicht möglich war.

Die Stärkung des Selbstwertgefühls sollte durch die Einführung des Eigentumsbegriffes unterstützt werden. Alle Kinder erhielten „Besitz". Eine ausrangierte, nun aber selbst bemalte und beklebte Zigarrenkiste, die jedes Kind in seinem Fach in der Schulbank aufbewahrte, barg allerlei Schätze, die verschiedenen Zwecken dienlich waren. Es gehörten dazu: ein Tennisball, Holzstäbchen, eine Rasselbüchse und Klanghölzer. Sie wurden immer dann hervorgeholt, wenn die Kinder einer Entspannung bedurften oder auch zu bestimmten Konzentrationsübungen aufgefordert wurden. Die unergründliche Tiefe des Bankfaches beherbergte neben den üblichen Mal- und Schreibutensilien, die jedem Kind als eigener Besitz zuerkannt wurden, persönliche Gegenstände, die mir und den anderen Kindern verschlossen blieben. Einmal in der Woche, im sogenannten Arbeitsunterricht, wurde von den Kindern diese ureigene Schatztruhe auf den Besitzstand hin überprüft und aufgeräumt, und wenn ich tatsächlich einmal schauen wollte, fragte ich das betreffende Kind und erreichte damit, dass auch mein Besitz genauso geachtet wurde. So lernten die Kinder zwischen „mein" und „dein" zu unterscheiden. Das Eigentum des anderen wurde geachtet und der eigene Besitz bewahrt.

Zu diesem Besitz gehörten auch Topfblumen, die uns der Gärtner überließ. Jedes Kind suchte sich aus einem reichhaltigen Angebot eines Gewächshauses seine Pflanze aus. Sie wurde benannt, ihre Herkunft und Entstehung der Fassungskraft der Kinder entsprechend erklärt. Ein Übertopf, nach eigenen Vorstellungen bemalt, erhöhte die Besitzerfreude. Diese Blumen, die dem Schulraum eine besondere Note gaben, wurden von den Kindern nach Anleitung und in eigener Verantwortung sorgsam gehütet und gepflegt. Langsam gestaltete sich damit die Umwelt der Kinder bunter und fröhlicher. Das trug sicherlich dazu bei, dass sich die Kinder den neuen Eindrücken bereitwillig öffneten. Allerdings ging die Einführung des Eigentumsbegriffes nicht immer so friedlich und fröhlich vor sich, wie die vorausgegangene Beschreibung es vermuten lässt.

Elke, ein zwölfjähriges, cerebral gestörtes Mädchen, war in ihren ersten Lebensjahren in einem Heim für Taubstumme untergebracht, ohne dass man bemerkt hätte, dass sie gar nicht dahin gehörte, weil sie hören und sprechen konnte. Bis zur Verlegung in ein anderes Heim war so viel Zeit verstrichen, dass ein kontinuierlicher Sprachaufbau nicht mehr möglich war. Elke verständigte sich mit lebhafter Gestik und Mimik und mit einer kleinkindhaften Sprechweise. Dass dieses temperamentvolle, vitale, schwarzhaarige Geschöpf aggressive Verhaltensweisen entwickelte, war aufgrund seiner Biographie nur zu gut verständlich. Eines Tages hatte sie, ohne ersichtlichen Grund und ohne dass es bemerkt wurde, einem anderen Kind alle Blüten und Blätter der sorgsam gehüteten Blume abgerissen. Sie lagen verstreut auf der Fensterbank. Mit dem betroffenen Kind war ich über diese Verhaltensweise erschrocken, und da wir nicht wussten, wer die Blume zerstört hatte, gingen wir weiter unserer Tätigkeit nach. Ein Kind fragte mich: „Bist du traurig?" – „Ja." – Auf einmal konnte Elke unsere Trauer nicht mehr ertragen und sie „gestand" ihre Tat. Damit war alle Trauer vorbei. Das Eingeständnis wurde gelobt, Elke stand in Zukunft zu ihren aggressiven Verhaltensweisen, die zunehmend seltener wurden und schließlich ganz verschwanden. Sie versuchte, es wieder gut zu machen, wenn sie im Zorn etwas zerstörte. Von Elke habe ich viel gelernt. Sie hat die vorbehaltlose Annahme, die ihr entgegengebracht wurde, in vielfältiger Weise beantwortet, vor allem durch eine positive Persönlichkeitsentwicklung. Bei Elke ist mir zum erstenmal bewusst geworden, was aus einem Menschen werden kann, wenn er der Zuwendung sicher ist und die Verlässlichkeit einer Beziehung erfährt, aus der er auch dann nicht herausfällt, wenn er „mal" was angestellt hat; wenn er so angenommen und bejaht wird wie er ist, nicht wie er sein sollte.

Es war für mich sehr eindrucksvoll zu beobachten, wie diese zehn Kinder durch persönliche Ansprache langsam aus ihrer Isolation herausgeholt werden konnten und wie jedes einzelne sich zu einer eigenen Persönlichkeit entwickelte. Die Kinder, die zu Beginn verschlossen und schwerfällig waren, ihre Umwelt nicht oder kaum wahrgenommen hatten, wurden nun zu lebhaften, frohen, interessierten Kindern, die an ihre Umwelt – und damit auch an mich – nun viel größere Anforderungen stellten.

2 Das Menschenbild in der HPÜ

Die HPÜ konkretisiert ein bestimmtes Menschenbild und ist damit Ermutigung für die HP, sich in der Begegnung mit dem Kind ihr Menschenbild bewusst zu machen, zu ihm zu stehen und es weiter zu entwickeln. Auch in dieser Aufforderung liegt der wissenschaftstheoretische Anspruch der HPÜ begründet: Die Aufforderung, Handeln und Menschenbild immer wieder zu überprüfen und zu korrigieren, hat eine Dimension, die über die rein handlungsanweisende Ebene hinaus einen allgemeinen Anspruch der Heilpädagogik formuliert.

Vor zu großer Einseitigkeit und Überfrachtung mit ideologischen oder modischen Konzeptionen kann dieses theoretisch orientierte Korrektiv allerdings nicht schützen. Hier sind wieder der einzelne heilpädagogisch tätige Mensch und seine Sensibilität für die angemessene Ausgewogenheit gefordert.

Der HPÜ liegt ein wertgeleitetes Menschenbild zugrunde. Es gehört zu den wesentlichen Leitprinzipien, die subjektive Einzigartigkeit des Menschen anzunehmen und die vieldimensionale und unergründbare Andersartigkeit des Gegenübers nachvollziehen zu wollen.

- In der HPÜ wird von einer prinzipiellen Lernfähigkeit des Kindes mit Behinderung ausgegangen. Es gibt keinen Schweregrad der Behinderung, bei dem sich der Versuch der Entwicklungsförderung und Begleitung nicht mehr lohnen würde – nach dem Motto: „Wir machen uns gemeinsam auf die Suche nach deinen und meinen Möglichkeiten."

- Das betroffene Kind ist eine Persönlichkeit. Diese Überzeugung ist eine bedeutsame Ergänzung zur Überzeugung von seiner Lernfähigkeit. Die HP sucht bzw. respektiert seine Eigenart und Eigenwilligkeit im Spiel – nicht nur im Spiel als Förderung, sondern als Kommunikation zwischen Kind und HP – nach dem Motto: „Ich spüre, sehe und höre dich – unverwechselbar – nur dich. Du bist jetzt mein Mittelpunkt. Ich möchte zunehmend wahrnehmen und erkennen, was du bevorzugst – ablehnst – von mir erwartest an gemeinsamem Erleben, an Hilfestellung, an Impulsen und Rücknahme."

- Wenn Spiel die erste Bildungsform des Kindes ist, die das Kind mit Behinderung ohne gezielte Hilfe nicht für sich in Anspruch nehmen kann, muss versucht werden, mit allen zur Verfügung stehenden Mitteln, ihm zu seinem Recht auf Bildung zu verhelfen – nach dem Motto: „Als HP mache ich mich für deine Interessen stark."

- Dort, wo – „nur noch" – die Erhaltung vorhandener Fähigkeiten gemeint sein kann oder wo der krankheitsbedingte Verfall der Persönlichkeit – „nur noch" – die konkrete Nähe und basale Betreuung durch die HP fordert, antwortet sie auch hier auf die (nonverbalen) Signale des Kindes, auf seine aktuelle Bedürftigkeit, die sie wachen Sinnes erschließen muss. Das Übungselement tritt dann in seiner zentralen Bedeutung zurück oder es erübrigt sich. Das Spielen behält seine Bedeutung: Sich selbst wahrzunehmen, im Miteinander zu sein, bleibt wesentlich für den lebenden Menschen – nach dem Motto: „Ich bleibe dir treu, wir bleiben füreinander da."

- Der Mensch, das jeweilige Kind und seine Möglichkeiten sind Richtmaß und bleibender Auftrag heilpädagogischen Handelns. Es gibt keine unabhängig vom konkreten Kind aufgestellten Lernziele. Die Richt- und Nahziele werden auf die individuellen Fähigkeiten abgestimmt und nicht umgekehrt – nach dem Motto: „Ich hole dich da ab, wo du dich bewegst."

Wenn wir uns durch die Begegnung mit einem Menschen, den wir als geistig behindert bezeichnen, so ansprechen lassen und tatsächlich hören, was er uns zu sagen hat, begreifen wir auch die HPÜ: In der heilpädagogischen Arbeit fällt der Begegnung eine für den Erfolg aller gemeinsamen Arbeit grundlegende Bedeutung zu. Während in der praktischen Arbeit immer stärker die freie und alle Erfahrungsbereiche umfassende Begegnung zweier absolut gleichwertiger Menschen gesucht und gefunden wird, lässt sich die theoretische Frage nach der Berechtigung heilpädagogischen Eingreifens in den Raum einer Persönlichkeit immer weniger eindeutig lösen: „(...) es gibt den anderen, der nicht ist wie ich, und dem dennoch das Seinige zusteht. Der Gerechte ist dadurch gerecht, dass er den anderen in seinem Anderssein bestätigt und ihm zu dem verhilft, was ihm zusteht" (Pieper 1988, S. 21). Hier lässt sich die religiös orientierte Dimension der HPÜ erahnen.

3 Leitbegriffe in der HPÜ

Die bisherigen Ausführungen zum Menschenbild weisen darauf hin, dass sich die HPÜ im Sinne einer philosophischen und pädagogischen Anthropologie versteht. In dieser Ausrichtung wird die Personalität, also die Einmaligkeit, die relative Entscheidungsfreiheit und die mögliche Selbstbestimmung, hervorgehoben. Die zwischenmenschliche Begegnung ist für die Menschwerdung unabdingbar. Die HP hat die Aufgabe, „das Kind in die eigene Art und Initiative freizusetzen; ja es zu ihr anzuregen, in sie hineinzugewöhnen" (Guardini 2008, S. 20).

3.1 Überlegungen zur Be-Handlung

Zum positiven Selbstbewusstsein eines Menschen gehört, sich als handlungsfähig zu erleben. Das meint, sich im Austausch mit seiner sozialen und materiellen Umwelt zu erfahren. Soll dieser Kommunikationsprozess von Beginn an gelingen, müssen insbesondere die Verarbeitungsprozesse des taktil-kinästhetischen Sinnessystems den Aufbau „innerer Bilder" (außenbezogenes Bewegungshandeln wird über Wiederholung verinnerlicht) ermöglichen, die eine eindeutige Aussage machen und die gesichert gespeichert sind.

Gleichzeitig müssen sie – je nach aktueller Situation – zeitangemessen und in Variation als Antwort in Aktion treten (Entwicklung und Einsatz von koordinierten Handlungsplänen).

Für das Individuum müssen seine Aktionen und Reaktionen Sinn machen: Es entscheidet sich, etwas tun zu wollen!

Diese intentionale/gezielte Auseinandersetzung mit sich selbst und der Umwelt nennen wir *Handlung*. Sie hat immer einen konkreten inhaltlichen und instrumentellen Aspekt und eine affektiv/ emotional-soziale Seite.

Das Guck-Guck-Spiel

Zwischen Mutter und Kind entwickelt sich von Anfang an ein exklusiver Spiel-Dialog, der sich zunehmend differenziert und es dem Kind ermöglicht, sich aus der Dyade langsam zu lösen und Beziehungswünsche, die sich an weitere Personen richten, spielerisch zu gestalten.

Hier hat das Guck-Guck-Spiel eine zentrale Bedeutung. Etwa ab dem 7. Monat wird die Mutter die Zudecke des Kindes so bewegen, dass sie in kurzen Intervallen für das Kind verschwindet – und wieder auftaucht – gerade so kurzfristig, dass das Kind diese Aktion lustvoll erlebt. Mit der Zeit wird es von sich aus aktiv dieses Spiel imitieren, es selbst „in die Hand" nehmen: Ich bin da – weg!

Das wird etwa im 8.-9. Monat sein. Dann hat das Kind die – noch labile – Objektkonstanz erreicht, die sich nun über viele Handlungswiederholungen stabilisieren muss. Etwas ist weg und doch da. Über die taktil-kinästhetische, die visuelle und akustische Wahrnehmung werden außerdem Raumorientierung, Bewegungsrichtung, Form- und Objektkonstanz, Figur-Hintergrund-Unterscheidung, Kraftdosierung, Nachahmungsverhalten und Regelverständnis aufgebaut.

Dieses Spiel hat auch eine emotionale Dimension für das Kind: Ich muss die oft schmerzvoll erlebte Abwesenheit der Mutter nicht nur passiv erleiden, sondern kann sie selbstbestimmt hervorrufen, aushalten und beenden. In der Wiederholung bestätige ich mich selbst in Beziehung. Das Experimentieren mit dem Spannungsbogen von Verlustangst und Glück des Wiederfindens bewirkt eine emotionale Balance. Die Ich-Du-Wir-Vergewisserung in diesem Spiel differenziert und stabilisiert sich.

Schon die basalen (primären) Handlungspläne des Kindes haben Merkmale einer intensiven emotional-sozialen Bezogenheit, ohne die eine weitere Ausbildung von Kompetenzen kaum vorstellbar ist: Einerseits braucht dieser Prozess in seiner Umweltbezogenheit zunehmende, sich differenzierende instrumentelle Fähigkeiten und Fertigkeiten, die sich auf ein äußeres Objekt (Mensch, Sache) beziehen; gleichzeitig ist dieser aktiv gestaltete Prozess der Aneignung von „Welt" (etwas sich zueigen machen, hand-haben können) notwendig auf einen sozialen Bezug angewiesen.

Autonomie-Erfahrung und emotionales Gebundensein an eine Bezugsperson schaffen über gelingende Absicherungen Gewohnheiten und Verhaltensregeln im Miteinander. Handlungssicherheiten entstehen und schaffen damit emotional wirksame Entlastungen, die Energie für weitere Lernprozesse freisetzen (vgl. Piaget, 1969, S. 270).

Handeln können setzt voraus, dass Materialien, Personen, Befindlichkeiten und Situationen ("Objekte") für das Individuum (Kind) eine *Bedeutung* erlangt haben, die veranlasst, dass das Individuum verändernd, gestaltend – also gezielt aktiv wird. Auf der Basis früher, vorrangig somatisch bestimmter Eindrücke von sich (Un-)Wohlfühlen erhält ein „Objekt" durch das sich ausbildende und sich differenzierende Signal-Verständnis beim Kind eine spezifische Bedeutung. In der Phase der intermodalen Wahrnehmung – ausgelöste Effekte sind angenehm/unangenehm – beginnt das Signalverständnis, setzt sich fort und differenziert sich in der serialen und intentionalen Wahrnehmung bis hin zum abstrakt orientierten Symbolverständnis. Signal- und Symbolverständnis ermöglichen die Entschlüsselung komplexerer Inhalte, die gleichermaßen emotional-sozial wie kognitiv besetzt sind. Die Analyse und damit die Bedeutungsgebung durch das Kind sind wiederum geprägt von den bisherigen Erfahrungen und damit vom subjektiv geprägten aktuellen Erkenntnis-Stand.

Beispiele

Ein Kind erlebt Zuwendung durch seine primäre Bezugsperson nur dann, wenn es erheblich stört: einseitiges Bewusstmachen von Störfaktoren, Entzug von Essen, von Vergünstigungen. Die elterlichen Signale – Stöhnen, Distanzieren, Anschreien, Strafaktionen – werden entschlüsselt als Liebesverlust und gleichzeitig als einzig mögliche Form, elterliche Zuwendung zu erfahren – und vielleicht in einem Atemzug – die Bezugsperson machtvoll zu strafen, die es gerade noch seine Ohnmacht als aussichtslos spüren ließ. Der Teufelskreis schließt sich.

Dieses Kommunikationsmuster wird äußerst schmerzhaft für das Kind (auch für die Bezugsperson) sein, dennoch hat es keine Handlungsalternative entwickeln können, die auf der Suche nach Beziehung und emotionaler Verortung als gleichwertiger Ersatz hätte Bedeutung erlangen können.

Alex ist ein korrigiert 4;1 Jahre altes ehemaliges Frühgeborenes der 24. SSW mit einer globalen Entwicklungsstörung und starken Sehbeeinträchtigungen. In seinem Spiel kann eine für ihn typische Exploration der Spielmaterialien beobachtet werden. Alle neuen Gegenstände nimmt er zunächst in die rechte Hand und tickt mit den Fingern der linken Hand dagegen, so dass er eine Schwingung erzeugt und Geräusche produziert. Diese Handlung hat für ihn eine Sinn-Bedeutung. Da ihm die visuelle Information aufgrund der Sehbeeinträchtigung nicht ausreicht, scheint er sich über taktil-kinästhetische Spürinformationen und über akustische Reize mit dem Material, dem Gegenstand vertraut zu machen. Sein Explorationsverhalten beinhaltet aber auch die Tendenz zur einseitigen Wiederholung, so dass die Gefahr besteht, dass er seinem Tun verhaftet bleibt.

An den Beispielen wird vielleicht auch deutlich, dass sich Handlungsabläufe zwar im positiven Sinn zur Entlastung der Person automatisieren, gleichwohl diese Internalisierung und Automatisierung die Person auch erheblich belasten können, da sich das eingefahrene Verhalten nur schwer stoppen und verändern lässt (> Fallbeispiele Leon von Joanna Roman und Sam von Sarah Gollan).

Assoziation: Hand-lung ⇐ Hand
H. Kükelhaus spricht von der „geistgelenkten Hand" (Krawitz 1996). Das Hand-Hand-Zusammenspiel macht über das Spüren, Greifen – Begreifen möglich. Die Hand als Werkzeug setzt Spuren: sie formt die eigene Identität und verändert (be-handelt!) die materielle und personale Umwelt. Es lässt sich in diesem Sinn auch formulieren: den Geist in beide Hände nehmen.
Noch einmal sei unterstrichen, dass diese aktiv gestaltende Auseinandersetzung zwei gewichtige Dimensionen hat:

- personbezogen
  Im Bewegungsausdruck äußert sich eine emotional-geistige, personale
  Kraft (Sand rieseln lassen, Spuren ziehen, Sandklumpen formen, pressen zermatschen, aufbauen ...).

- sozialbezogen
  Dieser Vorgang gelingt nur im dialogisch gestalteten Erkenntnisprozess:
  Wahr*nehmen* und wahr*geben* bedingen einander, sie gehören unlösbar zusammen.

Das Kind mit einer Behinderung, mit mehrfach bedingten Begrenzungen und/oder erheblichen emotionalen Beeinträchtigungen erlebt sich immer wieder – oder auch andauernd – in seinen Handlungsmöglichkeiten brüchig und unverstanden. Das gilt besonders für das Kind mit geistiger Behinderung: Der Aufforderungscharakter der Gegenstände, der an Bedingungen geknüpft ist, die das betreffende Kind nicht ausreichend in ihrem Zusammenhang entschlüsseln und damit verstehen kann, bleibt dann reduziert oder auch blockiert. Die von der Umwelt gesetzten „Realitäten" werden bedrohlich erlebt: Sie bleiben in ihrer inhaltlichen Aussage für das Kind „verschlüsselt" und können für alle Beteiligten nicht befriedigend beantwortet werden. Für das Kind mag nur noch eine Handlungsalternative bleiben: Der beschämende, angstvolle Rückzug – mit Einfärbungen von Aggression (auch Autoaggression), von Resignation und Dauerpassivität. Die notwendige, eindeutig positive Bestätigung „Ich kann etwas Anerkanntes" bleibt dann oft genug aus; das Ausbleiben schafft weitere Selbstwertprobleme und damit zusätzliche emotional-soziale Beeinträchtigungen. Der Teufelskreis schließt sich.

Handlung im entwicklungspsychologisch-pädagogischen Verständnis meint nicht nur eine absichtsvolle Tätigkeit, sondern sie gilt auch als „Motor" der Weiterentwicklung von instrumentellen, emotional-sozialen und kognitiven Fähigkeiten und Fertigkeiten.

Im landläufigen Sprachgebrauch werden diese beiden Begriffe nicht immer eindeutig voneinander unterschieden. In der Literatur lassen sich folgende Unterscheidungen finden: Fähigkeiten umschreiben das grundsätzliche Vermögen, die aktive Potenz = das Potential einer Person. Fähigkeiten sind angeboren. Wir sprechen z.B. von motorischen Fähigkeiten, Wahrnehmungsfähigkeiten und geistigen Fähigkeiten, die in ihrer Qualität unmittelbar abhängig vom Sinnesapparat sind. Fähigkeiten sind die genetisch verankerte Voraussetzung von Fertigkeiten (Kompetenzen, Qualifikation). Fähigkeiten brauchen ihre Reifungs-/Entfaltungszeit auf der biologischen Ebene, um strukturell und funktional wirksam zu werden.

Fertigkeiten sind das Produkt von genetischer Ausstattung und Umweltfaktoren, die beide Bereitschaften schaffen, sich etwas anzueignen und zu differenzieren; das heißt: etwas zu beherrschen, das in unterschiedlichen Szenerien situationsgerecht variiert werden kann. Fertigkeiten – als Ergebnis von emotional besetzten Lern- und Übungsprozessen – bestimmen die Qualität von Handlungen. Sie – die Fertigkeiten – sind konkrete Merkmale von

Verhalten und als solche unmittelbar beobachtbar. Dagegen werden die Fähigkeiten einer Person aus ihrem äußerlich sichtbaren Verhalten erschlossen/interpretiert.

> Ein Beispiel:
>
> In einer Psychomotorik-Gruppe bewegt sich der 5-jährige Moritz verlangsamt, er wirkt unbeholfen und lustlos – wie ein „nasser Sack", während alle anderen Kinder lustvoll eine Wehrburg bauen, um sich vor dem Feind zu schützen.
>
> Moritz verfügt durchaus über motorische, visuelle und akustische Fähigkeiten. Im Einzelkontakt hat er auch die Fähigkeit, Leistung zu erbringen. Jedoch haben Brüche in seiner Wahrnehmungsentwicklung verhindert, bestimmte Fertigkeiten zu entwickeln. Über vielfältige, lustvoll immer wieder agierte Bewegungsmuster lernt er, sich zielgerecht und tempoangemessen im Raum zu bewegen und rasch Arbeitsaufträge zu erkennen, die nun im sozialen Verbund realisiert werden sollen.

keiten, die Anteile von Fertigkeiten zeigen. So wird z.B. die Orientierungsfähigkeit sich aus folgenden erworbenen Teilfähigkeiten entwickeln: Selbstwahrnehmung (Körperimago und Körperschema), Figur-Grund-Wahrnehmung, Raumorientierung, Zeitorientierung.
Noch einmal:
Konkrete Erfahrungen führen im Zusammenspiel von *Anlagefaktoren* (z.B. Zahl der Nervenzellen, anteilig: hirnorganische Strukturen, konstitutionelle Faktoren, Dispositionen zur Bindungsfähigkeit, zum Erlernen von Sprache) und *Lebenskontexten* (z.B. Angebote, Anforderungen, Ansprüche des Individuums an seine Selbstrealisierung) zu erworbenen Fähigkeiten und Fertigkeiten unterschiedlicher Qualität. Diese misst sich am Ausmaß der gelungenen Anpassung an äußere Anforderungen, an eigene Ansprüche und an der Ausprägung der Integration aller Fähigkeiten und Fertigkeiten untereinander.

Basale Fähigkeiten und Fertigkeiten, die eine komplexe Handlungsfähigkeit ermöglichen (= spielen-können):

- Erworbene Willkürmotorik ermöglicht es, sich lustvoll in Bewegung und Beziehung zu erleben (d.h. nach H. Kükelhaus: leibunmittelbare Auseinandersetzung mit der Welt).
- über den Dreierschritt „Aufmerken – Fixieren – Verweilen" (> Teil III, 2.4) Bewegungskoordination, Raumorientierung, Objektkonstanz, angemessene Kraftdosierung beherrschen
- Figur-Hintergrund-Unterscheidung als Basis von Imitationsverhalten
- erste einfache seriale und intentionale Handlungen des Erkundens und Experimentierens; auf etwas Einfluss nehmen können; sich als Urheber von Veränderungen erleben.
- Signale wahrnehmen und interpretieren, speichern, abrufen können
- Abstraktionsleistungen: erstes Symbol-Verständnis, erstes Zeitverständnis (Wenn-dann-Beziehungen)
- Ich – Du; Ich – Material-Unterscheidung: Interaktions-/Kommunikationsfähigkeit
- Über die Objektkonstanz Wiederholung von einfachen Abläufen, die vertraut, internalisiert und automatisiert werden.
- Gewohnheiten ausbilden
- Reihen bilden können: Ein Tun hat einen Anfang, einen Zwischenteil und ein Ende. Zusammenhänge erkennen und in der Wiederholung erneut auslösen und variieren können.
- Planung von einer einfachen Tätigkeit, die handlungsleitend Struktur schafft und zu einem Produkt/Werk führt.
- Bedingungen von Veränderung erkennen und sich darauf einstellen: umschalten können – sich anpassen; Anpassung als (situative) Handlungsänderung (Akkommodation als aktive Tätigkeit).

Aufgabe der Heilpädagogin

Spiel ist Handlung, für deren Gelingen das Kind mit einer (geistigen) Behinderung unterschiedlich ausgeprägte Hilfestellungen braucht, die seine vorhandenen Fähigkeiten und Fertigkeiten ergänzen, stabilisieren und differenzieren.

Die Heilpädagogin wird:

- äußere und innere Bedingungen schaffen, die es dem Kind ermöglichen, seine Spielkompetenzen lustvoll einzusetzen und zu zeigen: Nähe zu sich selbst und zum Gegenüber lebendig werden lassen (überschaubarer, gleichbleibender Raum; vertraute, auffordernde Spielmaterialien; anschaulich-einfache Sprache der HP);
- dem Kind Gelegenheiten anbieten (Zeit, Raum, Material, Signalsetzung), sich selbstwirksam zu erleben: „Ich kann etwas und das wird anerkannt. Ich kann auswählen, etwas entscheiden; ich kann Effekte setzen, etwas verändern" (erst funktional – später symbolisch-gestalterisch);
- vorhandene wie sich anbahnende Fähigkeiten/Fertigkeiten in die Wiederholung (Übung!) nehmen, damit sie sich automatisieren und Differenzierungen ermöglichen (siehe: innere Bilder klären), auch: etwas einschätzen lernen, planen können; Gewohnheiten entstehen lassen;
- in Wiederholung das Erlebnis schaffen: „Das bin ich mit dem, was ich kann/ nicht kann; das bin ich im Austausch/ in Beziehung mit meinen Setzungen und mit denen meines Mitspielers" (sich vergleichen – sich durchsetzen – nachgeben – miteinander Kompromisse suchen/finden, sich in das Gegenüber einfühlen können).

Deutlich wird:

Parallel zum handelnden Kind handelt auch die HP in komplementärer Weise. Sie muss die bisherigen Handlungsmuster des Kindes kennen und vertieft verstehen wollen (die aktuellen Spielkompetenzen und Spielthemen auf dem Hintergrund von biografischen Bedingungen, Ressourcen, Resilienz- und Risikofaktoren > Teil I, 3.2). Die HP muss diese gewachsenen Muster in ihr Angebot für das Kind aufnehmen (Vertrautheit schaffen) und individualisiert portionsweise neue Handlungsabfolgen einbauen.

> Ein Beispiel:
>
> Das Kind spielt begeistert mit der Formbox, in die es immer wieder runde Formen zielsicher in runde Öffnungen steckt. Versuche mit anderen Formen scheiterten bisher. Andere Formen lässt es inzwischen aus und es erscheint so, als ob es in seinem Spiel mit den runden Formen aus einer Fixierung nicht herausfindet.
>
> Für das Kind mag der Sinn seiner Tätigkeit darin liegen, dass es etwas werfen kann, das einen akustischen Effekt produziert und weg ist. Die veränderte Form fordert verändertes Vorgehen (aufmerken, fixieren, verweilen, umschalten), das an differenzierte Objektkonstanz und Figur-Hintergrund-Wahrnehmung gebunden ist, aber viel vom vertrauten Sinn beibehält.
>
> Die HP wird hier die Balance finden müssen, dem kindlichen Interesse an der vertrauten Handlungsgestalt – festhalten, zielen, werfen, Krach, weg! – Raum zu geben und gleichzeitig die Aufmerksamkeit des Kindes zu wecken für differenzierende taktile und visuelle Kontrolle, um die Unterscheidung: rund zu rund – eckig zu eckig – spannend zu erleben.

Festhalten lässt sich:

Das Kind und die HP befinden sich in einem Spiel-Raum, in dem sie miteinander handeln und in konstruktiver Auseinandersetzung aufeinander einwirken. Es ließe sich auch formulieren: Sie behandeln sich gegenseitig! Immer hat das Tun oder Nicht-Tun des Kindes unmittelbare Auswirkungen auf die Aktionen der HP, die beständig achtsam nach Möglichkeiten sucht, mit dem Kind in Beziehung zu kommen/zu bleiben. Sie wird ihr Verhalten ausrichten nach ihrer aktuellen Einschätzung der Signale, die vom Kind ausgehen.

Ihre Zielsetzungen/Planungen und die sich daraus ergebenden (vorbereiteten) Spielangebote sind wichtig, um ihr eine fachliche Orientierung zu geben. Ihre didaktisch-methodische Vorbereitung wird in der Wirklichkeit der lebendigen Begegnung jedoch sekundär, wenn das Kind – jetzt – einen anderen Handlungsweg einschlägt, der für das Kind nun Sinn macht. Die HP wird sich anbieten, mitgehen – folgen zu dürfen. Dort, wo das Kind die Führung der HP braucht, wird sie ihm die *Hand* reichen in aufmerkender Zugewandtheit (Das bist du – unverwechselbar).

Sie wird die Hand (oder auch das Kind) so halten,
- dass das Kind sie spürt,
- dass es sich selbst eindeutiger wahrnimmt und sich seiner selbst vergewissern kann: „das bin ich – das bist du – das sind wir".
- dass es einen Impuls spürt, der ihm zu der Entscheidung hilft: „Jetzt beginnen wir (wieder) zu spielen".
- Die HP wird die vielleicht verkrampfte Hand des Kindes ausstreichen. Sie wird ihm ein Material in die Hände geben, damit es Spürinformationen sammeln kann und zum Erkunden und Experimentieren angeregt wird.

In diesem pädagogisch-subjektivierenden Sinn wird der Begriff „Behandlung" verstanden. In einem Handlungsprozess des Miteinanders wird die taktile und haptische Kommunikation für das Kind wie für die HP immer wieder eine vorrangige Bedeutung haben.

Dieser gemeinsame Austausch wird – den wachsenden Kompetenzen des Kindes mit einer (geistigen) Behinderung entsprechend – zunehmend Anteile entwickeln, die ein *Aushandeln* ermöglichen. Gemeint ist ein aktives Sich-auseinander-Setzen und Wieder-zueinander-Finden. Das setzt voraus: Kind und HP haben jeweils einen eigenen Standpunkt zu einer „Sache", Frage oder einem Wunsch/Interesse. Beide möchten ihre jeweiligen Vorstellungen von den Ansichten des anderen überprüfen, klären, konkretisieren. Das geht nur über eine gewisse ad hoc-Distanzierung zu den eigenen aktuellen Bedürfnissen wie zu den spontan wahrgenommenen Interessen des anderen, um verändert, versachlicht und „neu" auf das Gegenüber und auf sich selbst zu schauen. Das Verhältnis zueinander steht dabei im Mittelpunkt! Es klärt sich in der gemeinsamen Suche nach einer (Handlungs-)Antwort, die für beide gelten kann. Ein gemeinsamer „neuer" Stand-Punkt wird nur über/in Bewegung möglich: sich verweigern können – dabei in Beziehung bleiben (das „zieht" und ist darum – manchmal schmerzhaft – zu spüren!) – sich drehen/wenden – abwägen/ausbalancieren – entscheiden – die eigene Ursprungsgestalt halten und zum Teil loslassen – etwas Verändertes/Neues festhalten für sich selbst und mit dem anderen: Ich wollte – du wolltest – wir wollen jetzt gemeinsam ..., weil wir füreinander etwas bedeuten (vgl. Kobi 2004, S. 88).

Im Förderkonzept (> Teil V) der HPÜ versteht sich das Behandeln als Miteinanderhandeln, als ein Aufeinander-Einwirken im Rahmen verstehender Sinnkommunikation (vgl. Derbolav 1987, S. 50).

Diese Ausführungen zeigen auch, dass pädagogisches Handeln immer getragen sein muss von Verantwortung.
Verantworten ist ein Handeln: Willentlich werden Verbindungen hergestellt über Sprechen – Rufen – Fragen – Horchen – Suchen – Finden – Antworten (= gegen-worten) im Geben und Nehmen. Deutlich wird: Verantworten ist etwas Dialogisches; es geschieht im Miteinander-Gestalten von Beziehung.
Verantwortung ist gebunden an die innere Autonomie des einzelnen Menschen und ausgerichtet auf ein Gegenüber und dessen Autonomie. Die Formulierung „Verantwortung *tra-*

gen" zeigt einerseits die gewichtige Bedeutung dieses Begriffs auf und andererseits wird hier deutlich, dass Verantwortung gelebt werden muss als konkrete Handlungsethik. Gelebte, professionell verortete Verantwortung erwächst aus konkreten Fähigkeiten und Prinzipien und bestimmt sie zugleich: zu sich selbst auf Abstand gehen können und Distanz zu einem Geschehen aufnehmen können, um sozial-emotional und kognitiv einen Ausschnitt oder etwas Ganzes zu betrachten und wertend zu beurteilen. Nur so kann eine Ordnung entstehen und eine für alle im Prozess Beteiligten gemeinsame (neue) Ausrichtung gefunden werden. Angesprochen seien hier die reflexive, die instrumentelle und die soziale Kompetenz der HP, beispielsweise:

- die Bereitschaft der HP, sich selbst Fragen zu stellen und sie zu beantworten (z.B. Beziehungsqualität, Authentizität)
- die Bereitschaft der HP, Kolleginnen und Eltern unbequeme Fragen zu stellen, die den aktuellen Arbeitsprozess weiterführen können; Übereinstimmungen – Unterscheidungen im Sachverhalt und im Wertekanon konkretisieren
- offen bleiben für die Wirklichkeit der Klientel: Arbeitshypothesen im Verlauf des gesamten Arbeitsprozesses fragend überprüfen; die Möglichkeit des Irrtums, der eigenen „Sackgasse" ernst nehmen
- wachsam bleiben im Einschätzen von Nähe und Distanz als haltgebendes Element. Welchen Impuls in welcher Ausprägung braucht mein Gegenüber jetzt durch mich – durch jemanden anders? Braucht mein Gegenüber aktuell eine Beschleunigung durch eine gezielte Anregung/Aktion durch mich – oder bin ich es, die mehr Tempo braucht, weil die Geduld des unerlässlichen Zuwartens gerade nicht mehr reicht?
- Erlebt mein Gegenüber mein Inter-esse an ihm, meine Empathie, mein Neugierigsein auf seine individuelle Geschichte, auf seine ihm mögliche Bewältigung von Lebensaufgaben und auf seine Gefährdungen, auf seine subjektiv empfundene und gelebte Lebensfreude und auf seinen Lebensschmerz?

Hier offenbart sich eine Schnittstelle: Handeln (in Verantwortung) ist nicht nur ein aktives, äußeres Tun, sondern meint immer auch das Innehalten und Geschehenlassen (P. Moor – innerer Halt). Kobi formuliert das so: „Tun ist wichtig, aber Geschehenlassen ebenfalls (gemeint ist damit das Nicht-Tun, nicht das Nichts-Tun; im kleinen „s" liegt der Unterschied!)" (Kobi 1998, S. 72).

Ergänzt sei: Das Nicht-Tun lebt vom Wachsamsein, vom Respekt, vom Mitschwingenkönnen – das Nichts-Tun von der Ideenlosigkeit und Gleichgültigkeit.

Ein Letztes – aber Beständiges: Durchdrungen und getragen wird pädagogische Verantwortung in ihren Tiefen von der Anbindung an einen gelebten Werte-Kanon, der eine religiösspirituelle Dimension einschließt.

3.2 Überlegungen zur Übung

Der Mensch kommt durch Übung – und nur durch Übung – zur vollen Entfaltung und Erfüllung seines Lebens. Er bleibt ein Leben lang ein Übender und erstarrt, sobald er aufhört zu üben. Er kann nur in einem beständigen Üben sein Können erwerben und erhalten: „Wenn wir das wahre Leben des Menschen mit dem Begriff der inneren Freiheit bezeichnen, dann ist die Übung der Weg – und zwar der einzige Weg – auf dem der Mensch durch eigene Anstrengung zur inneren Freiheit gelangen kann" (Bollnow 1991, S. 12).

Übungen sind also nicht nur auf den Erwerb eines bestimmten Könnens ausgerichtet, sondern sie bewirken zugleich eine innere Wandlung im Menschen: den Durchbruch durch die Zerstreutheit des Alltagslebens in der gesammelten Hingabe an das Tun.

Wenn es gelingt, die Freude am Üben zu wecken, so eröffnet sich auch ein Weg zur inneren Freiheit. Tatsächlich ist die Übung der einzige Weg, auf dem wir Menschen durch eigene Anstrengung zu Gelassenheit und zu innerer Freiheit gelangen können.

Die durch Übung erworbene engagierte Gelassenheit ist Voraussetzung für die HP bei der Durchführung der HPÜ. Auch für sie gilt: Nur im ständigen Üben erfüllt sich das menschliche Leben, erhält es sich auf der Höhe seines eigenen Seins und erreicht eine höhere Daseinsform.

Übung ist hier also nicht nur als Vorbereitung auf ein einzuübendes Können in der HPÜ zu verstehen, sondern die jeweilige Übung bedeutet in sich selbst schon eine nicht zu überbietende Erfüllung des Lebens, sowohl für den, der die Übung anbietet, als auch für den, der sie ausführt. Damit bleiben beide – die HP und der Mensch mit Behinderung – lebenslang Übende und behalten so die Lebendigkeit und Frische ihres Lebens. Erinnert sei in diesem Zusammenhang an Schleiermacher (um 1800), der im Spiel und seiner Wiederholungstendenz gleichzeitig die „Erfülltheit des Augenblicks" und die „Vorbereitung auf die Zukunft" gesehen hat (vgl. Gröschke 1997, S. 233).

Über die seelische Verfassung beim Üben lässt uns Bollnow nicht im Unklaren: Die Vorbedingung für den Erfolg des Übens sind selbstvergessene Hingabe, Anspannung des ganzen Menschen, gelöste Seelenverfassung, ein Zustand stiller gesammelter Heiterkeit (vgl. Bollnow 1991).

Die Notwendigkeit der Übung ergibt sich dort, wo das Kind zur Spielfähigkeit geführt und diese entwickelt werden muss. Hier werden die Übungen bewusst zur Einübung bestimmter Fertigkeiten eingesetzt. Die HP unterbricht u. U. ein stereotyp gewordenes Tun des Kindes, um sich in reflektierter Haltung den einzelnen Spielhandlungen zuzuwenden.

Ein schon vorhandenes Können wird als Ansatzpunkt aufgenommen und unter Berücksichtigung der vorhandenen Möglichkeiten dieses Kindes weiter entwickelt. Im Spiel wird also die Einzelfunktion geübt, um sie, wenn sie gekonnt ist, wieder in die Gesamthandlung aufzunehmen. Der Übungseffekt geschieht bei allen Kindern in den verschiedenen Formen des Spiels, vom einfachen Kinderspiel über die Wettkampfspiele auf sportlichem Gebiet bis hin zum Spielen der Musikinstrumente. Denn zum Spiel gehört die Wiederholbarkeit: dass das gleiche Geschehen immer wieder von vorn beginnen und neu durchgeführt werden kann. Dabei bilden sich ganz natürlich die zum Spiel benötigten Fähigkeiten aus und das Spiel gewinnt eine immer größere Vollkommenheit. Darum hat man auch in der Pädagogik von alters her das Spiel in den Dienst der Einübung lebensnotwendiger Fähigkeiten gestellt.

Im Spiel können sich motorische, sozial-emotionale und kognitive Kompetenzen entwickeln. Den Übungen den langweiligen und ermüdenden Charakter zu nehmen, ist Aufgabe der HP: Statt langweiliger Wiederholungen sollen die einzuübenden Fertigkeiten mit immer neuen Spiel-Material-Angeboten – durch rasche Materialassoziation (> Teil III, 9) der HP und die von Milan Morgenstern geforderte Werkzeuggeschicklichkeit – lebendig, erfrischend, fröhlich und mit einer gewissen Leichtigkeit durchgeführt werden.

Es ist durchaus möglich, die Übung so zu verstehen, dass ohne alle von außen herangebrachte Motivation schon die Tätigkeit des Übens als solche Freude macht – und dem Kind als solche im Spiel gar nicht bewusst wird (vgl. Bollnow 1991, S. 38 ff.).

Sich entwickeln und lernen können ist für den Menschen eine bedeutungsvolle Fähigkeit, die so wesentlich zum Menschsein gehört, dass Gröschke sie zu den Grundphänomen personaler Existenz zählt (vgl. Gröschke 1997, S. 185 ff.).
Der Begriff „Entwicklung" spricht vornehmlich prozesshaft sich entwickelnde, stabil gewordene Veränderungen im Erleben, Verhalten und Denken einer Persönlichkeit in ihrem Lebenslauf an.
Der Begriff „Lernen" meint eher kurzzeitige Änderungen auf der Ebene des Verhaltens: neuartige Antworten des Individuums auf aktuelle Bedingungen. Diese Antworten haben sich im weiteren Einsatz instrumentell und emotional bewährt und werden (dauerhaft) in das vorhandene Potential der Persönlichkeit übernommen. Die (frühesten) Lern- und Entwicklungsmöglichkeiten des Kindes sind an grundlegende Bedürfnisse und Bedingungen geknüpft:

Bindung und Exploration
Der Säugling zeigt zum eigenen Schutz ein Bindungsverhalten. Er sucht aktiv nach Versorgung und Nähe (Bowlby). Dieses Signalverhalten muss von der primären Bezugsperson feinfühlig beantwortet werden (Ainsworth). Feinfühligkeit meint die sofortige, dem Kind angemessene, eindeutige Reaktion des Erwachsenen. Die Gestaltung von leibunmittelbarer Nähe und abwartender Distanzierung – das (Fest-)Halten und (Los-)Lassen – muss die Bezugsperson für das individuell unterschiedlich erlebende und agierende Kind emotional ausgewogen und angemessen gestalten.
Das befriedigte Bindungsverhalten des Kindes gibt ihm Sicherheit und ermöglicht sein Explorationsverhalten. Diese aktive Erkundung (Spielverhalten) gelingt dem kleinen Kind nur optimal, wenn es sich jederzeit der schützenden Bindung vergewissern kann.
Das kontinuierliche Erfahren von positiver Bindung und erfolgreicher Exploration schafft die Voraussetzung der Weiterentwicklung von Fähigkeiten und des Lernens von Fertigkeiten, die dazu führen, Autonomie in sozialer Bezogenheit leben zu können.
Forschungsergebnisse der Neurobiologie bestätigen bisherige Aussagen der Entwicklungspsychologie: (Frühe) emotionale Erfahrungen beeinflussen die strukturelle und funktionale Entwicklung des Gehirns im Ausmaß seiner Komplexität und Differenziertheit. In verschiedenen Regionen des Limbischen Systems (ZNS) wird über körpereigene Botenstoffe Belohnung wie Bestrafung vermittelt. „Bestrafung" lässt sich übersetzen als andauernde Überforderung – Unterforderung: als Dauerstress.

Auswertung für die HPÜ
Ein Übungsangebot für das Kind muss eingebettet sein in eine enge, zuverlässige Beziehung, in der die HP unbedingt auf die emotionale Grundsicherung des Kindes achtet.
Die HP schafft den Rahmen, in dem sich gemeinsames Erleben entfalten kann. Miteinander lustvoll (lachend) etwas zu erleben – und das in Wiederholung – schafft wohltuende Beziehung. Die HP berücksichtigt dabei das Tempo und die Signale des Kindes, mit denen es seine Beziehungsmöglichkeiten realisieren und gestalten kann: Sie registriert, interpretiert und beantwortet behutsam – aber prompt – die entsprechenden Zeichen des Kindes. Die Bandbreite der heilpädagogisch relevanten Beziehungsangebote reicht von teils leibunmittelbaren Kontakten bis zu Blickkontakten, stimmlichen, gestischen sowie Spielmaterial-Angeboten aus einer bewusst „portionierten" Distanz.
Die HP schafft in diesem Klima von Verlässlichkeit und Vertrauen für das Kind Raum zum Erkunden seiner Bewegungsmöglichkeiten, zum Explorieren von Raum und Materialien und zum Experimentieren mit Gestaltungen von Spielsequenzen.

Gleichzeitige Aktivierung von Hirnzentren

Die Bearbeitungszentren für die Sinneswahrnehmung, die Motorik und die Bewertung von Reizen (affektiv-emotionale Entwicklung) sind eng miteinander verknüpft (vgl. Hülshoff 2000 S. 54), so dass davon ausgegangen werden kann, dass die gleichzeitige Aktivierung dieser Zentren – im positiven wie im negativen Sinn (z.B. Erzeugung von Vulnerabilität) – organische Spuren und damit – in der Wiederholung – stabile strukturelle Veränderungen und Erweiterungen schafft (vgl. Braun 2002, S.121-128).

Die visuelle Wahrnehmung braucht vor allem Bewegungsreize, die ein eigenes Areal in der Großhirnrinde aktivieren, das für die visuelle Wahrnehmung zuständig ist.

Für eine erfolgreich durchzuführende Handlung müssen sich beliebige Neuronengruppen aus unterschiedlichen Hirnbereichen schnell und flexibel untereinander verknüpfen: Über elektrische und chemische Prozesse kommunizieren unterschiedliche Synapsen; sie übertragen dabei Signale.

> Beispiel:
>
> Der acht Monate alte Kurt nimmt eine Rassel in die Hand, betastet/beklopft und betrachtet sie. Er bewegt sie mal schnell, mal langsam und lauscht ihren Klängen. Er verweilt wiederholend bei dieser Tätigkeit!
>
> Hier müssen sich Reize des taktil-kinästhetischen Systems mit denen des auditiven und visuellen Systems miteinander zu einer Repräsentation verdichten (Elektro-chemische Prozesse sorgen über die Synapsen-Bahnen für die Verknüpfung von Hirnarealen zu Aktionspotenzialen). Gleichzeitig entsteht „Aufmerksamkeit", die wiederum gebunden wird an Neuronengruppen. Diese bilden eine Gestalt, die in der Wiederholung erneut in Schwingung gerät und auch hier neuronale Spuren „vertieft".

Auswertung für die HPÜ

Wesentlich für die Übungsangebote bleibt die Belebung des Sinnesapparates. Die Aktivierung der Hirnareale geschieht vornehmlich durch Bewegungsangebote, bei denen das Kind sich wohlfühlt. Der Königsweg: Alles Üben ist gebunden an lustvoll erlebte Bewegungen. Dadurch wird in besonderer Weise das Antriebsverhalten des Kindes stimuliert und seine Aufmerksamkeitsspanne verlängert. Mehr von etwas zu wollen und Neues zu wollen, weckt das Neugierverhalten und damit die kindliche Explorationslust. Das wiederholende freudvolle Üben schafft den Stimulus zur Verschaltung und damit zur Ausdehnung und Differenzierung vieler zentraler Hirnbereiche.

Organisch bedingte Zeitfenster

In der Plastizität und Prägbarkeit des Gehirns liegen die großen Gefährdungen und Chancen menschlicher Entwicklung und Lernfähigkeit. Die optimale Entwicklung von sensorischen, motorischen, emotional-sozialen und kognitiven Fähigkeiten sowie das Erlernen von dazu gehörigen Fertigkeiten sind gebunden an bestimmte, genetisch festgelegte Reifungsschritte. Einerseits müssen diese erreicht sein und andererseits müssen sie aber auch über Interaktionen genutzt werden, um in ihrer sensiblen Periode vom Gehirn wahrgenommen und strukturell ausgebildet zu werden, d.h. in den dafür zuständigen Arealen und ihren netzartigen Verknüpfungen manifestiert zu werden (vgl. Hülshoff 2005, S. 30 ff).

Auswertung für die HPÜ

Die HP weiß die gegenwärtig stabile Entwicklungsphase des Kindes – und damit seine vorhandenen Kompetenzen – wahrzunehmen und auch die Zone der nächsten Entwicklung (Wygotski, 1967) angemessen einzuschätzen. So wird es ihr gelingen, nicht zu früh oder separat etwas einüben zu wollen, zu dem das Kind noch gar nicht fähig ist (Dressur). Die

Leitbegriffe in der HPÜ   191

HP wird die vorbereiteten Übungsinhalte so gestalten, dass das Kind gesichert seine Kompetenzen abrufen und einsetzen kann und sich gleichzeitig traut, etwas Neues – mit Risiko – auszuprobieren, das nicht sofort gelingen muss.

Erfahrung und Übung

Die Auseinandersetzung des Kindes mit sich und der Umwelt: Seine selbsttätige, sinnstiftende Aktivität, vertraute Handlungsreihen in „unendlicher" Wiederholung nachzubilden, zu variieren und zu erweitern – bildet seinen ureigenen, instrumentell und emotional gebundenen Erfahrungsschatz aus. Erfahrung und Übung bedingen einander. Je klarer hirnorganische Spuren (quantitative und qualitative Veränderung von synaptischen Verbindungen) sich über Wiederholung eingravieren können, desto eindeutiger wird das „innere Bild".

> Die hirnorganischen Gravuren lassen sich mit dem Duft-Navigationssystem von Ameisen vergleichen: Die Ameise aus einem Staat setzt bei ihrem ersten Weg zu einer Futterstelle eine chemische Absonderung, die für die nächstfolgende Ameise Signal ist, dieser Spur zu folgen. Dabei setzt auch letztere ihre chemische Markierung, die nun an Intensivierung gewinnt. Je mehr Ameisen dieser Spur folgen, desto eindeutiger und gesicherter wirkt dieses Signal auf die Ameisen, die damit gezielt weiteste Futterwege bewältigen.

Wiederholung ermöglicht die Automatisierung von Abläufen. Handlungseinheiten und Handlungsketten können dann bei Bedarf rascher und flexibler in den entsprechenden Hirnarealen gefunden und abgerufen werden. Sie formieren sich zu neuen Erfahrungen, die über das übende Tun zum dauerhaften Erlebens-, Handlungs- und Erkenntnis-/Wissens-Bestand des Individuums werden, der sich in der weiteren Lebensgeschichte prozesshaft weiter entwickeln wird.

Auswertung für die HPÜ

Die HP wird ein Übungsangebot so gestalten, dass das Kind über die äußere Ordnung zur inneren Ordnung findet (M. Montessori), mit der es seine gespeicherten „inneren Bilder" leichter abrufen kann. Sich neu formierende Bilder soll es eindeutig sortieren lernen. Materialien sollte das Kind darum an Bekanntheitsgraden messen, wiedererkennen, vergleichen und zuordnen können. Eine Begrenzung des Materials erleichtert diesen Prozess. Der „Aufforderungscharakter" von Materialien und Spielsequenzen klärt sich und nimmt zu. Das Kind lernt zunehmend, seine Wahrnehmungen selbst zu kontrollieren und Zusammenhänge herzustellen. Neue Handlungserfahrungen werden gespeichert, übend differenziert und zum Eigenen gemacht. Die mitspielende HP ist für das Kind ein aktiv wirkendes Modell in ihrer – dem Tempo des Kindes angepassten – Gestaltung von Spielsequenzen. So lernt das Kind über Nachahmung neue Verhaltensweisen. Außerdem gilt: Allein über die gezielte Beobachtung von Handlungsmustern der HP werden beim Kind über Spiegelneurone Signalketten ausgelöst, die im Gehirn Spuren bilden, die denen der realen Handlungsdurchführung entsprechen. Erinnert sei an die Formulierung von Montessori: Der neue Erzieher ist der vorbereitete Erzieher in einer vorbereiteten Umgebung.

Prinzipiell festhalten lässt sich:
Eine angebotene Übungseinheit muss für das Kind einen Sinn machen: Sie spricht sein aktuelles Interesse an, bindet und „fesselt" es im gemeinsamen Tun und aktiviert die ganze Person, weil sie sich als selbstwirksam erlebt.

3.3 Spiel und Übung

Das Spiel hat auch als Übung seine Bedeutung. Beim Kleinkind besteht die spielerische Handlung vor allem darin, die Funktionen, die nacheinander auftauchen, in Bewegung zu bringen: Es spielt Saugen, Betrachten, Befühlen und später spielt es Gehen, Laufen.

Zunächst sind es die sensomotorischen Tätigkeiten (> Fallbeispiele Lea von Sabine Bruns-Kruse und Jule von Evelyn Rief), die vom Kleinkind unermüdlich wiederholt und vervollkommnet werden: „Zu einem ersten Resultat gelangen, läßt immer Jubelschreie ausstoßen und zieht eine ununterbrochene Übung nach sich, bis bei Schwierigkeiten das Interesse und der spielerische Genuß erlahmen" (Rüssel 1972, S. 466). Jedes Kind übt im Spiel völlig zweckfrei.

> Beispiel:
>
> Bei Edith ließ sich etwas Ähnliches und doch anderes beobachten: Zu unserem Übungsrepertoire gehörte das Aufstecken von Holzscheiben auf einen Holzstab, der fest auf dem Tisch vor uns stand. Die Übung begann mit beidseitiger Handführung, nachdem ich das Material benannt, erklärt und Edith begreiflich gemacht hatte. Es dauerte allerdings eine Reihe von HPÜ-Stunden, bis Edith eines Tages das vor sie hingestellte Material selbständig ergriff und eine Scheibe nach der anderen auf den Stab steckte.
>
> An diesem Tag schaute uns eine Kollegin durch die Einwegscheibe zu. Sie, Ediths Mutter und ich waren Zeugen eines unvergesslichen Erlebnisses: Edith ergriff plötzlich mit beiden Händchen eine Scheibe und führte sie zum Stab. Vorsichtig tastend fand sie schließlich die Öffnung und „klick" fiel der Ring nach unten. Für Edith selbst war dieser geglückte Versuch ein ungeheures Erleben. Ohne uns eines Blickes zu würdigen, wurde der zweite Versuch gestartet, dann der dritte, vierte! Edith atmete hörbar tief und zu Anfang erregt. Der Mund war leicht geöffnet, die Wangen färbten sich rot und ihre Augen glänzten. Sie hatte uns völlig vergessen, ja selbstvergessen wiederholte sie immer und immer wieder, was sie in dieser HPÜ-Einheit gelernt hatte. Am Ende der Stunde – für die Übung waren bisher in der Einübungsphase nur fünf Minuten angesetzt – atmete sie ganz tief aus und ein und strahlte uns an.

Maria Montessori berichtet von einem ähnlichen Erlebnis der „Polarisation der Aufmerksamkeit": „Die erste Erscheinung, die meine Aufmerksamkeit auf sich zog, zeigte sich bei einem etwa dreijährigen Mädchen, das damit beschäftigt war, die Serie unserer Holzzylinder in die entsprechenden Öffnungen zu stecken und wieder herauszunehmen. Diese Zylinder ähneln Flaschenkorken, nur haben sie genau abgestufte Größen, und jedem von ihnen entspricht eine passende Öffnung in einem Block. Ich erstaunte, als ich ein so kleines Kind eine Übung wieder und wieder mit tiefem Interesse wiederholen sah. Dabei war keinerlei Fortschritt in der Schnelligkeit und Genauigkeit der Ausführung feststellbar. Alles ging in einer Art unablässiger, gleichmäßiger Bewegung vor sich. Gewohnt, derlei Dinge zu beobachten, begann ich, die Übungen des kleinen Mädchens zu zählen. Auch wollte ich feststellen, bis zu welchem Punkt eine eigentümliche Konzentration der Kleinen gehe, und ich ersuchte daher die Lehrerin, alle übrigen Kinder springen und herumlaufen zu lassen. Das geschah auch, ohne daß das kleine Mädchen sich in seiner Tätigkeit hätte stören lassen. Darauf ergriff ich vorsichtig das Sesselchen, auf dem die Kleine saß, und stellte es mitsamt dem Kinde auf einen Tisch. Die Kleine hatte mit rascher Bewegung ihre Zylinder an sich genommen und machte nun, das Material auf den Knien, ihre Übung unbeirrt weiter. Seit ich zu zählen begonnen hatte, hatte die Kleine ihre Übung 42mal wiederholt. Jetzt hielt sie inne, so, als erwachte sie aus einem Traum, und lächelte mit dem Ausdruck eines glücklichen Menschen. Ihre leuchtenden Augen sahen vergnügt in die Runde. Offenbar hatte sie alle jene Manöver, die sie hätten ablenken sollen, überhaupt nicht bemerkt. Jetzt aber, ohne jeden äußeren Grund, war ihre Arbeit beendet. Was war beendet, und warum?" (Montessori 1952, S. 165 f.).

Aus dieser Beobachtung kann geschlossen werden, dass Kinder nur ein begrenztes Maß an Anregung brauchen, um aus eigener Initiative eine ihnen gemäße, zufriedenstellende und damit zutiefst befreiende Tätigkeit zu entfalten. Auch bei Edith konnte eine tiefgreifende Verwandlung durch die Erfahrung des konzentrierten Übens festgestellt werden. Diese Verwandlung geschieht nicht auf direktem Wege, sondern nur über ein äußeres Tun, über das Üben einer manuellen Fertigkeit.

In der Durchführung der HPÜ zeigt sich immer wieder, dass eine einzige vom Kind im Spiel erworbene Fertigkeit durch konzentriertes Üben seine Gesamt-Entwicklung positiv beeinflusst. Über das eingeübte Können hinweg wirkt sie sich auf den ganzen Menschen, hier auf Edith, und damit auch auf alle ihre anderen Entwicklungsbereiche aus.

Die HP wird in konzentrierter Aufmerksamkeit sehr sensibel wahrnehmen, welche Anregungen, wie viele und wie lange das jeweilige Kind braucht, um zu einem solchen Erleben zu kommen. In unserer Zeit der Reizüberflutung wirkt die bewusste Einschränkung des Spiel- und Übungsmaterials geradezu aktuell. Wahrscheinlich braucht sie das normal entwickelte Kind in größerem Maße als das Kind mit Behinderung. In der HPÜ kann häufig die Erfahrung gemacht werden, dass eine fröhliche Spielatmosphäre in einem hellen freundlichen Raum und ein größeres, für das Kind mit Behinderung ausgewähltes Repertoire an Spielzeug aus allen vier großen Spielformen für seine gesamte Spielentwicklung günstig ist.

Allerdings kommt auch hier ganz entscheidend eine positive Einstellung zum Kind und zum Spiel hinzu, denn nur dadurch werden im Kind Kräfte geweckt, die ohne die Zuwendung verschüttet oder verkümmert bleiben. Jede Form von Weiterentwicklung hängt davon ab, ob das Kind eine aufmerksame und liebevolle, an seiner Entwicklung interessierte Umwelt vorfindet.

Bisherige Erfahrung haben gezeigt, dass viele Bezugspersonen des Kindes mit Behinderung, im Elternhaus und außerhalb des Elternhauses, häufig allzu schnell bereit sind, mit „ihrem" Kind eine Übungsbehandlung im Sinne des missverstandenen Trainierens und Lernens, unter oft erheblichem Leistungsdruck, durchzuführen. In der HPÜ wird versucht, die Übungen in ein Spiel zu verwandeln bzw. umgekehrt: spielend zu üben.

So heißt das erste Richtziel: Das Kind soll spielend spielen lernen.

Das Spiel als methodische Hilfe bedeutet für das Kind mit Behinderung und seine Bezugsperson die Wiederholung einer Betätigung mit dem Mittel „Spiel", um Kenntnisse, Fertigkeiten und soziale Verhaltensweisen aufzubauen und um eine emotionale Stabilität zu erreichen. Um zu einer methodischen Anwendung zu gelangen, muss nach einer systematischen Verhaltensbeobachtung (> Teil II, 2.2.2 und Teil II, 3.3.1.2) in alltäglichen, in freien und gelenkten Spielsituationen ein Übungsplan (> Teil V, 2.5) aufgestellt werden. Mit Berücksichtigung der individuellen Gegebenheiten und der wahrscheinlichen Entwicklungsmöglichkeiten des Kindes kann daraus ein individueller Förder- und Behandlungsplan erstellt werden.

Spiel und Übung können also in Einklang gebracht werden, wenn Spiel das Mittel und Übung das methodische Element darstellt. Methode meint hier, eine geplante und gezielte Einwirkung, die zielgerichtet eingeleitet wird (Gröschke 2007 c, S. 75).

Allerdings schließen sich Spiel und Übung in den Extremformen gegenseitig aus. Freies Spiel, d. h. von der HP nicht mehr oder kaum noch gelenktes Spiel, zu dem viele Kinder mit geistiger Behinderung ohnehin erst einmal angeleitet werden müssen, kann zwar zu Beginn der Behandlung – z.B. in der Beobachtungsphase – durchaus sinnvoll sein und akzeptiert werden, es wird aber auf die Dauer dem Kind mit Behinderung nicht helfen. Zu bedenken bleibt: Systematische Übung, die dem Kind nicht mehr die Freiheit lässt, über Zeitabschnitte der Behandlung selbst zu bestimmen, verliert ihr wichtigstes Mittel und kann wegen der fehlenden Motivation des Kindes nicht zum Erfolg führen.

Spiel und Lernen

Das Spiel ist das wesentliche Medium des Kindes in der Auseinandersetzung mit sich selbst und seiner Umwelt. Damit ist das Spiel sein unmittelbares Lernfeld, in dem es seine Erfahrungen gestaltet, kontrolliert, bewertet und mit veränderten Setzungen im geschützten Raum neue Lebensantworten versucht. Lernen verläuft funktional (beiläufig, implizit) und intentional (beabsichtigt) und meint den Erwerb von motorischen, sozial-emotionalen und kognitiven Fähigkeiten, Fertigkeiten und Kenntnisse, die relativ stabil unser Fühlen, Denken und Verhalten ausbilden und prägen.

Die Wortherkunft von „Lernen" zeigt interessante Verbindungen auf. Der Begriff gehört zur Wortgruppe "leisten", die auf indogermanische Wurzeln verweist: „lais" meint Spur, Bahn, Furche. Die aktuelle Hirnforschung bestätigt die Sprachwurzel: Lerninhalte brauchen die Wiederholung, am besten über aktives Handeln, um behalten werden zu können. Die entsprechenden neuronalen Signalketten müssen in kurzen Zeitabständen genutzt werden, damit es zur Verstärkung der hintereinander geschalteten Kontaktstellen (Synapsen) kommt. Die Inhalte können nur dann rasch und eindeutig abgerufen werden.

Erfolgreiches Lernen braucht zusätzlich die (unmittelbare) Belohnung. Diese erwächst aus der Überwindung von Hindernissen (=sich anstrengen müssen). Erfolg erhöht die Anstrengungsbereitschaft – insbesondere dann, wenn der Erfolg Beachtung und angemessene Anerkennung von außen erhält. Lernen wird effektiver, wenn es Freude macht und wenn es das unmittelbare Interesse des Menschen anspricht, der sich selbsttätig und als Entdecker erlebt. Verknüpfungen von bekannten und unbekannten Inhalten sprechen vorhandene hirnorganische Verbindungen an und bauen neue auf: Also Neues in einen für das Kind sinnvollen Zusammenhang stellen! Lernen meint immer Veränderung. Veränderung ist gekennzeichnet von Instabilität. In dieser Phase braucht das Kind Vertrautes und vermehrt Bestätigung. (> Teil II, 3.3.3 und Teil V, 3.2)

Die Wirkung des Lernens kann wie folgt beschrieben werden: Das Kind kann etwas, was es vorher nicht konnte. Es beherrscht neue Funktionen und Verhaltensweisen, die es befähigen, ohne Überforderung Probleme zu lösen, die vorher unüberwindlich schienen. Wenn das Kind mit geistiger Behinderung im Spiel durch Erfahrungen zu neuen Kenntnissen, Fertigkeiten und Verhaltensweisen kommt, hat es etwas gelernt. Dieses Lernen im Spiel ist allerdings nur dann produktiv, wenn das Gelernte – auch vom Kind mit geistiger Behinderung – von der konkreten Situation abstrahiert und auf eine möglichst große Zahl ähnlicher Situationen übertragen werden kann.

Im Spiel als methodische Hilfe für das Kind mit geistiger Behinderung muss die HP auf der Grundlage lerntheoretischer Kenntnisse (> Teil II, 2.1) das gerichtete Antriebsverhalten des Kindes durch spezifische Motivation erreichen. Schwierigkeiten im spontanen Handlungsablauf muss die HP gemeinsam mit dem Kind zu überwinden suchen und ihm gezielt neue Verhaltensweisen anbieten. Ob und wie weit das Kind mit geistiger Behinderung neue Fertigkeiten erlangen und Verhaltensformen in sich aufnehmen kann, hängt zu einem erheblichen Teil von der Bindung des Kindes ab, die es zu der HP oder dem Erwachsenen hat, der mit ihm spielt. Die Transferleistung muss geplant und nach jedem Lernerfolg gefestigt werden, indem das Kind immer wieder in ähnliche Situationen gestellt wird.

Teil V Das Förderkonzept der heilpädagogischen Übungsbehandlung

Das Förderkonzept der HPÜ stellt einen umfassenden Entwurf dar. Aufbauend auf den theoretischen Grundlagen (> Teil II, 3.2.1) und den ethisch-anthropologischen Bedingungen (> Teil IV, 2) wird das konkrete heilpädagogische Handeln in systematisierter Form aufgezeigt. Das Grundphänomen Spiel ist das Herzstück. Um diese Mitte herum ordnen sich verschiedene Arbeitsschritte, die im Förderprozess realisiert werden müssen. Dabei handelt es sich nicht um festgeschriebene methodische Techniken der unmittelbaren Umsetzung, sondern um einen Orientierungsrahmen, der Anregungen für die individuelle Ausgestaltung der Förderung im Einzelfall geben soll. Im Zentrum stehen das Kind und die Begegnung mit ihm.

Das folgende Schema gibt eine Übersicht, die im weiteren Text schrittweise differenziert und inhaltlich gefüllt wird. Die Anordnung im Schema von oben nach unten will deutlich machen, dass der Förderprozess zunehmend an Tiefe gewinnen soll. In der Mitte steht das Grundphänomen Spiel als das Hauptmedium der HPÜ. Die Spirale an der linken Seite, die sich immer weiter nach unten schraubt, zeigt die zirkuläre Wirklichkeit auf. Dieser Förderprozess wird auf der anderen Seite linear versprachlicht.

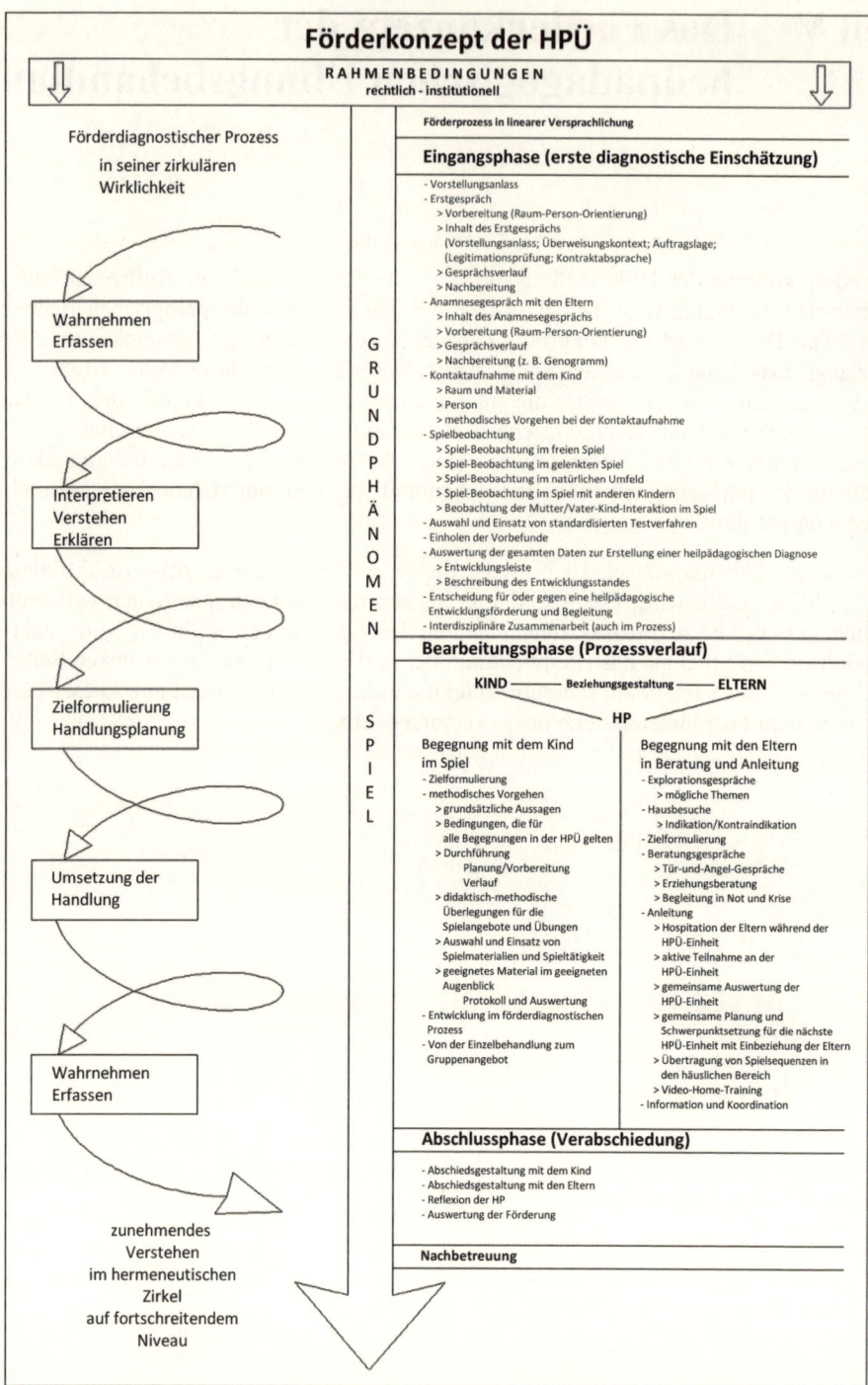

Abb. 20: Schematische Darstellung des Förderkonzepts der HPÜ – überarbeitetes Schema (aus Schroer 2005, S.75)

1 Rahmenbedingungen

Die Rahmenbedingungen beziehen sich auf den Raum, in dem die heilpädagogische Entwicklungsförderung und Begleitung stattfindet. Sie beeinflussen sämtliche der folgenden Arbeitsschritte. Grob unterschieden werden die rechtlichen und die institutionellen Rahmenbedingungen.

Zu den rechtlichen Rahmenbedingungen gehören die jeweiligen Rechtsgrundlagen. Diese geben einen Anspruch auf entsprechende Maßnahmen vor, die vom jeweiligen Kostenträger (z.B. Kinder- und Jugendhilfe, Eingliederungshilfe, Gesundheitswesen) finanziert werden.

Zu den institutionellen Rahmenbedingungen gehört der Träger der Einrichtung (z.B. Wohlfahrtsverbände, staatliche Träger, Stiftungen) mit seinem Leitbild und seiner Organisationsstruktur (Organigramm). Dazu zählen die Zusammensetzung der Mitarbeiter nach Professionen, die Kommunikationsstruktur (Hierarchie) und die Arbeitsaufträge/ Stellenbeschreibungen. Die finanzielle und räumliche Ausstattung der Institution und die inhaltlichen Angebote und Formen der Hilfe für die Zielgruppe (Klientel) sind hier ebenfalls zu nennen.

Aufgabe der HP ist es, die Ressourcen und Begrenzungen der Institution zu erfassen, sich ihrer bewusst zu werden und sich selbst dazu ins Verhältnis zu setzen. Außerdem soll sie den Eltern die Aufgabe und das Angebot der Institution transparent machen.

2 Eingangsphase (erste diagnostische Einschätzung)

2.1 Vorstellungsanlass

Der Anlass wird meist bei der telefonischen Anmeldung in der Institution von den Eltern benannt oder vom Mitarbeiter erfragt.

Um den Vorstellungsanlass zu erfragen und zu konkretisieren, können einige der folgenden Fragen dienen: Was ist der Auslöser für die Vorstellung? Welche Sorgen haben die Eltern? Was ist das Problem und seit wann besteht das Problem?

2.2 Erstgespräch

Nach der telefonischen Anmeldung kommen die Eltern in der Regel zu einem terminlich vereinbarten Erstgespräch in die Institution.

Im Erstgespräch sind die mögliche Aufregung und Unsicherheit der Eltern (Was wird mich hier erwarten?), das Fremdheitsgefühl und der Beginn von etwas Neuem eine typische Besonderheit, die es zu berücksichtigen gilt, um entsprechend darauf eingehen zu können.
In diesem ersten Gespräch sollte eine Vertrauensbasis zwischen der HP und den Bezugspersonen angebahnt werden. Diese ist unabdingbare Voraussetzung für die spätere fruchtbare Zusammenarbeit. Die positive Beziehung zum Kind, von der häufig die Rede ist, muss auch zu den mitarbeitenden Bezugspersonen entwickelt, aufgebaut und durchgetragen werden. Diese Beziehung ist fachlich-sachlich orientiert; sie meint ein distanziertes Engagement, das bereit macht, ein fremdes Schicksal anzunehmen und über einen bestimmten Zeitraum helfend mitzutragen.

- **Vorbereitung (Raum/Person-Orientierung)**

Die Gesprächsvorbereitung der HP bezieht sich auf die Raum- und die Person- Orientierung.

Raum:
Hier ist die Gestaltung der Atmosphäre zu beachten: Der Raum soll Ruhe anbieten und Störungen von außen vermeiden, die Sitzordnung soll offen sein und zur Kommunikation einladen. Kaffee und Süßes sollten eher weggelassen werden, da sie leicht vom inhaltlichen Arbeiten ablenken können.

Person:
Hier geht es um die Gesprächsvorbereitung der HP: Ihre innere Einstimmung auf das Gespräch und ihre eigene Tagesbefindlichkeit sollte sie bewusst haben. Die HP wird sich die vorliegenden Informationen präsent machen, Schwerpunktthemen gewichten und die sich daraus ergebende Struktur des anstehenden Gespräches (Inhalt und Ablauf) planen. Die Atmosphäre bei der Begrüßung wird sie bewusst gestalten: Wie werden die Eltern empfangen? Wie können sich die Eltern eingeladen fühlen? Die HP wird die erste emotionale Befindlichkeit aufnehmen und intuitiv schauen, was zu diesen Eltern passt.

- **Inhalt des Erstgesprächs**

Wiederholung und Ausführung zum Vorstellungsanlass
Die HP fragt die Eltern: Warum sind Sie gekommen? Sie fragt das Kind (je nach Entwicklungsalter): Was denkst du, was dich heute zu mir geführt hat? Wenn das Kind nicht anwesend ist, fragt sie die Eltern: Was denkt Ihr Kind, warum Sie hier sind?
Die HP strukturiert ihre folgenden Fragen etwa so: Wer hat hier ein Problem? (Problem aus der Sicht der Mutter/des Vaters; des Kindes nach Angaben der Mutter/des Vaters, anderer Bezugspersonen nach Schilderung der Mutter/des Vaters) Welches Verhalten bedarf einer Veränderung? Worüber machen Sie sich die meisten Sorgen? Welches Verhalten schätzen Sie an sich selbst, am Kind, an übrigen nahen Bezugspersonen? Was mögen Sie besonders an ihrem Kind, was sind seine Stärken? Was wünschen Sie sich von ihrem Kind? Wie würden Sie das Selbstbild ihres Kindes beschreiben? Was glauben Sie, wie ihr Kind Sie und die Familie sieht und erlebt?

Eingangsphase (erste diagnostische Einschätzung)

Überweisungskontext klären
Gemeint ist damit die Darstellung vom Verlauf der bisherigen Problemgeschichte im Hinblick auf die bisher in Anspruch genommenen Hilfen und Anlaufstellen. Folgende Frage mag wichtig werden: Wer hat das Kind, die Familie in diese Institution geschickt?
Diese Information trägt auch dazu bei, die emotionale Befindlichkeit der Eltern einzuschätzen.
Bei der Mutter eines behinderten Kindes erlebten wir in den ersten Wochen der HPÜ Unruhe, Angst und eine misstrauische Erwartungshaltung, die wir uns gar nicht erklären konnten. Das Verhalten der Mutter wurde einsichtig, als wir erfuhren, dass wir die zwölfte Stelle waren, bei der sie Hilfe für ihr Kind suchte. Die vorhergegangenen Stellen hatten sie trotz anfänglich guter Kontaktnahme in kurzer Zeit abgewiesen, weil dem Kind „nicht zu helfen sei".

Auftragslage klären
Die Erwartungen der Eltern, die sie an die Institution/HP richten, klären: Wer will was von wem?

Legitimationsprüfung (auch im Prozess)
Gemeint ist damit die Selbstkontrolle der HP, ob ihre Profession bei diesem Anliegen zuständig ist, ob sie ergänzt werden muss oder ob andere Institutionen und Hilfsangebote erforderlich sind.
Die heilpädagogisch orientierte Legitimation muss im Verlauf der Begleitung immer wieder kritisch hinterfragt werden, da sie sich verändern kann und dann den aktuellen Bedingungen angepasst werden muss: Beispielsweise kann sich in der Elternarbeit herausstellen, dass die eigenen traumatisierenden Erfahrungen der Mutter einer psychotherapeutischen Hilfe bedürfen, um ihr erzieherisches Verhalten verändert ausrichten zu können.

Kontraktabsprache (auch im Prozess)
Das heißt, das eigene Angebot im Rahmen der Institution darzustellen und mit den Vorstellungen der Eltern abzugleichen. Die HP wird die Motivation zur Zusammenarbeit klären und die Zustimmung der Eltern einholen. Erste konkrete Absprachen werden getroffen und verbindliche Regeln für die Zusammenarbeit formuliert.

- **Gesprächsverlauf**

Einstieg
Zu Beginn kann kurz über Unverbindlichkeiten eine erste gemeinsame Annäherung erfolgen. Den Eltern wird Zeit gegeben anzukommen.
Dann werden der zeitliche Rahmen, der Inhalt und der Ablauf des Gespräches den Eltern transparent gemacht (Sie sind heute da, weil... Heute wollen wir... Ich möchte Sie und ihr Kind heute gern kennen lernen...), um einen Teil der Unsicherheiten im Erstkontakt zu nehmen.

Erarbeitung
Die oben genannten Inhalte werden im Erstgespräch schrittweise erarbeitet.
Die HP sollte sich im Erstgespräch nicht unter Druck setzen, direkt intervenieren zu müssen (keine vorschnellen Ratschläge oder Tipps geben), sondern sie sollte abwarten können und sich zunächst einen Gesamteindruck verschaffen wollen.

Die folgenden Ausführungen sollen exemplarisch Erleben, Gefühle und Interaktionsmuster konkretisieren, die auch im Verlauf der Begleitung von Bedeutung sein mögen. Erhebliche Belastungsmomente werden den Erstkontakt einfärben – ungeachtet der bisherigen emotionalen Bearbeitung der Grundproblematik einer Behinderung.

Eltern

Mögliche Grundstimmung

schwankt zwischen Hoffnung – Versagen – Resignation; daraus können unterschiedliche Gefühle – zum Teil komplex miteinander verfilzt und stark schwankend – erwachsen: irritiert, orientierungslos und verunsichert sein; gereizt, beschämt sein; resigniert haben; sich schuldig fühlen; aggressiv gestimmt sein; ausgeprägte Angst, Wut, Verzweiflung fühlen; sich hilflos und ausweglos ausgeliefert fühlen; im Schockerleben erstarrt sein; viel Hoffnung und Optimismus spüren; sich entlasten wollen; „alles" tun wollen; nach Lösungen heftig suchend; sich unter starken Druck von außen gesetzt fühlen; sich erdrückt fühlen von Leid; feststecken in Diffusitäten; physisch und psychisch erschöpft sein. In der Summe betrachtet entsteht eine Polarität zwischen überhöhten Erwartungen (Idealisierungen) und tief sitzender Enttäuschung, Resignation und generalisiertem Widerstand (Entwertungen).

Verhaltensweisen,

die daraus resultieren mögen und die die gemeinsame Arbeit blockieren können: keine „Intimitäten" preisgeben wollen oder „alles", was sich angestaut hat, los werden wollen; Fülle an Informationen ungeordnet ausschütten; eigenen Gefühlen mit Rationalisierungen ausweichen; vorwurfsvoll, (selbst-) anklagend Inhalte anbieten; im Angriff verharrend – auch in Verzweiflung; Aktivität wird mobilisiert bis zur Überaktivität; Tabuzonenbereich wird vergrößert, kaschiert; Suche nach „letztem Strohhalm", der wieder Ausrichtung und Ordnung in das gestörte Lebensgefüge bringen kann; daraus mag ein überhöhtes oder ein herabgesetztes Interesse an der HP erwachsen: Alles wird erst einmal angenommen (Ja, ja – Abnicken); Suche nach dem „Meister" und nach „Rezepten" oder skeptische Distanzierung; überlange Gesprächspausen entstehen; angebotene Inhalte werden nur abgeschmettert oder Themen werden rasch gewechselt.

Heilpädagogin

Selbstreflektion

Berater neigen als „Professionelle" oder „Spezialisten" zu einer dominanten Haltung gegenüber vielfach abhängigen Eltern. Fachleute sehen in den Eltern häufig einseitig nur Eltern als Eltern mit Unzulänglichkeiten, unangemessenem Verhalten, das sie, die Spezialisten, verändern wollen. Daraus ergeben sich unterschiedliche Fehlerquellen: „taube" Ohren gegenüber Anmerkungen der Eltern; professionelle Allwisserei; alles können/wollen; die Tendenz, Eltern zu Schülern oder Patienten zu machen; eine vom unmittelbaren Erleben der Eltern abstrahierende Terminologie, für viele Eltern fachchinesisch – all dies lässt Gesprächsbarrieren entstehen.

Eigene grundsätzliche Betroffenheit, Schwäche und Stärke bewusst halten; emotionale Bewegungen, die aus der eigenen Biographie stammen, reflektieren und in ein Verhältnis zur jeweiligen Fallgeschichte mit ihren handelnden Personen setzen; eigene Tagesbefindlichkeit mit ihren Stärken und Einbrüchen für berufliches Handeln überprüfen; eigene Kompetenz in Gesprächsführung realistisch einschätzen: z.B. Umgang mit langen Pausen; überschüttet werden mit Information; elterliches Weinen begleiten; Themenorientierung halten.

Gesprächsführung

Hinweis: Die Einstellung und Haltung der HP gegenüber den jeweiligen Eltern werden immer ihren Ausdruck finden, der im Gespräch von den Eltern identifiziert wird: Mimik, Körperhaltung, Stimmqualität verraten das Maß an echter Zugewandtheit.

Inhalt und Ablauf des Gespräches sollen transparent gemacht werden: Was will ich heute und warum? (in Bezug auf das Erstgespräch, jedoch auch bei weiteren Beratungsgesprächen) Kontakt/Beziehung herstellen im Suchprozess – gemeinsames aneinander Herantasten – subjektiv orientiert; Gefühl für diese Eltern entwickeln: erster Eindruck! Daraus leite ich mein weiteres Vorgehen bzw. Handeln ab, z.B. mehr oder weniger Raum geben, Türöffner einsetzen, ermutigen; individuell abgestimmter „Spracheinsatz"; mit Sprache spielen; deutlich sprechen; empathisch aufnehmend; zuhören und hinhorchen: Was wollen die Eltern mir mitteilen? Verdeckte Botschaften und Lebensthemen erkennen; entscheiden, was und wie viel kann aktuell in dieses Gespräch genommen werden; sachlich bleiben und entscheiden: Gefühle zurückstellen oder Emotionen aufgreifen; HP muss mit abrupten Schwankungen, Themenwechsel, Gefühlsveränderungen rechnen und angemessen damit umgehen, d.h. begründet entscheiden, ob auf etwas aufmerksam gemacht wird oder aktuell nicht; auch introspektiv schauen; HP-Aufgabe: keine Koalition eingehen, sondern sich mit jedem Betroffenen im Beziehungsgefüge identifizieren wollen; nach bisherigen Lösungsversuchen zur Problematik fragen und gelungene Ansätze bestätigen; sie sind die Eltern des Kindes, das kein Objekt ist, sondern es bleibt Tochter oder Sohn – die Verantwortung bleibt bei den Eltern.

Anmerkung:
Die unter dem Punkt *Anamnese-Gespräch* aufgeführten Gesprächstechniken gelten anteilig auch hier.

Abschluss

Das Ende des Gesprächs muss rechtzeitig angekündigt werden. Das Besprochene wird zusammengefasst und eine Rückmeldung zum Inhalt und zu der aktuellen Befindlichkeit wird eingeholt: Was haben die Eltern verstanden? Wie geht es den Eltern jetzt?

Am Ende soll die HP einen Ausblick geben und das weitere Vorgehen absprechen (nächsten Termin, Zielsetzung und Inhalt), damit die Eltern eine Orientierung finden. Dieser Gesprächsabschluss sollte als Ritual eingeführt werden.

- **Nachbereitung**

Diese erfolgt in der Protokollierung und in der Auswertung der HP zur Problemstellung und zum Gesprächsverlauf.

GESPRÄCHSPROTOKOLL

Anlass: Erstgespräch
Wer: Teilnehmer
Wann: Datum und Zeitumfang
Wo: Institution

Notizen zu den Punkten, die ich besprechen wollte (unterteilt in die Fakten und die bewertete emotionale Befindlichkeit der Eltern):
> Überweisungskontext
> Vorstellungsanlass
> Auftragslage
> Legitimation
> Kontraktabsprache

Reflektion zum Gesprächsverlauf: Wie wurde die Planung umgesetzt? Wie konnten die Inhalte vermittelt werden? Wurde alles Relevante erarbeitet? Was ist gut gelungen, was nicht? Konnten Unstimmigkeiten wahrgenommen werden?

Wie ist der Beziehungsaufbau zu den Eltern gelungen?

Selbstreflektion der HP: eigenem Erleben nachspüren. Was haben die Eltern bei mir ausgelöst? Wie bewerte ich meine Motivation zur weiteren Arbeit mit diesen Eltern?

Teilidentifikation mit den Themen und der emotionalen Befindlichkeit der Eltern über meine Introspektion.

Erste diagnostische Einschätzung

Planung
Was soll im nächsten Gespräch anders gestaltet werden? Was ist offen geblieben und muss im nächsten Gespräch aufgenommen werden? Welche Inhalte müssen in die Wiederholung genommen werden?

Meist finden der Erstkontakt und das Anamnesegespräch zum gleichen Termin statt. Eine grundsätzliche Überlegung ist, ob das Erst- und Anamnesegespräch mit oder ohne Kind stattfinden soll. Wünschenswert ist es, dass das Kind nicht anwesend ist, außer es gibt einen Sachgrund für die Anwesenheit des Kindes. Es gibt Themen auf der Elternebene, die für das Kind nicht bestimmt sind, da sie emotional verletzen oder kognitiv überfordern können. Ohne Kind können die Eltern sich meistens offener und unbefangener mitteilen.

2.3 Anamnesegespräch mit den Eltern

In den meisten Institutionen gibt es einen eigens erarbeiteten Anamnesebogen, den die Eltern ausgefüllt einreichen und der dann mit den Eltern in das Gespräch genommen wird. Dieser Bogen kann als Leitfaden im Anamnesegespräch (> Teil II, 2.2.1 und Teil II, 3.3.1.1) genutzt werden. In der Literatur finden sich viele Anregungen, sich einen eigenen Leitfaden für die Praxis zusammenzustellen.

Eingangsphase (erste diagnostische Einschätzung)

Im Folgenden soll exemplarisch ein Anamnese-Leitfaden für die HPÜ aufgezeigt werden:

Anamnese-Leitfaden zur HPÜ

o Familiäre Situation
- äußerer Lebensrahmen
- Einblick in die Lebenssituation der Eltern
- Familiensituation
- Umweltbeziehungen
- Beschreibung des Alltagslebens
- besondere Ereignisse (belastende wie auch positive)
- individuelle Bewältigungsformen (Coping-Fähigkeiten)

o Entwicklung des Kindes
1. Schwangerschaft und Geburt
2. Senso-motorische Entwicklung
   SENSORIK
   taktil-kinästhetische und vestibuläre Wahrnehmung
   auditive Wahrnehmung
   visuelle Wahrnehmung
   MOTORIK
   Grobmotorik
   Feinmotorik
3. Sozial-emotionale Entwicklung
   Sozialverhalten/kommunikative Kompetenzen
   emotionale Befindlichkeit
4. Spielentwicklung
   Spielverhalten (Wie spielt das Kind?)
   Spielentwicklungsniveau (Was spielt das Kind?)
      körper- und gegenstandsbezogenes Funktionsspiel
      Rollenspiel
      Konstruktionsspiel
      Regelspiel
      soziales Spiel (Was und wie spielt das Kind mit anderen?)
5. Kognitive Entwicklung
   Aufmerksamkeit
   Merkfähigkeit
   Lernfähigkeit
   Abstraktionsvermögen
   Erkenntnisfähigkeit
6. Sprachliche Entwicklung
   Sprachvorläuferkompetenzen
   Sprachverständnis
   Sprachproduktion
7. Selbstständigkeitsentwicklung
   Nahrungsaufnahme, Kleidung und Körperpflege
   Freizeitgestaltung, Orientierung und Mobilität
8. Ressourcen
9. Vorlieben und Interessen
10. Wertvorstellungen
11. Besondere Symptome

o Krankheiten
o bisherige Förderungen/Therapien

Schwerpunkt der heilpädagogischen Anamnese ist es, das Erleben der beteiligten Personen in ihrem biographischen Geworden-Sein verstehen zu wollen. Die Geschichte der Lebensereignisse und der sozialen Integration des Kindes bzw. die Frage nach den damit verbundenen Schwierigkeiten sollte erfragt werden: Welche Bezugspersonen standen zur Verfügung? Wie haben sie das Kind angenommen? Welche besonderen Kommunikationsformen haben sich zwischen dem Kind und den einzelnen Bezugspersonen entwickelt?

Genauso wichtig ist die Erfassung der Spielentwicklung des Kindes, angefangen vom Funktionsspiel mit dem eigenen Körper bis zu dem Spielentwicklungsniveau, das es bis heute erreicht hat.

Zielsetzung ist es, zu einer aktuellen diagnostischen Einschätzung zu kommen, aus der sich dann die spezifische Gestaltung der Förderung im Spiel entwickelt.

Im Anamnesegespräch kann situativ entschieden werden, mit welchen Aspekten die HP beginnt. Das kann die Beschreibung der familiären Situation sein oder die Mitteilung kindbezogener Informationen mit ihren Entwicklungsaspekten – je nach dem, welche Thematik den Eltern „auf der Zunge" liegt.

Typische Besonderheiten im Anamnesegespräch

Über die gezielten Fragen zur familiären Situation und zum Entwicklungsverlauf des Kindes können unterschiedliche Reaktionsweisen ausgelöst werden:

- Es gibt Eltern, die fühlen sich ermuntert, ihre Lebensgeschichte ausführlich darzustellen.
- Es gibt Eltern, die sich „überrumpelt" fühlen, solch` intime Ereignisse preiszugeben, und sich außerstande fühlen, alle diese Fragen beantworten zu können.
- Es gibt Eltern, die überangepasst antworten.
- Es gibt Eltern, die die bestehenden Probleme herunterspielen und sehr kontrolliert reagieren.

Bei der Anamneseerhebung machen sich die Eltern immer die mit den Inhalten verbundenen Ereignisse und Gefühle wieder bewusst und setzen sich mit ihnen aktiv auseinander, so dass es zu neuen Bewertungs- und Reflektionsprozessen kommen kann. Das kann sich sowohl entlastend auswirken als auch belastend, weil alte schmerzhafte Ereignisse aktualisiert werden.

Zu bedenken ist, dass Fachleute und Eltern jeweils zwei voneinander zu unterscheidende Systeme sind. Eltern-Wirklichkeit und Spezialisten-Wirklichkeit haben je ihre eigene Bedeutung. Wesentlich ist, dass nicht ohne Weiteres in die Wirklichkeit des anderen hinein gewirkt werden darf. Das andere System kann jeweils nur als Anreger wirken. Das heißt auch, sich für die bisherigen Problemlösungsversuche der Eltern zu interessieren und die unterschiedliche Sozialisation von Eltern zu berücksichtigen.

- **Vorbereitung (Raum-Person-Orientierung)**

Raum:
siehe Überlegungen zum Erstgespräch
Person:
siehe Überlegungen zum Erstgespräch

Der Anamnese-Leitfaden (stichwortartig auf höchstens zwei DIN-A4-Seiten) sollte zur Orientierung im Gespräch auf dem Tisch bereit liegen. Sollten die Eltern einen anamnestischen Fragebogen im Vorfeld ausgefüllt haben, werden zur Vorbereitung die Angaben gewichtet und die noch offenen Bereiche zur weiteren Vertiefung gekennzeichnet.

Eingangsphase (erste diagnostische Einschätzung)   205

- **Gesprächsverlauf**

Einstieg
siehe Überlegungen zum Erstgespräch

Den Eltern wird erklärt, wozu der Anamnese-Leitfaden dient: Er ist eine Orientierung für die HP, um keine wichtigen Fragen zu vergessen. Auf Fragen, die unberücksichtigt bleiben, kann zu einem späteren Zeitpunkt eingegangen werden.
Das Einverständnis der Eltern, während des Gesprächs kurze Notizen machen zu dürfen, sollte eingeholt werden („Es ist ihnen doch sicher recht, dass ich mir Stichpunkte mache, da ich mir nicht alles für Sie Bedeutsame merken kann."). Die Wertschätzung und das Ernstnehmen der Inhalte soll auch darüber vermittelt werden.

Erarbeitung
Die Eltern sollen mit einer offenen Frage ermuntert werden, mit den für sie bedeutsamen Inhalten zu beginnen.
Im Verlauf wird das Gespräch anhand des Leitfadens strukturiert und einzelne Aspekte werden gezielt vertieft. Nachfragen – und Antworten konkretisieren lassen, bewusst Pausen setzen und das Gesagte nachwirken lassen.

Das Gesagte wird „portionsweise" zusammengefasst („Ihre Ausführungen habe ich so verstanden..."). Eltern wird der Raum gegeben, dieses zu bestätigen, zu korrigieren oder zu ergänzen. Themenorientiert wird der rote Faden gehalten, aber auch gelockert: sich bewegen können zwischen prozessorientierter und zielorientierter Vorgehensweise. Die Nähe und Distanz in der Beziehungsgestaltung muss reguliert werden.

Widerstände müssen erfasst werden, um damit angemessen umgehen zu können: Die Bedeutung von Nebenschauplätzen muss erkannt werden und die HP sollte sich nicht von der Dynamik mitreißen lassen. Gegebenenfalls muss sie Ausführungen unterbrechen und eingrenzen.

Das Ausdrucksverhalten der Eltern, das die HP wahrnimmt, muss von ihr bewusst ausgewählt und angemessen angesprochen werden („Sie wirken auf mich..."). Die Fremd- und Selbstwahrnehmung soll dadurch sensibilisiert werden. Auf heftige Gefühlsäußerungen der Eltern muss eingegangen werden; das können verbalaggressive Äußerungen, Weinen, ein innerliches Sich-Abschotten mit Dauerschweigen sein.
Die HP sollte sich nicht persönlich angegriffen fühlen, sondern ihre reflexive Kompetenz nutzen: Was löst die Wut bei mir aus? Welche Botschaft will die Mutter mir senden? Was könnte hinter der Wut stehen: Wut gleich Ohnmacht, Ausdruck der Auseinandersetzung mit der Behinderung des Kindes (Trauerspirale) oder eine Wiederbelebung alter, eigener Lebensthemen?
Grundsätzlich muss die HP ihr eigenes Erleben in den Blick nehmen, sich ihren eigenen Unsicherheiten, ihren eigenen Ängsten und ihren eigenen Fixierungen stellen und sich nicht rasch in ein Tun retten, sondern die Spannung aushalten.

All das, was bisher an Ansprüchen formuliert wurde, kann mittels der folgenden „Techniken" umgesetzt werden. Diese werden exemplarisch aufgelistet, ohne den Anspruch auf Vollständigkeit zu erheben. Die Techniken der Gesprächsführung gelten für das Erst- und Anamnesegespräch und sind auch in der weiteren Zusammenarbeit mit den Eltern, d.h. in den Explorations- und Beratungsgesprächen im Prozess, relevant:

- Rogers-Variablen (unbedingte Wertschätzung, einfühlendes Verstehen, Echtheit)
- Ich-Du-Botschaften (Formulierung in Ich-Form gezielt einsetzen, um Verallgemeinerungen zu vermeiden und Stellung zu beziehen. Wenn situativ eine Distanz und Verallgemeinerung erforderlich ist, bietet es sich an, das „man" zu verwenden.)
- Verbalisieren emotionaler Erlebnisinhalte (VEE)
- Teilidentifikation (sich gefühlsmäßig in den anderen hineinspüren und daraus ein Angebot für den Gesprächspartner machen: z.B. „Als Sie mir gerade von Ihrem Sohn erzählt haben, habe ich mich so ... gefühlt. Kann es sein, dass Ihr Sohn sich manchmal auch so fühlt?")
- Konfrontieren (den Eltern unangenehme Inhalte anbieten: z.B. „Kennen Sie das Gefühl der Ohnmacht auch bei sich?")
- Sprechtempo: langsam, deutlich und ruhig sprechen
- Fachtermini vermeiden.

Abschluss
siehe Überlegungen zum Erstgespräch

- **Nachbereitung**

Diese erfolgt in der Protokollierung und in der Auswertung der Gesprächsinhalte:
- mit Hilfe des Anamnese-Leitfadens eine chronologisch korrekte Niederschrift anfertigen
- emotionale Anteile und Themen der Eltern, die im Gespräch deutlich wurden, festhalten
- Selbstreflektion der HP in Bezug auf ihr Gesprächsverhalten, auf ihre emotionale Befindlichkeit und auf mögliche belastende Assoziationen zur eigenen Biographie.
- Planung für das nächste Elterngespräch

Genogramm

Ein Genogramm ist geeignet, sich eine Fülle von Informationen zu einem Familiensystem in einem Zeichenraster überschaubar zu machen und es optisch rasch wieder zu aktualisieren. In der Regel sollte es 2-3 Generationen vorstellen. Fokussiert werden persönliche Daten: Lebensgemeinschaft, Ehe, Geburten, Todesdaten, Trennungen und Scheidungen. Die Beziehungsdimensionen aller zum System gehörenden Personen können per Zeichen fixiert werden (vgl. McGoldrick, 2008).

Im Folgenden eine exemplarische Darstellung:

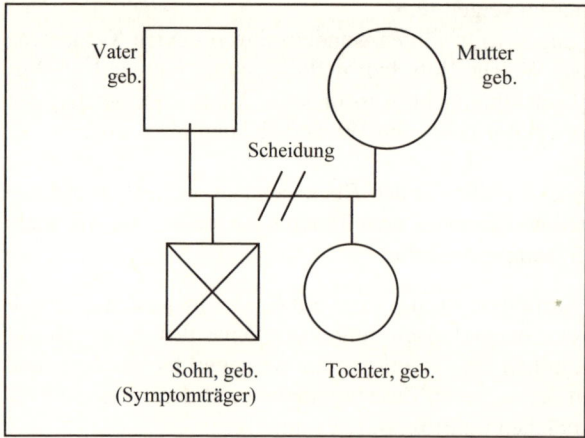

Eingangsphase (erste diagnostische Einschätzung)

2.4 Kontaktaufnahme mit dem Kind

Ohne Kontakt-Aufnahme/Kontakt-Entwicklung ist kein Anfang, geschweige denn eine systematisch aufbauende Arbeit möglich. Die Aufmerksamkeit der HP richtet sich darauf, einen Zugang zum Kind mit Behinderung oder Entwicklungsstörungen zu bekommen. Die Umgangsform zwischen HP und Kind muss von der HP für das Kind sinn-voll gestaltet werden.
Das gilt vor allem für die ersten Stunden der Begegnung. Deshalb muss die „vorbereitete Umgebung" – wie das Kind erwartet wird – so gestaltet sein, dass das Kind dort eigenständig tätig werden kann, damit es auch an der Ausführung Freude erlebt. Ohne Freude ist die Förderung erfolglos: Die HP ist enttäuscht und das Kind versagt.

„vorbereitete Umgebung" (Montessori)
Anliegen: eine entsprechende Umwelt zu schaffen, die die persönlichen Bedürfnisse des Kindes achtet, damit es seine Persönlichkeit voll und ungestört entfalten kann.

Bedingungen:
- ausreichender Bewegungsspielraum
- kindgerechte Einrichtung und Gegenstände
- Ordnung in der Umgebung

Alle Gegenstände müssen einen bestimmten Platz haben, den das Kind bemerkt und sich merkt. Nur so kann diese äußere Ordnung zur inneren Ordnung des Kindes werden.

Die Gestaltung der Umgebung ist die Aufgabe der HP.

Die erste Begegnung mit dem Kind in der so genannten freien und gelenkten Spielbeobachtung (> Teil II, 3.3.1.2 und Teil V, 2.5) gestaltet sich je nach Institution und Einzelfall im häuslichen und/oder außerhäuslichen Bereich. Sie gehört zu der Eingangsphase in der HPÜ mit dem Ziel, eine erste Beziehung zu knüpfen und das Spielverhalten, das Spielentwicklungsniveau und die Spielthemen des Kindes allmählich zu erfassen.
Die Planung und Vorbereitung der Kontaktaufnahme berücksichtigt eine erste Raum/Material- und Personorientierung der HP – das heilpädagogische Milieu, das auf das jeweilige Kind individuell ausgerichtet ist.

- **Raum und Material**

Für die erste Begegnung wählt die HP einen Raum, der diesem Kind am besten entspricht. Es kann ein möglichst reizarmer oder ein bewusst reizvoll gestalteter Spiel-Raum sein. Hier befinden sich auch die von der HP ausgewählten Lieblingsspielzeuge des Kindes und die diagnostisch relevanten Materialien. Alle Materialien werden auf ihre Vollständigkeit und ihren Zustand geprüft.

Als Kontaktmaterial eignen sich:
eine Kugeltreppe, die für das Kind vorbereitet auf dem Tisch/Boden steht, die Aufmerksamkeit anzieht und zum Spiel verlockt; ein purzelbaumschlagender Hampelmann; die Melodie eines Liedes; die fallende/rollende Holzkugel; ein Glöckchen; Holzperlen/-scheiben zum Aufstecken/Aufreihen; ein Bilderbuch; Papier und Malstifte; eine Mundharmonika; die Playmobilkiste; das Puppenhaus; die Schleich-Tiere im Stall oder der Kaufladen, der einen Anreiz für das Kind hat, Verkäufer zu spielen.

- **Person**

Personorientierung meint die Einstellung und Erwartungshaltung der HP dem Kind gegenüber, die die *Atmosphäre* in der Begegnung emotional einfärben werden. Daraus wird sich die weitere gemeinsame Beziehung formen. Dazu ist es erforderlich, dass die HP ihre eigenen Anteile in den Blick nimmt, das methodische Vorgehen im Spiel-Kontakt plant und ihr Verhalten andauernd reflektiert.

Zur Selbstreflektion werden einige Impulse angeboten: Was lösen die Symptomatik, der Grad der Behinderung, das äußere Erscheinungsbild, das Alter, die Zugehörigkeit zu einer sozialen Schicht oder eine typische Verhaltensweise des Kindes bei mir aus?

Montessori spricht in diesem Zusammenhang vom „vorbereiteten Erzieher".

- **Methodisches Vorgehen bei der Kontaktaufnahme**

Zu Anfang zeigt die HP dem Kind – soweit wie möglich – Haus und Raum, in dem die HPÜ-Einheiten stattfinden werden. Das Kind betritt nun allein oder mit den Bezugspersonen das erste Mal „seinen" Spielraum. Es wird begrüßt und willkommen geheißen: „Schön, dass du da bist!"

Zum Einstieg in die Stunde wird der Anlass des gemeinsamen Spielens thematisiert. Je nach Entwicklungsstand des Kindes wird die HP den Anlass mitteilen oder ihn mit dem Kind besprechen. „Wo die Sprache fehlt, entwickelt sich der Umgang durch das Gefühl – ein gefühlsmäßiger Kontakt zwischen Kind und Pädagogen; und dies ist eines der wichtigsten Prinzipien" (Morgenstern 1973, S. 14).

Kinder mit geistiger Behinderung
Diese Kinder haben in der Regel bisher wenig Handlungskompetenz entwickelt. Ihre Spielfertigkeiten konnten sie wenig erproben und differenzieren. Die eigentätige Aneignung von etwas Neuem ist reduziert und begrenzt. Darum brauchen sie gezielte Anregungen. (> Teil III, 3)

Intuitiv und situativ wird sich die HP auf das, was das Kind ihr anbietet, einlassen. Die erste Aufgabe der HP besteht darin, die Aufmerksamkeit des Kindes – auch des Kindes mit globaler Entwicklungsretardierung und schwerster Behinderung – zu wecken. Auf der Leibebene wird sie ganz basal – über die taktil-kinästhetischen Kanäle (Berührung der Haut) und über den visuellen Kanal (Blickkontakt) – einen persönlichen Zugang zum Kind suchen und aufrechterhalten wollen. Auch die Nachahmung der Tätigkeit des Kindes stellt einen Zugangsweg dar.

In einem weiteren Schritt wird die HP das Interesse des Kindes am Material, seine Neugierde, seine natürliche Betätigungslust, also seine Eigenaktivität anregen.

Die HP macht das Kind aufmerksam auf die von ihr „vorbereitete Umgebung", auf das Spiel-Material und auf das gemeinsame Spiel. Neben der individuellen, jeweils „neuen" Raum-Gestaltung – z.B. mit oder ohne Kuschelecke, kleinem/großem Tisch, kleinen/großen Stühlen oder mit vorbereiteter Bauecke auf dem Teppich (Arbeitsteppich nach Maria Montessori) – schaut sie, auf welches Spielzeug das Kind zugeht, was es auswählt, also was sein Interesse weckt. Sie kann dem Kind auch ein erstes Kontakt-Spielzeug anbieten. Dabei berücksichtigt sie die augenblickliche Gesamt-Situation und Disposition des Kindes (z.B. erste Trennung von seinen Bezugspersonen, neue Raum-, Material- und Personorientierung), die sehr unterschiedlich aussehen können. Sie muss dem Kind genügend

Zeit lassen „anzukommen", geduldig warten, bis es bereit ist, den zugerollten Ball wahrzunehmen und im Zurückrollen seine Kontaktbereitschaft auszudrücken.

Die Kontaktaufnahme kann geschehen über das Spielen auf einem Instrument, das Aufreihen von Ringen oder das Einhämmern von Nägeln in ein Holzbrett. Die HP wird zunächst Beschäftigungen herauszufinden wollen, welche dem Kind entsprechen und die es zu eigenem Tun anregen. Aus der Freude am eigenen Tun erwächst der Wunsch zu weiterer Betätigung und auch daraus entwickelt sich der Kontakt zur HP. Die HP muss den Kontakt mit dem Kind auf dem Weg über das Material so anzubahnen versuchen, dass das Kind zur Handlung und Tätigkeit geführt wird. Dabei übernimmt das Material eine Mittlerrolle und wird nach Morgenstern als „Kontaktmaterial" bezeichnet (vgl. Morgenstern 1973, S. 21).

Kinder mit Entwicklungsstörungen und sozial-emotionalen Beeinträchtigungen sowie herausfordernden Verhaltensweisen
Diese Kinder haben in der Regel den fruchtbaren Bezug zu sich und zu anderen verloren. „Sie brauchen eine sichere Umgebung, in der sie bedrohungsfreie Erfahrungen machen und eine bedingungsfreie Beziehung eingehen können, ohne etwas dafür ‚bezahlen' zu müssen" (Goetze 2002, S. 319).
Die Erziehungsverhältnisse weisen Merkmale von Verfremdung und Entfremdung (> Teil II, 3.3.1.4) auf. Die Beziehungsgestaltung ist gestört, so dass diese Kinder den Schutzraum im und über das Spiel brauchen, um in Kommunikation treten zu können. In der Beziehungsgestaltung wird das Spiel als die Sprache des Kindes genutzt, mit der es seine Gefühle und seine Lebensthemen mitteilt.
Die HP bietet dem Kind einen Raum an, in dem es von sich aus in sein Spiel findet. Es kann hier das spielen, was es möchte. In diesem freien Spiel wird sie das Kind beobachten, innerlich mitgehen und feinfühlig mitschwingen. Die emotionale Befindlichkeit kann verbalisiert werden. Die HP wird sich zum Mitspielen einladen lassen.
Die Kontaktaufnahme im und über das Spiel kann sich als eine Gratwanderung herausstellen. Mal wird sich die HP vorsichtig vorwagen, sich anbieten und die Reaktion abwarten. Diese kann mitunter unberechenbar sein: unsicher-ängstlich, sich verweigernd, sich emotional zurückziehend und sich abschottend, herausfordernd, aggressiv und provozierend. Ein anderes Mal wird sie klare Grenzen setzen und eindeutige Strukturvorgaben machen, um dem Kind Halt zu geben.

Um diesen Anforderungen gewachsen zu sein, muss sich die HP ihrer selbst sicher sein und sich in herausfordernden Sequenzen dennoch handlungsfähig erleben.

2.5 Spielbeobachtung

Grundlegende und theoretisch ausgerichtete Ausführungen finden sich in den Kapiteln zu den psychologischen und heilpädagogischen Sichtweisen und in dem dazugehörigen Diagnostikteil (> Teil II, 2.2.2 und Teil II, 3.3.1.2).

Zu Beginn der Begleitung dient die Spiel-Beobachtung dazu, eine differenzierte und qualitative, d.h. eine individuelle, kompetenz- und ressourcenorientierte Einschätzung des Kindes zu erstellen. Sie ermöglicht es, einen verstehenden Zugang zum Kind zu finden, ein verantwortungsvolles, zielorientiertes Handeln abzuleiten und die notwendige heilpädagogische Hilfe zu begründen.

Im Prozess der HPÜ ist die Spiel-Beobachtung ein durchgängig relevantes Element, um in den einzelnen Spiel-Szenen angemessen pädagogisch-therapeutisch intervenieren zu können, die jeweiligen Spiel-Stunden zu reflektieren, die Lernziele zu kontrollieren, die Vorgehensweise zu modellieren und um die Entwicklungsfortschritte im Prozess zu überprüfen, zu dokumentieren und zu evaluieren.

Zum Ende der Begleitung ermöglicht eine Dokumentation der Spiel-Beobachtung im Verlauf eine Auswertung der heilpädagogischen Entwicklungsförderung und Begleitung.

Die Spiel-Beobachtung kann in unterschiedlichen Formen durchgeführt werden und auf verschiedene Schwerpunkte ausgerichtet sein. Handlungsleitend sind die Fragen: Wie will ich wen und wozu beobachten? Wie spielt das Kind und was spielt das Kind?

- **Spiel-Beobachtung im freien Spiel**

Gemeint ist das lustvolle, spontane und selbstgestaltete Spiel des Kindes, bei dem das Spielverhalten, die Spielkompetenzen und die Spielthemen über die Beobachtung diagnostisch erschlossen werden können. Das Kind kann die Spielinhalte selbst wählen, seine Spielideen umsetzen und seine Lebensthemen inszenieren. Das Kind wird seiner Art, auf die Welt zuzugehen, also seiner Selbstwahrnehmung und seiner emotionalen Befindlichkeit, Ausdruck verleihen. Auch die Feststellung, dass ein spontanes Spiel nicht oder nur rudimentär vorhanden ist, hat Bedeutung für die Planung der HPÜ, allerdings nur in Verbindung mit den Spielmöglichkeiten des Kindes in der gelenkten Situation.

- **Spiel-Beobachtung im gelenkten Spiel**

Gemeint ist eine Spielsituation, die von der HP gezielt gestaltet wird. Diese dient dazu, das Spielverhalten und die Spielkompetenzen weitestgehend zu erfassen. Die HP wird anhand der Beobachtungskriterien (> Teil V, 2.8.2 und Spiel-Beobachtungsbogen) ausgewählte Spielmaterialien (> Teil VII) anbieten und das Spielgeschehen strukturieren und lenken. Über die Spielangebote werden auch bestimmte Anforderungen an das Kind gerichtet. Die HP erhält Informationen darüber, wie das Kind reagiert, was es spontan kann, was es nur mit Hilfe kann und was es noch nicht kann. Die so ermittelte *Zone nächster Entwicklung* (ZNE) gibt Aufschluss über die weitere Planung in der HPÜ.

- **Spiel-Beobachtung im natürlichen Umfeld**

Während die freie oder die gelenkte Spiel-Beobachtung meist im Spielzimmer der Institution stattfindet, bezieht sich diese Beobachtung auf das Spielverhalten des Kindes im häuslichen Rahmen. In dieser vertrauten Umgebung mit bekannten Materialien wird es sich sicherer fühlen und wohlmöglich andere Spielinhalte und -kompetenzen zeigen. Auch gibt diese Beobachtung Einblick in den häuslichen Spielraum, die dortigen Spielmaterialien und die Spielgewohnheiten.

- **Spiel-Beobachtung im Spiel mit anderen Kindern**

Auch im Spiel mit anderen Kindern werden das Spielverhalten, die Spielkompetenzen und die Spielthemen deutlich, wobei der Fokus auf die sozialen Aspekte in dieser komplexen Situation gerichtet ist.

Eine erste Orientierung für die Beobachtung der HP bieten die folgenden Fragen: Spielt das Kind in der Gruppe eher allein und für sich, ist es auf sich bezogen? Kann es die Spielinitiative ergreifen? Nimmt es im und über das Spiel Kontakt mit anderen Kindern auf? Wie stellt es Kontakt her? Spielt es im Parallelspiel? Kann es sich nur über Nachahmung in das

Eingangsphase (erste diagnostische Einschätzung)   211

Spiel der anderen einfügen, eventuell nur verzögert? Entwickelt es gemeinsame Spielhandlungen? Passt es sich immer nur an oder kann es sich durchsetzen? Ist es zu dominant oder zu kompromissfähig? Kann es Spielideen in der Gruppe entwickeln und einbringen? Kann es seine Spielwünsche mit anderen Kindern aushandeln? Gelingt es ihm, seine Spielideen fortzusetzen, auch wenn es von anderen unterbrochen wird? Ist das Spielverhalten in der Gruppe anders als in der Einzelsituation?

- **Beobachtung der Mutter/Vater-Kind-Interaktion im Spiel**

Dieses Angebot sollte immer zum Standard-Repertoire der HP gehören. Die typischen und damit eingefahrenen Interaktionsmuster werden im gemeinsamen Spiel deutlich. Diese Informationen können in die individuell ausgerichtete Beratung der Eltern einbezogen werden.

Folgende Fragen sind bei der Beobachtung für die HP hilfreich: Verhält sich das Kind in dieser Szene genauso oder ganz anders als im Einzelkontakt mit der HP? Wie gehen die Eltern auf die Bedürfnisse ihres Kindes ein? Wie reagieren sie auf Spielaufforderungen ihres Kindes? Äußern sie eigene Spielwünsche und bieten sie sich als Spielpartner an? Welche Spielrolle nehmen die Eltern ein: Sind sie aktiv oder passiv, kooperativ oder einseitig dominant? Welche Spielrolle nimmt das Kind ein? Darf das Spiel ausgelassen sein oder muss es frühzeitig begrenzt werden? Wie gestaltet sich das Spielende?

Die Dokumentation kann sich auf folgende drei Dimensionen beziehen:

Spielverhalten

Das Spielverhalten bezieht sich auf die Qualität des Spiels, also darauf, wie das Kind spielt: Wie geht es auf die Materialien zu? Wie interessiert, neugierig und motiviert ist es? Wie findet es in das Spiel? Wie vertieft und konzentriert ist es? Wie ausdauernd spielt es? Wie abwechselungsreich ist das Spiel? Wie kann es neue Spiele und Aufgabenstellungen erfassen und umsetzen? Wie reagiert es, wenn es auf Schwierigkeiten stößt? Wie intensiv setzt es sich mit den im Spiel liegenden Anforderungen auseinander?

Spielentwicklungsniveau

Das Spielentwicklungsniveau orientiert sich an den Spielformen (> Teil III, 2), also an dem, was das Kind spielt. Hier bietet sich der Spiel-Beobachtungsbogen für die HPÜ an (im PDF-Format erhältlich unter der DOI: https://doi.org/10.33675/2011-82539300 oder über info@winter-verlag.de).

Spielthemen

Die Spielthemen verweisen auf die emotionale Befindlichkeit des Kindes und auf seine bisherige „Welt-Bewältigung" (> Teil III, 4)

Dokumentation der Spiel-Beobachtung Name und Alter			
Dimensionen	Datum: Zeitdauer: Ort:	Datum: Zeitdauer: Ort:	Datum: Zeitdauer: Ort:
Spielverhalten:			
Spielentwicklungs- niveau:			
Spielthemen:			

2.6 Auswahl und Einsatz von standardisierten Testverfahren

Die Versuchung ist groß, eine zeitraubende und arbeitsintensive Beobachtung, die auch noch eine außerordentlich hohe Konzentration und viel Geduld des Beobachters voraussetzt, durch wesentlich kürzere Testverfahren zu ersetzen. Dabei darf nicht übersehen werden, dass Testverfahren letztlich verkürzte Beobachtungsmerkmale anbieten. Ihre Zuverlässigkeit erhalten sie aus der Standardisierung und aus der statistischen Sicherung. Das heißt, die statistisch gesicherten Ergebnisse können nur erreicht werden, wenn bei den einzelnen Probanden peinlich genau die gleichen Voraussetzungen geschaffen werden. Das bedeutet im Idealfall, dass allen zu Untersuchenden gleich objektiv agierende Untersucher gegenübersitzen und in vergleichbar ausgestatteten Räumen buchstabengetreu die gleichen Testanweisungen in gleich sachlichem Ton geben. Selbst wenn das gelingt, ist bei Kindern mit geistiger Behinderung bereits die statistische Sicherung problematisch. Das macht die Tests nicht etwa überflüssig, aber es weist ihnen die angemessene Rolle zu: Sie können die Beobachtung sinnvoll ergänzen und nicht umgekehrt.

Weitere Ausführungen finden sich in den theoretischen Grundlagen: Relevant ist der Diagnostikteil im Kapitel zur psychologischen und zur heilpädagogischen Sichtweise (> Teil II, 2.2.3 und Teil II, 3.3.1.3).

2.7 Einholen von Vorbefunden

Die Einsicht in vorhandene Berichte, Stellungnahmen und Gutachten gibt Aufschluss darüber, was bis zum jetzigen Zeitpunkt an medizinischen, psychologischen und therapeutischen Maßnahmen erfolgt ist und wie das Kind aus Sicht der anderen Fachdisziplinen beurteilt worden ist. Um diese Berichte einfordern zu können, ist das Einverständnis der Personensorgeberechtigten erforderlich. Für die persönliche Rücksprache mit den Therapeuten, den Psychologen und den Ärzten braucht die HP eine Schweigepflichtentbindung der Eltern. Zur Interpretation der Aussagen muss die HP über medizinische und psychologische Kenntnisse verfügen (> Teil II, 1 und Teil II, 2).

2.8 Auswertung der gesamten Daten zur Erstellung einer heilpädagogischen Diagnose

Alle bisher erhobenen Daten müssen nun zusammenfließen und in einen Gesamtkontext gebracht werden. Dazu gehören die Informationen aus dem Erstkontakt, der Anamneseerhebung, der im Genogramm dargestellten Familiensituation, der gezielten Spiel-Beobachtung, den standardisierten Diagnoseverfahren und aus den eingeholten Vorbefunden mit medizinischer und psychologischer Diagnose.

Die HP wird diese Materialien bearbeiten: Alle Daten und Befunde werden inhaltlich gegenübergestellt, miteinander verglichen und gewichtet. Dabei soll das Bedeutsame der Lebensgeschichte dieses Kindes und seiner Familie erkenntlich und der innere Zusammenhang erschlossen werden. So entsteht eine erste wertende Gesamtschau, die noch weitgehend von Annahmen der HP bestimmt wird. Diese Hypothesenbildung dient dazu, nicht vorschnell die eigenen Annahmen als Fakten festzuschreiben. Unterschiedliche, auch widersprüchliche Aussagen sind erwünscht: Das schafft erst die Notwendigkeit, sie im Prozess zu überprüfen, um sich so vorsichtig der Wirklichkeit dieses Kindes und seiner Familie zu nähern und um zu einem vertiefenden Verstehen zu gelangen. Dieses Vorgehen erfolgt auf der Grundlage ausgewählter Theoriekonstrukte und führt zu einer ersten diagnostischen Einschätzung.

Da die heilpädagogische Diagnose biographisch ausgerichtet ist, bietet es sich an, die anamnestischen Daten in Form einer Entwicklungsleiste chronologisch zu sortieren und auszuwerten.

2.8.1 Entwicklungsleiste

Familie, Milieu, Ereignisse auf dem Lebensweg	Datum/ Alter des Kindes	Exploriertes Erleben und Verhalten bezogen auf Kind und Bezugspersonen	Ausgewählte Theoriekonstrukte	Diagnostisch relevante Teilhypothesen
Hier werden die bedeutenden Ereignisse im Leben des Kindes/der Familie chronologisch aufgelistet.	Hier erfolgt die Zuordnung der Ereignisse zum Lebensalter des Kindes.	Hier werden die von den Eltern benannten Gefühle und Reaktionen auf die Ereignisse festgehalten.	Von den Ereignissen und der Problemlage ausgehend wird ein Theoriekonstrukt ausgewählt, das sich dazu eignet, die Besonderheiten im Einzelfall zu beleuchten. Diese Theorie wird nicht punktuell angewendet, sondern sie begleitet den biographischen Verlauf. In der Praxis haben sich die Modelle von Mall, Mahler und Erikson bewährt.	Aus den Theoriekonstrukten lassen sich unmittelbar Hypothesen ableiten, die sich jeweils auf das Ereignis und damit auf das Erleben und Verhalten beziehen. Da diese Hypothesen nur von einem biographischen Ausschnitt abgeleitet werden, sind sie Teil-Hypothesen. Diese müssen am Ende gewichtet und in einen Gesamtzusammenhang gebracht werden. Dabei wird deutlich, dass bestimmtes Erleben in die Wiederholung gerät und zum Lebensthema werden kann.

Gebündelt werden diese Annahmen in einer biographisch ausgerichteten diagnostischen Einschätzung, die um das Verstehen bemüht ist.

Eine umfangreiche Entwicklungsleiste findet sich in dem Fallbeispiel Jule von Evelyn Rief (> Teil VI, 2).

Die folgende Entwicklungsleiste stellt exemplarisch einen Ausschnitt aus der Fallarbeit der Studentin Nadine van Almsick vor:

Entwicklungsleiste: Steffen 1;4 Jahre

Familie, Milieu, Ereignisse auf dem Lebensweg	Datum/ Alter des Kindes	Exploriertes Erleben und Verhalten bezogen auf Kind und Bezugspersonen	Theoriekonstrukt nach Mall „Sensomotorische Lebensweisen"	Diagnostisch relevante Teilhypothesen
Geburt von Steffen per sectio aufgrund geminderter Herztöne bei Nabelschnurumschlingung; intensivmedizinische Maßnahmen; Verdacht auf Trisomie 21	1. Tag	Die Eltern sind alarmiert. Die bedrohliche Situation versetzt die Mutter in einen Schockzustand. Die Angst um ihr Kind füllt die Eltern ganz aus. Sie verdrängen den Verdacht.	Überleben „Ich bin mit dem Nötigen an Leib und Seele gut versorgt."	Die Einheit mit der Mutter, die versorgende Nähe wird plötzlich aufgelöst. Steffen hat Überlebensängste und ist kaum mit dem Nötigen an Leib und Seele versorgt. Durch den abrupten Start ins Leben können auf der Leib-Ebene und damit auf der emotionalen Ebene Vulnerabilitäten entstanden sein. Steffen ist ungeschützt allen Eindrücken ausgeliefert. Die unmittelbaren sinnlichen Erfahrungen werden sich auch in den nächsten Wochen auf der Intensivstation in seine Leiblichkeit einprägen und belastende Spuren hinterlassen. Der Schockzustand der Eltern beeinträchtigt eine umfassende Fürsorge.
Aufnahme in der Frühförderung und der Physiotherapie; Besuch einer Selbsthilfegruppe	3 Monate	Die Eltern sind erleichtert und fühlen sich nicht mehr alleingelassen. Sie bekommen Mut und Kraft durch den Austausch mit den Fachkräften und anderen betroffenen Eltern. Steffen ist motorisch sehr aktiv. Bei Geräuschen (Glöckchen) hält er inne, merkt auf, lauscht und versucht, sich der Quelle zuzuwenden. Er zeigt ein erstes soziales Lächeln.	Die Umwelt mit den Sinnen entdecken „Ich bin offen für Neues, ich kann mit meinen Sinnen genießen." intermodale Wahrnehmung	Weil Steffen offen auf die Sinneseindrücke der Umwelt eingeht, kommt es zu ersten eindeutigen intermodalen Verknüpfungen, die sich stabilisieren. Das Körpererleben differenziert sich. Das Körperbewusstsein erlaubt eine Raum-Lage-Wahrnehmung und eine erste Bewegungsplanung. Da die Eltern Entwicklung erleben, fühlen sie sich entlastet und können adäquat auf seine Bedürfnisse eingehen.

Eingangsphase (erste diagnostische Einschätzung) 215

An die biographische Darstellung des Geworden-Seins schließt sich eine Einschätzung des aktuellen Entwicklungsstandes des Kindes an. Um diesen zu beschreiben, werden die gesammelten Befunde und Testergebnisse zusammengefasst. Der Spiel-Beobachtung wird in diesem Schritt eine besondere Bedeutung gegeben. Sie wird nach den unten aufgeführten Kriterien systematisiert und diagnostisch ausgewertet: Die Fähigkeiten, Stärken und Schwächen des Kindes, seine emotionale Befindlichkeit und seine momentan bedeutsamen Lebensthemen werden aus den Beobachtungen interpretiert.

Die Anregungen dazu werden in Form einer Auflistung dargestellt, ohne Anspruch auf Vollständigkeit.

2.8.2 Beschreibung des Entwicklungsstandes

1. Äußeres Erscheinungsbild

Größe-Gewichts-Relation, Haltung, Gang, Mimik, Gestik (Ausdrucksgehalt), körperliche Auffälligkeiten oder Einschränkungen, Kleidung und Pflege

2. Senso-motorische Entwicklung

modale Reizverarbeitung, intermodale Verknüpfungen, seriale Leistungen, intentionale Handlungen; Leistungen bezogen auf das Körperbewusstsein, die Körperorientierung; findet seine Körpermitte; erlebt seine Seitigkeit und Überkreuzbewegungen; Entwicklung der Raumorientierung, des Köperschemas und der Bewegungsplanung.

Nach den ersten beiden Lebensjahren bleibt das komplexe Zusammenspiel bestehen und es erfolgt eine Ausdifferenzierung in:

SENSORIK
Körpereigenwahrnehmung (taktil-kinästhetisch und vestibulär); auditive und visuelle Wahrnehmung, unterteilt u.a. in die Figur-Grund-Wahrnehmung, Wahrnehmungskonstanz, Differenzierungsfähigkeit.

MOTORIK
Grobmotorik: Haltung, Tonusregulation und Kraftdosierung; kontrollierte/überschießende Bewegungen; differenziert/undifferenziert; koordiniert/unkoordiniert; Ausdrucksbewegung
Feinmotorik: Auge-Hand-Koordination; einhändiges/beidhändiges Agieren; Grifftechniken; differenziert/undifferenziert; Drehbewegung; Kraftdosierung; Werkzeuggebrauch (Stift, Schere, Pinsel).

Spielmaterial

Rhythmikmaterial, z.B. Reifen, Kugel, Bälle, Schlaghölzchen, Seile, Tücher; Material aus der Psychomotorik, z.B. Teppichfliesen, Rollbrett, Kreisel, Schaukel, Klettergerüst, Strickleiter, Stelzen; Fahrzeuge, z.B. Laufrad, Dreirad, Roller, Fahrrad

Material zum Drehen und Schrauben, Steckspiele, Puzzle-Spiele, Perlen (Würfel) zum Aufreihen mit Schnüren in unterschiedlicher Stärke, Fröbel-Material, Papier, Farbe, Stifte, Schere

---

3. Sozial-emotionale Entwicklung

Sozialverhalten/kommunikative Kompetenzen
Art der Kontaktaufnahme bezogen auf vertraute/fremde Personen: Blickkontakt, taktiler, gestischer oder verbaler Kontakt/Kommunikation, Kontaktwunsch, Kontaktbereitschaft, Kontakt- und Kommunikationsfähigkeit, Dialoggestaltung, Trennung von Bezugspersonen, Kontakt mehr zu Erwachsenen oder (auch) zu Gleichaltrigen, Freundschaften, Gruppenfähigkeit, Anpassung und Durchsetzungsfähigkeit.

Emotionale Befindlichkeit
Grundstimmung (ausgeglichen, wechselhaft), Sensibilität, Passivität, Aktivität, Angst, Aggressivität, Äußerungsfähigkeit: kann Gefühle/Emotionen zeigen/nicht zeigen (Freude, Glück, Zorn, Wut Verzweiflung, Liebe, Hass, Angst, Eifersucht, Neid); die Fähigkeit, eigene/fremde Empfindungen und eigene/fremde Bedürfnisse wahrzunehmen und zu formulieren.

> **Spielmaterial**
>
> Soziale Kompetenzen zeigt das Kind im Spiel und erwirbt diese im Spiel. Die Einschätzung ergibt sich aus der gemeinsamen Spielsituation. Zusätzliche Mittel und Materialien sind z.B. Regelspiele und Gesellschaftsspiele.
>
> Die emotionale Befindlichkeit drückt sich im Spiel aus und ergibt sich aus den Spiel-Interaktionen „Kind und HP", „Mutter und Kind" bzw. „Mutter, Kind und HP". Zusätzliches Material sind z.B. Stofftiere, Puppen, Handpuppen, möbliertes Puppenhaus, Puppenwiege/-wagen, Kaufladen, Verkleidungskiste, Bildkarten, Bilderbücher mit ausgewählten Themen und kleine Geschichten, die im Rollenspiel dargestellt werden.

4. Spielentwicklung

Spielverhalten (Wie spielt das Kind?)

Spieleinstieg, Spielfreude, Motivation, bevorzugte Spielzeuge, Spieldauer und -intensität, Spielideen, Phantasie, Spielvariationen, Wiederholungen, Planung und Umsetzung von Spielhandlungen, Reaktion bei Schwierigkeiten in der Ausführung, Finden von Lösungen.

Spielentwicklungsniveau (Was spielt das Kind?)

- körper- und gegenstandsbezogenes Funktionsspiel
Gestaltung seiner körperbezogenen Bewegungsspiele: lustbetonte Bewegungen, spielt mit dem eigenen Körper, richtet sich auf und wirft sich hin, spielerisches Ausprobieren der Bewegungsmöglichkeiten, variationsreich in Wiederholung.
Gestaltung seines gegenstandsbezogenen Funktionsspiels: Welches Material wird bevorzugt: Form, Farbe, Größe, Funktion, Oberflächenbeschaffenheit (glatt/rau)? variationsreiches Hantieren mit den Materialien; verstecken und wieder auftauchen lassen von Gegenständen und Personen im Guck-Guck-Spiel; aktives Experimentieren und Ursache-Wirkungs-Zusammenhänge erkennen; aus- und einräumen von Gegenständen; Funktionen beherrschen.

- Rollenspiel
Kind wiederholt erworbene Verhaltensweisen in der Selbstnachahmung; Reproduktion von Verhaltensweisen anderer Personen; Übertragung von eigenen Verhaltensschemata auf die Spielfiguren; Kind übernimmt selbst die verschiedenen Rollen; komplexe Spielhandlungen mit raschem Themenwechsel; eigene Erlebnisse darstellen; sich in andere hineinversetzen über die Perspektivübernahme und Rollenausgestaltung; Handlungsstrang gestalten.

- Konstruktionsspiel
fängt an zu bauen; will etwas herstellen; zeigt Freude am Produkt; baut einen Turm; legt eine Reihe; kombiniert diese Dimensionen; baut dreidimensional; gestaltet mit unterschiedlichen Bau-Materialien, auch mit Knete oder Ton, Kleister oder Farbe; baut erkennbare Gebilde bis hin zum werkschaffenden Konstruktionsspiel; Fähigkeit, planen zu können und Geplantes umzusetzen; etwas nach Vorlage anfertigen.

- Regelspiel
denkt sich selbst Regeln aus; kann sich an die bestehenden und vorgegebenen Regeln halten; passt sich der Spielordnung an; spielt einfache Partnerspiele; erfasst einfache/komplexere Gesellschaftsspiele; Gemeinschaftsspiele mit Wettbewerbscharakter.

> **Spielmaterial**
>
> eine Auswahl an unterschiedlichsten Materialien aus den vier oben genannten Spielformen unter Berücksichtigung von Farbe, Form, Größe, Funktion; verschiedenes Bau- und Belebungsmaterial anbieten; Fröbel- und Montessori-Material, d. h. alles Material, das zu einer spezifischen Handlung, zu einem Lösungsversuch herausfordert; Konstruktions-Material; Regelspiele; Material mit einfachem und differenziertem Bewegungsmechanismus

- Sozialspiel
Spielverhalten im Spiel mit anderen Kindern – Parallelspiel im regellosen Nebeneinander; wechselseitiger Blickkontakt; einfaches Sozialspiel, in dem das Kind mit anderen spricht und ihnen Gegenstände anbietet; beobachtet das Spiel anderer Kinder; ein Miteinander im gemeinsamen Spiel, das in das Einzelspiel wechselt; soziale Kontakte können nach Belieben aufgenommen und wieder beendet werden; Teilnahme an Kreisspielen mit Reiz am Mitmachen; die Imitation von Handlungsabfolgen gelingt über die Fähigkeit zur Nachahmung; Kooperation im einfachen/komplexen Rollenspiel; gemeinsames Skript, über das sich das Kind mit anderen verbal abstimmen kann; organisierte Gruppenspiele mit Wettbewerbscharakter.

Eingangsphase (erste diagnostische Einschätzung)

Spielthemen
Welches Thema hat das Spiel/die Spielszene? Was drückt das Kind inhaltlich mit seinem Spiel aus? Welche Themen nimmt es in die Wiederholung? Mit welcher Figur, mit welchem Tier oder mit welcher Rolle scheint sich das Kind zu identifizieren? Welche Wünsche, Bedürfnisse oder Ängste drückt es aus?

5. Kognitive Entwicklung
Objektpermanenz, Mittel-Zweck-Differenzierung, Symbolverständnis, aufgeschobene Nachahmung, Erkenntnisfähigkeit, Kategorisierung, Mengenerfassung, Merkfähigkeit/Gedächtnis, Schlussfolgerung, Lernfähigkeit, Abstraktionsvermögen, Transferleistung, Kombinationsfähigkeit, Problemlösungsdenken, Begreifen und Erlernen der Kulturtechniken;
Aufmerksamkeit, Konzentration, Instruktionsverständnis.

Spielmaterial

Gegenstände zum Verstecken, Bilderbücher, Rollenspielutensilien, Zuordnungsspiele für Formen, Farben und Bilder, Puzzle, Lotto, Montessori-Material, Sortierspiele und Zahlenlotto, Kofferpacken, LÜK-Kasten, Lernspiele, Bücher, Lernuhr

---

6. Sprachliche Entwicklung

- Sprachvorläuferkompetenzen
frühe Zwiesprache und Baby-Talk; Nachahmung von Gesten; Spiegeln im Dialog; Antworten mit gurrenden und quietschenden Lauten; Lautierungen; Signale entschlüsseln; trianguärer Blickkontakt.

- Sprachverständnis
Reaktion auf den eigenen Namen; situatives Erfassen des Gesagten; einfache Aufforderungen befolgen; Geschichten zuhören; Verständnis von einfachen Inhalten und Fragen; Umsetzung komplexerer Anweisungen.

- Sprachproduktion
erste Wörter; spricht Wörter nach; Wortschatzerweiterung; Bildung von Mehr-Wort-Sätzen; stellt Fragen; berichtet von eindrucksvollen Erlebnissen; stellt Sachverhalte dar; gibt oder verlangt Informationen; Lautstärke, Artikulation, Ausdruck, Dialekt.

Spielmaterial

„Sprache ist in Allem" – geeignetes Beobachtungsmaterial, geeignete Mittel: Bilderbücher, Lotto-Spiele, Rollenspiele, Kasperlepuppen, Fingerpüppchen, dazu Reime, Verse, Lieder

---

7. Selbstständigkeitsentwicklung
lebenspraktische Kompetenzen in den Bereichen Nahrungsaufnahme, Kleidung und Körperpflege, Aufgabenübernahme im Haushalt, Freizeitgestaltung, Orientierung und Mobilität.

Beobachtung

in situativen Lebensvollzügen, z.B. beim Händewaschen nach dem Toilettengang bzw. nach dem bildnerischen Gestalten; Montessori-Material: z.B. Gieß-Schütt-Übungen mit Gegenständen aus dem lebenspraktischen Bereich

---

8. Ressourcen
Entwicklungspotentiale und individuelle Stärken.

9. Vorlieben und Interessen
Spiele, Musik, Werken, Kochen, Malen, Gärtnern, Tiere, Bilderbücher, Geschichten, Sport, Fernsehen, Computerspiele, Sammlungen.

Beobachtung

Über ein reichhaltiges, vielgestaltiges Angebot an Spielmaterialien während der freien Spielsituation können die Vorlieben und Interessen des Kindes erkannt werden.

---

10. Wertvorstellungen

Grenzsetzungen verstehen und ihnen nachkommen; konstruktives Auseinandersetzen mit Grenzen auf der Handlungsebene; Ver- und Gebote verinnerlichen und situationsgerecht abrufen können; Normen kennen und einhalten; Normbegründungen und gedankliche Auseinandersetzung damit; Gewissensentwicklung.

11. Besondere Symptome

Daumenlutschen, Nägelkauen, Einnässen/Einkoten, autoaggressive Verhaltensweisen: sich schlagen, Haare ausreißen, sich kratzen oder ritzen, fremdaggressive Verhaltensweisen (gegen Gleichaltrige/Erwachsene), stereotype Verhaltensweisen, Tics und weitere medizinisch-psychiatrische/psychosomatische Diagnosen.

Eine exemplarische Beschreibung des Entwicklungsstandes mit Interpretation stammt aus der Fallarbeit der Studentin Nadine van Almsick:

Beschreibung des Entwicklungsstandes: Steffen 1;4 Jahre

1. Äußeres Erscheinungsbild

Steffen ist ein für sein Alter kleiner Junge mit kurzen, mittelbraunen Harren. Er zeigt typische morphologi-sche Anzeichen einer Trisomie 21 und hat eine angeborene Syndaktylie (angeborene anatomische Fehlbil-dung; Verwachsung von Fingerglieder) beidseits.

2. Senso-motorische Entwicklung

Steffen gelingen intermodale Verknüpfungen. Er kann aufmerken, fixieren und verweilen. Funktionssignale erkennt Steffen und verbindet mit dem Auftauchen bestimmter Personen oder Gegenstände bestimmte Ereignisse. In anleitender Begleitung zeigt er erste seriale Leistungen. Eine erste Objektpermanenz ist noch brüchig und von seiner Motivation und der Komplexität der Situation abhängig. Versteckte Gegenstände sucht und findet er noch nicht immer. Oft interessieren ihn die Becher, aber noch nicht der darunter versteckte Gegenstand. Der Becher hat einen so hohen Reiz, dass er nur darauf fixiert ist, so dass der versteckte Gegenstand kein Interesse bei ihm findet. Steffen ist in der Lage, einfache Wenn-dann-Beziehungen herzustellen: Er zieht gezielt an einer Schnur, um den Gegenstand zu bewegen und diesen zu sich zu ziehen. Hier werden seine frühen kognitiven Fähigkeiten ersichtlich. Intentionale Handlungen drücken sich auch in seinem Bewegungsverhalten aus. Bei einem leicht geminderten Muskeltonus ist Steffen motorisch sehr aktiv. Er zieht sich in den Stand hoch und schafft es, einige Sekunden stehen zu bleiben. Er läuft an beiden Händen gehalten und an Möbeln entlang. Seine Körper- und Raumorientierung hat sich stabilisiert und differenziert sich immer weiter aus, ebenso die Bewegungsplanung.

3. Sozial-emotionale Entwicklung

Sozialverhalten/kommunikative Kompetenzen

Über spielerische Angebote ist eine Kontaktaufnahme zu Steffen leicht möglich. Er rollt einen Ball zu und wartet gespannt darauf, dass ich diesen wieder zu ihm zurückrolle. Er nimmt Blickkontakt auf und kann diesen aufrechterhalten. Gesten imitiert er und stimmt sich im Spieldialog ab.

emotionale Befindlichkeit

Steffen ist ein zufriedener Junge, der viel lacht. Seine Befindlichkeit kann er non-verbal und über Lautierungen ausdrücken. Gegenüber Fremden zeigt er ein angemessen zurückhaltendes Verhalten und vergewissert sich immer wieder der Anwesenheit seiner Mutter.

4. Spielentwicklung

Spielverhalten (Wie spielt das Kind?)

Steffen genießt das gemeinsame Spiel. Er geht ausdauernd in die Wiederholung. Auf Spielanregungen lässt er sich ein und ahmt diese nach. Neue Materialangebote, vor allem mit auditiven Reizen, wecken sein Interesse. Er geht neugierig darauf zu und erkundet diese. Ist er motiviert, kann er seine Aufmerksamkeit auf den Gegenstand fokussieren. Er ist dann nur bei sich und auf den einen Gegenstand fixiert. Stößt er auf neue Bedingungen und Situationen in der Auseinandersetzung, wirkt er zunächst irritiert. Dann wendet er seine bekannten Handlungsschemata darauf an (Assimilation). Lässt sein Interesse nach und ist seine Ausdauer erschöpft, wird er motorisch unruhig und wendet sich anderen Materialien zu.

Eingangsphase (erste diagnostische Einschätzung)

Spielentwicklungsniveau (Was spielt das Kind?)

Steffens Interesse gehört dem einfachen gegenstandsbezogenen Funktionsspiel: Er entdeckt Gegenstände und Materialien mit dem Mund und den Händen und setzt sie funktional in seinem Spiel ein – Klötze aneinander schlagen, Spielzeugente an der Schur ziehen. Steffen zeigt Freude daran, etwas in Bewegung zu setzen und Effekte auszulösen.

Sozialspiele: Steffen gibt nach Aufforderung einen Gegenstand ab. Materialien holt er einzeln aus der Kiste und gibt mir diese in die Hand. Dann wartet er darauf, dass ich ihm diese wieder gebe (nehmen und geben). Er genießt das Miteinander und den sozialen Abgleich im Guck-Guck-Spiel.

Spielthemen

In seinem Spiel drückt Steffen seine aktuellen Spiel- und Lebensthemen aus. Es macht ihm Freude, sich mit den Dingen der Umwelt auseinanderzusetzen (Entdeckerlust): „Ich möchte mich in Bewegung erleben. Ich möchte selbstwirksam Effekte auslösen. Verstehe mich in meinem Handeln und spiele mit." Im Verschwinden und Wiederauftauchen drückt sich sein aktuelles Erleben, von der Mutter getrennt zu sein, aus: „Wo bin ich – wo bist du?"

5. Kognitive Entwicklung
siehe senso-motorische Entwicklung

6. Sprachliche Entwicklung

Im gemeinsamen Spiel gibt Steffen Laute des Entzückens von sich: „dei-die" und „brr-brr". Er sucht den sozialen Abgleich und ahmt Gesten und Laute nach. Ansätze der Triangulierung zeigen sich im Spiel. Er hält den Spielgegenstand hoch, lautiert, um die Aufmerksamkeit der Mutter zu wecken, und weist auf seinen Spielgegenstand. Hier werden gute grundlegende Sprachvorläuferkompetenzen ersichtlich.

Das Sprachverständnis zeigt sich in der Reaktion auf Fragen: Als Reaktion auf die Frage „Wie groß bist du?" streckt er die Arme nach oben.

Im Bereich der Sprachproduktion kann Steffen nach Angaben der Mutter einzelne Wörter (Mama, Papa und Oma) sagen, jedoch oft nicht gezielt auf die Person ausgerichtet.

7. Selbstständigkeitsentwicklung

Steffen nimmt Brotstücke auf und isst sie. Er versucht, aus einem Becher zu trinken, was ihm aber noch nicht ganz gelingt. Steffen zieht sich die Mütze vom Kopf und offene Schuhe aus.

8. Ressourcen

Seine Neugier und seine Bewegungsfreude sind seine Ressourcen. Individuelle Stärken zeigen sich in seiner Kommunikationsfähigkeit.

Die Aussagen der Entwicklungsleiste und die Beschreibung des Entwicklungsstandes werden verdichtet und in einer ersten diagnostischen Einschätzung zusammengefasst.

Hier wird wieder Bezug auf die Fallarbeit der Studentin Nadine van Almsick genommen:

Erste diagnostische Einschätzung

Steffen (1;4 Jahre) ist ein Kind mit Trisomie 21. Er hat seine eigene individuelle Lebensgeschichte mit Ereignissen, die ihn geprägt haben.

Die Trisomie 21 und die komplikationsreiche Geburt mit häufigen Krankenhausaufenthalten in der Folge wirken sich hemmend und stagnierend auf die frühe senso-motorische Entwicklung von Steffen aus.

Nach dem erschwerten Beziehungsaufbau in den ersten Lebensmonaten, der von Berührungsängsten und Trauer geprägt war, konnte die Mutter Steffen annehmen und liebevoll auf seine speziellen Bedürfnisse eingehen.

Steffen ist ein Kind, das neugierig und motiviert auf die Dinge der Welt zugeht und sich aktiv mit ihnen auseinandersetzt. Bei individuellen Stärken im sozial-emotionalen Bereich liegen seine Schwächen vorwiegend in den frühen kognitiven und den feinmotorischen Fähigkeiten in der senso-motorischen Entwicklung. Die Beschreibung des Entwicklungsstandes macht eine globale Entwicklungsretardierung von 6 Monaten in allen Entwicklungsdimensionen deutlich.

Die Wahrnehmung ist das Fundament für alle Entwicklungsbereiche. Hier braucht er Hilfen zur Differenzierung und Stabilisierung seiner Kompetenzen, um seine Spielfähigkeiten ausbauen zu können.

Die heilpädagogische Diagnose ist immer eingebettet in eine Förderdiagnostik. Sie ist auf die Förderung, auf das, was das Kind kann und braucht, ausgerichtet. Sie wird im Prozess weiter fortgeschrieben und verdichtet.

Vertiefungen dazu finden sich im Grundlagenkapitel zur heilpädagogischen Diagnose. Das Modell zur Analyse von Behinderung bietet sich an, um ein aktuelles Entwicklungsprofil zu erstellen (> Teil II, 3.3.1.4).

2.9 Entscheidung für oder gegen eine heilpädagogische Entwicklungsförderung und Begleitung

Auf der Grundlage der Eingangsdiagnostik muss die HP in Absprache mit ihrem Team eine Entscheidung treffen bezogen auf die Fragen: Gibt es einen Arbeitsauftrag – für die HP, für die HP und für eine andere Profession (z.B. Physiotherapie) oder erst einmal nur für eine andere Profession (z.B. Familientherapie)?

Im Anschluss daran erfolgt ein Gespräch mit den Eltern, in dem die Ergebnisse der Eingangsdiagnostik besprochen werden.

Hat das Kind einen heilpädagogischen Förderbedarf, wird die HP den Eltern ihr Angebot aufzeigen. Sie wird die Ziele und Inhalte der Förderung thematisieren und die Bedeutung des Spiels als methodisches Medium deutlich machen. Dabei sollten auch die realen Fördermöglichkeiten und Grenzen aktuell eingeschätzt werden: Verlässlichkeit in der Begrenzung (nicht mehr versprechen als man halten kann).

Die HP wird den Eltern erläutern, dass eine Zusammenarbeit mit ihnen unabdingbar ist und die möglichen Inhalte und Arbeitsformen (Beratung, Anleitung und Teilnahme/Nichtteilnahme der Eltern an den Spielstunden) skizzieren. Diese inhaltlichen Angebote müssen mit den elterlichen Erwartungen im Gespräch abgeglichen werden und einen Wirklichkeitsbezug behalten.
Dann werden die formalen Bedingungen besprochen: Einzel- oder Gruppenangebot, Zeitaspekt (wöchentlich, zu einem festgelegten Termin und über eine bestimmte Dauer, voraussichtlicher Zeitumfang der Förderung) Raumfrage (häuslich und/oder institutionell gebunden). Diese Rahmenbedingungen werden mit den Möglichkeiten der Eltern abgestimmt.

Den Eltern wird Raum gegeben, sich für oder gegen das heilpädagogische Angebot zu entscheiden. Stimmen sie diesem zu, werden die im Gespräch erarbeiteten Inhalte in einem erweiterten Kontrakt festgehalten.

Nach der Kontraktabsprache kann den Eltern ein Merkblatt zur HPÜ ausgehändigt werden, auf dem sie die Beschreibung des Förderkonzeptes noch einmal nachlesen können. Das Merkblatt kann nach folgendem Schema angefertigt werden:

Eingangsphase (erste diagnostische Einschätzung)

> **Beschreibung der heilpädagogischen Übungsbehandlung**
>
> Die HPÜ ist eine systematische Entwicklungsförderung und Begleitung im Spiel für das Kind mit Entwicklungsbeeinträchtigung oder Behinderung.
>
> Durch ein ausgewogenes Angebot von Übungseinheiten unter Berücksichtigung der individuell verschiedenen Möglichkeiten des Kindes werden im Spiel und durch das Spiel neue Kenntnisse, Fähigkeiten und sinnvolle Verhaltensweisen in Einzel- und/oder Gruppensituationen geweckt, entwickelt und gefestigt.
>
> Die HPÜ ist grundsätzlich auf die Gesamtförderung des Kindes, d. h. auf die Förderung seiner sensorischen, motorischen, sozialen, emotionalen und kognitiven Fähigkeiten ausgerichtet.
>
> Die Entwicklungsförderung und Begleitung beinhaltet ein gezieltes und vielfältiges Angebot an Erfahrungs- und Handlungsmöglichkeiten in der taktil-kinästhetischen, visuellen und auditiven Erfassung und Differenzierung der Umwelt.
>
> Dabei ist die Zusammenarbeit mit Ihnen, den Eltern und ersten Bezugspersonen des Kindes, ein unverzichtbarer und integrierter Bestandteil der HPÜ.
>
> Diese Zusammenarbeit ist Voraussetzung der heilpädagogischen Arbeit bei der vorläufigen Feststellung der augenblicklichen Entwicklung Ihres Kindes, in der Anamnese-Erhebung, in der freien und gelenkten Spielbeobachtung in häuslichen und außerhäuslichen Situationen und bei der Auswertung der vorliegenden Unterlagen und Daten zur Gesamtdiagnose. Darauf folgen die Erarbeitung von Richt- und Nahzielen, die Planung der ersten Arbeitsschritte und die Überlegungen zum methodischen Vorgehen. Der Förderprozess und die Zielsetzungen sollen in fortlaufenden, sich gegenseitig ergänzenden Gesprächen erläutert, kontrolliert und differenziert werden.

Die Verantwortung für gute Absprachen liegt immer in der Hand der HP, nicht in der Hand der Eltern. Unklare Kontraktabsprachen können im Prozess immer wieder dazu führen, dass es zu Brüchen und Unstimmigkeiten kommt, die sich erschwerend auf die Förderung auswirken. Die Termine werden beispielsweise nur sporadisch eingehalten und als unverbindlich wahrgenommen, so dass der Förderprozess stagniert und es zur Unzufriedenheit auf Seiten der Eltern und der HP kommt.

Genauso gilt: Wenn dem Kind nicht klar ist, warum es zu den Spielstunden kommt, ist auch das Ende der Begleitung schwer zu begründen und für das Kind nicht ohne belastende Gefühle nachvollziehbar.

Kontraktabsprache mit dem Kind
Darum empfiehlt es sich zum Ende der ersten gemeinsamen HPÜ-Einheit mit einem Kind, das über eine Person-, Raum- und Zeitorientierung verfügt und Sprache versteht, den Grund und die weitere Gestaltung des gemeinsamen Spiels zu erläutern. Die HP wird ihm Rahmenbedingungen mitteilen und den voraussichtlichen Zeitumfang benennen. Dem Kind wird erklärt, wozu die Gespräche mit den Eltern dienen. Vorstellungen und Wünsche des Kindes werden angemessen berücksichtigt. Wenn es sich anbietet, kann dieser Kontrakt bildnerisch gestaltet werden und von beiden unterschrieben an einem bestimmten Platz deponiert werden. Bei Bedarf wird er verändert oder ergänzt (> Teil VI, Leon – Fallbeispiel von Johanna Roman).

Auch bei einem Kind, mit dem kein Kontrakt in dieser Art geschlossen werden kann, ist es von Bedeutung ihm mitzuteilen, dass die HP mit ihm über lange Zeit regelmäßig spielen wird. Sprachliche Mitteilungen sind immer eine Botschaft.

2.10 Interdisziplinäre Zusammenarbeit

Diese bezieht sich auf die kollegiale Beratung und Fallarbeit im interdisziplinären Team, auf die Telefonate und die Austauschgespräche mit den zuständigen Therapeuten, Erziehern, Lehrern, Ärzten und Psychologen außerhalb der eigenen Einrichtung und die Hilfeplangespräche am runden Tisch mit allen am Fall beteiligten Personen.

3   Bearbeitungsphase (Prozessverlauf)

Nach der Eingangsphase, in der die Kontaktaufnahme und die Eingangdiagnostik im Mittelpunkt stehen und die mit einer Kontraktabsprache über die weitere Förderung abschließt, beginnt die Bearbeitungsphase. In dieser wird die Förderung und Begleitung im Prozess realisiert.

Die HP erstellt – am besten im interdisziplinären Team – einen individuellen, kind- und milieuorientierten Förder- und Behandlungsplan. Von der diagnostischen Einschätzung ausgehend werden die Ziele abgeleitet, die weiteren Inhalte und methodischen Vorgehensweisen geplant und die Handlungsschritte gezielt durchgeführt, dokumentiert und ausgewertet. Im Prozess wird die Förderplanung immer wieder reflektiert, mit den Kollegen besprochen und an die aktuellen Bedingungen angepasst.

Die drei Grundsätze von Moor (1965) gewinnen in der ganzheitlich ausgerichteten Förderung und Begleitung an unmittelbarer Bedeutung:

- „Wir müssen das Kind verstehen, bevor wir es erziehen. Daraus ergibt sich die Grundfrage: Wie lernen wir das Kind verstehen?"

Der Prozess ist förderdiagnostisch ausgerichtet. Durchgängig vollzieht sich ein immer wiederkehrender Kreislauf von Wahrnehmen, Verstehen, Erklären und Handeln. Die wahrgenommenen Verhaltensweisen und die emotionale Befindlichkeit des Kindes und seiner Eltern bedürfen einer verstehenden Erklärung, die jedem gezielten heilpädagogischen Handeln vorausgeht.

- „Wo immer ein Kind versagt, haben wir nicht zu fragen: Was tut man dagegen? Pädagogisch wichtiger ist die Frage: Was tut man dafür? nämlich für das, was werden sollte, soweit es werden kann."

Die Förderung und Begleitung ist ressourcenorientiert und setzt an den Stärken des Kindes und seiner Eltern an. Indem das Kind sich im Spiel als selbstwirksam erlebt und Zutrauen in seine Fähigkeiten erfährt, wird es positiv bestärkt. Wenn die Eltern Wertschätzung erfahren und in ihren Handlungsansätzen bestätigt werden, wirkt sich das positiv auf die Beziehung zu ihrem Kind aus und sie können ihre Erziehungskompetenzen ausbauen.

- „Wir haben nie nur das entwicklungsgehemmte Kind als solches zu erziehen, sondern immer auch die Umgebung. Sie leidet am Leiden des Kindes und kommt damit meistens nicht zurecht, wodurch das Leiden des Kindes noch vergrößert wird."

Die Eltern werden gezielt in die Förderung und Begleitung einbezogen und nehmen darin eine aktive und mitgestaltende Rolle ein. Es gilt, die Ressourcen (> Teil I, 3.2) im familiären und sozialen Umfeld zu erkennen und zu nutzen. Für das Kind sollen förderliche Milieubedingungen geschaffen werden.

Die heilpädagogische Entwicklungsförderung und Begleitung ist auf die ganze Familie ausgerichtet: Sowohl das Kind als auch die Eltern sind an dem Prozess beteiligt, den die HP begleitet. So baut sich die Beziehung in einer Dreiecks-Konstellation zwischen Kind, Eltern und HP auf, die im Verlauf förderlich gestaltet werden soll.

Je nach Zielsetzung und nach den Bedingungen im Einzelfall finden die HPÜ-Einheiten (auch Förder- oder Spielstunden genannt) im häuslichen Umfeld oder in der Einrichtung statt: zu dritt mit dem Kind und einem Elternteil, in einer Einzelsituation mit dem Kind oder in einer Kleingruppe. Aufgabe der HP ist es, dieses Setting bewusst zu gestalten und die Rollen der Beteiligten entsprechend zu definieren und zu klären. Die Rollen können unterschiedlich besetzt und im Prozess anders akzentuiert und auch verändert werden. Wichtig ist, dass die HP die Beziehungsdynamik im Prozess reflektiert, mögliche Rollenkonfusionen analysiert und einen konstruktiven Umgang damit findet.

Im Verlauf der Förderung hat die HP die Verantwortung, die auf das Kind hin ausgerichteten Angebote und die Beratung/Anleitung der Eltern umzusetzen, aufeinander zu beziehen und miteinander zu verknüpfen. In den parallel verlaufenden Prozessen kommt es immer wieder zu Überschneidungen, da sich das Anliegen, die Inhalte und die Veränderungen gegenseitig bedingen und aufeinander einwirken. Jede Förderung unterliegt einer eigenen Dynamik und es entwickelt sich ein individuelles Gefüge, das es zu erkennen und zu gestalten gilt.

In der weiteren Darstellung wird erst auf das Kind und dann auf die Eltern eingegangen, da die komplexe und zirkuläre Wirklichkeit im Förderprozess nur im Nacheinander aufgezeigt und versprachlicht werden kann.

3.1 Begegnung mit dem Kind im Spiel

Ohne die interessierte, lebendige Anteilnahme der HP ist eine Weiterentwicklung der Persönlichkeit des Kindes nicht möglich. Allein die innere Haltung der HP prägt ihr Ausdrucksverhalten und weckt im Kind mit Behinderung Kräfte und Fähigkeiten, die ohne ihre Zuwendung verschüttet oder verkümmert blieben. Jede Form von Weiterentwicklung hängt davon ab, ob das Kind eine aufmerksame und liebevolle, an seiner Entwicklung interessierte Umwelt vorfindet.
Die geduldig und zuverlässig gelebte Beziehung zwischen dem Kind und der HP ist die Basis für die gewünschten Veränderungen. In der Persönlichkeit des Kindes kann nichts verändert werden, ohne dass nicht zugleich eine Veränderung in der HP stattfindet. Die innere Haltung der HP soll letztlich die Verhaltensänderung des anderen bewirken: Dieses lebendige Miteinander zeigt heilende Wirkung für beide. Vertiefende Ausführungen finden sich im Kapitel zum Menschenbild in der HPÜ (> Teil IV, 2).

3.1.1 Zielformulierung

Zielformulierungen sind kein Zierrat heilpädagogischer Arbeit, der in der „Alltagsbedrängnis" ohne Einbuße gestrichen werden könnte.

Das übergeordnete Erziehungsziel der möglichen Selbstbestimmung in sozialer Bezogenheit stellt einen orientierenden Wertmaßstab dar, der ethisch-anthropologisch begründet ist (> Teil II, 3.1.2).

Die speziellen Förderziele streben den Aufbau von Handlungskompetenzen an, die das Kind dazu befähigen sollen, seine Persönlichkeit zu entwickeln. Damit es dem Kind gelingen kann, seine Persönlichkeit zu entfalten und zu einem sinnerfüllten Leben zu gelangen, orientiert sich die Zielsetzung an der Gesamtpersönlichkeit: Das Richtziel in der HPÜ, dem alle Nah- und Lernziele untergeordnet sind, ist die Stärkung der Persönlichkeit.

Hinter den Zielsetzungen steht ein Menschenbild, das von den entscheidenden Kernannahmen der Selbstaktivität, Intentionalität und Interaktivität ausgeht. Das Kind möchte werden, was es ist, und sucht seinen eigenen Weg, den die HP begleiten kann. Die Zielfindung ist prospektiv, d.h. auf die Zukunft, auf das Mögliche hin ausgerichtet.

Da Kinder mit Entwicklungsstörung oder Behinderung meist auch in ihrer Spielentwicklung, dem Motor der gesamten Entwicklung, gehemmt/beeinträchtigt sind, also nicht oder nicht mehr aus eigenem Antrieb spielen können, gilt das übergeordnete Ziel, spielen (wieder) zu lernen, um dann im Spiel die eigene Persönlichkeit entfalten zu können.

Bei der Zielfindung ist die heilpädagogische Bedürftigkeit des Kindes der Ausgangspunkt. Aus der hypothesengeleiteten diagnostischen Einschätzung ergibt sich der Förderbedarf: Was braucht das Kind? Hieraus können die Ziele abgeleitet, formuliert und begründet werden.

In der HPÜ gibt es keine unabhängig vom konkreten Kind mit Behinderung aufgestellten Ziele. Die Richt- und Nahziele werden auf die individuellen Fähigkeiten abgestimmt und nicht umgekehrt. Das Kind und seine Möglichkeiten sind Richtmaß und bleibender Auftrag heilpädagogischen Handelns.

Die Zielsetzungen werden im förderdiagnostischen Prozess immer wieder kontrolliert, ergänzt, differenziert und den aktuellen Bedingungen angepasst.

Dabei ist zu bedenken, dass die angestrebten Ziele vor allem eine richtungsweisende Orientierung für die HP im Förderprozess darstellen. Die Zielsetzungen sollten den Eltern transparent gemacht werden. Sie werden in den Zielfindungsprozess einbezogen. Die Zielvorstellungen der Eltern werden von der HP aufgegriffen.

Die Erarbeitung anschaulicher Ziele in der Förderung und Begleitung kann auf unterschiedlichen Ebenen erfolgen:
Die Förderziele sollen im Sinne einer Lernzieloperationalisierung von einem hohen Abstraktionsniveau bis hin zu einem konkreten und unmittelbar erreichbaren Zielniveau abgeleitet werden. Mit den Zielen wird ein vom Ist-Stand ausgehender und zu erreichender Soll-Zustand formuliert, der für das Kind mit Behinderung befriedigend und hilfreich sein sollte.

Die Zielformulierungen können wie folgt eingeteilt werden:

> **Richtziele**
> Gemeint ist eine übergeordnete Zielformulierung auf einem höheren Abstraktionsniveau, die die angestrebte Richtung der Förderung und Begleitung aufzeigt. Das Gesamt der Richtziele gilt als die Beschreibung eines globalen Zustandsbildes, das den angestrebten Soll-Zustand erkennen lässt. Die Richtziele können sich auf die Entwicklungsdimensionen beziehen. Jedes Richtziel hat in der Regel mehrere Nahziele (Teilziele), die sich auf Teilbereiche der Förderung und Begleitung beziehen.

Teilziele
Sie leiten sich aus den Richtzielen ab. Sie beschreiben ein spezifischeres Zustandsbild, das in der Förderung und Begleitung eine kurzfristig realisierbare Annäherung an das Richtziel erkennen lässt. Aus den Nahzielen werden die Lernziele abgeleitet, die für jede Fördereinheit in der Begleitung entwickelt und aufgestellt werden.

Feinziele
Die Lernziele sind weitergehende Ausdifferenzierungen der Nahziele: Sie sind konkrete, detaillierte Beschreibungen von Verhaltensweisen, die sich auf die jeweilige Fördereinheit beziehen und darin verwirklicht werden sollen. Jede geplante Übung im Stundenbild einer HPÜ hat ein Lernziel – und umgekehrt. Die Lernzielkontrolle erfolgt nach der Durchführung einer Fördereinheit.

Auf der Lernzielebene kann auch noch zwischen den Lernzielen und den Lehrzielen unterschieden werden (Lehr-Lern-Prozess):
Lernziele – sind konkrete, nachvollziehbare und überprüfbare Verhaltensweisen, die das Kind lernen und zeigen soll und die mittels der Beobachtung erfasst werden können.
Lehrziele – sind konkrete Verhaltensweisen und angestrebte Vorgehensweisen der HP, die etwas vermitteln und beim Kind bewirken sollen.

Ein zielorientiertes Vorgehen beinhaltet auch immer die Gefahr einer Lernziel-Überfrachtung.
Noch einmal sei betont: Die Begegnung mit dem Kind darf nicht dem Diktat der angestrebten Ziele unterliegen, sondern es muss – an den individuellen Bedürfnissen des Kindes orientiert – situativ und flexibel gehandelt werden. Hierdurch kann eine optimale Stimmigkeit zwischen der momentanen Befindlichkeit des Kindes, den Zielen und den daraus abgeleiteten Förderangeboten erreicht werden (> Teil III, 8).

Die folgende Zielformulierung stellt exemplarisch einen Ausschnitt aus der Fallarbeit der Studentin Nadine van Almsick dar. Hier werden nur die Richt- und Nahziele formuliert. Die Lernziele finden sich im Stundenbild (> Teil V, 3.1.5).

Ziele in der HPÜ mit Steffen (1;4 Jahre)

Richtziel 1:
Steffen soll zu mir eine vertrauensvolle Beziehung aufbauen.
  Nahziele:
  - Steffen soll in unseren gemeinsamen Stunden Sicherheit und Geborgenheit erfahren.
  - Steffen soll sich in seinen Äußerungen verstanden fühlen.

Richtziel 2:
Steffen soll auf der modalspezifischen Ebene seine Kompetenzen erweitern, stabilisieren und differenzieren.
  Nahziele:
  - Steffen soll im Bereich der taktil-kinästethischen und vestibulären Wahrnehmung (neue) Erfahrungen machen.
  - Steffen soll seine Figur-Grund-Wahrnehmung ausbauen.

Richtziel 3:
Steffen soll auf der intermodalen Ebene seine Kompetenzen erweitern, stabilisieren und differenzieren.
  Nahziele:
  - Steffen soll eine sichere Objektkonstanz aufbauen.
  - Steffen soll Materialien/Gegenstände konkreter erfassen, unterscheiden und zuordnen.

Richtziel 4:
Steffen soll seine serialen Leistungen stabilisieren und erweitern.
> Nahziele:
> - Steffen soll verlässlich Rituale erkennen und begreifen.
> - Steffen soll räumliche, sachliche und personenbezogene Zusammenhänge erkennen, diese abrufen können und lernen, diese in eine Handlung umzusetzen.

Richtziel 5:
Steffens Spielkompetenzen im gegenstandsbezogenen Funktionsspiel sollen differenziert, stabilisiert und erweitert werden.
> Nahziele:
> - Steffen soll seine Hand-Hand-Koordination und seine Auge-Hand-Koordination ausbauen.
> - Steffen soll die Funktionen der verschiedenen Spielmaterialien (z.B. Schütteln, Schlagen, Reiben und Ziehen) erfahren, erkennen und eigenständig durchführen.
> - Steffen soll Gegenstände aus- und einräumen.

Richtziel 6:
Steffens Sprachverständnis, Lautierungen und sprachlich-kommunikative Kompetenzen sollen sich ausdifferenzieren und erweitern.
> Nahziele:
> - Steffen soll in den Stunden vermehrt Laute unterscheiden lernen und imitieren.
> - Steffen soll durch Laute und Gesten Wünsche äußern.
> - Steffen soll vermehrt über wechselseitiges Handeln kommunizieren.

Hinweis: Die Formulierung „soll" weist auf einen Anspruch hin, den die HP einlösen muss.

3.1.2 Methodisches Vorgehen

Aus der diagnostischen Einschätzung ergeben sich die Ziele und Inhalte der Förderung. Um diese Ziele zu erreichen, werden die weiteren Handlungsschritte geplant, umgesetzt und ausgewertet.

Die Bestimmung der Ziele und Inhalte wird hauptsächlich der *Didaktik* zugeordnet. Sie konzentriert sich auf die Fragen: Wer lehrt/lernt? Was soll gelehrt/gelernt werden? Wozu und warum soll das gelehrt/gelernt werden?

Das zielgerichtete Vorgehen, die Formen und Verfahrensweisen der Durchführung können als *Methodik* bezeichnet werden. Sie fragt nach dem Weg: Wie und auf welche Art kann das Ziel erreicht werden?
Da die didaktischen und die methodischen Aspekte unauflösbar miteinander verbunden sind und die Ziele, Inhalte, Wege und Mittel kaum voneinander getrennt werden können, wird von der *Didaktik/Methodik* der Heilpädagogik gesprochen (vgl. Greving 2005, S. 251 ff.; Greving 2009, S. 22 ff.; Gröschke 1997, S. 261).

Im förderdiagnostischen Prozess hat das didaktisch-methodische Handeln einen hohen Stellenwert. Dieses zielgerichtete, planmäßige und schrittweise aufeinander aufbauende Handeln, das sich an spezifischen Strukturen orientiert, wird der Einfachheit halber als methodisches Vorgehen bezeichnet.

Das Förderkonzept der HPÜ beinhaltet klar beschriebene methodische Vorgehensweisen, die im Weiteren aufgezeigt werden.

Grundsätzliche Aussagen

In der HPÜ sollen die Spielkompetenzen, die eine Persönlichkeitsentfaltung erst ermöglichen, gezielt angeregt und aufgebaut werden.

- Das gemeinsame Spiel, also das Zusammenspiel von der HP und dem Kind, ist das Charakteristikum der HPÜ. Im gemeinsamen Spiel wird die Eigenaktivität des Kindes hervorgehoben. Das Kind soll sich im Spiel als selbstwirksam erleben, sein Können erproben, Vertrauen in sich und seine Fähigkeiten aufbauen, in seinem Selbstwert gestärkt und zum selbstverantwortlichen Handeln befähigt werden.

- Das Spiel in der HPÜ ist vor allem ein gelenktes Spiel: Das Kind mit Behinderung braucht zur Entfaltung seiner Persönlichkeit vorgehende und vorgebende, systematische und individuell ausgerichtete Förderangebote und übende Wiederholungen. In der HPÜ wird dem Kind eine Hilfe zur Selbstverwirklichung angeboten, d. h. die Lernziele und methodischen Vorgehensweisen sind auf sein individuelles Wohl auszurichten.

- Eine wichtige Voraussetzung ist die Auseinandersetzung der HP mit dem Charakter der HPÜ: Er liegt in der Spannung zwischen zielgerichteter Förderung und Spiel, also der Übung und dem Spiel.

- Bei diesem wechselseitigen Vorgang führt und folgt die HP, sie spricht und hört, sie gibt und nimmt. Nur so vermag sie es, das Widersprüchliche zu verbinden und dem Kind durch äußere Vorgaben zur Entfaltung seiner Persönlichkeit zu verhelfen. Nur so begegnet sie der Persönlichkeit des Kindes und nur so vermag sie es, dessen Lernfähigkeit einzuordnen. Charakteristisch ist also der Wechsel einer direkten und indirekten Spielführung, von Führen und Folgen, pädagogischer Zurückhaltung und pädagogischem Zugriff, äußerer und innerer Haltgebung und von heilpädagogischem Tun und Nicht-Tun auf der Basis einer tragfähigen und annehmenden Beziehung.

- Die HPÜ ist grundsätzlich auf eine Gesamtförderung des Kindes mit Behinderung ausgerichtet: Es sollen seine sensorischen, motorischen, sozialen, emotionalen, kognitiven und sprachlichen Fähigkeiten geweckt, entwickelt und gefestigt werden. Sie führt im und über das Spiel zum Erwerb von Handlungskompetenzen und Verhaltensweisen mit dem Ziel der höchstmöglichen Autonomie in sozialer Bezogenheit.

Bedingungen, die für alle Begegnungen in der HPÜ gelten

- Die erste Bedingung wirksamer heilpädagogischer Hilfe liegt darin, zum Kind einen Zugang zu finden und eine dialogisch-orientierte und verlässliche Beziehung aufzubauen, zu entwickeln und durchzutragen, solange das Kind diese Zuwendung braucht. Das Kind soll positive Beziehungserfahrungen machen, die es in seinen sozialen Kompetenzen stärken und die es in sein Selbstbild integrieren kann.

- Die HP muss lernen, das Kind so zu akzeptieren, wie es ist, sowohl in seinem äußeren Erscheinungsbild als auch in seinem augenblicklichen Entwicklungsstand – so wie sie selbst in ihrem So-Sein (Anders-Sein) akzeptiert sein möchte.

- Die HP muss das Kind genau kennenlernen in Begegnungen im häuslichen und außerhäuslichen Lebensbereich, in freien und gelenkten Spielsituationen. Aufgabe der HP ist es, das Kind zu beobachten, geduldig abzuwarten und die Signale des Kindes zu erkennen und zu verstehen.

- Die HP muss das Spiel als Sprache des Kindes verstehen lernen, dem Spiel und Entwicklungsverlauf des Kindes nachspüren, seinen besonderen Verlauf beachten und darin seine individuelle Lebensäußerung entdecken.

- Sie muss Spiel an sich selbst erfahren, Spiel-Freude entwickeln, dem Erleben spielender und einübender Elemente in der eigenen Lebensgestaltung nachgehen.

- Die HP wird auf der Grundlage ihrer diagnostischen Einschätzung die Ziele für die HPÜ ableiten und einen individuellen Förder- und Behandlungsplan aufstellen. Die Spielangebote und Übungen richten sich nach dem Entwicklungsstand des Kindes sowie nach seinen aktuellen Interessen und Spielthemen. Für jede Fördereinheit wählt die HP ein Spielthema und ein Spielmaterial aus, die den Interessen und dem Entwicklungsstand des Kindes entsprechen: Das Kind da abholen, wo es sich „bewegt", und an seine Stärken anknüpfen.

- Die HP muss das Spiel unter entwicklungspsychologischem und lernpsychologischem Aspekt kennen und sich mit den Besonderheiten im Spielverhalten von Kindern mit Behinderung vertiefend auseinandersetzen. Die Spielentwicklung des sich regelhaft entwickelnden Kindes ist das erste Ziel. Das Kind mit Behinderung hat ein Recht darauf, spielend spielen zu lernen.

- Die umfassende Kenntnis, die praktische Handhabung und die sachgemäße Beurteilung des verfügbaren Spielmaterials für jedes Entwicklungsalter sind für die Durchführung der HPÜ unumgänglich.

- Die HP muss eine breite Skala von unterschiedlichen Spielangeboten und Übungsmöglichkeiten kennen. Die Auswahl richtet sich nach der Persönlichkeit des Kindes, d. h. sowohl nach seiner augenblicklichen situativen Lernbereitschaft als auch nach seiner Fähigkeit, sich mit dem Material-Angebot auseinanderzusetzen.

- Die HP muss den kleinsten Entwicklungsschritt des Kindes registrieren, vertiefen und erweitern. Beim Kind mit Behinderung dauert es u.U. wesentlich länger, bis Entwicklungsschritte erreicht werden.

- Die Förderstunden sollten zu Tageszeiten festgesetzt und durchgeführt werden, an denen das jeweilige Kind besonders aufnahmefähig und dazu bereit ist.

- Der Verlauf der Förderstunde muss protokolliert und bei der Planung der nächsten Übungsstunde berücksichtigt werden.

Noch einmal sei betont:
Die HPÜ ist sowohl methodische Hilfe für das Kind mit Behinderung als auch persönliche Begegnung zwischen ihm und der HP. Angstfreie Sicherheit in neuen Fähigkeiten kann allein durch zuverlässige Methoden nicht entstehen, vielmehr braucht sie als unverzichtbare Grundlage die geglückte Beziehung. Die Kennzeichen einer wohltuenden Beziehung sind die gegenseitige Bejahung und das Vertrauen – „Es ist gut, dass es dich gibt!" Konzentriertes Aufeinander-Hinhören und immer neues Sich-aufeinander-Einstellen sind unverzichtbare Bedingungen der effektiven Hilfe.

Bearbeitungsphase (Prozessverlauf)

Die erste freudvolle Reaktion des Kindes auf die Angebote der HP ist der erste Erfolg der Anfangsphase. Er muss erkannt und sofort verstärkt werden. Selbst der bescheidenste Erfolg beweist, dass die Übungsbehandlung sinnvoll durchgeführt werden kann. Auf dieser Grundlage kann der nächste Schritt geplant werden. Ohne Erfolgerlebnis werden weder das Kind noch die HP die Übungsbehandlung lange durchhalten können.

Die gezielten Spielanregungen und Übungen orientieren sich an den Interessen und Möglichkeiten des jeweiligen Kindes. Am Anfang bietet es sich an, die Übungsangebote zügig und mit einer vielfältigen Auswahl an Spielzeugen durchzuführen. Dies erfolgt selbstverständlich in kleinen Teilschritten unter ständiger Beachtung des Zumutbaren. Die abwechslungsreichen Inhalte und Betätigungen zu Anfang bahnen den Kontakt an und bauen Ermüdungserscheinungen vor: Das, was eingeführt wurde, kann in den nächsten Stunden als bereits bekannt begrüßt werden (vgl. Morgenstern 1973, S. 24). Die Erfahrung zeigt, dass gerade am Anfang die Gefahr am größten ist, dass die Übungen zu wenig geplant, unsystematisch und zögernd angeboten werden. Die HP muss im Hinhorchen auf den anderen und in steter Wachsamkeit das hier und jetzt Notwendige an Übungen anbieten. In den jeweiligen neuen Spielsituationen mit den jeweils wechselnden Spielmitteln wird das Kind zur Selbstverwirklichung im Spiel befähigt. Die Erkenntnisse, die das Kind im Spiel ohne viel Zutun des Erwachsenen erwirbt, müssen beim Kind mit Behinderung in steter Übung systematisch erschlossen werden.

Grundlegende Voraussetzung der erfolgreichen heilpädagogischen Arbeit ist die Einstellung, die Einstimmung auf den anderen, „der nicht ist wie ich und dem dennoch das Seinige zusteht" (Pieper 1988, S. 35). Die HP kann zum Kind mit Behinderung nur dann Zugang finden, wenn es ihr gelingt, sich dessen augenblicklicher Situation zu öffnen.

Das Kind mit Behinderung soll nicht nur möglichst viele neue Kenntnisse und Techniken erwerben, sondern auch ganzheitlich eine neue Wirklichkeit erfahren. Die gewonnenen Kenntnisse sollen so den Wert einer Neuentdeckung erhalten, welche die ganze Persönlichkeit ergreift. Erst dieses Ergriffensein führt das Kind zum Erleben des Neuen und zur Freude daran. Deshalb können über den Wert einer Übungseinheit niemals Inhalt und Methode allein entscheiden. Entscheidend ist vielmehr die im günstig gewählten Augenblick begründete Wirksamkeit. Aus diesem Grund muss auch die HP ein variables Angebot zur Verfügung haben. So wichtig Planung und Vorbereitung auch sind, die Möglichkeit eines im Interesse des Augenblicks vom Plan abweichenden Angebotes muss immer erhalten bleiben.

Werden die Übungen in der hier beschriebenen Weise verwendet, so bleibt immer noch ausreichender Spielraum, um sie auf variable Art und Weise anzubieten, so, wie es die Persönlichkeit des Kindes unter den gegebenen Umständen verlangt. Die Eigenart – Einmaligkeit – des Kindes mit Behinderung zu entdecken und die Planung der Hilfe seiner Persönlichkeitsentfaltung zunehmend anzupassen, ist Aufgabe der HP und ist in allen HPÜ-Einheiten unter behutsamer Führung und Lenkung anzustreben. Alle Angebote sind als Hilfe zur Selbsthilfe zu verstehen.

Durchführung

Die Durchführung der Entwicklungsförderung und Begleitung im Spiel findet meist in wöchentlich terminierten HPÜ-Einheiten (Fördereinheiten oder Spielstunden) zu Hause oder in der Institution statt.

Jede HPÜ-Einheit beinhaltet folgende Punkte:
- Planung und Vorbereitung
- Verlauf
- Protokoll und Auswertung

Planung und Vorbereitung

Wie bereits aufgezeigt, werden aus der diagnostischen Einschätzung die Ziele abgeleitet. Ein Förder-/Behandlungsplan wird für das Kind erstellt. Darauf bezieht sich die Planung der jeweiligen HPÜ-Einheit mit ihren konkreten Inhalten und Lernzielen.

Die Vorbereitung der Stunde erfolgt entsprechend der Raum-, Material- und Person-Orientierung. Ziel ist es, ein entwicklungsförderliches Milieu, ein strukturiertes, auf das Kind abgestimmtes Erfahrungs- und Lernfeld zu schaffen.

Raum und Material:
Die Raum- und die Material-Orientierung hängen von dem Ort der Förderung ab. Im Einzelfall muss entschieden werden, ob die Förderung mobil im häuslichen Bereich des Kindes oder ambulant im Spielzimmer der Institution stattfindet. Beide Formen weisen unterschiedliche Bedingungen auf, die bei der Vorbereitung, im Verlauf und bei der Auswertung der HPÜ-Einheit berücksichtigt und im Förderprozess vor diesem Hintergrund reflektiert werden müssen.

Für jede Spielstunde wird das Spielzimmer von der HP individuell für das jeweilige Kind, das erwartet wird, gestaltet: Es kann ein möglichst reizarmer Raum sein oder ein Raum mit gezielt ausgewählten Spielmaterialien sowie ein Raum, in dem alle Spielmaterialien, vor allem Ausdrucksmittel, frei und für das Kind leicht zugänglich angeordnet sind. Die Raumwahl und Raumgestaltung werden also unterschiedlich sein. Die Reizfülle, die das eine Kind anspricht, kann ein anderes erdrücken. Bei dem einen Kind wird Ablenkendes entfernt und sich nur auf das bereitgestellte Übungsmaterial konzentriert. Bei dem anderen Kind wird ganz bewusst verschiedenes Spielzeug mit unterschiedlichem Aufforderungscharakter aufgestellt.

Die liebevoll gestaltete und „vorbereitete Umgebung" (Montessori) führt das Kind in die HPÜ-Einheit ein. Eine genügend lange Zeit der Vorbereitung zur Raumgestaltung und der Materialzusammenstellung ist ebenso wichtig wie die anschließende Durchführung. Immer wieder wird das vorhandene Material geprüft, aussortiert, modifiziert, neues selbst hergestellt und im Spiel-Raum für das jeweilige Kind angeordnet. Je nach Behinderung des Kindes muss vorhandenes Material möglicherweise ergänzt werden, eventuell mit selbstgefertigten Schablonen, mit vorgezeichneten Farb- und Formtafeln für erste Zuordnungsspiele oder mit einem selbstgemalten und geschnittenen Bilderbuch. Oft findet sich erst über das Ausprobieren ein geeignetes Material, das das Kind anspricht und einen Ansatzpunkt für die Arbeit liefert. Was für das eine Kind genau richtig und stimmig ist, wird sich bei einem anderen Kind nicht bewähren.

Das erste Spielzeug/Kontakt-Material steht so auf dem Boden oder auf dem Tisch (je nach dem, wo die Übungen durchgeführt werden) bereit, dass der Blick des Kindes sofort darauf fällt und es zum Hantieren aufgefordert wird. Weiteres Spielzeug wird je nach Kind im Raum frei verteilt, nach und nach angeboten oder unter Tüchern, Kisten, in Schränken und Körben versteckt und mit dem Kind zur jeweiligen Spiel-Übung gesucht, gefunden oder von ihm selbst entdeckt.

Im Spielzimmer hat jedes Spielzeug seinen festen Platz. Das Spielmaterial wird so angeordnet, dass das Kind es überschauen und sich im Spielzimmer orientieren kann. Das bekannt und vertraut gewordene Spielzeug muss da sein. Wenn das Kind einen bestimmten Spielwunsch äußert, muss es sich darauf verlassen können, dass das entsprechende Material auch verfügbar ist. Aufgabe der HP ist die Pflege des Spielmaterials. Es ist wertvoll und sollte entsprechend behandelt werden. Defekte und beschädigte Spielsachen werden rasch ersetzt.

Die Vorbereitungen müssen rechtzeitig getroffen werden, damit sie abgeschlossen sind, bevor das Kind in die Stunde kommt.

Person:
Auch hier sei noch einmal vermerkt: Die HP stellt sich innerlich auf den Kontakt mit dem Kind ein. Die Einstellung, also die Haltung der HP dem Kind gegenüber schafft eine emotionale Atmosphäre, in der sich das Kind willkommen und angenommen fühlt. „Du wirst erwartet." – „Ich freue mich auf dich." – Das erfährt der andere auch nonverbal, sobald sich die Tür zu seinem Spiel-Raum öffnet. Der Spiel-Raum ist auch ein Beziehungs-Raum, in dem die HP mit dem Kind im Spiel dialogisch in Beziehung tritt. Die Rahmenbedingungen und Grenzen im Spielzimmer sowie die beschützende Haltung der HP geben dem Kind Orientierung, Sicherheit und Halt. Das Spielzimmer ist somit ein Schutzraum, der dem Kind Geborgenheit gibt, um sich im gelenkten und/oder freien Spiel entfalten zu können.

In der Vorbereitung für die HPÜ-Einheit entwirft die HP ein Stundenbild, das die Lernziele, die dazugehörigen sorgfältig ausgesuchten und zusammengestellten Spielmaterialien, die damit geplanten Spielangebote/Übungen und das methodische Vorgehen umfasst.

Das folgende Stundenbild stellt exemplarisch einen Ausschnitt aus der Fallarbeit der Studentin Nadine van Almsick dar:

11. Kontakt mit Steffen (1;8 Jahre) im häuslichen Umfeld und im Beisein seiner Mutter (Frau G.)

Material	Angebot	HP-Verhalten	Lernziele
Ball	Diejenige, die begrüßt wird, bekommt den Ball und gibt ihn an diejenige weiter, die als nächste Person begrüßt wird.	Ich werde Steffen dabei ansprechen und einen Blickkontakt zu ihm herstellen, bevor ich ihm den Ball zurolle. Wenn Steffen mich und dann den Ball wahrgenommen hat, werde ich anfangen zu singen. Ich möchte Steffen mit diesem eingeführten Ritual Orientierung geben.	Steffen soll über Bewegung mit mir in Kommunikation treten. (zu Richtziel RZ 1 mit seinen Nahzielen). Er soll zu einer Raum- und Zeitorientierung finden. Er soll beim Blickkontakt aufmerken und fixieren. Er soll den Zusammenhang erfassen zwischen: den Ball bekommen und begrüßt werden (zu RZ 4 mit seinen NZ).
Fühlbilderbuch	Dann schauen wir uns gemeinsam das Bilderbuch an.	Ich nehme Steffen auf meinen Schoß und zeige ihm die einzelnen Tierbilder. Jedes Tier tasten wir ab. Mit einzelnen Worten werde ich die abgebildeten Tiere benennen und deren Laute produzieren. Ich gebe ihm ein Modell. Den Dreier-Lernschritt will ich stabilisieren.	Steffen soll einen ihm bekannten Tierlaut imitieren (zu RZ 6 mit seinen NZ). Er soll visuell und auditiv aufmerken, fixieren und verweilen. Er soll lernen, dass er das Gefühlte auch sehen und hören kann (zu RZ 3 mit seinen NZ).
Plastikflaschen mit Murmeln gefüllt	Steffen kann die Flaschen eigenaktiv erkunden. Wir können abwechselnd am rechten und am linken Ohr hören (Steffen, Frau G, HP). Wenn er den Inhalt der Flaschen entdeckt, werde ich ihm eine Flasche öffnen. Gemeinsam können wir die Murmeln auf das Tablett schütten.	Ich werde Steffen bei seinem eigenaktiven Erkunden verbal begleiten, seine Spielideen aufgreifen und fortführen.	Steffen soll selbst-wirksam Effekte auslösen. Er soll das Ausräumen von Gegenständen erleben (zu RZ 5 mit seinen NZ). Er soll den raschen Wechsel der Bedeutungsträger (Flasche, Murmeln) erkennen (zu RZ 2 und seinen NZ). Er soll die visuellen und die auditiven Reize des Materials miteinander verknüpfen und differenzieren (zu RZ 3 mit seinen NZ). Er soll die Bewegungen der Murmeln und die Veränderungen beim Ausschütten der Flasche visuell verfolgen (zu RZ 4 mit seinen NZ).

Bearbeitungsphase (Prozessverlauf)

rundes Holztablett und Murmeln	Auf dem Tablett können die Murmeln im Kreis rollen. Wir können sie durch Anstoßen oder durch Bewegung des Tabletts zum Rollen bringen.	Ich werde zunächst eine Murmel anstoßen. Steffen werde ich beim Anstoßen helfen, indem ich seine Hand führe. Gemeinsam werden wir das Tablett halten und leicht schwenken, so dass sich die Murmeln bewegen. Den Dreier-Lernschritt will ich stabilisieren.	Steffen soll die sich bewegenden Murmeln vom Tablett unterscheiden können. (zu RZ 2 mit seinen NZ) Er soll den Zusammenhang von Tablett schwenken und Murmeln rollen erfassen (zu RZ 4 mit seinen NZ).
Murmelbahn	Frau G. und Steffen können abwechselnd Murmeln auf der Bahn rollen lassen.	Ich werde Steffens Hand beim Legen der Murmeln auf die Bahn führen.	Steffen soll über Bewegung in Kommunikation treten. (zu RZ 1 mit seinen NZ) Er soll Gegenstände gezielt greifen und loslassen. (zu RZ 5 mit seinen NZ)
Murmeln und Plastikflaschen	Gemeinsames Einräumen der Murmeln in die Flaschen.	Ich werde Frau G. bitten, einige Murmeln in eine Flasche zu füllen. Dann werde ich Steffen direkt ansprechen, um seine Aufmerksamkeit auf die Murmeln und die Flasche zu richten. Ich werde Steffen beim Einräumen der Murmeln durch gemeinsames Festhalten und Handführung unterstützen. Wir horchen der fallenden Murmel nach. Den erzeugten Ton werde ich verbal mit dem Signalwort „Plong" verbinden.	Steffen soll Gegenstände gezielt greifen und loslassen. Er soll das Einräumen von Gegenständen erleben. Er soll selbstwirksam Effekte auslösen. Er soll Freude an der Wiederholung entwickeln. (zu RZ 5 mit seinen NZ) Er soll den erzeugten Klang der Murmeln beim Einwerfen als Signal wahrnehmen. (zu RZ 3 mit seinen NZ) Er soll den gesamten Ablauf der Handlung nachvollziehen. (zu RZ 4 mit seinen NZ)
Abschlusslied	Wir singen gemeinsam das Abschlusslied und klatschen dazu.	Ich werde Steffen auf dem Schoß halten, so dass es mir möglich ist, ihn beim Klatschen zu unterstützen und evtl. seine Hände zu führen. Ich möchte feste Strukturen einarbeiten, um eine stabile Zeitorientierung zu vermitteln.	Steffen soll mich als verlässlich erleben (zu RZ 1 mit seinen NZ). Er soll das Abschlusslied als Ende der Stunde nachvollziehen (zu RZ 4 mit seinen NZ).

Weitere didaktisch-methodische Überlegungen:
- Ich habe bewusst in der Planung der Stunde auf den Einbau von Phasen passiven Genießens für Steffen verzichtet, werde diese aber im Verlauf der Stunde berücksichtigen. Sie ergeben sich meist spontan und nach Einschätzung von Steffens Konzentrationsvermögen.
- Ich versuche in dieser Stunde bewusst, den Fokus auf ein bestimmtes Medium (Murmeln) zu legen. Durch die verschiedenen Spielvarianten möchte ich Steffen verschiedene Zugänge und eine intensive Auseinandersetzung mit dem Material ermöglichen.

Verlauf

Der Verlauf einer HPÜ-Einheit gliedert sich in unterschiedliche Abschnitte:

- Begrüßung
- Einstieg
- Spiel und Übung
- Abschluss

Begrüßung

Die Begrüßung ist die erste Begegnung mit dem Kind. Sie konzentriert sich auf die Beziehungsqualität. Das Kind wird in den Mittelpunkt gestellt. Seine momentane Stimmung, mit der es in die Stunde kommt, wird wahrgenommen und über den sozialen Abgleich wird der gegenseitige Bezug hergestellt, geklärt und abgestimmt: Die HP kann erste Signale und Botschaften senden. Wie die Begrüßung erfolgt, ist individuell verschieden. Einige Kinder kommen mit einem freudestrahlenden Lächeln angerannt und suchen die Nähe der HP. Andere weichen der Begrüßung aus. Dann wiederum gibt es Kinder, die die HP mit einem förmlichen oder spielerischen Handschlag begrüßen. So gibt das Kind die Art und Weise der Begrüßung vor. Jedes Kind hat ein anderes Nähe- und Distanzbedürfnis, das die HP erspüren und respektieren muss. Wichtig sind die persönliche Ansprache und die erste Aufnahme des Blickkontakts.

Das Ausziehen (und Anziehen) von Mantel, Mütze, Schal und Handschuhen sowie das Treppensteigen können zu den ersten lebenspraktischen Übungen ausgebaut werden. Dabei sollte die HP nur so viel Hilfestellung geben, wie unbedingt notwendig ist und das Kind wenigstens zu einem letzten selbständigen Handgriff oder zu selbständigem Treppensteigen motivieren. Dieser erste, noch so kleine Erfolg wird bestätigt, nicht durch einen langen Redeschwall, sondern mit einem kurzen freundlichen „gut", eventuell mit gleichzeitigem kurzem Handauflegen. Die soziale Bekräftigung wird gleich in der ersten Übungsbehandlung bewusst und gezielt, überlegt und kontrolliert eingesetzt.

Einstieg

Die Einführung in den Raum und die erste Kontaktaufnahme mit der neuen Umgebung erfolgen je nach Kind unterschiedlich. Das von sich aus interessierte Kind wird beim Rundgang durch den Raum begleitet. Das schwerbehinderte Kind, das von sich aus nur begrenzt den Kontakt aufnehmen kann, wird zum Tisch oder zur Teppichinsel geführt, wo es sich hinsetzen kann. Seine Aufmerksamkeit wird herausgelockt durch einen rollenden Ball, eine rasselnde Büchse, einen singenden Kreisel, durch Sing-, Finger- und Bewegungsspiele. Jede erste Regung/Bewegung wird bestärkt und das Kind wird zu weiteren Eigenaktivitäten geführt.

Der Einstieg in die Stunde sollte ritualisiert gestaltet werden. Dieses Ritual hat eine Signalwirkung für das Kind: Jetzt beginnt unsere gemeinsame Spiel-Stunde. Das Anfangsritual kann der Treffpunkt auf der Decke oder der Matte sein, ein bestimmtes Lied, ein besonderes Spielzeug, eine Quassel-Ente oder ein Rede-Stein. Vielleicht beginnt die Einheit mit „Übungen der Stille". Ist ein unruhiges Kind in der „Wegwerfphase" damit überfordert, werden vorher auf dem Boden Türme aufgebaut, die gemeinsam umgeworfen und wieder aufgebaut werden. Dieses strukturgebende Stundenelement gibt dem Kind Orientierung und Halt.

Der gemeinsame Anfang ermöglicht ein inneres Ankommen des Kindes. Es kann sich auf die HP und die Stunde einstellen und sich darauf einlassen. Je nach Kind und Entwicklungsalter können der Inhalt und der Ablauf der Stunde erklärt und die Regeln besprochen werden. Möglicherweise kommt das Kind mit konkreten Wünschen und Spielideen in die Stunde, die es im Einstieg mitteilt, so dass die HP ihr weiteres Vorgehen darauf abstimmen kann. Zur Belebung und zur Motivation des Kindes zum gemeinsamen Spiel eignen sich folgende Angebote: in Luftballons Steinchen etc. füllen und aufblasen, mit beiden Händen den Ballon umfassen, schütteln, vor das Gesicht halten, die Nase daran platt drücken, sich durch den Luftballon anschauen; mit Seidentüchern/-bändern schwingen, tanzen und etwas gestalten.

Spiel und Übung

Nach dem Einstieg wird ein gemeinsamer Spiel-Raum eröffnet, in dem Erfahrungen gesammelt werden und die Auseinandersetzung mit den Zielen und Themen erfolgt. Die im Stundenbild geplanten Spielangebote und Übungen werden unter Berücksichtigung der aktuellen Situation umgesetzt. Da, wo es erforderlich ist, wird von den Zielsetzungen, den Inhalten und der Reihenfolge abgewichen. Das Vorgehen der HP orientiert sich am Kind im Hier und Jetzt. Die Gestaltung der Spielsituation ist immer auch offen für neue Möglichkeiten. Intuitiv wird die HP erspüren, was das Kind braucht, und auf ihr „Bauchgefühl" hören. Ihr Handeln sollte dabei aber immer reflektiert und begründet sein. Zu jeder Zeit sollte sie wissen, warum und wozu sie was macht, und ihr Tun erklären können.

Am Anfang ist das Hinhorchen auf die Reaktionen des Kindes, und seien sie noch so gering, entscheidend. Sie werden bestärkt und durch die Wiederholungen, eventuell in mehreren Variationen, immer wieder neu hervorgelockt, dann vertieft und erweitert durch neue Spielanregungen. Die Angebote erfolgen zügig nacheinander, wobei auch hier der Spielraum für Eigenaktivitäten des Kindes erhalten bleiben muss.

Wenn das Kind in seinen stereotypen Wiederholungen verharrt oder ein völlig passives und desinteressiertes Verhalten zeigt, bietet es sich an, zunächst mit Funktionsübungen einzusteigen. Diese erste, scheinbar mechanische Phase verlangt von der HP so lange eine konzentrierte, gezielte und disziplinierte Durchführung der vorbereiteten Übungen, bis dem Kind ein Repertoire an Funktionen zur Verfügung steht. Jetzt ist der Spielraum für nachfolgendes selbständiges Hantieren mit dem eingeführten Material angebracht.

Die rasche Folge der Übungen verlangt einen wohldurchdachten Wechsel von Anspannung und Entspannung. Bewegungsübungen und Rhythmikübungen ohne Material wechseln mit konzentrierten Spielübungen mit Material am Tisch oder auf dem Boden. Sichtbare Freude motiviert das Kind und die HP zu neuen Spielversuchen. Die fröhliche Atmosphäre, in der sich die Spiele und Übungen entwickeln, ist ausschlaggebend für den Erfolg.

Die Variationen vom gelenkten bis zum freien Spiel und die Bandbreite der Spielformen hängen von den Bedürfnissen und Interessen des Kindes und von seinem Spielentwicklungsniveau ab. Dem Spielentwicklungsniveau des Kindes entsprechend dominiert meist eine Spielform aus dem Funktions-, Rollen-, Konstruktions- oder Regelspiel. Kinder, die noch nicht spielen können oder das Spielangebot nicht für sich nutzen können, müssen erst spielen lernen. Bei diesen Kindern steht der systematische Aufbau von Spielkompetenzen im gelenkten Spiel im Vordergrund. Aufgabe der HP ist es, Spielsituationen absichtsvoll und themenorientiert zu gestalten, gezielte Spielanregungen zu geben und Spielhandlungen einzuüben, damit das Kind neue Erfahrungen sammeln kann und Lernprozesse ermöglicht werden. Kinder, die spielen können und das Spielangebot für sich nutzen, um eigene Spielideen umzusetzen und ihre Spielthemen darzustellen, brauchen einen geschützten Spielraum. Im freien Spiel wird ihnen die Möglichkeit gegeben, ihre Themen auszuspielen. Aufgabe der HP ist es, das Spiel des Kindes reflektierend zu begleiten und die emotionalen Befindlichkeiten zu verbalisieren, damit sich das Kind wie in einem Spiegel neu entdecken kann.

Im Einzelfall ist auch eine Kombination aus gelenktem und freiem Spiel erforderlich. Aufgabe der HP ist es, die einzelnen Elemente gezielt und individuell auszuwählen und miteinander zu verknüpfen, so dass diese für das Kind eine förderliche Wirkung haben. Hier gewinnen die beiden methodisch orientierten „Säulen" im Spiel (> Teil II, 3.3.1.2 und Teil II, 3.3.2.1 und Teil III, 1) an Bedeutung.

Zusammenfassend lässt sich festhalten, dass die Gestaltung des gemeinsamen Spiels, die Art des Mitspielens, die Impulsgebung und die Vorgehensweise der HP von Kind zu Kind variieren und im Einzelfall begründet sind.

Die Bedingungen, die für alle Begegnungen in der HPÜ gelten, und die didaktisch-methodischen Überlegungen für die gezielten Spielangebote und Übungen kommen hier zum Tragen. Konkrete Vorschläge für den Aufbau von einzelnen Übungseinheiten finden sich in einem späteren Abschnitt des Buches (> Teil VII).

Ein weiterer wichtiger Aspekt bezieht sich auf die Begrenzungen. In der HPÜ-Einheit gelten die Grenzen, die auch in der „realen Wirklichkeit" vorherrschen, damit das Kind einen Bezug zum Alltagsleben hat und ein Übergang jederzeit möglich ist. Im Spiel-Raum sind von der HP nur die Grenzen zu setzen, die notwendig sind. Im Wesentlichen sind es zwei Regeln, mit denen sich das Kind auseinandersetzen und die es einhalten sollte: Es darf niemand verletzt werden und es darf nichts absichtlich (gegen die bestehenden Regeln) zerstört werden (> Teil II, 3.1.2).

Abschluss

Das Ende der Stunde wird etwa fünf Minuten vorher angekündigt, damit das Kind sich darauf einstellen und sein Spiel beenden kann. Wichtig ist es, das Kind nicht aus seinem Spiel herauszureißen und Rücksicht auf seine Gefühle zu nehmen. Es braucht Zeit, innerlich loszulassen, aus der Spielrolle in die Wirklichkeit zurückzukehren und sich zu verabschieden. Beim gemeinsamen Aufräumen wird der Hinweis gegeben, was in der Stunde damit gespielt wurde. Ist es dem Kind ein Bedürfnis, sein gebautes Werk stehen zu lassen, sollte dieser Wunsch wenn möglich berücksichtigt werden.

Wie der Einstieg wird auch der Abschluss der HPÜ-Einheit ritualisiert. Das Abschlussritual hat eine signalgebende Wirkung und stellt ein weiteres strukturgebendes Element dar. Es dient dazu, einen eindeutigen und überschaubaren Orientierungsrahmen zu geben, der dem Kind Sicherheit und einen äußeren Halt verleiht.

Das Abschlussritual ist von Kind zu Kind verschieden. Es kann ein bestimmtes Abschlusslied sein, ein Massageangebot, eine Bilderbuchbetrachtung, ein Gespräch, in dem das Erlebte gemeinsam ausgewertet wird und dem Kind eine Rückmeldung gegeben werden kann, oder es wird mit Aufklebern o. ä. im Kalender die nächste Stunde visualisiert. Das Kind kann gefragt werden, welches Spielmaterial es sich für die nächste Stunde wünscht.

Bearbeitungsphase (Prozessverlauf)

Didaktisch-methodische Überlegungen für die Spielangebote und Übungen

In jeder Begegnung mit dem Kind steht das gemeinsame Spiel im Mittelpunkt. Die HP wird das, was das Kind im Spiel-Dialog anbietet, aufgreifen und mitspielen. Sie kann Variationen einbringen, Anregungen geben bzw. Impulse setzen und gezielte Angebote machen, wenn dem Kind Spielkompetenzen fehlen, die es nicht von sich aus erwerben kann. So werden Spielsituationen geschaffen, neue Anforderungen werden gestellt und zur Eigenaktivität wird angeregt, um einen Lernprozess in Gang zu bringen.

Die folgenden Punkte umfassen eine Auflistung der bisherigen Überlegungen:

- Die **Übungen sollen dem Kind und der HP Freude machen** und sollen sich in fröhlicher Atmosphäre entwickeln. Das lustvolle, freie, gelöst-heitere Spiel in der Art des positiven, optimistischen und ermutigenden Denkens ist eine methodische Anweisung in der HPÜ.

- Die HP achtet auf den sinnvollen **Wechsel von Anspannung und Entspannung**: z.B. feinmotorische, Auge-Hand-Koordination übende Spiele am Tisch im Wechsel mit grobmotorischen Bewegungen in Kreis- und Tanzspielen anbieten; gemeinsames Hüpfen, das Kind auf einer Decke sitzend durch den Raum ziehen oder in einer Decke schaukeln und Fingerspiele auf dem Schoß sitzend – je nach Entwicklungsalter des Kindes – gestalten.

- Spielangebote sollen **unterschiedlichen Aufforderungscharakter** haben und aus einem Bereich kommen, den das Kind bereits kennt und in dem es wahrscheinlich positive Erfahrungen gemacht hat.

- Als entscheidender Faktor in der Förderung gilt die **Motivation** des Kindes. Die Motivation ist Voraussetzung, damit Lernen erfolgen kann. Aufgabe der HP ist es, die Neugier des Kindes zu erkennen, darauf einzugehen und sie aufzubauen. Das Interesse des Kindes muss da, wo die Neugier fehlt, geweckt werden. Unterschieden werden kann hier zwischen der intrinsischen und der extrinsischen Motivation. Die intrinsische Motivation kommt von innen heraus: Gemeint ist damit die Eigenmotivation des Kindes, von sich aus die Welt begreifen zu wollen, sich mit den Dingen, die einen Anreiz für es haben, auseinander zu setzen und die selbstgesteckten Ziele zu erreichen. Die extrinsische Motivation entsteht durch äußere Einflüsse und Antriebe und kann von der HP dann genutzt und eingesetzt werden, wenn es an intrinsischer Motivation mangelt.

- Die Spielangebote und Übungen müssen im Bereich der jeweiligen Möglichkeiten des Kindes liegen und sich **an der ZNE orientieren**, damit ein erster Erfolg leicht zustande kommt. Um einen weiteren Lernschritt anzubahnen, wird das Kind mit einer neu gestellten Herausforderung gezielt aus dem Gleichgewicht gebracht. Diese Anforderung sollte einem mittleren Diskrepanzerlebnis/Erreichbarkeitsgrad entsprechen. Es gilt, sowohl eine Unter- als auch eine Überforderung zu vermeiden.

- Nach dem **Prinzip der kleinen Schritte** erfolgen die Spielangebote und Übungen in kleinen, aufeinander aufbauenden und für das Kind überschaubaren Schritten.

- Die Übungen sollten **vom Einfachen zum Komplexen** erfolgen, so dass sich der Schwierigkeitsgrad steigert. Bei Bedarf muss jeder einzelne Handgriff gezeigt und geübt werden. Dem Kind dürfen nur Aufgaben gestellt werden, bei denen die zum Erfolg notwendigen Schritte überschaubar sind. Die Schwierigkeitsgrade innerhalb eines stufenweisen, folgerichtigen Vorgehens müssen langsam, dem Lerntempo des Kindes angepasst, gesteigert werden.

– Die Übungen müssen in ruhiger Konsequenz gezeigt und konzentriert angeboten werden. Die **Aufgabenstellungen** erfolgen in einfacher, verständlicher Sprache und Gestik.

Der Dreierschritt in der Begriffbildung nach M. Montessori

1. Jeder Spielgegenstand hat einen Namen. Die HP muss jeden Spielgegenstand, der neu eingeführt wird, benennen: **„Das ist...".** Jeder Gegenstand kann zur Übung gebraucht werden. Seine Funktionen müssen dem Kind in langsamer, anschaulich einprägsamer Weise gezeigt werden: **„Damit macht man so...".** Jeder Spielgegenstand hat mehrere Eigenschaften (Form, Farbe, Größe, Stärke, Gewicht, Materialbeschaffenheit). Sie müssen bei Bedarf dem Kind vermittelt werden. Dies muss so lange wiederholt werden, evtl. über viele – auch andersartige – Übungseinheiten hinweg, bis das Kind den Namen und den Gegenstand miteinander verbindet und bis es weiß, was mit dem Gegenstand gemacht werden kann.

2. Um zu erfahren, ob das Kind Name und Gegenstand richtig miteinander verbindet, folgt eine Kontrollübung: **„Gib mir bitte...".**

3. Den Spielgegenstand vor das Kind stellen: **„Was ist das...?"** Wenn es sprechen kann, sollte es jetzt den richtigen Namen sagen und vor allem spezifisch mit dem Gegenstand hantieren können.

– Mittels **Handführung** kann das Kind neue Handhabungen und Bewegungsabläufe im Spiel ausführen und ihnen über den taktil-kinästhetischen Kanal nachspüren. Die Handführung wird schrittweise ausgeblendet, bis das Kind die Handhabungen und Bewegungsabläufe eigenständig im Spiel ausführen kann. Hierbei muss die HP sehr feinfühlig mögliche Anspannungen und Widerstände des Kindes erspüren und da, wo das Kind nicht mitgeht, die Handführung beenden. Dieses Vorgehen eignet sich nicht bei allen Kindern und sollte nur im begründeten Einzelfall gezielt und reflektiert eingesetzt werden.

– Die **HP als Modell** kann die Spielhandlungen in Wiederholung langsam in einem angepassten Tempo vormachen, damit das Kind diese über die Beobachtung erfassen und innerlich nachvollziehen kann. Wichtig ist es dabei, dass das Kind seine Aufmerksamkeit auf die Handlung der HP richtet. Über die Fähigkeit zur Nachahmung kann das Kind diese Spielhandlungen imitieren, über das eigene Tun verinnerlichen und in sein Handlungsrepertoire aufnehmen.

– Wichtig ist das **Lernen über die Bewegung**. Das Kind soll im eigenen Tun die Dinge unmittelbar und sinnlich, d.h. mit allen Sinnen erfahren und be-greifen.

– Über das **handlungsbegleitende Sprechen** der HP wird ein weiterer Kanal angesprochen, über den sich das Kind die Handlungsabfolgen im Spiel aneignen kann. Das Kind kann diese verbalen Anleitungen übernehmen und während der eigenständigen

Bearbeitungsphase (Prozessverlauf)

Ausführung sich selbst als Instruktion geben. Hierbei ist zu beachten, dass für einige Kinder eine ergänzende verbale Begleitung ablenkend ist und dass die Verknüpfung von Bewegung und Sprechen eine zu hohe Anforderung darstellt. Die Sprache der HP muss an die Sprache des Kindes angepasst werden: kurze, einfache Sätze, klare und deutliche Aussprache, langsames Sprechtempo und bewusste Betonungen, bestimmte Satzformulierungen, die in die Wiederholung genommen werden.

- Das **Kind wird ermutigt**, sich mit den Anforderungen im Spiel intensiv und ausdauernd auseinanderzusetzen und mit den darin liegenden Schwierigkeiten zu ringen. In diesen Momenten ist es wichtig, dem Kind Vertrauen in seine Fähigkeiten entgegen zu bringen und ihm die Zeit zu geben, die es braucht.
- Hilfen nur dort anbieten, wo es erforderlich ist: „**Dem Kind helfen, es selbst zu tun**" (Montessori).
- Hat das Kind eine neue Anforderung im Spiel bewältigt und eine Lösung gefunden, braucht es eine **Bestätigung seines Erfolgs**, der ihm bewusst gemacht werden muss.
- Über die **Wiederholung** wird das Neugelernte gespeichert, automatisiert und stabilisiert und in einem weiteren Schritt auf einen anderen Kontext übertragen und angewendet. Die HP sollte Möglichkeiten für diese Transferleistungen schaffen.
- Dem Kind vermitteln, dass jedes Spiel, jede Tätigkeit einen **wiederkehrenden Ablauf** aufweist: Zu Beginn wählt es ein Spiel aus, das es dann bearbeitet und abschließend zu Ende bringt, bevor es weggeräumt wird und ein neues Spiel geholt werden kann.
- Dem **Kind Raum geben**, allein zu spielen und in sein Spiel zu finden. Wenn das Kind in sein Spiel vertieft ist, sollten Störungen von außen und Unterbrechungen vermieden werden. Soweit das Kind mit Behinderung sich selbst bestimmen kann, muss es die Möglichkeit haben, Spielangebote anzunehmen, abzuwandeln oder abzulehnen. Die Übungsbehandlung soll das Kind auch zu eigenem Suchen und Finden befähigen. Die HP muss ihm den dazu nötigen Spielraum sichern.
- Das Spiel des Kindes beobachten, innerlich mitschwingen und **Resonanz geben**: das, was es spielt, benennen, seine Absichten formulieren und sein Können betonen.
- Zu berücksichtigen ist, dass **bestimmte Spielinhalte** und/oder Materialen, die eine herausragende Bedeutung für das Kind haben, über die Dauer hinweg eine Rolle spielen und in Wiederholung, jedoch in neuer Variation in den HPÜ-Einheiten das Geschehen bestimmen. Es kann beispielsweise der Krabbel-Käfer-Flummi sein, die Schuhkarton-Schatzkiste mit persönlichen Dingen, das über die Stunden hinweg gestaltete Tapetenrollen-Bild, die Quassel-Ente, der alle Nöte und Sorgen anvertraut werden können.
- Im konzentrierten Hinhören und über das einfühlende Verstehen die **emotionale Befindlichkeit** des Kindes wahrnehmen und verbalisieren.
- Im Spiel kann das Kind dazu aufgefordert und ermutigt werden, **eigene Spielwünsche** zu entwickeln, in Handlung umzusetzen und seine Themen zu inszenieren. Das Spiel des Kindes kann über das Verbalisieren und das Mitspielen reflektiert werden, damit es sich wie in einem Spiegel entdecken kann (übende Elemente mit spieltherapeutischen verbinden).

- Im Prozessverlauf kommt es immer wieder zu **Veränderungen**, an die die Stundengestaltung angepasst werden muss. Die geplanten Übungen müssen geändert werden, wenn das Kind unruhig oder gereizt wird. Die emotionale Sicherung des Kindes ist wichtiger als jeder Übungseffekt. Kann sich das Kind nicht mehr konzentrieren, so ist zu überlegen, ob der Übungsverlauf und/oder das Spielmaterial geändert werden müssen. Allerdings ist auch im Wechsel Maßhalten notwendig. Für diese Situation ist es gut zusätzliches Spielmaterial, das nicht im Blickfeld des Kindes liegt und das rasch hervorgeholt werden kann, präsent zu haben.

- Wenn das Kind die **Spielangebote ablehnt**, sollte die HP dieses Verhalten akzeptieren und versuchen herauszufinden, warum es das Spielangebot ablehnt (Über-/Unterforderung bedenken, vorausgegangene Situation, allgemeine Befindlichkeit, eigenes Verhalten reflektieren: die Art und Weise des Angebots). Die HP könnte das Kind selbst ein Spiel und Spielzeug aussuchen lassen. Wenn das Kind im Moment nichts tun möchte, eine Pause akzeptieren und das Nichtstun mit ihm aushalten. Die HP achtet darauf, dass das Kind durch ihr Verhalten nicht darin bestärkt wird, Spiel und Spielmaterial in zu rascher Folge zu wechseln.

- Die **Auswahl verschiedener Materialien** und Mittel entscheidet das jeweilige Kind nach seinen Möglichkeiten. Bei nur *einem* Material und *einer* Betätigung „versäumen wir, die gesamte Persönlichkeit im Auge zu behalten" (Morgenstern 1973, S. 23).

Das heilpädagogische Handeln ist sowohl ein intuitives Erspüren der augenblicklichen Bedürfnisse des Kindes als auch ein fachlich fundiertes und reflektiertes Vorgehen. Die Abstimmung von Kind und Material in der geeigneten Situation ist wesentlich. Die HP darf und muss in der Entwicklungsförderung und Begleitung ein Ziel haben, aber sie muss „jederzeit bereit sein, es auch fallen zu lassen, wenn darüber der positive Kontakt mit dem Kind verloren gehen könnte" (Morgenstern 1973, S. 30).

„Wer heilpädagogisch arbeiten will, muß imstande sein, Fähigkeiten, die unentwickelt im Kind schlummern, herauszuspüren, zu erwecken und zur Entfaltung zu bringen" (Morgenstern 1973, S. 15).

Auswahl und Einsatz von Spielmaterialien und Spieltätigkeit

- Die erste Voraussetzung für die Auswahl und den Einsatz des Spielmaterials in der HPÜ ist die Beobachtung. Dazu ist es auch erforderlich, unterschiedliche Materialangebote auszuprobieren, um einen Ansatzpunkt zu finden. Die HP muss das Kind gut kennen um zu wissen, welches Spielzeug seinem Entwicklungsalter und seinem jeweiligen Betätigungsbedürfnis entspricht.

- Das Spielzeug, das zuerst angeboten wird, sollte durch seinen optischen, akustischen und taktilen Aufforderungscharakter das Kind mit Behinderung ansprechen und für ganz bestimmte Formen der Betätigung verwendbar sein.

- Die Handhabung des Materials muss bei Bedarf dem Kind gezeigt und mit wenigen einfachen Worten und Bewegungen, die das Kind versteht, erklärt werden. Das setzt eine Sach- und Materialanalyse durch die HP voraus, die im Umgang mit dem Material eigene Erfahrungen gesammelt haben und sicher sein sollte (Wie geht das? Wie klingt es? Worin bestehen die Unterschiede? Welche Variationen gibt es?).

Bearbeitungsphase (Prozessverlauf)

- Bis zu einem gewissen Sättigungsgrad sollte das Kind nach dem Zeigen und Erklären mit dem Spielzeug nach seinem eigenen Rhythmus hantieren/ experimentieren, auch wenn der Umgang mit dem Material noch unspezifisch ist. Die Spieltätigkeit und die Spielideen, die das Kind entwickelt, kann die HP aufgreifen und imitieren.
- Die spezifische Handhabung des Spielzeugs wird in kleinen Schritten immer neu und mit allen zur Verfügung stehenden Variationsmöglichkeiten dargestellt.
- Im Spielmaterial liegt meist auch eine Fehlerkontrolle für das Kind. Bei Zuordnungsspielen oder Formbrettern passt immer nur ein bestimmtes Teil in die dafür vorgesehene Öffnung. So erfährt das Kind, dass es nur dann die Spielhandlung richtig ausgeführt hat, wenn das Teil passt.
- Mögliche Schwierigkeiten bei der Handhabung des Spielzeuges sollten erkannt und gegebenenfalls isoliert werden. Das ist insbesondere bei Kindern mit motorischen Funktionseinschränkungen zu berücksichtigen.
- Das Spielmaterial für das Kind mit Behinderung darf nicht zu groß, zu schwer oder zu differenziert sein. Es sollte nicht zu früh oder zu spät angeboten werden. Sonst könnte das Kind entmutigt oder enttäuscht werden und sich von den nicht zu begreifenden Dingen der Umwelt noch mehr zurückziehen, vielleicht auch in ein stereotypes, unspezifisches Hantieren verfallen und davon nicht mehr loskommen.
- Dem Kind soll wertvolles, farb- und formschönes, geschmackvolles Spielzeug zur Verfügung gestellt werden. Funktions-, Erfahrungs-, Beziehungs- und Gestaltungswert sollten aufeinander abgestimmt sein.
- Die handgreifliche Erfassung der gegenständlichen Welt vollzieht sich beim Kind mit Behinderung durch gefühlsbetonte Sinneseindrücke. Deshalb sollten die Oberflächenbeschaffenheit des Spielmaterials, leuchtende Farben, klare Formen und die Stabilität beachtet werden.
- Die Stimulation der Hand durch die HP soll zur Unterscheidung ergriffener Gegenstände (weich-hart, rund-eckig, glatt-rauh, warm-kalt) befähigen und kann mit entsprechendem Material durchgeführt werden.
- Experimentiert das Kind eigenaktiv mit den Materialien, erforscht es die Gegenstände und seine Funktionen, dann bietet sich eine absichtvolle Gestaltung der Umgebung des Spielmaterials an, die das Kind für sich nutzen kann.
- Spielzeug mit vielen Möglichkeiten der Betätigung wird erst nach einer gewissen Spielentwicklung und Spielfähigkeit eingesetzt. Die Spielmöglichkeiten, die ein Spielzeug bietet, sollten mit dem Kind ausgeschöpft werden, bevor neues Material angeboten wird.

Während der Fördereinheit ist es sinnvoll, die Bezugspersonen auf die jeweiligen Spielangebote und Übungen hinzuweisen. Es muss zwar nicht das gleiche Übungsmaterial, aber doch entsprechendes Spielzeug, das den augenblicklichen Lernzielen der HPÜ entspricht, auch zu Hause zur Verfügung stehen. Auf diese Weise wird es leichter sein zu beobachten, ob die neu geübte Spielfunktion in eine selbständige eigene Spielform umgesetzt werden kann. Das Spiel aus der Fördereinheit sollte sich von dieser Situation ablösen, sich im Alltag verselbständigen und in eigene Aktivität umgesetzt werden.

Das Spiel des Kindes besteht nicht nur aus den Spielen mit Spielzeug, wie es im Funktionsspiel, im Rollenspiel, im Konstruktionsspiel und im Regelspiel dargestellt wurde, vielmehr gehören zum Spiel auch die Bildbetrachtung, das Anschauen von Bilderbüchern, das Anhören von Geschichten, das Hören, Nachsprechen und Singen von Kinderliedern, Kinderreimen und -versen sowie die Sing-, Kreis- und Bewegungsspiele draußen und im Haus mit anderen Kindern, Eltern und Erwachsenen.

Die Gesellschaftsspiele im Raum und im Freien, die Wettspiele, das darstellende Spiel (mit und ohne Zuschauer), das Handpuppenspiel und das Schattenspiel bieten eine Fülle spielender Betätigungen mit und ohne Material.

All das gehört zum Spiel des Kindes. Die Betätigung ohne Spielmaterial ist genauso bedeutungsvoll wie die mit Material. Das eine Ziel der HPÜ, die Verselbständigung des Kindes im Spiel, kann nur erreicht werden, wenn ihm die ganze Skala möglicher Spieltätigkeiten – seinem Entwicklungsstand entsprechend – vermittelt wird.

Geeignetes Material im geeigneten Augenblick

Das Ringaufreihen
Der Hinweis „Geeignetes Material im geeigneten Augenblick" (Morgenstern) ist ein wichtiges Prinzip auch in der HPÜ: „Welches Material und welche Situation erhält die Spannung so lange, bis die pädagogische Beeinflussung durchgeführt ist und ihr Ziel erreicht hat?" (Morgenstern) Neue Begriffe, neue Handlungen und Funktionen, die noch fremd sind, werden durch bekannte eingeführt. Wenn beispielsweise das neue Material „Perle" auftaucht und Schwierigkeiten bereitet, so wird die Tätigkeit des Ringaufreihens wiederholt. Damit wird assoziierte Spielfreude reproduziert und auf das neu einzuführende Material gelenkt.

Beobachtungsübungen
Dazu gehören z.B. das Sortieren und Unterscheiden (Ordnen) von Gegenständen nach Farbe, Form, Größe, Gewicht und Lage, Bilder vergleichen und wieder erkennen. Begonnen wird meist mit dem oben genannten Sortieren der Ringe durch Aufreihen auf drei bis vier Stäbe. Milan Morgenstern empfiehlt außerdem, *improvisiertes Material* herzustellen und Spiel- oder Übungsmaterial in Gegenwart des Kindes anzufertigen. Damit wird das Kind in die Situation einbezogen, aus der heraus und für die man erfindet: „Auch die lebendige Frische, mit der man dabei schafft, kann sich dem Kind mitteilen und arbeitet anregend vor für den Augenblick, in dem es selbst seinen Teil der Tätigkeit beginnen wird. Die Anfertigung während der Stunde konzentriert sich auf Brauchbarkeit und muß in absehbarer Zeit fertig sein, sonst geht die Übungsstunde vorüber ohne direkte Arbeit mit dem Kind" (Morgenstern 1973, S. 37).

Auf der Grundlage des Marianne-Frostig-Konzepts ermöglicht der Pertra-Spielsatz gezielte Wahrnehmungsübungen, vor allem im visuellen Bereich, um Objekte und Zusammenhänge zu begreifen und die visuo-motorische Koordination, das beidhändige Agieren und das gezielte Greifen zu verbessern. Auch für Kinder mit erheblichen motorischen Funktionseinschränkungen ist dieses Material besonders geeignet. Der Pertra-Spielsatz (*Per*zeptions-*Tra*ining) entstand in der Zusammenarbeit von Studenten der Fachhochschule für Gestaltung Schwäbisch Gmünd, Mitarbeitern des Behandlungs- und Beratungszentrums der Hessingstiftung in Augsburg und der Firma Holz-Hoerz in Münsingen im Jahre 1972/73. Das Material, das im Wesentlichen aus Holz besteht, ist thematisch in unterschiedlichen Koffern sortiert. Es gibt ein Grundbrett, das als Arbeitsplatte dient, und hunderte von Einzelteilen, die in vielfältigsten Kombinationen darauf gelegt und gesteckt werden können.

Auch bietet sich das Montessori-Material an. Vor allem die Übungen des täglichen Lebens sind für Kinder mit Behinderung von Bedeutung. Eine vertiefende Darstellung der Arbeit mit Montessori-Material in der HPÜ findet sich in dem gleichnamigen Arbeitsheft von Clara Maria von Oy (Heidelberg 2008).

Zu nennen ist außerdem das Fröbel-Material, die „Spielgaben", die das Kind in ihrer „Allseitigkeit" zum Anschauen und Erkennen, zum Tun und Schaffen anregen sollen. Eine vertiefende Darstellung dazu findet sich in dem gleichnamigen Arbeitsheft von Wilma Klein Jäger (Heidelberg1987).

Allgemeines über das Material
Milan Morgenstern konnte beobachten, dass „mit Sicherheit" das Betätigen an Löchern, Vertiefungen, Ineinanderfügbarem mit besonderer Ausdauer ausgeführt wird. Großer Wert wird in der heilpädagogischen Praxis auf die *Selbstanfertigung* von Material gelegt: „Nicht außer Betracht zu lassen ist die Tatsache, daß die Einstellung des Erwachsenen zum Material sich sehr stark auf das Kind überträgt. Wir sehen in der Selbstanfertigung nicht nur einen wesentlichen Beitrag zur pädagogischen Bildung desjenigen, der sich mit dem Kind befaßt, sondern auch eine immer wieder stattfindende Erneuerung der Methode" (Morgenstern 1973, S. 84). Nicht *alles* Material muss selbst hergestellt werden, vieles andere wird ebenso wertvolle Dienste leisten, jedoch oft von der HP gestaltet, zusammengestellt, umgebaut, angepasst werden müssen. Die aktive Auswahl des vorhandenen Materials und die situationsgerechte Verwendung bleiben immer und überall als „Mindestleistung" für die HP bestehen.

Milan Morgenstern empfahl schon vor Jahrzehnten, das Kind mit Behinderung anzusehen als eines, das auch den Weg des „Normalen" geht, wenngleich langsamer oder auf Umwegen. Zunächst soll das Kind aus seiner Isolation herausgeholt werden. Es soll versucht werden, das Kind für die Umwelt und gleichzeitig die Umwelt für das Kind zu aktivieren.

Protokoll und Auswertung

Der Verlauf der HPÜ-Einheit wird im Anschluss an die Stunde von der HP protokolliert. Das Verlaufsprotokoll ist die ergänzende Fortsetzung der Stundenplanung und Vorbereitung. In diesem wird der Verlauf der Stunde schriftlich festgehalten und ausgewertet. Die Beobachtungen zum Spielverhalten und zum Spielentwicklungsniveau (Wie spielt das Kind? Was spielt das Kind?) werden von den Interpretationen und Anmerkungen getrennt aufgezeigt. Einzelne Spielszenen können skizziert und durch die darin zum Ausdruck kommenden Spielthemen ergänzt werden. Aktuelle Informationen werden notiert.

Die Auswertung des Verlaufs bezieht sich sowohl auf das Kind als auch auf die HP und kann auf verschiedenen Ebenen stattfinden. Eine Orientierung geben die folgenden Punkte:

- Überlegungen in Bezug auf die Stundenstrukturierung
  Hat das Kind die Rituale verinnerlicht? Fordert es diese von sich aus ein? Entspricht die Stundenstrukturierung den aktuellen Bedürfnissen des Kindes? Kann diese beibehalten werden oder bedarf es einer Änderung?

- Reflexion im Hinblick auf das Kind
  War die Raumgestaltung für das Kind optimal? Hatten die Materialien einen Aufforderungscharakter für das Kind? Hat es bestimmte Vorlieben geäußert? Konnte sein Interesse geweckt werden? Zeigte es Lust am Erkunden? War es motiviert? Konnte es die Spielanregungen erfassen und umsetzen? War das Kind konzentriert bei den Spielangeboten? Konnte es sich in sein selbst gestaltetes Spiel vertiefen? Hat das Kind sich intensiv und ausdauernd mit den Anforderungen im Spiel auseinandergesetzt? Konnte das Kind die in den Übungen liegenden Anforderungen bewältigen? Hatte es Erfolgserlebnisse? Konnte es seine Möglichkeiten nutzen oder erweitern, gab es Veränderungen? Hat es eigene Spielideen entwickelt? Konnte es sich eigenaktiv und selbstwirksam erleben?

- Reflexion im Hinblick auf die Beziehungsgestaltung
  Wie waren der emotionale und der soziale Bezug und die Atmosphäre in der Stunde? Waren HP und Kind gut aufeinander abgestimmt? Wie war die Nähe-Distanz-Regulation? Gab es Konflikte, Widerstände oder grenztestende Verhaltensweisen? Hat sich ein gemeinsames Spiel entwickelt? Gelang es, die gemeinsame Aufmerksamkeit auf das Spiel zu richten? Gab es Ich-Du-Wir-Interessen? Konnte etwas Besonderes miteinander erlebt werden? Löste das Spielen gemeinsam erlebte Freude aus?

- Reflexion im Hinblick auf die HP
  Wie habe ich die Stunde erlebt? Wie war meine aktuelle Befindlichkeit? Konnte ich mich ganz auf das Kind einlassen und präsent sein? Ist es mir gelungen, feinfühlig auf die Bedürfnisse des Kindes einzugehen? Gab es Unstimmigkeiten auf der Beziehungsebene? Gab es Situationen, die hätten anders gestalten werden können und müssen? War mein methodisches Vorgehen auf das Kind abgestimmt und effektiv? Kann ich dieses beibehalten oder muss ich es neu anpassen, modellieren und einen anderen Weg finden? Wo bin ich von meiner Planung abgewichen und warum? Wie ist meine innere Haltung zu diesem Kind? Kann ich es so annehmen, wie es ist? Gibt es Anteile, die ich in der Reflexion noch vertiefen muss?

- Auswertung im Sinne einer Lernzielkontrolle/einer Förderdiagnostik
  Welche Lernziele konnten erreicht werden? Welche Ziele sind zum Teil erreicht worden? Welche Ziele konnten nicht erreicht werden? Sind die Zielsetzungen noch aktuell? Bedarf es einer Anpassung der Ziele? Müssen in den Lernzielen kleinschrittigere Inhalte berücksichtigt werden? Haben sich neue Zielbereiche ergeben? Konnten Entwicklungsfortschritte, Rückschritte oder Stagnationen beobachtet werden? Wird ein Lernprozess deutlich? Zeigt das Kind Veränderungen in seinem Verhalten? Gibt es neuartige Spiel- und Lebensthemen oder neu zu bewältigende Entwicklungsaufgaben?

Bearbeitungsphase (Prozessverlauf)

Das jeweilige Stundenprotokoll ist gleichzeitig der Ausgangspunkt für die Planung der nächsten HPÜ-Einheit. Die Zielsetzungen und die methodische Vorgehensweise müssen gegebenenfalls modelliert und an die aktuellen Bedingungen angepasst werden. Wichtige Vereinbarungen oder Arbeitsaufträge für die kommende Stunde können vermerkt werden. Die Protokolle dokumentieren den Förderprozess, belegen für den Kostenträger die erbrachten Leistungen und sind Grundlage der zu erstellenden Berichte. Alle Protokolle sollten in einer Akte für das Kind gesammelt werden.

Die Form der Protokollierung kann sehr unterschiedlich sein. Es bietet sich an, ein eigenes Muster zu entwickeln. Der Umfang und die Dauer der Protokollierung ist dem Berufsalltag anzupassen. Im Rahmen der Ausbildung und im Einstieg in ein neues Tätigkeitsfeld sind die Protokolle ausführlicher, da sie ein gutes Lern- und Erfahrungsfeld darstellen.

Das folgende Verlaufsprotokoll stellt exemplarisch einen Ausschnitt aus der Fallarbeit der Studentin Nadine van Almsick dar:

Auszug aus dem Verlaufsprotokoll vom 11. Kontakt mit Steffen (1;8 Jahre) im häuslichen Umfeld und im Beisein seiner Mutter (Frau G.)

.... Ich hole nun den Beutel mit den Plastikflaschen aus dem Korb. Steffens Neugier ist geweckt. Ich gebe ihm den Beutel und er beginnt sofort, diesen hoch und runter zu bewegen. Dabei erzeugt er lustvoll Geräusche und seine Bewegungen intensivieren sich. Ich nehme ein Band des Beutels in die Hand, begleite so Steffens Bewegungen und singe dazu: „Hoch und tief". Durch den Rhythmus des Liedes werden seine Bewegungen gleichmäßiger und koordinierter. Am Ende des Liedes greift Steffen nach dem Band, welches ich in der Hand halte, und möchte dieses selbst haben. *(Schön ist zu beobachten, wie Steffens Greifbewegungen immer gezielter werden. Das Funktionsspiel mit dem Beutel stabilisiert sich durch die Wiederholung.)* Er stellt sich nun mit dem Beutel hin und lässt ihn – an den Bändern gefasst – gegen seine Beine knallen. *(Dies scheint für ihn eine noch lustvollere Bewegung zu sein, über die er sich intensiver spüren kann und die vermehrt Geräusche erzeugt.)* Plötzlich lässt er den Beutel fallen. Ich lenke nun Steffens Aufmerksamkeit auf das Öffnen des Beutels: „Steffen schau! So geht der Beutel auf", dabei ziehe ich den zusammengezogenen Beutel langsam auseinander. Steffen verfolgt meine Handlung sehr konzentriert und möchte den Beutel wiederhaben. Ich mache den Beutel erst wieder zu und gebe ihn dann Steffen. Er schaut den Beutel an und zieht an den Bändern. Ich nehme seine Hände in meine und wir öffnen gemeinsam den Beutel. Steffen greift erneut nach den Bändern und versucht, den Beutel wieder zu schließen. Dabei hilft ihm seine Mutter mit Handführung. Danach öffnen sie ihn wieder gemeinsam. Ich bekunde meine Neugier an dem Beutel – „Was da wohl drin ist?" – und beuge mich zu Steffen rüber, um in den Beutel zu schauen. Steffen gibt mir den Beutel. Dann reiche ich ihn an Frau G. weiter und auch sie schaut neugierig hinein. *(Durch diese Art von Spiel entwickelt sich Neugier bei Steffen und eine verlängerte Aufmerksamkeitsspanne wird aufgebaut. Frau G. ist aktiv in der Fördereinheit einbezogen. Als HP nehme ich eine Modellfunktion ein.)* Dann rasche ich noch einmal mit dem Beutel und Steffen schaut in Richtung Öffnung. Erst als ich eine Flasche herausnehme, schaut er tief in den Beutel und greift dann selbst hinein. *(Hier wird deutlich, dass Steffen noch keine sichere Vorstellung davon hat, dass sich ein Gegenstand in einem anderen befinden kann und dass seine Objektpermanenz noch brüchig ist. Denn Steffen bekundet erst Interesse an dem Inhalt, als ihm durch mein Hineingreifen bewusst wird, dass sich etwas darin befindet.)* Frau G. hilft ihm beim Rausnehmen der Flasche. *(Dies beherrscht er ohne Sicht auf den Gegenstand noch nicht sicher. Steffen braucht eine starke visuelle Kontrolle. Eine taktil-kinästhetische Kontrolle reicht nicht aus.)* Steffen schüttelt seine Flasche sehr lustbetont. Ich schüttele meine ebenfalls und gebe sie an Frau G. weiter. Frau G. schüttelt diese auch und hält sie rechts und links an das Ohr. Steffen zeigt kein Interesse mehr für seine Flasche. Er lässt sie fallen und möchte auch an der Flasche, die seine Mutter hat, lauschen. *(Steffen kann seine Aufmerksamkeit nur auf einen Gegenstand fokussieren und zwar auf den, der durch die Bewegung, das Schütteln der Mutter am attraktivsten für ihn ist. Seine Flasche verliert er darüber aus dem Blick und scheint sie zu vergessen.)* Frau G. und ich rollen nun die Flasche hin und her. Steffen beobachtet zunächst unser Tun und greift sich dann die Flasche. Etwas ungelenk versucht er, diese in Bewegung zu versetzen. Ich helfe ihm dabei. Um seine Aufmerksamkeit auf den Inhalt der Falsche zu lenken, kippe ich die Flasche mit ihm gemeinsam mit beiden Händen nach rechts und links. Steffen schaut genau auf die Murmeln, die sich in der Flasche bewegen. *(Figur-Grund-Wahrnehmung, visuelles Fokussieren und Verfolgen)* ...

> Reflexion:
> Steffen und ich haben heute schnell in ein Miteinander gefunden. Durch die ihm vertraute Begrüßung bekam er die für ihn sehr wichtige Orientierung und Sicherheit, die dazu verhalfen, sich auf mein Angebot einzulassen.
>
> Steffen ist zu Beginn der Stunde immer sehr motiviert. Diese Motivation geht mit einer hohen Bewegungsfreude einher. Von seiner Vorfreude und Neugier angesteckt, wich ich von meinen Vorüberlegungen ab und begann die Stunde mit dem Murmelangebot, bei dem er mit dem Beutel und den Flaschen lustvolle Bewegungen ausüben und Geräusche produzieren konnte. Da er am Ende der Stunde zum einen ruhiger war und sich zum anderen auch noch konzentrieren konnte, beschloss ich, noch das Bilderbuch mit ihm anzuschauen. Somit wurden alle von mir formulierten Inhalte und Ziele der Stunde doch noch berücksichtigt.
>
> Die Stunden mit Steffen bereiten mir viel Freude. Ich kann beobachten, wie er sich weiterentwickelt und kleinschrittig neue Kompetenzen erlernt. Zudem ist er mir gegenüber immer offen und zugewandt. Dies motiviert mich bei der Planung neuer Angebote und bestätigt mich in meiner Arbeit mit ihm.
>
> Ich habe heute gemerkt, wie schön und effektiv sich eine Stunde mit nur einem Material gestalten lässt. Die Murmeln bieten viele Möglichkeiten des gemeinsamen Spiels. Zusätzlich bringt Steffen noch eigene Ideen mit ein, die das Stundenbild abrunden.
>
> Steffen zeigt von Stunde zu Stunde mehr Eigenmotivation und Anstrengungsbereitschaft, sich mit den Angeboten auseinanderzusetzen. Dies führe ich darauf zurück, dass er sich in den Stunden als selbstwirksam erleben kann und sich in seinem Handeln verstanden fühlt, da ich wiederum seine non-verbale Kommunikation immer besser verstehe.
>
> In den Gesprächen mit Frau G. fühle ich mich respektiert und im Rahmen der Förderung als kompetente Fachkraft wahrgenommen. Die gemeinsame Reflexion der Angebote bietet ihr die Möglichkeit, meine Zielsetzungen nachzuvollziehen und diese mit ihren Wünschen zu ergänzen.

3.1.3 Entwicklung im förderdiagnostischen Prozess

Im Prozess der heilpädagogischen Entwicklungsförderung und Begleitung entwickelt sich eine immer vertrauensvollere und tragfähigere Beziehung zwischen der HP, dem Kind und dessen Eltern. Die diagnostischen Einschätzungen werden immer weiter fortgeschrieben, gewinnen an Klarheit und ermöglichen es, das Kind besser zu verstehen. Die abgeleiteten Ziele werden angestrebt, erreicht oder modelliert und entsprechend der aktuellen Bedingungen im Verlauf verändert. Das methodische Vorgehen der HP wird immer angepasster und sie gewinnt an Sicherheit in ihrem Handeln. Es entsteht ein entwicklungsförderliches Milieu für das Kind. Das Kind und die HP lernen von- und miteinander und werden in ihren Kompetenzen gestärkt, die sie weiter ausbauen können. Im Verlauf kommt es zu Veränderungen und Entwicklungsfortschritten. Jedoch können sich auch Konflikte, Krisen und Einbrüche ergeben, die es auszuhalten und zu bewältigen gilt. Die Begleitung wird nicht immer optimal verlaufen, sondern auch wechselhaft sein oder für eine Zeit stagnieren.

Der förderdiagnostische Prozess kann als ein spiralförmiger Kreislauf dargestellt werden, der an Tiefe gewinnt. Zeichnet man diesen auf, werden meist unterschiedliche Phasen ersichtlich, in denen bestimmte Themen oder Inhalte im Vordergrund standen.

Bearbeitungsphase (Prozessverlauf)

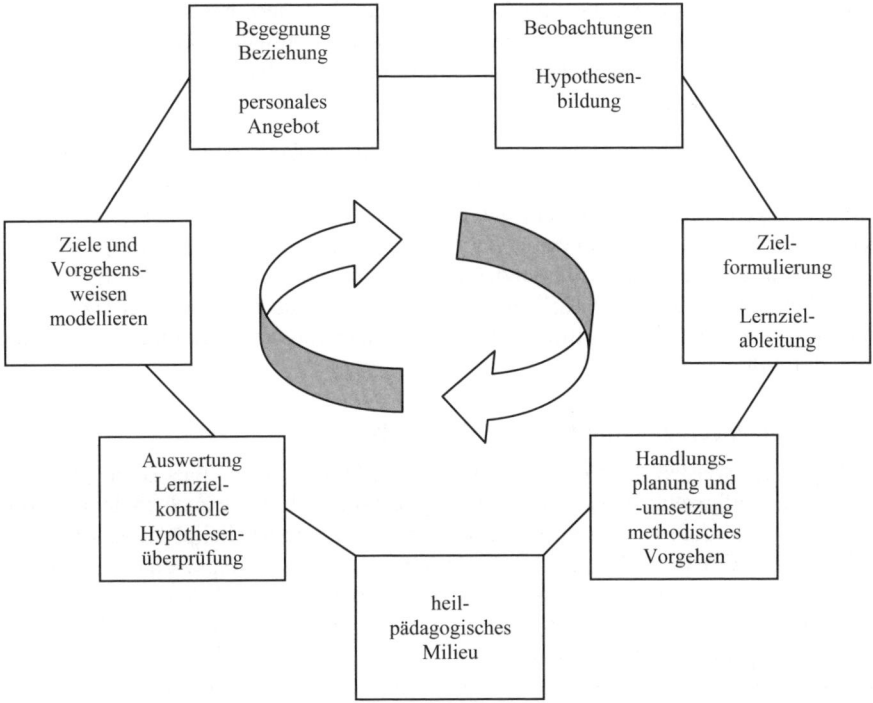

Abb. 21: Kreislauf im förderdiagnostischen Prozess

Im Laufe der Förderung und Begleitung können unterschiedliche Phasen beschrieben werden:

1. Phase
Die HP wird in den ersten Stunden das Kind kennen lernen wollen und Ansatzpunkte finden, die ihr eine erste Orientierung über die Stärken, Schwächen und Bedürfnisse bietet. Die HP beginnt, einen vorgegebenen Rahmen festzulegen: Sie führt Rituale, Regeln und Abläufe ein. Sie wird offen sein für das, was das Kind in der Stunde anbietet, und ihm einen Spielraum eröffnen, den das Kind individuell ausgestalten kann. Das Kind wird in dieser Phase auf seine Weise seine Orientierung suchen. Die HP und das Kind finden ihre spezifische Form der Kommunikation.

2. Phase
Das Kind und die HP vertiefen sich in ihren gemeinsamen Lernprozess. Vertrautheit entsteht und wächst. Die HPÜ-Einheiten weisen nun eine haltgebende Struktur auf, die es erlaubt, sich mit Inhalten und Anforderungen auseinanderzusetzen. Die HP wird u. U. auf beziehungsabfragende und grenztestende Verhaltensweisen des Kindes eingehen und einwirken.

3. Phase
Die HP wird die Abschlussphase (Verabschiedung) (> Teil V, 4) für das jeweilige Kind rechtzeitig gestalten, damit das Kind einerseits Zeit hat, die verbleibende Zeit für sich zu nutzen und sich andererseits emotional auf einen Abschied vorbereiten kann.

Je nach dem, in welcher Phase sich die Förderung befindet, wird die HP die HPÜ-Einheiten den Bedingungen entsprechend gestalten – und anders herum spiegelt die HPÜ-Einheit die jeweilige Phase im Prozess wider.

Wichtig sind die Reflexion und die kollegiale Beratung im Team. Die regelmäßige Auswertung des Verlaufs im interdisziplinären Team mit Vertretern benachbarter Wissensbereiche (Mediziner, Psychologen, Therapeuten) ist für die optimale Durchführung der HPÜ unverzichtbar. Selbst die gründlichste Einführung in das Förderkonzept macht das Teamgespräch nicht überflüssig.

Anhand des durchgeführten Förder- und Behandlungsplans und der abschließenden schriftlichen Aufzeichnungen über Verlauf und Beobachtungen kann die HP zu einer systematischen Eigenkontrolle gelangen, deren Ergebnis dann in das Teamgespräch einzubringen ist. Im Idealfall steht ein Supervisor regelmäßig zu einem Beratungsgespräch zur Verfügung. Um ein genaues, umfassendes Bild vom Kind und von der Förderung durch die HP zu bekommen, sollte ein Kollege in regelmäßigen Abständen in einer HPÜ-Einheit hospitieren und anhand der schriftlich fixierten Beobachtungen das kollegiale Beratungsgespräch durchführen.

- **Verlaufsbeschreibung und Kontrolldiagnostik**

Im Förderprozess werden die Veränderungen im Verlauf in Form eines Berichtes zusammengefasst und aufgezeigt. Je nach Institution gehen diese Berichte auch an übergeordnete Stellen und werden dem Kostenträger zur Weiterbewilligung der heilpädagogischen Maßnahme vorgelegt. Oft ist es dazu auch erforderlich, den Entwicklungsverlauf und die Fortschritte in einem standardisierten Entwicklungstest abzubilden und den aktuellen Förderbedarf zu begründen. Ob die HP, die das Kind begleitet, im Verlauf standardisiert testen sollte, ist ein Aspekt, der kritisch diskutiert und wohl überlegt werden sollte. Während der Testdurchführung nimmt die HP eine andere Rolle ein, die mit der Haltung und der Art des Mitspielens in der HPÜ-Einheit nicht vollkommen übereinstimmt. Dies wird das Kind mitunter irritieren und verunsichern.

Spiel-Beobachtungsbogen
Ein förderdiagnostisches Instrument, das im Prozess der HPÜ eingesetzt werden kann, ist der Spiel-Beobachtungsbogen (als PDF erhältlich über info@winter-verlag.de oder direkt unter der DOI: https://doi.org/10.33675/2011-82539300). Mit Hilfe der beschriebenen Beobach-tungskriterien können das Spielverhalten (Wie spielt das Kind) und das Spielentwicklungsniveau (Was spielt das Kind?) an der Zone der nächsten Entwicklung (ZNE) orientiert eingeschätzt werden. Die richtungsweisenden Altersangaben ermöglichen eine orientierende Angabe zum Entwicklungsalter. Der Beobachtungsbogen liefert Hinweise zur weiteren Zielsetzung und Förderplanung in Bezug auf die zu entwickelnden Spielkompetenzen. Ein regelmäßiger Eintrag im Verlauf zeigt die Entwicklungsfortschritte im Prozess auf (> *Der Spiel-Beobachtungsbogen* im Anhang).

- **Weitere Befunde**

Parallel zu der HPÜ werden bei einigen Kindern auch medizinisch-therapeutische Behandlungen (Physiotherapie, Logopädie, Ergotherapie > Teil II, 1.7) erfolgen. Hier ist ein interdisziplinärer Austausch wichtig, um die Förderinhalte aufeinander abzustimmen. Die Therapie-Befunde wird die HP in ihre eigene diagnostische Einschätzung einfließen lassen. Auch könnten im Verlauf weitere medizinische Untersuchungen und Behandlungen anstehen, deren Befunde einzuholen sind. Diese neuen Erkenntnisse sind in die HPÜ einzubeziehen.

3.1.4 Von der Einzelbehandlung zum Gruppenangebot

Im Einzelkontakt kann das Kind grundlegende Beziehungserfahrungen in der Interaktion mit der HP sammeln. Es wird in seinem Selbstwert gestärkt, gewinnt an emotionaler Sicherheit und kann grundlegende sozial-kommunikative Kompetenzen aufbauen. Sein Spielrepertoire wird sich erweitert und stabilisiert haben.

Wenn das Kind über ein höheres Funktionsspielniveau verfügt und in das Rollenspiel geht, ist es in der Regel möglich und wünschenswert, den Aufbau des Sozialverhaltens zu erweitern und zu vertiefen. Das geschieht am besten dadurch, dass in die HPÜ-Einheiten ein zweites und ein drittes Kind mit ähnlichem Entwicklungsalter einbezogen werden.

Der positive Kontaktaufbau zwischen der HP und dem Kind wird in der Regel auf diese weiteren Kontaktpersonen übertragen. Die emotionale und soziale Entwicklung erfährt hier im richtigen Augenblick unter Berücksichtigung des entsprechenden Entwicklungsalters eine echte Bereicherung.

Vielfach ist das auch der Augenblick, in dem die HP sich langsam vom Kind löst – zu einer für das Kind entwicklungsgemäßen Beziehung. Möglicherweise wird die Beziehung auch übertragen auf Geschwister, auf andere Kinder im Kindergarten/Schule oder andere Bezugspersonen. Alle in der HPÜ erlernten Verhaltensweisen sollten übertragbar sein und langsam von der HP abgelöst in die selbständige Verfügbarkeit des Kindes gelangen. Die Gruppe eignet sich sowohl für die Weiterentwicklung aller Fähigkeiten des Kindes, besonders der emotionalen und der sozialen Fähigkeiten.

3.2 Begegnung mit den Eltern in Beratung und Anleitung

Grundsätzliche Überlegungen zur Zusammenarbeit mit den Eltern wurden schon im Kapitel zur heilpädagogischen Sichtweise formuliert (> Teil II, 3.3.3).

Die Darstellung der Eingangsphase im Förderkonzept der HPÜ zeigt für diesen Arbeitsbereich einen Entwurf zur Gestaltung des Erstkontakts und des Anamnese-Gesprächs mit den Eltern: Mögliche Erlebens- und Verhaltensweisen der Eltern in dieser für sie noch fremden Szenerie werden beschrieben. Auch werden die notwendige Breite der Selbstreflexion und der Gesprächsführung durch die HP vorgestellt (> Teil V, 2.2 und Teil V, 2.3).
Sie behalten im fortschreitenden Prozess ihre Bedeutung und werden im Weiteren als bekannt vorausgesetzt.

Die Eingangsphase endet mit einer ersten diagnostischen Einschätzung der aktuellen Problemlage und der Ressourcen der Eltern und ihres Kindes. Die HP wird – wie schon ausgeführt – gemeinsam mit den Eltern den Förderbedarf erörtern und mit ihnen einen erweiterten Kontrakt formulieren, der die nun folgenden Arbeitsschritte beschreibt und festlegt.

Noch einmal sei darauf aufmerksam gemacht: Soll die HPÜ mit dem Kind „Früchte tragen", die „haltbar bleiben", ist eine gezielte, regelmäßige und engmaschige Arbeit mit den Eltern für die HP unabdingbar.

In der Arbeit mit Eltern, die ein Kind mit schwerer geistiger Behinderung haben, gilt in besonderer Weise, dass die HP zwar auf familiäre Bedingungen stößt, die veränderbar sind, dass jedoch der „Kern" aller Bedürftigkeit nicht aufhebbar ist: die andauernde schwere Beeinträchtigung des Kindes mit allen sich daraus ergebenden existentiellen Fragen und Nöten – ein Leben lang.

Grundsätzlich kann gelten: Das Da-Sein der HP, ihr Aushalten und Mittragen von nicht lösbar erscheinenden Problemen und Lasten von Eltern kann Kräfte mobilisieren und heilende Wirkung haben.

3.2.1 Explorationsgespräche

Im Erst- und Anamnesegespräch wird es vornehmlich um einen ersten gemeinsamen Beziehungsaufbau gehen. Die angesprochenen Inhalte zum Anlass der Vorstellung und zur Entwicklung der Problemgeschichte werden nur Teilaspekte eines Ganzen erfassen können. In weiteren Gesprächen wird es darum gehen, die spezifische Situation, das dazugehörige Erleben und Verarbeiten dieser Eltern zu konkretisieren und differenziert zu verstehen. Sie haben darum vornehmlich einen erforschenden Charakter. Gezielte Fragen werden insbesondere dann eingesetzt, wenn die Eltern von sich aus wenig zu berichten haben oder wenn sie bei weitschweifigen Ausführungen wieder zur Themenorientierung finden sollen. Gezielte Fragen der HP werden für den Beziehungsaufbau gefährlich, wenn sie schematisch eingesetzt werden und die Eltern sich kategorisiert fühlen.

Mögliche Themen:
- Darstellung und Reflexion der eigenen Rolle als Mutter oder Vater
- Wirklichkeit und Wunschvorstellungen zum familiären Zusammenleben
- Selbsteinschätzung der eigenen Erschöpfung, Resignation, der Angst und Trauer, der angestauten Ohnmacht und Wut
- Selbsteinschätzung zum Potential der vorhandenen Hoffnung
- bisherige Erfahrungen auf der Suche nach Auswegen und Lösungen
- Wunschliste und Zukunftsvorstellungen zur Gestaltung des eigenen Lebens über das Mutter- und Vater-Dasein hinaus
- Pflege und Erziehung im Alltag eines Kindes mit einer schweren geistigen Behinderung
- Die Beziehung zwischen Eltern und Kind, zwischen dem Kind und seinen Geschwistern
  Mögliche Fragen der HP dazu:
    - Was/wie spielen Sie mit Ihrem Kind (Ihren Kindern)?
    - An welche gemeinsamen Erlebnisse erinnern Sie sich gern? Welche Gefühle löst das Erzählen jetzt bei Ihnen aus?
    - Was mögen Sie besonders an Ihrem Kind – was gar nicht?
    - Trennung und Sich-Wiedersehen: Was löst das bei Ihnen aus?
- Erziehungs-Kompetenzen, Stärken und Schwächen der Eltern
  Mögliche Fragen der HP dazu:
    - Was ist Ihnen in der Erziehung besonders wichtig?
    - Was möchten Sie (unbedingt) erreichen?
    - Was schätzen Sie an sich selbst in der Erzieher-Rolle?
    - Wie gestaltet sich das Aufstehen und Zubettgehen? Gibt es Rituale?

- Wie gestaltet sich die Pflege-Situation und wie gestalten sich sonstige Alltagsabläufe?
- Gibt es bestimmte Anforderungen, die (immer wieder) misslingen?
- Was trauen Sie ihrem Kind zu – nicht zu?
- Was ist für Sie ein stimmiges Lob – eine stimmige Bestrafung?
- Wer bestimmt was und wie in der Familie?

Die HP wird insbesondere zu Beginn einer HPÜ sorgsam den Ausdruckshabitus der Eltern (Mimik, Gestik, Haltung, Sprache, Pausen setzen) wahrnehmen und im Sinne des „szenischen Verstehens" interpretieren. Sie wird auch die Kompetenz der Eltern, Sachverhalte und Emotionen darzustellen, reflektieren und registrieren sowie ihr eigenes Verhalten dem jeweiligen Gesprächspartner zunehmend anpassen.

Explorationsgespräche gehören in der Regel zum gesamten Verlauf einer HPÜ.

Die HP wird im Anschluss an das Gespräch ein Protokoll erstellen (> Teil V, 2.2). Die Interpretationen der HP zum Inhalt des Explorationsgespräches werden Anregungen geben, die bisherige heilpädagogische Diagnose mit ihren Hypothesen zu überprüfen und ggf. zu ergänzen und zu differenzieren. Die Hypothesen bleiben theoriegeleitet (> Teil V, 2.8.1).

3.2.2 Hausbesuche

Der Hausbesuch sollte, wie auch das Gespräch mit den Eltern, eine Stunde nicht überschreiten. Er zeigt die konkrete Lebenssituation in allen denkbaren Umweltbezügen und gibt Hinweise für die zukünftige Zusammenarbeit mit den Eltern und weiteren Bezugspersonen. Daraus ergeben sich wichtige Fragen, Problemkreise und Ressourcen, die unter Umständen in späteren Gesprächen mit den Bezugspersonen des Kindes angesprochen und erarbeitet werden müssen:

1. Einstellung der Eltern zur Behinderung ihres Kindes
2. Integration des Kindes mit Behinderung in die Familie, Teilhabe am Familienleben (Geschwister-Kind-Eltern-Beziehung)
3. Erwartungshaltung der Eltern in Bezug auf die allgemeine Entwicklungs- und Förderungsmöglichkeit des Kindes und auf die spezielle Förderung durch die HPÜ
4. Gestaltung der Umgebung des Kindes (und deren Bezug zu seiner Behinderung)
5. Tagesrhythmus des Kindes (Pflege, Essen, Spiel, Übung, Schlaf)
6. Einbeziehung des Kindes in lebenspraktische Verrichtungen (Tisch decken, einkaufen)
7. Erziehungsstil der Eltern (Schwerpunkt der Erziehung, Erziehung zur Selbständigkeit, zur sozialen Anpassung)
8. Spielmaterial, das dem Kind zur Verfügung steht
9. Sprachförderung, entsprechend dem Sprachverständnis des Kindes (häufiges Sprechen mit dem Kind, Wiederholen von einfachen und leicht verständlichen Sätzen mit natürlicher Mimik und Gestik, Verbesserungen nicht wiederholen lassen, Eingehen der Eltern auf eine kindliche bzw. unvollständige Sprache)
10. Kontakterfahrungen außerhalb der Familie (Spielplatz, Nachbarschaft, Kindergarten, Straßenverkehr, Geschäfte)
11. Verbindung mit anderen betroffenen Eltern (Anschluss an Institutionen, die die Interessen von Kindern mit Behinderung vertreten).

Beobachtungen und Angaben müssen unmittelbar nach dem ersten Hausbesuch schriftlich fixiert werden. Dabei muss auch hier unterschieden werden zwischen reinen Fakten (das, was man sehen, zählen, messen kann), einer Interpretation (Schlussfolgerungen aufgrund mehrerer Beobachtungen) und der nachfolgenden Hypothesenbildung, die immer nur eine vorläufige sein kann und in der Regel häufig verworfen bzw. korrigiert werden muss. Neben dem ersten Frageraster sollten die von den Eltern angesprochenen besonderen Problemkreise stichwortartig festgehalten werden. Erst die schriftliche Fixierung gewährt die Möglichkeit, zu einem späteren Zeitpunkt zwischen den ersten und den späteren Aufzeichnungen sachlich zu unterscheiden

Bezieht sich die heilpädagogische Arbeit auf ein Kind mit Entwicklungsstörungen, die emotional bedingt sind und im besonderen Gefüge seiner Familie entstanden und dort aufrechterhalten werden, so ist das Für und Wider eines Hausbesuches oder einer HPÜ im häuslichen Bereich gründlich zu reflektieren. Dafür gibt es Gründe:

- Diese Eltern werden die HP bei einem Hausbesuch schnell als unerwünschten Eindringling erleben und als jemanden, der sie kontrollieren will.
- Das Kind braucht zur eigenen emotionalen Entlastung dringend einen außerfamiliären Raum, in dem es sich geschützt erlebt und in dem es sich traut, sich neu zu erfinden, um dann veränderte Verhaltensweisen zu stabilisieren.
- Die HP verliert leicht die nötige Distanz und Übersicht zum Geschehen: Familiensystemische Bedingungen und ihre Ausprägungen sind ihr zu Beginn der HPÜ noch fremd. So besteht die Gefahr, dass sie unversehens in Koalitionen gezogen wird, die gegeneinander agieren. Eine angemessene Konfliktbearbeitung kann so gänzlich blockiert werden.

3.2.3 Zielformulierung

Aus der diagnostischen Einschätzung werden die Richt- und Teilziele für die Arbeit mit den Eltern entwickelt. Zielformulierungen gehen von den Stärken der betroffenen Eltern aus.

Richtziele beziehen sich auf Inhalte der Problemlösung, die einen langfristig angelegten Zeitraum zur Verwirklichung brauchen werden. Sie beanspruchen u. U. die gesamte Zeit der gemeinsamen Arbeit.

Die Richtziele als „Großpaket" werden „portioniert" (= operationalisiert) in Einheiten, die in nächster Zeit konkret bearbeitet werden können. Diese Teilziele beziehen sich also auf die ersten Schritte hin zu einem Richtziel. Die Teilziele sollen für alle Beteiligten möglichst bald sichtbare Erfolge zeigen.

Die HP wird diesen Ziel-Entwurf mit den Eltern erörtern und mit deren Vorstellungen abstimmen. So findet der heilpädagogische Arbeitsauftrag seine Überprüfung und für alle Beteiligten eine erneute Konkretisierung. Seine Aktualität und seine Effizienz müssen immer wieder gemeinsam überprüft werden.

Bearbeitungsphase (Prozessverlauf) 253

Exemplarische Darstellung eines Zielentwurfs:

Richtziel:
Die Eltern sollen eine vertrauensvolle Beziehung zur HP gestalten können.
  Teilziele:
  - Die Eltern sollen ihr Kind bei der HP gut aufgehoben wissen.
  - Sie sollen sich angenommen und verstanden fühlen.
  - Ihre Explorationsbereitschaft soll sich entfalten können.
  - Ihre Kooperationsbereitschaft soll von ihnen selbst konstruktiv erfahren werden.

Richtziel:
Die Eltern sollen ihre erzieherischen Kompetenzen ausbauen.
  Teilziele:
  - Die Eltern sollen in ihrer Elternrolle gestärkt werden.
  - Sie sollen ihre Kompetenzen gezielt einsetzen lernen und Fehlerquellen erkennen können.
  - Ihr Konfliktpotential sollen sie rechtzeitig erkennen lernen.
  - Ihre Bereitschaft zur konstruktiven Auseinandersetzung mit ihrem Kind soll gestärkt werden.

Richtziel:
Die Eltern sollen motiviert den eigenen Gefühlen und denen ihres Kindes nachspüren und sie als Kraftquelle positiv einsetzen wollen.

  Teilziele:
  - Die Eltern sollen ihr Gespür für eigene Gefühle differenzieren.
  - Sie sollen erkennen, dass es keine guten oder schlechten Gefühle gibt.
  - Sie sollen alle Gefühle als Botschaft und Wegweiser schätzen lernen.
  - Sie sollen die Gefühlsqualitäten ihres Kindes erkennen und angemessen auf sie eingehen.

3.2.4 Beratungsgespräche

In der Regel ergeben sich Kontakte mit den Bezugspersonen des Kindes, wenn es zur Förderung gebracht oder am Ende abgeholt wird. Diese Kontakte sollten nicht in Gespräche „ausarten", schon gar nicht in Gegenwart des Kindes. Vor allem ersetzen diese Tür-und-Angel-Gespräche nicht die notwendigen regelmäßigen Beratungsgespräche. Diese sollten in der Regel in der Institution, als dem neutralsten Ort für Eltern und HP, geführt werden. In Ausnahmefällen kann ein Elterngespräch z.B. auch am Abend im häuslichen Bereich stattfinden. Die positive Beziehung zwischen Eltern und HP sollte nicht in die private Sphäre übertragen werden und dann zu gemeinsamen Unternehmungen führen, auch wenn die Angebote noch so verlockend sind und ein gutes Einvernehmen im privaten Bereich durchaus möglich scheint.

In den Explorationsgesprächen wird die HP die Eltern darauf aufmerksam machen, dass es ihr jetzt um das Erkunden, Erkennen und Verstehen der elterlichen Problemlage geht und nicht um das Angebot vorschneller Rat-Schläge. Eine Beratung im engeren Sinn braucht als Voraussetzung eine vertiefte Kenntnis und das empathische Mitschwingen-Können der HP bezogen auf den geprägten Erfahrungshorizont von Eltern. Beratung bezieht sich auf konkrete Lebenslagen, die einer Veränderung bedürfen, die diese Eltern zurzeit oder auch schon über einen längeren Zeitraum nicht aus eigener Kraft leisten können.

Das Erleben einer andauernden Krise und ihrer bisher ungenügenden Bewältigung schwächt die Person in der Regel erheblich in ihrem Selbstvertrauen und in ihren Handlungsmöglichkeiten. Gefühle werden mobilisiert und/oder verdrängt: Die Person entfremdet sich so leicht ihrer selbst.

Es scheint darum wichtig zu sein, hier kurz innezuhalten:
Gefühle entwickeln sich – ontogenetisch betrachtet – vor den Begriffen. Sie sind deswegen auch für die Ausrichtung und Prägung kognitiver Prozesse von Bedeutung. Wie wir uns in unserer Welt wahrnehmen, bewerten und ordnen, wird weitgehend von unseren Gefühlen bestimmt, die seit der frühen Kindheit bis in die Gegenwart gewachsen sind. Die gefühlsorientierte Bewertung – etwas ist gut, schlecht, gefährlich oder verheißungsvoll – ist unmittelbarer erster Ausdruck auf erhaltene Informationen. Die dazu gehörenden kognitiven Bearbeitungen folgen anschließend.

Hier ein Beispiel:
Ein kleines Kind verbrennt sich an der heißen Herdplatte die Hand. Es wird diesen Schmerz mit Gefühlen koppeln und dieses Ereignis so speichern, dass das gleiche Objekt weiterhin ähnliche Gefühle auslösen wird, die Signal dafür sind, entsprechende Konsequenzen folgen zu lassen.

Gefühle eröffnen uns also einen vernunftgesteuerten Umgang mit „Welt".
In diesem Kontext lässt sich formulieren: Der Mensch sucht nach einer Lösung für ein Problem. Er findet Alternativen und folgt bei der Entscheidungsfindung in der Regel dann derjenigen, die „sein Herz zum Klingen bringt": „Diese Entscheidung fühlt sich einfach gut an", wird er äußern.

Für die HP wird die Aktivierung von elterlichen Gefühlen ein gewichtiger Prozess sein, den sie aber sensibel auf die vorhandenen oder weniger ausgeprägten Ressourcen der Eltern abstimmen muss. Sie muss um die Gefährdungen dieser Dimension der Beratung wissen. Ihre Interventionen müssen den vielleicht provozierten Widerstand der Eltern berücksichtigen. Die von den Eltern gesetzten Signale der Begrenzung muss sie erkennen und respektieren. Die gleiche Thematik darf vielleicht zu einem anderen Zeitpunkt noch einmal angesprochen werden.

In diesem Zusammenhang sei auf die Ausführungen zum Thema „Trauern" verwiesen (> Teil II, 3.3.3).

Die HP wird in der Arbeit mit Eltern, die sich mit der geistigen Behinderung ihres Kindes oder mit erheblichen Erziehungserschwernissen auseinandersetzen, immer wieder auf „schwere Wahrheiten" stoßen, die das Trauern provozieren oder verdrängen lassen. Dieser Thematik muss sich die HP offen aber kontrolliert nähern. Sie muss darauf achten, sich dort nicht in die Verdrängungsarbeit einbeziehen zu lassen, wo ein Zulassen der Thematik für die Eltern heilsam werden könnte. Sie muss gleichzeitig wissen, wo ihre eigenen beruflich bestimmten Grenzen liegen. Sie hat eine Fachausbildung als Pädagogin und nicht als Therapeutin. In der Regel wird es hilfreich sein, bei Bedarf die Mutter/den Vater auf psychotherapeutische Angebote aufmerksam zu machen, Adressen zu vermitteln und Schwellenängste besprechbar zu machen.

Möglicher Ablauf der Dynamik innerer emotional bestimmter Prozesse von Eltern im Langzeitverlauf von Beratungsgesprächen.

- Elternteil thematisiert Inhalte, die wenig/gar nicht angstbesetzt sind: äußere Abläufe, die überschaubar und funktional bestimmt sind
- Gefühle werden thematisierbar = fixierbar – anschaubar, jedoch eher die „vergangenen"; sie werden wie „Fakten" behandelt: innen bewegt sich nur wenig, eher wie gespalten von der Person/von der Gegenwart
- Gefühle können in die Gegenwart geholt werden, Person erlaubt sich, ihnen *jetzt* Raum zu geben, sie akut *aufleben* zu lassen – erst punktuell...
- ... zunehmend: bezogen auf die zeitliche Dauer und die Intensität
- Gefühle werden zu maßgeblichen Kriterien, die ein neues Handlungsmuster möglich machen: Das bin ich – das möchte ich realisieren. – Identitäts-Reformation!?

Eine Beratung durch die HP zielt vornehmlich auf die Verbesserung von Erziehungsverhältnissen. Ihr Angebot wird lösungsorientiert angelegt sein. Dieser Begriff umfasst den Weg hin zu einer Lösung. In diesem Sinne wird die HP die Eltern Visionen entwickeln lassen und den Weg hin zum Ziel in die gemeinsame Aufmerksamkeit nehmen. Die Etappen auf diesem Weg sollten ein kleines Format bekommen, so dass Erfolgserlebnisse relativ rasch erreichbar werden (Teilziel formulieren).

Die konkrete Annäherung an eine formulierte Vision vollzieht sich ebenso über die sprachliche Kommunikation zwischen der HP und den Eltern wie über das praktische Tun.

Im nur verbalen Austausch wird sich die HP familiäre Szenen schildern lassen, die sich auf die Alltagsroutine beziehen – auf konfliktträchtige Inhalte wie auf sich harmonisch gestaltende Begegnungen.

Über die gemeinsame Analyse und Auswertung dieser Szenen sollen die Eltern ihre erzieherischen Kompetenzen und Schwächen erkennen, mit verändertem Verhalten experimentieren und verbesserte Kommunikationsmuster stabilisieren.

Das veränderte praktische Tun der Eltern gibt die optimale Rückmeldung über das aktuelle Ergebnis der Zusammenarbeit zwischen Eltern und HP und stabilisiert neue Verhaltensweisen, die damit auch eine veränderte Einstellung der Eltern zu ihrem Kind bewirken werden.

3.2.5 Anleitung

Die HP möchte mit diesem Angebot den Eltern unmittelbar die Bedeutung des Spiels in der kindlichen Entwicklung aufzeigen. Sie möchte den Eltern eine ganz praktische Hilfe anbieten, das Spiel des Kindes als seine Sprache zu verstehen, die es in der HPÜ zu differenzieren lernt und die von den Eltern angemessen beantwortet werden kann.

Für das Förderkonzept der HPÜ haben sich bestimmte praktisch ausgerichtete Arbeitsformen bewährt, die je nach Institution und Eltern zum Einsatz kommen:

- Hospitation der Eltern während der HPÜ-Einheit
- Aktive Teilnahme an der HPÜ-Einheit
  - Übernahme von Beobachtungsaufgaben: Beobachtung der Tätigkeit der HP nach bestimmten Kriterien (z.B. Wie motiviert sie das Kind zur Ausdauer? Wie erleben die Eltern die Beziehungsgestaltung zwischen HP und Kind?)

- Beteiligung der Eltern an einer Übungssequenz
  - Selbständige Übernahme von Spielsequenzen während der HPÜ-Einheit
• Gemeinsame Auswertung der HPÜ-Einheit
• Gemeinsame Planung und Schwerpunktsetzung für die nächste HPÜ-Einheit mit Einbeziehung der Eltern
• Übertragung von Spiel-Sequenzen in den häuslichen Bereich
• Video-Home-Training

Hospitation der Eltern während der HPÜ-Einheit
Sobald die HPÜ nach den ersten Kontakten ausreichend geplant und gezielt durchgeführt werden kann, wird mit der Bezugsperson über ihre Einbeziehung in die Förderung gesprochen. Der Zeitpunkt dafür wird individuell sehr verschieden sein.
Die HP trifft in Absprache mit den Eltern die Entscheidung, ob und zu welchem Zeitpunkt eine Hospitation bzw. eine gemeinsame HPÜ-Einheit stattfindet.
Die Eltern werden dann eingeladen, an der Förderung teilzunehmen. Die HP wird achtsam auf die Signale der Eltern reagieren:

• Es mag sein, dass sie eine gewisse Scheu vor der Teilnahme entwickeln, weil sie ihre eigene Rolle in dieser Szene nicht zu bestimmen wissen.
• Es mag sein, dass sie die HP als unbequeme Konkurrentin in ihrer Beziehung zum Kind einschätzen.
• Es mag sein, dass sie erleichtert sind, konkret Anregung zu finden und dass sie hoffen, sich so etwas „abgucken" zu können.

Die HP wird wissen, dass die Eltern sie während einer Hospitation genau beobachten. Sie wird das bisher entwickelte elterliche Vertrauen bestätigen wollen und darauf achten, dass ihr Verhalten für die Eltern ein nachahmenswertes Modell sein kann.
Vor der Hospitation wird die HP den Eltern so konkret wie möglich das Miteinander-Spielen von HP und Kind erläutern und mit den Eltern Verhaltensregeln für diese Zeit absprechen: z.B. fester Sitzplatz für die Eltern; verbaler Austausch während der Spielsequenzen erwünscht/nicht erwünscht; der Elternteil notiert sich während der Hospitation eigene Fragen und Kommentare für das Auswertungsgespräch danach. Während der Spiel-Einheiten bleibt die HP auf das Kind konzentriert. Braucht das Kind die Mutter als Heimat-Basis, wird die HP dieses Bedürfnis aufnehmen und angemessen in ihrem Stunden-Angebot berücksichtigen.
In der anschließenden Auswertung sollen die Eltern die Gelegenheit bekommen, ihre Anmerkungen und Fragen zu äußern. Die HP wird kurz ihr Erleben für die Eltern zusammenfassen.

Aktive Teilnahme an der HPÜ-Einheit
Eltern(teil) und HP werden gemeinsam den Zeitpunkt festlegen, zu dem die Mutter oder der Vater bereit sind, eigenaktiv gezielt ausgerichtete Beobachtungsaufgaben und/oder Spielsequenzen zu übernehmen.
Eltern fällt es in der Regel leichter, selbstaktiv – unter den Augen der HP – eine Übungssequenz zu übernehmen, wenn dieses Tun unmittelbar eingebunden ist in das Spiel von Kind und HP (z.B. im Dreieck auf dem Boden sitzen und sich – an ein vereinbartes Signal gebunden – einen Ball zurollen).

In der *gemeinsamen Auswertung*
wird die HP die besondere Situation der jeweiligen Eltern berücksichtigen: Es gibt Eltern, die eher Hemmungen entwickeln, weil das Spielen für sie recht ungewohnt ist. Genauso gibt es Eltern, die im gemeinsamen Spiel Beziehungsfreude erleben.

Im *Auswertungsgespräch*
wird miteinander geschaut: Was kann das Kind? Wie setzt es sich mit sich selbst und seiner Umwelt auseinander? Was braucht es jetzt an Anregungen und Hilfestellungen? Was gelingt der Mutter/dem Vater gut? Wo brauchen sie Anregungen und Übung?
Immer sollte von den Stärken der Eltern ausgegangen werden. Das gilt auch – erst einmal – für die Planung einer gemeinsamen HPÜ-Einheit.

Übertragung von Spiel-Sequenzen in den häuslichen Bereich
Wenn die Eltern des Kindes bei der HPÜ-Einheit hospitieren, lernen sie Teilbereiche einer schrittweisen Gesamtförderung ihres Kindes kennen. Sie werden dann die Frage nach der Förderung im häuslichen Bereich stellen. Diese Frage muss individuell bedacht und beantwortet werden. Eltern, die ihr Kind mit Behinderung um jeden Preis, nötigenfalls auch unter erheblichem Leistungsdruck, fördern möchten, sollten mit der häuslichen Übungsbehandlung zunächst nicht beginnen. Nach entsprechend langer Hospitation werden sie behutsam zum Spielen mit ihrem Kind angeleitet. Ein Kind, mit dem zu Hause rücksichtslos geübt wurde, muss in der Förderung eine gegenteilige Erfahrung machen können und kann erst nach einer geraumen Zeit der Entspannung neu im Spiel motiviert werden. Von einer häuslichen Übungsbehandlung muss in diesem Fall abgeraten werden.

Kontraindiziert ist die häusliche Übungsbehandlung unter anderem in folgenden Fällen:

- Zwischen dem Kind und der Bezugsperson ist keine tragfähige Beziehung vorhanden. In der Hospitation wird man durch langsame Einbeziehung der Bezugsperson in die Spielübungen des Kindes – und in begleitenden Gesprächen – eine Einstellungsänderung zu erreichen suchen.

- Die Eltern des Kindes sind überfordert durch Pflege, Anzahl der Geschwister, Haushaltsführung, Krankheit oder berufliche Tätigkeit der Mutter. Die Mitarbeit der Eltern oder der alleinerziehenden Mutter wird hier vor allem darin bestehen müssen, für die allgemeine Erziehung und Bildung des Kindes im Rahmen des Möglichen Hilfe zu leisten.

- Die Eltern haben die Leistungsanforderungen so übertrieben hoch gesteckt, dass dem Kind für die Umwelterfassung nach eigenem Rhythmus kein Raum mehr verbleibt. Kind und Eltern müssen zunächst vom Leistungsdruck befreit werden. Auch hier wird die erste Stufe der Hilfe sein, die Eltern bzw. die Mutter in das Spiel während der Übungsbehandlung miteinzubeziehen.

  Weiterhin hat sich als günstig erwiesen, wenn die HP selbst im häuslichen Bereich einige Übungsbehandlungen durchführt, in die Eltern, Geschwister und andere Familienangehörige einbezogen werden können.

Die Entscheidung für eine gezielte Übertragung von Spiel-Sequenzen in den häuslichen Bereich wird also von den bisherigen Erfahrungen in der Zusammenarbeit von HP und Eltern abhängen.

Immer wird diese Form der häuslichen Förderung eingebettet sein in den übrigen Erziehungsprozess und von allen Beteiligten als Ergänzung zu den HPÜ-Einheiten der HP verstanden.

Im häuslichen Bereich wird die Mutter oder der Vater die gleichen Übungen mit vergleichbarem Material anbieten. Ihre Phantasie und Kreativität sowie ihre Spielfreude werden das gemeinsame Tun bestimmen und lebendig werden lassen. Die bisher gesammelten Eindrücke zur HPÜ mit ihrem Kind werden eine hilfreiche Orientierung anbieten, so dass es ihnen zunehmend gelingen wird, ihrem Kind Anregungen zu geben, die es ihm erlauben, sich im Rahmen seiner Möglichkeiten selbstwirksam zu erleben.

Die HP und die Eltern bleiben in einem engmaschigen Austausch über die Erfahrungen mit der häuslichen Förderung.

Für die Übertragung der Spielangebote in den häuslichen Bereich bietet es sich an, den Eltern ein Merkblatt zu geben, auf dem sie wesentliche Anregungen noch einmal nachlesen können. Das Merkblatt kann etwa nach folgendem Schema angefertigt werden; individuelle Punkte/Aspekte für das jeweilige Kind und seine Eltern sind zu ergänzen.

Anregungen für Sie als Eltern im Spiel mit Ihrem Kind zu Hause

- Das Spiel in den Tagesablauf einbeziehen und gemeinsame Spielzeiten mit dem Kind einplanen.
- Wichtig ist ein Raum, in dem Sie ruhig und aufmerksam auf das Kind und sein Spiel eingehen können.
- Beobachten Sie das Kind in seinem Spiel: Was sind seine Vorlieben? Was lehnt es ab?
- Lassen Sie sich von den Spielideen Ihres Kindes anstecken und bieten Sie sich als Mitspieler an.
- Was spielen Sie selbst gern? Welche Rolle übernehmen Sie am liebsten?
- Die Spielangebote und Übungen aus den HPÜ-Einheiten können Sie aufnehmen, damit sie kontinuierlich wiederholt werden.
- Das gemeinsame Spiel muss dem Kind Spaß machen. Die Spielangebote und Übungen sollen so aufgebaut sein, dass der Erwachsene und das Kind Freude daran haben.
- Bestärken Sie die Tätigkeit des Kindes und nicht nur seinen Erfolg.
- Vergessen Sie nicht: Ist Ihr Kind in ein neues Spiel vertieft, braucht es keine weiteren Anregungen.
- Schaffen Sie gute Bedingungen zum Spielen: Stellen Sie eine Auswahl an Spielmaterialien zur Verfügung, die den aktuellen Interessen des Kindes entspricht. Ein Überangebot kann das Kind irritieren und überfordern. Bieten Sie neues Spielzeug an, wenn das vorherige seinen Reiz verloren hat.
- Richten Sie im Wohnbereich eine Spielecke für das Kind ein, damit es in Ihrer Nähe allein spielen kann und lernt, sich zu beschäftigen.
- Sorgen Sie für genügend Bewegungsmöglichkeiten: in der Wohnung, draußen im Garten oder auf dem Spielplatz.

Video-Home-Training
Das gezielte Arbeiten mit der Videokamera als zentralem Medium ist eine eigenständige Methode, deren Einsatz eine Ausbildung voraussetzt.
Adressaten dieses Trainings sind Familien mit Erziehungsschwierigkeiten. Über die Mitarbeit der Eltern sollen Ressourcen der Familie aktiviert werden.
Alltagsszenen werden im häuslichen Bereich mit der Videokamera aufgezeichnet. Ein Zusammenschnitt orientiert sich an gelungenen Kontakten zwischen Eltern und Kind. Die HP und die Eltern betrachten und analysieren gemeinsam diese Aufnahme(n). So werden Eltern befähigt, bisherige Konfliktlösungswege zu bewerten und konstruktive Kommunikationswege zu entwickeln.

3.2.6 Information und Koordination

Die HP wird sich in der Zusammenarbeit mit Eltern auch als Brückenbauerin verstehen. Sie kennt sich aus im interdisziplinären Gefüge der Anlaufstellen, die einschlägige Hilfen anbieten, die aber für Eltern leicht zum verwirrenden Labyrinth werden können: Hilfsmittelversorgung, Pflegegeld, Schwerbehindertenausweis, familienunterstützender Dienst und sozialpädagogische Familienhilfe sind Begriffe, die für Eltern mit Leben gefüllt werden müssen.

Die Vorbereitung und ggf. die Begleitung zu Fachärzten und Behörden gehört genauso zu den Aufgaben einer HP wie die Gestaltung des Übergangs zum Kindergarten/zur Schule oder in eine stationäre Einrichtung.

Die HP wird auch Informationen zur Verfügung stellen, die sich auf Freizeitangebote wie auf Adressen von Selbsthilfegruppen beziehen.

Zusammenfassung

Die HP versteht sich in der Arbeit mit Eltern als Beraterin in Fragen zur Erziehung unter erschwerten Bedingungen. Sie ist verlässliche Begleiterin in Zeiten der Not und Krise. Sie ist Koordinatorin im sozialen Netz. Sie bemüht sich um Nahtstellen und versucht, weitere Schnittstellen/Brüche zur verhindern oder zu reduzieren.

Die Ehrfurcht und Achtung vor der Person bleibt ihre Richtschnur und leitet ihre Reflektionen. Hürden und Stagnationen im Arbeitsprozess wertet sie als Botschaft, die sie entschlüsseln muss: Was brauchen diese Eltern jetzt? Habe ich als HP etwas Wesentliches übersehen? Wo überfordere ich meine Gesprächpartner?

In diesem Zusammenhang ist gleichwohl zu bedenken, dass die HP den Eltern zwar einen gewissen Schutzraum anbietet, dass sie jedoch gleichzeitig die elterliche Kompetenz zu einer konstruktiven Auseinandersetzung auf- und ausbauen will. Dazu gehört auch – für die HP wie für die Eltern – das Aushalten von Spannungen in der Beratungsarbeit, die nicht vorschnell harmonisierend glatt gestrichen werden sollen, sondern in ihrem Nachwirken Anstoß und Impuls sein können, einen neuen Weg zu wagen.

Abschließend sei noch einmal auf die hohe Verantwortung der HP verwiesen, die Gesprächsführung so zu gestalten, dass ihr Angebot für Eltern eine heilsame Wirkung entfalten kann. Diese fachliche Kompetenz muss von ihr immer wieder überprüft und differenziert werden. Fortbildungsangebote brauchen mehr Zeit als wenige Wochenend-Seminare.

4 Abschlussphase (Verabschiedung)

Der Förderprozess wird mit der Abschlussphase beendet, die zum geeigneten Zeitpunkt eingeleitet und begleitet wird. Der Zeitpunkt der Beendigung wird unterschiedlich sein: Die Förderung wurde nur für einen befristeten Zeitraum vereinbart und finanziert. Die inhaltlich zu bearbeitenden und klar definierten Themen sind abgeschlossen und die Ziele erreicht worden. Das Kind verlässt die Einrichtung oder aber die HP.

In einigen Fällen kann es auch vorkommen, dass die Begleitung vorzeitig abgebrochen wird, da Unstimmigkeiten in der Zusammenarbeit zwischen Kind, Eltern und HP bestehen und es keine gemeinsame Basis mehr gibt. Auch das ist eine Realität, mit der die HP konfrontiert werden kann. Wichtig ist es dann, auslösende Bedingungen, Beweggründe und Einflussfaktoren in die Reflexion zu nehmen.

In der Abschlussphase gewinnt das Thema Abschied an Bedeutung. Abschied, Trennung ist ein zentrales Lebensthema, das vor allem emotional besetzt ist. Die anstehende Trennung kann beim Kind, bei den Eltern und bei der HP unterschiedliche Gefühle auslösen: Sie kann traurig machen und schmerzhaft sein, da etwas Wichtiges verloren geht. Sie kann Wut erzeugen, Kränkungen verursachen und als Enttäuschung oder als Erleichterung erlebt werden. Der Abschied ist meist auch mit einem „lachenden Auge" verbunden, der Freude über die positiven Fortschritte und über die neuen Perspektiven.

Wichtig ist es, dem Abschied vor allem emotional Raum zu geben und ihn im Spiel mit dem Kind und im Gespräch mit den Eltern zu thematisieren und zu reflektieren. Auf der Beziehungsebene steht der Prozess der Ablösung an. Auf der Inhaltsebene erfolgen ein gemeinsamer Rückblick und ein Ausblick in die Zukunft. Eine Gefahr liegt darin, dass der Abschied zu früh, zu spät oder gar nicht berücksichtigt wird.

Abschiedsgestaltung mit dem Kind:

– Je nach Entwicklungsstand und Zeitorientierung des Kindes wird die HP den Abschluss fünf bis zwei HPÜ-Einheiten vorher bekannt geben.

– Aufmerksam wird die HP die Gefühle und die Reaktionen des Kindes, die der anstehende Abschied auslöst, wahrnehmen. Die emotionale Befindlichkeit des Kindes wird aufgegriffen, verbalisiert und auf der Spielebene thematisiert und verarbeitet. Auch die eigenen Gefühle kann die HP da, wo es stimmig ist, wohldosiert mitteilen und damit dem Kind ein Modell geben, auf seine Gefühle zu horchen.

– Im Verlauf der Förderung nicht aus dem Auge verlieren, dass die HP nicht die erste Bezugsperson des Kindes ist. Im rechten Augenblick zurücktreten, den anderen in sein alltägliches Leben zurückführen, zu seinen Bezugspersonen, in die Familie oder die Wohnheimgruppe. Auf neue Begegnungen vorbereiten, zu neuen Begegnungen anleiten, hinführen, ermutigen und bestärken.

– Der Abschied und die noch verbleibenden Stunden müssen so veranschaulicht werden, dass die Trennung für das Kind nachvollziehbar wird. Es kann z.B. ein Kalender sein, auf dem das Kind nach jeder Stunde einen Aufkleber klebt, um zu sehen, wie viele Stunden noch bleiben oder es ist ein Puzzle, das Stunde für Stunde weiter zusammengesetzt wird und am Ende ein Gesamtbild ergibt oder es wird eine Bilderserie mit Fotos der letzten Stunden gestaltet oder in eine Schatzkiste wird am Ende der Stunde ein Muggelstein o. ä. gelegt.

– Die letzten Stunden können einen gemeinsamen Rückblick beinhalten: Was haben wir gemeinsam erlebt? Was haben wir Neues erfahren? Was haben wir gelernt? Was war besonders schön? Was war ganz blöd? Was nehme ich aus unseren Stunden mit?

– Die letzte Stunde kann in besonderer Weise gestaltet werden. Vielleicht hat das Kind einen bestimmten Spielwunsch, der umgesetzt werden kann. Oder es möchte Waffeln backen, den Tisch schmücken und gemeinsam ein Abschiedsfest feiern.

– Oft bietet es sich an, dass die HP dem Kind etwas aus den gemeinsamen Stunden als Wegbegleiter mitgibt, das den gemeinsamen Prozess symbolisiert, ein zentrales Thema der Stunden darstellt oder als Erinnerung dient: z.B. ein selbstgemaltes Bild; die Fotos aus den Stunden, die Schatzkiste, die Knet-Schnecke, die Leo-Löwe-Tierfigur.

Das folgende Stundenbild und Verlaufsprotokoll der Abschlussstunde stellen exemplarisch einen Ausschnitt aus der Fallarbeit der Studentin Nadine van Almsick dar:

Abschlussphase (Verabschiedung)

22. Kontakt mit Steffen (1;11 Jahre) im häuslichen Umfeld und im Beisein seiner Mutter (Frau G.)

Material	Angebot	HP-Verhalten	Lernziele
Ball	…	…	…
Beutel mit Klötzen der Steckbox	…	…	…
Metallschüssel, Papprohr und Klötze	…	…	…
Steckbox	…	…	…
Abschiedsgeschenk (die ihm bekannte Jutetasche mit Tuch, Fotos und Pustebär)	Steffen bekommt sein Abschiedsgeschenk von mir. Er kann die Tasche ausräumen. Mit dem Tuch können wir Guck-Guck spielen. Die Fotos können wir uns gemeinsam anschauen. Anschließend können wir noch Seifenblasen pusten.	Ich werde versuchen, Steffen begreiflich zu machen, dass die Tasche jetzt ihm gehört. Ich werde mich unter dem Tuch verstecken (weg sein) und mich suchen lassen (wieder auftauchen). Beim Betrachten der Fotos werde ich auf gemeinsame Erlebnisse hinweisen und den Abschied mitteilen. Ich kann Seifenblasen pusten, die Steffen kaputt machen kann.	Die Tasche soll Steffen an unsere gemeinsame Zeit erinnern und ihn weiter begleiten. Im Guck-Guck-Spiel soll er auf der Spielebene die Erfahrung machen, dass ich weg bin. Die Fotos sollen für ihn eine Erinnerung sein. Der Abschied soll für ihn ein fröhlicher Moment sein.
Abschlusslied	…	…	…

Auszug aus dem Verlaufsprotokoll

…

Zum Abschluss schenke ich Steffen seine Tasche. Er freut sich sehr über die Tasche und beginnt sofort, diese auszuräumen. (*Steffen scheint nicht zu begreifen, dass die Tasche jetzt ihm gehört. Für ihn ist es ein Material wie viele andere in der Förderung und er kann den Unterschied noch nicht erfassen. Vielleicht wird es ihm bewusster, wenn die Tasche da bleibt und ich gegangen bin. Die Tasche hat einen hohen Aufforderungscharakter für Steffen und ist genau das Richtige für ihn. Auch stellt die Tasche/Beutel gefüllt mit unterschiedlichen Spielsachen ein durchgängiges Material in unseren Begegnungen dar.*) Steffen zieht an dem Tuch und beginnt, sich darunter zu verstecken. Dann versteckt er mich unter dem Tuch. (*Das Versteckspiel, das Verschwindenlassen von Personen hat in der Abschiedsphase eine besondere Bedeutung: der andere ist weg und ich kann ihn nicht mehr sehen.*) Steffen holt die Fotos aus der Tasche und zeigt sie mir. Gemeinsam schauen wir uns die Bilder an – ein Bild von Steffen, ein Bild von seiner HP und ein Bild mit der Steckbox – und ich benenne diese. (*Die Bilder stellen das Du, das Ich und das Wir, die gemeinsame Sache dar, die uns verbunden hat.*) Abschließend holt Steffen den Pustebären aus der Tasche. Zunächst pusten wir zusammen, dann ich allein und Steffen fängt die Seifenblasen und macht sie kaputt.

…

Reflexion

Die letzte gemeinsame Stunde mit Steffen war eine sehr schöne, bewegende und zugleich etwas traurige Stunde. Mir wurde noch einmal deutlich, wie viele Fortschritte er gemacht hat. Sein Spiel wird von Stunde zu Stunde differenzierter und er kann vermehrt Gelerntes gekonnt reproduzieren. Dabei scheint er große Freude zu verspüren und wir lachen viel. Auch wenn er den Abschied nicht so begreifen konnte wie Frau G und ich, so hoffe ich doch, dass er viel Freude an seiner Tasche mit den Spielzeugen hat. Für mich war dieses Geschenk sehr wichtig, um mich auf den Abschied vorzubereiten und etwas zurückzulassen. Gewonnen haben Steffen und ich in jedem Fall sehr viel. Ich durfte ihn und seine Familie ein Stück auf seinem Lebensweg begleiten. Dabei haben wir uns gegenseitig viel gegeben – eine schöne, für mich sehr wertvolle Zeit.

Abschiedsgestaltung mit den Eltern:
- Den Abschied im Gespräch rechtzeitig bekannt geben, damit die Eltern sich innerlich darauf einstellen können und sie die Möglichkeit haben, die Themen, die ihnen wichtig sind, noch anzusprechen und zu bearbeiten.
- Mit den Eltern thematisieren, was der Abschied beim Kind auslöst, wie die Eltern damit umgehen können und wie die Abschlussphase von der HP mit dem Kind gestaltet wird.
- Auf die Gefühle, die der Abschied bei den Eltern auslöst eingehen.
- Gemeinsamer Rückblick: Wie ist die Förderung verlaufen? Welche Fortschritte sehen die Eltern bei ihrem Kind? Welche Veränderungen erleben sie bei sich? Was konnten sie in der Beratung und Anleitung für sich gewinnen? Was lief gut? Wo gab es Unstimmigkeiten? Wo gab es Stagnationen?
- Ausblick der Eltern: Was nehmen die Eltern aus der Begleitung, der Beratung und Anleitung mit? Was wollen sie weiterhin beibehalten und berücksichtigen? Welche Ziele haben sie für sich? Welche Perspektive sehen sie für ihr Kind?
- Ausblick der HP: Was möchte sie dem Kind und den Eltern mit auf den Weg geben?

Reflexion der HP:
- Sich der eigenen Gefühlen bewusst werden, die der Abschied auslöst und damit angemessen umgehen.
- Was bedeutet das Kind für mich? Wie habe ich unsere Beziehung erlebt? Kann ich das Kind gut loslassen?
- Was bedeuten diese Eltern für mich? Wie habe ich die Beziehung zu ihnen erlebt? Kann ich meine Mitverantwortung wieder ganz an die Eltern zurückgeben?
- Wie bewerte ich meine eigene Arbeit? Wie ist mir die Förderung mit dem Kind gelungen? Wie ist mir die Beratung und Anleitung der Eltern gelungen? Worin fühle ich mich bestärkt? Wo bin ich noch unsicher? Was möchte ich in Zukunft anders machen?

Auswertung der Förderung:
- Erstellung eines Abschlussberichtes
- Lernzielkontrolle und Begleiteffizienz

Im Einzelfall ist zu entscheiden, ob das Kind und die Familie weiterführende Hilfen, Förderungen oder Therapien brauchen. Dann ist es Aufgabe der HP, diese Ziele und Inhalte mit den Eltern zu besprechen, an entsprechende Institutionen zu verweisen und den Übergang dahin zu begleiten.

Nachbetreuung
Im Einzelfall ist es erforderlich, dass eine Wiedervorstellung vereinbart wird, um die weitere Entwicklung zu begutachten. Auch kann der Familie angeboten werden, sich bei Fragen oder Problemen bei der HP in der Institution zu melden.

Teil VI   Fallbeispiele

Um den unterschiedlichen Verlauf im Förderprozess der HPÜ anschaulich und nachvollziehbar darzustellen, wurden die folgenden Fallbeispiele ausgewählt. Die Auswahl hat ihre Beweggründe: Die Durchführung der HPÜ ist so individuell und vielfältig wie die einzelnen Kinder mit ihren Möglichkeiten und Bedürfnissen. Ebenso beeinflusst auch die Person der Heilpädagogin mit ihrem methodischen Handeln die Gestaltung der Förderung.

Die Praxisbeispiele stammen von vier Studentinnen der Heilpädagogik an der Katholischen Hochschule NRW, Abteilung Münster. Die Fallarbeit wurde von uns lehrenden Heilpädagoginnen – Elke Biene-Deißler und Barbara Schroer – begleitet.

Lea ist ein Kind mit Trisomie 21: Die vorgeburtliche Erkennung von Kindern mit diesem Syndrom führt in vielen Fällen zu einem legalen Schwangerschaftsabbruch, auch nach der 22. SSW. Diesen Kindern wird nur noch bedingt ein Lebensrecht zugestanden. Das provoziert eine ethische Diskussion, die meist nur schwer zugelassen wird und nur bedingt auszuhalten ist. Für uns ist jedes Leben lebenswert in seiner Einzigartigkeit und Andersartigkeit. In der Fallarbeit von Frau Bruns-Kruse stehen die Zielsetzung bezogen auf die sensomotorische Entwicklung und die Selbstreflexion der HP – insbesondere in Zeiten der Krise – im Mittelpunkt.

Jule ist ein ehemaliges Frühgeborenes der 24. SSW mit Komplikationen im neonatalen Verlauf: Intensivmedizinische Maßnahmen ermöglichten ihr zu leben und dominierten die ersten 9 Monate. „Überleben" ist das zentrale Thema; es prägt das Da-Sein von Jule und ihren Eltern. Dieses Schicksal trifft inzwischen viele Kinder und stellt eine neue Herausforderung in unserer Arbeit dar. In der Fallarbeit von Frau Rief wird die Auseinandersetzung mit biographischen Aspekten, die in der Entwicklungsleiste bearbeitet werden, akzentuiert. Sie ziehen sich in der diagnostischen Einschätzung wie ein roter Faden durch die Förderung.

Sam ist ein Kind mit kombiniert umschriebenen Entwicklungsstörungen und Auffälligkeiten im Sozialverhalten, die insbesondere in der Schule zum Problem wurden: Er wird rasch übersehen, ist blockiert und fühlt sich meist unverstanden. In seiner Rückzugsrolle – gepaart mit passiv-aggressiven Tendenzen – hat er sich eingerichtet. Angebote kann er nur schwer für sich nutzen. In der Fallarbeit von Frau Gollan wird ihr eigener Suchprozess deutlich, mit Sam in eine Kommunikation zu kommen. Unterschiedliche methodische Vorgehensweisen ermöglichen einen Zugang zu Sam und seiner Bedürftigkeit. So findet sie einen Weg zu Sam, der ihm helfen kann. Das eigene Handeln zu überprüfen und in ganz neue Richtungen zu gehen, wird in der Praxis immer wieder notwendig.

Leon ist ein Kind mit Beeinträchtigungen in der Wahrnehmungsverarbeitung, die mit emotionalen Störungen einhergehen: In der Schule kommt es immer wieder zu emotionsgeladenen Ausbrüchen, mit denen er sich einerseits befreien kann und die andererseits auch Schuldgefühle bei ihm auslösen. Aus diesem Teufelskreis findet er von sich aus nicht heraus. In der Fallarbeit von Frau Roman wird deutlich, dass Elemente der Spieltherapie, die im Vordergrund stehen, mit Übungsanteilen kombiniert werden.

Lea – Fallbeispiel von Sabine Bruns-Kruse

Darstellung der Förderung in Einheiten der HPÜ

1 Einleitung

Warum die Begleitung von Lea einen Platz im HPÜ-Buch hat:
Lea ist ein Kind mit Trisomie 21.
Ja, es gibt sie noch, die Kinder, die sich äußerlich ähneln, aber doch so verschieden sind und individuell wie jeder Mensch.
Ein Freund, dem ich von meiner Arbeit erzählte, fragte mich sehr provokant:
„Ein Kind mit Down-Syndrom? Ich dachte, die wären vom Aussterben bedroht."

Trisomie 21 – durch die Pränataldiagnostik kann sie bei ungeborenen Kindern früh erkannt werden und ist eine Indikation für straffreie Schwangerschaftsabbrüche. Aus diesem Grund werden immer weniger Kinder mit Trisomie 21 geboren. An dieser Stelle soll die ethische Frage der Daseinsberechtigung von Kindern mit Trisomie 21 nicht neu diskutiert werden. Aus heilpädagogischer Sicht kann sich diese Frage nach dem „ob" oder „warum" menschlichen Lebens, egal in welcher Daseinsform, nicht stellen. Ethische Grundvoraussetzung unseres heilpädagogischen Handelns ist es, jedes Kind, jede Person in ihrer personalen Einmaligkeit und sozialen Zugehörigkeit zu achten und zu respektieren.

An dieser Stelle werden Auszüge aus der Begleitung von Lea vorgestellt. Ich lernte sie drei Monate nach ihrer Geburt kennen und beendete die Frühförderung kurz vor Leas drittem Geburtstag, wenige Wochen vor ihrem Eintritt in den Kindergarten. Der hier beschriebene Abschnitt der Zeit mit der Familie M. beschreibt die Entwicklung im ersten Lebensjahr und endet kurz vor Leas zweitem Geburtstag. Es handelt sich um viele typische Elemente der Begleitung von Kindern mit Trisomie 21. In erster Linie ist dies aber die Beschreibung des ureigenen Entwicklungsweges, den Lea genommen hat.

Ein weiteres Thema dieses Praxisteiles ist die Auseinandersetzung mit der Behinderung in Leas sozialem Umfeld und hier werden die Möglichkeiten und Grenzen aufgezeigt, die eine Heilpädagogin in der HPÜ im Rahmen der Frühförderung haben kann.

2 Anlass der Vorstellung

Lea hat Trisomie 21, auch genannt Morbus Down oder Down-Syndrom. Bei Kindern mit Trisomie 21 fallen beim äußeren Erscheinungsbild die flache Nasenwurzel, die mongoloide Lidachse, der Epikantus (sichelförmige Hautfalte am inneren Randwinkel des Auges) und eine Vierfingerfurche in den Handflächen auf. Häufig haben diese Kinder einen Herzfehler, Seh- und Hörschwächen und eine muskuläre Hypotonie. Sie sind meist infektanfälliger als andere Kinder und leiden häufig unter entzündlichen Erkrankungen der oberen Atemwege. Die Entwicklung der Intelligenz ist sehr unterschiedlich. Sie reicht bei den Kindern von Lernbehinderung bis zu schwerer geistiger Behinderung. Aufgrund des Syndrombildes muss mit einer globalen Entwicklungsverzögerung gerechnet werden. Daher empfiehlt es sich, so bald wie möglich mit einer heilpädagogischen Frühförderung zu beginnen.

3 Beginn der Frühförderung

Die Empfehlung, heilpädagogische Frühförderung für ihr Kind zu beantragen, erhält Leas Mutter von der behandelnden Kinderärztin während der ersten Untersuchung. Als Lea schon drei Monate alt ist, wendet sich die Mutter an die Heilpädagogische Praxis, da sie sich, wie sie sagt, erst an den Alltag mit dem Baby gewöhnen musste und Lea in den ersten Lebenswochen sehr häufig krank war.

Rahmenbedingungen
Die Begleitung der Familie M. findet regelmäßig einmal in der Woche im Rahmen einer mobilen Frühförderung im Haus der Familie statt. Die Dauer der Einheiten variiert zwischen 60 und 90 min.

Die HPÜ-Einheit beginnt mit einem kurzen Austausch mit der Mutter über Ereignisse, die seit dem letzten Besuch stattgefunden haben. Zusätzlich erläutere ich, was ich mit Lea an diesem Tag machen möchte. Daran schließt sich das Spielen mit dem Kind und der Mutter an. Den Abschluss des Hausbesuches bilden eine kurze Reflexion des Erlebten mit der Mutter und eine vorausschauende Planung.

Es ist mir wichtig, dass Frau M. bei den Begegnungen anwesend ist. So können wir uns im Spiel mit der Tochter näher kennenlernen und es kann ein Vertrauensverhältnis aufgebaut werden. Durch das „Dabei-Sein" und Mitmachen lernt die Mutter Materialien und Übungen kennen, die sie teilweise in ihren Alltag und in das Spielen mit ihrer Tochter integrieren kann. Als Heilpädagogin habe ich also gleichzeitig die Rolle der Gesprächspartnerin für die Mutter, Vorbildfunktion im Umgang mit dem Kind und ich bin der „Experte", der auf das Kind und das, was es an Bedürfnissen mitbringt, eingeht und durch neue Angebote Anregungen zur Weiterentwicklung gibt.

So vielen Aufträgen gleichzeitig gerecht zu werden, empfinde ich oft als Gratwanderung. Es ist wichtig und nicht immer leicht, sich auf so viele Kleinigkeiten zu konzentrieren und doch noch sich selbst treu zu bleiben – also nicht die Heilpädagogin zu spielen, sondern Heilpädagogin zu sein.

4 Medizinische Anamnese

Die Schwangerschaft verläuft für Leas Mutter komplikationslos. Routine-Ultraschalluntersuchungen in der 12., 18. und 22. SSW sind unauffällig. Eine Amniozentese (Fruchtwasseruntersuchung > Teil II, 1.1) wird auf Wunsch der Mutter nicht durchgeführt. Die Geburt erfolgt wegen verminderter Herztöne des Kindes durch Kaiserschnitt. In Folge einer Infektion durch Fruchtwasservergiftung wird Lea nach der Geburt auf die Kinderintensivstation verlegt. Dort wird aufgrund der phänotypischen Merkmale Trisomie 21 diagnostiziert. Bei

Lea besteht eine muskuläre Hypotonie. Ein Herzfehler liegt nicht vor. Das Hörvermögen wird kontrolliert, dabei kann eine periphere Schwerhörigkeit ausgeschlossen werden. Eine augenärztliche Untersuchung verläuft ebenfalls ohne pathologischen Befund.

14 Tage nach der Geburt kann Lea zusammen mit der Mutter das Krankenhaus verlassen. Lea ist in den ersten Lebensmonaten sehr infektanfällig. Sie erkrankt häufig an Sinusitis, Bronchitis und hat außerdem in unregelmäßigen Abständen Krupphusten-Anfälle. Mit drei Monaten ist sie wegen einer Lungenentzündung für eine Woche im Krankenhaus.

5 Familienanamnese

Zum Zeitpunkt vor Leas Geburt

Familie M. lebt in einem kleinen Ort in ländlicher Umgebung in einem einfachen, in Eigenleistung umgebauten ehemaligen Bauernhaus. Herr M. ist Arbeiter, Frau M. Hausmeisterin, zurzeit Hausfrau. Sie hat ein Ehrenamt im örtlichen Sportverein und erfüllt dies mit Leib und Seele. Beide Elternteile sind 39 Jahre alt, in die Dorfgemeinschaft eingebunden und engagierte Mitglieder in vielen Vereinen.

Sie haben noch zwei weitere Kinder: eine Tochter, die mitten in der Pubertät steckt und ihre Eltern in der Erziehungskompetenz fordert, und einen Sohn, der gerade in die weiterführende Schule gewechselt hat und Begleitung bei der Bewältigung seiner Hausaufgaben benötigt.

Die Familienplanung der Familie ist zu diesem Zeitpunkt eigentlich abgeschlossen. Die Mutter denkt darüber nach, wieder in den Beruf einzusteigen und der Umbau des Hauses ist für vier Personen zugeschnitten. In dieser Situation wird Frau M. trotz Antikonzeptiva schwanger. Sie beschreibt, dass sie sich nach der ersten Überraschung gedanklich gut darauf einstellen konnte, erneut Mutter zu werden. Auch die großen Geschwisterkinder freuen sich auf den Nachwuchs. Lea wird in eine Familie hineingeboren, in der sie willkommen ist.

Nach Leas Geburt

Die große Schwester erlebe ich im Umgang mit Lea ambivalent, mal schmust und knuddelt sie wild mit ihr herum, mal lehnt sie sie ab, weil sie „sabbert" oder die Windel voll hat. Sie ist für die Mutter im Moment sehr anstrengend, da sie ihre Grenzen stets aufs Neue überprüft.

Der Bruder wirkt auf mich als ein sensibles, ruhiges Kind. Er mag seine kleine Schwester sehr gern und spielt ausgiebig mit ihr.

Herr M. ist ein ruhiger, zurückhaltender Mann. In den seltenen Momenten, wenn ich ihn getroffen habe, erlebe ich ihn, wie er liebevoll mit seiner kleinen Tochter umgeht. In der Nachbarschaft leben die Großeltern von Lea. Zwischen beiden Gruppierungen besteht ein sehr enger Kontakt. Sonntags kocht die Oma für die ganze Familie und die Mahlzeit nehmen alle zusammen ein. Opa und Oma sind in Leas ersten Lebensmonaten sehr unsicher in Umgang mit ihrem Enkelkind. Pflege oder Versorgung möchten die Großeltern nicht übernehmen, da sie sich überfordert fühlen.

Zu Beginn der Begleitung von Lea ...

... habe ich Mutter und Tochter in einer sehr engen symbiotischen Beziehung erlebt. Während des ersten Anamnesegespräches liegt Lea eng angekuschelt auf Brust und Bauch der kräftigen Mutter. Sie bilden eine äußerliche Einheit, die die Mutter auch in ihren Gefühlen beschreibt. Sie berichtet, dass sie fast den ganzen Tag gemeinsam auf dem Sofa verbringen, da Lea sowohl in den Wach- als auch während der Schlafzeiten auf dem Arm ihrer Mutter bleibe. Nur dort fühle sie sich wohl. Auf fremde Personen reagiere sie ängstlich-weinend und bei Untersuchungen würde sie nur schreien.

Dieses innige Bild von Mutter und Kind zusammen mit dem Gesagten von Frau M. lösen in mir eine große Verunsicherung und Selbstzweifel aus. Ich vergesse meine Planung, wie ich Lea beobachten will, und beinahe hätte ich auch vergessen, dass ich doch selbst schon meine eigenen zwei Kinder großgezogen habe. Ich bin erstaunt über die Unsicherheit, die die Mutter und ihre Äußerungen bei mir auslösen. Es macht mir deutlich, dass sie genau das in mir anspricht, vor dem ich eigentlich immer wieder bei Erstkontakten Angst habe. „Bin ich gut genug, diesen Beruf auszuüben, habe ich genug Einfühlungsvermögen, Fachwissen, eben all diese Eigenschaften, von denen ich glaube, dass sie eine gute Heilpädagogin ausmachen?" In der Reflexion dieser Begebenheit wird mir noch einmal sehr deutlich, dass man immer sich selbst mit seiner eigenen Geschichte in eine Fallbegleitung hineinbringt und darauf gefasst sein muss, sich selbst in jedem anderen zu begegnen.

Als ich die Mutter trotzdem bitte, mir einen Moment lang Lea anzuvertrauen und diese mich auf der Krabbeldecke anlächelt, kehrt meine Sicherheit langsam wieder zurück und ich kann ein paar Spielanregungen für gezielte Beobachtungen machen, die ich für meine heilpädagogische Stellungnahme zur Bewilligung der Frühförderung benötige.
Frau M. gebe ich ein ausgeglichenes Kind zurück, das wieder seinen Platz auf dem Bauch der Mutter einnimmt.

6 Erste diagnostische Einschätzung (LA 0;6 Jahre)

Familie

Vor der Geburt von Lea sind die Themen der Familie: Umbruch, Neuorientierung und Neuanfang. Äußerlich sichtbar wird dies durch den Umbau und den Umzug in das neue Haus, den Schulwechsel des Sohnes, die emotionale Neuorientierung in der Pubertät der Tochter und in der geplanten Berufstätigkeit der Mutter. Frau M. hat für sich die Rolle der ausschließlich versorgenden Mutter abgeschlossen und die Freiräume, die sich durch die selbstständig werdenden Kinder aufgetan haben, mit eigenen Interessen und Hobbys gefüllt.

Wie groß ist dann der Schritt zurück, wieder mit dem Leben und der Erziehung eines Säuglings zu beginnen, wenn man meint, „aus dem Gröbsten" heraus zu sein! Und um wie viel größer ist dann der Schritt, wenn ein Neugeborenes mit Trisomie 21 alle Ansätze einer Lebensplanung „über den Haufen wirft".

Auf meine Fragen nach der Diagnoseverarbeitung antwortet Frau M., dass sie nur 3½ Stunden dafür benötigt hätte, die Diagnose „Down-Syndrom" anzunehmen und zu verarbeiten. Selbst, wenn sie in der Schwangerschaft gewusst hätte, dass sie ein behindertes Kind bekommen würde, hätte sie es bekommen wollen und nicht abtreiben lassen.

Dieser Weg, so zu denken und zu handeln, macht Frau M. für uns Heilpädagogen so sympathisch. Macht er doch deutlich, dass jeder Mensch seinen Platz und seinen Wert im Leben besitzt. Und diese Art zu denken und zu handeln widerspricht doch dem medizinischen Denken und praktischen Handeln in der Gesellschaft. So besagen statistische Angaben des Bundestages 2009, dass 95% der Kinder, bei denen das Down-Syndrom festgestellt wird, abgetrieben werden. Vorrangig in meiner Einstellung zur Mutter ist der Respekt vor der Entscheidung gegen eine Amniozentese und deren mögliche Folgen und vor der bedingungslosen Annahme des Kindes. Ich habe jedoch Zweifel, ob die ganze Verarbeitung dessen, was auf sie und ihre Familie zukommt und wie sich ihr ureigenes Leben verändern wird, wirklich in den dreieinhalb Stunden erledigt ist. Im Verlauf meiner Begleitung werde ich diesen Aspekt im Hinterkopf haben.

Im ersten telefonischen Kontakt beschreibt Frau M.: „Wir haben einen Säugling mit Down-Syndrom, aber man sieht es ihm gar nicht an." Diese erste Äußerung und die Art und Weise, mit Lea umzugehen, wie eng sie das Kind am Körper hält, dass sie es nicht loslassen und auch niemandem anvertrauen will, zeigt die sehr herzlichen und liebevollen Gefühle für ihre Tochter und die enge Verbindung untereinander. Es zeigt mir aber auch eine innere Verunsicherung der Mutter, die sie nach außen durch ihr extrovertiertes, fröhlich-burschikoses Wesen versteckt. In dem Prozess der heilpädagogischen Begleitung gilt es, Äußerungen und Handlungen der Mutter wahrzunehmen, aber auch den Zeitpunkt zu erkennen, wann so etwas angesprochen werden kann. In diesem Fall beschließe ich, die „Bearbeitung der Behinderung" erst zu thematisieren, wenn eine Beziehung zwischen mir und der Mutter gewachsen ist.

Lea

Lea hat durch die verminderten Herztöne und den Kaiserschnitt eine besonders traumatische Geburt erlebt. Nach der Geburt wird sie sofort von der Mutter getrennt und hat keinen Körperkontakt zu ihr, weil sie auf die Kinderintensivstation verlegt wird. Ihre Möglichkeiten, Bindung zu ihrer Mutter und somit Urvertrauen in die soziale Umwelt aufzubauen, sind so erschwert. Das fehlende Geburtserlebnis, das Liegen in dem Bettchen auf der Kinderintensivstation und die konträr dazu sich anschließende enge körperliche Bindung an die Mutter, lässt mich eine Irritation auf der Ebene der Leiblichkeit vermuten. In Lea muss erst das Gefühl wachsen können, ich habe nicht nur Körper, sondern ich bin Körper. Die Reizaufnahme und ihre Bearbeitung durch alle Sinne und über die Bewegung – verbunden mit dem Spiel – sind Grundvoraussetzungen, um die soziale und dingliche Umwelt begreifen zu können. Sie sind die Grundlage aller menschlichen Lernprozesse. Piaget beschreibt diese Entwicklungsstufe des Kindes als das „sensomotorische Handeln" des Kindes. Dies kann realisiert werden durch das Erleben von körperlicher Geborgenheit und Eigenaktivität. Lea ist jedoch so eng an die Mutter gebunden, dass sie kaum körperliche Eigenaktivität entwickeln kann. Die Irritation auf der Ebene der Leiblichkeit und damit die Abweichung von einer normalen sensomotorischen Entwicklung – werden in der starken Abwehr taktiler Eindrücke deutlich. Sobald Lea ausgezogen wird, weint sie sehr stark und kann Körperpflege nur schwer zulassen. Es ist unmöglich, sie zu baden, da sie in Panikattacken hyperventiliert und Atemaussetzer hat.

Trisomie 21 – dieses Syndrombild war bei den ersten Kontakten sowohl phänotypisch, als auch durch eine Hypotonie des gesamten Körpers ersichtlich. Die Hypotonie verursacht eine Trinkschwäche. Lea ist schon nach wenigen Millilitern aus der Flasche müde und schläft wieder ein. Dies weckt in der Mutter die Sorge, Lea könnte zu wenig Nahrung und zu wenig Flüssigkeit bekommen. Auch aus diesem Grund lässt sie ihr Kind kaum einen Moment unbeobachtet oder in der Obhut einer anderen Person. In der Grobmotorik zeigt sich die Hypotonie des Körpers durch eine mangelnde Haltung des Kopfes. In der Bauchlage dreht Lea nicht selbstständig den Kopf zur Seite und kann ihn nicht für kurze Zeit von der Unterlage heben. In Rückenlage wirkt ihr Muskeltonus hypoton. Sie strampelt nicht, auch bei Gegendruck bewegt sie kaum ihre Beine. In der visuellen Wahrnehmung merkt

Lea bei Gegenständen, die in ihrem Gesichtsfeld bewegt werden, kurz auf, verfolgt sie aber noch nicht mit ihren Augen. Die Mutter berichtet, dass sie vermehrt auf rote Spielmaterialien reagiert. Das Überprüfen der akustischen Wahrnehmung zeigt, dass Lea Geräusche hört und aufmerkt, aber noch nicht ihren Kopf der Geräuschquelle zuwendet.

Bereits im Alter von drei Monaten zeigt sich bei Lea eine Entwicklungsverzögerung der gesamten Sensomotorik.

Zudem leidet Lea seit ihrer Geburt unter großer Infektanfälligkeit. Diese wird sie (syndromspezifisch) auch die ganze Kindheit über begleiten.

Was löst Lea bei mir aus?
Ich freue mich darauf, Lea ab den ersten Monaten des Lebens begleiten zu können. Die ersten Blickkontakte und Körperkontakte, in denen unsere Beziehung beginnt, rühren mich sehr an. Es ist aber nicht nur dieses Rührende und den Beschützerinstinkt weckende, was allen Säuglingen zu eigen ist. Ich bin mir auch dieser großen Herausforderung und Verantwortung bewusst, die darin liegt, die erste familienfremde Person zu sein, die mit Lea in mehr als eine medizinische oder pflegerische Beziehung tritt.
Neben dem Beziehungsaufbau, von dem ich überzeugt bin, dass er mir gelingen wird, ist es auch die Verantwortung für Aspekte in der Entwicklung, die ich nun durch die Begleitung mittragen werde. So ist es für mich von großer Bedeutung, in dieser Aufgabe den Rückhalt durch und den fachlichen Austausch mit meiner Anleiterin zu haben.

7 Zielformulierung am Anfang der Begleitung

Bevor konkrete Ziele erarbeitet und aufgestellt werden, gilt es zu erspüren, was Lea und ihre Mutter zu Beginn der Begleitung an Kompetenzen und Ressourcen mitbringen und was sie konkret benötigen. Bei diesen Überlegungen kommt es zu inhaltlichen Überschneidungen mit der diagnostischen Einschätzung. In einem weiteren Schritt muss ich herausfinden, zu was ich selbst durch meine persönlichen und fachlichen Kompetenzen in der Lage bin, und was ich in den Stunden der HPÜ geben kann.

Dabei ist mein übergeordnetes Anliegen, Lea und ihrer Familie eine beständige und verständige Begleiterin auf einem Stück ihres Lebensweges zu sein.

Mutter
Mit der Auswirkung der Trisomie 21 auf ihre Tochter und auf die Beziehung zu ihrer Tochter hat sie sich noch nicht auseinandergesetzt. Hier gilt es für mich, die Lebensthemen, die von der Mutter benannt werden, aufzugreifen und mit ihr gemeinsam zu bearbeiten. Auch Themen, die von ihr noch abgewehrt werden, möchte ich ins Bewusstsein bringen und einen gemeinsamen Weg der Bearbeitung finden. Als Basis dafür ist das vorrangige Ziel, eine gute Beziehung zu Frau M. aufzubauen, die von persönlicher Nähe und professioneller Distanz gestützt wird. Zwei Größen, die nicht im Widerspruch zueinander stehen, sondern sich einem heilpädagogischen Selbstverständnis ergänzen sollten. Mein Ziel ist es nicht, die Mutter zu einer Co-Therapeutin auszubilden, sondern ihr durch unser gemeinsames Tun und die Materialien, die ich zur HPÜ-Einheit mitbringen werde, Anregungen zu geben, die sie im Alltag umsetzen kann, wenn sie das möchte. Ferner soll sie durch Erklärungen, *warum* ich *wann welche* Spielangebote mache, die Meilensteine in der Entwicklung ihrer Tochter besser erkennen können.

Lea

Lea ist abgesehen von Erkältungen unterschiedlicher Schweregrade gesund. Sie ermüdet schnell, ihre Wachphasen und Aufmerksamkeitsspannen sind kurz. Soziale Kontakte außerhalb der Familie hat Lea kaum geknüpft, abgesehen von Ärzten oder Krankenschwestern, bei denen sie ausschließlich schreit und sich nicht beruhigen lässt. Sie ist hypoton in ihrer gesamten Muskulatur, zeigt eine verlangsamte Grobmotorik und eine Trinkschwäche. Bei ihr erfolgt eine vornehmlich modale Reizaufnahme und -bearbeitung, an die sich bisher noch wenige intermodale Verknüpfungen anschließen. Vielseitig orientierte basale Erfahrungen in der vestibulären und taktil-kinästhetischen Wahrnehmung kann Lea durch die enge Bindung und Stützung durch die Mutter kaum machen. Auch dadurch ist sie in ihrer sensomotorischen Wahrnehmung und in der Auseinandersetzung mit der Umwelt stark beeinträchtigt. Lea ist in ihrer gesamten Entwicklung behindert, denn in den Grundphänomenen personaler Existenz bauen Leiblichkeit, Bewegung und Spiel aufeinander auf und bedingen sich gegenseitig. Erst durch ihre Verknüpfung wird Entwicklung ermöglicht. Auf der basalen Entwicklungsstufe, in der sich Lea in ihrem Lebensalter befindet, sind Wahrnehmung und Spiel nur nominell, nicht aber in der Realität des Erlebens, voneinander zu trennen. Daher werden zu Beginn beide Bereiche gleichzeitig in der basalen Förderung der sensomotorischen Lebensweisen angesprochen.

Sensomotorische Lebensweisen

Wahrnehmung ↔ Spiel

Richtziel: Auseinandersetzung mit sich und der sozialen und materiellen Umwelt

Nahziel: Passive Aufnahme von gezielten Reizen als modale Angebote in unterschiedlicher Wahrnehmungs- und Materialqualität

Nahziel: Aktive und sinnvolle Beantwortung der Reizangebote als intermodale Verknüpfung durch Aufmerken, Fixieren und Verweilen soll angebahnt werden

Nahziel: Emotionales Erleben im sozialen Spiel aufbauen. Leas Vertrauen in sich selbst und die soziale Umwelt soll durch das Erleben verlässlicher sozialer Beziehungen und die Freude an gemeinsamen Aktivitäten vertieft werden.

Lernziele zur taktil-kinästhetischen und vestibulären Wahrnehmung im körper- und gegenstandsbezogenen Funktionsspiel

* Lea soll sich gehalten spüren und sich in Bewegung und Eigenaktivität erleben (strampeln).
* Lea soll unterschiedliche Bewegungen und Lagerungswechsel erleben und so zu eigenen neuen Bewegungsformen finden.
* Durch den Lagerungswechsel und den Einsatz unterschiedlicher Unterlagen soll Lea die Schwerkraft ihres Körpers erspüren.
* Lea soll durch Bäder in verschiedenen Materialien ein positives Körpererleben über das Sinnesorgan Haut erfahren.
* Durch Spielmaterialien wie Ringe und Bälle soll Lea Freude an der aktiven Bewegung erfahren.
* Lea soll Spielzeuge und Materialien ihrer Umwelt oral erkunden; mit ihnen an ihren Händen berührt werden und sie spüren; sie greifen und begreifen in der Materialerfahrung des Funktionsspiels.

Lernziel zur visuellen Wahrnehmung

* Lea soll zunächst durch intensive Farbreize Gegenstände visuell erfassen können und durch den Prozess „Aufmerken, Fixieren und Verweilen" zu einem visuellen Verfolgen gelangen, um schließlich in der „Verknüpfung" nach dem Gegenstand greifen zu können.

Lernziel zur auditiven Wahrnehmung

* Lea soll gezielt Geräusch- und Klangquellen fixieren, sie einer Richtung zuordnen und sich danach ausrichten können.

Lernziele zur emotionalen Entwicklung

* Lea soll sich im Spieldialog durch erste Formen von Babytalk als selbstwirksam erleben.
* Lea soll erleben, dass ihre Signale wahrgenommen und angemessen beantwortet werden. Sie soll so Nähe und Sicherheit als Wohlbefinden erleben.

Nicht aus jedem der genannten Bereiche werden in jeder HPÜ-Einheit Ziele verfolgt. Die Zielsetzung und Korrektur erfolgt in Abhängigkeit von Lea, ihrer persönlichen Entwicklung, ihren aktuellen Lebensthemen und ihrem sozialen Umfeld.

8   Verlauf einer HPÜ-Einheit zu Beginn der Begleitung

Vorbereitung

Zu Beginn einer Begleitung sind die Begegnungen nicht wirklich planbar. Im Vordergrund steht der Beziehungsaufbau. Ich bin der Familie unbekannt und die Familie ist mir unbekannt. Und doch gehen wir von nun an nicht nur ein Stück eines gemeinsamen Weges, sondern teilen auch große Nähe und Intimität miteinander. Die Familie lässt mich in ihr Haus und vertraut mir das Liebste an, was sie haben, ihr Kind. Sie werden in Zukunft Freude mit mir teilen, aber auch Sorgen und Ängste. Vielleicht werden sie manchmal mit Abwehr reagieren oder manchmal auch mit Vereinnahmung. Jede neue Begegnung bedeutet für mich, mich immer wieder neu auf das einzulassen, was die beteiligten Personen mitbringen, dabei mich selbst mit meinen Gefühlen und meiner eigenen Geschichte nicht zu vergessen.

In der vierten Stunde steht noch sowohl mit der Mutter als auch mit Lea (0;7) der Aufbau des sozialen Miteinanders im Vordergrund. In der Planung des Hausbesuchs reflektiere ich zunächst, auf welchem Entwicklungsstand sich Lea derzeit befindet und was sie benötigt; setze dann konkrete Lernziele und suche Materialien aus der Frühförderpraxis zusammen und/oder erstelle neue Materialien. Den Ablauf habe ich in meinem Kopf vorkonstruiert und für einzelne Sequenzen auch ungefähre Zeitfenster eingeplant. Ich packe aber immer mehr Materialien ein, falls ein Angebot nicht gelingt oder Lea aus unterschiedlichen Gründen nicht in der Lage dazu ist, ein Angebot anzunehmen.

Lernziele und die dazugehörigen Materialien

Taktile Wahrnehmung:
Lea soll durch schrittweise Wahrnehmung taktiler Reize zu einem positiven Erleben über die Haut gelangen.
*Bad aus Zellstofftüchern (Toilettenpapier, Haushaltsrolle oder ähnliches, Stillkissen)

Auditive Wahrnehmung:
Lea soll Geräusche hören und sich ihnen zuwenden; intermodale Verknüpfung.
*Musikinstrumente (Triangel, Zimbeln)

Visuelle Wahrnehmung:
Lea soll bei Gegenständen, die vor ihrem Blickfeld bewegt werden, Aufmerken, Fixieren und Verweilen üben. Eine intermodale Verknüpfung soll angebahnt werden.
*Babyspielzeug (Quietschtiere, Greiflinge, Ringe)

Kinästhetische Wahrnehmung
Lea soll durch Lageveränderung ihren Körper passiv eindeutiger spüren, als Anreiz dazu dient ein Spiegel auf dem Boden.
*Spiegel, Stillkissen, Handtuch

Protokoll der Begegnung:

Austausch mit der Mutter über Vorkommnisse und Entwicklungen in der letzten Woche: Lea war heute zum ersten Mal in einer Spielgruppe in ihrer Gemeinde. Die Gruppe besteht aus sechs Müttern mit ihren Kindern im Alter von 0;6 und 0;8 Jahren. Da Leas Gesundheitszustand stabiler geworden ist und sich Mutter und Kind eng aufeinander eingestellt haben, finde ich es wichtig, die sehr nahe Zweierbeziehung zu öffnen und Kontakte nach außen zu suchen und sie zuzulassen. Der Besuch dieser Spielgruppe bietet für Lea und ihre

Mutter mehrere Aspekte: Lea bekommt Kontakt zu anderen Kindern, die ihr in einer späteren Phase Anreiz zur Entwicklung neuer Fähigkeiten und Fertigkeiten sein können. Frau M. öffnet sich der Umwelt und nimmt wieder soziale Kontakte auf, die nach der Geburt von Lea reduziert wurden und die sich durch die neue Lebenssituation verändert haben. Lea wird schon als kleines Kind in ihre soziale Umwelt integriert und so zu einem akzeptierten Mitglied der Dorfgemeinschaft. Beim Erleben von Frau M. besteht die Möglichkeit, dass es auf längere Sicht belastend für sie sein könnte, mit nicht behinderten Kindern zusammen zu sein, da diese in der Entwicklung vermutlich Lea immer einen Schritt voraus sein werden. Es kann aber auch eine Chance sein, sich dadurch mehr mit der Behinderung der Tochter und der Entwicklung und Förderung auseinanderzusetzen.

Frau M. war mit Lea bei der Kinderärztin zur U4. Nach deren Aussage ist Lea in ihrer gesamten Sensomotorik normal entwickelt. Bisherige Entwicklungsrückstände sind nicht zu beobachten. Die Schiefhaltung des Kopfes, die ich in den ersten Kontakten beobachtet habe, findet die Kinderärztin nicht pathologisch, sondern deutet sie als eine Schonhaltung aufgrund der hypotonen Rückenmuskulatur. Frau M. hat meine Anregung aufgenommen und die Ärztin um ein Rezept für Physiotherapie gebeten. Den ersten Termin hat sie für die nächste Woche vereinbart. Physiotherapie nach Vojita (> Teil II, 1.7) lehnt Frau M. ab, da in dieser Methode ihrer Meinung nach gegen den Willen des Kindes gearbeitet wird und sie dies auf keinen Fall für ihre Tochter möchte.

Ich teile die Ansicht der Ärztin über eine altersgemäße Entwicklung nicht, weiß aber auch nicht, was sie genau bei Lea untersucht hat. Da bei Frau M. die Ergebnisse der Untersuchung große Freude auslösen und eine Zuversicht für die Zukunft, möchte ich diese Perspektiven nicht mit einer unbedachten Äußerung über den Haufen werfen. Mit Einverständnis von Frau M. werde ich mich mit der behandelnden Ärztin über meine und ihre Beobachtungen austauschen und meine Vermutungen über den Entwicklungsstand von Lea durch Spielbeobachtungen und Diagnostikverfahren hinterfragen.

Ablauf der HPÜ-Einheit mit Lea

Zu Beginn der gemeinsamen Zeit mit Lea singe ich stets das gleiche Lied. Dieses Ritual hat einerseits für sie die Funktion der Signalwirkung (jetzt beginnt meine besondere Zeit mit der Heilpädagogin oder die besondere Zeit des Spielens), andererseits beinhaltet dieses Lied Bewegungen, die Lea später einmal übernehmen soll und kann. Werden die Bewegungen mit den entsprechenden Worten in Verbindung gebracht, stellen sie eine Stufe im Symbolverständnis dar, das ein entscheidender Entwicklungsschritt für das Sprachverständnis ist.

„Hallo, hallo, schön, dass du da bist   *(winken)*
Hallo, hallo, schön, dass du da bist   *(klatschen)*
Und die Lea ist da   *(auf die Personen zeigen)*
Und die Mama ist da
Und Sabine ist da
Und die Lea ist da
Hallo, hallo, schön, dass du da bist   *(winken)*
Hallo, hallo, schön, dass du da bist"   *(klatschen)*

Zellstoffbad

Lea liegt auf einer Decke auf dem Fußboden. Neben ihr habe ich ein kreisförmig gelegtes Stillkissen mit kleinen Stücken aus Toilettenpapier und Haushaltsrolle aufgefüllt. Ich bestreiche zunächst Leas Hände und Arme mit den Tüchern, da sie von der taktilen Abwehr am wenigsten betroffen sind, und beobachte die Reaktion. Festeren Druck kann Lea gut zulassen und genießt den Kontakt. Bei leichterem Streicheln runzelt sie ihre Stirn und die

Atmung wird schneller. Diffusere Reize sind ihr also eher unangenehm. Sie benötigt etwas mehr Zeit, um diese Reize zu verarbeiten. Erst, als sich der Gesichtausdruck entspannt und die Atmung sich normalisiert hat, wende ich mich der anderen Hand und dem anderen Arm zu. Mein Tun begleite ich mit dem Singen *"Wo sind deine Hände, Hände, Hände... da sind deine Hände, da sind sie!"* Dies wirkt zusätzlich beruhigend auf Lea und dient der bewussten Körperwahrnehmung. Nachdem ich Lea die Hose und Strümpfe ausgezogen habe, bestreiche ich zunächst ihre Ober- und Unterschenkel, dann erst ihre Füße. Ich beginne mit einem etwas festeren Druck und ende mit leichtem Streichen. Lea ist an den Beinen merklich sensibler als an den Armen. An den Füßen kann sie die diffusen Reize nicht aushalten, da massiere ich mit festerem Druck. Da ich Lea durch diese Massage mit dem Material vertraut gemacht habe, lege ich sie mit dem ganzen Körper in das „Bad". Meine Hand lege ich mit leichtem Druck auf ihren Bauch. Die Konzentration aller Körperenergien auf das Sonnengeflecht dient der Beruhigung. Zur Unterstützung wiege ich sie leicht hin und her. Als sie wieder ruhiger atmet, beginne ich, ihren Körper mit den Tüchern zu bedecken und abzureiben. Lea hat sich jetzt soweit an das Material gewöhnt, dass sie den Kontakt zulassen und genießen kann, sowohl in der Bauch- als auch in der Rückenlage. Heute ziehe ich Lea nur bis auf den Body aus, um sie langsam an das Materialbad zu gewöhnen. Während der Übung kommt Leas Schwester ins Zimmer. Etwas provokant fragt sie, was Lea denn da in dem Klopapier mache und was der Blödsinn denn solle. Ich erkläre ihr, da Lea nicht nackt im Wasser baden wolle, gewöhnen wir sie daran, angezogen oder nur stückweise ausgezogen in anderen Dingen zu baden. Den Vorschlag, Lea auch zu massieren, lehnt sie jedoch ab. Gemeinsam mit ihrer Mutter beobachtet sie uns. Da sie schon mit den Instrumenten in meinem Korb spielt, und Lea dadurch abgelenkt ist, beginne ich mit dem nächsten spielerischen Angebot und beziehe sowohl die Mutter als auch die große Schwester mit ein.

Triangel und Zimbeln

Zu diesem Zeitpunkt möchte ich die Mutter, die auf dem Sofa sitzt und ausschließlich in der beobachtenden Rolle ist, in das gemeinsame Tun mit einbeziehen. Also bringe ich Lea zu ihrer Mutter. Lea sitzt auf dem Schoß von Frau M. Ich schlage vor ihren Augen die Triangel an. Lea merkt auf, gibt den Blickkontakt zu mir auf und schaut auf die Triangel. Ich schlage die Triangel etwas seitlich des Kopfes von Lea an. Sie wendet ihren Kopf in die Richtung der Triangel. Ich bleibe vor Lea knien und gebe der Schwester die Triangel in die Hand. Sie geht in unterschiedliche Ecken des Zimmers, um dort die Triangel anzuschlagen. Erst nach mehrmaligen Wiederholungen und Aufforderungen merkt Lea auf. Sie lässt ihren Blick in unterschiedliche Richtungen schweifen und findet nur zufällig ihre Schwester mit der Triangel. Zur Entspannung schmust und kuschelt Lea zwischendurch mit ihrer Mutter. Das nächste Instrument sind die Zimbeln. Ich schlage sie vor Leas Augen kurz an, lasse sie den Klang hören und gebe dann eine in ihre Hände. So lernt sie diese über mehrere Sinneskanäle kennen. Jetzt erfolgt das gleiche Spiel. Die Schwester geht durch den Raum und Lea wendet der Geräuschquelle den Kopf zu. Um zu überprüfen, ob sie nicht nur nach der Schwester schaut, wechseln wir beide unseren Rollen. Auch unter diesen Bedingungen wendet sich Lea der Geräuschquelle zu und fixiert diese. Leas Hörvermögen scheint also gut ausgebildet zu sein. Die Verknüpfung von akustischem Reiz zur akustischen Wahrnehmung und das Herausfiltern von Geräuschen aus dem übrigen Kontext sind nach mehrmaligen Wiederholungen möglich. Somit ist sie auch in der Lage aufzumerken, zu fixieren und zu verweilen.

Babyrasseln – Quietschtiere – Glöckchen

Quietschtiere und Babyrasseln bewegen Leas Schwester und ich vor Leas Augen von rechts nach links oder umgekehrt, während sie bei der Mutter auf dem Schoß sitzt oder auf dem Boden liegt. Sie fixiert diese Materialien mit den Augen und verfolgt sie im Halbkreis. Nur selten schweift ihr Blick ab. Ihre Aufmerksamkeit ist abhängig von der Beschaffenheit des Materials. Sie ist konzentrierter bei Gegenständen, die leuchtende Farben haben und Geräusche machen. Den größten Aufforderungscharakter besitzen für sie rote Gegenstände und klingelnde Geräusche. Nach diesen versucht sie auch zu greifen. Vor quietschenden Geräuschen dagegen hat sie eher Angst und weicht davor zurück. Bei der Kombination vom Klang eines Glöckchens und der Farbe rot kann Lea ausdauernd Gegenstände fixieren. Eine intermodale Verknüpfung ist in diesem Bereich möglich; sie ist dabei abhängig vom Aufforderungscharakter des Materials.

Spiegel

Lea liegt noch ungern in der Bauchlage. Sie kann ihren Kopf noch nicht lange halten und wird unzufrieden, wenn sie mit dem Gesicht auf dem Boden liegt. Um die Rücken- und Nackenmuskulatur zu stärken, zeige ich Mutter und Schwester, mit welchen Hilfsmitteln sie Leas Muskulatur stärken und in der Bauchlage unterstützen können. Der Spiegel liegt auf dem Boden. Lea habe ich auf den Bauch vor den Spiegel gelegt. Sie schaut in den Spiegel und bleibt länger als sonst zufrieden in der Bauchlage. Das kühle Material, das reflektierende Licht und das „andere Kind" im Spiegel faszinieren Lea. Zur weiteren Unterstützung der Bauchlage lege ich Lea ein zusammengerolltes Handtuch unter den Brustkorb. Die Rückenmuskulatur ist so ein wenig entlastet, sodass sie nur die Nackenmuskulatur anspannen muss, um in der Bauchlage den Kopf zu halten. Zur weiteren Entlastung der Rücken- und Nackenmuskulatur zeige ich der Mutter und der Schwester, dass sie Lea in der Bauchlage auf ihre eigenen Oberschenkel legen können. So kann Lea mit den Armen frei mit Materialien am Boden spielen oder ihr Spiegelbild betrachten.

Schlusslied

Lea hat diese letzte Einheit sehr angestrengt. Da ich die Stunde für sie mit positiven Gefühlen beenden möchte, nehme ich sie auf meinen Schoß und singe mit ihr das Abschlusslied.

„Wir sagen jetzt Auf Wiedersehen, Wiedersehen, Wiedersehen (klatschen)
Wir sagen jetzt Auf Wiedersehen, Wiiiiederseeehn". (winken)

Ähnlich wie das Lied zu Beginn der Stunde soll das Schlusslied zum Ritual werden und eine Signalfunktion haben. Außerdem ist auch hier das Ziel, dass Lea die Bewegungen nach und nach mitmacht. Nach dem Singen gebe ich Lea in die Arme der Mutter und räume das Zimmer auf.

Abschlussgespräch mit der Mutter

Während Lea mit ihrer Schwester spielt, bespreche ich mit ihrer Mutter die Elemente der Stunde und erarbeite mit ihr, welche Sequenzen, die sie bei mir beobachtet hat, sie in ihr Spiel mit Lea einbauen kann. Anschließend erzählt Frau M. noch einmal von der Babyspielgruppe am Vormittag. Ich merke ihr an, wie sehr sie dieses Thema bewegt und sie sucht hier die wiederholte Bestätigung zur Akzeptanz ihres Verhaltens. Darum bestätige ich ihr im Gespräch noch einmal, wie gut es ist, dass sie den ersten Schritt tut, um sich selbst und Lea in der „spielerischen" Gemeinschaft des Dorfes zu öffnen und Begegnung zu ermöglichen.

Reflexion

Im gemeinsamen Spiel dieser HPÜ-Einheit konnte ich Lea immer besser kennen lernen. Die Sensibilität gegenüber diffusen Reizen wurde mir nicht nur von der Mutter beschrieben, sondern ich konnte sie auch in dem „Bad" beobachten. Gleichzeitig konnte ich in der visuellen und auditiven Wahrnehmung die beginnende intermodale Verknüpfung vom Aufmerken, zum Fixieren und zum Verweilen hin beobachten. Die unterstützenden Übungen zur Stärkung der Rückenmuskulatur werden in den nächsten Stunden immer wieder aufgegriffen und variiert werden.

In den Stunden mit Lea bin ich noch immer sehr angespannt. Ich beobachte sie genau und möchte nicht, dass sie, während ich etwas mit ihr mache, anfängt zu weinen, andererseits habe ich auch den Eindruck, sehr genau von Frau M. beobachtet zu werden. Dies setzt mich zusätzlich noch unter Druck. Während des Spielens, bei dem ich mit Lea auf dem Boden sitze, habe ich sie mehrmals eingeladen, sich doch zu uns zu setzen. Dies lehnt sie jedoch ab. So entsteht bei mir ein Druck, den ich in den nächsten Stunden auf jeden Fall noch mildern bzw. aufheben möchte. Mein Ziel ist es, eine Dreierkonstellation ohne Rivalität im verstehenden Miteinander für das Kind zu erreichen. In dieser Stunde wurde meine Anspannung noch durch die Anwesenheit der Schwester vergrößert, die kritische Bemerkungen machte und zusätzlich meine Aufmerksamkeit und die von ihrer Mutter einforderte. Es gelang mir teilweise, sie einzubeziehen und durch Erklärungen ein Verständnis für ihre Schwester zu wecken. Da dies aber kein derzeitiges Hauptziel der Frühförderung ist, werde ich Frau M. vorschlagen, die HPÜ-Einheiten auf den Vormittag zu legen, um so eine intensivere Zeit für Lea und Gespräche mit der Mutter zu haben. Die älteren Geschwisterkinder werde ich dann in den Zeiten ihrer Schulferien sporadisch oder nach Bedarf in die Begleitung mit einbeziehen.

9 Zwischenzeitliche Entwicklung/Prozessverlauf

Lea ist jetzt 1;4 Jahre alt. In der Begleitung haben bisher 32 HPÜ-Einheiten stattgefunden.

Beziehungsgestaltung

Die Beziehungsgestaltung zu Lea verläuft fortschreitend positiv. Sie macht es mir mit ihrem offenen, interessierten Wesen sehr leicht, eine emotional intensive Beziehung aufzubauen, die Platz und Raum für eine gute Förderung in der Begleitung zulässt. Es ist gelungen, die taktile Abwehr, die Lea in den ersten Monaten extrem zeigte und die eine Pflege beinahe unmöglich machte, gänzlich abzubauen. Die große Schreckhaftigkeit gegenüber taktilen und auditiven Reizen wurde auf ein Minimum reduziert.

Im Kontakt mit der Mutter ist schnell deutlich geworden, dass eine vertrauensvolle Atmosphäre in der Zusammenarbeit gefunden werden konnte. Förderangebote für die sensomotorische Entwicklung, wie etwa ein Lagerungswechsel von Lea auf den Beinen der Erwachsenen oder Übungen auf dem Gymnastikball, übernimmt die Mutter gewissenhaft und berichtet bei den nächsten Treffen stolz von den Fortschritten der Tochter. Viele kleine Anregungen etwa zur Umfeldgestaltung von Lea, die Frau M. zunächst ablehnte oder auch nicht wahrnahm, setzt sie nach und nach dennoch um. So laufen z.B. nicht mehr Radio und Fernsehen gleichzeitig, wenn Lea im Raum ist, die Küche mit dem Essbereich wurde umgestaltet, das Spielzeugangebot übersichtlicher gestaltet und variiert. Frau M. benötigt weiterhin keine Beratung, wie sie ihre finanzielle und rechtliche Situation gestalten und verändern kann. Gesprächsangebote zur emotionalen Bearbeitung der Behinderung ihrer Tochter lehnt sie immer noch ab, da sie dies, wie sie sagt, schon kurz nach der Diagnose-Mitteilung getan hätte. Das macht mir deutlich, dass das Thema der emotionalen Bearbeitung bei Frau M. zurzeit keinen Gesprächsbedarf darstellt. Ich schließe dieses Thema jedoch nicht ganz ab, sondern bleibe weiter offen für Fragen oder Bemerkungen von Frau M., da ich mir sicher bin, dass immer wieder Prozesse in Gang kommen werden, die eine neue Bearbeitung der Thematik möglich und eventuell auch nötig machen werden. In den Spielsituationen mit der Tochter entwickeln sich Gesprächssituationen, in denen Frau M. ihre Belastung und ihre Ängste für die Zukunft benennt. Thematisiert werden etwa das Lebensalter der Mutter und die veränderte Lebenssituation. Dadurch entstehen Ängste bei der Mutter, ob sie den Bedürfnissen ihrer Tochter auch noch mit zunehmenden Alter gerecht werden kann, und wer Lea denn versorgt, wenn sie oder ihr Mann es nicht mehr können. Frau M. nimmt in dieser Zeit verstärkten Kontakt zu Eltern von Kindern mit Trisomie 21 auf.

Im Verlauf der Begleitung wurde deutlich, dass das Thema „Essen" und „Nahrungsaufnahme" für die Mutter wegen eigener früher traumatischer Erfahrungen problembehaftet ist. Dieses Thema wurde in mehreren Stunden von mir mit der Mutter bearbeitet und dann schließlich in ihrer Eigenverantwortung gelassen.

Als Mutter reagiert sie sehr ambivalent auf die wachsende Selbstständigkeit ihrer Tochter. Einerseits ist sie auf jeden Fortschritt ihrer Tochter unglaublich stolz, andererseits hält sie Lea durch fortwährende Ernährung mit der Flasche und in Bereichen, wo sie sich von ihr fortbewegt, künstlich klein und unselbstständig. Hier nehme ich Themen wahr, die in der weiteren Elternarbeit noch bearbeitet werden müssen.

Nach ca. 10 Monaten (Lea ist zu diesem Zeitpunkt 1;4 Jahre alt) erlebe ich eine Krise in der Begleitung von Familie M.. Frau M. ist am Ende ihrer Kräfte. Nach außen hin zeigt sie weiter die starke Frau und Mutter, sucht aber immer wieder Distanz zu ihrer kleinen Tochter. Sie engagiert für zwei Tage in der Woche eine Kinderfrau; belastende Situationen, in denen Lea unruhig ist oder weint, wie Essenssituationen oder Physiotherapie, übergibt sie an andere Familienangehörige. Auch aus der Frühförderung zieht sich Frau M. immer mehr heraus. Problematisch wird dies, da Lea nun in der Fremdelphase ist und weint, sobald die Mutter den Raum verlässt. Frau M. vertritt die Ansicht, dass ihre Tochter und ich „da durch müssen" und sperrt sich weiter gegen ihre Anwesenheit bei der Frühförderung. Erklärende Gespräche über die Fremdelphase und die Bedürfnisse der Tochter bringen zunächst keine Veränderung in der Haltung der Mutter. Bei allem Verständnis für die Situation der Mutter sehe ich doch die Bedürfnisse von Lea im Vordergrund und breche eine HPÜ-Einheit ab und erkläre der Mutter, dass ich unter den Bedingungen nicht weiter arbeiten könne und möchte.

Mir geht es nach diesem Abbruch sehr schlecht. Ich bin verunsichert. Einerseits bin ich mir sicher, ein andauernd weinendes Kind nicht in die HPÜ-Einheit zu nehmen und mir sind die theoretischen Hintergründe der Fremdelphase und die Chancen für die emotionale Entwicklung des Kindes bei der positiven Bewältigung der Phase bewusst. Andererseits zweifele ich an meinen Kompetenzen und meinem Auftreten (vielleicht weint Lea ja nur bei mir). Und ich überlege, ob ich den Auftrag, den die Mutter mir für die Begleitung des Kindes gegeben hat, auch unter diesen Bedingungen erfüllen muss. Ich entscheide mich aber dafür, zu versuchen, Frau M. wieder in die Frühförderung einzubeziehen. In der Fremdelphase ist es wichtig für mich, Leas Weinen bei Abwesenheit der Mutter nicht als eine Ablehnung von mir zu begreifen, sondern als einen natürlichen Entwicklungsschritt zur Auslotung von Nähe zur festen Bezugsperson und dann dem „Sich-öffnen-Können" in neuen Beziehungen.

Lea hat in der Zwischenzeit auch bei anderen Menschen viel geweint und Frau M. hat meine Gedanken zur Fremdelphase noch einmal überdacht. In den folgenden Stunden nimmt sie wieder an den HPÜ-Einheiten teil. Durch ihre Anwesenheit stellt sie in der Fremdelsituation von Lea, in der sie sich vor allem Unbekanntem und Neuem fürchtet, eine sichere „Heimbasis" dar. Mit der Gewissheit der Nähe der Mutter kann sich Lea vertrauensvoll Personen und Situationen öffnen, und diese in ihre Erfahrungen integrieren.

Lea – Fallbeispiel von Sabine Bruns-Kruse 277

10 HPÜ-Einheit im Verlauf der Begleitung

Es ist die 34. HPÜ-Einheit. Lea ist zu diesem Zeitpunkt 1;5 Jahre alt.

Vorbereitung

Die vorherige Stunde habe ich wegen des Weinens (Fremdelphase s.o.) von Lea, die ihre Mutter vermisste, und wegen mangelnder Kooperation von Frau M. abgebrochen. Ich hatte der Mutter erklärt, dass ich unter diesen Bedingungen die Frühförderung nicht weiter fortsetzen könne. Mit einem mulmigen Gefühl, was mich erwartet, wie die Stimmung bei Mutter und Tochter sein wird, fahre ich zu diesem Hausbesuch.

Frau M. sagt bei meinem Eintreffen kurz, dass sie heute die ganze Zeit dabei sein wird und berichtet, dass Lea sehr auf sie fixiert ist und sie nicht aus den Augen lässt. *(Frau M. wirkt sehr kooperativ und aufgeschlossen, ich habe nicht den Eindruck, dass es nötig ist, den Abbruch der letzten Stunde vorweg zu thematisieren, sondern werde diesen Vorfall im Verlauf der Stunde mit einfließen lassen.)* Hauptthema dieser HPÜ-Einheit ist die Bewältigung der Fremdelphase. Dieses emotionale Geschehen in der Fremdelphase bezieht sich nicht allein auf die Bindung an Bezugspersonen, sondern auch auf das Körperbewusstsein und den Umgang mit Materialien. Lea soll sich in den Übungen selbst spüren, den Körper und seine Grenzen bewusst wahrnehmen. Sie soll Sicherheit erfahren, indem sie Gegenstände/Personen versteckt, sucht und wieder findet. So werden spielerisch die Themen der Fremdelphase, der Verlust und das Wiedererlangen, bearbeitet. Die Mutter soll möglichst aus der Beobachterrolle in das gemeinsame Spiel miteinbezogen werden.

Lernziele und die dazugehörigen Materialien

o Lea soll ihr aktuelles Lebensthema „Fremdelphase" spielerisch bearbeiten
o Über das Material soll Lea trianguläre Beziehungen aufbauen können (Ich – Du – Material)
o Lea soll Nähe – Distanz; Festhalten – Loslassen; Holen – Wegstoßen und Verlieren – Wiederfinden im Spiel erleben
o Lea soll spielerisch mit vertrauten Personen erleben und bearbeiten: „Du bist weg – ich finde dich wieder"

Beim gewählten Schwerpunkt im emotionalen Bereich verliere ich die Förderung der Wahrnehmung nicht aus den Augen. Diese wird in der Differenzierung der einzelnen Bereiche bei den Materialien vorgestellt.

Material:

* Igelball, Schwämme, Bürsten, Pinsel
* Giggly- Ball
* Dose mit 3 Klappdeckeln
* Kriechtunnel
* Sandsäckchen
* Heulrohr

Protokoll der Begegnung

Frau M. sitzt auf dem Sofa. Lea und ich sitzen auf dem Boden.

Handmassage und Fingerspiel mit unterschiedlichen Materialien
(Nähe zulassen können – taktil-kinästhetische Wahrnehmung)

Lea hat sich selbst so hingesetzt, dass sie ihre Mutter nicht sieht. Gebe ich ihr etwas Neues in die Hand, krabbelt sie zuerst zu ihrer Mutter, zeigt ihr den Gegenstand und krabbelt dann wieder zu mir zurück. Durch die Rückversicherung zur Mutter kann bei Lea ein neues

„Sich-einlassen-Können" auf mich und das Material geschehen. Lea bewältigt somit spielerisch eine Triangulierung von Ich-Du-Material. Die immer wiederkehrende Handmassage unterstützt und fördert die taktil-kinästhetische Wahrnehmung von Lea. Deutlich wird hier wieder, dass sie feste Reize wie harte Bürsten bevorzugt und diffuse Reize wie weiche Pinsel eher ablehnt. Fingerspiele und Handmassage unterstützen die Motorik der Fingergelenke und stärken die Handmuskulatur.

Giggly-Ball
(Nähe-Distanz variieren und Heimbasis der Mutter erfahren – Objektkonstanz, Raumorientierung)

Der Ball hat für Lea einen großen Aufforderungscharakter. Sie krabbelt hinter ihm her, rollt ihn weiter, dadurch wird sie in den Bewegungsabläufen des Krabbelns unterstützt. Sie zeigt ihn der Mutter und beginnt erneut das Wegroll-Such-Spiel. Hier erfolgt wieder die Triangulierung durch das Spielmaterial. Lea greift dabei nicht nur angebotene Spielideen auf, sondern entwickelt eigene und bezieht sowohl die Mutter als auch mich in dieses Spiel mit ein. Sie bestimmt dabei, wie viel Nähe sie benötigt und wie viel Distanz sie zulassen kann. Darin wird deutlich, dass Lea in dieser Spielphase sowohl über seriale als auch über intentionale Leistungen verfügt.

Dose mit Klappdeckel
(Verstecken-Wiederfinden – Objektkonstanz, Auge-Hand-Koordination, taktile Kontrolle, Kraftdosierung)

In den Fächern der Dose sind unterschiedliche Gegenstände versteckt. Zunächst biete ich Lea an, das Fach zu öffnen, in dem die Gegenstände mit dem größten Aufforderungscharakter sind (Percussion-Ei und Glöckchenrassel), danach noch einmal Materialien zur Handwahrnehmung (Scheuerschwamm und Nagelbürste). Im letzten Fach sind Schnüre mit Perlen und Glöckchen für die Differenzierung der Auge-Hand-Koordintion. Frau M. erkläre ich, warum ich die Materialien ausgesucht habe, und warum ich sie in der Reihenfolge anbiete. Lea greift bei größeren Gegenständen mit der ganzen Hand, bei kleineren Gegenständen wie Schnüren und Glöckchen wird der Pinzettengriff geübt und bei dem Öffnen der Dose der isolierte Einsatz von Daumen und Ziegefinger. Somit wird bei ihr die Hand- und Fingermotorik gestärkt und das Funktionsspiel in Verbindung mit dem emotionalen Thema des Suchens und Wiederfindens gebracht.

Kriechtunnel
(Nähe-Distanz erleben – taktil-kinäthetische und vestibuläre Wahrnehmung, Raum-Lage-Wahrnehmung)

Lea krabbelt gleich in den Tunnel hinein, schaukelt darin hin und her, genießt die Enge. Sie nimmt im Tunnel zu mir Kontakt auf, krabbelt auf mich zu, dreht dann wieder um und krabbelt zur Mutter zurück. Lea kann in diesem Spiel gut eigeninitiativ Abstand von den Erwachsenen nehmen, sich auf das Spielmaterial konzentrieren und neue Spielideen entwickeln. Von sich aus bestimmt sie hier Nähe und Distanz und den Zeitpunkt, wann sie wieder in eine nähere Beziehung gehen möchte.

Sandsäcke
(taktil-kinästhetische Wahrnehmung)

Da Lea in den letzten Einheiten häufiger mit Armen, Beinen, Kopf und Rücken gegen Widerstände gedrückt oder geschlagen hat, um sich mehr zu spüren, möchte ich mit den Sandsäcken ihr andere Reize bieten, damit sie ihren Körper über taktil-kinästhetische Reize erfahren kann. Beim Spielen mit Rasseln und Bällen lege ich ab und zu Lea Sandsäckchen auf die Beine, die Schultern und Arme. Das toleriert sie über wenige Minuten. Das Spielen nur mit Sandsäcken lehnt sie ab. Sie besitzen für Lea keinen Aufforderungscharakter und stören sie eher in ihrem Bewegungsdrang. Sie kann hier deutliche Zeichen setzen und sich gegen diese komplexe Reizzufuhr wehren.

Heulrohr
(Fixieren und Verweilen, Sprachanbahnung und -vertiefung)

Versuche von Lautieren mit und durch das Heulrohr. Lea findet die Geräusche, die ich mache, sehr spannend und lauscht ganz konzentriert, macht aber selbst keine Geräusche. Sie hält mir immer wieder das Rohr hin, damit ich weitermache. Lea bringt auch das Rohr zu der Mutter, damit diese hineinspricht. Dabei lauscht sie intensiv und sehr aufmerksam. Aufforderungen der Mutter, auch zu sprechen („sag doch mal...") ignoriert Lea. Sie ist zu gebannt von der akustischen Wahrnehmung, fixiert die Geräusche und Personen und verweilt im Hören und Beobachten.

Giggly-Ball
(Raumorientierung und beabsichtigter Abschluss bei der „Heimbasis" Mutter)

Nach der Konzentrationsphase nehme ich noch einmal einen Bewegungsimpuls von Lea auf und lasse sie mit dem Giggly-Ball erneut Spielideen entwickeln: Rollen und Krabbeln, das Suchen und Wiederfinden. Zum Schluss der HPÜ-Einheit rolle ich den Ball zu Leas Mutter, damit die gemeinsame Zeit bei der wichtigen Heimbasis Mutter endet. Als Lea auf ihrem Schoß sitzt, singen wir gemeinsam das Abschlusslied. Geborgen bei der Mutter kann sich das Kind „der Welt" zuwenden. Während ich singe, winkt Lea mir lachend zu.

Reflexion

Ich habe diese Stunde heute sehr harmonisch erlebt. Frau M. zeigte sich interessiert und aufgeschlossen für angebotene Materialien und die Inhalte der Stunde.

So entwickelte sich während des Spiels mit Lea ein Gespräch über meine Absichten zur Auswahl der Materialien und zu den Reaktionen von Lea auf das Material. Lea hat so reagiert, wie ich es erhofft hatte. Die Anwesenheit der Mutter gab ihr Sicherheit, sich auf mich und die Spielangebote einlassen zu können. Die Rückversicherungen zur Mutter, indem sie ihr die Bälle ... zeigte, unterbrachen nicht unser Spiel, sondern bezogen immer wieder die Mutter in ihrer „Beobachtungsposition" auf dem Sofa ins Spielgeschehen mit ein. Für Frau M. war es wichtig, zu sehen, dass ihr Kind immer wieder die körperliche Annäherung zu ihr und den Blickkontakt brauchte. Nach der Stunde sagte sie, dass sie Lea jetzt auch nicht mehr bei der Physiotherapie allein lassen wolle. Ihre eigenen reflektierten Rückmeldungen erübrigten ein nochmaliges Eingehen auf die abgebrochene HPÜ.

11 Beschreibung des Entwicklungsstandes

Lea ist zu diesem Zeitpunkt 1;5 Jahre alt. Im förderdiagnostischen Prozess habe ich basierend auf der Spielbeobachtung, den Testergebnissen und der Hypothesenbildung mit Hilfe bestimmter Theoriekonstrukte den Entwicklungsstand von Lea beschrieben.

Eine ergänzende Überprüfung erfolgte durch eine Testung nach den „Griffith-Entwicklungsskalen" (GES > Teil II 2.2.3). Durch den Einsatz eines Testverfahrens erhoffte ich mir außerdem, mit der Mutter über den „wahren" bzw. objektiven Entwicklungsstand von Lea ins Gespräch zu kommen und ihr so die Stärken ihrer Tochter, aber auch Rückstände in der Entwicklung deutlich zu machen. Im Verlauf der Begleitung hatte ich manchmal den Eindruck, dass Frau M. eine verzerrte Wahrnehmung von den Fähigkeiten ihrer Tochter hat *(„eigentlich kann sie das schon, nur jetzt macht sie das gerade nicht")*. Wie sich in der GES zeigt, besteht bei Lea eine globale Entwicklungsverzögerung.

Da in ihrer persönlichen Entwicklung zurzeit die Emotionalität eine besondere Rolle spielt, werde ich in der Beschreibung auch damit beginnen und anschließend andere Entwicklungsbereiche aufzeigen. Hier weiche ich bewusst von der vorgegebenen Reihenfolge der Beschreibung des Entwicklungsstandes ab und zeige eine modellierte auf Lea abgestimmte Fassung auf.

Emotionale Entwicklung

Lea befindet sich zurzeit in der Differenzierungsphase, der sog Fremdelphase: Nach Mahler beginnt das Ich sich aus dem symbiotischen Zusammenhang zu lösen (> Teil II, 2.2 und Fallbeispiel Jule von Evelyn Rief). Dafür gibt es in ihrem Verhalten diverse Anhaltspunkte. Während sie noch vor zwei Wochen begeistert auf alle Personen zugegangen ist, verhält sie sich jetzt unterschiedlich bei fremden und vertrauten Personen und zeigt bei Abwesenheit der Mutter Verlassenheitsängste. Ihre Mimik wird ausdrucksstärker und sie zeigt deutlich Gefühle wie Wut, Trauer und Freude. Sie untersucht differenziert die Körper ihrer Gegenüber mit manchmal überschießenden Kräften (in den Augen bohren, an den Haaren ziehen). Die Grenzen ihres eigenen Körpers versucht sie durch Stoßen an Möbeln immer wieder intensiv zu erfahren. Neben dem Krabbeln erlernt Lea mit Hilfe eines „Rollators" jetzt auch das Laufen und genießt es, sich von der Bezugsperson zu entfernen und wieder zu ihr zurückzukehren. In der emotionalen Verarbeitung hat Lea das Entwicklungsalter eines 5-11 Monate alten Kindes. GES-B (Persönlich-Sozial): Entwicklungsalter von 9 Monaten.

Lea hat nach der Geburt mit ihrer Mutter in einer sehr engen symbiotischen Phase gelebt, die nach Mahler maximal bis zum 4. bzw. 5. LM andauert. Frau M. hat Lea aber erst mit 7 Monaten aus dieser sehr engen Objektbeziehung sich lösen lassen – ein Prozess, der von Mahler mit der Metapher des „Ausschlüpfens" belegt worden ist. Der Kontakt von Lea zu ihrer Mutter bleibt weiter sehr eng. Versucht Lea, sich durch zunehmende Beweglichkeit zu lösen, wird sie immer wieder von der Mutter in die enge Zweierbeziehung zurückgeholt. Aber – um bei der Metapher zu bleiben – wie soll man ein Küken in die einmal gebrochene Eischale zurückbekommen? Dies gelingt nur, indem Frau M. Lea gegen ihr Bedürfnis nach Loslösung immer wieder in die Unselbständigkeit zurückholt. Der Prozess der Individuation und Loslösung (vgl. Mahler 1996) konnte also bei Lea erst verzögert einsetzen. Dadurch bedingt gelangte sie auch erst später in die Differenzierungsphase (5.-11. LM), in der sie sich zurzeit befindet. Lea ist ein sehr offenes und an ihrer Umwelt interessiertes Kind. Ihre emotionale Sicherheit und ihr Wohlbefinden im Umgang mit der dinglichen und sozialen Umgebung sind nun von der Nähe und der Rückversicherung zur Mutter als „Heimbasis" abhängig. Durch diese ambivalente Instabilität der engsten Bezugsperson – mal übergriffige Nähe, mal Distanz – droht Lea ihr emotionales Gleichgewicht zu verlieren, das sie bisher durch die Bildung eines frühen Urvertrauens gewonnen hatte. Es ist für Lea emotional und kognitiv nicht greifbar, warum ihre Mutter ihr manchmal so nahe und dann wieder ganz weg ist. Damit Lea eine sichere Beziehungsqualität entwickeln kann, benötigt sie eine verlässliche und für sie überschaubare Rückversicherung zu ihrer Heimbasis Mutter.

Sensomotorische Lebensweisen
Grobmotorische Entwicklung in der Sensomotorik

In der Grobmotorik entwickelt sich Lea kontinuierlich weiter. Sie hat alle Phasen der Körperkontrolle, der Rotationsbewegungen, des Krabbelns, freien Sitzens und jetzt des Laufens mit einer nur geringen Zeitverzögerung durchlaufen. Nach dem ET 6-6 (> Teil II, 2.2.3) liegt Lea in der Körpermotorik im Normbereich eines 9-15 Monate alten Kindes. Nach der GES hat Lea in der Grobmotorik ein Entwicklungsalter von 14 Monaten. Die Entwicklungsverzögerung beträgt also je nach Diagnostikverfahren nur 1-2 Monate.

In der Grobmotorik ist der Entwicklungsrückstand relativ gering. Lea zeigt zwar eine Hypotonie der Muskeln und des Bewegungsapparates, doch wird daran intensiv von mehreren Seiten gearbeitet. Erste Übungen zur Haltung des Kopfes führte Frau M. regelmäßig durch und auf mein Anraten ging sie mit Lea zur Physiotherapie. Auch ist die übrige Familie an der Weiterentwicklung der Grobmotorik interessiert. Die Geschwister krabbeln und laufen mit Lea durch die Wohnung. Ein bedeutender Motor für die Entwicklung ist die unglaubliche Energie von Lea selbst, die es ihr trotz vieler Infekte und damit verbundener körperlicher Schwäche möglich macht, ihre gewünschten Ziele durch Rotation, Robben, Krabbeln und Laufen zu erreichen.

Feinmotorische Entwicklung in der Sensomotorik

In der Feinmotorik hat Lea das beidseitige palmare Greifen lange Zeit praktiziert. Inzwischen nutzt sie den einhändigen palmaren Griff, um Gegenstände vom Boden oder Tisch zu nehmen. Ansätze eines Scherengriffes wurden in den letzten Stunden sichtbar. Ein Pinzettengriff ist noch nicht vorhanden. Nur äußerst selten nutzt Lea isoliert den Zeigefinger, um beispielsweise eine Oberfläche zu erforschen. In der Feinmotorik hat Lea das Entwicklungsalter eines 6-8 Monate alten Kindes. GES–D (Auge- und Handkoordination): Entwicklungsalter von 7 Monaten.

Zum phänotypischen Erscheinungsbild der meisten Menschen mit Trisomie 21 gehören „plumpe Hände mit kurzen Fingern", die eine differenzierte Feinmotorik erschweren. Trotz intensiver Sensibilisierung der Hände durch Massagen, Fingerspiele und Materialien unterschiedlicher Art und Struktur geht die Weiterentwicklung nur sehr zögerlich voran. Außer der syndrombedingten Einschränkung könnten weitere mögliche Ursachen dafür sein, dass Frau M. ihrer Tochter nicht die Möglichkeit gibt, mit feinstrukturierten Dingen zu experimentieren, da sie Angst hat, ihre Tochter könnte Dinge in den Mund stecken und diese verschlucken. Anregungen, Lea auch mal Korn- oder Haferflakes essen zu lassen, die sie dann selbst greifen kann, kann – bzw. will – Frau M. zu diesem Zeitpunkt nicht umsetzen.

Kognitive Entwicklung in der Sensomotorik

Die kognitive Entwicklung bei Lea zu diesem Zeitpunkt einzuschätzen, fällt mir sehr schwer. Lege ich die Maßstäbe zur Früherkennung von Intelligenzstörungen nach Sarimski bei Lea an, zeigt sie eine einfache Objektpermanenz und eine erste Mittel-Zweck-Differenzierung (vgl. Sarimski 2005 b, S. 151). Die frühen kognitiven Leistungen sind brüchig. Die Objektpermanenz musste mit Lea über einen langen Zeitraum immer wieder geübt werden. Leas Handlungsstrategien zur Erkundung von neuem Material sind zweidimensional: Sie erforscht einen Gegenstand zunächst intensiv oral, anschließend schüttelt sie diesen und lauscht, ob sie damit ein Geräusch erzeugen kann. Hier zeigt sich, dass sie Effekte auslösen will und Wenn-Dann-Beziehungen herstellen kann. Sind die Gegenstände uninteressant, werden sie fallengelassen und verlieren für das Kind an Bedeutung. Aus diesem beobachteten Verhalten schließe ich mit Zuhilfenahme der Theorie nach Piaget auf ein Entwicklungsalter im kognitiven Bereich von etwa 8-12 Monaten. GES–E (Leistungen): Entwicklungsalter von 11 Monaten

Lea hat die intermodale Reizverarbeitung weitgehend abgeschlossen und unternimmt erste Schritte zur serialen Verarbeitung und intentionalen Handlungsplanung, indem sie z.B. einen wegrollenden Ball hinterher krabbelt.

Ich vermute, dass bei der Entwicklungsverzögerung im kognitiven Bereich die syndrombedingte intellektuelle Störung deutlich wird. Lea fällt es schwer, Wahrnehmungen zu speichern und Gespeichertes wieder abzurufen. Sie reagiert dadurch verzögert auf Umweltreize. Die sehr enge Bindung an die Mutter mag zusätzlich die Auseinandersetzung mit der dinglichen Umwelt verzögern.

Spielentwicklung in der Sensomotorik

Das Spielverhalten von Lea ist mittlerweile zweckorientiert. Sie beschäftigt sich nicht mehr ausschließlich mit Dingen, die direkt vor ihrem Gesichtsfeld liegen, sondern orientiert sich zu Gegenständen, die ihr Interesse geweckt haben und probiert sich daran. Es ist die Phase des beginnenden gegenstandsbezogenen Funktionsspiels. Lea hat eine Vorliebe für Spielzeug in leuchtenden Farben und für Spielmaterial, das Geräusche erzeugt. Der Schwerpunkt liegt dabei im oralen Erkunden des Spielmaterials und im Erzeugen akustischer Reize durch Schütteln der Gegenstände. Sie beginnt erste soziale Spiele, indem sie ihr Gesicht unter Tüchern versteckt. In diesem Guck-Guck-Spiel verarbeitet sie immer wieder ihr momentanes Lebensthema der Fremdelphase, die emotionale Objektpermanenz über das immer wieder Ausprobieren von Nähe und Distanz. Sie entwickelt diese Spielideen nur selten eigeninitiativ, sondern lässt sie überwiegend passiv mit sich geschehen, zeigt dann aber Freude daran. Das Spielverhalten entspricht dem Entwicklungsalter eines 9-12 Monate alten Kindes.

Die Entwicklung des Spielverhaltens passt zur übrigen Entwicklung. Lea wird von ihrer ganzen Familie „bespielt". Außerdem besucht sie eine Babygruppe im Ort. Die Mutter lädt auch immer wieder gleichaltrige Kinder zum Spielen ein. So hat Lea Vorbilder, von denen sie lernen und mit denen sie spielen kann. Die Mutter versucht, Anregungen zum Spielmaterial umzusetzen und kauft gern immer wieder Dinge für Lea ein.

Sprachentwicklung in der Sensomotorik

Bei der Sprachentwicklung ist bei Kindern mit Trisomie 21 eine große Variationsbreite aufgrund syndromal bedingter, orofacialer Schwierigkeiten zu beobachten.

Sprachverständnis
Bei der Sprachentwicklung gehen die Einschätzungen der Leistungen von Lea bei mir und der Mutter stark auseinander. Während die Mutter berichtet, Lea verstehe alles, sehe ich, dass sie einzelne Wörter versteht, den Inhalt einfacher Aufforderungen („Komm" oder „Gib mir") jedoch nicht mit Sinn und Handlung füllen kann. Sie merkt, ob freundlich oder streng mit ihr gesprochen wird. Kleine Rituale wie „Winke, winke" oder „Bravo" (Hände klatschen) hat Lea übernommen und setzt sie auf Aufforderung ein, sie zeigt so Imitationsverhalten. Das Entwicklungsalter im Sprachverständnis liegt damit bei 12 Monaten.

Sprachproduktion
Frau M. berichtet, dass Lea gezielt „Papa, Oma, Opa" sagen kann. Auch bildet sie – nach Berichten der Mutter – lautmalerische Worte wie „cht" = Licht, „al" = Ball, „naknak" = Ente, „wauwau" = Hund. Im Verlaufe der Frühförderung habe ich jedoch bei Lea ausschließlich Silbenverdoppelungen und Silbenketten gehört. Das Entwicklungsalter schwankt also hier bedingt durch unterschiedliche Beobachtungen des Kindes zwischen 12 und 18 Monaten (vgl. Wilken 2000, S. 143 ff.). GES–C (Hören und Sprechen): Entwicklungsalter von 12 Monaten.

Dass die Entwicklungsverzögerung im sprachlichen Bereich nur sehr gering ist, liegt vermutlich daran, dass dies auch eine sehr nach außen gerichtete Fähigkeit ist, die mit Lea viel geübt wird. Am Sprachverständnis – den Dressaten „Wie groß bist du?" und „Mach mal winke, winke", als auch der aktiven Sprache „Sag mal ..." arbeitet die Familie täglich mit Lea. Während beim Sprachverständnis die Fortschritte auch für nicht Familienangehörige deutlich sind, bin ich bei der aktiven Sprache sehr auf Schilderungen und Interpretationen der Mutter angewiesen. Dass auch die Lautverdoppelungen eher undeutlich und verwaschen klingen, liegt vermutlich daran, dass die hypotone Muskulatur zu wenig durch orofaciale Reize stimuliert wird, da der ganze Bereich von Sinneserfahrungen im Mund von der Mutter durch Angst vor dem Verschlucken negativ besetzt ist.

Lebenspraxis

Im lebenspraktischen Bereich ist Lea noch sehr unselbstständig. Da sie es nicht gewohnt ist, Mahlzeiten am Tisch mit anderen Familienmitgliedern zu sich zu nehmen, kennt sie nicht die Symbolik und den Gebrauch von Teller und Löffel. Nahrung, die ihr gereicht wird, führt sie nicht zum Mund, um sie zu essen, sondern um sie zu erforschen. Eine Ursache sind die unregelmäßigen und außergewöhnlichen Erfahrungen mit Lebensmitteln und Nahrungsaufnahme. Lea kann durch die nicht eindeutige Haltung ihrer Mutter zum Thema Essen keine für sie sinnvollen Lernschlüsse ziehen. Aus meinen Beobachtungen und den Schilderungen der Mutter schließe ich, dass es häufig wechselnde Personen und keine einheitlichen Regeln gibt, wer und wann Lea das Essen gibt und wie viel. So ist bei sich stets verändernden Variablen kein Lernprozess möglich. Da ich diesen Prozess der Mutter überlassen musste und nur auf ihre Schilderungen angewiesen bin, die von Mal zu Mal unterschiedlich sind, lässt sich keine eindeutige Aussage über das Entwicklungsalter von Lea in diesem Bereich machen.

In der Entwicklung der lebenspraktischen Fertigkeiten ist Lea sehr abhängig von dem, was ihr von der Mutter angeboten wird, bzw. wie sie von ihr unterstützt wird. Solange die Mutter Lea weiter „klein" hält, in dem sie ihr noch Breiflaschen statt fester Mahlzeiten gibt, kann in dem Bereich auch keine Weiterentwicklung erfolgen. Mutter und Tochter leben in diesem Bereich in einer noch sehr engen symbiotischen und somit auch sich nährenden Beziehung. Das Zulassen lebenspraktischer Fähigkeiten der Tochter hat in sehr großem Maße mit dem Loslassen der Tochter zu tun. Da dies, wie bei der emotionalen Entwicklung beschrieben, eine Nähe-Distanz-Problematik der Mutter ist, muss dort erst eine Korrektur in der Beziehung geschehen, um Veränderungen Wirklichkeit werden zu lassen. Diesen Bereich kann ich als begleitende Heilpädagogin von außen sehen und mit der Mutter reflektieren, eine weitere Einflussnahme ist mir aber nicht möglich.

12 Ziele und methodisches Vorgehen im Verlauf der Begleitung

In den HPÜ-Einheiten vermischen sich die Inhalte der Ziele und bauen aufeinander auf. Ziele in der lebenspraktischen Erziehung werde ich in der Begleitung nicht verwirklichen, da ich – wie in der Beschreibung des Entwicklungsstandes bereits erwähnt – dies in der Verantwortung der Mutter belassen möchte.

Sensomotorische Lebensweisen
Richtziel: Auseinandersetzung mit sich, der sozialen und dinglichen Umwelt

Emotionale Entwicklung in der Sensomotorik:
Nahziel: Lea soll in ihrer emotionalen Entwicklung Sicherheit erfahren und Stabilität aufbauen können
Lernziel: - Ausgewogenes Erleben von Nähe und Distanz
          - Erfahren der Mutter als sichere Heimbasis in Alltagssituationen
          - Erleben der Heilpädagogin als verlässliche Spielpartnerin und Bezugsperson
          - Spannung und Freude erleben, im Experimentieren von Nähe und Distanz
          - personale Objektpermanenz ausbauen

Grobmotorische Entwicklung in der Sensomotorik:
Nahziel: Erleben und differenziertes Wahrnehmen des eigenen Körpers über taktil-kinästhetische und vestibuläre Reize
Lernziel: - Erleben von Bewegtwerden, Geschaukeltwerden
          - Erleben von leichten diffusen Reizen und festen Reizen
         - Erleben von Schwere und Enge durch Sandsäcke oder Tunnel
Nahziel: - Lea soll sich in Bewegung erleben und Freude dabei erfahren
          - Stärkung der Muskulatur, adäquater Aufbau von Körperspannung und Tonusregulation
          - Erlernen von Bewegungsmustern und deren Automatisierung durch seriale Verknüpfungen
Lernziel: - Erklimmen mehrerer Treppenstufen
          - Hochziehen an Möbeln, sich strecken, erreichen von Gegenständen
          - Sich auf unebenen Untergründen ausbalancieren
          - Über Anreize wie Bälle etwas erreichen wollen, intentionale Leistungen erbringen und dabei motorische Fähigkeiten erproben

Feinmotorische Entwicklung in der Sensomotorik:
Nahziel: Leas Sensibilität und Handmotorik sollen so gestärkt werden, dass es ihr möglich wird, differenzierter mit Alltagsmaterialien und Spielzeug umzugehen.
Lernziel: - Sich der eigenen Hände bewusst werden
          - Vertiefung unterschiedlicher Tast-Erfahrungen
          - Anbahnung des Scherengriffes
          - Weiterentwicklung zum Pinzettengriff

Spielentwicklung in der Sensomotorik:
Nahziel: Handlungskompetenzen im gegenstandsbezogenen Funktionsspiel entwickeln und differenzieren
Lernziel: - Objektpermanenz ausbauen und stabilisieren durch Suchen und
          - Effekte von Spielmaterialien ausprobieren und gezielt auslösen: erste Zusammenhänge erkennen lernen
          - intentionale Auseinandersetzung mit sich und der dinglichen Umwelt durch Wegrollen und Hinterherkrabbeln

Kognitive Entwicklung in der Sensomotorik:
Nahziel: - Ausbau der Objektkonstanz
          - Vertiefung des Mittel-Zweck-Verständnisses
          - Differenzierung im intentionalen Handeln
          - Anwendung vertrauter und bekannter Handlungen auf neue Dinge
Lernziele hierzu lassen sich in der Wahrnehmungs-, Spiel- und Sprachentwicklung wiederfinden

Lea – Fallbeispiel von Sabine Bruns-Kruse 285

Sprachentwicklung in der Sensomotorik:
Sprachanbahnung:
Nahziel: - Lea soll ihren Mundbereich als lustvolle Zone erleben
Lernziel: - Zulassen und Erleben unterschiedlicher orofacialer Reize
  - Bewusstes orales Erkunden unterschiedlicher Materialien
Sprachverständnis:
Nahziel: - sprachliche Aufforderung in Handlung umsetzen
Lernziel: - Bewegungen imitieren
  - Erkennen von Signalen in Spielliedern und diese verbal und nonverbal beantworten
Sprachproduktion:
Nahziel: - Entdecken und Einsetzen von Sprache als Kommunikationsmittel
Lernziel: - Erlernen lautmalerischer Worte
  - Bilden von Silbenketten

Der Weg, den ich mit Lea und ihrer Familie gehen werde, soll weiterhin auf dem Fundament einer guten Beziehung stehen. Das bedeutet also, immer wieder aufs Neue an dieser Beziehung zu arbeiten. Besonders deutlich wird dies in Krisensituationen. Für die Mutter bedeutet dies, dass ich mich ihr immer wieder als Begleitung anbiete und in Gesprächen und durch Vorbildfunktion das Verhalten Leas und die damit verbundene Botschaft verdeutliche. In der Hausfrühförderung werde ich weiter an der HPÜ festhalten, da diese den Rahmen für eine Entwicklungsförderung im Spiel mit Wahrnehmungsübungen und Sprachförderung bietet. Leas Entwicklung ist in einem sich stets verändernden Prozess. Der Rahmen der HPÜ ist so flexibel, dass ich darin immer wieder auf ihre Bedürfnisse und die ihrer Familie reagieren kann. Die HPÜ-Einheiten werden bis auf weiteres mit der Mutter zusammen durchgeführt, um sie in die Förderung der Tochter einzubeziehen und um Lea selbst eine stabile emotionale Entwicklung zu ermöglichen.

13   HPÜ-Einheit kurz bevor Lea 2 Jahre alt wird

Vorbereitung

Weiterhin ist die Förderung der sensomotorischen Leistungen Inhalt der Begleitung von Lea. Der Schwerpunkt wechselt jedoch je nach den Bedürfnissen der Tochter oder der Familie. Da in der GES Schwierigkeiten in der Feinmotorik deutlich wurden, liegt der Schwerpunkt in der Förderung der Hand-/Feinmotorik und hier besonders in der Auge-Hand-Koordination, der Hand-Hand-Koordination und der Kraftdosierung.

Lernziele und die dazu gehörigen Materialien

Taktil-kinästhetische Wahrnehmung
- Lea soll durch unterschiedliche Materialien taktil-kinästhetische Erfahrungen an den Händen zulassen
* Igelball, Pinsel, Bürsten

Handmotorik, Symbolverständnis
- Durch Fingerspiele soll sie sich ihrer Hände und deren Beweglichkeit weiter bewusst werden, die Fingerbewegungen sollen differenziert werden
- Lea soll durch immer gleiche Fingerspiele Schlüsselwörter erkennen und sie mit Handlungen in Verbindung setzen.

Taktile Wahrnehmung, Kraftdosierung, visuelle Wahrnehmung, Auge-Hand-Koordination, erkennen von Ursache und Wirkung, auditive Wahrnehmung: intermodale und seriale Wahrnehmungsverarbeitung
- Unterstützung der Kraftdosierung, Verknüpfen von Reizen zu Handlungen, Anbahnung des Verständnisses von Ursache und Wirkung
* Karton mit Tüchern und Glöckchen

Taktil-kinästhetische Wahrnehmung, Raum-Wahrnehmung, Grobmotorik, Ausbau des Funktionsspiels
- Differenzierung der Körperwahrnehmung in unterschiedlichen Räumen, Raum-/Lage-Wahrnehmung, Stabilisierung der grobmotorischen Leistungen
- Erleben unterschiedlicher taktiler Reize
* Zelt mit Schaffellen, verschiedene Bälle

Feinmotorik, Verstehen von Ursache-Wirkung
- Auge-Hand-Koordination
- Greifen und Ziehen eines Bandes
- Beobachten von Ursache und Wirkung
* Nachziehfrosch

Triangulierung (Ich- Du- Objekt)
- Erleben der Polaritäten Nehmen-Loslassen; Festhalten-Wegrollen in Verbindung mit einem Spielpartner
* Chi-Gong Kugeln

Protokoll der Begegnung

Als Lea mich sieht, lacht sie mich an, geht auf mich zu, dreht sich zu ihrer Mutter um und kommt dann auf mich zu gelaufen und setzt sich vor mich. Noch bevor ich angefangen habe zu singen, beginnt Lea zu klatschen und zu winken. Also singe ich unser Begrüßungslied und Lea macht die Bewegungen lachend mit. *Sie hat den Ablauf der HPÜ-Einheiten schon verinnerlicht, ein seriales Verknüpfen von Handlungsabläufen ist ihr möglich.* Frau M. berichtet mir, dass sie in der letzten Woche mit ihrer Tochter beim Augenarzt gewesen ist. Ergebnis ist, dass Lea nach bisherigen Untersuchungen nicht schielt, „das Wegrutschen des Auges" durch die breite Nasenwurzel von Lea bedingt ist. Eine endgültige Abklärung kann aber erst kurz vor dem zweiten Lebensjahr erfolgen. Sie hat sich mit ihrer Tochter in der Praxis und bei der Ärztin gut aufgehoben gefühlt.

Frau M. hat es (endlich) geschafft, zum Arzt zu gehen. Bereits in unseren ersten Kontakten ist mir das Schielen von Lea aufgefallen und ich hatte die Mutter gebeten, das medizinisch abklären zu lassen. Sie hat lange für diesen Schritt gebraucht, sicher auch aus der Angst heraus, dass eine Fehlsichtigkeit bei Lea festgestellt werden könnte und dadurch bedingte Konsequenzen folgen könnten. Aber Frau M. hat es geschafft – in ihrem eigenen Tempo. Dass jetzt bei Lea keine extreme Problematik bei den Augen festgestellt worden ist oder Maßnahmen nötig wurden, ermutigt sie vielleicht, weitere Untersuchungen leichter umzusetzen (z.B. beim Kardiologen). Mir macht es auch noch einmal sehr deutlich, dass ich Prozesse bei Frau M. zwar anstoßen, sie aber nicht beschleunigen kann, da zur Umsetzung Frau M. ihr eigenes Tempo benötigt und es sich auch nimmt.

Lea hat während des Gespräches damit begonnen, meinen Korb auszupacken. Sie zeigt dadurch die Vorfreude auf das beginnende gemeinsame Spiel. Die HPÜ-Einheit mit ihr hat jedoch einen festen Rahmen und einen festen Ort, nämlich das Zimmer von Lea. Also packe ich die Sachen und gehe mit ihr über die Treppenstufen, die zu unseren regelmäßigen Übungen grobmotorischer Fertigkeiten gehören, dorthin.

Zum Ritual ist neben dem **Begrüßungslied** auch die **Handmassage** geworden, die auch schon Leas Mutter in den Tagesablauf eingebaut hat. Mit leichtem Druck meines Daumens in Leas Handinnenfläche und meinen übrigen Fingern auf ihrem Handrücken beginne ich mit kreisenden Bewegungen und streiche dann die einzelnen Finger aus. Begleitet wird das Tun durch einen gesprochenen Vers:

Das ist der Daumen, der schüttelt die Pflaumen,
der hebt sie auf, der trägt sie nach Haus.
Und der kleine Schelm isst sie alle, alle auf.

Lea – Fallbeispiel von Sabine Bruns-Kruse 287

Karton mit Tüchern und Glöckchen
(Taktile Wahrnehmung, Kraftdosierung, visuelle Wahrnehmung, Auge-Hand-Koordination, Erkennen von Ursache und Wirkung, auditive Wahrnehmung – intermodale und seriale Wahrnehmungsverarbeitung)

Aus einer großen Pappschachtel stehen Zipfel von unterschiedlichen Tüchern hervor, an denen teilweise Glöckchen angebunden sind. Obwohl oder vielleicht gerade weil ich die Glöckchen schon lange nicht mehr mitgebracht habe, besitzen sie einen großen Aufforderungscharakter für Lea. Sie greift sowohl die kleineren als auch die größeren mit dem Pinzettengriff und zieht daran. Da die Tücher aus unterschiedlichem Material (Baumwolle, Chiffon, Seide) sind, muss Lea unterschiedlich viel Kraft aufwenden, um die Tücher aus der Kiste zu ziehen. Sie schüttelt die Glöckchen mit den Tüchern und nimmt die Glocken dann in den Mund. Dies ist ihr immer wiederkehrendes Muster zum Greifen und Begreifen der Umwelt. Während Lea weiter mit dem Tücher-Glöckchen-Karton spielt, baue ich mit der Mutter das Zelt auf. *(Schon dieses banale Aufbauen empfinde ich als harmonisches „Hand-in-Hand-Arbeiten". Dieses Gefühl des „Gemeinsamen-für-das-Kind-etwas-Tun" zieht sich wie ein roter Faden weiter durch die ganze Stunde.)*

Zelt
(Taktil-kinästhetische Wahrnehmung, Raum-Wahrnehmung, Grobmotorik, Ausbau des Funktionsspiels)

Lea ist das Zelt bereits bekannt. Es weckt ihr Interesse. Sie versucht hineinzulaufen, ist wegen der erhöhten Kante jedoch unsicher, lässt sich auf den Boden fallen und krabbelt in das Zelt. Dieses abwechselnde Lauf-Krabbel-Verhalten zeigt Lea jedes Mal, wenn sie unsicher ist. Sie ist zwar in der Lage zu laufen, ihre dominierende Fortbewegungsform ist aber immer noch das Krabbeln. Ich bedecke den Zeltboden mit Schaffellstücken. Frau M. wird nervös und bittet mich, Lea den Schnuller zu geben. Ich hatte vergessen, dass sich Lea Weihnachten an Teppichflusen verschluckt hatte. Ich frage Frau M. noch einmal, ob es wegen der Teppichflusen sei. Sie bejaht das. Mit dem Schnuller im Mund erforscht Lea das Fell-Zelt, nimmt die Felle in die Hand und bestreicht selbsttätig ihr Gesicht damit. Sie lässt sich von mir die Hände mit dem Fell streicheln, weicht aber aus, als ich ihr Gesicht damit streicheln möchte. Sie nimmt Fellstücke und bringt sie ihrer Mutter. Auch bei ihr lässt sie nur den Kontakt an den Händen zu. Kleinere Fellflusen versucht Lea nicht (wie von der Mutter befürchtet) in den Mund zu stecken, sondern legt sie unaufgefordert mir oder der Mutter in die Hand.

Das Zelt mit den Fellen bleibt im Mittelpunkt der HPÜ-Einheit. Nach und nach führe ich unterschiedliche Bälle und Kugeln (Noppenbälle, Holzkugeln, Tischtennisbälle) ein, die Lea betastet und mit dem Mund erforscht. Diese rolle ich in das Zelt, wo Lea sie zwischen den Schaffellstücken wiederfindet.

Schaukelstuhl
(Vestibuläre- und kinästhetische Wahrnehmung, intentionale Leistung)

Das Spiel wird unterbrochen, da Lea auf den in ihrem Zimmer stehenden Schaukelstuhl klettert und genussvoll schaukelt. Wie gut, dass sich Lea diese so wohltuende abwechslungsreiche Bewegungsform aussucht.

Sie zeigt so seriale und intentionale Leistungen und entwickelt Eigeninitiative, um ihre Bedürfnisse in unterschiedlichen Bewegungsreizen zu erleben. Der Rahmen der HPÜ bietet genügend Freiraum, diesen Bedürfnissen nachzugeben und in einer Spielsequenz von Lea geführt zu werden oder dem vom Kind initiierten Spiel nachzugehen. Dabei gehört es in einer HPÜ-Einheit auch zu den Kompetenzen einer Heilpädagogin, im Spiel zu führen und zu folgen.

Zwischen Lea und mir entwickelt sich eine intensive Kommunikation mit dem Glocken-Tücher-Karton. Lea lautiert in die Glocken und hält sie mir hin, um dies auch zu tun (intentionale Leistung). Vermehrt setzt Lea von sich aus Spiele ein, um sich in der aktiven Sprache weiterzuentwickeln. Die Fortschritte sind dabei für mich jedoch kaum hörbar. Auch wenn die Mutter sagt, dass ihre Tochter schon Wörter wie Licht und Ball sagen würde, hören sich die Äußerungen für mich doch immer sehr ähnlich an und mir fällt es schwer, darin Wörter zu erkennen. Eindeutig ist jedoch, dass nach monatelangem „Papapapa" jetzt auch ein deutliches „Mamamama" von Lea zu hören ist und dies von ihr auch zielgerichtet eingesetzt wird. Darüber ist Frau M. natürlich überglücklich.

Chi-Gong Kugel
(Triangulierung (Ich-Du-Objekt))

Ein intensives Spiel des Hin- und Herrollens entwickelt sich zwischen Lea und mir mit der Chi-Gong Kugel. Lea bleibt über einen längeren Zeitraum bei einem Spiel (*verweilen können*). Die Chi-Gong-Kugeln entsprechen in ihren Eigenschaften den Vorlieben von Lea. Sie sind hart, leuchtend und machen Geräusche. In dieses Roll-Spiel beziehen wir Frau M. mit ein, die sich mit uns auf den Boden setzt. So werden in dieser Sequenz spielerisch alle Personen durch das Material verbunden. Lea erlebt dabei die Polaritäten von Geben und Nehmen, von Festhalten – Loslassen und Wiederbekommen.

Nachzieh-Frosch
(Feinmotorik, Verstehen von Ursache-Wirkung)

Den hölzernen, leuchtend-grünen Nachziehfrosch findet Lea sehr interessant. Sie erforscht ihn ausgiebig mit Händen und Mund. Als ich ihn jedoch auf den Boden setze, ihn zu ihr hinziehe und dazu auch noch lautiere (Quakquak), ist er ihr ein wenig unheimlich. Sie weicht zurück. Also lasse ich den Frosch nicht zu ihr, sondern zu ihrer Mutter laufen. Die Beobachtung dieser Spielhandlung lässt Lea auch wieder Vertrauen zu dem Frosch finden und es entwickelt sich eine Spielsequenz, in der der Frosch zwischen uns Dreien hin und her wandert. In Momenten der Verunsicherung benötigt Lea noch die Rückversicherung der Heimbasis Mutter, einer übrig gebliebenen Verhaltensweise aus der Fremdelphase. Da die Mutter an der HPÜ-Einheit teilnimmt, kann die Rückversicherung unmittelbar erfolgen. Dies trägt zur größeren Vertrauensbildung bei Lea und der gestärkten Öffnung für neue Umweltreize bei. Die Umsetzung von „Kordel-in-die-Hand-Nehmen" und Nachziehen des Frosches, um damit die Fortbewegung des Frosches zu bewirken, fällt Lea noch schwer. Diese Handlungen müssen ihr immer wieder gezeigt und durch Handführung begleitet werden.

Der Anspruch an die feinmotorische Leistung ist so hoch, dass die seriale Verknüpfung, die in dieser Handlung liegt, für Lea noch nicht möglich ist.

Schaukeln im Schaukelstuhl
(Vestibuläre und kinästhetische Wahrnehmung)

Nach dieser Konzentrationsphase erklimmt Lea von sich aus noch einmal den Schaukelstuhl. Wieder bin ich beeindruckt von ihrem natürlichen Bedürfnis nach dem Wechsel von An- und Entspannung und ihren gezeigten serialen und intentionalen Leistungen. Wir beenden die HPÜ-Einheit mit unserem Schlusslied auf dem Schaukelstuhl.

Nachbemerkung

Während Frau M. und ich gemeinsam das Zimmer von Lea aufräumen, erzählt sie mir, dass sie mit ihrem Mann – wie schon lange geplant – an dem langen Wochenende für vier Tage mit Freunden wegfahren möchten. Sie erzählt mir von ihren Befürchtungen, dass Lea danach wieder sehr „klammern" würde. Außerdem berichtet sie über ihre eigene Angst, Lea nicht loslassen und dadurch auch nicht abschalten zu können. Allein der Trennungsgedanke wirkt sich bei ihr selbst schon psychosomatisch aus, sie hat Magenschmerzen und Durchfall. Andererseits hat sie das Gefühl, mal endlich „raus" zu müssen. Im Gespräch, in dem ich die Emotionen von Frau M. aufgreife und ihr widerspiegle, kommen Frau M. und ich in einen regen Austausch. Ich versuche, ihr zum Abschluss unseres Gespräches zu vermitteln, dass ich in den letzten Begegnungen mit Lea den Eindruck gewonnen hätte, dass sie emotional stabiler sei und ich keine Regression in die Fremdelphase erwarten würde. Ich bestärke Frau M. darin, ihre Tochter für die Ferienzeit loszulassen, da ich den Eindruck habe, dass sie in den Tagen bei ihr bekannten Personen gut versorgt ist. Und ich bestärke sie darin, auch für sich selbst zu sorgen, um gestärkt durch eigene Erfahrungen, wieder den Alltag besser meistern zu können.

Reflexion

Nicht alle HPÜ- Einheiten verlaufen so „bilderbuchmäßig". Aber hier war von allen Elementen etwas vorhanden und den Ablauf bewerte ich als stimmig aufeinander aufbauend. Die Spielführung und Spielbegleitung erlebte ich als ein wechselseitiges Ineinandergreifen von aktiven und passiven Sequenzen. Es erfordert von mir Flexibilität, die Bedürfnisse von Lea einerseits zu erspüren und darauf einzugehen – andererseits, ihr immer wieder neue Angebote zu machen, um die Lebendigkeit in Spiel und Übung zu erhalten.
Die Beziehung zwischen Frau M. und mir ist so gewachsen, dass sie mich als wichtige Ansprechpartnerin erfährt, von der sie Anregungen für die Entwicklung und die Beziehungsgestaltung zu Lea sucht. In wie weit und in welchem Tempo sie diese umsetzt, überlasse ich dann ihrer Verantwortung. Diese Entwicklung gehört zu einem Lernprozess bei mir selbst – und zu einem gewandelten Verständnis von Elternarbeit in der Heilpädagogik. Elternarbeit heute und besonders in der Frühförderung bedeutet, dass sich Eltern und Heilpädagogen als Partner in einem Kooperationsprozess begegnen. Eltern werden als Fachleute für ihre Kinder verstanden, ohne dass sie dabei ihre Rolle als Eltern verlieren. Mit meiner Fachkompetenz als Heilpädagogin und der Kompetenz der Eltern wird ein gemeinsamer Weg für das Kind gesucht. Die Umsetzung, wie der Weg gegangen wird, liegt allein in der Verantwortung der Eltern. So kommt mir als Heilpädagogin die Aufgabe zu, Frau M. fachspezifische Hilfe anzubieten, die sie in ihrer Elternrolle unterstützt und ihr Handeln respektiert.

14 Auswertung und Prognose zur weiteren Begleitung

„Lea (2;2 J) ist auf einem guten Weg." – dieser Satz hört sich zwar sehr floskelhaft an, umschreibt aber passend das Resümee der bisherigen Begleitung. Durch gezielte Förderung und Unterstützung der Familie konnten bei Lea bisher die meisten der formulierten Lernziele erreicht werden. Das Richtziel der „Auseinandersetzung mit sich, der sozialen und dinglichen Umwelt" wird weiter bestehen bleiben und die Nah- und Lernziele werden dem Entwicklungsverlauf und den erworbenen Kompetenzen und Ressourcen von Lea angepasst werden. Sowohl sie selbst als auch ihre Mutter benötigen ihr jeweils eigenes Entwicklungstempo. So dauert es nun mal länger, bis Lea beim Essen selbständiger wird, weil sie dabei von der Mutter abhängig ist – und diese ihre Angst noch nicht überwunden hat. Aber es zeigen sich auch in diesem schwierigen Bereich Fortschritte.

Lea wird aufgrund der Trisomie 21 eine lebenslange Begleitung mit unterschiedlichen Förderschwerpunkten benötigen. Wo diese gesetzt werden müssen, ist teilweise zu vermuten, aber nicht wirklich vorauszusehen. Zurzeit sehe ich die größten Entwicklungsverzögerungen bei Lea in der Feinmotorik und in der Sprachentwicklung, besonders in der Sprachproduktion bzw. in der verbalen Kommunikation. Da Lea große Freude an Handmassage und Fingerspielen zeigt, werden diese auch weiter ihren Platz in der Begleitung finden und nach Bedürfnissen von Lea variiert werden. Zur Kommunikationsförderung werde ich in den nächsten Tagen das GUK System einführen.

Die Gebärden Unterstützende Kommunikation (GUK) wurde von Etta Wilken entwickelt. Sie geht davon aus, dass in der normalen Sprachentwicklung der Gebrauch von Gesten dem gesprochenen Wort vorausgeht. Kinder zeigen auf etwas, wenn sie es haben wollen, bevor sie es benennen können oder sie heben die Arme, um hochgenommen zu werden. Der Gebrauch von Kniereiterversen und Fingerspielen bezieht sich auf die Fähigkeit, mit Gesten und Mimik antworten zu können. Dies setzt die Entwicklung des Symbolverständnisses voraus. Das Sprechen wird nicht ersetzt, sondern durch Gebärden unterstützt. Erlernt werden die Gebärden durch Bilder- und Symbolkarten.

Da Lea Imitationsverhalten zeigt, eine erste Objektkonstanz entwickelt hat und über seriale und intentionale Leistungen verfügt, werde ich die ersten Gebärden bei ihr einführen – aufbauend auf ihren momentanen Interessen.

Die Frühförderung für Lea ist bis zu ihrem Eintritt in den Kindergarten genehmigt worden. Die Weiterführung ist abhängig vom Kindergarten, den Lea besuchen wird und den gesetzlichen Bestimmungen, die die Finanzierung regeln und die in jedem Bundesland und jedem Landkreis anders sind.

Die Mutter ist auf der Suche nach dem richtigen Kindergarten für ihre Tochter. Dabei spielen unterschiedliche Überlegungen eine Rolle. Ein Kindergarten im Ort würde Lea eine Integration in die soziale Umgebung geben können, kann aber nicht so viel einschlägige Förderung anbieten, weil er nicht integrativ arbeitet. Ein Heilpädagogischer Kindergarten würde tägliche Busfahrten für Lea in die 20 km entfernte Einrichtung erfordern, eventuelle Isolation von der Dorfgemeinschaft bedeuten, aber die bestmögliche Förderung anbieten. Gemeinsam mit der Mutter werde ich mich auf den Weg machen, um die Schwerpunkteinrichtung zu besuchen, da bei ihr eine gewisse Schwellenangst zu beobachten ist. Die Einrichtung im Ort sucht sie selbst auf. Ich kann sie in ihrer Entscheidungsfindung unterstützen, aber die letzte Entscheidung trifft sie mit ihrem Mann. Eine weitere Begleitung der Mutter zur Bearbeitung der Behinderung der Tochter halte ich für dringend erforderlich, da ich in unseren Kontakten gemerkt habe, dass punktuell immer wieder Gesprächsbedarf unter fachlichen Aspekten vorhanden ist.

Zwischen der Mutter und mir ist im Verlauf der Begleitung eine große Nähe entstanden. In dem Prozess haben wir uns kennen- und schätzen gelernt. Wir haben die hier geschilderte Krise durchlebt und gemeinsam Freuden über Weiterentwicklung und Enttäuschung über Stagnationen in der Entwicklung erlebt.

Es ist ein Geschenk, ein Kind mit Trisomie 21 begleiten zu können und sich von seiner Offenheit und Zuneigung anrühren zu lassen. Und es ist auch ein Geschenk, von einer Mutter in die Familie eingeladen zu werden, um als Heilpädagogin ihnen und ihrem Kind so nahe sein zu können und ein Stück gemeinsamen Weg so vertraut, und doch professionell distanziert miteinander gehen zu können.

Eine ganz wichtige positive Zukunftsperspektive, die ich für Lea sehe, ist, dass sie in eine Familie und Ortsgemeinschaft geboren wurde, die sie liebt und akzeptiert. Damit hat sie beste Voraussetzungen erhalten, zu einem gefühlsstabilen und glücklichen Kind heranzuwachsen, denn

> „Mit einer Kindheit voller Liebe kann man es ein halbes
> Leben hindurch für die kalte Welt aushalten." (Jean Paul)

Jule – Fallbeispiel von Evelyn Rief

Begegnung mit Jule in der Heilpädagogischen Übungsbehandlung

„Ich spiele, also bin ich!"
(Wolfgang Dietrich)

Die Begegnung mit Jule fand während meines Heilpädagogik-Studiums im Rahmen des Praxissemesters in einer heilpädagogischen Frühförderstelle statt und hat mich in der Identifikation als Heilpädagogin entscheidend geprägt. Heilpädagogik ist für mich vor allem ein Gefühl, eine Intuition, die fachlich fundiert reflektiert werden muss. Gefühle entstehen in Begegnung und lassen eine Beziehung wachsen. Heilpädagogik ist für mich Begegnung. Als ich Jule das erste Mal in einer Spielstunde mit meiner Anleiterin begegne, fühle ich eine Zuneigung zu ihr, durch die in mir der Wunsch entsteht, sie näher kennenzulernen und ihre weitere Begleitung zu übernehmen. Jule ist 3;0 Jahre alt. Ihr äußeres Erscheinungsbild gleicht dem eines Kindes von 11 Monaten. Ein Hydrocephalus ist unübersehbar. Die typischen Merkmale eines frühgeborenen Kindes – wie eine dünne, marmorierte Haut – sind deutlich zu erkennen. Doch diese schrecken mich nicht ab. Jule strahlt Lebendigkeit, Liebenswürdigkeit, Lebensfreude und Lebenswillen aus. Dies steckt mich sofort an. Bei unserer dritten Begegnung streichelt Jule mir über meine Wange. Dies ist ein sehr vertraulicher und berührender Moment. Ich verstehe ihn als einen Ausdruck, mit dem Jule mir mitteilt, dass auch sie mich näher kennenlernen möchte, mir vertraut und mit mir zusammen spielen möchte. Jule und ich haben ein Jahr zusammen gespielt.

In dieser Zeit habe ich erkennen können, dass das Spiel viele Möglichkeiten bietet, sich Jule, einem Kind mit schwerer Behinderung, natürlich zu nähern – vor allem im Sinne einer heilpädagogischen Beziehungsgestaltung. Im Spiel beim Kind mit schwerer Behinderung geht es immer darum, dem Kind die ihm mögliche Selbsttätigkeit zu erhalten, zu ergänzen, zu differenzieren und zu stabilisieren. Auf dem Entwicklungsweg des Kindes verstehe ich mich als Begleiterin auf einem Weg(abschnitt), auf dem ich dem Kind Impulse und Stützen anbiete. Dabei bin ich mit dem Kind in einem ständigen Dialog.

1 Vorstellungsanlass

Jule ist zur Zeit der Vorstellung in der Frühförderstelle 11 Monate (korrigiert 7 Monate)[1] alt. Die ersten Lebensmonate verbrachte sie aufgrund ihrer extremen Frühgeborenheit (24. SSW) in einem Universitätsklinikum. Ihre Mutter meldete sie auf Anraten des Stationsarztes zur Förderung sowie zur Entwicklungsdiagnostik im Verlauf an. Weiterhin soll eine Beratung der Eltern stattfinden.

---

[1] Das *korrigierte Alter* wird bestimmt, indem zwischen dem errechneten Geburtstermin und der erreichten Schwangerschaftswoche die Differenz gebildet wird. Die sich damit ergebende Wochenzahl wird vom errechneten Lebensalter abgezogen.

2 Medizinische Diagnose

- Globale Entwicklungsverzögerung bei einem Zustand nach (Z.n.) Zwillingsschwangerschaft und Frühgeborenheit in der 24. SSW
- Z.n. schwerer mütterlicher Gestose[2]
- Z.n. feto-fetalem Transfusionssyndrom[3]; die Zwillingsschwester ist am dritten Lebenstag verstorben
- Intraventrikuläre Hämorrhagie III. Grades[4]
- Zunehmender Hydrocephalus internus[5]
- Atemnotsyndrom III. Grades
- Z.n. gedeckter Perforation im Bereich des Ileums[6]
- Langzeitparenterale Ernährung[7]

3 Übernahme durch die Studierende

Zum Zeitpunkt der Übernahme ist Jule 3;0 Jahre (korrigiert 2;8 Jahre) alt. Ich habe Jule durch Hospitationen in den Förderstunden meiner Anleiterin kennengelernt. Nach sechs gemeinsamen Spielstunden habe ich Jules Begleitung nach Absprache mit den Eltern übernommen.
Die zusätzliche Fallberatung seitens der Katholischen Hochschule NRW, Abteilung Münster erleben die Eltern als eine Bereicherung. Durch eine noch intensivere Auseinandersetzung mit Jule und ihren Lebensthemen erhoffen sie sich eine positive Entwicklung für ihr Kind. Die Eltern bringen dieser Begleitung Wertschätzung entgegen.

4 Die Familie

Die erste Zeit als Familie ist sehr belastet. Die Eltern müssen den Schock der zu frühen Geburt überwinden, auf den der Verlust der verstorbenen Tochter und der Überlebenskampf von Jule folgen. Eine Krise folgt der nächsten. Die Eltern müssen sich plötzlich mit Themen auseinandersetzen, auf die sie nicht vorbereitet waren. Die nächsten Jahre drehen sich vor allem um Jule und um ihr Überleben. Sie sind geprägt von Trauer, Wut, Sorgen, Ängsten, aber auch von Momenten des Glücks und der Hoffnung.

Seitdem sich Jules Gesundheitszustand stabilisiert hat, ist es der Familie möglich, soziale Kontakte zu knüpfen wie z.B. in der Eltern-Baby-Gruppe. Die Eltern engagieren sich in einer Selbsthilfegruppe. Ab diesem Zeitpunkt nehmen sich die Eltern wieder Zeit für sich und ihre Paarbeziehung. Sie besuchen Schützenfeste oder treffen sich mit Freunden. Sie beginnen, Normalität zu leben.

---

[2] sog. Schwangerschaftsvergiftung.
[3] Blutaustausch der Zwillinge im Uterus.
[4] Hirnblutung (> Teil II, 1.3).
[5] sog. Wasserkopf, ist mit einem Shunt versorgt.
[6] Operation und Zustand nach einem Darmdurchbruch.
[7] künstliche Ernährung unter Umgehung des Magen-/Darm-Traktes z.B. intravenös.

Jule lebt zusammen mit ihren leiblichen Eltern und den Großeltern väterlicherseits in einem renovierten Bauernhaus in einer ländlichen Umgebung. Die Familie bewohnt das obere Stockwerk. Jule hat ein eigenes Zimmer, das sehr liebevoll eingerichtet ist. Der Vater (31 Jahre) arbeitet als Handwerker. Er ist Vollzeit tätig. Die Mutter (28 Jahre) arbeitet zwei Tage die Woche als Kauffrau. Die Eltern verfügen über ausreichende finanzielle Ressourcen. Die Mutter ist die Hauptbezugsperson. Während ihrer Berufstätigkeit wird Jule meist von den Großeltern, die auch im Haus wohnen, betreut. Jule lebt in einem harmonisch gebundenen Familiensystem. Auch ihre Onkel und Tanten kümmern sich um sie.

Die Eltern besuchen regelmäßig das Grab der verstorbenen Tochter. Sie wurde bei ihrem Großvater beerdigt. In meiner Gegenwart reden die Eltern selten über sie. Die Mutter hat darum gebeten, nicht auf die verstorbene Tochter und den Verlust angesprochen zu werden. Sie sei dafür noch nicht bereit.

5   Entwicklungsleiste

Es ist eine biographische Sichtweise erforderlich, um Jule in ihrem „So-Geworden-Sein" verstehen zu können. Die ausführliche Entwicklungsleiste (> Teil V, 2.8.1) stellt die Ereignisse auf Jules Lebensweg, die Beschreibung von Situationen, das explorierte Erleben und Verhalten bezogen auf Jule und ihre Eltern dar. Mit Hilfe von ausgewählten Theoriekonstrukten, lassen sich die diagnostisch relevanten Teilhypothesen ableiten.
Die *medizinischen Aspekte* (> Teil II, 1) sind für Jules Geworden-Sein bedeutsam, da sie als sehr unreifes Frühchen geboren wurde und sich diese organische Unreife auf ihre weitere Entwicklung auswirken wird.

Das Erklärungsmodell zum *Bindungsverhalten nach M. Mahler* (> Teil II, 2.1) ist für Jule und ihre Entwicklung von besonderer Relevanz, da von erschwerten Bedingungen für die Bindungsentwicklung zwischen Jule und ihren Eltern aufgrund der einhergehenden Probleme und Komplikationen einer Frühgeburt auszugehen ist.

Ich habe die *sensomotorischen Lebensweisen* (> Teil III, 1) gewählt, da Jule sehr lange in der ersten Lebensweise *„Überleben"* gelebt hat. Diese Theorie beschreibt differenziert Entwicklungsstufen und erlaubt damit eine Annäherung an die Lebensrealität von Jule, wie sie sich im eigenen Körper, wie auch in der Welt zurechtfindet. Sie ermöglicht ein Verstehen-Wollen ihrer Lebensthemen, die so am eindrücklichsten wiedergegeben werden können.

Die genannten Theoriekonstrukte werden nicht konsequent bei jedem Ereignis auf Jules Lebensweg miteinbezogen, sondern nur an den Stellen, bei denen sie eine Relevanz haben. Die Entwicklungsleiste ist das Prozessergebnis aus der Begleitung der Eltern – vor allem der der Mutter. Erst durch das Entstehen einer vertrauensvollen und tragfähigen Beziehung zwischen der Mutter und mir, ist es ihr möglich gewesen, über Jules Leben und ihr eigenes Erleben zu erzählen.

Entwicklungsleiste: Jule (3;8 Jahre, korrigiert 3;4 Jahre)

Familie, Ereignisse auf dem Lebensweg	Alter des Kindes	Beschreibung der Situation, exploriertes Erleben und Verhalten bezogen auf Kind und Bezugspersonen	Medizinische Aspekte; Ausgewählte Theoriekonstrukte: M. Mahler Bindungsverhalten; W. Mall Sensomotorische Lebensweisen (SmLw)	Diagnostisch relevante Teilhypothesen
Vater: 31 Jahre, Handwerker; Mutter: 28 Jahre, Kauffrau;				
Schwangerschaft	Pränatal	Es ist die erste Schwangerschaft der Mutter. Die Eltern freuen sich über die Nachricht, Zwillinge zu bekommen. Es sind Wunschkinder. Die Schwangerschaft verläuft bis zur 24. Schwangerschaftswoche (SSW) unauffällig. Die Mutter beschreibt bis dahin eine schöne Schwangerschaft. In der 24.SSW erleidet die Mutter eine EPH-Gestose (Schwangerschaftsvergiftung), die sich vor allem durch Wassereinlagerung in den Beinen der werdenden Mutter bemerkbar macht.	**Medizinische Aspekte** Intrauterine Entwicklung: Organe werden ausgebildet und ausdifferenziert, Wahrnehmungsorgane funktionieren, Ausdifferenzierung des Vorderhirns und der Hirnhemisphären, Kleinhirn noch rudimentär, Hautsinne beginnen sich auszubilden, Föten bewegen sich immer mehr, taktile und Schmerzreize werden unterschieden, Ausbildung der Atmung beginnt, erste taktil-kinästhetisch-vestibuläre Verknüpfungen entstehen, Kinder sind mütterlichen physischen und psychischen Prozessen ungeschützt ausgesetzt; **SmLw:** **Einheit** „Es ist gut, dass ich da bin. Ich bin in Sicherheit geborgen."	**Medizinische Aspekte:** Die Kinder entwickeln sich intrauterin unauffällig; nach der mütterlichen Diagnose wirken sich die körperlichen Vergiftungserscheinungen der Mutter, ihre Ängste, Sorgen und der Stress ungefiltert und ungünstig auf die beiden Feten aus. **Bindungsrelevanz:** *Jule:* Bis zur 24. SSW fühlt sie sich mit ihrer Zwillingsschwester gut aufgehoben, sie sind miteinander in Harmonie; *Mutter:* sehnsüchtige und freudvolle Erwartung; ist mit den Kindern in Harmonie, fühlt sich bis zur 24. SSW in Sicherheit; **SmLw:** Jule erlebt sich als positive Einheit mit ihrer Zwillingsschwester und ihrer Mutter.

Jule – Fallbeispiel von Evelyn Rief

	Perinatal			
Geburt Jule: 740 g, 32 cm, 27 cm Kopfumfang, APGAR-Werte 2/7/7 (> Teil II, 1.2); Diagnose: fetofetales Transfusionssyndrom; Atemnotsyndrom III. Grades, Hydrocephalus internus, Hirnblutung III. Grades Zwillingsschwester: 525g		Der Mutter geht es plötzlich so schlecht, dass „sie nicht mehr kann". Sie muss ins Krankenhaus eingeliefert werden. Nach 24 SSW erfolgt die Geburt per primärer sectio in einem städtischen Krankenhaus. Die zu früh geborenen Kinder müssen in den Inkubator. Es sind sofort intensivmedizinische Maßnahmen erforderlich. Sie werden intubiert und über einen Monitor überwacht. In dieser Entwicklungsphase, die erhöht verwundbar ist, muss Jule auf ihre Mutter verzichten. Zudem muss Jule sich von ihrer Zwillingsschwester trennen. Die Mutter ist im Krankenhaus bei ihren Kindern. Die Eltern sind aufgrund der zu frühen Geburt und des zu geringen Geburtsgewichts ihrer Kinder in großer Sorge.	**Medizinische Aspekte** Jule ist ein sehr unreifes Frühchen: unreife Organe, keine eigenständige Atmung möglich, kein selbstständiges Schlucken, Regulation der Körpertemperatur nicht möglich **normale autistische Phase (Mahler)** ein primärer und vegetativer Zustand, in dem das Kind überwiegend auf sich bezogen ist; Mutter stellt sich auf das Kind ein, lernt kindliche Signale zu verstehen und sorgt für eine unmittelbare Befriedigung aller Bedürfnisse, dadurch erwächst im Kind das Empfinden „in der Welt aufgenommen zu sein" und es speichert Erlebnisse als diffuse Grundeinstellungen auf der Leibebene.	**Medizinische Aspekte:** Extreme Todesangst aufgrund von Atemproblemen, Gefahr des Erstickens löst Panik aus; neurologische Schädigungen, ZNS ist noch nicht ausgereift, so dass extrauterine Reize sensorisch nicht verarbeitet werden können. **Bindungsrelevanz:** *Jule:* Sie wird aus der Geborgenheit im Mutterleib in die Welt „gerissen". Dieses plötzliche Da-sein ist vergleichbar mit einer Schocksituation. Sie erlebt Mangel an Geborgenheit. Das Bedürfnis nach unmittelbaren taktilen Erfahrungen (körperliche Nähe und Hautkontakt zur Mutter und Schwester) wird nicht befriedigt. Jule erlebt plötzlich emotionale Verlassenheit. Belastende Gefühle werden vermittelt: Das Leben ist schwer, die Welt abweisend. Sie ist nicht nur körperlich unreif, sondern auch emotional. *Mutter:* Sie ist noch nicht auf die Geburt und ihr Mutter-Da-sein vorbereitet. Gefühle des Verlassen-Seins, der Verzweiflung und des Ausgeliefert-Seins entstehen. Habe ich die Kinder überhaupt geboren? Wie sehen sie aus? Die Mutter wird sich in erster Linie „leer" fühlen. Was darf ich fühlen? Was soll ich fühlen? Fühle mich amputiert! Die Gestose und Sectio fühlen sich für die Mutter krank an. Schock. Die Geburt ist ein traumatisierendes Erlebnis. *Mutter-Kind-Interaktion:* Der erste postnatale Bindungsaufbau ist nicht möglich. Jule und die Mutter können aufgrund der räumlichen Distanz und der

Nottaufe; Tod der Zwillingsschwester	Postnatal 3 Tage	Der hoch belastende Zustand hält an, dramatisiert sich immer weiter. Er wird lebensbedrohlich. Beide Kinder werden notgetauft. Jule verliert ihre Schwester, während sie selbst um ihr eigenes Überleben kämpft. Dramatischer kann Leben nicht beginnen. Durch die Nottaufe kommt es zum ersten körperlichen Kontakt zwischen den Eltern und den Kindern. Die Eltern haben große Angst, dass Jule ebenfalls nicht überlebt.	**normale autistische Phase (Mahler)** ein primärer und vegetativer Zustand, in dem das Kind überwiegend auf sich bezogen ist; Mutter stellt sich auf Kind ein, lernt kindliche Signale zu verstehen und sorgt für eine unmittelbare Befriedigung aller Bedürfnisse, dadurch erwächst im Kind das Empfinden „in der Welt aufgenommen zu sein" und es speichert Erlebnisse als diffuse Grundeinstellungen auf der Leibebene	**SmLw:** **Überleben** „Ich bin mit dem Nötigen an Leib und Seele gut versorgt."	emotionalen Überforderung nicht zueinander finden. Beiden fehlt das wohltuende Körper-/Leiberleben. Auch die Mutter kämpft um Jules Überleben, d.h. sie muss verdrängen, um zu funktionieren. Jule und die Mutter befinden sich in existentieller Not. **SmLw:** Es gibt schon modale Leistungen. Erste taktil-kinästhetisch-vestibuläre Verknüpfungen werden durch hirnorganische Traumata wieder aufgelöst; visuelle und akustische Reizüberflutung; Jule wird *künstlich* am Leib versorgt und am Leben erhalten, es geht um ihren Überlebenskampf, Jule zeigt hier schon ÜBERLEBENS/Lebenswillen. Jedoch reichen intensivmedizinische Maßnahmen nicht zum Überleben aus, auch die Seele muss versorgt werden, was sehr erschwert ist. Jule erlebt weiterhin sowohl seelischen als auch körperlichen Schmerz. **Bindungsrelevanz:** *Jule:* Gefühle des Alleinseins, der Abhängigkeit und des Ausgeliefertseins entstehen. Durch die Distanz zu den Eltern kann Bindung nicht unmittelbar gestaltet werden und es kommt bei Jule zur verstärkten Irritierbarkeit, zu vermehrter Unruhe und zu medizinischen Komplikationen. *Eltern:* Die Taufe verstehen die Eltern als Glaubensritual. Mit der Taufe wollen sie noch etwas Gutes tun. So können sie „Ja" sagen zum Abschied, den Tatsachen ins Auge sehen.

		SmLw: **Überleben** „Ich bin mit dem Nötigen an Leib und Seele gut versorgt."	
			Mutter-Kind-Interaktion: Beide kommen nicht zur Ruhe und haben keine Zeit füreinander. Die existentielle Not besteht weiterhin. **SmLw:** Jule ist weiterhin nicht mit dem Nötigen an Leib und Seele versorgt. Modalitätsspezifische Bewegungen sind massiv reduziert.
Verlegung in die Uniklinik; zahlreiche (Notfall) Operationen	3 Wochen	Der Zustand hält weiterhin an und bleibt dramatisch bis lebensbedrohlich. Jule wird mit Verdacht auf Enterocolitis (Entzündung des Darmes) zur Diagnostik und Therapie eingewiesen. Sie toleriert keine orale Nahrung mehr. Am selben Tag wird eine Laparotomie (Eröffnung der Bauchdecke) durchgeführt. Dabei werden der Durchbruch des Darmes, die Verwachsungen mit der Bauchdecke sowie harte Kotballen entdeckt. Es erfolgt die Anlage eines Anuspraeter (künstlicher Darmausgang). Postoperativ verläuft es bis zum fünften Tag komplikationslos. Danach zeigt sich der Bauch gespannt sowie schmerzempfindlich. Der Bauchraum wird erneut eröffnet. Jules Mutter kann nicht im Krankenhaus übernachten, da Jule auf der Kinderintensivstation liegt. Außerdem hält es die Mutter nach dem Tod der Zwillingsschwester nur schlecht im Krankenhaus	**normale autistische Phase (Mahler)** ein primärer und vegetativer Zustand, in dem das Kind überwiegend auf sich bezogen ist; Mutter stellt sich auf Kind ein, lernt kindliche Signale zu verstehen und sorgt für eine unmittelbare Befriedigung aller Bedürfnisse, dadurch erwächst im Kind das Empfinden „in der Welt aufgenommen zu sein" und es speichert Erlebnisse als diffuse Grundeinstellungen auf der Leibebene	**Bindungsrelevanz:** *Jule:* Zu wenig Momente der Zuneigung, Momente der Dramatik überwiegen. Jule fühlt sich allein, völlig halt- und orientierungslos. *Eltern:* Mutter erlebt das Krankenhaus als dauerhafte Extremsituation; aus Liebe zu Jule nimmt sie alles erdenkliche auf sich; sie muss funktionieren, was ein Schutz sein kann; die Mutter erlebt Angst, Verdrängung, Wut, Beschämung, Insuffizienzgefühle, Disziplin, Aktionismus, Ohnmacht, Schuldgefühle ... einen „Horrortrip"; wohltuende Muttergefühle können kaum entstehen; die Eltern geben sich gegenseitig Halt; *Mutter-Kind-Interaktion:* Die Beziehung erfährt extreme Belastungen durch diese bedrohliche Situation. Sorge und Angst um das Leben von Jule lassen die Mutter nicht frei und unbeschwert agieren, um Jule eine sichere Basis sein zu können. Ein Kangorooing ist nicht möglich. Die Mutter erlebt sich unfähig, ihrer noch lebenden Tochter das Nötige an Versorgung zukommen zu

		aus. Die Mutter ist traumatisiert von ihren Erfahrungen im Krankenhaus. Sie besucht Jule zweimal täglich. Sie hat einen Anreiseweg von über 50 km. Der Vater kommt jeden Abend zu Jule. Jule erlebt die nächste Zeit in greller, fremder Umgebung. Sie wird gepiekst und untersucht.	**SmLw: Überleben** „Ich bin mit dem Nötigen an Leib und Seele gut versorgt."	lassen. In der Wiederholung und im Dauerzustand gravieren sich „schwere" Erlebnisse bei Jule und der Mutter ein. **SmLw:** Das Thema bleibt negativ besetzt. Jules Wahrnehmungsentwicklung erfährt immer wieder Einbrüche, ist irritiert und stagniert. Das taktile Erleben ist schmerzlich besetzt. Das unreife Gehirn des sehr früh geborenen Kindes ist mit der Reizverarbeitung überfordert wie z.B. schnelle Berührungen, permanente akustische und visuelle Reize auf der Intensivstation. Jule kann sich keine Vorstellung vom eigenen Körper machen, da sie fast keinen Unterschied zwischen „Innen" und „Außen" erlebt. Gefühle des Verlustes dieser Einheit im Körper und damit auch Angst und Unsicherheit sind Konsequenzen. Das körperliche Schmerz-Erleben wird sich dauerhaft in ihre Leiblichkeit einbrennen.
Umstellung von Frühgeborenennahrung auf Muttermilch	0;3 Jahre	Jule toleriert die abgepumpte Muttermilch über die Nasensonde. Der Nahrungsaufbau kann zunächst bis auf 8x24 ml weitergeführt werden. Es erfolgt jedoch keine Gewichtszunahme.	**normale autistische Phase (Mahler)** ein primärer und vegetativer Zustand, in dem das Kind überwiegend auf sich bezogen ist; Mutter stellt sich auf Kind ein, lernt kindliche Signale zu verstehen und sorgt für eine unmittelbare Befriedigung aller Bedürfnisse, dadurch erwächst im Kind das Empfinden „in der Welt aufgenommen zu sein" und es speichert Erlebnisse als diffuse Grundeinstellungen auf der Leibebene	**Bindungsrelevanz:** *Mutter:* Das schmerzhafte Abpumpen der Muttermilch tut sie für ihr Kind; es ist Ausdruck ihrer mütterlichen Liebe. Hierüber intensiviert sich auch die gefühlsmäßige Nähe zu Jule. Es entsteht eine neue Qualität, die auch Jule spürt. Die Mutter kann ihre Tochter endlich an Leib und Seele versorgen. Positive Gefühle wie „ich bin gut", „endlich kann ich mein Kind versorgen" entstehen parallel zu Gefühlen wie „ich würde doch gern selbst stillen und Nähe erfahren" bis zuletzt wieder Insuffizienzgefühle spürbar werden: „die Milch reicht nicht", „ich bin enttäuscht", „ich genüge nicht als Mutter".

			SmLw: **Sich in Bewegung Erleben** „Ich spüre meinen Körper und seine Möglichkeiten, erlebe mich lustvoll in Bewegung" (modalitätsspezifische Wahrnehmung)	**SmLw:** Jule fühlt sich gut versorgt. Modale Qualitäten können sich entfalten und stabilisieren sich, jedoch stagniert der Prozess erneut.
Shunt-OP aufgrund einer Hirnblutung	0;4 Jahre	Die OP verläuft ohne Komplikationen.		
Broviac-Implantation	0;4 Jahre	Über den Broviac-Katheter erhält Jule parenterale Ernährung. Parallel wird der Nahrungsaufbau mit Muttermilch unterstützt.		
Broviac-Explantation	0;6 Jahre	Jule ist soweit oralisiert, dass die parenterale Ernährung beendet werden kann. Sie nimmt in dieser Zeit trotzdem leicht an Gewicht ab. Nach weiteren Komplikationen nimmt Jule immer mehr ab und zeigt eine eingefallene Fontanelle. Es wird neben der Muttermilch eine Teefütterung begonnen sowie eine Nahrungsumstellung vorgenommen. Nachts werden die Mahlzeiten weiterhin über eine Nasensonde verabreicht. Sie nimmt zu.	**SmLw:** **Überleben** „Ich bin mit dem Nötigen an Leib und Seele gut versorgt."	**SmLw:** Die inneren und äußeren Bedingungen bleiben für Jule extrem belastend. Auf der leiblichen Ebene sammelt sie kontinuierlich schmerzvolle Erfahrungen: Das taktil-kinästhetisch-vestibuläre System kann wieder keine positiven Erlebnisse auswerten; es bleibt im negativen Sinne hoch sensibilisiert. Die andauernden schmerzhaften Erfahrungen werden auf der Leibebene tiefergehend eingeprägt.
Implantation eines VA-Shunt	0;7 Jahre	Jule zeigt sich postoperativ stabil.		
Anmeldung Frühförderung	0;8 Jahre			
Entlassung aus der Uniklinik	0;9 Jahre	Jule wird mit einem Körpergewicht von 3270g, Körperlänge 51,5 cm, Kopfumfang 37,4 cm entlassen. Sie wird mit		**Medizinische Aspekte:** Es tritt eine Entspannung und Stabilisierung der Situation ein.

		einem Heimmonitoring mit Herz-, Atemfrequenz und Sauerstoffsättigung versorgt. Sie hat ein eigenes Sauerstoffgerät. Weiterhin muss sie 18 Medikamente einnehmen. Die Eltern werden in die Handhabung der medizinischen Geräte eingeführt. Seit Jule zu Hause ist, schläft sie viel und entwickelt sich sehr gut.	**symbiotische Phase (Mahler)** Erleben des „Einsseins" von Mutter und Kind, nahtloses Ineinanderfließen von Bedürfnis und Bedürfnisbefriedigung; über das Spiegeln werden Gefühlszustände abgestimmt; Bindung beginnt zu wachsen; ein Ich-Gefühl entwickelt sich auf der Körper-Ebene (rudimentäres Körper-Ich)	**Bindungsrelevanz:** *Eltern-Kind-Interaktion:* Das Gefühl, eine Familie zu sein, kann entstehen. Die Eltern und Jule können miteinander positive Nähe erfahren. Das lässt Bindungsverhalten wachsen. Gleichzeitig stehen die Eltern vor einer großen Herausforderung. Die intensive Sorge um Jule bleibt bestehen.
Physiotherapie nach Bobath im Rahmen von Hausbesuchen	0;9 Jahre			
Greifen	0;10 Jahre	Jule greift das erste Mal nach Gegenständen in ihrer unmittelbaren Umgebung.	**SmLw: Die Umwelt mit den Sinnen entdecken** „Ich bin offen für Neues, ich kann mit meinen Sinnen genießen." (intermodale Wahrnehmung)	**SmLw:** Jule kann sich eigenaktiv auf die Umwelt einlassen, die Gegenstände sinnlich erfahren und sich damit in Bewegung auseinander setzen. Jule erlebt eine neue Bewegungsmöglichkeit ihres Körpers. Intermodale Leistungen entfalten sich: sehen (visuelle Wahrnehmung) und greifen (taktilkinästhetische Wahrnehmung) verknüpfen sich: erste Koordinationsleistungen entstehen über Verbindungen von Körper- und Raumwahrnehmung. Die Selbstwahrnehmung stabilisiert sich über positive Reize und deren Beantwortung.
Soziales Lächeln	0;10 Jahre		**symbiotische Phase (Mahler)** Erleben des „Einsseins" von Mutter und Kind, nahtloses Ineinanderfließen von Bedürfnis und Bedürfnisbefriedigung; über das Spiegeln werden Gefühlszustände abgestimmt; Bindung beginnt zu wachsen; ein Ich-Gefühl entwickelt sich	**Bindungsrelevanz:** *Jule:* Ihr gelingt ein neuer Entwicklungsschritt. Nimmt den anderen als ein „Du" wahr, was sich im sozialen Lächeln ausdrückt. Dieses setzt sie bewusst ein, um freudige Reaktionen auszulösen, die eine neue Beziehungsqualität bewirken.

Jule – Fallbeispiel von Evelyn Rief

Ereignis	Alter	Beschreibung	Ebene	Anmerkungen
			auf der Körper-Ebene (rudimentäres Körper-Ich)	*Eltern:* Durch Jules Lächeln bekommen die Eltern viel zurück geschenkt. Der Baby-Talk gewinnt eine andere Bedeutung und eröffnet neue Aspekte in der mütterlichen Identität. *Eltern-Kind-Interaktion:* Die soziale Abstimmung, das Spiegeln im Dialog ist ausbalancierter und wird von der gemeinsamen Freude emotional eingefärbt.
Erst- und Anamnese-gespräch	0;11 und 1;0 Jahre	Auf eine Entwicklungsdiagnostik mit der MFED wird verzichtet, da Jule völlig erschöpft wirkt. Die Mutter möchte nicht über den Tod der Zwillingsschwester sprechen. Sie grenzt sich ab. Sie kann jedoch durch die Beratung und Unterstützung Entlastung erfahren. Sie fühlt sich in der Krise angesprochen und berichtet, dass sie an Sicherheit gewinnt.		Die erneute Konfrontation mit dem Leid im Beratungskontext löst bei der Mutter heftige Abwehr aus: Sie hat keine Kraft zur Bearbeitung übrig.
Frühförderung im Rahmen von Hausbesuchen				
Beatmungsgerät/Monitor nicht mehr notwendig	1;2 Jahre	Ihr gesundheitlicher Zustand stabilisiert sich.		Dies wird sich aufbauend auf ihre gesamte weitere Entwicklung auswirken.
Beginn der Frühförderung	1;3 Jahre	Jules Entwicklung ist insgesamt massiv verzögert. Sie zeigt ein Fuß-Fuß-Spiel, ergreift Gegenstände führt diese in den Mund und erkundet sie oral; fixiert und verfolgt visuell Spielgegenstände. Sie ist wenig belastbar. Der Bauchlage wird nur wenig toleriert. Der Kopf kann kurz angehoben werden.	**SmLw:** **Die Umwelt mit den Sinnen entdecken** „Ich bin offen für Neues, ich kann mit meinen Sinnen genießen." (intermodale Wahrnehmung)	**SmLw:** komplexere intermodale Leistungen sind möglich; Jule beginnt den 3er Schritt: Aufmerken – Fixieren – Verweilen zu beherrschen. Ihre Leistungen sind jedoch sehr brüchig und störanfällig.
Stationärer Aufenthalt in der Uniklinik	1;11 bis 2;1 Jahre	Folgende operative Eingriffe werden vorgenommen: Anuspraeter Rückverlagerung, postoperativ komplikationsbe-		Der erneute Krankenhausaufenthalt aktualisiert die schmerzlichen Erfahrungen und Lebensthemen der ersten Lebensmonate.

	haftet: Fieber, Gewichtsabnahme, Fistelbildung, der Anuspraeter konnte nicht entfernt werden; Port-Implantation zur parenteralen Ernährung (notfallmäßig, da Jule stark abgenommen hat); misslungene Port-Explantation, Gewichtszunahme und orale Ernährung stabil; altersgerechte Gläschenkost wird eingeleitet. Jule ist auf sich allein gestellt; ihr Körper ist wieder abhängig von der Intensivmedizin und deren Apparaten. Die elterliche Sorge um Jule nimmt wieder zu.	**symbiotische Phase (Mahler)** Erleben des „Einsseins" von Mutter und Kind, nahtloses Ineinanderfließen von Bedürfnis und Bedürfnisbefriedigung; über das Spiegeln werden Gefühlszustände abgestimmt; Bindung beginnt zu wachsen; ein Ich-Gefühl entwickelt sich auf der Körper-Ebene (rudimentäres Körper-Ich) **SmLw: Die Umwelt mit den Sinnen entdecken** „Ich bin offen für Neues, ich kann mit meinen Sinnen genießen." (intermodale Wahrnehmung)	Die Entwicklung von Jule stagniert und bei der Mutter tauchen die bekannten bedrohlichen Gefühle auf. **Bindungsrelevanz:** *Mutter-Kind-Interaktion*: positive Bindungserfahrungen werden wieder erschüttert; existentielle Not für beide. **SmLw:** Jule hat einen Entwicklungsstand der intermodalen Verknüpfung erreicht. Jedoch fühlt sie sich wieder existentiell in ihrem Leben bedroht. Leib und Seele „hungern" wieder: Die intermodalen Leistungen werden irritiert und stagnieren. Sie kann sich nicht offen auf Neues einlassen, das Thema „Überleben" gewinnt wieder an Bedeutung.
Stationärer Krankenhausaufenthalt in Österreich unkomplizierte Entfernung der Anuspraeter-Anlage	2;4 bis 2;5 Jahre	Die Eltern haben aufgrund der misslungenen Entfernung der Anuspraeter-Anlage kein Vertrauen mehr in die hiesigen Ärzte. Durch Kontakte haben sie den Arzt ausfindig gemacht, der den Anuspraeter eingesetzt hatte. Die Eltern fahren mit Jule in eine ungewisse Zeit in die Klinik nach Österreich. Seit dieser OP stabilisiert sich Jules Gesundheitszustand dauerhaft. Sie fängt an, Entwicklungsfortschritte zu machen.		Die Hoffnung auf Normalität wächst. Jedoch bleibt die bisherige Ungewissheit bestehen, wie es weiter geht und wann die nächste Krise ansteht. Das belastet im Dauerzustand und hinterlässt in Wiederholung schmerzliche Spuren. Die Eltern zeigen Stärke: medizinische Informationen und gezielte Planungen werden eigenaktiv eingeholt.

			SmLw:	SmLw:
Eltern-Baby-Gruppe	2;5 bis 3;4 Jahre	Jule besucht einmal wöchentlich eine integrative Eltern-Baby-Gruppe. Durch ihren stabilen Gesundheitszustand ist es ihr möglich, ihr Zuhause zu verlassen.	**Die Umwelt mit den Sinnen entdecken** „Ich bin offen für Neues, ich kann mit meinen Sinnen genießen." (intermodale Wahrnehmung)	intermodale Verknüpfungen können sich erneut differenzieren und stabilisieren.
Frühförderung findet regelmäßig statt	2;5 Jahre			
Übernahme der Frühförderung durch HP-Studentin	3;0 Jahre	Die ersten sechs Kontakte finden mit der Anleiterin statt. Jule und ich kommen nach einer Kennenlernphase gut in Kontakt. Nach Absprache mit der Mutter übernehme ich Jules Förderung.		
Freies Sitzen	3;2 Jahre	Kurzfristiges, instabiles freies Sitzen: Jule hält im Sitz gern ein Spielzeug fest, rasselt damit und horcht dem Geräusch nach. Sie schlägt zwei Spielzeuge aneinander und gibt das Spielzeug von einer in die andere Hand. Jule erkundet die Gegenstände oral und das manuelle Explorieren gewinnt an Bedeutung. Sie sucht vor den Augen versteckte Gegenstände, lässt Gegenstände herunterfallen und schaut diesen hinterher. Jule freut sich am Guck-Guck-Spiel, sich verstecken und wieder auftauchen, usw. Sie macht erwartungsvolle Bewegungen und reckt sich der Mutter entgegen, wenn sie aufgenommen werden will.	**Differenzierungsphase (Mahler)** Kind löst sich aus der symbiotischen Beziehung zur Mutter: Es lernt zwischen „Ich" und „Du" zu unterscheiden, beginnt sich selbstständig von der Mutter wegzubewegen, Trennungsgefühle entstehen, es fremdelt und braucht die Rückversicherung der Mutter; die individuelle Identität beginnt zu wachsen **SmLw:** **Zusammenhänge beherrschen** „Ich kenne mich aus, habe Einfluss auf meine Umwelt. Meine Gewohnheiten werden berücksichtigt." (seriale Wahrnehmung)	**Bindungsrelevanz:** *Jule:* Im Guck-Guck-Spiel zeigt sich ihre Freude, eigenaktiv in Distanz zu gehen und sich als getrennt von der Mutter zu erleben. Jedoch muss sie sich immer wieder der Anwesenheit ihrer Mutter vergewissern. *Eltern:* Jule hat einen Entwicklungsschritt vollzogen, der den Eltern Hoffnung gibt. *Eltern-Kind-Interaktion:* Das positive Erleben im gemeinsamen Spiel stärkt die Bindung. **SmLw:** Die Aufrichtung ermöglicht eine veränderte Körper- und Raumwahrnehmung. Sie kann die Welt aus einem anderen Blickwinkel kennen lernen. Die Gegenstände sind ihr vertraut geworden. Jule hat eine anfängliche Objektpermanenz erworben, kann Effekte bewusst auslösen und einzelne Teilschritte

Ereignis	Alter	Phase / SmLw	Beschreibung
zum ersten Mal wird Weihnachten und Silvester zu Hause gefeiert	3;2 Jahre		Ein sehr schönes Erlebnis für die gesamte Familie. Trotzdem bleibt die Angst, wieder ins Krankenhaus zu müssen. Das Gefühl, eine Familie zu sein, ist besonders an Weihnachten sehr bedeutend und für alle wie „Balsam für die Seele". Die Zukunft „verliert an Dunkelheit".
Krabbeln	3;4 Jahre	**Differenzierungsphase (Mahler)** Kind löst sich aus der symbiotischen Beziehung zur Mutter: Es lernt zwischen „Ich" und „Du" zu unterscheiden, beginnt sich selbstständig von der Mutter wegzubewegen, Trennungsgefühle entstehen, es fremdelt und braucht der Rückversicherung der Mutter; die individuelle Identität beginnt zu wachsen **SmLw: Zusammenhänge beherrschen** „Ich kenne mich aus, habe Einfluss auf meine Umwelt. Meine Gewohnheiten werden berücksichtigt." (seriale Wahrnehmung)	**Bindungsrelevanz:** *Jule:* Ihre Fortbewegung stärkt ihr Selbstvertrauen und die Lust am Erkunden der Welt. Schrittweise Loslösung von Mutter wird möglich; Ich-Bewusstsein erlangt eine neue Qualität, damit einhergehend Trennungsängste; Mutter wird noch als „Heimatstützpunkt" gebraucht, Rückversicherung durch Blickkontakt; erste Differenzierung: Nähe-Distanz; in der Interaktion wird eine Triangulierung deutlich, d.h. eine geteilte Aufmerksamkeit ist möglich. **SmLw:** Die Verknüpfung unterschiedlicher Sinneskanäle erweitert und stabilisiert sich; die einfachen Bewegungsmuster werden durch differenziertere Bewegungsmuster abgelöst. Die Körperwahrnehmung und Raumorientierung erweitern sich, ergänzt mit Richtungsorientierung. Vertraute Handlungsabfolgen können auf neue Bedingungen übertragen werden, neue bilden sich aus. Es kristallisieren sich erste intentionale Leistungen aus: absichtsvolles Auf-etwas-Zukrabbeln.
Zusage heilpädagogischer Kindergarten	3;7 Jahre	**Differenzierungsphase (Mahler)** Kind löst sich aus der symbiotischen Beziehung zur Mutter: Es lernt zwischen „Ich" und „Du" zu unterscheiden, beginnt	Die Eltern sind über die Zusage erleichtert und freuen sich. Jule spürt die veränderte Atmosphäre bei ihren Eltern. Sie fragt oft nach Mama. **Bindungsrelevanz:** Jule lernt zu unterscheiden (personale Objektpermanenz). Sie differenziert zwischen sich und der Mutter und realisiert,

		sich selbstständig von der Mutter wegzubewegen, Trennungsgefühle entstehen, es fremdelt und braucht die Rückversicherung der Mutter; die individuelle Identität beginnt zu wachsen	dass sie keine Einheit mehr sind. Jule nimmt die Trennung bewusst wahr.
Ende der Frühförderung	3;8 Jahre	Jule entwickelt sich seit der letzten OP harmonisch. Sie musste seitdem nicht mehr ins Krankenhaus. Trotzdem ist sie weiterhin in ihrer Entwicklung massiv verzögert. Sie hat Lebensfreude, ist interessiert an ihrer Umwelt und ist motiviert zu lernen. Jule spielt im gegenstandsbezogenen Funktionsspiel. Sie spricht sehr viel mehr (Mama, Papa, Anger (Hunger), „wau wau", „mäh", mma (Oma), Arme, haben), versucht, sich an Gegenständen und Personen hochzuziehen. Die Mutter verdrängt bis heute viel von ihren emotional belastenden – schmerzhaften und bedrohlichen – Erlebnissen rund um die Geburt ihrer Kinder: Der Tod der einen Tochter und die Entwicklungsverzögerung von Jule.	**Übungsphase (Mahler)** Kind übt seine Fähigkeiten und erobert die Welt, die „Omnipotenzgefühle" – „ich kann, was ich will" überwiegen; es braucht die Rückendeckung der Mutter und positive Erfahrungen, um sich seiner selbst sicher zu sein und um sich noch weiter von der Mutter zu lösen; kurze Trennungen von der Bezugsperson schmerzen noch, werden aber schneller verarbeitet **SmLw: Absichten verfolgen** „Ich teile mich mit und werde wahrgenommen, ich bin einbezogen und beteilige mich." (intentionale Wahrnehmung)	**Bindungsrelevanz:** Jule kann sich aufgrund ihrer neu erworbenen Fertigkeiten immer mehr von der Mutter lösen. Diese Trennung, die noch schmerzhaft besetzt ist, kann sie selbstbestimmt in Wiederholung im Spiel erleben und bearbeiten. **SmLw:** seriale und intentionale Leistungen erweitern und stabilisieren sich; Jule kann absichtsvoll in Zusammenhänge eingreifen und diese verändern. **Trauerarbeit:** Die notwendende Trauer (> Teil II 3.3.3) ist nicht angemessen durchlebt und bearbeitet worden, sodass bis in die Gegenwart viel psychische Energie aufgewendet werden muss: Von Beginn an und immer wieder ist die Auseinandersetzung mit der Behinderung ihrer Tochter ein eher verdrängtes Thema.

6 Verdichtung der Aussagen aus der Entwicklungsleiste zu einer diagnostischen Einschätzung

Die Genese des derzeitigen Entwicklungsrückstandes bei Jule ist in der extremen Frühgeburt und den damit einhergehenden und fortdauernden Komplikationen und Belastungsfaktoren zu sehen. Diese Schädigungen beeinträchtigen den gesamten Entwicklungsprozess, vor allem die Ausdifferenzierung der Hirnstruktur, die Wahrnehmungsentwicklung und auch den Bindungsaufbau. Jule und ihre Eltern müssen somit von Anfang an und immer wieder traumatisierende Erlebnisse verkraften: Organisch geschwächt muss sie mehrere Operation über sich ergehen lassen, bis sich nach Monaten und vielen lebensbedrohlichen Situationen ihr Gesundheitszustand stabilisiert.

Durch die Frühgeburtlichkeit wurden die ersten Brüche in der sensomotorischen Entwicklung gesetzt. Aufgrund der Hirnschädigung kommt es bei Jule zusätzlich zu sensomotorischen Ausfallerscheinungen, die die Anpassung an die Lebensumwelt und das Welterleben erschweren. Die sensomotorische Lebensweise „Überleben" ist sehr lange ihr Lebensthema und zeigt die Stagnation in der Entwicklung auf. Im weiteren Verlauf kommt es aufgrund medizinischer Eingriffe immer wieder zu Irritationen und Einbrüchen in der gesamten Entwicklung. Sie bleibt lückenhaft und brüchig: ein rissiges Fundament. Darauf basierend erfolgt eine langsame, verzögerte aber homogene Entwicklung, die instabil bleibt.

Für die Bindungsentwicklung zwischen Jule und ihren Eltern ist von erschwerten Bedingungen aufgrund der einhergehenden Probleme und Komplikationen einer Frühgeburt auszugehen. Die sensible Phase nach der Geburt ist geprägt von Trennungserleben, Ängsten und Sorgen um Jules Überleben, von Ohnmacht, nichts für das Kind tun zu können und von Schuldgefühlen, für diese Situation verantwortlich zu sein. Ein Nicht-Gelingen der frühen Eltern-Kind-Interaktion ist die Folge.

Ab dem Moment – Entlassung aus dem Krankenhaus und gesundheitliche Stabilität – in dem Jule und ihre Mutter Beziehung leben können, setzt eine erfreuliche und fortschreitende Entwicklung ein. Der unmittelbare Körperkontakt als besonders bedeutsame Kommunikation sowie die emotionale Offenheit und Zuwendung sind ausschlaggebend für die Gesamtentwicklung. Die Mutter kann trotz anhaltender Sorge emotionale Sicherheit und Anregung für Jule bieten.

In der Sensomotorik haben sich die modalen und intermodalen Verknüpfungen differenziert und stabilisiert. Sie kann die eigene Körperlage wahrnehmen sowie verändern, sich einem Objekt zuwenden und die Raumorientierung nimmt zu. Sie greift und erkundet das Spielmaterial oral und zunehmend manuell. Jule befindet sich im körper- und gegenstandsbezogenen Funktionsspiel. Bewegungen werden allmählich immer besser kontrolliert und koordiniert ausgeführt. Sie lernt frei zu sitzen. Seriale Leistungen setzt sie vermehrt ein: Sie kann Effekte bewusst auslösen und einzelne Teilschritte sinnvoll hintereinander schalten; sie erfährt erste Zusammenhänge. Vertraute Handlungsabfolgen können auf neue Bedingungen übertragen werden und neue bilden sich aus. Beim absichtsvollen auf etwas Zukrabbeln und beim Hochziehen an Möbelstücken werden erste intentionale Leistungen deutlich.

Diese gewonnene Mobilität wirkt sich auch auf die Bindungsentwicklung aus und erlaubt Jule eine beginnende Loslösung von ihrer Mutter. Sie krabbelt selbständig und selbstbestimmt von ihr weg. Dabei braucht sie die Mutter noch zum emotionalen Auftanken als sog. „Heimatstützpunkt". In Jules Spielen ist diese beginnende Loslösung in ersten Trennungsspielen wie dem „Guck-guck-Spiel" zu erkennen.

Trotz der traumatischen Ereignisse auf ihrem erst kurzen Lebensweg ist Jule ein lebendiges, liebenswertes und lebensfrohes Kind. Sie ist sehr willensstark, was schon durch ihr Über- und Weiterleben in den ersten Lebensmonaten zum Ausdruck gekommen ist.

Abschließend möchte ich stichpunktartig die immer wieder auftauchenden wesentlichen Themen in der Elternarbeit aufzeigen:

- die zu frühe und schwierige Geburt, die anstrengende Zeit im Krankenhaus und die durchgängigen Ängste und Sorgen der Eltern
- die Trauer um die verstorbene Tochter
- mögliche Schuldgefühle
- die Erziehung von Jule
- die Hoffnung, ein „normales" Leben führen zu können

7 Zielsetzung und methodisches Vorgehen

Aus meinen Teilhypothesen und deren diagnostischer Gewichtung lassen sich die Zielsetzung und mein methodisches Vorgehen ableiten.

7.1 Zielsetzung

„Nicht gegen den Fehler, sondern für das Fehlende"
(Paul Moor)

Vorbemerkung:
Unter Sensomotorik wird die Einheit von Wahrnehmung und Bewegung verstanden. Ihre hohe Bedeutung liegt in der Wechselwirkung und Verknüpfung mit darauf aufbauenden psychomotorischen und persönlichkeitsbildenden Entwicklungsprozessen. Durch den Gebrauch seiner Sinnesorgane und den darauf folgenden motorischen Reaktionen entdeckt das Kind sich und seine Umwelt; so entwickelt es seine Spielkompetenzen in der Sensomotorik. Jedes Greifen des Kindes führt im weiteren Prozess zum Be-Greifen. Grundsätzlich gilt: Je mehr sinnvolle Stimulation das Kind erhält, mit der es eindeutige Sinneserfahrungen sammeln kann, desto größer ist die Möglichkeit der Speicherung und desto vielfältiger wird die Umsetzung des Gespeicherten in perzeptive Leistungen sein, die das Spiel des Kindes als Auseinandersetzung mit sich und der Umwelt beeinflussen.

Es ist mir wichtig, dass Jules Förderung auf eine ganzheitliche Persönlichkeitsentwicklung ausgerichtet ist. Der emotionale Bereich soll einen besonderen Stellenwert erhalten. Jule musste in ihrem kurzen Leben oft spüren, dass sie so wie sie ist, nicht in Ordnung ist. In Bezug auf sich selbst und auf ihre Mitmenschen konnte sie wenig positive Erfahrungen erleben, die jedoch für eine Lernbereitschaft unabdingbar sind.

In der HPÜ stehen darum für Jule der emotionale Bereich und der Bereich der Sensomotorik im Mittelpunkt. Die kindlichen Entwicklungsbereiche werden für die Zielbeschreibung künstlich voneinander getrennt. Sie sind eng miteinander verknüpft und beeinflussen sich gegenseitig. Die folgenden Zielformulierungen beziehen sich auf den Beginn von Jules Förderung, d.h. auf das Alter von 3;0 Jahren (korrigiert 2;8 Jahre) (vgl. Entwicklungsleiste).

Aus diesen Überlegungen lassen sich für Jules Förderung drei Richtziele benennen:
1. *Aufbau des Vertrauens in sich selbst und in ihre Umwelt zur Stärkung der sozial-emotionalen Entwicklung*
2. *Aufbau, Differenzierung und Stabilisierung der sensomotorischen Entwicklung*
3. *Aufbau, Differenzierung und Stabilisierung der Spielentwicklung*

zu 1: Sozial-emotionale Entwicklung

Nahziel:
Jule erlebt mich als vertrauensvolle Person, die ihr bedingungslose Annahme schenkt. Ihre bisherigen unangenehmen Erfahrungen mit „Professionellen" werden korrigiert. Sie erlebt wohltuende emotionale Sicherheit.

Lernziele:
- Jule erlebt einen Raum, indem sie sich sicher und wohl fühlt, um sich auf weitere Entwicklungsaufgaben einlassen zu können.
- Jule gewöhnt sich an mich, gewinnt Vertrauen zu mir und fühlt sich in unseren gemeinsamen Stunden wohl.
- Jules Selbstwertgefühl wird durch Nähe und Körperkontakt (Grunderfahrungen des Gehalten-, Getragen-, Gewiegt-, Berührt- Werdens) sowie Zutrauen in ihre Fähigkeiten gestärkt.
- Jule lernt, über das Beziehungsangebot von mir neue bzw. andere Erfahrungen zu machen, diese zu speichern und in ihr Selbstbild zu integrieren.
- Durch Freude am gemeinsamen Spiel und durch die ungeteilte Aufmerksamkeit entwickelt Jule Selbstbewusstsein.
- Jule wird zur aktiven Auseinandersetzung mit sich und der Umwelt motiviert.
- Jule erlebt sich selbstwirksam in Spielhandlungen, d.h. sie kann den Spielverlauf mitbestimmen (Selbst-Urheberschaft).
- Jule fühlt sich verstanden und teilt sich mit.
- Jule erlebt, dass ihre Spielhandlungen von mir beantwortet werden.

Lehrziele:
(*Lehrziele sind – im Gegensatz zu denen auf Jule hin formulierten Lernzielen – Ziele, die ich mir gezielt für mein heilpädagogisches Handeln setze.*)
- Ich biete Jule einen „Wohlfühlraum" an. Dafür erkundige ich mich, welches Raumgefühl für sie ansprechend und optimal ist und beziehe diese Kenntnisse in die Gestaltung mit ein.
- Ich biete Jule Nähe und Körperkontakt an, wobei ich durch gezielte Beobachtungen die Qualität sowie die Quantität auf sie abstimme.
- Ich verhalte mich feinfühlig, indem ich ihre Signale wahrnehme und ihre Bedürfnisse intuitiv aufspüre und unmittelbar beantworte.
- Ich bin eine verlässliche und interessierte Person: ich schaffe über eine gleich bleibende Stundenstruktur verlässliche Regeln und über ein eindeutiges Verhalten ein stabiles Angebot.
- Ich warte ab und werde nicht übergriffig, indem ich Jule nicht fremd bestimme.
- Ich biete Jule Spielangebote an und suche dabei den sozialen Abgleich, damit sie ein Gemeinschaftsgefühl erfährt.

Jule – Fallbeispiel von Evelyn Rief

- Ich gebe Jule Raum für eigeninitiiertes Handeln und kontrolliere meine Impulse der Hilfestellung, damit sie sich selbstwirksam erleben kann.
- Ich möchte, dass Jule sich verstanden fühlt. Daher werde ich ihre Handlungen kommentieren und ihre vermuteten emotionalen Erlebnisinhalte verbalisieren.
- Ich vermittle Jule eine bestärkende Antwort auf ihre Spielaktivitäten, um den Aufbau eines positiven Selbstwertgefühls zu unterstützen.

zu 2: Sensomotorische Entwicklung

Nahziel:
Jule macht im Bereich der taktil-kinästhetischen und vestibulären Wahrnehmung Erfahrungen, die sie differenzieren, stabilisieren und in ihr Körperbewusstsein integrieren kann. Die Leistungen der intermodalen Stufe (aufmerken-fixieren-verweilen) werden stabilisiert.

Lernziele:
- Jule entwickelt über körperbezogene Funktionsspiele, die sie ihren Körper spüren und bewusst erleben lassen, ein positives Körpergefühl, das sie verinnerlichen kann.
- Im Spiel nimmt Jule ihren Körper im Raum wahr.
- Jule bildet durch die Erfahrungen mit Material im gegenstandsbezogenen Funktionsspiel allmählich klare und stabile Vorstellungen von Dingen, so dass sie vom oralen Explorieren zum Hantieren kommt.
- Jule befühlt und be-greift im Spiel Material mit den Händen.
- Jule erlebt durch Kontakt mit verschiedenen Gegenständen und Materialien (verschiedene Größen, Formen, Oberflächenbeschaffenheit) das Zusammenwirken zwischen Tastsinn und dem Sinn für Bewegung.

Lehrziele:
- Ich biete Jule Massagen und körperbezogene Spiele an.
- Ich setze rhythmische Elemente wie Finger-, Bewegungs- und Musikspiele ein.
- Ich biete Jule unterschiedliche Materialien an, die sie sowohl oral als auch mit ihren Händen explorieren kann.
- Ich versuche, Jule Impulse zu geben, die sie motivieren, länger beim manuellen Erkunden von Material zu bleiben.
- Ich rege Jule dazu an, eine Tätigkeit zu wiederholen.

Nahziel:
Jule erfasst den Zusammenhang zwischen ihrer Handbewegung und dem ausgelösten Effekt und beginnt, die Auswirkungen einfacher Handlungen zu be-greifen. Die seriale Wahrnehmungsverarbeitung wird entfaltet.

Lernziele:
- Jule erkundet die Materialien nicht mehr nur manuell, sondern auch visuell.
- Jule löst akustische Reize aus und horcht diesen nach.
- Jule sucht nach versteckten Gegenständen und Personen.

Lehrziele:
- Ich biete Jule Materialien mit einem hohen visuellen Aufforderungscharakter an.
- Ich werde unterschiedliche Geräusche erzeugen und sie darauf aufmerksam machen.
- Ich versuche über das Guck-Guck-Spiel Jule zum aktiven Suchen anzuregen.

Nahziel:
Jule wird ihre grob- und feinmotorischen Fertigkeiten erhalten und erweitern.

Lernziele:
- Jule kann selbsttätig ohne Hilfestellung stabil sitzen.
- Jule kann robben.
- Jule kann krabbeln und sich gezielt im Raum fortbewegen.
- Jule zieht sich an Gegenständen oder Personen hoch.
- Ihre Hand- und Fußmotorik werden ihr durch das Einbeziehen in das Spiel bewusst.
- Ihre Fingermotorik wird durch Fingerspiele sensibilisiert.
- Jules Auge-Hand-Koordination wird angebahnt.

Lehrziele:
- Ich bringe Spielmaterialien wie die Krabbelrolle, einen Keil oder einen Würfel mit, um Jule neue grobmotorische Erfahrungen zu ermöglichen und unterstütze sie in der Bewegungsausführung.
- Ich verteile attraktives Spielmaterial im Raum, das Jule auffordert, sich selbständig dorthin zu bewegen.
- Bei der Begrüßung warte ich im Türrahmen, bis Jule zu mir gekrabbelt kommt, um mich zu begrüßen.
- Fingermassagen sowie das manuelle Erkunden entfalten ihre Feinmotorik. Ich stelle adäquates Material zur Verfügung.
- Ich wähle gezielt vertraute, später unbekannte Materialien, um die Auge-Hand-Koordination zu differenzieren.

zu 3: Spielentwicklung

Die vorher benannten Ziele in den Bereichen der sozial-emotionalen und sensomotorischen Entwicklung fließen in die Spielentwicklung als Integral aller Entwicklungsdimensionen ein und werden daher an dieser Stelle nicht wiederholt.

Nahziel:

Jule stabilisiert, differenziert und erweitert ihre Spielkompetenzen im körper- und gegenstandsbezogenen Funktionsspiel, um die Eigenschaften und Effekte von Objekten selbsttätig zu erfahren.

Lernziele:
- Jule nimmt Spielzeug taktil, akustisch und visuell wahr.
- Jule lernt, Spielmaterial zum Schütteln, Klopfen und Aneinanderschlagen ausdauernd zu explorieren.
- Jule übt ihre Merkfähigkeit im Versteck- und Suchspiel.

Lehrziele:
- Ich gebe Jule die nötige Hilfestellung (z.B. Handführung, Vormachen, handlungsbegleitendes Verbalisieren, Lagerungshilfen), um sich manuell mit dem Material auseinanderzusetzen.
- Ich rege die Wiederholung von kleinen Spielsequenzen an.
- Jules Spielfreude, Begeisterungsfähigkeit und ihr überaus starker Willen werden von mir bestätigt.

7.2 Vereinbarte Ziele für die Zusammenarbeit mit den Eltern

Die Elternarbeit ist integrierter Bestandteil der HPÜ. Aufgrund dessen vereinbare ich in Gesprächen mit den Eltern folgende Ziele:

Richtziel:
Jules Eltern werden bei der emotionalen Bearbeitung der Behinderung ihrer Tochter begleitet und unterstützt.

Teilziele:
- Die Eltern erfahren echtes Interesse und Verständnis für ihre Lebenssituation.
- Die Eltern sollen erfahren, dass Jule in ihrer Behinderung bedingungslos auch von Außenstehenden angenommen und ernst genommen wird.

Verhalten der HP:
- Ich nehme die Auseinandersetzung mit der Behinderung seitens der Eltern sensibel im Prozess wahr und bin feinfühlig für entsprechende Signale. Ich warte ab, wann ich diesen Themenkomplex ansprechen kann.
- Ich sehe den Bedarf, emotionale Belastungen aus der Vergangenheit und der Gegenwart zu reflektieren, spreche ihn aber nicht konkret an. Der aktuelle Widerstand scheint zu ausgeprägt.

Richtziel:
Die Eltern erfahren Beratung und Anleitung in der Erziehung und speziellen Förderung ihrer Tochter.

Teilziele:
- Die Eltern werden sensibilisiert, im Alltag erzieherische Situationen zu erkennen.
- Die Eltern gewinnen Sicherheit, Situationen zu analysieren und Jules Signale zu verstehen.
- Die Eltern überprüfen ihr eigenes Werte- und Normensystem (Über-/ Unterforderung).
- Den Eltern wird ein Austausch über Jules anstehende Entwicklungsschritte angeboten: Wie ist der aktuelle Entwicklungsstand? Was ist der nächste Schritt? Wie können wir selbst Entwicklung erkennen? Welches Spielmaterial ist sinnvoll?
- Die Eltern werden bezüglich der Kindergartenentscheidung beraten und begleitet.

Verhalten der HP:
- Ich bin hellhörig und greife erzieherische Alltagssituationen auf, vertiefe diese, spiele sie mit der Mutter durch und zeige im gemeinsamen Gespräch Handlungsalternativen auf.
- Ich verbalisiere Jules mögliches Erleben und Verhalten in Alltagssituationen.
- Ich erläutere Jules aktuellen Entwicklungsstand und gebe eine differenzierte Beschreibung: Wie spielt Jule? Was sind ihre Lernerfahrungen?
- Ich stelle den Eltern verschiedene Kindergartenkonzepte für Kinder mit Behinderung vor (heilpädagogischer Kindergarten, integrativer Kindergarten, Einzelintegration im Regelkindergarten) und gebe meine Empfehlung ab.

7.3 Methodisches Vorgehen

Die HPÜ findet im Rahmen einer Hausfrühförderung statt. Ein Elternteil nimmt regelmäßig an den Fördereinheiten teil. Für Jule ist es aufgrund des instabilen Gesundheitszustandes nicht zumutbar, den Weg in die Frühförderung zu bewältigen. Das bekannte häusliche Umfeld gibt ihr Vertrauen und Sicherheit. Sie muss sich nicht „schon wieder" auf Neues einlassen. Das methodische Vorgehen ist jeweils abhängig von Jules aktuellem Gesundheitszustand. Zu Beginn der Frühförderarbeit hat sich Jule oft übergeben. Sie war schnell schwach, müde und erschöpft. Ich habe sie in meinen Armen gehalten und gewogen und auf eine Anforderung verzichtet. Gegen Ende der HPÜ stabilisierte sich Jules Gesundheitszustand, so dass sie sich zunehmend mit sich und ihrer Umwelt im Spiel auseinandersetzen konnte.

> *Strukturierung der Spielstunde*
> - *Begrüßungsritual: Lied auf der Decke mit Mutter/Vater*
> - *Übung und Spielangebote mit den Schwerpunkten emotionale und sensomotorische Entwicklung*
> - *Phase der Entspannung (auf Bekanntes zurückgreifen gibt Sicherheit)*
> - *Rhythmisch- musikalisches Angebot*
> - *Abschlussritual: Lied „Alle Leut`" mit Mutter/Vater*
> - *Gespräch/ Austausch mit Mutter/Vater*

- *Begrüßungsritual: Lied mit Mutter/Vater*: „Die Jule ist gekommen, die Jule ist schon da. Hallo liebe Jule, tralalalala. Hallo liebe Jule, tralalalala". „Die Mama/ Der Papa ist gekommen, die Mama/ der Papa ist schon da. Hallo liebe Mama/ lieber Papa, tralalalala. Hallo liebe Mama/ lieber Papa, tralalalala". „Frau Rief ist gekommen, Frau Rief ist schon da. Hallo liebe Frau Rief, tralalalala. Hallo liebe Frau Rief, tralalalala."
  Das Begrüßungslied soll als Ritual einen klaren Anfang setzen, um Jule die Möglichkeit zu geben, sicher und in Ruhe anzukommen sowie ihr zu signalisieren, dass ihre Spielstunde beginnt.

- *Übung und Spielangebot:* Der Beginn ist klar strukturiert. Ich möchte Jules unverbrauchte Aufmerksamkeit und Konzentration sowie Freude nutzen, um ihr über ausgewählte Spielmaterialien Entwicklungsimpulse anzubieten. Die Auswahl der Materialien orientiert sich an Jules Interessen und damit an ihrem aktuellen Entwicklungsstand. Sie sollen einen hohen Aufforderungscharakter haben, damit Jule motiviert ist, mit ihnen zu spielen.

- *Ausgewähltes Spielmaterial für Jule:* Fühlball mit Glöckchen (Begrüßungsball), Igelball mit Lichteffekt, Massageauto, Kirschkernsäckchen und großer Fühlsack, Holzkugel, Bürsten, Schwämme, Fellstücke, Rettungsfolie, Verpackungsfolie, Igelring, Leder, Papier, Bohnen, Erbsen, Holz, Sand, Watte, Wasser, Creme, Blätter, Kastanien, Murmeln, Tücher, Steine (unterschiedliche Oberflächenbeschaffenheit, Größe, Gewicht, Farbe und Form). Heulschlauch, Glitzerstab, Murmelbahn mit Glockenspiel, Klopfbank, Holzglockenspiel, Metallglockenspiel, Tamburin, Russenpuppe, Flasche mit Holzzylindern, Fässchen in unterschiedlichen Größen, Netz mit Kastanien gefüllt. Mit den Materialien soll Jule selbst explorierend hantieren aber auch passiv Reize aufnehmen, die ich ihr gezielt anbiete.

- *Rhythmisch-musikalisches Angebot:* Sing- und Bewegungsspiele regen Erfahrungen aus dem taktil-kinästhetischen Wahrnehmungsbereich sowie das Nachahmen von Handlungen an und erlauben einen spielerischen Einsatz von Sprache.
- *Abschlussritual*: Lied „Alle Leut`" zusammen mit der Mutter/dem Vater. „Alle Leut`, alle Leut` gehn jetzt nach Haus`. Große Leut`, kleine Leut`, dicke Leut`, dünne Leut`. Alle Leut`, alle Leut` gehn jetzt nach Haus. Sagen auf Wiedersehn` bis wir uns wiedersehn`. Alle Leut` gehen jetzt nach Haus."
- *Gespräch mit der Mutter/dem Vater*: Ich reflektiere mit den Eltern die jeweilige Spielstunde: Wir tauschen unsere Eindrücke aus und stimmen die aktuellen Ziele ab. Ich erläutere die Entwicklungsmöglichkeiten bestimmter Spielzeuge für Jule. Die Mutter kann mir ihre Fragen, Anliegen und aktuellen Themen mitteilen.

Den Merkmalen *Wiederholung* und *Ritual* kommen in der Begleitung von Jule eine große Bedeutung zu. Sie schaffen Vertrautheit und geben so Sicherheit. Wiederholung von Spielhandlungen und Ritualen bieten sich im Funktionsspiel naturgemäß an, wodurch eine Stabilisierung der Erfahrungen möglich wird.

Rituale können eine Existenzsicherung herstellen. Dies ist vor allem für Jule, einem Kind mit schwerer Behinderung, grundlegend bedeutsam. Ich bereite für die Spielstunden immer ähnliches Spielmaterial vor, damit Jule Erfahrungen verinnerlichen, explorieren, begreifen kann und die Wiederholung ihr eine emotionale Sicherheit gibt. Wiederholungen gravieren Erfahrungen hirnorganisch und bauen so stabile Vernetzungen auf. Sie lassen ein Gefühl von Beständigkeit entstehen. Wiedererkennen führt zum Erinnern und zur Absehbarkeit des Handlungsablaufes. Was absehbar ist gibt Orientierung, Sicherheit und Vertrauen.

8   Prozessorientierte Darstellung

Während der HPÜ haben 33 Kontakte stattgefunden. Davon 29 Kontakte zu Hause, drei Kontakte im Snoezelen-Raum der Frühförderung und ein Termin beim heilpädagogischen Reiten der Frühförderung. Die Dauer einer Begegnung bewegte sich zwischen 45 und 60 Minuten.
Um den Förderprozess aufzuzeigen beginne ich mit dem Protokoll der Kontaktaufnahme.

Stundenbild der 1. Begegnung

Name:	Jule
Lebensalter:	36 Monate (korrigiert 32 Monate)
Kontakt Nr.:	1
Uhrzeit:	10:00 bis 11:00 Uhr
Raum:	Wohnzimmer der Familie
Anwesende:	Frau L. (Mutter), Jule, Frau H. (Anleiterin), Evelyn Rief
Art des Kontaktes:	Spielstunde

Planung:

Material	*Angebot*	*Zielvorstellung*
Stoffball	Begrüßungslied zusammen mit der Mutter; nacheinander wird für Jule, die Mutter, Frau H. und Frau Rief gesungen; dabei hält diejenige den Ball in der Hand, für die gesungen wird; das Lied wird mit Gesten begleitet; „Die Jule ist gekommen, ...".	Die Begrüßung wird zum Ritual: Jule versteht, dass die Spielstunde beginnt. Der gleichbleibende Stundenbeginn vermittelt Jule Sicherheit. Sie hat in unserer ersten Stunde Freude an der Begegnung.
Watte, Feder, Igelball, Fellstück, Bürste	Fingerspiel: „Das ist der Daumen..." Passend zum Fingerspiel berühre ich Jules Hände und Finger mit unterschiedlichen Materialien	Jule nimmt ihre Hände wahr. Mit ihren Handflächen und -rücken sowie Fingern nimmt Jule die unterschiedlichen Eigenschaften der Materialien wahr (rau-glatt, hart-weich, kalt-warm).
Watte, Feder, Igelball, Fellstück, Bürste	Taktil-kinästhetische Stimulation: Mit den Materialien auf Jules Körper rollen, von außen z.B. an den Händen beginnend, nach innen zur Körpermitte. Diese Berührungen und Materialien benennen.	Jule spürt Berührungen und Druck am ganzen Körper, um dann allmählich ein positives Gefühl für ihren Körper zu entwickeln.
Zauberbär (Seifenblasen)	Jule sitzt auf dem Schoß der Mutter. Ich puste die Seifenblasen in Jules Augenhöhe oder platziere sie so, dass sie an Jules Körper zerplatzen.	Der Zauberbär soll Jule Freude und Entspannung bereiten. Sie verfolgt die Seifenblasen visuell (Aufmerken-Fixieren-Verweilen). Weiterhin bereitet er Jule darauf vor, dass die Spielstunde gleich zu Ende sein wird.
	Abschlusslied: „Alle Leut`" Gemeinsames Singen mit der Mutter, das Lied wird mit Gesten begleitet.	Das Abschlusslied wird zum Ritual und signalisiert das Ende der Stunde. Jule kann durch das Abschlusslied die Stunde ausklingen lassen.

Stundenverlauf:

Meine Anleiterin und ich sind gemeinsam zu meinem ersten Hausbesuch bei Jules Familie. Als Jule meine Anleiterin sieht, scheint sie sie zu erkennen, denn sie streckt ihr sofort die Arme entgegen. Jule wird auf den Arm genommen, möchte aber wieder zurück zu ihrer Mama. Mich beachtet sie zuerst nicht. (Bindungsverhalten)
Wir sitzen auf einer Decke im Wohnzimmer der Familie. Jule ist bei ihrer Mama auf dem Schoß, als wir das Begrüßungslied singen. Jule braucht Hilfestellung beim Festhalten des Balles. Sie hat große Freude an unserem Gesang. Sie lacht. Als wir für mich das Lied singen, schaut Jule mich interessiert an und nimmt Blickkontakt auf. (Aufmerken, Fixieren) Jedoch ist sie noch zögerlich in ihrer Kontaktaufnahme zu mir. (Bindungsverhalten)
Die Mutter ist während der gesamten Spielstunde anwesend, da wir uns gegenseitig kennenlernen möchten. Sie weiß Bescheid, dass ich Jules Förderung mit ihrem Einverständnis übernehmen werde.

Nach dem Begrüßungslied beginnt meine Anleiterin, mit den unterschiedlichen Materialien Jules Hände zu berühren. Dabei sitzt Jule auf der Decke und wird durch ein Lagerungskissen stabilisiert, da sie noch nicht frei sitzen kann. Während meine Anleiterin mit Jule spielt, stelle ich mich kurz der Mutter vor. Während dieses Gesprächs gibt mir Jule plötzlich die Bürste in die Hand. Ich verstehe dies als Signal, dass ich ihre Hände berühren darf und sie mit mir spielen möchte. Dies verbalisiere ich. Ich sage den Reim „Das ist der Daumen..." auf und bürste passend dazu den entsprechenden Finger. Jule nimmt die Bürste in die Hand und führt sie zu ihrem Mund. Sie beißt hinein, tastet mit ihrer Zunge und lutscht die Bürste ab. (orales Explorieren) Dann führt Jule die Bürste an ihre Stirn und klopft mit dieser gegen die Stirn (Aufmerken, Fixieren, Verweilen). Dabei macht sie ein angestrengtes Gesicht.

Jule gibt mir die Bürste wieder in die Hand und führt diese an ihren Bauch. Ich verbalisiere, dass Jule ihren Bauch gebürstet haben möchte. Dabei singe ich „Bürste, bürste, bürste. Bürste Jules Bauch". Dies genießt Jule sichtlich vor allem bei klaren, festen Berührungen. Ich berühre auch ihre Arme. Dies kann sie gut zulassen. Berührungen an den Beinen und Füssen lehnt sie ab, in dem sie diese wegzieht und das Gesicht verzieht. Jule ist so vertieft in unser Körper-Sing-Spiel, dass sie plötzlich nach hinten umfällt. Der Fall wird vom Lagerungskissen abgemildert. Jule ist irritiert, so dass ich sie auf meinen Schoß nehme, wogegen sie sich nicht wehrt. Wir singen gemeinsam und klatschen mit unseren Händen, wobei ihr gesamter Oberkörper mitschwingt. Plötzlich muss sich Jule übergeben. Die Mutter berichtet, dass das Übergeben noch oft vorkomme, meist direkt nach dem Essen oder nach Überanstrengung. Jule ist danach erschöpft und müde. Ich wiege sie in meinen Armen und singe ihr Kinderlieder vor. Sie entspannt sich und schläft ein.

Reflexion:

Jule ist ein fröhliches und ausgeglichenes Kind. Sie interessiert sich für ihre Umwelt und möchte sich gern mit Spielmaterial auseinandersetzen. Besonders gern mag sie körpernahe Spiele, bei denen sie sich und ihren Körper spüren und erleben kann. Jedoch zeigt sie beim Massageangebot auch Abwehr z.B. beim Berühren ihrer Beine und Füße. Hier zeigt sich eine taktile Überempfindlichkeit. Jule mag feste Berührungen, die ihr eindeutige Reize vermitteln.

Das orale Explorieren von Spielgegenständen steht im Vordergrund. Sie erfährt noch viel über den Mund, hält z.B. die Bürste an den Mund, erforscht diese mit der Zunge und beißt mit den Zähnen in den Gegenstand.

In ihrem Spiel werden intermodale Verknüpfungen deutlich: Der Dreier-Schritt Aufmerken, Fixieren und Verweilen gelingt.

Jule teilt sich, ihre Bedürfnisse und Befindlichkeit über ihre Mimik, Gestik und Lautierungen mit. So streckt sie ihre Arme entgegen, wenn sie aufgenommen werden möchte.

Ich verändere meine Stundenplanung und Ziele, als Jule sich plötzlich übergibt. Der weitere Verlauf orientiert sich an Jules Befindlichkeit. Sie fordert das Gehalten- und Getragen-Werden ein, ein Spielinhalt der modalitätsspezifischen Lebensweise. Hierbei fühlt sie sich wohl, kann entspannen, Freude erleben und sich in Beziehung mit mir erfahren. Weiterhin kann sie dadurch Erfahrungen aus dem taktil-kinästhetischen und vestibulären Bereich nachholen und nachspüren. Sie ist insgesamt noch wenig belastbar und ist abhängig von ihrem noch labilen Gesundheitszustand.

Förderdiagnostik

Zum Einstieg in die Förderung habe ich mit Jules Mutter die „Förderdiagnostik mit schwerstbehinderten Kindern" nach Andreas Fröhlich und Ursula Haupt (2004) durchgeführt. Diese Förderdiagnostik ist ein Entwicklungsbogen für extreme Entwicklungsbehinderungen in allen Bereichen der kindlichen Entwicklung. Die Einschätzung des aktuellen Entwicklungsstandes und die Gestaltung der Förderung werden so erleichtert.

Im Prozess habe ich meinen Schwerpunkt auf die gezielten Spielbeobachtungen in den Begegnungen mit Jule gelegt, um das Spielentwicklungsniveau zu erfassen.

Zu Beginn (Lebensalter (LA): 36 Monate; korrigiert 32 Monate)
der Förderung waren vornehmlich Spielinhalte aus der modalitätsspezifischen Lebensweise zu beobachten: Jule möchte ihren Körper in Bewegung erleben. Sie forderte oft das Gehalten- und Getragenwerden ein und spürte hier taktil-kinästhetischen und vestibulären Eindrücken nach. Bei Massageangeboten ließ sie Berührungen an ihren Beinen und Füssen noch nicht zu. In diesem Bereich waren eine taktile Überempfindlichkeit und ein niedriger Muskeltonus wahrzunehmen. Auf der Krabbeldecke liegend konnten körperbezogene Funktionsspiele beobachtet werden: Jule wurde eigenaktiv und wiederholte lustvoll die Strampelbewegungen ihrer Beine oder wechselte ihre Körperlage. Das orale Explorieren von Spielgegenständen stand im Vordergrund. In ihrem Spiel wurden intermodale Verknüpfungen deutlich: Der Dreier-Schritt Aufmerken, Fixieren und Verweilen gelang. Durch Mimik, Gestik und Lautierungen konnte sie ihre Bedürfnisse und Befindlichkeiten ausdrücken. Insgesamt hing Jules Spiel noch von ihrem sehr labilen Gesundheitszustand ab.

Im Verlauf (LA 38 Monate; korrigiert 34 Monate)
konnte sich dieser zunehmend stabilisieren, so dass es ihr gelingt, sich immer mehr ihrer Umwelt zu öffnen und diese zu erkunden. Das gegenstandsbezogene Funktionsspiel gewinnt an Bedeutung und zeigt einen neuen Entwicklungsschritt auf: Jule erkundet das Spielmaterial oft auf ihre typische Weise mit der Stirn, indem sie den Gegenstand in die Hand nimmt und an ihre Stirn drückt, hin und her bewegt und in unterschiedlicher Intensität an die Stirn klopft. Das manuelle Explorieren setzt ein: Im Sitzen hält sie gern ein Spielzeug fest, rasselt damit und horcht aufmerksam dem Geräusch nach, schlägt mit dem Gegenstand auf die Unterlage, lässt ihn fallen und schaut ihm hinterher. Sie beginnt, Zusammenhänge zu erkennen. Erste einfache Kategorien werden gebildet. Durch die gesammelten Erfahrungen bilden sich feste Vorstellungen von der Umwelt und den vertrauten Personen. Seriale Leistungen sind zu beobachten.

Die motorischen Fertigkeiten differenzieren sich immer weiter und automatisieren sich. Das Robben festigt sich und Jule zeigt Ansätze, in den Vierfüßlerstand zu gelangen. Sie kann frei sitzen und sich seitlich und nach vorn hin abstützen. Ein Lagerungskissen dient lediglich dazu, bei Ermüdung oder Instabilität einen Fall nach hinten abzumildern. Über die neuen Körperpositionen und Lageveränderungen kann sie die Welt verändert wahrnehmen, die Raumorientierung bekommt dadurch eine neue Dimension. Sie kann ihre Bewegungen zunehmend planen und variieren. Frühe intentionale Leistungen sind zu beobachten. Das wird im nächsten Protokollauszug deutlich.

> *Protokollauszug aus dem weiteren Verlauf*
> *Lebensalter: 40 Monate (korrigiert 36 Monate)*
>
> *Jule ist auf dem Arm ihrer Mutter, als ich das Wohnzimmer betrete. Sie nimmt sofort Blickkontakt auf, streckt die Arme nach mir aus und lautiert dabei ungeduldig aber freudig (intentionale Leistung). „Hallo Jule. Schön, dass Du dich freust. Möchtest Du auf meinen*

Arm?" Ihr Lautieren wird stärker und ich nehme sie auf meinen Arm. Sie berührt vorsichtig mein Gesicht. (Beziehung)

Jule und ich sitzen mit ihrer Mutter auf einer Decke im Wohnzimmer. Das Stillkissen liegt hinter Jules Rücken, das sie auffangen soll, falls sie das Gleichgewicht verliert und mit ihrem Oberkörper nach hinten kippt. Weiterhin gibt es ihr eine räumliche Eingrenzung und damit Sicherheit. (Spiel-Raum)

Zu Beginn singen wir mit der Mutter zusammen unser Begrüßungslied („Die Jule ist gekommen, die Jule ist schon da,..."). Alle werden begrüßt. Dabei hält die Person, für die gesungen wird, einen Ball in ihren Händen. Jule braucht, um den Ball zu halten, Unterstützung, indem ich ihre Hände umfasse.

(...)

Ich habe ein kleines **Planschbecken** mitgebracht, in dem Laubblätter sind. Ich erkläre und benenne, was ich mitgebracht habe. Jule sitzt vor dem Planschbecken und schaut skeptisch, als sie die Blätter sieht. Ihr Gesichtsausdruck lässt darauf schließen, dass sie nicht begeistert ist. Sie fasst erst den Rand des Planschbeckens an, möchte diesen befühlen und begreifen. Ich nehme einige Blätter in die Hand und lege sie auf Jules Beine. (Meine Handlungen und auch meine vermuteten Gefühle bezogen auf Jule begleite ich verbal.) Jule muss die Blätter jetzt anfassen. Sie legt die getrockneten Blätter hinter sich oder zur Seite (seriale Leistung). Ich verbalisiere, dass Jule die Blätter nicht gern mag und sie diese lieber wegräumt.

Sie möchte das Spiel beenden und nimmt daraufhin meine Hände und klatscht diese zusammen (intentionale Leistung). Ich variiere die **Klatschbewegung**, indem ich schnelle, langsame, feste oder leichte Bewegungen ausführe (spielerischer Dialog). Jule hat daran sichtlich Freude, denn sie lacht und ihre Lautgebilde hören sich fröhlich an. Sie spielt ausdauernd. Jule und ich kommen in einen Dialog: Sie gibt Bewegungen vor, die ich mit ihr zusammen ausführe und umgekehrt. Sie hat sichtlich Freude an der Ausführung der Bewegung (seriale und intentionale Leistungen).

(...)

Als Jule das **Holzglockenspiel** erblickt, „patscht" und klopft sie mit der rechten Hand gegen dieses. Sie umfasst es mit beiden Händen (manuelles Explorieren). Den Schlegel erkundet sie mit ihrem Mund, indem sie den Schlegel mit ihrer Hand an diesen führt, ihn mit der Zunge befühlt und darauf beißt (Auge-Hand-Koordination; orales Explorieren). Danach schlägt Jule den Schlegel sehr fest an ihre Stirn. Dies wiederholt sie mehrer Male. Dabei wirkt sie angestrengt und konzentriert. (Meine Vermutung ist, dass Jule aufgrund des Hydrocephalus an dieser Körperstelle sehr „sensibel" ist und darüber Wahrnehmungserfahrungen sammelt, die für sie stark und eindeutig sind.) Sie hält den Schlegel, den sie die ganze Zeit an der Kugel festhält, hinter ihren Kopf (Möchte sie ihre Körpergrenze und Bewegungsmöglichkeiten erfahren?). Ich nehme den Schlegel in die Hand und klopfe damit Jules Körper erst vorsichtig, dann immer fester ab. Ich beginne an den Armen, hin zu den Schultern, über den Bauch und zu den Füßen/Beinen hin. Jule kann Berührungen am Oberkörper sehr gut zulassen im Gegensatz zu den Berührungen an Beinen und Füßen. Hier drückt sie meine Hand weg.

Jule möchte danach nicht mehr, dass ich sie mit dem Schlegel weitermassiere. Sie nimmt den Schlegel in die Hand und klopft damit auf dem Glockenspiel (intentionale Leistung). Die selbst erzeugten Töne scheinen ihr große Freude zu bereiten, denn sie lacht freudig. (Selbstwirksamkeit)

Jule muss sich plötzlich übergeben. Sie hatte erst kurz vor der Spielstunde eine Flasche Milch getrunken. Ihr Magen-Darm-Trakt ist noch empfindlich und die Verdauung funktio-

niert noch nicht richtig. Nachdem ich sie umgezogen habe, wirkt sie erschöpft und müde. Ich nehme sie in meine Arme und wiege sie. Dabei singe ich leise ein Lied.
Zum Abschluss singen wir gemeinsam mit der Mutter das Abschlusslied „Alle Leut`". Dabei sitzt Jule auf Mamas Schoß und ahmt die Wink-Bewegungen nach, die ich passend zum Lied vormache (seriale Leistung).

Das gegenstandsbezogene Funktionsspiel differenziert sich im Prozess weiter aus.
Der Einsatz von Musikinstrumenten ermöglicht ihr das Erkennen von Zusammenhängen und die Auswirkungen ihrer Handlungen zu be-greifen (Ursache und Wirkung). Auch hier nehmen seriale Leistungen zu und intentionale Leistungen zeigen sich verstärkt und stabilisieren sich. Die geliebten Musikinstrumente werden weniger gespielt, sondern deren weitere Funktionen werden exploriert. Beispielsweise stapelt sie die Glöckchen des Glöckchenspiels übereinander und ist weniger am Musikspiel interessiert.
Jule befüllt, leert, trennt und schachtelt Spielmaterial ineinander. Jule exploriert z.B. die kleinen Spielfässer, indem sie diese ineinander steckt, gegeneinander klopft und sie mit Kastanien befüllt. Ihr Lieblingsspiel ist das Aus- und Einräumen von Kisten, Schubladen, Säckchen etc. Hier spielt sie sehr ausdauernd, konzentriert und lustvoll. Jule fängt an, ein Verständnis für räumliche Beziehungen zu entwickeln. Sie baut durch diese Spielform Material- und Raumerfahrung auf. Die Entdeckung des Raumes außerhalb der eigenen Person gewinnt an Reiz: Räumliche Beziehungen, Größe und Formen gehören zu ihren neuen Erfahrungen.

Auch im sprachlichen Bereich hat Jule Fortschritte gemacht. Ihr Wortschatz hat sich sowohl passiv als auch aktiv erweitert (Arme, Ball, auf, zu, ab, alle Leut`, Jacke, haben).
Wenn Jule Hilfe braucht, nimmt sie meine Hand und führt diese. Der trianguläre Blickkontakt bildet sich aus, d.h. Jule blickt abwechselnd auf einen Gegenstand und auf die Person.

Die beginnende Loslösung von der Mutter mit 41 Monaten (korrigiert 37 Monaten) zeigt sich auch in Jules Spielen. Beim Guck-Guck-Spiel verstecke ich zuerst mein Gesicht, dann versteckt sich Jule unter dem Tuch. Die Rollen vertauschen sich. Diese ersten Trennungsspiele bereiten ihr große Freude und werden mit hoher Ausdauer gespielt. Beim Fahren mit dem Bobby-Car entfernt und nähert sie sich selbständig und selbstbestimmt ihrer Mutter.

Protokollauszug am Ende der Förderung
Lebensalter: 43 Monate (korrigiert 39 Monate)

Jule kommt auf mich zugekrabbelt, als ich das Wohnzimmer betrete (grobmotorische Entwicklung, Raumorientierung, intentionale Leistung). Ich gehe in die Knie, um Jule entgegenzukommen und warte, bis sie bei mir ist. Jule zieht sich an meinem Knie in den Stand, streckt mir die Arme zu und sagt „Arme" (seriale und intentionale Leistung). Daraufhin nehme ich sie auf (Beziehung).
Wir singen das Begrüßungslied auf der Decke. Jule braucht kein Stillkissen mehr zur Unterstützung. Sie sitzt sicher und kann ihr Gleichgewicht ausbalancieren. Sie hält den Begrüßungsball eigenständig fest. Wenn wir zum Lied klatschen, nimmt sie meine Hände und wir klatschen zusammen (spielerischer Dialog; seriale und intentionale Leistung). Als die Mutter sich von Jule verabschiedet, schaut sie ihr hinterher und wirft ihr ein Küsschen zu (Bindungsverhalten, seriale Leistung).
Jule krabbelt zielsicher zum Korb und zieht das verpackte **Glöckchen-Spiel** *heraus. Jule scheint schon ganz ungeduldig zu sein und kann es kaum abwarten, mit dem Spielen anzu-*

fangen. Sie ergreift die Initiative (intentionale Leistung). Sie zieht das Glöckchen-Spiel aus der Verpackung heraus. Die bunten Glöckchen zieht sie von der Halterung ab. Sie scheint nicht daran interessiert zu sein, mit den Glöckchen Musik zu erzeugen und diese zu hören, sondern möchte entdecken, welche Funktionen es noch gibt (gegenstandsbezogenes Funktionsspiel). Sie stapelt die Glöckchen. Danach gibt sie mir die Glöckchen in die Hand und zeigt mir, dass ich die Glöckchen wieder auf die Halterung stecken soll (Triangulierung; intentionale Leistung). Dieses Spiel wiederholt sie zweimal. Danach packen wir das Spiel zusammen ein und räumen es in den Korb zurück.

*Ich gebe Jule eine **Plastikflasche** in die Hand. Diese habe ich zum ersten Mal dabei. Die Flasche ist mit unterschiedlichen Materialien wie z.B. Kastanien, Murmeln, Holzzylindern in unterschiedlichen Größen und Farben befüllt und mit einem Deckel zugedreht.*

Ich schüttele die Flasche, gebe sie Jule in die Hand und benenne den neuen Spielgegenstand. Jule greift die Flasche mit ihren Händen und schüttelt sie ebenfalls (Imitation). Sie ist sehr interessiert und versucht, den Deckel abzuziehen (komplexe seriale Leistung; intentionale Leistungen; Raumvorstellung). Als es ihr nach mehreren Wiederholungen nicht gelingt, nimmt sie meine Hand und führt sie zum Deckel (Triangulierung). Dies verbalisiere ich. Ich zeige ihr, wie man den Deckel dreht und singe dabei „Drehe, drehe, drehe, dreh' den Deckel ab". Danach nehme ich ihre Hand, mache die Bewegung mit ihr zusammen und singe dazu. Dies wiederholen wir mehrmals. Jule möchte es allein probieren. Sie schiebt meine Hand weg (intentionale Leistung). Dabei ist sie sehr konzentriert und versucht es immer wieder solange, bis es klappt. Ich unterstütze sie durch meinen Gesang. Sie freut sich sehr, als sie es geschafft hat und sagt „ab" (aktiver Wortschatz). Dies wiederholt sie auch mehrmals. Jetzt möchte sie den Inhalt der Flasche haben und gibt mir die Flasche in die Hand. Ich drehe die Flasche um und alles fällt heraus. Jules Freude ist groß. Ich zeige ihr, dass sie die Kastanien, Holzzylinder und Murmeln in eine Holzkiste einräumen kann. Jule räumt alles ein, um die Kiste dann wieder auszuschütten, um von neuem einzuräumen (Inhalt-Behälter-Spiel).

Unserer Beziehung gebe ich eine besondere Bedeutung. Auf der Basis einer vertrauensvollen und zuverlässigen Beziehung und durch das Erleben einer wohltuenden emotionalen Sicherheit ist es Jule möglich gewesen, sich zu öffnen, sich mit sich selbst und ihrer Umwelt aktiv auseinanderzusetzen.

9 Abschließende Auswertung

Ausgehend von den aufgestellten Richt-, Nah- und Lernzielen, die ich zu Beginn der Begleitung formuliert habe, kann ich feststellen, dass Jule eine Entwicklung im Spiel und durch Spiel vollzogen hat und damit ihre Gesamtentwicklung positiv beeinflusst wurde.

Jule hat im Bereich der taktil-kinästhetischen und vestibulären Wahrnehmung Erfahrungen gemacht, diese differenziert, gefestigt und in ihr Körperschema integriert. Zu Beginn der Förderung konnte an Jules Beinen und Füßen eine taktile Überempfindlichkeit beobachtet werden. Wenn ich diese in unser Spiel miteinbezogen habe, ist Jule auf Abwehr gegangen. Eines Tages hat Jule ihre Socken ausgezogen und ihre Füße gebürstet. Intermodale Leistungen haben sich stabilisiert und seriale Leistungen entfaltet. Intentionale Leistungen zeigen sich immer häufiger. Sie erkundet Spielmaterial nicht mehr oral, sondern exploriert manuell und visuell. Ihre Auge-Hand-Koordination ist gewachsen. Jules Spielentwicklungsniveau entspricht dem körper- und gegenstandsbezogenen Funktionsspiel.

Im motorischen Bereich hat Jule bedeutsame Entwicklungsschritte geschafft. Zu Beginn brauchte sie ein Lagerungskissen beim Sitzen. Im Laufe des Prozesses ist dies nicht mehr notwendig gewesen. Jule kann frei sitzen, hat gelernt zu krabbeln und sich gezielt im Raum fortzubewegen. Sie versucht, sich an Gegenständen und Personen hochzuziehen. An beiden Händen gehalten schafft sie es, zwei Schritte zu gehen, wobei sie noch sehr wackelig ist. Jule fährt Bobby Car und zieht gleichzeitig einen Anhänger hinter sich her. Die motorischen Entwicklungsschritte haben sich auch auf unsere Beziehung ausgewirkt. Jule ist auf mich zugekrabbelt, zieht sich auf meinen Schoß hoch und zieht mir die Jacke aus.

Zusammenarbeit mit den Eltern
In der Begleitung der Eltern stand vor allem die instrumentelle und pädagogische Unterstützung bei Jules Erziehung und Entwicklung im Vordergrund. Die Eltern wurden bezüglich Entwicklungsfragen und Entwicklungen im Förderprozess beraten. Ihre Anliegen und ihre Bedürfnisse wurden berücksichtigt. Eine Unterstützung bei der Bearbeitung der Behinderung ihrer Tochter konnte durch Gespräche angeboten werden. Eine intensive Auseinandersetzung seitens der Eltern wurde jedoch nicht zugelassen. Die emotional belastenden Erlebnisse auf dem Lebensweg der Familie bleiben weiterhin nahezu unberührt und unreflektiert.

Ausblick
Jule wird auf eine heilpädagogische Förderung und Begleitung angewiesen bleiben. Die Wahl des heilpädagogischen Kindergartens ist dringend zu unterstützen. Der gesundheitliche Zustand beeinflusst Jules zukünftige Entwicklung. Ihre Lebensfreude und ihr Lebenswille werden sie in ihren weiteren positiven Entwicklungsfortschritten begleiten.

10 Mein persönliches Resümee

> *„Erinnerungen an eine geschenkte Zeit."*
> *Clara Maria von Oy*

In unserer gemeinsamen Zeit konnte nicht nur Jule Entwicklungsfortschritte vollziehen, sondern auch ich. Ich habe die Zeit als wertvoll erlebt, in der ich mich als Heilpädagogin weiterentwickelt habe. In der Entwicklungsbegleitung von Kindern mit schwerer Behinderung gilt es zwei Ziele zu verfolgen, die ich in der Zeit mit Jule erkannt habe: *Persönlichkeit werden* und *Spielen lernen*. Auch für Kinder mit schwerer Behinderung gilt, dass sie sich weiterentwickeln möchten, dass sie sich Fähigkeiten und Wissen aneignen möchten. Dazu ist es über lange Zeit erforderlich, dass sie in ihren Beziehungen emotionale und soziale Sicherheit erleben, dass sie in das gemeinsame Leben ihrer Bezugspersonen einbezogen werden und Erfahrungen machen können, die ihrer Entwicklung entsprechen. Eine vertrauensvolle, liebevolle und zuverlässige Beziehung bilden das Fundament für das Erreichen diser Ziele.

Mit Jule habe ich die Freude am Spiel wiederentdeckt, die ich lange nicht mehr gespürt habe. Ich habe gelernt zu spielen und mich mitspielend in die Begegnung mit Jule eingebracht.

Sam – Fallbeispiel von Sarah Gollan

Sam A. (7;11 Jahre): Von der Heilpädagogischen Spieltherapie (HPS)
zur Heilpädagogischen Übungsbehandlung (HPÜ) und wieder zurück

Vorinformationen zur Fallgeschichte Sam:

Diese Geschichte handelt von dem Kind Sam und meinem Weg, mit ihm in Beziehung zu treten. Sie beschreibt meinen Suchprozess, das passende Angebot für ein Kind zu finden, das schnell überfordert und ablehnend auf Anforderungen seiner Mitmenschen reagiert. In den verschiedenen Zyklen des Prozesses stieß ich immer wieder auf erhebliche Unsicherheiten. Sam zeigte sich mir häufig voller Abwehr und zog sich zurück. Ich erlebte mich oft abgelehnt und dachte, dass ich diesem Kind anscheinend nicht das anbieten kann, was es braucht. Über die Identifikation mit Sam spürte ich seiner Befindlichkeit nach: seiner Ablehnung und seinem Druck. So ging es uns beiden allein und auch miteinander sehr ähnlich. Sein Lebensthema (Ich genüge nicht; ich mache mich besser unsichtbar) fand in der Begleitung seinen Ausdruck und machte sich dadurch auch bei mir in Form von Unmuts- und Ohnmachtsgefühlen deutlich.

Ich stieß ständig auf Notwendigkeiten zur Veränderung. In Sams Fall musste ihm Beziehung durch mich gleichmäßig und transparent, aber in ganz kleinen Dosierungen und auf Distanz angeboten werden. Er brauchte immer ein Schlupfloch, falls es ihm doch zu eng wurde. Dieser Kernprozess der Annäherung und der Beziehungsgestaltung blieb problematisch und bestimmte den ganzen gemeinsamen Weg. Bevor Überlegungen zu komplexen und differenzierten diagnostischen Einschätzungen angestellt wurden, musste ich hier den Blick zuerst auf den in meinen Augen basalen und entwicklungshemmenden Faktor legen – den der Beziehungsangst.

Um einen kurzen Überblick zu geben, stelle ich die vier Zyklen im Prozess der Begleitung vor:

- **Zyklus I:** Ich gehe von einer Beeinträchtigung im sozial-emotionalen Bereich aus und setze als vorherrschende Methode die Heilpädagogische Spieltherapie (HPS) ein.
- **Zyklus II:** Ich erkenne die Notwendigkeit der gezielten Wahrnehmungsförderung insbesondere der serialen Wahrnehmungsverarbeitung und hier der Mengenerfassung. Es erfolgt die Teilung der Stunde in zwei Einheiten, die methodisch als HPÜ und HPS angeboten werden.
- **Zyklus III:** Ich erlebe Sams Überforderung, selbstständig Spielideen zu entwickeln und zu gestalten. Ich übernehme die Strukturierung und Lenkung des Spiels für die ganze Stunde. Die vorherrschende Methode ist die HPÜ.
- **Zyklus IV:** Sam gestaltet immer aktiver die Stunde und entwickelt bzw. erweitert seinen Handlungsspielraum. Er gestaltet nun eigenständig kleine Spielsequenzen und zeigt sein Bedürfnis nach eigeninitiativer Tätigkeit im Spiel. Der übende Anteil der Stunde wird aufgrund dessen verkürzt und es entsteht neuer Raum für das freie Spiel. Die vorherrschende Methode ist nun wieder die HPS.

Klientendaten:

Kind: Sam A.
Geschlecht: männlich
Alter des Kindes zum Zeitpunkt der Vorstellung: 7;11 Jahre
Institution: Praxis für Kinder- und Jugendpsychiatrie und Psychotherapie
Zeitraum der Begleitung: 9 Monate
Anzahl der Kontakte: 23

Zyklus I: Ich gehe von einer Beeinträchtigung im sozial-emotionalen Bereich aus und setze als vorherrschende Methode die Heilpädagogische Spieltherapie (HPS) ein.

Vorstellung von Sam (Anlass und Legitimation):

Sam zeigt Schwierigkeiten im schulischen Bereich. Er erbringt in Mathematik, Schreiben und Lesen nicht die altersentsprechenden Leistungen und fällt durch große Zurückhaltung im Klassenverband auf. Seine Mutter äußert auch Besorgnis bezüglich seines Verhaltens, da er sich in der Schule nicht mündlich beteiligt und auch sonst schüchtern und ablehnend Erwachsenen gegenüber sei, was bis zur Sprachverweigerung führen kann.

Die Legitimation zur heilpädagogischen Entwicklungsförderung ist durch die ärztliche Diagnose gegeben. Hiernach handelt es sich bei Sam um eine

1. Entwicklungsstörung bezogen auf schulische Fertigkeiten bei unterdurchschnittlichem und inhomogenem kognitiv-mnestischem Leistungsprofil (ICD-10: F 81.8G)
2. Verhaltens- und emotionale Problematik des Kindesalters mit Zurückhaltung, Unsicherheiten und einer Problematik der Verbalisierungsfähigkeit (ICD-10: F 98.8G).

Mein erster Eindruck von Sam:

Als mir die Akte übergeben wird, habe ich Sam noch nicht kennen gelernt. Ich vermute beim ersten Durchlesen der bis dahin erhobenen Daten, dass es sich bei der vorhandenen Problematik um eine *emotionale Beeinträchtigung in Zusammenhang mit familiären, wahrscheinlich kommunikativen Problemen* handelt.

Die ersten anamnestischen Daten von Sam lassen sich in Kurzform aus dem *Elternfragebogen* und dem Erstgespräch zwischen den Eltern und dem Arzt wie folgt zusammenfassen:

Anamnestische Daten aus dem Elternfragebogen:

Entwicklung von Sam:
- Geburt vor der 38.SSW mit Nabelschnurumschlingung
- Mutter beschreibt die Zeit der Schwangerschaft als unkompliziert

Sam – Fallbeispiel von Sarah Gollan

- Freies Laufen mit 14 Monaten
- Sam sprach vor dem 18. Monat, verdrehte allerdings Buchstaben
- Selbstständiger Toilettengang vor 36. Monat
- Kindergartenbesuch ab vier bis sechs Jahren. Hier beschreibt die Mutter Trennungsangst bei Sam
- Logopädie im Alter von 4;10 – 5;10 Jahren wegen einer Sprachentwicklungsverzögerung
- Schuleintritt mit sechs Jahren, er besucht zur Zeit der Anamnese die zweite Klasse der Regelschule

Familiäre Strukturen:
- Eltern sind verheiratet, drei Kinder Mattes (10), Sam (7;11), Tom (3)
- Vater Lagerarbeiter in Vollzeit, Mutter Hauswirtschafterin, arbeitet halbtags
- Vater und Mutter seien früher sehr schüchtern gewesen
- Vater hatte Probleme beim Lernen und Prüfungsangst, Lehre in der Landwirtschaft begonnen, aber keinen Abschluss gemacht
- Großeltern leben mit im Haus (Doppelhaushälfte)
- Geschwister halten immer zusammen, Mattes würde oft versuchen zu bestimmen und Sam würde sich dann dagegen wehren.
- Sam spielt gern Fußball und Minikicker

Klinisch-neurologischer Basisbefund:

Insgesamt ohne auffälligen Befund.

Medizinische Überprüfung der auditiven Wahrnehmung wie auch der organischen Befunde der Phoniatrie und Pädaudiologie (> Teil II, 1.5):

Diagnose:
- Schwächen im auditiven Wahrnehmungsbereich (F 80.2)
- Verdacht auf eine Aufmerksamkeitsstörung (F 90.0)
- Ausschluss einer dichotischen Hörstörung
- Ausschluss einer peripheren Hörstörung (H91.9)

Ergebnisse der Testverfahren vor der Begleitung:

- **Sceno-Test** (projektives Verfahren):
  Sam stellt keine Personen auf. Er kann zur aufgestellten Szene nichts sagen außer: „Ist irgendwie voll, ... die machen eine Party!"
  Sam stellt ein diffuses Bild dar ohne systematisches Vorgehen zu zeigen. Er zeigt hier wenig Aktivität. Mir fällt auf, dass Sam keine Personen aufstellt. Er scheint das Material im Sinne des Legespiels zu verwenden. Zeigt Sam hier Probleme, sich zu Spielmaterial und Personen in Beziehung zu setzen?
- **Wunschprobe** (projektives Verfahren):
  formulierte Wünsche: 1. Fernseher gucken; 2. Party-Raum; 3. Spielen
  Alle Antworten kamen sehr schleppend. Auf ein weiteres Nachfragen konnte Sam nicht antworten.
- **Satzergänzungstest** (projektives Verfahren):
  Sam antwortete auf keinen Satzanfang. Er schien damit überfordert zu sein.

- **Developmental test of Visual Perception (DTVP 2):**
  auf der Skala der allgemeinen visuellen Wahrnehmung und der motorisch-reduzierten visuellen Wahrnehmungsskala lag Sam im durchschnittlichen Bereich. Auf der visuo-motorischen Integrationsskala erreichte er ein weit überdurchschnittliches Ergebnis.
- **Mottier-Test**
  15 richtige Pseudowörter von 30 → stark reduzierter Bereich.
  Der Mottier-Test ist ein orientierendes Verfahren zur Überprüfung der auditiven Differenzierung und der Merkfähigkeit sowie der sprechmotorischen Koordination als komplexe intermodale Leistung.
- **Kaufman-Assessment-Battery for Children (K-ABC)**
  Ergebnisse:
  Skala einzelheitlichen Denkens: Standardwert 75 (unterdurchschnittlich)
  Skala ganzheitlichen Denkens: Standardwert 92 (durchschnittlich)
  Hieraus errechnet sich auf der Skala intellektueller Fähigkeiten: ein Standardwert von 88 (knapp durchschnittlich)
  Fertigkeitenskala: Standardwert 71 (unterdurchschnittlich)
- **ZAREKI (Dyskalkulie-Test):**
  Der Test konnte aufgrund zu wenig erreichter Rohwerte nicht ausgewertet werden. Es werden bei Sam große Unsicherheiten im Grundlagenverständnis des rechnerischen Denkens beschrieben.
- **DRT 1 – Diagnostischer Rechtschreibtest für 1. Klassen:**
  Bei diesem Test werden den Kindern Sätze vorgelesen, wobei sie das letzte Wort nach wiederholtem Diktieren aufschreiben sollen.
  Der Test konnte aufgrund zu wenig geschriebener Worte nicht ausgewertet werden. Sam legte während der Testung den Stift weg und schaute abwesend im Raum herum.

Erstkontakt und heilpädagogischer Arbeitsauftrag:

Der Erstkontakt findet mit Mutter und Kind statt. Inhaltlich geht es um eine Kontraktabsprache mit Sam und seiner Mutter, in der die Rahmenbedingungen und Ziele der heilpädagogischen Begleitung und Förderung festgehalten werden. Seine Mutter betont ihre Besorgnis bezüglich seiner Schulprobleme. Der Schwerpunkt des Anliegens von Frau A. liegt darin, dass Sam lernt, bessere schulische Leistungen zu bringen und dass er sich mehr im Klassenverband betätigt. Meine Schwerpunkte liegen nicht im schulischen Bereich. Ich möchte schauen, weshalb Sam diese Schwierigkeiten hat, wodurch sie zustande kommen und herausfinden, in welcher Weise er dadurch beeinträchtigt wird. Der heilpädagogische Auftrag besteht in meinen Augen nicht in erster Linie darin, isoliert seine Leistungsprobleme zu lösen. Mein Anliegen ist komplexer: Es soll zusammen mit der Familie geschaut werden, welche Möglichkeiten und Ressourcen im Familiensystem und auch in Sam selbst liegen, um die gesamte Situation zu bewältigen. Dies bedeutet weiterhin, ihn in seinen Fähigkeiten und Möglichkeiten zu fördern und sie als Teil einer einzigartigen Persönlichkeit zu sehen. In der heilpädagogischen Begleitung soll Sam durch Beziehungsangebote in seiner gesamten Entwicklung gefördert werden. Hier wird deutlich, dass die Vorstellungen vom Arbeitsauftrag der Frau A. einen anderen Schwerpunkt aufweisen als meine eigenen. Die Diskrepanz unterschiedlicher Vorstellungen bringt ein gewisses Konfliktpotenzial mit sich. Dieses Thema muss in der Elternarbeit noch seinen angemessenen Platz finden und schrittweise von mir kommuniziert werden. Sam verhält sich seiner Mutter und auch mir gegenüber ablehnend. Auf direkte Ansprache reagiert er nonverbal, spricht nicht und hält auch keinen Blickkontakt. Er antwortet, indem er mit dem Kopf nickt oder ihn schüttelt. Es ist nicht angenehm für ihn, dieses Gespräch anzuhören, es geht ja schließlich um ihn und sein „Versagen" in der Schule.

Protokollausschnitt

Ich begrüße Sam und seine Mutter im Wartezimmer. Er hält sich den Arm vor das Gesicht. Sam will uns nicht anschauen und nicht mit uns sprechen. Wir gehen alle zusammen ins Spielzimmer. Er setzt sich mit dem Rücken zu uns. Seiner Mutter gefällt dies nicht, da sie ihn ständig sehr lieb darum bittet, sich doch umzudrehen und zu sprechen. Auf Ansprache antwortete Sam allerhöchstens mit einem Nicken oder Schütteln des Kopfes. Seine Mutter äußert im Gespräch ihre Sorgen bezüglich der Schulschwierigkeiten. Sie sagt, dass bei ihrem Sohn auch die Versetzung auf dem Spiel stehen würde, wenn alles so weitergeht. Sam würde die Buchstaben nicht richtig hinbekommen und mit Zahlen und Rechnen hätte er auch Probleme

Diese Szene gibt Anlass, über den Rahmen und Inhalt des ersten Gespräches zwischen Mutter, Sam und mir nachzudenken. Glücklicher wäre es in diesem Fall gewesen, das Gespräch erst einmal allein mit der Mutter zu führen, da Sam so erspart geblieben wäre anzuhören, wie schlecht er in der Schule ist und wie besorgt seine Mutter ist. Mir geben die ersten Szenen zwischen Mutter und Kind Einblick in deren Kommunikationsverhalten und den Umgang miteinander in angespannten Situationen. So ist es seiner Mutter sichtlich unangenehm, dass Sam nicht mit mir spricht, bzw. über die Körpersprache deutlich macht, dass er mich erstmal ablehnt. In dieser Situation ist es für mich hilfreich, mich mit dem emotionalen Befinden der Mutter, sowie mit dem Befinden des Jungen zu identifizieren. So kann ich nachspüren, welche Dynamik von beiden Seiten ausgeht und die Situation bestimmt.

<u>Teilidentifikation mit Sam und Mutter in der ersten Begegnung mit mir:</u>

Sam:

- *Oh nein, jetzt werde ich schon wieder vorgeführt*
- *Ich fühle mich gar nicht wohl*
- *Mir ist es peinlich, dass ich nicht gut in der Schule bin*
- *Auch hier erlebe ich mich als Sonderling, der verändert werden soll*
- *Wer ist diese Frau da, will die auch an mir herumzerren?*
- *Ich habe überhaupt keine Lust, irgendwas zu sagen, am besten ich drehe mich um, dann lassen die mich in Ruhe*
- *Ich verhalte mich ganz still, wird Mama schon sehen, was sie davon hat*
- *Mama will mich so nicht haben, ich mache ihr nur Scherereien*
- *Ich bin sowieso nicht richtig so, also mach` ich lieber gar nichts.*

Mutter:

- *Mir ist das so unangenehm, hier vorstellig zu werden*
- *Hoffentlich halten die mich hier nicht für eine schlechte Mutter*
- *Bin ich eine schlechte Mutter?*
- *Was habe ich falsch gemacht?*
- *Jetzt verhält sich der Junge auch noch so ablehnend, mir ist das peinlich.*
- *Er soll sich doch von seiner erzogenen Seite zeigen und freundlich sein*

- *Ich verstehe Sam nicht, jetzt bin ich schon mit ihm hergekommen, um ihm zu helfen und er blockt nur ab*
- *Ich fühle mich von meinem Kind nicht gewollt*
- *Was denkt die Frau jetzt von mir?*
- *Ich fühle mich hilflos und mit den Problemen allein gelassen*
- *Mich verletzt es, wie mein Kind sich verhält*
- *Aber ich muss jetzt stark sein und die Situation bewältigen*
- *Hoffentlich bringen die ihm hier das Rechnen und Schreiben bei, damit wir nicht weiterhin in der Schule so auffallen*
- *Ich weiß nicht, was ich von der Frau halten soll, eigentlich ist sie ganz nett, aber sie soll mir nicht zu nahe kommen*
- *Ich fühle mich schuldig an Sams Situation und das kann ich gar nicht aushalten.*

Erste Diagnostische Einschätzung (Hypothesenbildung):

Die Beziehungsdynamik und ihre emotionalen Auswirkungen

Der Erstkontakt gibt mir Anlass, über die Mutter-Kind-Interaktion nachzudenken: Das ablehnende Verhalten von Sam und das darauf bezogene peinlich berührte Verhalten von Frau A. ist für mich aufschlussreich. Ich meine, dass Sam in dieser Situation eindeutig eine Machtposition innehatte, weil er seine Mutter ausdauernd in Verlegenheit bringen konnte, die ihm hilflos ausgeliefert war. Ich vermute hier eine verdrehte Kommunikation zwischen Mutter und Kind. Weiterhin vermute ich hier ein eingefahrenes Verhaltensmuster zwischen beiden. Seine Mutter scheint unter erheblichem Druck zu stehen, an sich selbst und von anderen gestellte Erwartungen erfüllen zu müssen. Diesen Druck scheint Sam zu spüren, er reagiert mit Abwehr und Rückzug, um den Forderungen seiner Mutter nicht nachkommen zu müssen. Er scheint immer mehr in einen Misserfolgskreislauf geraten zu sein. Vermutlich verhält Sam sich im Schulkontext ähnlich: Wenn er Leistung und Teilnahme zeigen soll, gerät er auch dort unter großen Druck, auf den er mit Rückzug reagiert. Ich erlebe ihn als ein Kind, welches den Kontakt vermeidet und auf Abstand und in Deckung geht, wenn er mit den Beziehungs- oder Leistungsanforderungen seiner Mitmenschen konfrontiert wird. Sam verharrt in einer passiven Haltung – die sicher viel Energie kostet – und scheint emotional blockiert zu sein. Sein Verhalten macht es ihm im Hinblick auf die Teilhabe am Spiel Gleichaltriger und dem natürlichen Streben nach Anerkennung schwer, diese Bedürfnisse in der Gemeinschaft zu befriedigen. Durch sein Verhalten löst er stattdessen andauernde Ohnmachtsgefühle bei seinen Mitmenschen aus. Dadurch erhält er auf seine Person ebenfalls eine negative Rückmeldung, die seinem Selbstbild gar nicht gut tut: „Du bist derjenige der immer aus der Reihe tanzt, der nicht dazugehört und nicht dazu passt!" So werden bei ihm Gefühle von Hilflosigkeit entstehen. Auf diese Art kann Sam erst recht nicht an wohltuenden Beziehungen teilhaben. Er ist in seiner konstruktiven Selbstverwirklichung erheblich eingeschränkt. Da er diese aber für eine ausgewogene Entwicklung so notwendig braucht, liegt hier evt. ein großes Problem auf emotionaler Ebene vor: Seine aktuellen Gefühle scheinen Sam sehr bei der Bewältigung altersentsprechender Aufgaben zu blockieren. Statt Leistungsstreben und Leistungsstolz als Gruppenerleben dominieren Minderwertigkeitsgefühle.

Wahrnehmungsverarbeitung, kognitive Leistungsfähigkeit und schulische Fertigkeiten

Bei Sam liegen in den folgenden Bereichen der *auditiven Wahrnehmung* Schwierigkeiten vor:
- Auditive Figur-Grund-Wahrnehmung
- Lautdiskrimination
- Auditives Kurzzeitgedächtnis

Signifikant erscheint hier das Ergebnis aus dem K-ABC der Skala des einzelheitlichen Denkens. Mit einem Standardwert von 75 liegt Sam (bei einem Mittelwert von 100 und einer Standardabweichung von +/-15 Punkten) im unterdurchschnittlichen Bereich. Bei Sam kommen hier ganz offensichtlich Schwächen in der auditiven Wahrnehmungsverarbeitung zum Tragen. Darauf weist auch das Ergebnis des Mottier-Tests hin. Beide Ergebnisse zusammen interpretiert machen Schwierigkeiten in der sequentiellen Informationsverarbeitung (z.B. Reihenbildung) und in der intermodalen Verknüpfung (motorische und sprachliche Reproduktion des auditiven Reizes) deutlich. Sam hat individuelle Stärken im Bereich der visuellen Wahrnehmungsverarbeitung. Anhand des Ergebnisses aus dem DTVP-2 (durchschnittlich bis überdurchschnittlich) und auch der Skala ganzheitlichen Denkens (Standardwert 92) aus dem K-ABC wird ersichtlich, dass Sam in der Organisation und dem Erkennen von Mustern Stärken aufweist. Die Fertigkeitenskala belegt die Schwierigkeiten Sams, im Schulkontext altersentsprechende Aufgaben zu lösen und Wissen aufzunehmen, zu verarbeiten und zu speichern. Die vorher genannten Wahrnehmungsschwierigkeiten im auditiven Bereich wirken sich bei Sam zusätzlich negativ auf das Rechnen und das Schreiben aus. Hier geht es ebenfalls um die vorher beschriebenen Faktoren der auditiven Wahrnehmung, die bei Sam schwierig ist:

Intermodale und seriale Schwächen auf der kognitiven Ebene

Beim *Schriftspracherwerb* handelt es sich beispielsweise um folgende Aspekte:
Intermodale Schwächen:
- Phonem – Graphem – Zuordnung (= intermodale Verknüpfung gelingt nicht sicher)
- Phonologisches Bewusstsein – eingeschränkt aufgrund auditiver Wahrnehmungsschwäche

Beim *rechnerischen Denken* fallen ebenfalls die Schwächen in der intermodalen und serialen Wahrnehmung auf:
- beim Abzählen von Spielfiguren fällt auf, dass Sam motorische (mit der Figur ein Feld weiterziehen) und sprachliche Einheiten (zählen) nicht zeitgleich sondern zeitverzögert koppelt
- Sam verdreht im Zareki die Zahlen, statt 41 schreibt er 14, er kann diese also nicht so schnell „im Kopf" ordnen.

Die Diskrepanz in den Ergebnissen der Skala intellektueller Fähigkeiten (88) und der Fertigkeitenskala (71) im K-ABC weist darauf hin, dass Sam sein kognitives Potential nicht nutzen kann. Hinzu kommt die Vermutung der nicht ausreichenden Förderung von Sam im Elternhaus, sowie seine Schwierigkeiten in der Wahrnehmungsverarbeitung, die sich erschwerend auf sein Lernverhalten auswirken. Dazu kommt eine emotionale Selbstwertproblematik, die ihn ebenfalls am selbstmotivierten Lernen und Mitmachen hindert

Vorläufiges Fazit:
Funktionale Schwierigkeiten und emotionale Beeinträchtigungen fördern einen Teufelskreis aus Misserfolg und Rückzug oder Verweigerung, zumal von allen Seiten von ihm erwartet wird, besser zu funktionieren.

Zielsetzung und Methodenauswahl:

Richtziel: Aufbau eines positiven Selbstkonzeptes

Teilziel:
Erleben von Selbstwirksamkeit im Spiel:
Sam soll langsam aus seinem zurückziehenden und antriebsarmen Verhalten heraustreten und eigene Interessen erkennen und entwickeln. Das bedeutet, dass er erst einmal eigenaktiv wird, um sich in Handlung zu erleben. Auf der Handlungsebene kann er Selbstwirksamkeit erfahren, die nicht destruktiver Art, sondern für ihn und seine Entwicklung konstruktiv und konsolidierend sein soll.

Teilziel:
Eigene Fähigkeiten erkennen und bewerten
Über das Spielen und die aktive Auseinandersetzung mit der Umwelt, soll Sam seine Handlungsmöglichkeiten erkennen. Diese Erfahrung ermöglicht ihm, neue positive Erlebnisse für sich zu verzeichnen, die die Entwicklung seines positiven Selbstkonzeptes fördern. Sam wird seine eigenen Fähigkeiten erkennen und lernen, seine Stärken und Schwächen zu fokussieren, wie auch sein Können angemessen zu bewerten. Nach und nach kann er sich seine eigenen selbstbildbezogenen Ziele setzen und sich trauen, sich konstruktiv zu vergleichen. Sam soll sich bewusst darüber werden, dass er etwas sozial Anerkanntes kann und dass diese Erlebnisse ihm gut tun.

Teilziel:
Stärkung des positiven Selbstwertgefühls
Durch die Entwicklung neuer Handlungsmöglichkeiten im Spiel soll Sam erfolgreiche selbstbildbezogene Erfahrungen machen, die ein positives Selbstwertgefühl fördern. Das natürliche Streben Sams nach Selbstverwirklichung soll durch die aktive Auseinandersetzung im Spiel seinem misserfolgsorientierten Selbstbild kontinuierlich entgegenwirken; ihm soll die Möglichkeit gegeben werden, seine Fähigkeiten und Kompetenzen durch kleine Erfolgserlebnisse in der Stunde stabil wahrzunehmen und die eigenen Schwächen annehmen zu lernen.

Methode:

Die von mir gewählte Methode ist die HPS.

Im Zentrum steht das freie, vom Kind selbst gestaltete Spiel. Es ist die Sprache des Kindes, die ihm Raum gibt, sich in seinem Tempo auszudrücken, seine innere Wirklichkeit, seine Lebensthemen zu inszenieren und damit seine Erfahrungen, Gefühle und Konflikte auszuspielen. Das Kind erlebt seine Eigenverantwortung im freien Spiel. Es kann einen neuen Zugang zu sich finden, d.h. es kann seine eigenen Bedürfnisse aufspüren und sich selbst besser kennen und annehmen lernen.

Diese Aspekte werden von der Heilpädagogin spieltherapeutisch genutzt. Die Haltung der Heilpädagogin und die Beziehungsgestaltung zum Kind sind durch die Momente der unbedingten Wertschätzung, des einfühlenden Verstehens und der Echtheit gekennzeichnet. Daraus werden Handlungsprinzipien abgeleitet, die auf der Spiel-Ebene konkret umgesetzt werden. Die so gestaltete Beziehung muss auf der Meta-Ebene reflektiert werden.

Ich gehe davon aus, dass dieser methodische Ansatz für Sam hilfreich werden kann. Die benannten Handlungsprinzipien werden in der folgenden Tabelle auf Sam hin inhaltlich ausgefüllt. Die einzelnen Spalten können nur künstlich von einander getrennt werden. In der Spielsituation fließen alle Anteile ineinander: Mal leuchtet das eine und mal das andere, manchmal leuchten alle auch auf einmal auf.

Sam – Fallbeispiel von Sarah Gollan

Handlungsprinzipien	Reflexion der Beziehung auf der Meta-Ebene	Konkrete Umsetzung auf der Spiel-Ebene
A) Unbedingte Wertschätzung		
Nähe und Distanz variieren	Ich werde Sams Bedürfnisse nach Nähe und Distanz erspüren müssen. Da er ein Kind ist, das eher allein sein möchte, werde ich dieses Rückzugsverhalten respektieren müssen. Das verlangt von mir, ihm Zeit und Raum zu geben und mich in Geduld zu üben. Ich werde äußerlich passiv bleiben und innerlich aktiv präsent das Geschehen aufnehmen. Sam wird Signale von mir brauchen, dass ich gegenwärtig bin. Ich mache mir Gedanken, wie schwierig es für mich sein kann, diese Szene auszuhalten, wenn Sam sich intensiv zurückzieht. Bei mir werden Gefühle wie Ohnmacht oder auch Wut aufkommen können. Es wird schwierig für mich sein, die Zuwendung von Sam über meine Kontaktaufnahme im Spiel zu bekommen. Dies würde eine Form von Scheitern für mich bedeuten, an der ich erstmal nichts ändern kann. Ich muss mir darüber klar sein, nichts erzwingen zu können. Ich muss lernen, dass seine Ablehnung nicht meiner Person gilt, sondern sein Erleben der Projektion seiner Erfahrungen darstellt. Mein Erleben von Isoliertheit und Ohnmacht spiegelt einen Teil von seinem Erleben wider. Das erleichtert mir das Aushalten meiner eigenen emotionalen Anspannung.	Sam hat die Möglichkeit, sich im Spielzimmer frei zu bewegen und das zu spielen, was er möchte. Er kann die räumliche Nähe und Distanz zu mir selbst variieren und bestimmen. Er kann sowohl allein spielen als auch mich in sein Spiel einbeziehen. Bei Rückzugswünschen hätte er ggf. die Möglichkeit, sich mit den Decken und Kissen eine Höhle zu bauen. Ich könnte mich dann auf den Boden setzen und mein Verhalten mitteilen: „Ich setze mich erst einmal hier hin, damit du dich in Ruhe umschauen kannst!" Ich halte zu ihm körperlichen Abstand ein, um ihn nicht zu überfordern. Ich werde ermessen müssen, ob ich nur interessiert zuschaue und Offenheit signalisiere oder ob anteilnehmende Kurzkommentare von Sam angenommen werden. Ich lege mir ein einfaches signalgebendes Spielzeug zurecht (z.B. Murmelbahn), um indirekt die Aufmerksamkeit von Sam auf das Material und mich zu lenken. Außerdem kann ich mich über das Tun selbst emotional entlasten.
Respektieren des Widerstandes	Über die Identifikation mit Sam und seinen Entwicklungsthemen finde ich zum Verstehen; so habe ich die Möglichkeit, mich auf seine emotionale Befindlichkeit einzulassen. Sam wird viel Widerstand zeigen: Er wird wenig sagen, kaum Blickkontakt aufnehmen und passiv bleiben. Er könnte die Spielangebote langweilig oder doof finden, weil er mich bestrafen oder beschämen möchte. Es wird nicht leicht für mich sein, Sam unbedingte Wertschätzung entgegen zu bringen. Ich muss mit dem Widerstand mitschwingen und diesen akzeptieren, d.h. mich nicht zurückziehen aber auch keinen Druck ausüben, da ich den Widerstand nicht aufbrechen will. Ich werde nicht unmittelbar auf die Widerstandsinhalte reagieren, sondern das Spiel als Schutzraum anbieten: Die Handpuppen symbolisieren seine Thematik. Der Löwe soll Ideal-Selbst-Anteile wie Stärke, Mut, Aktivität usw. darstellen, während die Schnecke für Rückzug, Passivität und Angst stehen soll, also für das von mir vermutete Realselbst.	Um den Widerstand zu respektieren, werde ich bei intensiven Rückzugsmomenten Sam mit zwei verschiedenen Handpuppen (Löwe und Schnecke) begegnen. Ich habe hier im Spiel auch die Möglichkeit, meine eigenen Gefühle mitzuteilen. So könnten Schnecke und Löwe eine Unterhaltung darüber führen, dass sie ja gern mit Sam spielen würden aber nicht so genau wüssten, ob er es denn auch möchte. So können Löwe und Schnecke ebenfalls beide Anteile symbolisieren: Der Löwe, der gern aktiv sein möchte und neugierig auf die Frau und das Spielzimmer ist und die Schnecke, die ängstlich und hilflos darüber ist, ob das hier nicht wieder so wie in der Schule, wo er was machen soll und es nicht kann und dann dumm da steht.

B) Einfühlendes Verstehen

Einfühlendes Mitschwingen	Zunächst muss ich mich vorsichtig an Sam herantasten und einen Zugang zu ihm bekommen. Über das einfühlende Mitschwingen gebe ich Sam die Möglichkeit, sein eigenes Handeln bewusster wahrzunehmen und sich in seinem Tun bestätigt zu fühlen. Dabei gehe ich vorsichtig vor, bleibe vor allem auf der Verhaltensebene und kann mein Interesse gestisch, mimisch oder verbal signalisieren.	Ich greife mit meinen Worten auf, was mir auf der Verhaltensebene mitteilt. Wenn er mir ein Spiel hinhält, reagiere ich damit: „Du möchtest, dass wir es gemeinsam spielen?". Wenn er sich zurückhält und nicht weiß, was er spielen möchte, sage ich: „Du möchtest erst einmal schauen, einfach da sitzen ... vielleicht weißt du noch nicht, was du spielen möchtest?" Wenn er sich über lange Zeit nicht traut, seine Interessen auszudrücken, gehe ich davon aus, dass er keinen Impuls von mir braucht.
Reflektieren von Gefühlen	Ich muss sensibel schauen, wie viele emotional besetzte Themen Sam mir anbietet und wie ausgeprägt diese sind. Darauf muss ich in der Situation angemessen reagieren und mich zuvor fragen: Wie oft greife ich seine Befindlichkeit auf? Wie tiefgehend verbalisiere ich seine emotionalen Erlebnisinhalte, damit er diese annehmen kann? Wichtig ist es hier, weniger auf die Inhaltsebene des Gesagten einzugehen, sondern vermehrt auf der Gefühlsebene zu agieren. Ich denke, Sam wird über die Art des sprachlichen Widerspiegelns nicht kennen und verunsichert reagieren. Themen, die wenig angstbesetzt oder bedrohlich für ihn sind, werde ich fokussieren. Er hatte bis jetzt kaum eine Möglichkeit, sich und seine eigenen Gefühle kennen zu lernen und wird daher wohl schreckhaft reagieren. Gefühle wird er eher annehmen können, wenn diese auf die Handpuppen hin reflektiert werden.	Im Spiel mit den Handpuppen werde ich die bei Sam vermuteten Gefühle auf die Puppen übertragen und im Spiel verbalisieren. Eine mögliche Szene: Der Löwe schnuppert an der Rechentafel. Das kommentiere ich mit: „Löwe dich interessiert die Rechentafel?". Und ich als Löwe könnte sage: „Nein, igitt Rechnen! Ich mag nicht rechnen! Das ist blöde, weil ich gar nix verstehe, das ist mir viel zu schwer!" HP. „Ach so! Du magst gar nicht gern rechnen?" Ich als Löwe antworte: „ Lass mich bloß damit in Ruhe! Ich bin doch sowieso zu lahm und außerdem sind alle besser, da werd ich traurig; ich hab schon Angst davor!" Der Löwe versteckt sich und ich lasse ihn seufzen: „Am liebsten wäre ich unsichtbar, so dass mich niemand finden kann, um mir zu rechnen!" Die Gefühle von Sam lassen sich in werktechnischen Angeboten darstellen (Malen): Er kann hier Wünsche ausdrücken z.B.: sich selbst im Zusammenhang mit anderen malen; er könnte sein eigenes Traumhaus malen und ausgestalten.
Selbstkonzeptbezogenes Verstehen	Ich kann Sams Selbstbewertung reflektieren, um diese für ihn anschaulich zu machen. Wahrscheinlich wird Sam erst einmal in Bezug auf sein eigenes Selbstbild negative Bemerkungen machen wie: „Ich schaff das ja doch nicht" oder er wird Anforderungen zu Anfang ganz ausweichen. Ich muss aufpassen, wenn ich seine Selbstbewertungen benenne, ihn nicht in seiner negativen Selbsteinschätzung zu bestärken. Wichtiger ist es, ihn dafür zu sensibilisieren, so dass er ein Gespür dafür bekommt, wie er sich in seiner Situation erlebt und wie schwer es ist, daraus heraus zu kommen.	Das Materialangebot im freien Spiel ermöglicht es Sam, in Handlung zu kommen und sich selbst auszuprobieren. So erfährt er, was er kann und was er noch nicht kann. Hier bieten sich Lego-Steine für einfache Konstruktionsspiele an. Weiterhin halte ich Bilderbücher zur Thematisierung eigener Gefühle bereit, um einen behutsamen Zugang zum Selbstbild anzubieten (Lobe, M., Weigel, S.: Das kleine Ich bin Ich; Aliki: Gefühle sind wie Farben; Sendak, M.: Wo die wilden Kerle wohnen). Damit das Thema Schulschwierigkeiten nicht tabuisiert wird, biete sich erneut die Handpuppen an. Eine mögliche Szene: Ich nehme die Löwen und die Schnecke. Sie fragt den Löwen: „Du Löwe, hab' gehört du bist jetzt in einer neuen Klasse!" Löwe: „Ja, bin ich. Leider!" Schnecke: „ Wie leider? Es gefällt dir dort nicht

Sam – Fallbeispiel von Sarah Gollan

	Hier gilt es, das negative Gefühl mit auszuhalten, den Schmerz mit zu erleiden und nicht der Gefahr zu unterliegen, es schön zu reden, indem ich ihm beispielsweise vorschnell aufzeige, was er alles kann und ihn dafür lobe. Jedoch ist es hilfreich, wenn ich ihm positive und realistische Rückmeldungen zu konkreten Verhaltensweisen in dosierter Form gebe. Ich denke, Sam wird nicht genau einordnen können, wieso er mit mir zusammen ins Spielzimmer geht und dort spielen „soll". Ich möchte seine „Problematik" auf keinen Fall tabuisieren.	so gut?" Löwe: „Ach da bin ich so fremd. Ich kenne da Keinen! Meine Freunde sind alle in der alten Klasse! Ich tanze immer aus der Reihe. Ich gehöre nicht dazu" Schnecke: „Aha, das hört sich ja nicht so erfreulich an. Stell ich mir ganz schön schwierig vor!" Löwe: „Ja, ich weiß auch nicht, wie ich das ändern soll. Weißt du Schnecke, das ist da alles doof! Und die Lehrerin ist so schrecklich! Die ist so streng!" Schnecke: „Hoffentlich denkt die nicht, dass du alles nicht kannst, weil du die Klasse wiederholen musst!" Löwe: „Ja, hoffentlich nicht! Ich bin ganz schön traurig, das ist alles doof!" Schnecke: „Ja das glaub ich, Löwe! Du denkst es wird sich sowieso nichts ändern?"
C) Echtheit		
Konfrontieren	Ich muss aufpassen, dass ich nicht das „schön rede", was ich als Diskrepanz erlebe. Auch zwinge ich mich dazu, mich mit belastenden oder konfliktreichen Situation zu konfrontieren. Ich muss echt bleiben und meine negativen Gefühle aufspüren und in dem Augenblick kontrollieren, jedoch später in der Selbstreflektion vertiefen. Das gilt besonders für Szenen, in denen ich mich von Sam abgelehnt fühle. Falls ich bemerke, dass Sam sich gern im Spielzimmer umsehen würde und ihn etwas fasziniert, er sich aber nicht traut darauf zuzugehen (durch Gestik, Mimik deutlich, hier muss ich seine innere Widerstrebungen gut beobachten!), kann ich seine innere Widerstrebungen z.B. auf einer analogen Spielebene mit den Handpuppen verbalisieren und Sam darüber mit den Diskrepanzen konfrontieren.	Wenn Sam mir gegenüber ignorierend oder ablehnend reagiert, kann ich ihn auch konfrontieren wie z.B.: „Du willst eigentlich nichts mit mir zu tun haben, weil ….." Eine Konfrontation wird auch in der Szene zur Beziehungsklärung deutlich. Hier können wieder Löwe und Schnecke eingesetzt werden und so für unterschiedliche Gefühle und Wünsche stehen: Der Löwe, der sich z.B. gern umsehen will und die Schnecke, die sich nicht traut.
Beziehung klären	Ich lasse mich leiten von den Fragen: Wer bist du für mich? Wer bin ich für dich? Wer können wir für einander sein? Sam ist für mich ein Kind, das mich in seiner Problematik anspricht, der in seinem Rückzugsverhalten eine Herausforderung für mich darstellt, meine Neugierde weckt: Was mag sich hinter meinen ersten Eindrücken verbergen? Ich vermute, dass ich für Sam eine Bedrohung darstelle und ein Rätsel bin. Ich wünsche mir, dass wir einen Weg zueinander finden, den wir gemeinsam gehen können. Im Sinne von Ich-Botschaften greife ich sein aktuelles Erleben auf, das sich auf unsere Kontakte bezieht. Ich vermute, dass er Skepsis und Ängste zum Besuch der Praxis entwickelt haben wird.	Den Anlass der Vorstellung in der Praxis greife ich wie folgt auf: „Ich weiß von dir, dass du Schwierigkeiten in der Schule hast und dass deine Mutter mit dir hierhergekommen ist, damit es besser wird. Ich weiß aber nicht, wie du das findest (Pause) magst du mir sagen, wie es dir damit geht?" Das Besprechen des Kontraktes dient auch einer ersten Beziehungsklärung. Auch könnten werktechnische Angebote hilfreich sein.

Spielbegleitung im Zyklus I:

Die ersten Kontakte versuche ich wie geplant – spieltherapeutisch – zu gestalten. Sam läuft im Spielzimmer umher und kann sich nicht entscheiden, was er machen will. Er zeigt wenig Eigeninitiative und scheint mit dem Angebot des Spielzimmers überfordert. Er ist sehr unruhig, läuft ratlos durch das Zimmer und findet offensichtlich auch nichts interessant. Oft betont Sam, wie langweilig es im Spielzimmer doch sei. Auf Beziehungsangebote reagiert Sam verhalten und zum Teil ablehnend. Er versteckt sich gern vor mir. Sam scheint ein großes Bedürfnis nach Bewegung zu haben. Auch scheint er auf der Suche nach Reizen zu sein, um sich selbst zu spüren.

Das von mir angebotene Rollenspiel im Kaufladen kann er kaum annehmen. Er spricht nicht und schaut mich nicht an. Ich kann mir in der Situation keinen Reim darauf machen. Was möchte Sam von mir? Will er überhaupt etwas von mir? Ich bin verwirrt und suche nach Gründen für sein Verhalten.

Ich vermute Schwierigkeiten bei Sam, sich im Raum zu orientieren und auch, dass er Probleme hat, Situationen kognitiv zu strukturieren.

Diese Weise der Begleitung scheint bei Sam nicht den richtigen Nerv zu treffen. Die Stunden enden in diesen ersten Kontakten, wie sie begonnen haben: Er schweigt und zeigt mir seine verschlossene Seite.

Protokollauszug:
Nach einiger Zeit verlässt er den Kaufladen und geht nach oben auf die 2. Ebene. Er sagt: „Oh, hier ist es aber kuschelig!" „Ja das guck ich mir doch mal an!", sage ich und will die Treppe rauf gehen, doch da kommt mir Sam schon entgegen und läuft nach unten. Dann läuft er wieder nach oben und öffnet ein Fenster und schaut nach unten zu mir. „Hallo!", rufe ich und Sam lacht und weicht nach hinten zurück.

Nun schaut er durch das andere Fenster daneben. Er wechselte immer von Fenster zu Fenster hin- und her. Sam scheint es Freude zu machen, denn er kichert die ganze Zeit vor sich hin.

Teilidentifikation und Reflexion der Szene:

Anschließend setze ich mich in der Reflexion der Stunde genauer mit dieser Sequenz auseinander:

1. Auf Sam reflektiert:
Sam: „Oh, hier ist es aber kuschelig!"
- Sam geht zum „Kuscheligen" hin
- Er hat ein Bedürfnis nach Kuscheligem/Weichem/ geborgenem Erlebniszustand
- Beim Kuscheligen muss Sam nichts leisten und kann bedingungslos er selbst sein
- Sam sucht etwas Kuscheliges, was nicht bei mir, sondern weg von mir ist
- Er sucht räumliche Distanz
- In der Fähigkeit, sein Bedürfnis nach Geborgenheit auszudrücken, liegt auch eine Ressource – denke ich

Sam – Fallbeispiel von Sarah Gollan

Als ich die Treppen hochlaufe, kommt er mir schon entgegen und läuft nach unten:
- Sam verteidigt seinen Raum, da ich dann keinen Grund mehr habe, zu ihm nach oben zu kommen
- Sam lässt sich nicht fassen, weicht aus
- Sam will den kuscheligen Raum nicht mit mir teilen

Sam läuft wieder nach oben:
- Sam bestimmt die Distanz, wie viel Nähe sein darf, reguliert Abstände

Öffnet und schließt die Fenster und schaut raus:
- Sam lässt nur Nonverbales zu, als ich „Hallo!" rufe, weicht er nach hinten aus, antwortet nicht, erlebt mich aufdringlich
- Sam ist ein Kind, dass über die Distanz kleine „Fenster öffnet"
- Er braucht die sichere Distanz
- Sam setzt ein für ihn vertrautes Verhalten ein (Versteckspiel)
- Er bremst sich jedoch auch gleichzeitig wieder aus
- Das Spiel löst bei ihm Lust aber auch Argwohn aus, da er nach hinten ausweichen muss und gleichzeitig lacht

2. Auf mich reflektiert:
- Ich habe enormen Druck, mit Sam in Interaktion zu kommen und die Stunde zu gestalten
- Ich fühle mich ausgeliefert und hilflos
- Ich denke:„ Das kann doch hier jetzt nicht so weitergehen, es muss mal was passieren!"
- Sam sagt, dort oben sei etwas kuschelig, jetzt kann ich Kontakt zu ihm aufnehmen, das ist mein Stichwort!
- Nach oben zu Sam zu gehen, tut mir gut, da ich über die Bewegung bei mir das Gefühl der Starre etwas abbauen kann
- Jetzt läuft er wieder runter, was mache ich nur falsch?
- Ich weiß, dass er mich nicht so nah bei sich haben will, ich kriege allmählich Wut und werde ungeduldig
- Sam öffnet ein Fenster, ich werde nun hier unten bleiben, auch wenn es mir schwer fällt. Sam braucht die Distanz.
- Trotzdem kann ich mir ein „Hallo!" nicht verkneifen, ich bin ganz gespannt, wie er reagiert
- Oh, Sam lacht, zieht sich aber im nächsten Moment zurück. Mh, war ich wieder zu forsch?
- Sam wechselt nun von Fenster zu Fenster und schaut zu mir runter; ich bin froh, dass er wenigstens ein bisschen Kontakt sucht, auch wenn dieser sehr distanziert ausfällt.

Weitere fortschreitende diagnostische Einschätzung im Zyklus I:

Bei Sams vermuteter Problematik lassen sich drei große Teilbereiche voneinander abgrenzen und hier mit vertieften Überlegungen zu Sams biografischem Gewordensein in Beziehung setzen:
- Auffälligkeiten in der Wahrnehmung
- Auffälligkeiten im emotionalen Bereich
- Auffälligkeiten in der Spielentwicklung

Hierzu ein Protokoll aus der zweiten Stunde:

Protokollausschnitt

Sam läuft zum Puppenhaus. Er fängt an, ein paar Sachen in die Hand zu nehmen und wieder hinzustellen. Dann entdeckt er die kleinen Puppenhausstühle und beginnt sie aufeinander zu stapeln. Er murmelt: „Das wird ein Turm."

Ich versuche mich einzuschalten, indem ich verbalisiere, was er tut und sage schließlich: „Bin mal gespannt, wer auf den Turm klettert." Doch Sam lässt die Puppen liegen und beginnt das Dachfenster des Puppenhauses herauszunehmen und sich anzuschauen.

Plötzlich geht er zum Kaufladen und schaut sich dort um. Dann läuft er einmal die Treppe hinauf auf die 2. Ebene (Kuschelecke) und kommt mit einem Spielzeugscanner und einer Spielzeugkasse wieder herunter und stellt alles auf die Theke vom Kaufladen. Vorher gibt er mir von oben eine Geldbörse mit Spielgeld an. Er probiert die Sachen nun aus. Ich schaue eine Weile zu, dann sage ich: „Darf ich bei dir etwas kaufen?" „Ja, okay!", sagt Sam. Ich frage, ob er mir den Einkaufskorb hinter der Theke angeben würde. Er gibt ihn mir. Dann beginne ich und sage: „Hallo, guten Tag, ich möchte gern etwas hier kaufen!" „Was denn?", antwortet Sam und ich zähle ein paar Sachen auf. Sam tut so als ob er die Sachen scannen und deren Preis eintippen würde und legt sie in den Korb. Ich „bezahle" und gehe zum Tisch und lege die Einkäufe auf den Tisch. Ich gehe noch einmal zu Sam hin und „kaufe" noch einmal ein paar Sachen. Sam gibt mir wieder alles an, was ich haben will, er sagt aber nichts. Nach einiger Zeit verlässt er den Kaufladen und geht nach oben auf die 2.Ebene.

Diese und andere Beobachtungen lassen mich vermuten, dass Sam Schwierigkeiten hat, mit Spielmaterial umzugehen. Sollte Sam in seiner Spielgestaltung blockiert sein, spielen wohl auch bisher erfahrene Bindungsmuster eine Rolle. Die Schwierigkeit, nicht ins Spiel zu finden, signalisiert u. a. ein Problem, in Beziehung überhaupt zu sein. Was ist es hier genau, das Sam am Spiel blockiert? Festzustellen ist, dass Sam einseitig nur funktional mit Spielmaterial umgeht. Differenzierte Handlungsschritte, die gezielte Vorüberlegungen und Ideen im Sinne von symbolischen Leistungen erfordern, scheint Sam noch nicht zu beherrschen. Seine Spielentwicklung weist einige Brüche und Lücken auf. Hier kommen zu seinen Schwierigkeiten in der Wahrnehmung die Komponenten der emotionalen Hemmung dazu.

Aufgrund dieser Beobachtungen und Überlegungen schaue ich mir seinen Entwicklungsverlauf genauer an, um verschiedene Hypothesen zu vertiefen oder auszuschließen:

- Der Lebenseinstieg war für Mutter und Sam aufgrund der Nabelschnurumschlingung ein einschneidendes angstauslösendes Erlebnis. Das bedrohliche Erlebnis der Luftnot könnte sich auf der Leibebene „eingebrannt" und zu einer erhöhten Vulnerabilität geführt haben. Hier kann ein bedeutendes Lebensthema (das der Enge und Angst) seinen Anfang genommen haben, das sich im weiteren Leben immer wieder zeigt, wiederholt und somit verstärkt.
- Die frühkindliche Entwicklung ist nach Aussagen der Mutter regulär verlaufen. Ich gehe davon aus, dass die Entwicklung von Sam den Erwartungen der Eltern entsprach. Also zogen sich Sams Schwierigkeiten in der Wahrnehmungsentwicklung unbemerkt bis zum Kindergarten durch.

- Beide Eltern leben eher zurückgezogen und wirken sozial gehemmt. so dass Sam wenig sozialorientierte Lernangebote aus seinem familiären Milieu erfahren haben wird.
- Die Trennungsangst im Kindergarten kann darauf hinweisen, dass Sam mit der neuen Situation im Kindergarten überfordert war und wenig Möglichkeiten hatte, diese für sich erst einmal einzuordnen. Wie mag die Mutter auf Sam in dieser Situation reagiert haben? Im Kindergarten wurde Sam ebenfalls als unauffällig beschrieben. Es gab im Kindergarten wohl nur geringe Leistungsanforderungen, bei denen Sams Probleme nicht offenbar werden konnten. Sam mag hier wegen erschwerter Entwicklungsbedingungen und Funktionseinbußen im Wahrnehmungsbereich nur wenige altersentsprechende Erfahrungen mit anderen Kindern gesammelt haben. Er müsste dort eigentlich auch im sozialen Miteinander eher die passivere Rolle gewählt haben, die er nun mal kannte. Keine positive Rückmeldung auf seine Person und damit ausbleibende Erfolgserlebnisse haben möglicherweise immer wieder das Wachsen eines negativen Selbstbildes unterstützt.
- Somit hat Sam im Laufe der Zeit ein sich selbst schützendes Verhaltensmuster entwickelt, indem er rasch aus Beziehungen herausgeht, Forderungen ablehnt und damit in anderen Personen Gefühle erzeugt, die er vermutlich selbst hat: z.B. Ohnmacht, Beschämung, Verunsicherung, Verzweiflung. Sam kann sich auf diese Weise auch mal mächtig fühlen.
- Die Lehrerin kann keine Aussagen über Sam machen. Auch hier ist es vermutlich sehr beschämend für Sam, nicht gesehen zu werden, so wie es vermutlich schon im Kindergarten der Fall war. Außerdem sollten die auditiven Schwierigkeiten von Sam auch in der Schule beachtet werden. Die Grundschule mag mit ihren kognitiven Anforderungen Sams Potential überfordern.
- Die Eltern müssen verdrängte Erlebnisse und Gefühle aus ihrer Kindheit durch die aktuelle Problematik bei Sam neu erleben. Es ist hier viel Elternarbeit in Form von Beratungsgesprächen nötig, da Sam sonst evtl. zum „schwarzen Schaf" der Familie würde.

Zusammenfassend sehe ich in Sam ein Kind, das aufgrund nicht erkannter Wahrnehmungseinbrüche im auditiven Bereich, ebenfalls Brüche in einzelnen Wahrnehmungsleistungen davongetragen hat und somit Schwierigkeiten bei kognitiven Anforderungen aufweist. Forciert wurden seine Unsicherheiten und sein negatives Selbstbild auf emotionaler Ebene durch mangelnde oder nicht angepasste Interaktion und Kommunikation im Elternhaus, was zu einer Störung in der Beziehungsdynamik zwischen Mutter und Kind führte. Sam fühlt sich von seiner Mutter falsch verstanden, sie fühlt sich von ihm falsch verstanden. Das soziale Milieu war für ihn nicht ausreichend förderlich, so dass sich seine Schwierigkeiten im kognitiven Bereich verfestigten. Diese ermöglichten ihm wenig angemessene Auseinandersetzung und Erfahrungen mit der Umwelt und hinderten ihn schließlich daran, konstruktiv aktiv zu sein, was schließlich zu seinen Verhaltensmustern und zum negativen Selbstbild bis hin zur Verweigerung führte. Sam ist in meinen Augen ein Kind, das „einfach" zu wenig (an)gesehen und so akzeptiert wird, wie es ist.

ALSO:
- Auffälligkeiten in der Wahrnehmung (Kind braucht Übung in der intermodalen und serialen Wahrnehmung)

führen zu

- Auffälligkeiten im emotionalen Bereich (Kind braucht Erfolgserlebnisse)

Insgesamt führt dies zu
- Auffälligkeiten in der Spielentwicklung (Kind braucht strukturierte Spielangebote)
- kognitiven und sozialen Einbußen, die angemessene Schulleistungen verhindern (Kind braucht Übung und Erfolgserlebnisse)

Zyklus II: Ich erkenne die Notwendigkeit der gezielten Wahrnehmungsförderung insbesondere der serialen Wahrnehmungsverarbeitung und hier der Mengenerfassung. Es erfolgt die Teilung der Stunde in zwei Einheiten, die methodisch als HPÜ und HPS angeboten werden.

Angepasste Planung:

Ausgehend von der aktualisierten diagnostischen Einschätzung werde ich die Ziele erweitern (die bisherigen behalten ihre Bedeutung) und meine methodische Ausrichtung neu anpassen. Bezogen auf die Stundenplanung bedeutet dies: Die Einheiten werden auf 60 Minuten verlängert und in zwei Hälften geteilt. Die erste Hälfte gestalte ich mit Vorgaben, damit Sam mit meiner Unterstützung ins Spiel findet. In der zweiten Hälfte kann er spielen, was er möchte; auf diese Inhalte werde ich im Sinne der HPS eingehen.

Um dies zu veranschaulichen, gestalten Sam und ich ein Plakat, auf dem eine Uhr und zwei Fotos abgebildet sind. Die beiden Hälften des Zifferblattes der Uhr werden farbig markiert, so dass Sam sieht, dass es sich um zweimal 30 Minuten handelt. Ich habe eine Uhr dabei, damit er kontrollieren kann, wie spät es ist.

Ergänzende Ziele:

Wahrnehmungsverarbeitung:
Richtziel: **Sam soll in der intermodalen und serialen Wahrnehmungsverarbeitung Lücken aufarbeiten können, damit das Erlernen schulischer Fertigkeiten für ihn möglich wird.**

> Teilziel:
> Er soll verschiedene Sinneskanäle auditiv – motorisch – visuell mit Sprache differenziert verknüpfen lernen.
> Teilziel:
> Er soll Reihen und Sequenzen eindeutig erkennen und selbstständig bilden können.
> Teilziel:
> Er soll Mengen erfassen und unterscheiden lernen.

Arbeitsverhalten:
Richtziel: **Sam soll ein angemessenes Arbeitsverhalten aufbauen, um den schulischen Aufgaben gewachsen zu sein.**
> Teilziel:
> Er soll Interesse für Aufgaben entwickeln.
> Teilziel:
> Er soll sich intensiv und ausdauernd mit Anforderungen auseinander setzen lernen.
> Teilziel:
> Er soll einen konstruktiven Umgang mit Misserfolg aufbauen können.

Sam – Fallbeispiel von Sarah Gollan

Methode:

In Form eines heilpädagogischen Übungsangebotes soll Sam die Möglichkeit bekommen, komplexe Wahrnehmungsleistungen und rechnerisches Denken aufzubauen und zu stabilisieren. In spielerisch angebotenen Übungen, die mit Bewegungsangeboten kombiniert werden, sollen die vorher aufgeführten Ziele erreicht werden.

Auswahl der Stoffsammlung für die HPÜ-Einheiten:
Fußpfad mit nummerierten Stationen von eins bis zehn und verschiedenen Materialien:

- Glitzernde Schachtel gefüllt mit Bonbons (positive Verstärkung)
- Fußpfad vorwärts und rückwärts ablaufen und dabei zählen (plus und minus)
- Würfelspiel: Mit Würfel Rechenspiel spielen, wir sind Spielfiguren, wer zuerst auf der Nr. zehn ankommt, hat gewonnen und bekommt die Siegeraufgabe gestellt. Dabei kann addiert oder subtrahiert werden. Danach darf sich jeder etwas aus der Schatzkiste nehmen.
- Mit Musik kann ein abgewandeltes Stopptanzen gespielt werden. Über den Pfad laufen, wenn Musik stoppt, ist man eingefroren und darf sich nicht mehr bewegen. Zahlen können zusammengerechnet werden.
- Wir sind Zauberer und verzaubern uns in Tiere oder andere Dinge und bewältigen so den Fußpfad.

Hängematte:

- Bauklötze aus der Hängematte liegend greifen und mir angeben. Entsprechende Zahlenkombinationen können so geübt werden.
- Mit Bauklötzen Turm aus entsprechender Anzahl Klötzen bauen, dabei kann plus und minus gerechnet werden.
- In die Hängematte können Gegenstände zu Sam hineingelegt werden, um sinnliche Erfahrungen der Begriffe *mehr* oder *weniger* zu ermöglichen. *Schwerer* bedeutet auch *mehr* usw.

Protokollausschnitt

Vorüberlegungen:
Ich möchte Sam ein Übungsangebot bezüglich des Zahlenverständnisses machen. Ich möchte bei der Planung darauf achten, dass ich diese Übungen in Bewegung einbetten kann. Das Angebot soll mit der Förderung der taktil-kinästhetischen Wahrnehmung verbunden werden. Da der Dyskalkulie-Test zeigte, dass Sam die Grundlagen des Rechnens nicht verstanden hat, ist mein erstes Ziel, dass er grundlegend verstehen lernt, dass die Zahlen in einer Reihenfolge angeordnet sind und nach oben hin immer größer werden. Größer bedeutet hier auch, dass die Zahlen einen Mengenbegriff bilden, und diese Menge ebenfalls nach oben hin immer größer wird. Ich habe mir für dieses Ziel eine Stoffsammlung angelegt und Ideen gesammelt, wie ich diese Grundlagen mit Sam in kleinen Schritten üben kann.

Für heute habe ich einen Fußpfad mit verschiedenen Materialien vorbereitet. Dabei bildet jedes Material eine eigene nummerierte Station. Ich habe vor, die Zahlen von eins bis zehn jeweils an eine Station auf den Boden zu kleben, so dass Sam erkennen kann, dass es sich um Station Nr. 1 usw. handelt. Dabei werde ich folgende Materialien benutzen:

> 1 - Sand; 2 - Schwungtücher; 3 - Sandpapiere; 4 - Bohnensäckchen; 5 - Springseile; 6 - Papierschnipsel aus dem Aktenvernichter; 7 - Teppichfliesen; 8 - Plastiktüten; 9 - Tücher; 10 - Netze

Sam und ich werden den Fußpfad barfuss entlanglaufen und dabei zählen. Er soll den Fusspfad auch rückwärts laufen und dabei rückwärts zählen. Ich möchte durch die intermodale

Verknüpfung von den taktil-kinästhetischen und auditiven Reizen einen vielseitigen Lerneffekt erzielen. Ich erhoffe mir, dass Sam es leichter fällt zu üben und zu lernen, wenn er die Inhalte über verschiedene Sinneskanäle angeboten bekommt. Durch die Bewegung des ganzen Körpers kann ebenfalls auch die Raum-Lage-Wahrnehmung gefördert werden. Durch die visuelle Unterstützung der Zahlen ist das Risiko geringer, dass Sam den Überblick verliert, also wird hier auch die Figur-Hintergrund-Wahrnehmung unterstützt. Ich denke, dass ich hier ganz langsam und geduldig vorgehen muss, da Sam auch Schwierigkeiten mit der Aufmerksamkeit hat (Fixieren/Verweilen/Figur-Hintergrund/Raum-Zeit). Ich weiß, dass er einen hohen Bewegungsdrang hat und diesen auch ausleben will. Ich vermute, dass es für ihn schwierig ist, langsam über den Parcours zu laufen. Sam ist immer in Bewegung und selten ruhig und entspannt. Ich denke es ist wichtig, ihm die Möglichkeit zur Bewegung zu geben, und das Angebot mit Pausen durchzuführen. Ich werde hier im Angebot noch einige Variationen einbringen. Beispielsweise können wir uns kleine Kommandos für jede Station ausdenken und diese müssen dann der Anzahl der Station entsprechend ausgeführt werden. Heute ist es mir auch wichtig darauf zu achten, ob seine Reaktionen auf die verschiedenen Reize auf eine taktile Unter- bzw. Überempfindlichkeit hinweisen.

Durchführung:
Als ich Sam und seine Mutter begrüße, scheint sie viel entspannter als sonst zu sein, denn sie beginnt einen „Smalltalk" wie es mir denn so geht usw. Sie lächelt und scheint gut gelaunt. Sam lacht mich auch an, er klettert wieder auf diesem Zaun herum, der im Wartezimmer steht. Sam und ich gehen in das vorbereitete Spielzimmer.

Ich beginne mit dem Übungsangebot. Sam sage ich, dass ich jetzt die erste halbe Stunde bestimme, was wir machen und anschließend kann er das spielen, was er möchte. Er ist motiviert, seine Socken auszuziehen und schon läuft er mit schnellem Schritt über den Pfad. Erst später entdeckt er die Zahlen, dann beginnt er von selbst zu zählen. Ihm scheint es Spaß zu machen. Wie ich mir gedacht habe, wollte er auch darüber rennen und springen. Ich ermutige ihn, dies zu tun. Wenn er anhält, frage ich ihn, wo er denn jetzt stehen würde und er schaut auf die Zahl und nennt sie mir. Auch laufen wir den Pfad vorwärts zählend und rückwärts zählend gemeinsam ab. Sam hat beim Rückwärts-Zählen noch Probleme, ich gebe ihm den Tipp, die Zahlen einfach abzulesen. Das tut er nur bedingt. Als ich ihm sage, er solle sich mal auf die vier stellen und dann zwei Sprünge vor hüpfen und dann sagen, wo er steht, versucht er die Aufgabe immer im Kopf zu rechnen und begreift vermutlich nicht, dass er es ebenfalls zur Kontrolle auch ablesen kann. *Vielleicht eine zu komplexe seriale Leistung? Fixierung gelingt hier nicht, zu viele Informationen auf einmal?* Ich weise ihn darauf hin, einfach mal vor sich auf den Boden zu schauen. Ich vereinfache die Aufgabenstellung immer mehr, so dass ich die typische Aufgabenformulierung mit plus und minus vermeide. Ich sage z.B.: „Gehe jetzt auf die Station Nr. 5. Dann gehe bitte drei Schritte vor, auf welcher Nummer stehst du jetzt?" Nun gelingt es Sam schon eher.

Er äußert schon bald, dass ihm langweilig sei. Ich sage: „Du findest das Spiel blöd, weil es schwer ist?" Er antwortet nicht und legt sich in die Hängematte. Ich bin damit einverstanden, dass wir eine Pause machen. Sam ruft aus der Hängematte heraus: „Anschubsen!" „Du möchtest, dass ich dich anschubse, damit du schaukeln kannst?" er nickt. Ich schaukele ihn an. Sam scheint das zu genießen, denn er ist ganz ruhig. „Nun kannst du dich vom Rechnen ausruhen und ganz ruhig werden. Das Schaukeln tut dir gut!", greife ich seine Stimmung weiter auf. Da komme ich auf die Idee, die Schaukelbewegungen mit meiner Stimme zu kombinieren. Ich fange an zu zählen. Bei jedem Anschubser, bei dem ich auch Sam berühre, zähle ich eins weiter. Er steigt nach einiger Zeit mit ein. Dies scheint eine geeignete Übung zu sein, da Sam sich dabei gut konzentrieren kann. Wir zählen vorwärts und rückwärts. Bei dieser Aktivität habe ich den Einfall, die nächsten Male mit ihm zu singen, während ich ihn in der Schaukel anschubse. Sam scheint sich beim Schaukeln entspannen zu können. Nach einiger Zeit will er nicht mehr angeschaukelt werden. Ich möchte mit der Übung aber auch noch nicht aufhören. Da er gerade in der Schaukel liegt und diese auch sehr zu mögen scheint, kommt mir ein neuer Gedanke. Ich fordere ihn auf, sich mit dem Bauch nach unten in die Schaukel zu legen. Das tut er und fragt mich gleichzeitig wieso. Ich hole zehn Bauklötze und stelle sie – ein wenig weiter von der Hängematte entfernt – auf den Boden. Ich erkläre Sam, dass er mir nun einmal zwei Bauklötze angeben soll und zwar nur mit Hilfe der Hängematte. Er versteht meine Absicht, schaukelt sich selbst an und gibt mir zwei Bauklötze an. Daraus entwickelt sich ein Rechenspiel. Er rechnet immer nach, wie viele Klötze jetzt noch übrig sind. Dabei hält er die Schaukel an und legt den Kopf auf seine Hände. *Anscheinend muss er zum Nachdenken die Augen zu machen, um nicht abgelenkt zu werden?* Sam gefällt diese Aufgabe richtig gut, denn er gibt sich viel Mühe und zeigt auch einiges an Ausdauer bis er die Übung beendet.

„Nun beginnt deine Zeit, in der du selbst aussuchen kannst, was gespielt werden soll!", kündige ich Sam den zweiten Teil der Stunde an. Er möchte gern Fußball spielen. Er sagt: „Ich gebe dir einen Vorsprung, denn du bist ja nicht so gut wie ich!" Ich erwidere: „Das ist großzügig von dir, du möchtest, dass ich eine Chance gegen dich habe?" Sam stimmt zu. Wir spielen und mir fällt auf, dass er wirklich geschickt mit dem Ball umgehen kann. Dann machen wir eine Pause. Sie zieht sich eine Weile hin, so dass ich versuche, einen neuen Anknüpfungspunkt zu finden: „Das Ausruhen tut gut!" Sam schaut im Raum herum, als ob er nicht wüsste, was er spielen könnte. Ich sage: „Du suchst eine neue Spielidee?" er zuckt mit den Schultern. Ich sehe den Löwen auf der Bank sitzen und sage: „Weißt du was, Sam? Der Löwe ist jetzt in eine neue Klasse gekommen!" „Ich auch!", sagt Sam. Er äußert sofort, dass er aber nicht mit dem Löwen spielen will. „Du hast keine Lust über die Schule nachzudenken.", kommentiere ich seine Aussage. „Nun suchst du nach neuen Spielmöglichkeiten, ob ich dir dabei helfen kann?", frage ich Sam. Er nickt und sagt: „Was können wir noch machen?" Ich mache ihm Vorschläge. Sam will gerne klettern und auf die blaue Matte springen. Wie das letzte Mal bezieht er mich hier nicht mit in sein Spiel ein. Ich gehe auf Distanz und setze mich auf die Bank und erkläre: „Wenn ich mitspielen soll, dann sagst du mir Bescheid?" „Ja ja!", antwortet er.

Nach einiger Zeit, als die Stunde schon fast zu Ende ist, möchte ich Sam dennoch mit dem Schulthema konfrontieren und eine Auseinandersetzung damit ermöglichen. Ich nehme den Löwen und die Schnecke. Sie fragt den Löwen: „Du Löwe, hab` gehört du bist jetzt in einer neuen Klasse!" Sam versteckt sich und lauscht ganz gebannt unserer Unterhaltung. Löwe: „Ja, bin ich. Leider!" Schnecke:„ Wie leider? Es gefällt dir dort nicht so gut?" Löwe: „Ach, da bin ich so fremd. Ich kenne da keinen! Meine Freunde sind alle in der alten Klasse!" Schnecke: „Aha, das hört sich ja nicht so erfreulich an. Stell` ich mir ganz schön schwierig vor!" Sam kommt aus seinem Versteck heraus und sagt zu mir: „Gib mir mal den Löwen!" *Juhu es hat geklappt, er macht mit!* Sam als Löwe beginnt sofort zu erzählen: „Ja weißt du Schnecke, das ist da alles doof! Und die Lehrerin ist so schrecklich! Die ist so streng!" Schnecke: „Hoffentlich denkt die nicht, dass du alles nicht kannst, weil du jetzt in dieser Klasse bist!" Löwe: „Ja hoffentlich nicht! Ich bin ganz schön traurig, das ist alles doof!" Schnecke: „Ja das glaub ich, Löwe! Du denkst, es wird sich sowieso nichts ändern?" Löwe: „Ja genau!" Dann legt Sam den Löwen hin und geht wieder auf Abstand. Ich weiß nicht, wie ich jetzt sofort außerhalb des Spiels reagieren soll, deshalb sage ich: „Ja das war eine ganz schön schwere Unterhaltung, da musst du dich erstmal wieder erholen und brauchst Abstand!" Sam hört zu, sagt aber nichts.

Die Stunde ist zu Ende. Sam zieht die Schuhe an und ich brauche länger. Er will aus dem Spielzimmer laufen, ohne auf mich zu warten und ich bitte ihn, auf mich zu warten. Das tut er nicht. Als ich aus dem Spielzimmer auf den Flur trete, sehe ich Sam, der dort steht und doch auf mich wartet. „Nett, dass du gewartet hast!" Das war die Verabschiedung.

Selbstreflexion:
Ich fand es schwierig für mich, das Angebot durchzuführen, da Sam ständig in Bewegung war. Ich wusste nicht genau, wie ich darauf angemessen reagieren konnte. Ich frage mich, wie ich auf diesen Bewegungsdrang weiter eingehen soll. Er braucht diese Bewegung, um sich selbst zu spüren? Um seine innere Dauer-Anspannung abzureagieren?

Anscheinend war es für Sam eine nicht so leichte Übung zu verstehen, dass er die Zahlen vom Boden ablesen konnte und die Aufgabe auch gleichzeitig im Kopf auszurechnen. Ich denke, dass es ihm einfach schwer fiel, seine Aufmerksamkeit auf die entscheidenden Dinge zu richten also eine Leistung der Figur-Hintergrund-Wahrnehmung, die ihm noch nicht gelang. Ich überlege jetzt schon, wie ich diese Wahrnehmungsleistungen weiter fördern kann. Sam sprach auf die Sinnesreize sehr positiv an, ich hatte den Eindruck, dass es ihm Freude machte, verschiedene Untergründe zu erfühlen. Die Hängematte scheint für ihn auch eine gute Möglichkeit zu sein, sich selbst in Bewegung zu erleben und sich dabei zu entspannen. Die Übung mit den Klötzchen werde ich bestimmt noch öfter anbieten. Sie kam seinem Aktionsdrang sehr entgegen.

Ich bin immer wieder erstaunt, dass es Sam schwer fällt, eine Spielidee zu entwickeln. Kann er sich nicht entscheiden? Kann er seine Gedanken nicht sortieren? Hat er dafür keine Spielideen in Form von inneren Bildern gespeichert? Liegt es auch hier wieder an der Schwierigkeit der Figur-Hintergrund-Wahrnehmung, der serialen Wahrnehmung? Wie kann ich seine Entscheidungsfähigkeit weiter unterstützen? Ich denke, dass es wichtig ist, ihm einige Vorschläge zu machen oder auch Material anzubieten. Ist es besser, die nächsten Stunden weiter das Übungsangebot im Zahlenraum anzubieten oder ist es ratsamer, auch mal etwas mit Buchstaben zu machen? Fest steht auf jeden Fall, dass die Übungen in die Wiederholung genommen werden und weiterhin die Wahrnehmung und Bewegung ansprechen müssen.

Ich frage mich, ob ich auf dem richtigen Weg bin.

Zusammenfassung des Verlaufs und diagnostische Auswertung im Zyklus II:

HPÜ-Verlauf:
Im ersten Teil der Stunden fand wie geplant und mit Sam besprochen das Übungsangebot statt. Sam zeigte sich durch die spielerische Einführung in das Rechnen motiviert und nahm gern an den Übungseinheiten teil. Seine Motivation und sein Durchhaltevermögen waren während der Übungen jedoch instabil.

Bei Anspannung und komplexen Aufgaben waren seine Schwierigkeiten beim Aufmerken, Fixieren und Verweilen auffallend. Sam reagierte verzögert auf auditive und visuelle Reize. Deutlich wurde dies beim Würfelspiel: Sam warf den Schaumstoffwürfel, war dann abgelenkt, so dass er die Bewegung des Würfels visuell nicht verfolgte. Als der Würfel zum Stillstand kam, merkte er „verzögert auf". Das Fixieren der Augenzahl war nur mit Unterstützung in Form einer sprachlichen Begleitung möglich. Das Verweilen beim Lösen der gestellten Aufgabe konnte er nur mit Hilfestellung.

Intermodale Umsetzungen komplexer Art gelangen ihm nur bedingt. Der Fußpfad verlangte die Verknüpfung von sensorischen und kognitiven Leistungen. Sam war nicht in der Lage, das Ablaufen der Stationen mit dem Denken in Zahlenkategorien zu verbinden. Nach dem Hüpfen hatte er oft die ganze Aufgabe vergessen.

Sam hatte Probleme, die Aufgaben strukturiert durchzuführen. Ihm fehlte häufig der Handlungsplan, da seine serialen Leistungen beeinträchtigt sind. Die Übung am Fußpfad gliedert sich in folgende Handlungsschritte: Auf das Start-Feld stellen mit der Nr. 1, laut Zahl sagen, Würfel nehmen, würfeln, Zahl erkennen und laut sagen, Zahl merken (3), Felder dementsprechend vorhüpfen, umdrehen, abgelaufene Felder insgesamt fixieren und zählen, ich unterstütze hier verbal und sage: „Eins (Nummer des Anfangsfeldes) plus 3 (Augenzahl der gewürfelten Zahl), gleich? Sam liest nun die Zahl des aktuellen Feldes (4), auf dem er steht, ab.

Er brauchte eine anleitende Begleitung und engmaschige Unterstützung, um die Aufmerksamkeit auf das Wesentliche zu fokussieren und um die Aufgabe ausführen zu können. Den Handlungsablauf gab ich sprachlich eindeutig und konstant vor, so dass Sam Orientierung und Sicherheit (wichtig für seriale Wahrnehmung) erfuhr. Außerdem wurde durch den auditiven Impuls die Verknüpfung intermodaler Wahrnehmungsmuster angesprochen. Ich musste oft das Tempo in den Übungen reduzieren, um Sam Zeit und Ruhe für das Lösen der Aufgaben zu geben. Bei Konzentrationseinbrüchen ließ Sam sich durch Ruhepausen und angemessene Umgestaltung der Spiele wieder motivieren. Dann traute er sich auch wieder etwas zu.

Sam zeigte eine geringe Frustrationstoleranz. Er war oft missmutig und niedergeschlagen, wenn es mit dem Rechnen nicht sofort klappte. Ich half ihm durch entsprechende Impulse, ausdauernd zu bleiben.

Auswertung:
Die bereits benannten Schwierigkeiten konnten erneut beobachtet werden. Ihre Ausprägung war eindeutiger als vorher angenommen. Gezeigt haben sie sich in den Bereichen:
- Form-Konstanz
- Figur-Hintergrund-Wahrnehmung bei komplexen Anforderungen
- auditiver Reizverarbeitung
- intermodaler Verknüpfung und Umsetzung
- komplexer serialer Leistungen (Handlungsplanung und -umsetzung)
- intentionaler Leistungen

Das bedeutet, dass Sam in diesem Bereich viele Wiederholungen zum Einüben braucht.

HPS-Verlauf:
Im spieltherapeutischen Prozess zeigte sich, dass Sam das freie Spiel für sich nicht nutzen konnte. Er machte einige Vorschläge, hatte aber nach kurzer Zeit keine Lust mehr, weiter zu spielen. Er brauchte gezielte Spielimpulse. Daher setzte ich die Handpuppen (Löwe und

Schnecke) als vertraut gewordene Figuren weiter ein. Ich spiegelte durch den Löwen seine emotionale Befindlichkeit bezogen auf seine Familie und seine schulische Situation. Besonders betonte ich die selbstkonzeptbezogenen Inhalte. Auf das Reflektieren der Gefühle reagierte Sam mal annehmend und mal gar nicht. So stagnierte der Prozess immer wieder. Sam war der Kontakt und das Spiel mit den Handpuppen eher ungewohnt. Dennoch übernahm er nach einigen Stunden regelmäßig eine Rolle. So entwickelten sich einfache Rollenspiele, die er für sich nutzen konnte. Komplexe Rollenspielangebote mit viel Sprechnotwendigkeit waren für Sam nicht zu schaffen. Sam wählte oft die Schnecke, mit der er sich zu identifizieren schien und die er in der Rollenbesetzung umdeutete. Die Schnecke wurde eher ganz frech und keck, was sein Ideal-Ich vermuten ließ. Die Spielsequenzen mit emotionalen Erlebnisinhalten waren sehr kurz und erforderten von Sam und auch von mir viel Kraft. Nach diesen Einheiten ging er auf Abstand und zog sich zurück. Überall lauerten Anforderungen, die ihn in den Rückzug trieben. In Konflikt- und Rückzugsmomenten konnte ich ihn teilweise erreichen.

Protokollausschnitt

Als Sam fertig ist, schaut er zur Schnecke, die auf dem Tisch liegt und in unsere Richtung schaut. „Oh da guckt ja noch einer zu!", meine ich. Sam läuft zur Schnecke und schaut sie sich an. Er steckt seine Hand rein und bewegt den Kopf der Schnecke. Sam lacht. Er versteckt sich unter dem Tisch und lässt den Kopf der Schnecke hinter dem Tuch zu mir schauen. „Oh da ist ja die Schnecke! Hallo Schnecke, dass ist ja schön, das ich dich sehe!", sage ich. Dann zieht Sam die Schnecke hinter das Tuch. „Die Schnecke will sich verstecken und nicht gesehen werden! Die verkriecht sich jetzt!", sage ich. Dann erscheint die Schnecke wieder und Sam lässt den Mund der Schnecke auf und zu gehen. Ich sage: „Kann die Schnecke auch sprechen?" „Ja, kann ich!", meint Sam als Schnecke. „Die Schnecke möchte doch mit mir sprechen" sage ich. „Ja!", sagt Sam als Schnecke. „Die Schnecke ist ja gar nicht schüchtern oder ängstlich!", meine ich. „Nein! Die ist mutig!" sagt Sam. „Und mutig zu sein fühlt sich gut an?" „Ja!", antwortet Sam als Schnecke. „Wer mutig ist, braucht sich nicht zu fürchten!", greife ich seine Äußerungen weiter auf. Dann sage ich: „Die Schnecke ist mutig, nicht wie der Löwe?" „Ja, was hat der Löwe?", sagt Sam. „Frag ihn doch mal!", meine ich. Er lässt die Schnecke den Löwen fragen. Ich spiele nun den Löwen und sage: „Ach ich mag nicht mit jedem reden!" „Warum denn?", sagt Sam. „Ja weil ich Angst habe, was falsch zu sagen und dass dann alle lachen!", sage ich als Löwe. „Warum denn?", fragt die Schnecke. „Ja weil ich das alles nicht so schnell verstehe. Und wenn ich dann nichts mehr sage, kann ich die alle ärgern!", meine ich. Die Schnecke zieht sich wieder zurück, eine ganze Weile sogar. Sam ist vielleicht verschreckt oder nachdenklich, ich kann sein Gesicht nicht sehen, denn er sitzt hinter dem Tuch unter dem Tisch. Ich will ihn in Ruhe lassen und ihm seine Rückzugsmöglichkeit lassen, ich habe ihn schon genug gefordert. Ich vertraue darauf, dass Sam seine Grenzen hier selbst setzen kann. „Du brauchst jetzt deine Ruhe – Du fühlst dich ganz sicher in deinem Versteck!", verbalisiere ich.

Auswertung:
Viele Äußerungen von Sam ließen im bisherigen Prozess die Vermutung aufkommen, dass er sich oft genug beschämt und gekränkt fühlt. Er hat sich im Laufe seiner Entwicklung einen Schutzraum erkämpfen müssen und gelernt, sich erfolgreich darin zurückzuziehen. Sam konnte über die Identifikation mit der Schnecke sein Real-Selbst symbolisieren und seinem Ideal-Selbst mit den Wünschen, wie er sein möchte, Ausdruck verleihen. Er näherte sich darüber seinen eigenen Bedürfnissen und Hoffnungen. Auch bekam er eine Idee zu den

eigenen Gefühlsqualitäten. Sam wirkte auf mich aggressiv-gehemmt. Sein konsequentes Aus-dem-Kontakt-Gehen erlebte ich als aggressiv, auch wenn es eine seltsame Art von passiver Aggressivität war.

Ich wurde dabei immer trauriger und wütender, denn schließlich sollte doch alles funktionieren. Ich wollte doch auch meine Erfolgserlebnisse haben, die Sam mir nicht ermöglichte. Mir darüber klar zu werden, dass mein eigener Anspruch mir das Genick brechen könnte, war ein schwerer Lernprozess.

Zusammenfassung der diagnostischen Auswertungen aus der HPÜ und der HPS:

Die diagnostische Auswertung bestätigt das oben formulierte vorläufige Fazit: Die aktuelle Problematik ist eine Kombination von Beeinträchtigungen in der Wahrnehmungsverarbeitung und von sozial-emotionalen Faktoren.

Es ist anzunehmen, dass er in seiner Identitätsentwicklung die lebenslaufbezogenen Entwicklungsphasen (> Teil III, 4) nicht optimal bewältigen konnte. Seine Autonomiebestrebungen konnten auf Grund seiner eingeschränkten Handlungskompetenzen nicht ausreichend realisiert werden und mögen so zu ersten Erlebnissen von Scham und Zweifel geführt haben. Dies hemmte ihn auch in der Ausbildung von Initiative, die er nicht ausreichend von sich aus ergreifen konnte. Zu diesen bleibenden Gefühlsqualitäten von Scham und Zweifel kamen wohl Schuldgefühle hinzu. Diese emotionalen Belastungen erschwerten und erschweren auch aktuell die Entwicklung einer altersentsprechenden Leistungsbereitschaft. Das zeigt sich besonders im schulischen Bereich. Es überwiegt ein Minderwertigkeitsgefühl, das sich im Selbstkonzept von Sam niederschlägt.

Hinzu kommen die Schwächen in der Wahrnehmungsverarbeitung, die ihn daran hindern, die schulischen Anforderungen zu bewältigen, seine Leistungsbereitschaft dämpfen und ihn in seinem negativen Selbstbild bestätigen.

Das Spiel bleibt das Kernelement der weiteren Förderung, da über dieses Medium beide Dimensionen angesprochen werden können. Sam muss zunächst das Spielen lernen, seine Spielkompetenzen ausbauen und darin an Sicherheit gewinnen, um in einem nächsten Schritt sich mit seiner emotionalen Thematik auseinandersetzen zu können. Der Schwerpunkt wird daher auf die übenden Angebote gelegt.

Zyklus III: Ich erlebe Sams Überforderung, selbstständig Spielideen zu entwickeln und zu gestalten. Ich übernehme die Strukturierung und Lenkung des Spiels für die ganze Stunde. Die vorherrschende Methode ist die HPÜ.

Angepasste Planung:

Aufgrund der aktuellen diagnostischen Einschätzungen benötigt Sam gezielte Übungsangebote in den Bereichen der Wahrnehmungsverarbeitung, der Mengenerfassung und der Spielentwicklung, um seine Eigeninitiative und Eigenaktivität anzuregen. Damit soll er die Möglichkeit bekommen, seinen Handlungsspielraum zu erweitern, um das Spiel als Ausdrucksmöglichkeit letztendlich für sich zu entdecken.

Ergänzende Ziele:

Die in Zyklus II benannten Ziele zur Förderung der Wahrnehmungsverarbeitung und zum Arbeitsverhalten werden hier beibehalten, hinzu kommen die Ziele, die auf die Spielentwicklung ausgerichtet sind.

Richtziel: *Ausbau und Stabilisierung der Spielkompetenzen*
Teilziel:
Im Funktionsspiel werden seine vorhandenen Kompetenzen bestätigt und über das Experimentieren und das Auslösen von Effekten soll Sam eindeutige Ordnungsschemata bilden.
Teilziel:
Erworbene Ordnungsschemata sollen Sam befähigen, einfache Handlungen zu planen und umzusetzen.
Teilziel:
Über das lustvolle Experimentieren mit unterschiedlichen Materialien soll Sam zum Konstruieren kommen und Produkte erstellen.
Teilziel:
Der Erwerb von komplexer Handlungsplanung und -umsetzung soll seine Freude an der Übernahme von Rollen und deren Ausgestaltung erhöhen.

Überlegungen zur Gestaltung der Übungsangebote:

Die klar strukturierten Übungseinheiten geben Sam Sicherheit in der Auseinandersetzung mit der Umwelt.

Im Funktionsspiel kann Sam einfache Handlungssequenzen in die Wiederholung nehmen. Durch Materialien wie *Rasierschaum, Salzteig, Knete oder Wasser und Sand* kann Sams Experimentierfreude angeregt werden. Mit kleinen Behältern kann er die Masse immer wieder umfüllen, den Einsatz von Werkzeugen lernen und darüber im Tun konkrete Erfahrungen mit Mengen und deren Verhältnissen sammeln. Hierzu werde ich auch weitere Materialien wie Bauklötze oder Steckspiele einsetzen. Er kann die Mengen vergleichen, die Klötze abzählen oder Mengen vermindern und vermehren. Diese Übungen können mit Bewegungselementen – z.B. der Schaukel – kombiniert werden.

Über gezielte Anregungen kann Sam dann auch mit den Materialien gestalten und erste Produkte anfertigen. Aus der Knete kann er eine Schnecke formen, aus den Bauklötzen kann er ein Haus oder eine Höhle bauen. Als Modell werde ich die Ausführungen vormachen, damit er diese nachahmen kann. Auch das handlungsbegleitende Sprechen setze ich ein, um die einzelnen Handlungsschritte bewusst zu machen.

Übungen im einfachen Rollenspiel: Löwe und Schnecke können über einfache Sequenzen bei den Übungen mit einbezogen werden. So kann das Nachahmen von Verhaltensweisen, das Erspüren und Erkennen eigener Gefühle und die Übertragung eigener Gefühle auf eine Puppe ermöglicht werden.

Verlauf:
Durch die vorstrukturierten Spielsituationen fand Sam immer leichter in das Spiel. Er ließ sich schnell motivieren und war sehr ausdauernd bei der Sache. Sam setzte nun vermehrt auch die Verbalsprache ein. Er erweiterte stetig seinen Handlungsraum und wurde von Mal zu Mal aktiver. Die Übungen zur Wahrnehmungsverarbeitung und die Übungen zur Spielfähigkeit ergänzten sich gut. Sam hatte auf beiden Gebieten Erfolge und kam mit Freude in die Stunde.

Im Funktionsspiel mit Wasser erprobte er immer wieder über das Umschütten der Flüssigkeit, wie viel Wasser die unterschiedlich großen Behälter fassen, wann sie überlaufen und wie er abmessen und einteilen kann. Sam interessiert sich zunehmend für Mengen. Über die Perlen, bunte Plättchen und Steckspiele konnte er weitere Erfahrungen in diesem Bereich machen. So gelang es ihm, das Gelernte auf andere Materialien zu übertragen. Bei den Rechenübungen wurde er immer sicherer und der Zahlenraum konnte erweitert werden.

Über die Knete, die er zunächst erkundete, in dem er diese auf dem Tisch platt drückte, diese aus der Höhe fallen ließ und in den Händen knetete, lernte er in einem weiteren Schritt einfache Modelliertechniken kennen. Das Ausrollen der Knete zu einer Walze führte dazu, dass er etwas zu formen begann und plastisch aufbaute. Mit den Bauklötzen baute er einen Zaun, ein Gehege für die Tiere.

Nach und nach zeigte er Tendenzen, eigene Ideen umzusetzen und sich vermehrt im Rollenspiel auszuprobieren. Überraschend war, dass Sam plötzlich eigene Gefühle im Spiel thematisierte. Sam benötigt nun mehr Raum, frei zu spielen.

Protokollausschnitt
Sam schaut interessiert auf die Plane, die ich als Unterlage auf den Boden geklebt habe. Ich erkläre, was wir heute machen werden. Sam scheint interessiert zu sein, denn er schaut sich alles an. Er nimmt sich den Rasierschaum und fragt, was das denn ist. Ich animiere ihn dazu die Dose zu öffnen. Als er den Schaum auf die Plane drückt, scheint er sich sehr zu freuen denn er murmelt leise vor sich hin: „Bor geil ey!" Sam nimmt den Schaum in die Hand und schmiert ihn über den Boden. Sam kommentiert sein Tun häufig mit den Worten: „Bor cool!", usw.

Plötzlich kommt Sam auf eine neue Idee: „Und jetzt mit den Füßen!" Ich antworte: „Du möchtest mit den Füßen durch den Schaum laufen?" Aber Sam hemmt sein Bedürfnis dadurch, dass er es wieder verneint und nicht will. *Interessant, dass er es sich selbst nicht gestattet, jedoch sein Bedürfnis mittlerweile hier äußert.*

Ich nehme einen Gummidinosaurier und setze ihn in den Schaum und sage: „Ich weiß, wer mit den Füßen durch den Schaum laufen will!" Sam fragt nach: „Wer denn?" „Der Dino hier, siehst du? Das macht Spaß, stimmt's, Dino?" Sam schaut zu und nimmt sich dann ein

Krokodil. „Das Krokodil frisst gaaaanz viel Schaum", sagt Sam und schiebt es durch den Schaum. „Das Krokodil hat ganz viel Hunger und will den ganzen Schaum haben", kommentiere ich daraufhin. Sam lächelt. So spielen wir ein wenig mit den Tieren im Schaum. Sam scheint sehr offen dafür zu sein. Ich will Sam noch einmal animieren, mit den Füßen durch den Schaum zu laufen. „Du bist dir gar nicht sicher, ob du das machen kannst", sage ich. „Was?" Meint Sam. „Na barfuß hier durchlaufen!" Sam überlegt und sagt dann: „Du sollst!" „Ich soll das machen, ja?" Sam nickt. *Richtig gut, dass Sam mich dafür nutzt, ihm Sicherheit zu geben und es ihm vorzumachen. Er lernt es immer mehr, sich selbst zu vertrauen und sich zu helfen. Auch wenn er immer noch viel Hemmungen zeigt, er kann dennoch seine Gedanken äußern.* „Au ja, ich laufe jetzt durch den Schaum", sage ich. Sam fragt mich wieder, ob wir die Füße denn auch wieder sauber machen können und ich erkläre ihm in Ruhe, dass wir die mit dem Handtuch abputzen können. Ich biete ihm die Möglichkeit, eine Schüssel mit Wasser zu holen, damit er seine Füße wieder ganz sauber bekommt. Aber das möchte Sam nicht.

Als Sam mich im Schaum sieht, folgt er mir sofort und zieht Schuhe und Strümpfe aus. Es macht ihm sehr viel Spaß, über den Boden zu rutschen; wenn er droht hinzufallen und ich ihm meine Hand hinhalte, kann er sie nicht nehmen. Das ist noch zu schwierig für ihn, ist er doch gerade endlich mal seinem Bedürfnis gefolgt und merkt, wie gut das tut. Ich denke, er hat aber auch mit Schuldgefühlen zu kämpfen. Nähe ist da in dem Moment nicht angesagt. Eine Weile später entdeckt Sam die Förmchen neben der Plane auf dem Boden. Er versucht nun den Schaum in die verschiedenen Behälter zu schaufeln. Sie sind unterschiedlich groß. Sam beobachtet fasziniert den Schaum in den Förmchen. Er lässt den Schaum mal aus den Förmchen herausquellen, indem er seine Hand hineinlegt und mal schüttet er den Inhalt auch einfach in ein anderes Förmchen. Dabei entdeckt er, dass ein großes Förmchen auch mehr Schaum fassen kann und umgekehrt. Er wiederholt das Umschütten mehrere Male. Ich sitze mit etwas Abstand entfernt und lasse Sam in Ruhe ausprobieren. Er ist ganz vertieft und benötigt keine Hilfe, um sein Tun weiterzuführen.

Zyklus IV: Sam gestaltet immer aktiver die Stunde und entwickelt bzw. erweitert seinen Handlungsspielraum. Er gestaltet nun eigenständig kleine Spielsequenzen und zeigt sein Bedürfnis nach eigeninitiativer Tätigkeit im Spiel. Der übende Anteil der Stunde wird aufgrund dessen verkürzt und es entsteht neuer Raum für das freie Spiel. Die vorherrschende Methode ist nun wieder die HPS.

Angepasste Planung:

Den Übungsteil behalte ich nach wie vor als Grundfeste in der Stunde, werde dort aber nun auch einplanen, dass Sam aktiver mitgestalten kann und soll. Die Übungsanteile zum Funktions- und Konstruktionsspiel werde ich reduzieren, da ich der Meinung bin, dass Sam nun eine eigeninitiierte Auseinandersetzung seiner Themen im Rollenspiel gelingen kann. Daher greife ich vermehrt die spieltherapeutischen Elemente, wie in Zyklus I und II auf. Alle bisher formulierten Ziele, die noch nicht erreicht wurden, bleiben bestehen und werden neu akzentuiert.

Sam – Fallbeispiel von Sarah Gollan

Verlauf:

Das Übungsangebot war für Sam nach wie vor wichtig. Er äußerte wiederholt den Wunsch, dass ich den Fußpfad aufbauen sollte. Die Stationen konnten auf 20 erweitert werden. Sam konnte in diesem Bereich seine Fähigkeiten ausbauen. Hier erfolgten die Rechenspiele mit einfachen Plus- und Minus-Aufgaben. Beim Abzählen haben sich Bewegungsspiele mit dem Luftballon bewährt. Der Luftballon wurde zwischen uns immer hin und her geprellt, er durfte nicht den Boden berühren. Dabei brachte er einfache Rollenspiele mit ein, indem er die Übungen als Tier absolvierte und uns zwischenzeitlich in andere Wesen verwandelte. Das Knet-Material nutzte er dazu, seine emotionale Befindlichkeit auszudrücken. Sam schien weniger gehemmt zu sein und aus seinem Rückzug herauszukommen, denn er thematisierte vehementer eigene negative Gefühle und Erlebnisse. So kam es mit der Zeit vor, dass Sam im Spiel mit Hilfe von Batman oder Superman zu Hause bei seiner Mutter anrief und schimpfte, dass sie ihn endlich mal in Ruhe lassen solle. Auch die Schnecke und der Löwe waren im letzten Zyklus wichtig. Sam konnte die Rollen selber füllen und einfache Szenen spielen, in denen seine Lebensthemen immer deutlicher zum Ausdruck kamen.

Protokollausschnitt

Sam knetet den Teig und klopft ihn auf der Unterlage platt. Ich unterstütze dies, indem ich ihm zeige, wie er seine ganze Wut an dem Teig auslassen kann und schlage mit auf den Teig. Sam scheint hierdurch auf die Idee gekommen zu sein, einen Teil vom Teig auf den Boden zu werfen, denn das tat er im Anschluss. Immer heftiger wirft er den Teig auf den Boden und steht dabei auf, um noch kraftvoller, aggressiver werfen zu können. Ich mache es ebenso. Gemeinsam „klatschen" wir den Teig auf den Boden. Sam scheint es Spaß zu machen, denn er freut sich und lacht. Auf einmal stellt sich Sam mit ein wenig Entfernung vor die Schrankwand des Spielzimmers, holt aus und schreit:„ Und jetzt vor die Wand!" Da ich weiß, dass der Teig rückstandslos wieder zu entfernen ist, bestätige ich ihn, indem ich sage:„ Ja dann los, volle Kanne!" Sam wuchtet den Teig immer wieder gegen die Wand. Ich mache es ihm gleich. Ich will ihm deutlich machen, dass dies eine Möglichkeit ist, um wütende und traurige Gefühle auszudrücken und ihm diese auch bewusst machen und beginne dabei zu schimpfen: „So was Dummes! Ich hab keine Lust mehr! Die sollen mich doch alle in Ruhe lassen! Ich bin so sauer!" usw. *Mir tut das Geschimpfe und Gewerfe auch ganz gut, da die Spannungen der letzten Stunden Luft bekommen.* Nach kurzer Zeit steigt auch Sam ein und schimpft, was das Zeug hält: „Ich hab keinen Bock mehr! Scheiße, ist das doof! Ich bin sauer! Ihr lügt mich alle an, ich bin kein Lügner! Haltet doch eure Klappen!". *Mir fällt ein Stein vom Herzen! Endlich lässt Sam seinen Gefühlen freien Lauf, er schämt sich dessen nicht mehr und nimmt keine falsche Rücksicht auf mich.*

Gemeinsam leben wir einen Teil der angestauten Gefühle Sams (und auch wohl meine) aus. Sam ist ganz bei sich, bezieht sich nicht auf mich und achtet auch nicht auf mich. *Wahrscheinlich ist es das erste Mal, dass Sam aufbegehrt und ein Ventil gefunden hat. Er traut sich ganz eigeninitiativ, seine Gefühle heraus zu lassen und realisiert sie – und dadurch sich selbst – immer mehr. Es ist was in Bewegung gekommen. Ich erkenne Sam nicht wieder. So habe ich ihn noch nie erlebt. Er ist entschlossen und wütend und schreit seine Gefühle nach außen.*

Ich sehe den Löwen am Rand sitzen und möchte ihn in diese Aktion einbeziehen. „Der Löwe will mir – glaube ich – was in mein Ohr flüstern", sage ich. Sam wird aufmerksam und schaut zu. Ich sage: „O. k. Löwe, so fühlst du dich also, soll ich auch für dich den Teig an die Wand klatschen?" Der Löwe bejaht dies und ich werfe den Teig mit den Worten: „Ich bin in einer blöden I-Dötzchen- Klasse in der ich keinen kenne!" an die Wand. Sam scheint beeindruckt zu sein, denn er fragt, was der Löwe noch so zu erzählen hat. Ich als Löwe erzähle von der Rückversetzung in die erste Klasse und dass da ja nur Babys seien und ich nun auch wieder dazu gehören würde. Sam wendet sich dem Löwen zu und fixiert ihn. Er hört nachdenklich hin. Dann klatscht er den Teig wieder an die Wand. So mischt sich auch der Löwe wieder ein. Sam lässt den Löwen etwas in sein Ohr flüstern, dann schmeißt er ein Stück Teig mit den Worten: „Ich bin gar kein Lügner, ihr lügt mich alle an!", an die Wand.

Mit Zyklus IV wurde unsere gemeinsame Arbeit abgeschlossen.

Zusammenfassung der Elternarbeit:

In der Zeit der heilpädagogischen Begleitung haben insgesamt fünf Elterngespräche stattgefunden. Die Elternarbeit gestaltete sich ebenfalls unter erschwerten Bedingungen, da auch Frau A viel Ablehnung und Widerstand zeigte und häufig kurzfristig Termine absagte. Das grundlegende Anliegen in der Elternarbeit war für mich, dass sich Frau A angenommen und ernst genommen fühlt. In den Gesprächen zeigte Frau A das gleiche Lebensthema wie ihr Sohn: „Ich habe Angst in Beziehung zu gehen, denn da fühle ich mich hilflos ausgeliefert". Ein weiterer Schwerpunkt der Beratung lag in dem Bestreben, Frau A für die Befindlichkeit ihres Sohnes zu sensibilisieren. In diesem Kontext habe ich vor allem die Schulthematik vertieft und damit ihr Anliegen, das bereits im Erstgespräch benannt wurde, aufgegriffen. Erziehungsfragen zu konkreten Situationen im Alltag wurden bearbeitet. Da Frau A besonders an Förderanregungen interessiert war, habe ich ihr entsprechende Spiele vorgestellt und mit ihr durchgesprochen. Das Erleben gemeinsamer Spielaktivitäten in der Familie wurde in diesem Zusammenhang thematisiert.

Abschließende Selbstreflexion:

Sam hat mir in der Arbeit viele neue Erfahrungen ermöglicht, durch die ich meine Stärken und Schwächen besser kennengelernt habe. Der Anfang der Begleitung gestaltete sich als Durststrecke, als Sam kaum auf Beziehungsangebote meinerseits einging und fast nur mit Ablehnung reagierte. Die Arbeit mit Sam hat mir gezeigt, wie verschlungen die Wege der heilpädagogischen Arbeit sein können und dass jeder Entwicklung wieder eine Krise folgen kann. Die eigenen Unsicherheiten im Prozess der Begleitung sind dabei das, was mich sensibel und kritisch meiner Arbeit gegenüber machte, aber auch das, was mich teilweise blockierte. Das ständige Gestalten und Aushandeln von Nähe und Distanz forderte von mir viel Kraft und Mut. Es fiel mir schwer zu entscheiden, wann ich wie in eine Situation eingreife und wie ich sie lenken soll. Manchmal hätte ich mich am liebsten verkrochen und alles hingeworfen. Ich denke, dass dies ganz wichtige Grenzerfahrungen für die Gestaltung meiner eigenen beruflichen Rolle waren. Wo habe ich Angst und wo habe ich keine: Das habe ich in der Arbeit mit Sam sehr genau erfahren. Viel Freude haben mir die Spielsequenzen gemacht, die er im Prozess immer aktiver gestaltet hat. Einen kleinen Einblick in Sams Welt zu bekommen und dabei zu entdecken, wer sich eigentlich hinter dem stillen Jungen verbirgt, war für mich eine spannende Erfahrung.

Leon – Fallbeispiel von Joanna Roman

Anlass und Beginn der Begleitung

Leons Begleitung habe ich im Rahmen meines Heilpädagogik-Studiums durchgeführt. Das Praxissemester absolvierte ich in einer Förderschule mit dem Förderschwerpunkt soziale und emotionale Entwicklung.

Die Begleitung fand auf Anraten der Klassenlehrerin statt. Leon besuchte zu Beginn der Begleitung die 1. Klasse und war 6;10 Jahre alt. Die Klassenlehrerin riet zu einer heilpädagogischen Einzelbegleitung, da sie bei Leon aufgrund seines Verhaltens in der Klasse einen besonderen Förderbedarf sah.

Leons Begleitung dauerte kontinuierlich das gesamte erste Schuljahr, wobei die ersten Wochen davon ausgenommen bleiben. In diesen Wochen hatte ich die Gelegenheit, mehrere Beobachtungen zu Leon und seinem Verhalten im schulischen Umfeld durchzuführen. In der ersten Zeit war die Begleitung sehr intensiv, d.h. es gab mehrere Kontakte in der Woche. Im weiteren Verlauf der Begleitung wurde diese intensive Phase von regelmäßigen – einmal in der Woche an einem feststehenden Termin stattfindenden – Kontakten abgelöst. Die Einzelkontakte dauerten anfangs 30 Minuten, wurden aber bereits ab dem 5. Einzelkontakt auf 60 Minuten verlängert.

Kontrakt

Nach einer ersten Orientierungsphase habe ich mit Leon einen schriftlichen Kontrakt abgeschlossen. Dieser sah wie folgt aus:

Absprache zwischen Leon und Frau Roman:

Wir treffen uns einmal in der Woche, dienstags von 10.00 Uhr bis 11.00 Uhr im Spielzimmer.

Worum soll es in unseren gemeinsamen Stunden gehen?
- Leon kann sich stark und gut fühlen!
- Leon kann seine guten Eigenschaften entdecken!
- Leon kann nach Lösungen für verschiedene Probleme suchen!

In unseren Stunden gelten diese Regeln:
- Wir tun uns nicht weh!
- Wir machen keine Sachen kaputt!
- Alles, was besprochen oder gespielt wird, wird von Frau Roman nicht weitergesagt!

Unterschrift Leon: _____   Unterschrift Frau Roman: _____

Der Kontrakt sollte dazu dienen, Leon das Einlassen auf die gemeinsamen Stunden zu erleichtern und ihm aufzuzeigen, weshalb er Einzelstunden mit mir hat. Im späteren Verlauf wurde dieser Kontrakt zu einem von Leons „Schätzen" in seiner Schatzkiste, der immer mal wieder angeschaut und besprochen wurde. Auch in einer der letzten Stunden war der Kontrakt hilfreich, um mit Leon über errungene Stärken und bearbeitete Themen zu sprechen.

Anamnestische Erhebung aus der Schulakte

Als ich Leon und seine Geschichte zu Beginn seines ersten Schuljahres kennen lerne, wird sehr schnell deutlich, dass die Elternarbeit in Leons Fall erschwert sein wird. Frau L. ist zum Zeitpunkt der Einschulung zwar bereit, „laufende Hilfen" innerhalb des Schulalltags für Leon anzunehmen, möchte aber weitere Unterstützungsmaßnahmen nicht in Anspruch nehmen. Zu Anamnese- und Explorationsgesprächen ist sie nicht bereit, sie zeigt nur wenig Interesse für die Inhalte von Leons Schulalltag. Sie sieht sich nicht in der Lage, die Rahmenbedingungen der Ist-Situation zu ändern, auch wenn dies bedeutet, dass die pädagogische Arbeit mit ihren Kindern unter diesen Umständen nur eine Krisenintervention darstellen kann.

Um möglichst viele Informationen über Leons vorschulische Entwicklung und sein familiäres Umfeld zu erfahren, war ich hier also fast ausschließlich auf die Akteneinsicht angewiesen. Die intensive Auseinandersetzung mit Leons Schulakte konnte mir so zwar einige Informationen liefern, mein Bild von Leons außerschulischer Realität blieb aber an vielen Stellen leider sehr verschwommen und hypothetisch. Auch war es oft schwierig, aus einzelnen Sätzen oder Aussagen nicht zu viel „zu ziehen" und somit bei einer einseitigen und vorgeprägten Sichtweise zu verweilen.

Im Folgenden versuchte ich, die zu Beginn der Begleitung zusammengesuchten Informationen zu einem Bild zusammenzufügen.

Familiäre/häusliche Situation

Leon wohnt mit seiner Mutter Frau L. und seinem 3 Jahre älteren Bruder M. seit einigen Jahren in einer 3-Zimmer-Wohnung.

Leons Eltern haben sich scheiden lassen, als Leon 3;4 Jahre alt war. Zuvor gab es eine lange Phase schwerer Auseinandersetzungen zwischen den Eheleuten, in der auch Leon und sein Bruder immer wieder mit schwierigen Situationen und Problemen konfrontiert wurden. Seit der Scheidung besteht kein Kontakt zu seinem Vater. Frau L. hat das alleinige Sorgerecht für beide Kinder. Sie ist berufstätig und arbeitet in der Woche ganztägig in einem Kaufhaus, am Wochenende zusätzlich bis spät in die Nacht in einem Restaurant. Sie gibt an, sehr beschäftigt zu sein und keine Zeit für sich selbst zu haben. Außerdem klagt sie darüber, dass sie durch die viele Arbeit auch kaum Zeit für ihre Kinder hat, ihre Arbeitssituation aber aufgrund der finanziellen Lage nicht ändern kann.

Über eine neue Beziehung von Frau L. ist nichts bekannt, allerdings erzählt Leon in der Klasse gelegentlich von „Mamas neuem Freund", den er gern mag und mit dem sie manchmal etwas unternehmen.

Leon wird ganztägig in der Schule betreut. Aus seinen Erzählungen geht hervor, dass er die späten Nachmittagsstunden zu Hause mit seinem Bruder im Spielkeller verbringt und die beiden häufig auf sich allein gestellt sind. Sie verbringen dann viel Zeit mit Playstation- und Gameboy-Spielen.

Gelegentlich berichtet Leon von seltenen Familienausflügen, die am Wochenende unternommen werden. Diese sind für ihn sehr wichtig und er scheint lange davon zehren zu können. Er erzählt sehr ausführlich davon, malt Szenen nach und erinnert sich sehr gern, auch wenn diese Aktivitäten schon lange zurückliegen.

Leons älterer Bruder zeigt ähnliche Verhaltensweisen wie Leon und besucht ebenfalls eine Förderschule.

Entwicklung
(Informationen hauptsächlich aus einem in der Schulakte dokumentierten Gespräch mit Frau L. im Rahmen des Verfahrens zur Feststellung des sonderpädagogischen Förderbedarfs.)

Die Schwangerschaft verläuft unauffällig, die Geburt erfolgt spontan in der 39. Schwangerschaftswoche, Leon hat bei der Geburt ein normales Geburtsgewicht. Zwei Wochen nach der Geburt muss Leon aufgrund einer *Hyperbilirubinanämie* stationär behandelt werden. (Erhöhter Gehalt von Bilirubin im Blut; kommt als Sonderform bei Neugeborenen vor; erhöhte Gefahr einer Bilirubinintoxikation im Stammhirn).

Die Mutter berichtet, Leons frühe Entwicklung sei regelrecht verlaufen: erstes freies Laufen (laut Aussage!) bereits mit 9 Monaten, mit 24 Monaten erste kleine Sätze.
Mit drei Jahren besucht Leon einen Regelkindergarten, aus dem keine Berichte vorliegen und keine Informationen bekannt sind.

Im Alter von 5 Jahren wechselt er den Kindergarten und wird bis zu seiner Einschulung in einem integrativen Kindergarten sozialpädagogisch betreut.

Aus einer pädagogischen Stellungnahme dieses Kindergartens gehen folgende Informationen hervor:

Während der ersten zwei Monate in der Kindertagesstätte zeigt Leon keine Auffälligkeiten. In dieser Phase scheint er sich auf die Gewöhnung an die neue Gruppe und die Ganztagsbetreuung zu konzentrieren. Nach den ersten drei Monaten kommt es immer häufiger zu Phasen (die teilweise auch den ganzen Tag andauern können), in denen Leon von einer starken Unruhe angetrieben wird. Er ist dann nicht mehr in der Lage, sich auf Aktivitäten zu konzentrieren, wobei es keinen Unterschied macht, ob diese in großen oder in kleinen Gruppen stattfinden. Er bringt nicht die nötige Aufmerksamkeit auf, um in der Nähe der Gruppe zu bleiben, alle Bewegungen werden von unkontrollierten Arm-, Bein-, Hand- oder Kopfbewegungen begleitet. Eine intensive Einzelunterstützung durch seine Bezugspersonen ist in diesen Phasen notwendig, um ihm die nötige Sicherheit zu gewähren. Leon ist besonders während dieser Phasen sehr angespannt und sozial frustriert. Es kommt vermehrt zu Gefühlsausbrüchen von langer Dauer (bis zu 45 Minuten, manchmal länger), während derer Leon weint, schreit und um sich schlägt, in diesen Phasen muss er intensiv begleitet werden.

In Gesprächen mit den Pädagoginnen der Einrichtung kann Frau L. Verhaltensauffälligkeiten benennen, die ihr auch zu Hause aufgefallen sind: Leon kennt keine Ängste, geht gern über Grenzen und akzeptiert von ihr gesetzte Regeln nur selten. In neuen und ungewohnten Situationen wirkt er orientierungslos und verloren. Er benötigt viel Aufmerksamkeit und zeigt schon früh Fehlverhalten wie Unkontrolliertheit, Umwerfen von Gegenständen oder Bemalen und Abreißen von Tapeten. Besonders in der Öffentlichkeit sei Leon nur schwer lenkbar, in größeren Menschenansammlungen wird er nervös. Frau L. glaubt außerdem, dass Leon dazu neige, sich bei Ärger mit anderen selbst zu bestrafen.

Wegen dieser gravierenden Auffälligkeiten drängen die Mitarbeiterinnen der Einrichtung Frau L. zu einer Diagnostik. Diese wird im Alter von 4;6 Jahren mit der Diagnose ADHS abgeschlossen. Seitdem ist Leon medikamentös eingestellt. Unklar (und kritisch zu betrachten!) bleibt, wer genau diese ADHS-Diagnose schon im Vorschulalter gestellt hat und weshalb nur eine sehr einseitige Behandlung (Medikation) vorgeschlagen und durchgeführt wurde.

Im Alter von 6;1 Jahren wird die Dosis der Medikamente erhöht, da Leon im Kindergarten auffälliger wird und kaum tragbar ist. Durch diese höhere Medikation ändert sich sein Verhalten jedoch nicht.

Ein halbes Jahr vor der Einschulung stellt Frau L. wiederum auf Druck des Kindergartens einen Antrag auf Eröffnung des Verfahrens zur Feststellung des sonderpädagogischen Förderbedarfs. Die Begründung hierfür ist eine befürchtete Überforderung in einem Klassenverband von normaler Klassenstärke, da Leon besonders im sozialen Kontext Verhaltensauffälligkeiten wie motorische Unruhe, hohe Impulsivität und Überforderungsreaktionen zeigt.

Nach einem umfangreichen Verfahren wird vor der Einschulung der sonderpädagogische Förderbedarf mit dem Förderschwerpunkt soziale und emotionale Entwicklung festgestellt. Das durchgeführte Screening-Verfahren („Kurzüberprüfung" von Bettinger/Ledl) ergab, dass Leons Aufnahmefähigkeit in unterschiedlichen Bereichen auffällig ist, dies aber nicht auf einen verminderten IQ zurückzuführen ist.

Im abschließenden sonderpädagogischen Gutachten werden folgende Fördermaßnahmen empfohlen:
- Leon braucht besondere Förderung im Bereich der Emotionalität sowie des Lern- und Arbeitsverhaltens
- Unterrichtung und Erziehung nach einem klaren Regelsystem und Grenzsetzungen, die z.B. durch Verstärkersysteme konsequent kontrolliert und eingefordert werden müssen. Leon benötigt unmittelbare Verhaltensrückmeldungen
- Leon ist im Denken und Handeln oft durch Impulsivität und Abgelenktheit gesteuert. Er benötigt deshalb ein basales Training der Aufmerksamkeit und Konzentration, um erfolgreich am Unterricht teilnehmen zu können

Meine erste hypothesengeleitete diagnostische Einschätzung

Die „Symptome", die sich in Leons Anamnese erkennen lassen, weisen auf eine sozialemotionale Beeinträchtigung sowie auf eine Wahrnehmungsbeeinträchtigung hin. Leon zeigt deutliche, emotional bedingte Verwahrlosungserscheinungen, die unter anderem mit einem schwachen Selbstwertgefühl und gravierenden sozialen Schwierigkeiten einhergehen. Die ADHS-Symptomatik lässt zusätzlich auf eine brüchige Wahrnehmungsentwicklung schließen. Auch die aktuelle Anspannung, unter der Leon steht, wirkt sich auf seine Wahrnehmungsverarbeitung aus. Hinzu kommt eine mögliche Erziehungsproblematik, die Leons Entwicklung maßgeblich negativ beeinflusst.

Leon braucht eine heilpädagogische Einzelbegleitung, um einen Rahmen zu haben, in dem er seine unterschiedlichen Lebensthemen angemessen bearbeiten kann und möglicherweise versäumte emotional nährende Erfahrungen nachholen kann. Verschiedene Wahrnehmungsbereiche müssen gezielt gefördert werden, damit Leon zunehmend adäquat auf seine Umwelt reagieren/zugehen kann.

Leons Mutter benötigt eine umfassende Beratung und Unterstützung, um mit dem Verhalten ihres Sohnes angemessen umgehen und ihn in seiner Entwicklung mit der nötigen emotionalen Stabilität unterstützen zu können.

Meine Beobachtungen im Schulalltag

Vor der Aufnahme der Einzelkontakte hatte ich die Möglichkeit, Leon in seinem Klassenalltag zu beobachten. Dies sollte einer ersten Orientierung und der Vorbereitung auf die Einzelbegleitung dienen. Die intensive Beobachtung von Leon im Klassenalltag stellte eine gute und wichtige Ergänzung zu den aus der Akteneinsicht gewonnenen „Daten" dar. Meine Vermutungen konnte ich in den Beobachtungen vertiefen, teilweise aber auch kritisch beleuchten und in einem neuen Licht sehen.

Verhaltensbeobachtung

Im Folgenden berichte ich über eine nicht teilnehmende, unsystematische Verhaltensbeobachtung, die ich vier Wochen nach der Einschulung durchgeführt habe:

Beobachtung im Klassenalltag, 8.00-8.45 Uhr
Leon kommt in die Klasse und geht direkt zu seinem Platz, wo er seinen Tornister abstellt, die Hausaufgaben rausholt und sie nach vorne zur Klassenlehrerin bringt. Er begrüßt niemanden und reagiert auch nicht direkt auf die Begrüßung der Lehrerin, erst als diese ihm an die Schulter fasst und ihn direkt anspricht, murmelt er „Guten Morgen". Anschließend geht er direkt in die Spieleecke, wo er sich mit einem anderen Jungen (der auch gerade dort ist,) an den Zirkus setzt und anfängt, die Zirkuselemente zusammenzusuchen und zu bauen. (Auch an den Tagen zuvor hat Leon sich in der Freispielphase allein mit dem Zirkus beschäftigt.) Er schaut nur ganz kurz auf, als die Klassenlehrerin vorliest, welche Hausaufgabenhefte schon da sind, spielt aber sofort weiter, als er auch seinen Namen hört. Beim Zusammenbauen kommentiert er sein Tun fast ständig, redet auch weiter, als sein Spielpartner den Spielort wechselt und zu den Autos geht. Er scheint dies gar nicht richtig zu registrieren. Wenn zwischendrin andere Kinder kurz dazukommen, zeigt er entweder keine Reaktion oder bezieht sie einfach selbstverständlich mit ein.
Nachdem er den Zirkus für „fertig" ernannt hat, holt er sich die Playmobilfiguren und lässt sie Kunststücke machen. Die ganze Zeit über ist er sehr versunken in sein Spiel und scheint die Umgebung völlig auszublenden. Dies wird auch sehr deutlich, als ein Junge aus der 2. Klasse in der Spieleecke auftaucht. Leon nimmt ihn gar nicht wahr und wundert sich auch nicht darüber. Obwohl die Spieleecke mit 5 weiteren Kindern anschließend sehr voll wird und der Geräuschpegel ansteigt, lässt er sich nicht ablenken.
Als der erste Gong ertönt, reagiert er zunächst nicht, als die anderen die Spieleecke verlassen, steht er jedoch auf und setzt sich auf seinen Platz. Er hört der Lehrerin zu, schaut sich um und als diese Blickkontakt zu ihm aufnimmt, berichtet er ihr davon, dass er ein neues Zirkusteil gefunden hat. Im Sprechfluss lässt er sich kaum stoppen, bis er diese Information losgeworden ist.
Er schaut dann mit einem verträumt wirkenden Gesichtsausdruck aus dem Fenster und scheint wieder sehr abwesend zu sein. Die Ankündigung der Frühstückszeit nimmt er nicht auf, erst als er das Verhalten der anderen Kinder sieht (Brotboxen auspacken...), holt er sein Essen heraus und geht in den Frühstücksraum. Beim Frühstücken sitzt er ruhig an seinem Platz, erzählt mehrmals Begebenheiten. Nachdem er aufgegessen hat, geht er ins Klassenzimmer und setzt sich an seinen Platz, obwohl noch niemand drüben ist. Als die Lehrerin ihm folgt und ihm sagt, dass noch Frühstückszeit ist und er eigentlich warten soll, bis alle fertig sind, sagt er, dass ihm das zu laut ist und er lieber an seinem Platz warten will.
Zum Stuhlkreis trägt er seinen Stuhl rüber und setzt sich hin, dabei fällt auf, dass er einen Platz einnimmt, den er fast immer hat, während die anderen sich um ihn herum verteilen. Während die anderen Kinder erzählen, bleibt er ruhig sitzen, macht aber häufig einen verträumten Eindruck, so dass nicht klar zu erkennen ist, ob er zuhört oder mit den Gedanken woanders ist. Als er an der Reihe ist, erzählt er eine schwer zu überschauende und zu verstehende Geschichte, betont aber, dass er sich an die Regel hält, nichts vom Computerspielen zu erzählen. (In den vergangenen Tagen hat Leon meistens sehr detailliert von seinen Playstation-Spielen erzählt.)

Verhaltensbeobachtung- Spielplatz (später am gleichen Tag):
Leon geht auf dem Spielplatz (wie am Tag zuvor) direkt zur Schaukel und dreht sich dort sehr lange sehr schnell. Er bleibt allein, die anderen Kinder sind in einiger Entfernung auf anderen Spielgeräten. Nach dem Drehen legt er sich auf eine Bank, mit dem Gesicht zur Lehne und bleibt so eine Weile liegen. Die ganze Zeit auf dem Spielplatz (etwa 45 Minuten) bleibt er eher für sich allein, sammelt ausdauernd ganz viele Eicheln, die er seinem Bruder zum Geburtstag schenken will, und geht zwischendrin zur Schaukel und zum Drehkreisel, um sich dort im Liegen zu drehen.

Tabellarische Darstellung der Verstehenszugänge anhand der Beobachtung

In dieser Darstellung lassen sich konkrete Hinweise auf die „Doppelbelastung" von Leon finden: die sozial-emotionale Problematik auf der einen und die Wahrnehmungsproblematik auf der anderen Seite. Diese verknüpfende Betrachtung macht deutlich, dass sich diese beiden beeinträchtigten Bereiche gegenseitig beeinflussen und auch verstärken können.

Situation	Hypothesen zu sozial-emotionalen Beeinträchtigungen	Hypothesen zu Wahrnehmungs-beeinträchtigungen
...Er begrüßt niemanden...	- fehlende soziale Verhaltensmuster - emotionale Zuwendung ist Leon nicht gewohnt	- Leon lenkt seine Konzentration und Aufmerksamkeit nur auf die (für ihn) wichtigsten Handlungsschritte
...Erst als diese ihm an die Schulter fasst und ihn direkt anspricht...	- kann sich unter enger Begleitung auf Kontakt einlassen	- nimmt Kommunikationssignale nur in der unmittelbaren taktil-kinästhet. Auseinandersetzung wahr
...Auch an den Tagen zuvor hat Leon sich in der Freispielphase allein mit dem Zirkus beschäftigt...	- sucht keinen Kontakt zu seinen Klassenkameraden	- Ritualisierung des Alltags, um die häufig überfordernden Reize besser sortieren zu können
...Beim Zusammenbauen kommentiert er sein Tun fast ständig, redet auch weiter, als sein Spielpartner den Spielort wechselt und zu den Autos geht...	- der Spielpartner ist für ihn eher unwichtig - verbale Begleitung ist nicht auf ein „DU" bezogen	- muss eigene Handlungen engmaschig strukturieren, sortieren - braucht Impulse, um bei der Sache zu bleiben, um Handlungsreihen auszuführen (seriale Verarbeitung)
...Wenn zwischendrin andere Kinder kurz dazukommen, zeigt er entweder keine Reaktion oder bezieht sie einfach selbstverständlich mit ein...	- kann Beziehungsangebote nicht annehmen, auch keine machen - Lebensthema: Mangel an Beziehungsangeboten, fehlende Umgangsformen isolieren ihn	- nimmt die Kinder nicht individuell wahr, kann Aufmerksamkeit nur auf das Spiel richten
...Die ganze Zeit über ist er sehr versunken in sein Spiel und scheint die Umgebung völlig auszublenden...	- Kontakte zu anderen werden nicht als notwendig angesehen - auf sich bezogen und sozial isoliert	- kann Aufmerksamkeit und Konzentration nur dann aufbringen, wenn äußere „Störfaktoren" vollständig ausgeblendet werden
...Als der erste Gong ertönt, reagiert er zunächst nicht, als die anderen die Spielecke verlassen steht er jedoch auf und setzt sich auf seinen Platz...	- Imitation gelingt ihm an dieser Stelle: Klassenkameraden werden funktional wahrgenommen, sie dienen ihm zur Orientierung	- auditive Figur-Grund-Schwäche, kann einen Reiz nur schwer als bedeutend erkennen - ein akustischer Reiz ist nicht ausreichend, er braucht auch den visuellen Reiz, um zu reagieren - seriale Schwäche kann an dieser Stelle kompensiert werden
...Im Sprechfluss lässt er sich kaum stoppen, bis er diese Information losgeworden ist...	- Zeichen seines emotionalen „Ausgehungert-Seins": möchte sich mitteilen, sobald er die Möglichkeit dazu hat	- mangelnde Handlungsplanung: kann nur schwer unterbrechen / „umdenken", muss darum angefangenes Thema zu Ende führen (seriale Schwäche)

...Erst als er das Verhalten der anderen Kinder sieht, holt er sein Essen heraus und geht in den Frühstücksraum...	- auch hier wird deutlich, dass Leon die anderen Kinder als Funktionsträger ansieht	- unvollständige Wahrnehmung der Aufforderung, verzögerte Reaktion - erst das visuelle Wahrnehmen lässt die Information zu ihm durchdringen
...Er sagt, dass ihm das zu laut ist...	- Selbstschutz gelingt ihm	- unterschiedliche Bewertung akustischer Reize
...Dabei fällt auf, dass er einen Platz einnimmt, den er fast immer hat, während die anderen sich um ihn herum verteilen....	- zeigt keine Präferenzen, neben wem er sitzen möchte, Freundschaften zu schließen fällt ihm schwer	- Ritualisierung erleichtert Raumorientierung und Reihenbildung - leistet Selbsthilfe, schafft sich Orientierung im Raum durch Wiederholungen
...Als er an der Reihe ist, erzählt er eine schwer zu überschauende und zu verstehende Geschichte...	- möchte sich gern mitteilen - soziale Kontrolle an dieser Stelle nicht ausreichend	- Hinweis auf seriale Schwäche - kann Handlungsketten nicht konkret beschreiben - zeitliche Reihenfolgen gelingen nicht
...Leon geht auf dem Spielplatz (wie am Tag zuvor) direkt zur Schaukel und dreht sich dort sehr lange sehr schnell...	- weiß keine Beziehung zu den anderen Kindern herzustellen - kann keinen emotionaler Austausch gestalten	- braucht und sucht starke taktil-kinästhetische und vestibuläre Reize, um sich selbst besser spüren zu können
...Er bleibt allein...	- ist dauernde Nähe nicht gewohnt, isoliert sich lieber	- weiß ungewohnte Situationen nicht zu strukturieren, kann gemeinsame Spiele nicht aktiv entwickeln
...Nach dem Drehen legt er sich auf eine Bank, mit dem Gesicht zur Lehne und bleibt so eine Weile liegen.	- wirkt niedergeschlagen, scheint einsam zu sein, leidet an sich selbst	- Suche nach Selbstschutz vor überfordernder Reizüberflutung
...Die ganze Zeit auf dem Spielplatz (etwa 45 Minuten) bleibt er eher für sich allein...	- möchte in Beziehung gehen, weiß jedoch nicht, wie das geschehen kann	- kann die einzelnen Szenen nicht so strukturieren, dass er einen Zugang zum Spiel der anderen findet
...Sammelt ausdauernd ganz viele Eicheln, die er seinem Bruder zum Geburtstag schenken will...	- denkt an seinen Bruder, vielleicht der einzige, dem er sich wirklich nahe fühlen kann	- beginnt eigeninitiativ mit der Exploration der Umgebung - Ausführung der Handlung gelingt ihm, solange er nicht gestört wird

In dieser auf die Beeinträchtigungsbereiche konzentrierten Verhaltensbeobachtung werden aus einem anderen Blickwinkel heraus auch Leons Stärken deutlich: Innerhalb seiner belastenden sozial-emotionalen Befindlichkeit und trotz seiner deutlich beeinträchtigten Wahrnehmung schafft er sich Rückzugsräume, um sich vor den Alltagsanforderungen schützen zu können. Bis zu einem gewissen Grad gelingt es ihm, diese Anforderungen zu bewältigen und sich selbst dabei vor einem „Zu viel" an Reizen zu schützen.

Gefühlsausbrüche als Ausdruck der Kernproblematik (Verhaltensbeobachtung und Hypothesenbildung)

Leons Verhalten im Tagesverlauf ist häufig von Gefühls-Ausbrüchen geprägt. Diese äußern sich darin, dass er zunächst motorisch unruhig wird und er anfängt, vom Stuhl zu rutschen. Oft scheint es so, als ob diese Ausbrüche einen vorgeschobenen Auslöser haben, den Leon dann zum Anlass nimmt (z.B. möchte er unbedingt ein Wort von der Tafel vorlesen und ist sauer, weil ein anderes Kind dran kommt; er möchte einen anderen Stuhl haben, der aber einem anderen Kind gehört).

Diese motorische Unruhe steigert sich zunehmend. Leons innerer Druck scheint größer zu werden und in der Bewegung nach außen zu dringen. Leon lässt sich auf den Boden fallen, rollt über den Boden oder rennt in der Klasse umher. In manchen Situationen springt/fällt er immer wieder vom Stuhl, zeigt sich dabei schmerzunempfindlich und scheint starke taktil-kinästhetische Reize zu brauchen.

Dieses Verhalten macht das Arbeiten für die anderen Kinder oft unmöglich, Leon provoziert diese dann zum Teil bewusst, stört sie, beginnt laut zu reden, zu rufen oder zu schreien. An manchen Tagen beginnt er auch zu weinen und wirkt verzweifelt. Er ist dann nicht in der Lage, sich Erklärungen anzuhören (bzw. selbst zu erklären, was los ist) oder Aufforderungen zu befolgen. Häufig muss er dann aus der Klasse getragen werden. Im Nebenraum der Klasse steigert er sich weiter in die Situation hinein, rennt umher, wird ganz „wild", so dass man befürchten muss, dass er sich selbst (oder andere) verletzt. Sein Verhalten wirkt dann unkontrolliert, er wirkt auch nicht ansprechbar. Er muss daher festgehalten werden.

In wiederkehrenden Situationen konnte ich feststellen, dass er durchaus ansprechbar ist und diese Gefühls-Ausbrüche zum Teil gezielt einsetzt (möglicherweise, um Aufmerksamkeit einzufordern oder auf Überforderung aufmerksam zu machen, er „hat genug" und kann die ihn umgebende Unruhe dann nur schwer ertragen, muss die anderen dafür wohl auch bestrafen).

Die ungesteuert wirkende Impulsivität während dieser Ausbrüche ist häufig gepaart mit genauer Kontrolle bezüglich der Reaktionen der Erwachsenen, die er genau beobachtet. Die Ausbrüche verlaufen in Phasen, so scheint er oft zunächst noch Möglichkeiten zu haben, sein Verhalten zu steuern, ab einem bestimmten Zeitpunkt ist dies dann nicht mehr möglich.

Nachdem er wieder zur Ruhe kommt, ist Leon sehr gut in der Lage, sein Verhalten detailliert zu reflektieren und zu erklären, wodurch es ausgelöst wurde und wie die Situation sonst hätte gelöst werden können. Er beschuldigt sich im Anschluss an diese Ausbrüche häufig, sagt, er sei „böse" gewesen und, er müsse unbedingt wieder „lieb" sein.

Er findet somit für ihn gut nachvollziehbare Begründungen für sein Verhalten, sucht nach Erklärungen in den äußeren Umständen.

Verstehen lässt sich das als Leons Kernproblematik. Erschwerende Lebensumstände treiben ihn in das Gefühl der Verzweiflung. Unter fordernden Bedingungen wird diese Verzweiflung größer, es kommt zum Wegfall seiner Schutzmechanismen (z.B. Schaffen von Rückzugsmöglichkeiten, Abschotten vor Reizüberflutung, Meidung emotionaler Kontakte) und zum Ausbruch aus der Kontrolle.

Die beiden Beeinträchtigungsbereiche (sozial-emotionale Befindlichkeit und Wahrnehmungsverarbeitung) bedingen sich im Alltag gegenseitig, die Problematik potenziert sich, bis Leon es nicht mehr schaffen kann, seine mühsam aufgebauten Selbststeuerungsversuche aufrecht zu erhalten.

Umgang mit der Kernproblematik im Schulalltag:
Um Leon ein Dabei-Bleiben am Unterricht zu erleichtern, werden ihm unterschiedliche Hilfen angeboten. Da er noch nicht in der Lage ist, seine Unruhe bereits im Vorfeld zu erspüren und Unterstützung einzufordern, bekommt er das Angebot, mit mir die Klasse zu verlassen, sobald seine Unruhe nach außen deutlich wird. (Häufig lassen sich seine Gefühls-Ausbrüche erspüren, bevor sie auftreten.) In einem kleinen Förderraum hat Leon dann in diesen Situationen die Gelegenheit, Entspannungs- oder Entzerrungsstrategien zu erproben, die ihm im Anschluss eine Rückkehr ins Klassengeschehen ermöglichen. Meist kann er dabei ganz klar äußern, was er benötigt, um wieder zur Ruhe zu kommen. Zudem findet zu Beginn des Schultags (sowie an kritischen Tagen jeweils nach den Pausen) mit ihm eine klare Absprache bezüglich der Tagesplanung statt, mit dem Angebot, auch selbständig Hilfe einzufordern.

Leon – Fallbeispiel von Joanna Braun

Verstehensdiagnose

Während des gemeinsamen Prozesses der Begleitung konnte ich zu einer ausführlichen diagnostischen Einschätzung gelangen. Diese möchte ich hier zusammengefasst aufführen. Eine Verstehensdiagnose ist für mich dadurch gekennzeichnet, dass im Verlauf aktuelle Bedingungen/Änderungen integriert werden können, weil die Annahmen stets eine hypothetische Herangehensweise darstellen. Daher müssen Überlegungen zur Verstehensdiagnose immer wieder kritisch überprüft werden.

Auf diesem Hintergrund habe ich an einigen Stellen im späteren Verlauf der Begleitung neue Überlegungen eingebracht, die ich in der folgenden Darstellung durch ein anderes Schriftbild (*kursiv*) herausgehoben habe.

Frühe Entwicklung

Leons Geburt erfolgt spontan und unauffällig. Mit zwei Wochen wird er wegen einer Hyperbilirubinanämie stationär behandelt. Die Hyperbilirubinanämie ist ein toxischer Vorgang im Körper, der in manchen Fällen Auswirkungen auf die Ganglienzellen im Gehirn hat. Somit kann man vermuten, dass bei Leon durch latente organische Schädigungen basale Wahrnehmungsbeeinträchtigungen hervorgerufen wurden. In der Körpereigenwahrnehmung (taktil-kinästhetisch) sowie der Reizselektion zeigt er schon früh deutliche Schwächen. Dies führt in komplexen Situationen, in denen er besonders gefordert/überfordert wird, zu stark eingeschränkten Fähigkeiten der Selbststeuerung und auffälligen impulsiven Handlungen.

Im bekannten Rahmen seiner häuslichen Umgebung mag Leon das Sortieren und Bewerten von Umweltreizen anfangs noch gelingen, im Kindergarten lernt er dann eine komplexe Umgebung kennen, muss sich auf Neues einlassen und wird vermehrt gefordert. Er ist verunsichert, erlebt sich anders als die anderen Kinder. Er ist überfordert durch die vielen neuen Reize, Eindrücke, Beziehungen, Strukturen und Regeln und kann diese nicht angemessen ordnen. Er muss viel Kraft dafür verwenden, sein geschwächtes „Ich" am Leben zu erhalten.

Die Alltagsstrukturen, die er bisher kennen gelernt hat, passen nicht mit den Anforderungen im Kindergarten zusammen. Er schämt sich für sein Anderssein und zweifelt an sich selbst. Durch auffällige Verhaltensweisen versucht er, mit den neuen Anforderungen auf seine Art fertig zu werden und seine Wahrnehmungsbeeinträchtigungen zu kompensieren.
Dies ist der Einstieg in einen Teufelskreis: Leon erreicht mit seinem Verhalten keine Verbesserung seiner Probleme, das Anpassen an die Umwelt wird noch schwieriger, dies muss wiederum kompensiert werden.

Leon entwickelt starke Schuldgefühle, da er seine Auffälligkeiten bemerkt und sich selbst dafür verantwortlich fühlt. Somit wird schon früh die Entwicklung eines negativ geprägten Selbstwertgefühls angebahnt.

Beziehungsstrukturen innerhalb der Familie

Leons frühe Beziehungserfahrungen scheinen durchgehend von Widersprüchlichkeiten geprägt worden zu sein. Zusätzlich zu den ohnehin durch die Wahrnehmungsbeeinträchtigungen bedingten uneindeutigen Umweltinformationen muss er viel Kraft dafür verwenden, in diesem komplizierten Beziehungsgefüge zurecht zu kommen.

Die heutige Mutter-Kind-Beziehung lässt vermuten, dass Leons Beziehung zur Mutter schon früh von extremer Ambivalenz geprägt ist. Einerseits liebt Frau L. ihren Sohn über alles und klammert ihn an sich fest (oder auch umgekehrt: klammert sich an ihm fest), andererseits stößt sie ihn immer wieder ab und gibt ihm die Rückmeldung, dass er ihr große Probleme und Sorgen bereitet. Somit bekommt Leon stets Doppelbotschaften, die in sich sehr widersprüchlich sind und die er nicht sortieren und begreifen kann. Dies führt zusätzlich zu erheblichen Irritationen.

Leon erlebt die Trennung der Eltern mit 3,5 Jahren bewusst mit. Ausgehend davon, dass der Trennung erhebliche Beziehungsprobleme vorausgegangen sind, lässt sich die Vermutung aufstellen, dass das Familienleben von wenig Harmonie und Zufriedenheit geprägt war. Leon hat Streitigkeiten seiner Eltern mitbekommen und schmerzlich bemerkt, dass seine Eltern sich nicht gut verstehen und nicht „lieb" zueinander sind.

Leon erinnert sich an seinen Vater und kann Erlebnisse aus der gemeinsamen Zeit erzählen. Die Beziehung zum Vater scheint positive Anteile gehabt zu haben, die Vaterfigur spielt in Leons Spielen und Erzählungen immer wieder eine (meist positive) Rolle. Die wichtige Identifikationsfigur „Vater" fehlt ihm schmerzlich, dies versetzt ihn in Trauer, er fühlt sich allein und im Stich gelassen. In seiner Erinnerung glorifiziert er den Vater, der der Retter ist, der ihn aus seinem Leid erlösen könnte. Gleichzeitig empfindet Leon Wut und Ärger, weil der Vater ihn (und die Familie) verlässt und ihnen somit Schaden zufügt. Auch Schuldgefühle spielen eine Rolle, Leon sieht sein Verhalten als (Mit-)Auslöser für die Trennung der Eltern. Die Gefühle dem Vater gegenüber sind demnach ebenfalls von starken Ambivalenzen geprägt.

Leons Beziehung zu seinem Bruder M. zeigt ebenfalls große Widersprüchlichkeiten auf: Auf der einen Seite ist Leon von seinem Bruder abhängig, die beiden sind häufig allein und Leon wird von dem älteren Bruder versorgt. M. ist oft Leons einziger Ansprechpartner, die Geschwisterbeziehung ist sehr eng. Andererseits fühlt Leon sich von ihm auch zurückgestoßen, der Ältere ist genervt von seiner „Aufpasser-Rolle", die Brüder konkurrieren miteinander.

Leon steht somit in seinem engeren Beziehungsgefüge zwischen dem Wunsch nach Nähe, Geborgenheit und Verständnis für seine Lebenssituation einerseits und der Zurückweisung, den negativen Rückmeldungen und der angespannten Interaktion andererseits. Er erlebt ein hohes Maß an Auswegslosigkeit.

Leons Mutter hat große Probleme mit der Alltagsstrukturierung, ist überfordert und kann kaum positive Zeit mit ihren Kindern verbringen. Dies führt dazu, dass Leon sich von seiner Mutter nur bedingt angenommen fühlt und seine Probleme auf der sozial-emotionalen Ebene keine oder nur wenig Besserung erfahren können.

Beziehungsstrukturen außerhalb der Familie

Durch die widersprüchlichen Beziehungserfahrungen innerhalb der Familie fällt es Leon sehr schwer, sich auf Personen einzulassen: Zum einen sehnt er sich nach Anerkennung, Bestätigung und Geborgenheit und würde diese gern einfordern, auf der anderen Seite mangelt es ihm hierbei aber an angemessenen Kommunikationsformen. Gleichzeitig hat er Angst, zurückgewiesen zu werden. Sein „emotionaler Hunger" kommt in Form der Gefühlsausbrüche hervor, so macht er auf seine Not aufmerksam und fordert die für ihn überlebenswichtige Zuwendung ein.

Gelungene soziale Eingebundenheit und Anpassung werden für Leon zur unüberwindbaren Hürde, die seinen inneren Druck immer wieder verstärkt. Seine Impulsivität, die mangelnde Reizselektion und seine Überaktivität bedingen sich gegenseitig und führen immer wieder zu Regelverstößen im sozialen Gefüge.

Phasenweise schafft Leon es inzwischen, sich mit Unterstützung von außen auf viele Situationen einzulassen und somit die „unüberwindbare Hürde" der sozialen Eingebundenheit und Anpassung zu überspringen. In vielen Problemsituationen kann er sich Hilfe holen oder angebotene Unterstützung annehmen und umsetzen. Diese Entwicklung bleibt jedoch unstabil und ist von vielen Rückfällen geprägt, da Leons Lebenssituation zu Hause (seine Heimbasis) ihm nur wenig Sicherheit vermittelt. Eine weiter voranschreitende und sich stabilisierende Verbesserung seiner Situation (seiner sozialen und emotionalen Entwicklung) ist nur in Verbindung mit einer Veränderung seiner Alltagsverhältnisse zu Hause möglich.

ADHS-Symptomatik (Aufmerksamkeits-Defizit/Hyperaktivitäts-Syndrom)

Die mangelnde und wechselnde emotionale Zuwendung führt bei Leon zu einem erheblichen Belastungszustand und zu einem andauernden überstarken inneren Druck. Durch diese Überforderung ist er nicht in der Lage, sich seiner Umwelt gegenüber angemessen zu verhalten, da er mit sich selbst und seiner inneren Befindlichkeit beschäftigt ist. Leon ist so darauf konzentriert, seinen Selbstschutz aufrechtzuerhalten, dass er seine brüchigen Wahrnehmungsfunktionen nicht adäquat nutzen kann. Er steht unter einem immensen Druck und hat somit kaum Möglichkeiten, seine Ressourcen zu nutzen und auszuschöpfen. Eine angemessene Wahrnehmung seiner Umwelt scheint nur unter optimalen Bedingungen möglich zu sein. Nur wenn er sozial, emotional sowie kognitiv nicht überfordert wird, bzw. angemessen versorgt wird, kann er seine vorhandenen Wahrnehmungs- und Kontrollfunktionen nutzen.

Diese Problematik führt bei Leon zu einer ADHS-Symptomatik, zu der insbesondere die Unaufmerksamkeit, die Überaktivität sowie die Impulsivität gehören.

Die Diagnose ADHS und die darauf folgende Medikamentengabe bestätigen Leon seine latent vorhandenen Schuldgefühle: Er ist krank, sein Verhalten ist nicht in Ordnung. Auch die Einschulung in eine Förderschule und die vorangegangenen Untersuchungen zeigen ihm, dass er „anders" ist.

Die unkontrollierte Medikamentengabe muss an dieser Stelle unberücksichtigt bleiben, einschlägige medizinische Informationen konnten vom behandelnden Arzt nicht eingeholt werden. Es sollte jedoch bedacht werden, dass eine uneindeutige Dosierung auch eine uneindeutige Wirkung mit sich bringen kann.

Immer wieder auftauchende Probleme in der Medikamentengabe (seitens der Mutter) bezieht Leon auf sich („ICH habe meine Tabletten vergessen..."), dies verstärkt seine Schuldgefühle und erschwert den Aufbau und die Stabilisierung eines positiven Selbstwertgefühls erheblich. Leon fühlt sich schuldig, hat das Gefühl, sich bestrafen zu müssen. Es ist ihm nicht möglich, andere, von außen verursachte Zusammenhänge in seinem Verhalten zu erkennen, sein innerer Druck wird stärker. Leon schafft sich eine paradoxe Lösungsmöglichkeit: Durch seine „Ausraster" bestraft er sich und verschafft sich gleichzeitig das Gefühl, die Lage selbst bestimmen zu können: Das Gefühl des Ausgeliefert-Seins wird so kontrollierbar.

Mangel an positiver Rückmeldung/Konditionierung inadäquater Verhaltensweisen

Leon konditioniert unangemessene Verhaltensweisen und festigt diese, da seine Ressourcen von den vielen Problemen verschüttet werden und er nur erschwert darauf zurückgreifen kann. Er erfährt von früher Kindheit (spätestens seit der Kindergartenzeit) an fast ausschließlich negative Rückmeldungen von seiner Umwelt, immer wieder muss er erleben, dass er auffällig und „böse" ist und Probleme bereitet. Durch die Beeinträchtigungen in der Wahrnehmung ist Leon zusätzlich nicht in der Lage, erlösende Handlungsalternativen zu erkennen oder selbst zu entwickeln. Seine kreativen Versuche, sich zu schützen und damit auf seine Art und Weise angemessen auf Anforderungen der Umwelt zu reagieren, sind demnach entweder nicht ausreichend oder werden übersehen und mit wiederholter negativer Rückmeldung bewertet.

So gerät Leon zunehmend in einen Teufelskreis: Seine Ohnmacht, seine Wut und seine Verzweiflung, somit also sein innerer Druck, werden zu einem Dauerzustand, der ihn immer wieder einholt. In den gelernten/konditionierten Verhaltensweisen (z.B. Wutanfälle) kann dieser Druck ein Ventil finden, der aber gleichzeitig den Druck wieder steigen lässt. Er bewegt sich somit fast ausschließlich in seinem Teufelskreis.

In der Schule schafft er es teilweise, alte Verhaltensmuster aufzubrechen, mit Unterstützung nach neuen Verhaltensstrategien zu suchen und sich in ihnen zu üben. Dies ermöglicht es ihm, positive Rückmeldungen zu bekommen und somit neuen Mut und neue Kraft für die weitere Auseinandersetzung mit sich und der Umwelt zu schöpfen. Dennoch bleiben diese Veränderungen sehr brüchig, in unterschiedlichen Anforderungssituationen fällt er schnell in alte Muster zurück und verliert sich in seiner Hilflosigkeit.

Ressourcen als „Überlebenshilfe"

Immer wieder sucht Leon nach kreativen und entlastenden Lösungsstrategien, die ihm helfen sollen, seine Umwelt zu strukturieren und mit den teilweise sehr chaotischen Verhältnissen zurechtzukommen. Er schafft sich eigene Rituale, durch die die Komplexität der Umwelt in einzelnen Bereichen gemindert wird.

In einem strukturierten und fördernden Milieu ist Leon in der Lage, seine zahlreichen Fähigkeiten zu nutzen und komplexe Leistungen zu erbringen.
Seine kognitiven Fähigkeiten heben sich von den Kindern in seiner Klasse ab, er versteht komplexe Zusammenhänge schnell und ist in der Lage, diese verständlich wiederzugeben. Seine Lernmotivation ist hoch, in ruhigen Phasen schafft er es gut, sich mit dem Lernstoff konstruktiv auseinanderzusetzen und Arbeitsaufträge gegebenenfalls auch selbständig auszuführen.

Im feinmotorischen Bereich zeigt Leon großes Geschick, er malt und zeichnet sehr gern und mit viel Ausdauer, häufig malt er Erlebtes realitätsnah und detailliert nach. Auch seine Kreativität und Phantasie kommen hier zum Vorschein.

In Rollenspielen geht er in seinen Rollen auf und kann sie auf kreative Art und Weise zum Ausdruck bringen. In Freipiel-Phasen spielt er häufig allein, kann sich dabei über lange Zeiträume hinweg selbständig und konzentriert beschäftigen. Oft nimmt er die gleiche Spielidee über Tage hinweg immer wieder auf und spielt sie weiter. Regelspiele begreift er schnell, oft kann er sich den Spielablauf ohne Erklärungen selbst erschließen.

In Einzelsituationen kann er sich auf die meisten Angebote vorbehaltlos einlassen und genießt die Einzelzuwendung von Erwachsenen.

Zusammenfassung
Zusammenfassend lassen sich aus der Verstehensdiagnose bei Leon zwei relevante Beeinträchtigungsbereiche erkennen: Erneut bestätigen sich die starken Auffälligkeiten im sozial-emotionalen Bereich und die Brüche in seiner Wahrnehmungsentwicklung und -verarbeitung. Durch diese Auffälligkeiten ist es ihm nicht möglich, ein positives Selbstbild zu entwickeln. Er entwickelt ein negatives, labiles und irritierendes Bild von sich selbst, es ist ihm unmöglich, positive Eigenschaften an sich selbst wahrzunehmen. Dabei hängen diese drei Bereiche eng miteinander zusammen und beeinflussen sich gegenseitig in einem komplexen Wechselspiel, so dass sich die Auffälligkeiten in diesen Bereichen potenzieren und die dadurch entstandene Negativ-Spirale ohne Unterstützung nicht unterbrochen werden kann.

Benennung und Begründung der Ziele

Die ersten Einzelkontakte mit Leon hatten hauptsächlich die Kontaktaufnahme, den Beziehungsaufbau sowie die Gewöhnung an die Einzelsituation zum Ziel. Ich war bemüht herauszufinden, was Leon selbst mir anbietet, welche Themen ihn beschäftigen und für ihn bedeutsam sind, um im späteren Verlauf eine intensive und auf ihn abgestimmte Begleitung zu ermöglichen. Aus der ausführlichen diagnostischen Einschätzung ergaben sich dann für Leons Begleitung folgende Richt- und Teilziele; die ersten drei beziehen sich konkret auf die Begleitung von Leon, während die anderen beiden die weiteren Umweltfaktoren (Zusammenarbeit mit der Mutter und den Institutionen) in den Mittelpunkt nehmen.
Für die Aufzählung der Ziele wähle ich die Formulierung „Leon soll...". Das „soll" hebt nicht hervor, dass er all diese Ziele unter Zwang erreichen muss. Vielmehr steht das „soll" in der Formulierung für meinen eigenen Anspruch, Leon die nötigen Rahmenbedingungen zu schaffen, die ihm das Erreichen der Ziele ermöglichen „sollen".

Richtziel: Leon soll eine stabile und sichere emotionale Beziehung erfahren können.
Teilziele:
- soll sich in Beziehung positiv erfahren können
- soll Nähe und Distanz ausbalanciert spüren lernen
- soll emotionale Zugewandtheit und absolute Wertschätzung erfahren
- soll lernen, sich auf Personen einzulassen und erfahren, dass er anderen vertrauen kann
- soll positive Erfahrungen mit sich selbst und der Umwelt machen können
- soll in der Beziehung einen Raum finden, um aktuelle Lebensthemen angemessen verarbeiten zu können

Begründung:
Leons frühe Erfahrungen auf der Beziehungsebene sind stark von Instabilität und in unterschiedlichen sozialen Kontexten von Ablehnung geprägt. In der heilpädagogischen Begleitung soll er Beziehung, Zuwendung und Interesse als konstantes Angebot erleben und so erfahren, dass es „sich lohnt", sich auf Beziehungen einzulassen.

Richtziel: Leon soll ein gestärktes, positives Selbstbild aufbauen können.
Teilziele:
- soll sich selbst in den Einzelstunden als wertgeschätztes Individuum erleben
- soll lernen, sich mit den eigenen Emotionen auseinanderzusetzen, sie als Bestandteil seines Selbst zu sehen, ihre Auswirkungen auf sein Verhalten kennenlernen
- soll eigene Stärken und Schwächen kennenlernen, lernen sie zu benennen und zu akzeptieren
- soll lernen, sein positives Selbstbild als Basis für den Umgang mit Problemen zu nutzen

Begründung:
Leon hat in seiner Entwicklung nur wenig positive Rückmeldung von seiner Umwelt erfahren. Der Schwerpunkt in vielen Interaktionen liegt auf seinen Schwächen und „Mängeln". Somit hatte er bisher kaum die Möglichkeit, sich in seinem So-Sein auch als „gut" zu erleben und positive Anteile in sein Selbstbild zu integrieren.

Richtziel: Leon soll seine sozialen Kompetenzen differenzieren und sozial unangepasstes Verhalten reflektieren und bearbeiten können.

Teilziele:
- soll lernen, eigene Schwierigkeiten zu reflektieren
- soll in der heilpädagogischen Begleitung nach realistischen Lösungsmöglichkeiten suchen können und diese auf den Alltag übertragen lernen
- soll lernen, Hilfen von außen anzunehmen
- soll lernen, sich eigenaktiv rechtzeitig vor „anbahnenden Katastrophen" zu schützen und aus eigener Initiative rechtzeitig Hilfe einzufordern

Begründung:
Leon braucht einen Raum, in dem er seine Erfahrungen im sozialen Bereich in Ruhe und ohne Druck bearbeiten kann, in dem er positive und negative Verhaltensmuster ausprobieren und mit Hilfe bewerten kann.

Richtziel: Leon soll vorhandene Wahrnehmungskompetenzen nutzen, differenzieren und seine Wahrnehmungsleistungen weiterentwickeln.

Teilziele:
- soll seine Körpereigenwahrnehmung ausdifferenzieren, um Ruhe und Aktion an sich selbst erspüren und ausbalancieren zu können
- soll lernen, seine Aufmerksamkeit auch in komplexen und fordernden Situationen auf das Wesentliche zu fokussieren und Störungen auszublenden
- soll seine Konzentrations- und Aufmerksamkeitsspannen mit Hilfe von außen zunehmend ausbauen und erweitern (im Einzelkontakt, Kleinstgruppen, Klassenverband…)

Begründung:
Leons Überforderung im sozial-emotionalen Bereich führt zu Verlusten in der Körpereigenwahrnehmung. Einerseits blendet er bestimmte Reize zu Zwecken des Selbstschutzes aus. Andererseits sucht er auch verstärkte Reize, um sich wieder wahrnehmen zu können. Diese Reizsuche findet meist in einer unangepassten Form statt, die nicht in das soziale Setting passt, in dem er sich befindet. Um eine Balance zwischen diesen scheinbar widersprüchlichen Bedürfnissen suchen zu können und dadurch sein eigenes „Ich-Sein" zu finden, benötigt Leon die Möglichkeit zu einer angemessenen Auseinandersetzung mit seinen Wahrnehmungskompetenzen.

Richtziel: Die Arbeit mit Leons Mutter soll trotz aller Schwierigkeiten weiter angestrebt werden.

Teilziele:
- Leons Mutter benötigt zunächst Zuwendung, Wertschätzung und Verständnis für ihre Lage
- Leons Mutter soll vermehrt Interesse für Leons Situation entwickeln
- Leons Mutter soll lernen, Stärken an ihrem Sohn wahrzunehmen
- Leons Mutter soll lernen, Verständnis für Leons Wahrnehmungsproblematik zu zeigen und angemessen darauf zu reagieren

Begründung:
Leons Mutter ist nur sehr bedingt zur Mitarbeit und zur Veränderung von aktuellen Lebensverhältnissen bereit. Seine Störungen will/kann sie nicht wahrnehmen. Eine grundlegende Verbesserung von Leons Situation ist nur möglich, wenn alte Muster (Lebensverhältnisse, Interaktion/Kommunikation in der Familie…) schrittweise reflektiert werden und eine erhöhte Sensibilität der Mutter angebahnt werden kann. Dies kann nur auf der Basis einer wertschätzenden Beziehung zu Frau L. geschehen.

Richtziel: Die Zusammenarbeit der beteiligten Personen und Institutionen soll intensiviert werden.

Teilziele:
- Es sollen gemeinsame Förderziele für Leon besprochen werden
- Es sollen Absprachen getroffen werden, die einen übereinstimmenden Umgang mit Leon ermöglichen
- die Teilnahme der Schule (Jugendhilfe) an Hilfeplangesprächen soll erneut angebahnt werden

Begründung:
Um Leon den Alltag zu erleichtern ist es wichtig, eine möglichst transparente und kooperative Zusammenarbeit aller Beteiligten anzustreben. Sein Alltagserleben im außerfamiliären Bereich wird für ihn dadurch „übereinstimmend" und somit struktur- und haltgebend. Durch einen stimmigen, möglichst wertschätzenden und verständnisvollen Umgang kann er sich sicher aufgehoben fühlen und Kraft und Mut für Alltagsanforderungen sammeln.

Bausteine der Begleitung – Methoden, Lebensthemen und Verlauf

Die Methodenauswahl für die Einzelbegleitung habe ich zum Beginn der Begleitung offen gehalten, da ich im gemeinsamen Prozess mit Leon herausfinden wollte, welche methodischen Zugehensweisen für ihn angemessen sind und für ihn die beste Unterstützung sein können. Nach diesem offenen Beginn wurde in den ersten Einzelkontakten mit Leon sehr schnell deutlich, dass er zusätzlich zur Förderung der unterschiedlichen Wahrnehmungsbereiche auch einen großen Bedarf hinsichtlich der Bearbeitung für ihn wichtiger Lebensthemen hat.

Bei der ersten Auswahl der Materialien habe ich mich an seinen Ressourcen und Interessen orientiert, wobei ich aufgrund meiner Beobachtungen im Klassenalltag davon ausging, dass kreative Elemente sowie Rollenspiele unterschiedlicher Art dabei eingesetzt werden könnten.

Schwerpunkt der Stundenvorbereitung und Stundengestaltung war für mich stets mein Anspruch, Leon Offenheit und Wertschätzung für seine Themen und Bedürfnisse entgegenzubringen und ihm möglichst viel Spielraum für eigene, ihm wichtige Inhalte aufzuzeigen und zu ermöglichen. Im Sinne der Ressourcenorientiertheit spielten auch Leons Stärken und Fähigkeiten bei der Planung eine große Rolle.

Um auch Leons Problematik in der Selbst- und Fremdsteuerung einen Raum zu geben, sollte in den gemeinsamen Stunden möglichst eine Balance zwischen (angeleiteten) Übungsphasen und (offenen) Phasen des freien Spiels angestrebt werden. Dadurch entstand ein Wechselspiel zwischen Situationen, in denen ich mich habe von Leon „führen lassen" und Situationen, in denen ich ihn „an die Hand nehmen" konnte. In der Begleitung wurden Elemente der HPÜ mit Elementen der HPS verknüpft.

Rückblickend lassen sich unterschiedliche Bausteine benennen, die die konkrete Umsetzung der Begleitung durchgehend prägten. Hierbei spielen sowohl Bausteine eine Rolle, die sich als Spielsequenzen auf der konkreten Handlungsebene im Spiel mit Leon darstellen (1-4), als auch solche, die eher als handlungsleitende Vorgaben oder Grundprinzipien auf der Reflexionsebene für mich als Heilpädagogin zu verstehen sind (5-6). Die einzelnen Bausteine werden im Folgenden genauer erklärt und mit Auszügen aus den Protokollen veranschaulicht. Dabei nenne ich am Anfang jeder Beschreibung kurz einige Ideen zu den oben erläuterten Beeinträchtigungsbereichen auf.

Baustein 1: Rituale

Fördermöglichkeiten durch Rituale:

- Emotionalität
Rituale haben für Leon innerhalb der Begleitung einen wichtigen Stellenwert, da für ihn dadurch ein äußerer Rahmen festgelegt wird, der ihm Sicherheit bietet und ihm das Einlassen auf die Stunde erleichtert. Er erlebt durch die Rituale Orientierung und Halt. Durch die äußere Struktur der Stunde kann er sich zunehmend auf eine emotional nährende Beziehung einlassen und dadurch an emotionaler Stabilität gewinnen. Die Anfangs- und Abschlussrituale bieten ihm eine klare Abgrenzung der heilpädagogischen Begleitung zum schulischen Alltagsgeschehen. Das schnelle Umschalten zwischen den so unterschiedlichen Anforderungen ist für Leon sehr schwierig.

- Wahrnehmung
Dieser äußere Rahmen ist auch besonders im Hinblick auf Leons Wahrnehmungsbeeinträchtigungen notwendig. Verschiedene Bereiche werden differenziert angesprochen: Durch das Detektivspiel etwa wird die visuelle Aufmerksamkeit gelenkt, ebenso die Reizselektion/Figur-Hintergrund-Wahrnehmung; durch die Regenmassage am Ende der Stunde wird die Körpereigenwahrnehmung über die taktil-kinästhetische Stimulation angeregt.

- Selbstbild
Leons Ideen und Gedanken fließen in die Gestaltung der verschiedenen Rituale ein. Dadurch erlebt er immer wieder positive Rückmeldungen, auf die er im Alltag so häufig verzichten muss. Er erfährt, dass seine Vorschläge ernst genommen werden, erlebt Selbstwirksamkeit und Eigenaktivität.

Ich habe Leon zu Beginn der Begleitung unterschiedliche in die Stunde eingebettete Rituale angeboten, die sich im Verlauf der Begleitung stetig verändert haben.

Anfangsspiel
Einen besonderen Stellenwert hat das Anfangsspiel, das von Leon nach und nach verändert wird. Zu Beginn der Begleitung ist es das „Detektivspiel", das durch vorgenommene Veränderungen am Raum oder an der eigenen Person das Einlassen auf den Raum und später das Richten der Aufmerksamkeit auf das Gegenüber zum Ziel hat. Hierbei wird schnell deutlich, dass Leon sich im geschützten Rahmen des Förderraums durchaus gut auf Dinge konzentrieren und selbst kleinste Veränderungen meist ohne Hilfe wahrnehmen kann. Später entwickelt das Spiel sich (auf Leons Initiative hin) zum „Polizei-Spiel", bei dem einer der Dieb und der andere der Polizist ist und „böse" und „gute" Aspekte gegeneinander durchgespielt werden können. Damit wird es zum Versteck-Spiel, in dessen Mittelpunkt das gegenseitige Suchen und Finden steht. An dieser Stelle muss bedacht werden, dass es in dem uns zur Verfügung stehendem Raum kaum Versteckmöglichkeiten gibt und das Versteckspiel somit eine sehr kleinkindhafte Ausprägung hat, die Leon vielleicht das Nachholen von Bedürfnissen ermöglicht. Gesucht und gefunden zu werden bedeutet ja gleichzeitig: Da ist jemand, für den bin ich wichtig, der sucht nach mir und ich kann mich darauf verlassen, gefunden zu werden. Im weiteren Verlauf wird das Spiel zu einem „Spiderman-Spiel", in dem Spiderman den Dieb fangen und ihn in ein Netz einspinnen muss. Auffällig (im positiven Sinne) finde ich hier Leons Fähigkeit, das Spiel immer wieder an seine Bedürfnisse anzupassen, so dass es ihm die Gelegenheit bietet, wichtige Themen im Spiel nachzuspielen.

Auszüge aus dem Protokoll
10. Begegnung:
Ich schlage Leon vor, dass wir uns zunächst zusammensetzen, um wie immer die Stunde zu besprechen. Er holt eine Klappmatte und wir setzen uns drauf. Leon ist sehr unruhig, kann kaum sitzen, legt sich immer wieder hin, legt den Kopf auf die Matte, kniet sich dann hin…
HP: „Heute fällt es dir ganz schön schwer, abzuwarten. Vielleicht bist du aufgeregt, weil wir schon so lange nicht hier waren und du nicht genau weißt, was dich erwartet."

L: „Ich will am Spiegel malen. Und das Detektiv-Spiel möchte ich heute nicht spielen, dafür was anderes."
HP: „Heute weißt du sofort, was du machen möchtest und was du ausfallen lassen willst"
Ich frage Leon, was er heute am Anfang spielen möchte, woraufhin er ausführlich die Regeln von unserem Detektivspiel erklärt.
HP: „Komisch, das Spiel klingt ja ziemlich ähnlich wie unser Detektivspiel, aber das möchtest du gar nicht spielen."
L: „Es ist ja auch ganz ähnlich, nur dass es anders heißt und man nur die Stelle, an der man steht, verändern kann. Und es heißt anders, es heißt Polizei-Spiel. Der, der rausgeht ist der Polizist und der andere ist ein Dieb. Der Polizist muss den Dieb finden und ihn verhaften. Und du musst heute als erste rausgehen:"
HP: „Aha, ich glaube, ich habe das Spiel verstanden. Ich gehe jetzt raus und du sagst bescheid, wenn ich wieder rein darf…"
Als ich wieder in den Raum komme, ist Leon in der Höhle (dies sehe ich aufgrund der geringen Raumausstattung sofort). Ich laufe durch den Raum und spreche beim „Suchen" vor mich hin.
HP: „Hmm, wo wohl der Dieb ist? Ich bin ja der Polizist und habe die Aufgabe, ihn zu finden. Also, hier in der Ecke kann er nicht sein. Und hinausgelaufen ist er auch nicht, er muss sich irgendwo versteckt haben…"
Erst ist Leon ganz leise und wartet ab, dann beginnt er in der Höhle Geräusche zu machen. Ich beende meine Suche und krabbele in die Höhle, wo Leon unter einer Decke zusammengerollt ist.
HP: „Ach, da ist ja der Dieb, ich freue mich ja, dass ich ihn nun gefunden habe…" (währenddessen streiche ich über seinen Rücken).
Leon wirft die Decke von sich und krabbelt aus der Höhle, geht direkt zur Tür und fordert mich auf, mir nun was zu überlegen. Ich verstecke mich ebenfalls in der Höhle und klatsche dann (unser Zeichen fürs Hereinkommen). Leon kommt herein und beginnt mit der Suche, wobei er mein vorheriges Verhalten teilweise imitiert: Er läuft durch den Raum und kommentiert seine Suche aus der Sicht des Polizisten. Als er beim ersten Mal die Höhle betritt, tut er so, als hätte er mich nicht gesehen und sucht dann weiter. Beim zweiten Mal findet er mich, legt mir schnell Handschellen an und geht dann aus der Höhle.
Leon: „Jetzt malen wir am Spiegel."
HP (aus der Höhle): „Jetzt möchtest du am Spiegel malen. Aber gerade bin ich ja noch der Dieb und habe Handschellen um, soll ich jetzt trotzdem herauskommen oder soll ich in der Höhle bleiben?"
Leon kommt in die Höhle, „schließt meine Handschellen auf" und sagt, dass er jetzt mit mir am Spiegel malen möchte und ich jetzt kein Dieb mehr bin.

Abschlussrituale
Während der Regenmassage zum Schluss kann Leon seinem Wunsch nach Körperkontakt nachgehen, wobei ich ihm in jeder Stunde deutlich mache, dass die Massage ein Angebot ist und er entscheiden darf, ob er dieses wahrnehmen möchte. Hier wird deutlich, dass ihm in diesem erlaubten Rahmen der Körperkontakt sehr wichtig ist und er sich danach sehnt. Meist fordert er die Massage eigeninitiativ ein, kommt zur Ruhe und kann sie genießen. Bereits im ersten Einzelkontakt kann er sich direkt darauf einlassen. Oft hat er klare Vorstellungen von der Wetterlage, die ihn während der Massage treffen soll. So fordert er z.B. „dicke Regentropfen und erst noch Sonne und Wind" oder holt eine Taschenlampe dazu, die ihn während der Massage als Sonne anleuchten soll. Leon findet starke taktil-

kinästhetische Reize besser als schwache, da er bei diesen sehr kitzlig und empfindlich reagiert. Dies passt zu der Annahme, dass er häufig auf der Suche nach starken taktilen und auch kinästhetischen Reizen ist, weil sie ihm das Sich-Selbst-Spüren leichter machen. Beim Abschiedsritual „Wie verabschieden wir uns heute?" und beim „Tierlauf" im Flur hat Leon die Möglichkeit, seine aktuelle Befindlichkeit darzustellen. Wie die Wetterlage der Massage stehen auch die Verabschiedung und die Tierrollen, die er bestimmen darf, meist im konkreten Zusammenhang mit dem Stundenverlauf und der Tagesverfassung.

Auszüge aus dem Protokoll
8. Begegnung:
Als ich das baldige Ende der Stunde ankündige, holt Leon die Klappmatte, legt sich drauf und sagt: „Regenmassage!" *Ich bin ganz überrascht, er fordert direkt die Regenmassage ein.*
Er liegt ganz entspannt da und genießt die Berührung. Ich beginne, mit wenig Druck über seinen Rücken zu streichen, woraufhin er sich anspannt und fragt, wann denn die Regentropfen kommen würden. *Leichtes Streichen „genügt" ihm nicht, er scheint klare und feste Reize zu brauchen.*
Ich lasse einen „kräftigen Wind" über seinen Rücken streifen und klopfe im Anschluss kräftig mit meinen Fingern über seinen Rücken. Leon sagt, dass er das besser findet, weil es sich schön anfühlt und nicht so kitzelt. Er ist ganz ruhig und entspannt. *Die Eindeutigkeit der festeren Berührung bringt ihn eher zur Ruhe.*
Ich schlage Leon vor, die Kiste mit den Massagegeräten aus dem Schrank zu holen, was er freudig bejaht. In der Kiste befinden sich verschiedene Massagebälle, unterschiedliche Bürsten und verschieden schwere Sandsäckchen. Leon reicht mir mehrere Sandsäckchen aus der Kiste, legt sich wieder auf die Matte und sagt: „Jetzt regnet es wieder." *Er kann sich gezielt Dinge heraussuchen, die seinen Bedürfnissen entsprechen.*
Ich klopfe und streiche zunächst leicht mit den Säckchen über seinen Rücken, steigere aber zunehmend den Druck und lasse dann die Säckchen als „Hagel" aus immer größerer Höhe auf seinen Rücken fallen. Leon schließt die Augen und sagt: „Heute muss noch ganz viel Hagel fallen". *Er spürt, dass ihm die Massage gut tut, durch den festen Druck ist er vielleicht in der Lage, sich zu entspannen und abzuschalten.*
HP: „Jetzt hagelt es immer weiter, aber immer nur auf einen bestimmten Teil deines Körpers. Meinst du, du kannst erraten, wo du den Hagel spürst?"
Leon nickt aufgeregt und schließt seine Augen. Ich lasse nacheinander alle fünf Säckchen auf jeweils eine bestimmte Körperstelle fallen (linker Unterschenkel, Schulter, Handfläche etc.) und lasse ihn erraten, wo sie gelandet sind. *Leon schafft es meistens erst richtig zu spüren, wenn drei oder vier Säckchen auf die betroffene Stelle gefallen sind. Er ist aber die ganze Zeit konzentriert dabei, scheint sich ganz auf die Empfindungen zu konzentrieren.*

Baustein 2: Höhlenspiel

Fördermöglichkeiten durch das Höhlenspiel:

- Emotionalität
Leon bekommt die Gelegenheit, unterschiedliche Emotionen (Ohnmacht, Angst, oder auch Wut und Aggressionen) im Spiel zur Sprache zu bringen, sie intensiv zu durchleben und ihre Auswirkungen auf das Verhalten sowie mögliche Lösungsvorschläge zu besprechen oder nachzuspielen. Er erlebt, dass es gut tun kann, wenn die eigene emotionale Befindlichkeit ernst genommen und beachtet wird.

- Wahrnehmung

Das Höhlenspiel bietet eine gute Möglichkeit zur vielschichtigen Wahrnehmungsförderung. Die taktil-kinästhetische Wahrnehmung und das Körperschema, werden gefördert. Durch gezielten Einsatz von verschiedenen Materialien beim Höhlenbau (schwere Säckchen, große Kissen, Seidentücher...) lernt Leon, seinen Körper besser wahrzunehmen. Die Enge der Höhle lässt verschiedenste Wahrnehmungserlebnisse zu; Leon spürt seinen Körper, seinen Atem, seine körperlichen Grenzen. Der Höhlenbau und damit verbundene Spiele fördern die Impulskontrolle, Leon erlebt den Unterschied zwischen Ruhe (Abwarten) und Aktion (Höhleneinsturz) als ausbalanciertes Wechselspiel. Auch die seriale Leistung und die Handlungsplanung werden durch den Höhlenbau gefördert. Die Abfolgen der einzelnen Handlungsschritte müssen geplant und umgesetzt werden.

- Selbstbild

Leons Schuldgefühle und Selbstwertzweifel können gemindert werden, da er erleben kann, dass sein Bedürfnis nach Schutz und Sicherheit akzeptiert und gestillt werden kann, dass es nichts ist, wofür er sich schämen muss.

Das Höhlenspiel zum Ende der Stunde wird im Laufe der Begleitung zum wesentlichen Bestandteil der Stunde. Nach einer Stunde, in der wir gemeinsam eine Höhle gebaut haben, um darin ein Buch zu lesen, fordert Leon für die nächste Stunde ein, eine gebaute Höhle im Raum vorzufinden. Hier wird für mich sein starker Wunsch nach Zuwendung und Versorgt-Werden deutlich.

Von Anfang an schafft Leon es, seine Wünsche zu formulieren, z.B.: *„Du kannst ruhig das nächste Mal, wenn du den Raum vorbereitest, schon mal eine Höhle bauen"*.
Damit sichert er sich eventuell vor möglichen Enttäuschungen ab. Im Verlauf der Begleitung lernt er, die eigenen Wünsche immer klarer zu formulieren und seinem Bedürfnis nach Nähe, Geborgenheit und Zuwendung (unter anderem) in Spielsituationen mit der Höhle nachzukommen. So kann er in einem folgenden Kontakt z.B. klar benennen, dass die Höhle groß genug sein muss, damit wir beide hineinpassen.

Die Höhle wird manchmal von ihm in den Stundenverlauf mit eingebaut, wobei sie am Ende immer eine zentrale Rolle spielt. Leon geht in die Höhle und lässt sie über sich zusammenstürzen, je nach Verfassung kann er sich im Anschluss daran selbständig von dieser schweren Last befreien oder muss von mir „gerettet" werden. In reflektierenden Gesprächen während oder nach der Situation ist Leon in der Lage, zu beschreiben wie er sich mit einer so schweren Last fühlt und diese Gefühle (mit Unterstützung) auch mit konkreten Situationen im Alltag in Verbindung zu bringen.

Auszüge aus dem Protokoll
8. Begegnung:

Leon räumt schnell die Tiere in den Korb und sagt: „Jetzt lasse ich die Höhle einstürzen, jetzt sind die Tiere ja in Sicherheit in ihrem anderen Haus."
Er springt auf die Höhle drauf und ruft dabei: „Oh nein, einer wäre wohl in der Höhle geblieben, der wird jetzt begraben! (er legt sich auf den Boden und zieht die Matten und die Decken über sich) Hilfe! Den habe ich gar nicht gesehen und jetzt ist die Höhle eingestürzt, der müsste noch raus gezogen werden…"
HP: „Die Höhle ist eingestürzt und du bist von ihr begraben worden…Das muss ein merkwürdiges Gefühl sein, so begraben und eingeklemmt zu werden, da hätte ich aber Angst."
Leon: „Die ganze Höhle stürzt ein (vergräbt sich immer tiefer)!"
HP: „So ein schweres Gewicht, ist bestimmt ganz schön schwierig, da wieder heraus zu kommen."
Leon: „Du würdest ihn da rausziehen!"
HP: „Du möchtest, dass ich dir aus der Höhle hinaus helfe."

Leon wählt eine ganz merkwürdige Form der Formulierung, er spricht von sich selbst in der dritten Person, irgendwann wechselt er dann in die Ich-Form über.
L: „Ja, du musst mich hier rausziehen!"
HP: „Ich merke, dass du das allein nicht schaffen kannst, du bist richtig gefangen." *Leon scheint in dieser Situation sehr betroffen zu sein, ich habe nicht das Gefühl, dass dies nur an der Höhle liegt und vermute, dass er das Gefühl, begraben und eingeengt zu sein, genau kennt.*
HP: „Ich habe das Gefühl, dass du ganz hilflos bist, könnte sein, dass du dich manchmal so hilflos fühlst, nicht nur hier unten im Keller, vielleicht auch wenn du oben in der Klasse bist."
L: „Wenn ich ganz sauer werde."
HP: „Du kennst das also…"
L: „Wenn ich dann so ausflippe und böse bin."
Ich ziehe Leon unter den Matten hervor, er legt sich auf eine der Matten. Ich decke ihn mit einem Laken zu und streiche ihm über den Rücken.
(...)
Als ich fertig mit der Massage bin, sage ich ihm, dass ich mich gern noch kurz mit ihm zusammensetzen würde, um über die Stunde zu sprechen. *Er wirkt innerlich aufgewühlt, ich will die Stunde nicht so enden lassen und rede mit ihm darüber.*
Ich sage ihm, dass ich die heutige Stunde ganz schön spannend fand und es jetzt viel besser verstehen kann, wie er sich fühlt, wenn er manchmal „ausflippt" (so nennt er es). Wir reden noch mal darüber, dass es ein Gefühl ist, wie wenn eine Höhle einstürzt und man gefangen wird, Leon ist dabei sehr konzentriert und total gut in der Lage, seine Gefühle zu beschreiben.
HP: „Hast du denn eine Idee, was man machen kann, wenn man dieses Gefühl hat?"
L: „Jemand muss kommen und mich rausziehen, und ich hatte ja einen Geheimgang."
HP: „Stimmt, die Höhle hier unten war gut, da hattest du einen Geheimgang und hättest ganz schnell raus gehen können. Das wäre ja gut, wenn du auch sonst, wenn es dir schlecht geht und du so sauer wirst, einen Geheimgang hättest. Durch den könntest du dann rausgehen. Wie schaffst du es denn, da dann raus zu kommen, hast du eine Idee?"
L: „Da muss mich dann immer jemand rausziehen…"
HP: „Wer könnte das sein?"
L: „Frau S. (die Klassenlehrerin), Frau T. (Bezugsbetreuerin aus dem heilpädagogischem Hort)…oder hier Frau Roman…" *Ich bin ganz erstaunt und fasziniert davon, wie gut Leon in der Lage ist, das Gespräch so weiter zu führen, er lässt sich direkt darauf ein, Alltagssituationen durchzusprechen. Es geht in dem Gespräch nicht mehr um die Situation in unserer Stunde mit der tatsächlichen Höhle, sondern um seine Wutanfälle und seine Ausbrüche im Alltag!*
HP: „Wer könnte dir noch helfen?"
Leon überlegt und zählt dann viele Bezugspersonen auf, zu denen er in der Schule und im Hort Kontakt hat. Nachdem er alle aufgezählt hat und ich ihn frage, ob ihm sonst noch jemand einfällt, denkt er länger nach, zeigt dann auf sich und sagt: „Ich!"
HP: „Ja genau, ich glaube, wir können dich aus der Höhle ziehen, aber vielleicht musst du auch mithelfen, du müsstest auch oben in der Klasse, im Hort oder zu Hause Geheimwege finden, die dir helfen, wenn du ganz sauer wirst. Und wir können ja zusammen versuchen, solche Wege für dich zu finden." *Leon wirkt ganz erschöpft aber auch ganz ausgeglichen und ruhig, er ist sehr zugänglich in diesem Moment und scheint dieses Gespräch wirklich intensiv aufzunehmen.*

Leon – Fallbeispiel von Joanna Braun

Baustein 3: Rollenspiel/Spiel mit Handpuppen

Fördermöglichkeiten durch Rollenspiele/Spiele mit Handpuppen:

- Emotionalität
Leon bekommt die Möglichkeit, verschiedene Perspektiven einzunehmen und damit unterschiedliche Emotionen wahrzunehmen. Er kann diese Emotionen intensiv wahrnehmen, sich aber auch in andere Gefühlslagen hineinversetzen und so die Wahrnehmung der (eigenen und fremden) Gefühle im sozialen Kontext ausprobieren. Situationen aus seinem Alltag können nachgespielt und thematisiert werden.

- Wahrnehmung
Die Aufmerksamkeit und die Konzentration können im intensiven Rollenspiel gezielt gefördert werden. Die inhaltliche Auseinandersetzung mit verschiedenen Spielsequenzen fördert zudem auch das Selektieren und Auswählen bestimmter Informationen. Durch vorangehende Absprachen kann die Handlungsplanung in den Blickpunkt gerückt werden.

- Selbstbild
Leon erfährt, wie er auf andere wirkt, was an ihm positiv und was negativ wahrgenommen wird. Er kann unterschiedliche Persönlichkeitsanteile miteinander vergleichen und sie in sein eigenes Selbstbild integrieren.

Ein Korb mit Tier-Handpuppen gehört schnell fest zum Stundeninhalt, Leon nutzt einen Teil der Stunde häufig dafür, im intensiven Puppenspiel verschiedene Themen zu bearbeiten. Er ist in der Lage, mehrere Tiere gleichzeitig mit Leben zu füllen, wobei meist ein Tier als Haupt-Identifikationsfigur zu erkennen ist. Hierbei kann schon die Tierwahl viel über Leons emotionale Befindlichkeit aussagen, meist wählt er gefährliche und wilde Tiere (Dinosaurier oder Krokodil). In diesen Situationen ist das von ihm gewählte Tier stets der Außenseiter, der von den anderen Tieren entweder nicht gemocht oder aber gefürchtet wird, da es alle schwächeren Tiere frisst.

Sehr oft sind die Tiere in einer Lage, in der sie keine Kontrolle über die jeweilige Situation haben und klar auf die Hilfe von anderen angewiesen sind. Die Hilfe kann Leon im Spiel gelegentlich einfordern, es fällt ihm aber schwer, diese dann auch konkret anzunehmen und sich aus der Notlage zu befreien.

Die verschiedenen Spielszenen lassen sich mit Leons Situation im Alltag vergleichen, in der er die Kontrolle verliert, wütend wird und oft keinen anderen Ausweg findet, als „auszuflippen". Im Spiel mit den Handpuppen werden Leons eigene Ohnmacht und das Gefühl des Ausgeliefert-Seins, seine verzweifelte Suche nach angemessenen Lösungsstrategien, sowie seine Wut und seine Aggressionen, meiner Meinung nach sehr deutlich.

Auszüge aus den Protokollen
17. Begegnung:
Leon holt den Korb mit den Tieren: „Jetzt spielen wir mit den Tieren."
Er holt als erstes den Hamster raus, der der Doktor sein soll. *Der Hamster hatte auch beim letzten Spiel diese Rolle, Leons Gedächtnis für Details ist faszinierend und zeigt mir gleichzeitig, wie wichtig diese für ihn sind.*
Leon fordert mich auch auf, mir ein Tier zu nehmen. Ich wühle in dem Korb und sage: „Ich kann mich gar nicht entscheiden, welches Tier ich nehmen soll…"
Leon: „Nimm doch das, das du am meisten nimmst, die Schnecke." *Er merkt sich wirklich vieles über einen so langen Zeitraum…*
Im Folgenden spielt Leon folgende Szene: das Krokodil ist krank und braucht den Doktor, dieser besucht ihn und wird natürlich gefressen. Dann trifft das Krokodil die große Spinne und sagt ihr, dass es mit der Babyspinne spielen will. Es sucht die Babyspinne und ver-

schluckt auch diese. Auch der Schmetterling und der Waschbär werden verschluckt, die Höhle ist der Bauch des Krokodils, in der sich alle treffen.
Ich habe die große und die kleine Spinne an den Händen und lasse sie das Geschehen mit kurzen Schneckengesprächen kommentieren.
„Das Krokodil" erzählt, dass die Tiere keine Angst zu haben brauchen, da sie mit dem Krokodil im Bauch Poker spielen würden.
Leon ist ganz gefangen in dem Spiel. Auffällig finde ich, dass er wieder das Krokodil gewählt hat und sich mit diesem zu identifizieren scheint. Ich finde, dass die Szene sehr klassisch für Leon ist: Das Krokodil ist sich selbst ausgeliefert, kann sich nicht helfen, seine wirksamste Kontaktaufnahme ist die auffällige, aggressive, nur so kann es sicher sein, dass es die Aufmerksamkeit bekommt, die es so nötig hat und so sehr braucht. Die Kommunikation gelingt dem Krokodil/Leon somit nur über die Gefangennahme, eine adäquate Regulierung von Nähe und Distanz gelingt nicht.
Da nun unsere Zeit wieder fast um ist, mache ich Leon darauf aufmerksam. (Schon während des Spiels habe ich ihm mehrmals gesagt, wie viele Minuten uns noch bleiben, damit er sich auf ein Ende einstellen kann.) Er ist enttäuscht, legt aber sofort alle Tiere zurück.
HP: „Leon, wollen wir uns noch mal kurz auf die Matte setzen? Ich würde gern mit dir über die Tiere sprechen."
Leon setzt sich zu mir auf die Matte.
HP: „Da war ja ganz schön was los bei den Tieren. Ich habe mich gerade etwas gefragt. Wenn du ein Tier von denen gewesen wärst, welches wärst du gewesen?"
Leon tippt das Krokodil wortlos mit dem Zeigefinger an.
Ich starte einen Versuch der direkten Verbindung zwischen Alltag und Förderraum, da ich gern ausprobieren möchte, wie weit Leon sich darauf einlassen kann und ob er in einem solchen Vergleich etwas Positives für sich selbst sehen kann. Sein direktes Eingehen auf meine Frage zeigt mir, dass auch er diesen Vergleich möglicherweise im Hinterkopf hatte.
HP: „Du wärst das Krokodil?"
Leon: „Ja, das Krokodil hat es gut, es hat immer solchen Hunger und kriegt dann ganz viel zu essen."
HP: „Wenn es Hunger hat, kriegt es viel zu essen… Das ist schön, wenn man versorgt wird und dann keinen Hunger mehr hat."
Leon: „Ja, aber manchmal hat es trotzdem Hunger."
HP: „Ja, das habe ich auch gedacht, es hatte Hunger und hat viele Tiere verschluckt, obwohl es mit denen ja eigentlich spielen wollte. Ich hab mir gedacht, es wäre vielleicht schöner, wenn es mit den anderen spielen könnte. Manchmal ist es wohl ganz schwer für das Krokodil, den anderen zu sagen, was es braucht. Die anderen verstehen es dann nicht richtig und dann muss das Krokodil irgendwelche Dinge tun, die es vielleicht gar nicht will."
Leon: „Ja, wenn ich mit meinen Freunden spielen will, wollen die das nicht. Ich sage dann, dass sie sonst nicht mehr meine Freunde sind und dann spielen sie mit mir, aber manchmal wollen sie es nicht. Ich werde dann auch ganz wild."
Leon schafft die konkrete Verbindung zu seinen eigenen Alltagssituationen ganz allein!
HP: „Es ist schwierig, den anderen zu sagen, was du brauchst, die verstehen das manchmal falsch…"
Leon: „Ja und dann wissen sie auch nicht, was ich meine."
HP: „Das ist manchmal ganz schön schwer… da muss man ganz stark sein und es erklären und da ist das Wildwerden manchmal einfacher. Weißt du noch, dass wir darüber geredet haben, dass wir hier im Keller Dinge machen, die dich stärker machen können? Vielleicht

können wir nächste Woche noch mal mit dem Krokodil spielen und gemeinsam überlegen, was es machen könnte, damit die anderen es besser verstehen."
Leon: „Ja, vielleicht können die dann zusammen spielen."

20. Begegnung:
Während Leon mit dem Krokodil und der Fee (später auch mit beiden Feen) in der Höhle ist, bleibe ich die ganze Zeit über auf der Matte sitzen und rede als Fee mit Leon, dem Krokodil und der anderen Fee, teile Leon aber mit, dass er mir Bescheid sagen soll, wenn ich eine andere Position einnehmen soll oder etwas anderes tun soll.
HP-Fee: „Aha, das Krokodil und die andere Fee sind in die Höhle gegangen, genauso, wie der Zauberspiegel es gesagt hat... Das Krokodil ist sicher froh, mit der Fee in der Höhle zu sein."
Leon als Krokodil (aus der Höhle): „Ja, wir wohnen hier zusammen und keiner darf hineinkommen und gucken."
HP-Fee: „Die Fee und das Krokodil wollen ganz allein sein, die fühlen sich in der Höhle sicher, ist bestimmt gemütlich da drin. Und niemand darf sie stören."
Leon: „Nee, aber die Fee wandert bald aus!"
HP-Fee: „Die wandert aus... dann bleibt das Krokodil allein..."
Leon: „Ja."
HP-Fee: „Ich frage mich, ob das Krokodil dann sauer ist, oder traurig, wenn die Fee einfach auswandert."
Leon: „Das Krokodil ist dann nur traurig. Dann ist es wieder allein."
HP: „Ich glaube, ich wäre auch ganz traurig und enttäuscht, wenn die Fee mich einfach verlassen würde. Und ich wäre vielleicht auch ganz schön sauer, weil ich dann ganz allein in der Höhle wäre, obwohl es mit der Fee viel schöner ist."
Leon: „Ja, aber das Krokodil ist nur traurig."
HP: „Ob es wohl lieber hätte, dass die Fee bei ihm in der Höhle bleibt?"
Leon: „Ja, aber die muss ja auswandern, nach England."
HP: „Ach so... das ist wirklich traurig. Dabei sollte sie ihm doch helfen und mit ihm in der Höhle wohnen, das hat der Zauberspiegel ja auch so gesagt. Die Fee sollte bei dem Krokodil bleiben, damit es dem Krokodil besser geht, sie sollte ihm ja helfen."
Leon: „Genau, damit das Krokodil nicht immer die anderen fressen muss."
HP: „Vielleicht kann die Fee ja dem Krokodil irgendetwas dalassen, damit es nicht so traurig ist... und vielleicht schafft das Krokodil ja auch schon manche Sachen ohne Fee. Es ist ja auch schon ganz schön stark geworden."
Leon: „Ja, es ist ja auch stark, aber es ist traurig, wenn die Fee geht..."
Leon wird in der Höhle nachdenklich, er ist eine Weile ganz leise und dann ändert er das „Spielthema", wobei sich auch im folgenden Spiel (mit weiteren Tieren) alles wieder um Enttäuschung, Allein-Sein, Traurigkeit, aber auch Macht-Haben und Stark-Sein dreht.
Die ganze Spielsituation in der Höhle finde ich sehr beeindruckend, da ich das Gefühl habe, dass sie eine unmittelbare Reaktion auf das Gespräch am Anfang der Stunde darstellt, in dem es um des Ende der heilpädagogischen Begleitung ging. Leon identifiziert sich hier mit dem Krokodil, die Fee ist die Heilpädagogin, die das Krokodil „im Stich lässt" und auswandert, obwohl sie dem Krokodil helfen sollte. Ich denke dass auch eine andere Interpretation möglich wäre, die sich wieder auf die Mutter von Leon bezieht: auch diese lässt Leon immer wieder „im Stich", Leon ist enttäuscht und traurig darüber. Am meisten faszinierend finde ich jedoch die Tatsache, dass die Spielsituation so „passgenau" mit Leons und meiner Situation übereinstimmt, davon bin ich sehr berührt.

Baustein 4: Kreative Angebote

Fördermöglichkeiten durch kreative Angebote:

- Emotionalität

Leon kann seine Emotionen greifbar machen, in einem Werk festhalten und sichtbar werden lassen. Dadurch werden diese klarer für ihn. Die kreative Auseinandersetzung kann dabei das Verständnis für verschiedene Gefühlslagen schärfen und das Auftreten bestimmter Emotionen in bestimmen Situationen verdeutlichen. Leons Gefühl, seinen Emotionen ausgeliefert zu sein, kann nach und nach abnehmen, er kann eigene Kompetenzen zum Umgang mit seinen Gefühlen entwickeln.

- Wahrnehmung

Leon lernt, seine Aufmerksamkeit auf bestimmte Themen zu fokussieren, und kreative Aufgaben in einem gewissen Ruhezustand ohne Leistungsanforderungen von außen zu bewältigen. Zum Durchführen verschiedener Aufgaben muss er zum Beispiel seine Aufmerksamkeit aufrechterhalten und einzelne Handlungsschritte planen und umsetzen, dabei wird seine seriale Wahrnehmung gefordert. Im weiteren Verlauf kann diese kreative Auseinandersetzung in einer Kleingruppe stattfinden, um Leon das Durchhalten von Konzentrations- und Aufmerksamkeitsphasen auch in Gemeinschaft mit Gleichaltrigen zu ermöglichen.

- Selbstbild

Leon erlebt, dass er aus eigenen Kräften etwas schaffen kann. Er kann ein eigenes Werk herstellen und darauf stolz sein. Durch das Aufarbeiten verschiedener Gefühlslagen kann Leon sich selbst besser verstehen und somit ein positiveres Selbstbild erlangen. Es wird sichtbar gemacht, was zu seinem komplexen Selbstbild dazugehören kann. Er muss sich nicht mehr in einem undurchschaubaren Chaos fühlen, aus dem es kein Entrinnen gibt.

Zur gezielten Auseinandersetzung mit bestimmten Themen mache ich Leon unterschiedliche kreative Angebote. Das Malen an einer großen Spiegelwand oder das Herstellen einer „Schatzkiste" für persönliche Schätze sind Anregungen, auf die er sich schnell einlässt. Ich denke, dass er darin eine greifbare Wertschätzung seines Selbst erlebt, die für ihn sehr wichtig ist. Auch hier wird wieder deutlich, dass er es schafft, auf einer für sein Alter kognitiv hohen Ebene, Angebote zu überdenken, die passenden für sich auszuwählen und sich dann mit bestimmten Themen auch in mehreren aufeinander folgenden Stunden auseinanderzusetzen.

Auszüge aus den Protokollen
10. Begegnung (nach einer längeren Pause während der Ferien)
Vorbemerkung: In der Stunde zuvor thematisierte Leon beim Malen, wer in seinem Herzen wohnt.
Leon: „Ja, heute wollte ich ein ganz großes Herz an den Spiegel malen."
HP: „Genau, und dann bin ich ganz gespannt, wen du wohl in dein Herz reinmalen könntest, wer da wohl Platz hat…" *Mir ist es sehr wichtig, Leon noch mal die Möglichkeit zu geben, die Zusammenhänge zu wiederholen. Erst war ich sehr unsicher, ob und wie ich dies ansprechen sollte, Leon zeigt aber direkt eine große Bereitschaft, bei dem Thema zuzuhören und sich darauf einzulassen. Dies überrascht mich, da ich dachte, dass das Thema durch die lange Pause schon in die Ferne gerückt sein könnte.*
Leon hört während des Gespräches genau zu, ist zwar unruhig und „zappelt" wieder sehr viel, zeigt aber großes Interesse. *Ich habe in dieser Situation das Gefühl, dass er sich sehr genau an unsere letzten beiden Stunden erinnert.*
Leon holt die Stiftebox und entdeckt dabei den Fotoapparat. Er fragt, ob wir seine Bilder wieder fotografieren können, woraufhin ich ihm sage, dass dies eine gute Idee ist, da wir uns dann seine Bilder noch mal anschauen können, auch wenn wir den Spiegel am Ende der Stunde sauber machen müssen.
Leon sucht sich einen dicken roten Stift aus der Box und malt ein Herz. Er ist mit dem Ergebnis nicht zufrieden und schaut mich unzufrieden und traurig an und fragt mich, ob er

das wieder wegwischen kann. Ich zeige ihm den Schwamm und den Spiegelreiniger. Er malt ein neues Herz und ist damit zufrieden.
HP: „Das Herz findest du schöner als das erste…Jetzt bin ich schon ganz gespannt, ob du da irgendjemanden hineinmalst. Da ist ja ziemlich viel Platz drin."
Leon beginnt zu malen und hält nach jeder „Figur" inne. Während des Malens schaut er mich immer wieder an, versinkt aber zunehmend in dieser Aufgabe.
Ich kommentiere sein Malen gelegentlich, frage nach und schlage vor, dass wir an den Spiegel schreiben könnten, wen er in sein Herz malt. Er ist einverstanden und „diktiert" mir, was ich schreiben soll. Nacheinander malt er folgende Figuren (in dieser Reihenfolge) in sein Herz: Pokemon (Comic-Figur), Hase Hoppel, Sonne, Spiderman, Planschbecken als Planschi, Mama, Cousin, Bruder, sich selbst.
HP: „Aha, der erste, den du in dein Herz gemalt hast, ist Pokemon!"
Leon: „Ja, mit dem spiele ich ja immer. Der ist in einer Kugel, die ist sein Schutz."
(Leon hat an dem Tag und am Tag zuvor schon eine Plastikkugel mit einem Pokemon drin dabei gehabt, die er beim Wichteln in der Klasse geschenkt bekommen hat.) *Diese Spielfigur ist für ihn gerade zentral, er hat sich im Vorfeld mit ihr beschäftigt, dies erklärt vielleicht, warum es die erste Figur ist, die er in sein Herz malt. Gleichzeitig fühle ich mich sofort an Leons Bild von letzter Stunde erinnert, auf dem auch er in einer Schutzhülle steckt.*
Leon malt die nächste Figur und schaut mich an.
HP: „Oh, du hast schon die nächste Figur gemalt. Da ist auch noch viel Platz in deinem Herz-Bild."
Leon: „Das ist mein Hase Hoppel! Der wohnt da auch."
HP: „Also ist da jetzt der Pokemon und dein Hase… wenn du magst, kann ich hier an den Spiegel alle Figuren aufschreiben, die du in dein Herz malst, dann können wir auch davon ein Foto machen und später gucken, wen wir aufgeschrieben haben." *Die Idee kommt mir spontan, da ich etwas Angst hab, dass ich mir die Reihenfolge der Bilder nicht merken kann und das Gefühl habe, dass diese von Bedeutung sein könnte.*
Leon geht auf meinen Vorschlag ein und sucht mir einen Stift raus, mit dem ich an den Spiegel malen darf. Dann malt er eine Sonne in sein Herz.
HP: „Oh, das erkenne ich ja, ich glaube, jetzt hast du eine Sonne in dein Herz gemalt!"
Leon: „Ja, die Sonne mag ich nämlich so, weil es dann ganz warm ist und ich so gern ins Schwimmbad gehe."
Er denkt kurz nach und malt direkt weiter, hält dann inne und schaut mich kurz an, malt dann weiter.
HP: „Aha, dir ist ja sofort wieder jemand eingefallen…"
Leon: „Ja, Spiderman!"
HP: „Ich erinnere mich daran, dass du letztes Mal auch Spiderman in dein Herz gemalt hast, weißt du das noch? Das war der blaue Streifen in deinem Bild!"
Leon: „Diesmal habe ich Spiderman ganz gemalt. Der braucht viel Platz." (Spiderman nimmt etwa so viel Platz ein, wie die drei ersten Figuren zusammen)
HP: "Ich glaube, Spiderman braucht so viel Platz, weil er für dich so wichtig ist."
Leon nickt nur und malt weiter.
Leon: „Das ist Planschi, Planschi ist mein Planschbecken."
HP: „Dein Planschbecken wohnt auch in deinem Herz, ist dir wohl auch wichtig…"
Leon: „Ja." *Das Planschbecken ist mir von allen Figuren am auffälligsten, da ich zunächst keinen direkten Bezug sehe. Möglicherweise verbindet er mit dem Sommer und dem Planschen schöne Erinnerungen. Das Wasser könnte auch eine weitere, symbolische Rolle*

spielen: Leon wünscht sich, ganz vom Wasser umfangen zu sein, um sich geschützt zu fühlen.
HP: „Jetzt hast du ja schon viel gemalt, ist denn da noch mehr Platz in deinem Herz oder ist das jetzt voll genug?"
Leon: „Da unten ist noch Platz..."
HP: „Mir ist aufgefallen, dass du bisher lauter Figuren in dein Herz gemalt hast und glaube, dass die dir alle wichtig sind. Mir ist aber auch aufgefallen, dass du gar keine Menschen gemalt hast. Ich frage mich, ob das heißt, dass da niemand wohnt oder ob dir einfach niemand eingefallen ist..."
Leon: „Naja, Spiderman ist ja eigentlich ein Mensch, der ist nur verkleidet..."
Er betrachtet sein Bild, beginnt dann ganz schnell zu malen und sagt:
„Das ist meine Mama."
HP: „Erst hast du gar nicht an sie gedacht, aber jetzt fiel sie dir ein und du hast sie dazu gemalt... Ob die wohl viel Platz braucht?"
Leon: „Nein, sie braucht nur ganz wenig Platz." *Es kommt mir vor, als wäre Leon die Mama tatsächlich erst jetzt eingefallen.*
Er malt in einem sehr schnellen Tempo noch seinen Cousin und seinen Bruder, ganz zum Schluss malt er ein kleines Strichmännchen und sagt: „Das ist Leon!"
Dann macht er ganz viel Punkte in das Herz und sagt, dass es Schatzkisten sind, die mit Spielgeld gefüllt sind.
HP: „Aha, also hast du da ganz viel Spielgeld."
Leon: „Ja, dann kann ich mir alles kaufen, was ich brauche. Kannst du jetzt Fotos machen?" *Dies symbolisiert vielleicht sein Gefühl des „Auf-sich-allein-gestellt-Seins". Er braucht das Gefühl, sich selbst versorgen zu können, da er sich auf seine Mama nicht immer verlassen kann.*
Ich fotografiere die Bilder, wobei Leon wieder viel Wert darauf legt, dass alles mehrmals abgelichtet wird, mal mit ihm, mal ohne, mal mit Stiftebox, mal ohne – usw.

Baustein 5: Regieanweisungen einholen

Fördermöglichkeiten durch Regieanweisungen:

- Emotionalität

Leon hat die Möglichkeit, das zu spielen, was er möchte. Seinen Themen wird Raum gegeben. So kann er die Spielhandlung auf seine emotionale Befindlichkeit abstimmen. Durch meine Interventionen wird er dazu ermutigt, seine Befindlichkeit zu reflektieren und auch auf das Spielgeschehen abzustimmen.

- Wahrnehmung

Das Einholen der Regieanweisungen animiert Leon zum Planen seiner Spielhandlungen. Er muss flexibel sein, seine innere Handlungsplanung unterbrechen und immer wieder zwischen der realen Umwelt und der Spielwelt umschalten. So kann er seine Impulsivität steuern lernen und üben, reflexiv zu handeln, indem er auf meine Fragen reagiert, meine Ausführungen in seine Pläne mit einbaut und eigene Pläne neu überdenkt.

- Selbstbild

Leon erlebt Selbstwirksamkeit. Er kann mitbestimmen und fühlt sich ernst genommen. Er erlebt sich als stark und mächtig und spürt, dass er selbst Fähigkeiten hat, über die er bestimmen kann. Das Zutrauen in seine Fähigkeiten durch eine andere Person lässt sein geschwächtes positives Selbstbild wachsen.

Innerhalb der einzelnen Spielsituationen stehe ich immer wieder vor der Entscheidung, in wieweit ich mich aktiv in das Geschehen einbinden soll und wann ich Leon allein walten lassen sollte. Auch fällt es mir manchmal schwer, einzuschätzen, welches Thema für Leon zentral ist und was er von mir erwartet/was er sich wünscht. Hier erweist sich das Einholen von Regieanweisungen immer wieder als sehr sinnvoll.

Leon – Fallbeispiel von Joanna Braun

Auszüge aus den Protokollen
8. Begegnung:
Es beginnt ein intensives und langes Spiel, bei dem das Krokodil als erstes die Babyspinne verspeist. Die Babyspinne schreit um Hilfe.
HP: „Die Babyspinne braucht Hilfe…Was sollen die Schnecken tun?"
L: „Holt schnell den Papa!"
Leon holt die große Spinne aus dem Korb, gibt sie mir und sagt, dass ich die Babyspinne so lange an die Seite legen kann.
HP/Schnecke: „Da ist ja die Papaspinne, wie kann sie helfen?"
L: „Schnell, Papa, greif das Krokodil an!"

9. Begegnung:
Leon baut eine kleine Höhle und krabbelt hinein, ich halte sie fest, damit sie nicht umfällt.
HP: „Und jetzt?"
L: „Einstürzen!"
HP: „Ich soll die Höhle über dir einstürzen lassen… (ich lasse Höhle einstürzen)"
Ich hole mir weitere Anweisungen von Leon, er möchte, dass ich von oben auf die Matte drücke. *Er scheint diesen Druck zu genießen.*
Ich frage ihn nach kurzer Zeit, ob das reicht, er nickt und sagt, ich muss ihn aus der Höhle herausholen. Ich ziehe ihn heraus und lege ihn auf die Matte. Er wirkt total zufrieden.

Baustein 6: Verbalisieren emotionaler Erlebnisinhalte (VEE)

Fördermöglichkeiten durch VEE (> Teil V, 2.3):

- Emotionalität
Durch das Verbalisieren bekommt Leon eine Unterstützung, seine emotionale Befindlichkeit wahrzunehmen, zu erkennen und zu reflektieren. Bei falschen Vermutungen kann er Stellung beziehen und sich auch dadurch mit seiner Erlebniswelt auseinandersetzen. Dies führt zu einer veränderten Auseinandersetzung mit den eigenen Gefühlen. Gleichzeitig erlebt er emotionale Zuwendung und das Interesse an seinem inneren Erleben.

- Wahrnehmung
Leon kann seine Wahrnehmung auf seine innere Befindlichkeit konzentrieren und erleben, dass unterschiedliche Reize verschiedene Emotionen auslösen können.

- Selbstbild
Leon kann positive wie negative Emotionen in sein Selbstbild integrieren, da diese durch das Ansprechen für ihn präsent werden. Durch gemeinsames Besprechen der unterschiedlichen Emotionsqualitäten kommt er seinem Erleben näher und erfährt, dass verschiedene Ausprägungen gleichzeitig zu ihm gehören können.

In Form des Verbalisierens emotionaler Erlebnisinhalte lege ich stets Wert darauf, Leon Angebote zu machen, die ihm sein eigenes (und auch mein) Handeln, Denken und Fühlen transparent und somit möglichst verständlich machen.

Hier zeigt sich im Verlauf des Prozesses besonders auf meiner Seite eine deutliche Entwicklung, die die Qualität der Beziehung und somit der Begleitung maßgeblich beeinflusst. Anfangs fällt es mir sehr schwer, angemessene und passend wirkende Anmerkungen natürlich zu vermitteln, ohne das Gefühl zu haben, eine Situation nur künstlich und realitätsfern zu beschreiben. So sind meine Aussagen oft noch von der Befürchtung untermalt, Leon etwas zu unterstellen, Beobachtetes falsch zu interpretieren und ihm so das Gefühl zu geben, ihn nicht zu verstehen. In unserer gemeinsamen Beziehung kann ich durch seine ehrlichen und direkten Reaktionen aber zunehmend sicherer werden, auch die anschließende Protokollierung und Reflexion der Stunden ist hier stets sehr hilfreich.

Auszüge aus den Protokollen:
6. Begegnung:
Ich sage ihm, dass ich versucht habe, alle Dinge, die er brauchen könnte, mitzubringen, er aber mal nachschauen kann, ob wirklich alles so aussieht, wie er es sich wünschen würde.
Im Raum betrachtet er die Spielsachen, die ich vorbereitet habe und sagt sofort, dass ich vergessen habe, die beiden Matten bereitzulegen.
Ich sage: „Du hättest lieber, dass die Matten wieder so übereinander liegen, wie schon mal?" Das bejaht er sofort. „Du möchtest, dass ich mich genau an unsere letzte Stunde erinnere." Leon sagt ja. HP: „Ich habe das wohl nicht genug bedacht. Soll ich es jetzt für dich erledigen?" Er bejaht wieder.
(…)
In der Höhle legt Leon sich sein Kissen zurecht, legt sich mit dem Kopf drauf, deckt sich mit dem Laken zu und schaut mich erwartungsvoll an. Ich schaue mich um und flüstere: „Das ist aber eine gemütliche Höhle, ich finde, dass sie richtig toll geworden ist. Hier kannst du dich wohlfühlen."
Leon flüstert ebenfalls und sagt, dass er die Höhle auch toll findet und dass hier keiner reinkommt. Ich sage: „Du findest es gut, dass keiner in die Höhle hineinkommen kann. Du fühlst dich hier beschützt." Dies bejaht er und fügt an, dass die anderen draußen immer so laut wären und er es deshalb so gut findet.
(…)
In einer der Lesepausen sagt Leon: „Du kannst ruhig das nächste Mal, wenn du den Raum vorbereitest, schon mal eine Höhle bauen:"
Ich sage: „Du möchtest gern, dass hier im Raum schon eine Höhle ist, wenn wir nächste Woche wieder hier sind." Leon: „Ja!" HP: „Du wünschst dir, dass ich schon vor unserer Stunde gut für dich sorge." Er stimmt mir zu und sagt, dass wir dann wieder ein Buch lesen könnten.
(…)
Dann holt er seine Schuhe und reicht sie mir, setzt sich auf die Matte und streckt mir die Füße entgegen. Ich sage: „Du genießt es, wenn ich etwas für dich tue und dir beim Schuhe anziehen helfe.", als er dies bejaht, sage ich: „Du findest das ganz schön". Auch das bejaht er, geht aber nicht weiter darauf ein.

8. Begegnung:
Ich beginne ein Gespräch zwischen Schnecke und Spinne.
Schnecke: „Du, Spinne, das Krokodil frisst heute alle anderen Tiere."
Spinne: „Ja, ich hab`s auch schon gesehen."
Leon spielt währenddessen weiter, hält aber kurz inne und schaut zu meinen Tieren. Im weiteren Verlauf scheint er zuzuhören, ohne sein Spiel zu unterbrechen.
Schnecke: „ Ich hab das Gefühl, die anderen Tiere, die merken gar nicht, dass das Krokodil so sauer ist über die Beschimpfungen."
Spinne: „Nee, glaub ich auch… und das Krokodil, das kann es denen gar nicht sagen, weil es ja so sauer ist."
Schnecke: „Vielleicht muss es die Tiere dann einfach fressen, dann hören sie ja auf damit. Könnte aber sein, dass es gar nicht böse ist, es weiß einfach nicht, was es sonst machen könnte."
Spinne: „Ja, ganz schön schwierig…Vielleicht könne wir das Krokodil mal fragen."
Schnecke: „He Krokodil, wir haben eine Frage an dich."
Leon unterbricht sofort sein Spiel, schon während des Gespräches hörte er gebannt zu.
Schnecke: „Die anderen Tiere, die ärgern dich immer…"

Krokodil (Leon): „Ja, die hören nicht auf, ich hab gar keinen Hunger mehr, aber ich muss die fressen, weil die mich ständig beschimpfen und Ausdrücke zu mir sagen. Ich werde dann ganz sauer!"

Bildliche Darstellung

Im folgenden Schaubild sollen die Zusammenhänge zwischen den in der Verstehensdiagnose festgestellten Themenbereichen, der darauf folgenden Zielsetzung sowie den Bausteinen der Begleitung noch einmal verdeutlicht werden. Dabei habe ich mich auf die Ziele, die die konkreten Einzelstunden mit Leon betreffen, beschränkt. Die beiden letzten Zielformulierungen wurden nicht mit in das Schaubild übernommen, müssen der Vollständigkeit halber aber an dieser Stelle erwähnt werden. Auch bleibt zu beachten, dass die Bausteine nur eine Auswahl einzelner Elemente darstellen und nicht als ausreichendes „Handwerkszeug" der Heilpädagogin angesehen werden können.

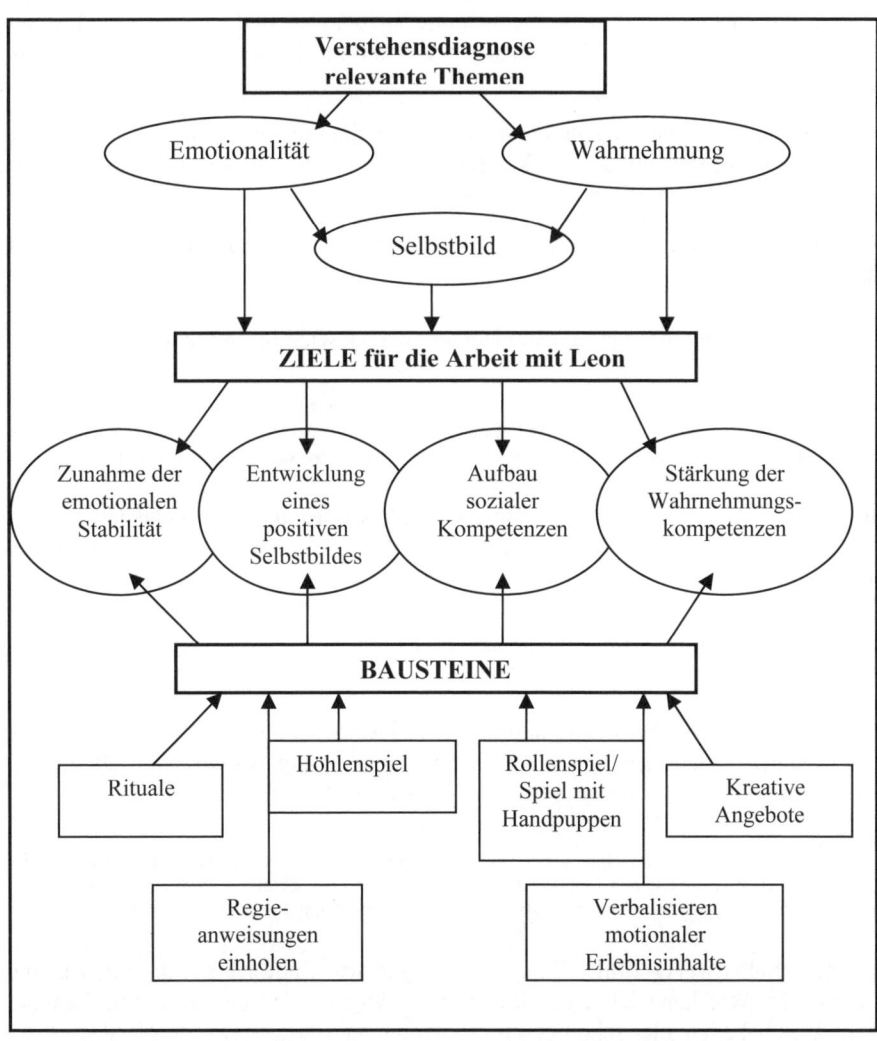

Abschließende Reflexion zur methodischen Umsetzung von Leons Lebensthemen

Wesentliche methodische Elemente wie Stundenrituale, Höhlenbau, Rollenspiele und kreative Angebote wurden im Einzelnen dargestellt und erläutert.

Diese Elemente spielten auch im gesamten Verlauf der Begleitung eine große Rolle, wobei zu beobachten war, dass Leon mit zunehmender Sicherheit, die sich aus den Erfahrungen mit den gleich bleibenden Strukturen zu ergeben schien, auch zunehmend auf bestimmte Rituale verzichten konnte. Je nach Tagesverfassung war er immer besser in der Lage, sich für bestimmte Angebote zu entscheiden.

Das Anfangsspiel sowie die Höhlensituation am Ende jeder Stunde stellten jedoch bis zum Ende der Begleitung fast in jeder Stunde einen wichtigen Bestandteil dar. Leons Fähigkeit, diese beiden Elemente an aktuelle Bedürfnisse anzupassen und mit eigenen Themen zu füllen, ermöglichte die Auseinandersetzung mit vielen für ihn bedeutsamen Emotionen und Gedanken.

Kreative und spielerische Angebote, die Leon zur direkten Auseinandersetzung mit bestimmten Lebensthemen ermutigen, konnten in der zweiten Hälfte der Begleitung einen größeren Stellenwert einnehmen.

Im Folgenden werden einige dieser Themen benannt, ihre konkrete Bearbeitung wird exemplarisch aufgezeigt:

- **Beziehungen:** „Wer wohnt in meinem Herzen, wer ist wichtig für mich?"

Umsetzung:
gemeinsames Bemalen und Beschriften von Kärtchen, die (für Leon) wichtige Menschen darstellen, diese wurden in ein Herz an der Spiegelwand geklebt, später Herstellen eines „Spinnennetzes" mit den Kärtchen. Abschließend wurden die Kärtchen zu „Schätzen" in einer Schatzkiste, die bei Bedarf herausgeholt werden konnten.

- **Emotionen**: „Wut, Trauer, Angst, Vertrauen..., was ist das, wie gehe ich damit um? Wann geht es mir gut, wann geht es mir schlecht? Wie fühlt sich das an, was löst es bei anderen aus?"

Umsetzung:
hauptsächlich in Rollenspielen mit den Handpuppen, in der Identifikation mit bestimmten Tieren, durch den Einsatz des Verbalisierens emotionaler Erlebnisinhalte.

- **Unterstützung/Hilfe:** „Was kann ich in schwierigen Situationen tun, damit es mir besser geht? In welchen Situationen bin ich auf die Hilfe anderer angewiesen, wie sieht diese Hilfe aus, von wem kommt sie und von wem kann ich sie annehmen?"

Umsetzung:
Bemalen des „Zauberspiegels", der Tipps geben kann, wie das Krokodil (Leons häufigste Identifikations-Figur im Handpuppen-Spiel) besser mit seinen Emotionen umgehen kann und wie es sich in Problemsituationen verhalten könnte, Gespräche und Handlungen im Rollenspiel, Beratung/Besprechung der Tiere untereinander.

- **Ich-Stärke/Selbstwertgefühl**: „Was kann ich gut, was finde ich gut an mir, was mögen andere an mir? Wie kann ich eigenaktiv positiv tätig werden und an meine Fähigkeiten glauben? Was habe ich alles schon geschafft, wo bin ich stärker geworden?"

Umsetzung:
Mitbringen von Gegenständen, die mit konkreten Ideen und Plänen verbunden waren, Raum finden, eigene Ideen einzubringen und sie auszuprobieren, Fotografieren in den Stunden, Betrachten und Besprechen der Fotos, dann Herstellen eines Fotoalbums, das zum „Schatz" in der Schatzkiste wurde.

- **Körpereigenwahrnehmung:** „Wie fühlt sich mein Körper in Anspannung – bei Entspannung an?", „Was gehört zu meinem Körper, welche Körperteile benutze ich für welche Tätigkeiten?"

Umsetzung:
Malen des Körpers am Spiegel, auf Tapetenrolle, Erspüren einzelner Körperteile während der Regenmassage und während des Höhlenspiels.

- **Figur-Grund-Wahrnehmung, Aufmerksamkeit und Handlungsplanung:** „Wie schaffe ich es, aus der Fülle an Reizen den für mich wesentlichen heraus zu filtern und in den Vordergrund zu stellen? Wann gelingt es mir gut, meine Aufmerksamkeit zu fokussieren und über die Dauer hinweg aufrecht zu erhalten? Wie kann ich eigene Handlungen am besten planen und durchführen?"

Umsetzung:
eine reizarme Umgebung schaffen, um ohne Leistungsdruck Dinge herzustellen, sein Planen und Umsetzen von Handlungen und seine Arbeitshaltung stärken, Detektivspiel, Zauberspiegel, Schatzkiste herstellen und untersuchen, Handpuppenspiel, Fotoalbum.

Begleiteffizienz

Abschließend soll auf die einzelnen Richtziele und ihre Effizienz eingegangen werden. Zu bedenken bleibt hierbei jedoch die Tatsache, dass Leons familiäre Lebenssituation während der Begleitung kaum eine Besserung erfahren hat und die beobachtbaren Entwicklungen dadurch als stark tagesformabhängig und instabil anzusehen sind.

Richtziel: Leon soll eine stabile und sichere emotionale Beziehung erfahren können.

Effizienz: In der Beziehung zwischen Leon und mir ließ sich im Laufe der Begleitung eine zunehmende Sicherheit erkennen. Er konnte sich auf die enge Beziehung einlassen, auch wenn diese immer wieder von ihm geprüft werden musste. Auf der gestärkten Beziehungsebene konnte Leon unterschiedliche Emotionen (auch tabuisierte, wie Wut oder Aggressionen) im gegenseitigen Kontakt ausprobieren und erfahren, dass eine Beziehung viel aushalten kann.

Richtziel: Leon soll ein gestärktes, positives Selbstbild aufbauen können.

Effizienz: Durch die stets wertschätzende und verlässliche Zuwendung konnte Leon erfahren, dass er in seinem „So-Sein" akzeptiert wird. Somit konnte eine Stärkung des positiven Selbstbildes angebahnt und gefördert werden. Diese Stärkung wurde auch außerhalb der Einzelkontakte, im Klassenverband, sichtbar. Leon konnte mit mehr Selbstbewusstsein auftreten, traute sich zunehmend mehr zu und schaffte es, sich selbst den nötigen Raum zu nehmen, um positiv mit seiner Umwelt in Beziehung zu treten.

Richtziel: Leon soll seine sozialen Kompetenzen differenzieren und sozial unangepasstes Verhalten reflektieren und bearbeiten können.

Effizienz: Leon konnte sich mithilfe seiner Reflexionsfähigkeit in den Stunden mit Problemsituationen auseinandersetzen, diese mit Unterstützung genau beleuchten und nach neuen Verhaltensstrategien suchen. Verbindungen zu Alltagssituationen waren in reflektierenden Gesprächen möglich und wurden von ihm meistens mit Interesse angenommen. Später schaffte er es im Klassenalltag immer häufiger, in Überforderungssituationen mit Hilfe der Klassenlehrerin nach angemessen Lösungsmöglichkeiten zu suchen und in kritischen Momenten konkrete Hilfestellungen anzunehmen.

Richtziel: Leon soll vorhandene Wahrnehmungskompetenzen nutzen, differenzieren und seine Wahrnehmungsleistungen weiterentwickeln.

Effizienz: Leon konnte seinen Körper in Ruhe und in Aktion erleben, diese Erfahrungen verbalisieren und mit Situationen im Alltag in Verbindung bringen.
Er konnte seine Aufmerksamkeitsspanne im Rahmen der Begleitung ausbauen seine Figur-Grund-Wahrnehmung und seine serialen Leistungen haben sich differenziert und stabilisiert. Es gelang ihm, seine während der Einzelsituation erworbenen Wahrnehmungskompetenzen in verschiedenen Kleinstgruppenangeboten zu nutzen.
Die Umsetzung dieser Stärken im schulischen Alltag war jedoch bis zum Ende der Begleitung stark von seiner Tagesverfassung und der unmittelbaren Umgebung abhängig, so dass nur phasenweise eine Verbesserung zu erkennen war.

Richtziel: Die Arbeit mit Leons Mutter soll trotz aller Schwierigkeiten weiter angestrebt werden.

Effizienz: Dieses Richtziel blieb im Laufe meiner Begleitung weitestgehend unbearbeitet, da Leons Mutter kaum Bereitschaft zeigte, sich mit der Schule auseinanderzusetzen. Zu Elternsprechtagen und anderen Pflichtterminen (wie Weihnachtsfeier oder Elternfrühstück) erschien sie zwar, war aber an pädagogisch orientierten Themen, die Leons Entwicklung betreffen, nicht interessiert. Der sehr sporadische Kontakt zu der Klassenlehrerin konnte zum Ende des Schuljahres und der heilpädagogischen Begleitung hin (auf telefonischer Basis) etwas stabilisiert werden, so dass eventuell im kommenden Schuljahr eine engere Zusammenarbeit möglich werden könnte. Die Überprüfung der medikamentösen Einstellung konnte angesprochen werden, Leons Mutter versprach, sich um eine diesbezügliche Abklärung zu bemühen.

Im letzten Hilfeplangespräch zeigte sich Leons Mutter sehr bemüht und veränderungsbereit. Regelmäßige Elterngespräche mit der zuständigen Heilpädagogin im Hort konnten festgelegt werden, in denen Frau L. Hilfe und Unterstützung bei der Alltagsstrukturierung und beim Umgang mit Leon bekommen soll.

Richtziel: Die Zusammenarbeit der beteiligten Personen und Institutionen soll intensiviert werden.

Effizienz: Ein regelmäßiger Kontakt zwischen den beteiligten Personen und Institutionen konnte während des Begleitungszeitraumes beibehalten werden.
Es fanden mehrere Termine der am Prozess beteiligten Personen statt, bei denen Leons Situation und mögliche Hilfestellungen besprochen und aufeinander abgestimmt werden konnten. An Hilfeplangesprächen konnten ebenfalls stets alle beteiligten Personen teilnehmen.

Ausgewählte Spannungsverhältnisse innerhalb der Begleitung

Da die Begleitung von Leon im Rahmen meines Heilpädagogik-Studiums stattfand, war nicht nur Leon derjenige, bei dem Ziele verfolgt wurden und bestimmte Entwicklungen angeregt werden sollten. Im Folgenden möchte ich auf einige besondere Spannungsfelder innerhalb der Begleitung eingehen, die auf meinem persönlichen Weg zu meiner beruflichen Identität nicht immer einfach zu überwinden und somit prägend waren. Ich denke, dass diese zwar sehr individuell auf „unsere gemeinsame Zeit" bezogen sind, dabei aber gleichzeitig als Konfliktpotential in vielen anfänglichen (und auch späteren?) beruflichen Bemühungen angetroffen werden können.

- Umstände akzeptieren *versus* Verbesserungen erhoffen

Die Annahme und die Akzeptanz gegebener Umstände, die häufig nur schwer mit den Schwerpunkten der Begleitung zu vereinen sind, stellten während der Begleitung von Leon einen wichtigen Lernschritt für mich dar. Das Erkennen und Umsetzen der realistischen Ziele innerhalb der Fallbegleitung, mit allen Abzügen, die dabei unter Umständen dazugehören, war teilweise sehr schwierig für mich. So hatte ich häufig mit der Tatsache zu kämpfen, dass Leons Lebensumstände und seine Situation zu Hause während der Begleitung kaum/nicht veränderbar waren. Die kaum vorhandene Möglichkeit zur angemessenen Elternarbeit stellte mich immer wieder vor die Frage, ob Leons Begleitung nicht „im Sande verrinnt" und ich in ihm nur den „Hunger nach mehr" wecke. Gleichzeitig musste ich mir immer wieder verdeutlichen, dass es wichtig ist, nicht locker zu lassen und Frau L. trotz aller Widerstände nicht „abzuschreiben" und „zu verurteilen", sondern ihr immer wieder mein Interesse und meine Bemühungen zu signalisieren. Es fiel mir in manchen Momenten schwer, mir bewusst zu machen, dass meine Rolle als „Begleiterin auf einem Stück des Lebensweges" für Leon also trotzdem Sinn macht. Häufig musste ich dabei an den Gedanken-Impuls denken, den ich von der begleitenden Dozentin bekommen habe: „…was bleibt ist das Dennoch…". Er hat mir in vielen Situationen sehr geholfen, meine Ziele motiviert anzugehen.

- Nähe/Empathie *versus* Distanz/Abgrenzung

Die Gratwanderung zwischen empathischem Einfühlen und Teilhaben einerseits und professioneller Abgrenzung andererseits zeigte sich stetig als große Herausforderung, deren Bewältigung mir sehr schwer gefallen ist. Ich denke, dass die Abgrenzung, die keinen (oder besser: einen möglichst geringen) qualitativen Nachteil auf der Beziehungsebene zwischen mir und Leon zur Folge haben sollte, eine der wichtigsten Lernerfahrungen für mich war. Hierbei war das Abschalten und Loslassen nach den Begegnungen ein wiederkehrendes Problem, an dem ich immer wieder neu arbeiten musste. Dies zeigte sich mir besonders deutlich in der Anbahnung und Durchführung des Abschieds, während dessen ich mir häufig meine eigenen Grenzen und Verantwortungs-Bereiche bewusst machen und diese reflektiert betrachten musste.

- Eigenidentität *versus* Berufsidentität

Die schriftlichen Reflexionen der Einzelkontakte, aber auch die regelmäßigen Reflexionsgespräche mit meiner Anleiterin zwangen mich immer wieder zur konkreten Auseinandersetzung mit eigenen Gedanken und Gefühlen, die mich vor, während und nach der Durchführung beschäftigten. So musste ich erkennen, dass die eigene Lebenssituation meistens eine große Rolle in der Begleitung spielt und von den Inhalten nicht zu trennen ist und also bestmöglich (gut dosiert) in diese integriert werden sollte, da nur dadurch ein authentischer und kongruenter Umgang mit dem Gegenüber möglich wird. Besonders in eigenen belastenden Lebenssituationen während der Einzelfallbegleitung hatte ich manchmal Probleme, die Berufsrolle und die persönliche Rolle einerseits zu trennen, um eine professionelle Arbeit zu ermöglichen, auf der anderen Seite jedoch beide Anteile zusammen zu fügen, um die Authentizität in der Arbeit weiterhin beizubehalten. Ich konnte erfahren, dass das Bewusstmachen dieser Rollenproblematik eine zentrale Funktion hat und denke, dass mir dies auf der Suche zum eigenen beruflichen Selbstbild noch häufig begegnen wird.

Teil VII Anregungen zu Spielangeboten und Übungen

Die folgenden Spielangebote und Übungen sind Anregungen für die Praxis. Bei der Umsetzung gelten die im Förderkonzept der HPÜ aufgezeigten Voraussetzungen und Bedingungen, die didaktisch-methodischen Überlegungen, die Grundsätze und Gedanken zur Auswahl und zum Einsatz von Spielmaterial und Spieltätigkeit.

1 Übungen zum Funktionsspiel

Spiele mit Fingern und Händen

Ziele
Das Kind soll befähigt werden, den Blickkontakt mit der Bezugsperson aufzunehmen und für kurze Zeit zu halten.
Es soll Schau- und Greifspielzeug optisch, akustisch und taktil wahrnehmen und differenzieren können.
Es soll sich seiner Gesamt-Motorik und seiner Hand-Motorik bewusst werden.

Vorbereitetes Material
Fingerspiele
Kinderreime
Kinderlieder
Schau- und Greifspielzeug

Übungsvorschläge

1. Nehmen Sie das Gesicht des Kindes, wenn es das zulässt, zwischen Ihre Hände und versuchen Sie, Blickkontakt herzustellen. Hände des Kindes streicheln, dazu singen, summen oder/und sprechen (Reime, Verse, Lieder).

2. Nehmen Sie das Kind – je nach Alter und Behinderung – aus dem Bett und auf den Arm und tragen Sie es durch den Raum. Das Kind in den Armen wiegen, dazu singen, summen oder/und sprechen.

3. Setzen Sie das Kind auf Ihren Schoß (oder auf einen Stuhl. Legen Sie es gegebenenfalls zurück in das Bett.). Das Kind auf ein Schauspielzeug aufmerksam machen: den Gegenstand vor den Augen des Kindes in näherem und entfernterem Abstand hin- und herbewegen. Bewegungen mit Sprech-Singstimme begleiten. Durch Bewegen des Schauspielzeugs Klänge erzeugen.

4. Lenken Sie die Aufmerksamkeit des Kindes auf seine Hände. Mit der flachen Hand über die Hände des Kindes streichen, abwechselnd über beide Hände und über Innen- und Außenfläche („Taler Maler geht auf den Markt ...").

Die Finger der rechten und der linken Hand des Kindes einzeln berühren, streicheln, fassen („Das ist der Vater lieb und gut ...").

Die ganze Hand des Kindes drehen, Drehbewegung im Handgelenk unterstützen („Wie das Fähnchen auf dem Turm ...").

Die Hände des Kindes zum Klatschen führen („Backe, backe Kuchen ...").

Mit den Fingern tippen, klopfen und mit den Händen auf die Hände des Erwachsenen oder auf eine Unterlage, Tisch, Stuhl, Bett, patschen („Mit Fingerlein, mit Fingerlein, mit flacher, flacher Hand ...").

5. Erweitern Sie das Spiel mit Fingern und Händen auf den ganzen Körper, bis zum Spiel mit den Füßen und Zehen.

Die Hände des Kindes auf einen weichen Ball legen, dann den Ball hin- und herbewegen. Ball streicheln, tätscheln, klopfen. Weichen Ball leicht auf den Körper des Kindes fallenlassen. Weichen Ball auf den Körper des Kindes tupfen und rollen – auch auf Arme und Beine – bis zu den Zehen.

Spiele mit dem ersten Spielzeug

Ziele
Das Kind soll den Wechsel von Greifen und Loslassen vollziehen können.
Es soll den Wechsel von Greifen und Loslassen mit dem Schauen koordinieren.
Es soll im Spiel folgende Funktionen ausüben: schütteln, schlagen, klopfen, reiben, stoßen, ziehen, werfen, aneinander schlagen, aneinander halten, ein- und ausräumen, ineinander- und nebeneinander stellen.

Vorbereitetes Material
Greif- und Wurfspielzeug
Hohlformen

Übungsvorschläge

1. Wählen Sie für das Kind ein Greifspielzeug, das es besonders anspricht, vielleicht eine Rassel.
Spielzeug in die Hand des Kindes legen und von ihm erfassen lassen. Greift es den Gegenstand nicht, so verhilft man ihm zum Greifen durch Umschließen der Hände. Hände des Kindes umfassen und im Takt einer Melodie den Gegenstand hin- und herbewegen. Rassel abwechselnd über die Handflächen und über die Handrücken des Kindes rollen. Mit der Rassel die Innenfläche der Hände berühren und dann die Rassel wegziehen. Die wiederholte Übung verlockt zum Greifen und Loslassen.

2. Wählen Sie für das Kind verschiedene Gegenstände aus dem Greif- und Wurfspielzeug.
Mit dem unterschiedlichen Material nacheinander die erste Übung in der genannten Reihenfolge wiederholen.

Erweiterung des Spiels durch die genannten Funktionen: das Kind schüttelt, schlägt, klopft usw. Die Funktionsübungen des Kindes mit Reimen, Versen, Liedern, Geräuschen und Klängen begleiten.

3. Führen Sie die Hohlformen ein zur Übung des Aus- und Einräumens. Vom Kind die einzelnen Hohlformen erfassen lassen, greifen, tasten, halten, schütteln und damit auf Tisch, Stuhl, Bett und Boden klopfen.
Zwei Hohlformen aneinander schlagen, aneinander halten.
Hohlformen nebeneinander stellen.
In jede Form einen kleineren Spielgegenstand werfen (Perlen, Muggelsteine, Erbsen, Bohnen), mit Sand oder Wasser füllen.
Dem Kind die Möglichkeit des Aus- und Einräumens geben. Hantieren lassen nach eigenem Rhythmus. Räumt es nicht von sich aus aus, einzelne Schritte mit Handführung ausführen – eventuell im Takt einer Melodie.
Spielanreiz: Hohlformen über einen kleinen Gegenstand stülpen, z.B. über ein Stückchen Keks, Gummibärchen u. ä.

4. Zeigen Sie dem Kind das materialspezifische Spiel mit Hohlformen. Die einzelnen Hohlformen aufeinander stellen.
Stapelbecher abbauen oder umwerfen.
Hohlformen ineinander stellen oder stecken.
Hohlformen aus verschiedenem Material (Plastik, Holz) verwenden, in unterschiedlichen Formen und in leuchtenden Grundfarben.

5. Üben Sie mit dem Kind das Nebeneinanderstellen der Hohlformen. Mit drei oder vier Hohlformen (einem Drittel oder der Hälfte eines Satzes) beginnen. Wenn das Kind die Größenordnung erfasst hat, werden weitere Hohlformen – schließlich der ganze Satz – für die folgenden Übungen verwandt:
Hohlformen in vorgezeichnete, ausgemalte Schablonen setzen (mit/ohne Handführung), die Öffnungen nach unten.
Auf die einzelnen Formen Plastikpüppchen setzen oder/und mit einem Püppchen (evtl. Handführung) von einer Form zur anderen hüpfen („Geht ein Mann die Treppe rauf ...").
Püppchen und Hohlformen in einen Korb räumen.
Nach einem Bewegungsspiel als Entspannungsübung Hohlformen in vorgezeichnete Schablonen setzen und das Fingerspiel wiederholen.

Spiele zum Drehen und Schrauben

Ziele
Das Kind soll drehen und schrauben können.
Es soll die neu gewonnenen Funktionen anwenden (Wasserhahn, Dosendeckel, Tuben, Türen und Fenster auf- und zumachen).

Vorbereitetes Material
Spielzeug zum Drehen und Schrauben

Übungsvorschläge

1. Stellen Sie die Russenpuppe vor das Kind auf den Tisch. Lenken Sie die Aufmerksamkeit des Kindes auf die Puppe.

Das Kind nimmt die Puppe in die Hand. Mit und ohne Handführung Puppe aufschrauben.

Entdecken einer kleineren Puppe im Innern der größeren. Die kleinere Puppe wird ebenfalls aufgeschraubt.

Die Puppen werden der Größe nach nebeneinander gestellt.

Freies Spiel: mit den Puppen hantieren.

Die Puppen verschwinden eine nach der anderen wieder im Innern der größeren Puppe durch Einstecken und Zuschrauben, mit und ohne Handführung.

2. Bieten Sie dem Kind Schraubfässer (-eier, -dosen) und gehen Sie vor wie in der ersten Übung.

Variationen:

Ein Fass wird geöffnet (aufgeschraubt) und danach wieder geschlossen (zugeschraubt).

Alle Fässer werden der Größe nach aufgestellt.

Alle Fässer werden geöffnet und die Deckel untereinander gemischt. Das Kind sucht die passende Größe für die vor ihm stehenden Teile und schraubt sie zusammen.

Spielanreiz: Zu Beginn der Übung stehen die geschlossenen Fässer der Größe nach auf dem Tisch. Der Erwachsene hat in jedes Fässchen ein Stück Keks oder ein Gummibärchen gelegt. Der „orale Verstärker" sollte so klein sein, dass er schnell vom Kind gegessen werden kann, damit die Süßigkeit und deren Vertilgung nicht zur Hauptsache werden.

3. Schrauben Sie mit dem Kind von den Spindeln eine Schraube nach der anderen ab und wieder auf.

4. Stellen Sie das Lenkrad auf den Tisch oder befestigen Sie es an der Wand. Mit und ohne Handführung mit beiden Händen drehen nach einem Rhythmus, den das Kind bestimmt.

drehen nach rechts – drehen nach links

drehen mit der rechten Hand – drehen mit der linken Hand

schnell drehen nach einem akustischen/optischen Signal

langsam drehen nach einem akustischen/optischen Signal

5. Zeigen Sie dem Kind das Aufziehen der Spieluhr.

Mit dem Kind die Spieluhr betrachten und das Musikstück anhören.

Dem Kind das Aufziehen der Spieluhr vormachen und noch einmal das Musikstück anhören. Mit Handführung die Spieluhr gemeinsam aufziehen. Nach Beendigung des Musikstücks dem Kind die Spieluhr zum Aufziehen überlassen.

Spielzeug zum Werfen

Ziele

Das Kind soll verschiedene Bewegungsmöglichkeiten kennen lernen.

Es soll ungesteuerte Motorik in gestaltete Aktivität umwandeln.

Es soll seine Kraftdosierung steuern lernen.

Übungen zum Funktionsspiel 387

Vorbereitetes Material
Bälle aus verschiedenem Material, in verschiedenen Größen, Farben und mit verschiedener Oberflächenbeschaffenheit
Wurfspielzeug, Kegel mit Holzkugel, Konservenbüchsen usw.

Übungsvorschläge

1. Bauen Sie für ein Kind, das alle Spielgegenstände fortwirft, aus größeren Holzbausteinen, Hohlformen, Büchsen, Konservendosen in einem größeren Raum vor Beginn der Übungen im Halbkreis Türme auf. Stellen Sie in einem Korb weiche Tennisbälle bereit.
Mit dem Kind die Bälle holen (evtl. Handführung) und nacheinander die Türme umwerfen. Das Werfen rhythmisch-akustisch begleiten, z.B.: „Bums – da fällt der Turm um, widibum!"
Mit dem Kind wieder Türme aufbauen, eventuell aus anderem Material in anderer Schichtung.
Die Türme mit Bällen aus verschiedenem Material umwerfen, eventuell aus verschiedenen Richtungen werfen.
Variationen: Den Turm nach einem akustischen Signal umwerfen; nur einen bezeichneten Turm umwerfen; einen Turm umwerfen, den nächsten stehen lassen; nur den mittleren Turm und die Türme an beiden Ecken umwerfen; auf einen Stuhl steigen und von oben werfen; erst ein Hindernis übersteigen und dann werfen u. a. m.

2. Kegeln Sie mit dem Kind.
Die Anordnung der Kegel erfolgt unter Berücksichtigung des Übenden und der entsprechenden Übung. Legen Sie Holzkugeln bereit, Tafel, bunte Kreide, Stäbchen, Schnur. Das Kind braucht eine einfache, klare Spielanweisung.
Mit Schnur oder Kreidestrich die Wurfstelle kennzeichnen.
Mit der Kugel die Kegel umwerfen. Fällt ein Kegel um, wird ein Kreidestrich auf die Tafel gemalt oder ein Stäbchen auf die Erde gelegt. Das Kind muss die Spielregeln kennen.
Kegeln kann das Kind allein oder mit einem Partner.
Variationen der Spielregel.

3. Sammeln Sie leere Konservenbüchsen, an denen sich das Kind nicht verletzen kann. Stellen Sie diese Büchsen in Wurfhöhe des Kindes auf. Mit weichem Ball aus alten Strümpfen oder mit einem Tennisball zielen. Mit einem Wurf möglichst viele Büchsen umwerfen.
Regeln selbst aufstellen.
Variationen wie in der zweiten Übung.

4. Spielen Sie mit dem Kind Ball.
Den Ball tragen, auf den Boden legen, hochwerfen, fangen, rollen, drehen, auf dem Ball sitzen, stehen; mit dem Ball hüpfen, prellen, weit werfen, ziel werfen durch Reifen, Tür, Tunnel; über eine Schnur werfen, in Ecken, gegen die Wand; in Behälter zielen (Netze, Körbe).

5. Mit dem Kind Luftballons in die Luft, über Schnüre, in Behälter werfen, zuerst mit beiden Händen, dann abwechselnd mit der rechten und der linken Hand, mit den Armen, mit dem Kopf, mit den Füßen, mit einem Stab. Die Luftballone sich gegenseitig zuwerfen und auffangen.

Spielzeug mit einfachem und differenziertem Bewegungsmechanismus

Ziele
Das Kind soll mit einem einfachen technischen Spielzeug adäquat umgehen können.
Es soll die Funktion dieses Spielzeugs aufgrund eigener Erfahrung begreifen. Es soll dieses Spielzeug in einfache Spielhandlungen einbeziehen.

Vorbereitetes Material
Kugelrollbahn
Tiere und Wagen zum Ziehen
Auto (Last- und Kippauto), Bagger, Holzkran
Telefon

Übungsvorschläge

1. Stellen Sie die Kugelrollbahn vor das Kind auf den Tisch. Das Spiel mit der Kugelrollbahn kann auch an den Anfang anderer Übungen gestellt werden, weil dadurch Aufmerksamkeit und Konzentration des Kindes geweckt werden.
Das Spielzeug benennen und vom Kind anfassen lassen. Die Kugel in die Hand des Kindes legen und aufzeigen, wo sie hinein gegeben wird; eventuell das erste Einlegen vormachen.
Das Kind soll mit den Augen das Rollen der Kugel verfolgen. Das Geräusch des Rollens unterstützt die optische Wahrnehmung. Am Ende der Rollbahn sollte eine kleine Glocke hängen. Die Kugel stößt an, und das Spiel kann von vorne beginnen.
Variationen: Zwei oder mehrere Kugeln hintereinander einwerfen. Dem Kind Gelegenheit zum Erforschen geben und ihm das Funktionieren der Kugelrollbahn erklären.

2. Geben Sie dem Kind Spielzeug zum Schieben und Rollen, z.B. Pferd und Wagen. Es soll ihm damit das Greifen und Loslassen in spielerischer Weise vermittelt und erleichtert werden.
Pferd und Wagen werden benannt: „Das ist ein Pferd" und „Das ist ein Wagen".
Das Kind soll das Spielzeug selbst ausprobieren: betrachten, betasten, hantieren, schieben, rollen, ziehen. Ein Glöckchen, das beim Rollen anklingt, erhöht die Freude.
Die Übung kann mit der Funktionsübung des Aus- und Einräumens verbunden werden: Das Kind kann z.B. Muggelsteine oder Bauklötze nach Farben oder/und Formen in den Wagen sortieren. Die Übung zu kleinen Spielhandlungen erweitern.

3. Wiederholen Sie die vorhergegangene Übung mit einem Auto (Lastauto, Kippauto).

4. Führen Sie den Bagger und den Holzkran ein. Beachten, bestärken, unterstützen und erweitern Sie die Eigeninitiative und Aktivität des Kindes in den kleinsten Ansätzen.
Spielzeug benennen und vom Kind anfassen lassen.
Die Technik des Spielzeugs in Teilschritten erklären und aufzeigen.

5. Bringen Sie zwei stabile und standfeste Holz-Telefone mit. Spielgegenstand benennen und dem Kind einzelne Teile wie Hörer und Tasten erklären.
Funktionsvorgang praktisch zeigen.
Übungen mit einem Telefon ohne/mit Anschluss, mit einem alten Haustelefon und schließlich die Handhabung des üblichen Telefons.

Spiele für den Sandkasten und den Spielplatz

Ziele
Das Kind soll in den Körperhaltungen und den Bewegungsarten sicherer werden.
Es soll Bewegungsspiele im Freien, mit und ohne Spielzeug, ausführen.
Es soll beim Spielen mit Wasser und Sand Gestaltungselemente erfahren, auch als Vorübung zum bildnerischen Gestalten und zu den Konstruktionsspielen.

Vorbereitetes Material
Sandkasten mit Sandspielzeug
Handwagen und Schubkarren
Kinder-Gartengeräte
Laufrad/Roller /Dreirad/ Kettcar/Fahrrad
(Kleinkinder-)Schaukel
Rutschbahn

Übungsvorschläge

1. Spielen Sie mit dem Kind im Sand.
Das Kind mit geistiger Behinderung braucht eine behutsame Einführung: Vertrautmachen mit trockenem, möglichst leicht körnigem Sand in einem Plastikgefäß, einer Schüssel oder einem Eimer.
Sand über die Hände des Kindes streuen, über Innenfläche und Handrücken. Mit den einzelnen Fingern Löcher in den Sand bohren.
Mit den Handflächen über den Sand streichen.
Sand durch die Hände rieseln lassen: durch die rechte Hand, die linke Hand, durch beide Hände.
Mit den Händen ein Loch in den Sand graben, Sand zum Berg anhäufen. Wasser in das Loch gießen. Die Begriffe „See" und „Berg" einführen. Eine Handlung darstellen, z.B.: Es schwimmt eine kleine Ente (Plastikente) auf dem großen See. Später schwimmt eine zweite Ente auf sie zu . . .

2. Erweitern Sie das Spiel mit Sand zum Spiel im Sandkasten mit Sandspielzeug. Das Spielzeug soll das Spiel mit den Händen im Sand nicht aufheben, sondern ergänzen.
Schaufel, Eimer, Harke, Sieb und Form einführen: Die Geräte benennen und dem Kind die Handhabung zeigen.
Dem Kind genügend Zeit zum Hantieren nach eigenem Rhythmus lassen. Kommt das Kind nicht zu einem Spiel, verhilft man ihm zu Tätigkeiten, die im Spielzeug liegen: schaufeln, harken, sieben, einfüllen, ausleeren, klopfen und glätten.
Das Sandspielzeug muss eventuell über viele Übungszeiten hinweg einzeln eingeführt werden.
Später Eimer und Gießkanne mit Wasser dazunehmen: gießen, patschen, rühren, drücken, kneten, formen. (Auf entsprechende Kleidung achten!)

Steckspiele, Farben und Formen

Ziele

Das Kind soll die in den vorherigen Übungen erworbenen Fertigkeiten in einfachen Zusammenhängen anwenden.

Es soll Größenunterschiede wahrnehmen und Gegenstände nach Farben und Formen zuordnen.

Es soll einfache sensomotorische Ordnungsfunktionen durchführen: wahrnehmen, beobachten, vergleichen, aufteilen, zuordnen, zusammenfügen, wieder erkennen.

Es soll bei der Formzuordnung Erfahrungen sammeln, die als Vorübung zum Konstruktionsspiel dienen.

Vorbereitetes Material

Steckspiele

Farben- und Formenspiele

Farbige Zylinderblöcke

Übungsvorschläge

1. Geben Sie dem Kind einen Rundstab in die Hand auf den Loch-Scheiben gesteckt werden. Das Kind kann nach eigenem Rhythmus damit hantieren, das Aufstecken kann gezeigt oder durch behutsame Handführung vermittelt werden. In einem weiteren Schritt wird eine Stapelpyramide mit Ringen angeboten. Das Kind kann die unterschiedlich großen Ringe auf den Stab stecken. Andere Formen, wie Quadrate oder Dreiecke hinzunehmen damit das Kind diese auf die Stäbe stecken kann.

2. Stellen Sie die Kugeltreppe auf den Tisch, daneben einen Korb oder ein Gefäß zum Einfüllen.

Kugeln werden von den Stäben gezogen und einzeln in den Korb gelegt (mit/ ohne Handführung), dabei Farben singend benennen („Rot, rot, rot sind alle meine Farben ...").

Kugeln im Korb oder Tamburin so schütteln, dass Kugeln hüpfen und Kugeln von einem schräg gestellten Brett einzeln in den Korb rollen („Eine rote Kugel rollt in den Korb.").

Die Kugeln aufstecken.

Die Kugeln nach Farben aufstecken, die Stäbe kennzeichnen die Farbe. Übung mit einem Fingerspiel beschließen („Geht ein Mann die Treppe hinauf ...").

3. Stecken Sie mit dem Kind aus Kugeln oder Perlen mit geringerem Durchmesser Farbtürmchen (schwieriger als das vorherige Material). Das Kind hantiert zunächst, ohne die Farbe zu berücksichtigen: Die Perlen werden auf einzelne nicht bemalte Holzstäbe gesteckt, nach eigenem Rhythmus.

Holzstäbe (evtl. auch Plastik-Stricknadeln, in selbst gefertigte Tonklumpen gesteckt) auf in den Grundfarben ausgemalte Unterlagen stellen, Perlen nach Grundfarben zuordnen. Es entstehen Farbtürmchen: rot, gelb, grün, blau.

Die Übung kann wiederholt werden (evtl. später) mit folgenden Variationen:

Die farbigen Unterlagen sind nicht mehr ausgemalt, sondern die Farbe ist in der Kreisform nur angedeutet.

Der nächstfolgende Schritt: Farbtürmchen ohne Hilfsmittel bauen.

4. Üben Sie jetzt mit dem Kind das Perlenaufreihen.

Mit einer Grundfarbe und 3-5 Perlen beginnen. Schale, Perlen und Faden im Korb

Übungen zum Funktionsspiel

bereithalten. Perlen/Kugeln müssen der Hand des Kindes angepasst ausgesucht werden. Zum Auffädeln zu Beginn biegsames Material nehmen. Hand des Kindes umschließen und führen. Einzelne Handgriffe zeigen: festhalten der Perle/Kugel, festhalten der Schnur, einfädeln, Knoten am Ende der Schnur nicht vergessen!

Wenn dem Kind die Grundfarben bekannt sind, kann es jetzt abwechselnd eine Perle von jeder Farbe aufreihen durch verbale Aufforderung oder/und nach vorgezeichneten Mustern. Später zwei Perlen einer Farbe abwechselnd mit zwei Perlen einer anderen Farbe aufreihen.

Variationen: abwechselnd rote Perlen und gelbe Würfel aufreihen; dann verschiedene Formen in jeweils anderer Farbe nacheinander aufreihen. Die fertige Kette einer Puppe, einem Spieltier oder dem Kind umhängen.

5. Geben Sie dem Kind als nächstes Spielmaterial ein Steckbrett mit Rundhölzern. Das Kind räumt die Rundhölzer aus und ein bzw. hantiert nach eigenem Rhythmus. Greift es die Hölzer nicht, werden durch behutsame Handführung einzelne Schritte des Hantierens aufgezeigt: greifen, festhalten, in einen Korb legen – aufnehmen und in das Steckbrett stecken. Jetzt Rundhölzer nach Farben zuordnen, evtl. vorordnen in gleichfarbige Materialschalen, von dort Rundhölzer in das Steckbrett einfügen. Rundhölzer nach Größen zuordnen, evtl. vorordnen in verschieden große Behälter (klein zu klein) oder in die erste Reihe gleich große Rundhölzer einstecken, dann die nächst größeren usw.

Rundhölzer unter Berücksichtigung der Farbe und Form in die vorgesehenen Vertiefungen des Steckbrettes einfügen.

Diese vierte Übung kann aufgeteilt werden. Zuerst werden z.B. nur eine Farbreihe oder/ und eine Größenreihe gesteckt. Das Kind darf nicht überfordert werden und sich nicht langweilen.

6. Führen Sie die farbigen Zylinderblöcke (nach Montessori) ein. Bei dieser Übung sitzen Kind und Erwachsener am besten an einem Tisch oder auf dem Boden.

Die Zylinderblöcke werden einzeln nach dem Schwierigkeitsgrad eingeführt: Block A (rot), Block B (gelb), Block C (grün) und Block D (blau). Den ersten Block vor das Kind stellen und einzelne Zylinder (mit/ohne Handführung) herausnehmen.

Bevor die Zylinder der Reihe nach wieder eingesetzt werden, mit dem Kind die einzelnen Öffnungen ertasten.

Wenn die einzelnen Blöcke nacheinander eingeführt und dem Kind bekannt sind, werden zwei Zylinderblöcke gleichzeitig (Block A und B) angeboten, später drei, dann vier Zylinderblöcke nach folgender Anordnung

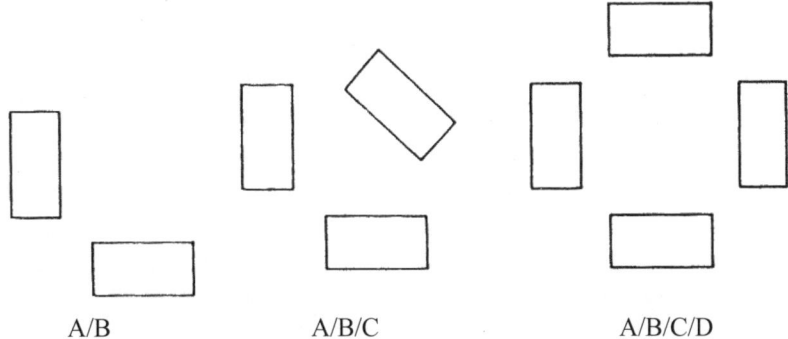

A/B A/B/C A/B/C/D

Diese Übungen können später mit verbundenen Augen durchgeführt werden.

1.1 Spielmaterial zur Einübung des Funktionsspiels

Die *kursiv* gedruckten Materialien haben sich in der Arbeit mit den Kindern besonders bewährt.

Schauspielzeug
Luftballon, Mobile, *Klangspiel,* Ringkette, *Perlenkette,* Farbscheiben, Windrad, *Hampelmann,* Glöckchen

Greifspielzeug
Spielring, Greiflinge, Bälle, Würfel, Puppen, Tiere, Schwimmtiere, *Kugelrassel*

Spielzeug zum Aus- und Einräumen
Hohlformen, Hohlkubus, Becherturm, *Tassenturm,* Bautrommeln, *Korb mit Bällen,* Behälter mit Holzklötzen, *Schachteln mit Naturmaterial* (Kastanien, Eicheln, Tannenzapfen, Erbsen)

Spielzeug zum Werfen
Luftballon, Bälle/Würfel (Stoff, Plüsch, Schaumgummi), *Gummibälle,* Bälle mit Bildern, *Tennisbälle,* Tischtennisbälle, Schlagbälle, Gymnastikbälle, Medizinbälle, Spastikerball, Fußball, Wurfringe, Flugscheiben, Magnetplättchen mit Zielscheibe, Kegelspiel, Rhythmiktücher

Formen-, Farben- und Steckspiele
Decor-Bauhölzer, Formensortierbrett, kleines Formenbrett, Formentafel, *Einsetzzylinder,* Formendomino, Sortierdose/-würfel, Sortierkasten, *Muggelsteine,* Farbtäfelchen, Farben-Lotto, bunte Ballone, Scheibenspiel, Spielknöpfe, *Kugeltreppe,* Holzperlen, Steckbaum/Leuchtturm, Scheibenpyramide, Farbenwürfel, Formen- und Farbenbrett, Steckmosaik, *Säulenbrett, Treppensteckbrett,* Sortierbrett, dazu Material aus dem Haushalt: *Stricknadeln* (in Tonklumpen zum Aufreihen der Holzperlen), *Knöpfe,* Wäscheklammern, Eierlöffel, Eierbecher, *Korken,* Garnrollen

Spielzeug zum Drehen, Schrauben und Stecken
Steckpuppe, Russenpuppe (Puppe-in-Puppe), Schraubeier, Schraubdosen, *Schraubfässer, Handkreisel,* Lenkrad, Werkbank, Zahnradspiel, Handrassel, Handkarussell, *Musikdose/ Spieluhr,* Matador, Baufix

Spielzeug mit einfachem und differenziertem Bewegungsmechanismus
Kugelrollbahn, Ziehtiere, Ziehwagen, Hampelmann, Klettermann, Purzelmännchen, Schiebespiel, Schiffschaukel, Gliedertiere, *Tütenkaspar,* Puppenkarussell, *Schaukelpferd,* Holzauto mit Anhänger, Kippauto, Bagger, Holzkran, *Holzeisenbahn,* Schwebebahn, Spieltelefon, *Holzschiff*

Spielzeug für draußen
Sandkasten mit Sandspielzeug (Formen, Schaufel, Eimer, Autos zum Einladen von Sand, Harke, Spaten, Gießkanne), *Schubkarre, Handwagen,* Ziehtiere, Kleinkinderschaukel, Schaukelpferd, Laufrad, Dreirad, *Roller,* Kettcar, Rutschbahn, *Bälle,* Reifen, *Seil*

2 Übungen zum Rollenspiel

Imitationsspiele

Ziele
Das Kind soll einfache Handlungen nachahmen.
Es soll allmählich komplexere Abläufe nachahmen bis zur möglichen Selbständigkeit bei den lebenspraktischen Verrichtungen.
Es soll Verhaltensweisen des Erwachsenen nachahmen und im lebenspraktischen Bereich einfache Anweisungen befolgen.

Vorbereitetes Material
Reime – Verse – Lieder
Finger-, Bewegungs- und Kreisspiele
Bilderbücher
Geschichten
Funktionsspielzeug
lebenspraktische Situationen

Übungsvorschläge
1. Setzen Sie das Kind auf einen Stuhl. Setzen Sie sich dem Kind gegenüber, eventuell auf den Boden, in gleicher Augenhöhe des Kindes.
Mit dem Zeigefinger behutsam das Kinn, die Lippen, die Nase, die Augen des Kindes nacheinander berühren und das Kind leicht an den Haaren zupfen.
Die Spielübungen mit einem Vers begleiten:
„Kinnewippchen, rote Lippchen, Nuppelnäschen, Augenbräuchen, zupf, zupf am Härchen."
Die Aufmerksamkeit des Kindes wird oft erst durch häufige Wiederholungen erreicht.
Zwischen den einzelnen Spielen die Hände des Kindes nehmen und wenigstens für einige Sekunden Blickkontakt herstellen: „ (Name), schau mich an."
Weitere Imitationsspiele, die sich auf den Körper beziehen: Ohren anfassen (klingeln), Wange klopfen, Nase „rümpfen", mit zwei Fingern über Hand, Arm, Fuß, Bein und Körper „spazieren" (krabbeln), dazu den Vers sprechen: „Geht ein Männchen die Treppe hinauf, klopft an (Wange), klingelingeling (Nase), ist der ... (die ...) zu Hause"

2. Wiederholen Sie mit dem Kind einzelne Handlungen der vorhergehenden Übung. Im Anfang muss schon die geringste Nachahmung des Kindes sofort freudig bestärkt werden. Dabei streichen Sie mit Ihrer Hand über den Kopf des Kindes oder legen einen Augenblick Ihre Hand auf dessen Arm. Abwechselnd die Nase berühren, erst der Erwachsene, dann das Kind (evtl. anfangs noch mit, dann ohne Handführung).
Im Anfang auch verbale Wiederholungen zur Begleitung der Handlung: „... Nuppelnäschen ..."
Augen, Ohren und Kinn nacheinander berühren, abwechselnd einmal der Erwachsene, dann das Kind.

3. Erweitern Sie das Nachahmungsspiel durch verschiedenes Spielzeug. Bei dieser Übung sitzen sich das Kind und der Erwachsene wieder gegenüber. Vor jedem liegt die gleiche Anzahl Bausteine, Stecker, Ringe, Schlaghölzchen. Der Erwachsene stellt einen Baustein vor sich hin in bewusst langsam vorgeführter Handlung, die das Kind zur Nachahmung motivieren soll, evtl. verbale Unterstützung: „Der Bauklotz steht vor mir ..." Das Kind führt die gleiche Handlung aus.

Jeder hat zwei Schlaghölzchen, eines in der rechten, das andere in der linken Hand. Der Erwachsene schlägt die Hölzchen zusammen und fordert das Kind durch Blickkontakt auf zur Nachahmung.

Variationen: Danach können folgende Tätigkeiten vom Erwachsenen ausgeführt und vom Kind übernommen werden: schnelles und langsames Aneinanderschlagen, auf den Tisch schlagen; mit hochgehobenen Armen, mit herabhängenden Armen, über dem Kopf, hinter dem Rücken Hölzchen aneinander schlagen, dann die Hölzchen einmal auf der rechten, dann auf der linken Seite rhythmisch gegeneinander schlagen. Weiteres geeignetes Spielzeug: Stecker, Ringe zum Einstecken, Aufreihen, Ineinanderschachteln.

4. Setzen Sie sich dem Kind gegenüber und üben Sie in Verbindung mit Reimen, Versen, Liedern die Nachahmung von Lauten.

Beginnen mit Lauten wie: „Mu, bu, du, lu, la, lie ..."

Die Laute sprechen und singen, hohe und tiefe Töne; der Erwachsene im Wechsel mit dem Kind. Lachen erhöht die Nachahmungsfreude. Dabei dann in die Hände klatschen oder auf den Tisch, oder abwechselnd in die Hände und auf den Tisch.

Lautzusammensetzungen, lustige Worte üben: „Es tanzt ein Bi-ba-Butzemann in unserm Haus herum widibum ..."

Bewegungsspiele in Verbindung mit sprachlichen Äußerungen, lautlichen Imitationen: „Zeigt her eure Füße ...", „Brüderchen, komm, tanz' mit mir ...", „Wer will fleißige Handwerker seh'n ..." u. a. m.

5. Setzen Sie lebenspraktische Übungen situationsgerecht ein.

Wenn das Kind in die HPÜ-Einheit kommt, Jacke (Mantel, Mütze) ausziehen und aufhängen, Straßenschuhe mit leichtem Schuhwerk wechseln, am Schluss der Übungsbehandlung abgelegte Kleidungsstücke wieder anziehen.

Essen und Trinken können in die Übungsbehandlung eingebaut werden, auch als Verstärker nach einer besonders angespannten und/oder erfolgreichen Übung.

Händewaschen nach dem Essen und dem Hantieren mit Farben, Sand, Ton. Naseputzen möglichst situationsgebunden üben.

Auch das Toilettegehen kann geübt werden. Es gehört allerdings mehr in die häusliche Übungsbehandlung und sollte über den Tag verteilt, nach einem bestimmten Programm, das die HP mit der Bezugsperson des Kindes bespricht, durchgeführt werden. Wichtig ist bei allen lebenspraktischen Übungen, dass sie mit dem häuslichen Übungsplan übereinstimmen und dem Kind in kleinsten Teilschritten vermittelt werden.

Puppenspiele

Ziele
Das Kind soll eigene Verhaltensweisen in der Spielsituation darstellen können.
Es soll eigene Verhaltensweisen auf Puppen und Tiere übertragen.
Es soll die Darstellungen seines Verhaltens in der Spielsituation affektiv mit vollziehen.
Es soll das auf die Puppen und Tiere übertragene Verhalten affektiv miterleben.

Vorbereitetes Material
Puppen, Puppenwiege, Puppenkorb Teddybär
Stofftiere
Puppenmöbel
Badewanne
Frisier- und Waschutensilien
Bilderbücher
Märchen
Erzählungen

Übungsvorschläge

1. Suchen Sie für das Kind eine Puppe aus, die es besonders anspricht, z.B. Schlummerle. Die Puppe liegt im Bettchen/Korb.
Die Puppe begrüßt das Kind.
Dazu nimmt der Erwachsene die Puppe aus dem Bettchen/Korb: „Guten Tag ..., (Name)" und lässt sie an seiner Hand über den Tisch/Boden spazieren bis zum Kind.
Der Erwachsene und das Kind sitzen sich nun gegenüber, am Tisch oder auf dem Boden. Die Puppe wird dem Kind vom Erwachsenen vorgestellt: „Ich heiße ... – du heißt ..."; „Ich bin ein Mädchen (Junge) – du bist ein Mädchen (Junge)" u. a. m.
Nun werden alle Gemeinsamkeiten entdeckt: „Die Puppe Dora hat eine Nase." Die Nase der Puppe berühren. Erwachsener: „Ich habe auch eine Nase." Er berührt seine Nase. Das Kind fasst sich an die Nase (je nach Behinderung mit Handführung): „Du hast auch eine Nase." Wenn es möglich ist, selbstverständlich das Kind sprechen lassen: „Ich habe auch eine Nase."
Die Spiel-Übung mit Augen, Ohren, Mund, Händen, Armen, Beinen, Füßen, mit dem Körper und der Kleidung wiederholen.
Imitations-Spiele mit der Puppe und dem Kind wie in den ersten fünf Übungsvorschlägen des Rollenspiels.
Puppe und Kind schlafen, essen und waschen sich.

2. Nehmen Sie für diese Wahrnehmungs- und Konzentrationsspiele (hören – sehen – schmecken – riechen) geeignete Puppen oder/und Stofftiere, auch den Teddybär.
Erkennen und Benennen der Sinnesorgane und Sinnesfunktionen bei der Puppe (dem Stofftier, dem Teddy), dem Kind und dem Erwachsenen. Die Reihenfolge kann wechseln:

Augen auf = sehen

Augen zu = schlafen

Mund auf = sprechen, singen, essen

Mund zu = schweigen, nicht singen, nicht essen

Nase = riechen

Ohren = hören

Ohren zuhalten = nicht hören

Sinnesorgane auf Abbildungen im Bilderbuch suchen und sie mit ihren Funktionen erkennen und benennen.

Sinnesfunktionen nachahmen.

3. Machen Sie mit dem Kind Kreis- und Bewegungsspiele und beziehen Sie die Puppe, den Teddy und das Stofftier mit ein.

Erkennen und Benennen der Hände, Arme, Füße, Beine bei der Puppe (Teddy, Stofftier), dem Kind und dem Erwachsenen.

Puppe, Erwachsener und Kind machen Bewegungsübungen: aufstehen, hinsetzen, hinlegen, kriechen, krabbeln, klettern, hüpfen. (Die Reihenfolge wechselt je nach Behinderung.)

Bewegungsübungen mit den Händen: klatschen

Bewegungsübungen mit Armen und Händen: heben, senken, Finger spreizen

Bewegungsübungen mit Beinen und Füßen: hüpfen, drehen, rauf- und runtersteigen, gehen

Kreisspiele zu dritt: „Zeigt her eure Füße ...", „Ringel, rangel, Rose ...", „Häschen in der Grube ..."

4. Üben Sie mit dem Kind Rollenspiele: Es soll jetzt eigene Verhaltensweisen in der Spielsituation darstellen und auf Puppen/Tiere übertragen können. Begrüßung zwischen dem Erwachsenen, dem Kind und der Puppe. Die Puppe gemeinsam aus dem Bettchen holen, streicheln, drücken, verbal begleiten: „Da bist du ja ..., guten Morgen ..."

Die Puppe baden; waschen, abtrocknen, anziehen.

Den jeweils nächstfolgenden Schritt mit dem Kind erarbeiten: Nach dem Aufstehen, Waschen und Anziehen wird gegessen. Also wird zuerst der Tisch gedeckt, dann essen Puppe, Kind und Erwachsener.

Jetzt können Kind und Puppe miteinander spielen. Dazu Material bereitstellen: einfache Puppenmöbel (später erst Puppenstube, Puppenhaus), Tiere, Funktionsspielzeug: z.B. Hohlformen, Muggelsteine, Perlen, Miniatur-Haushaltsgeräte wie Besen, Kehrschaufel, Töpfe, Bügeleisen, Puppenkleider, Puppenwagen oder Handwagen, Schubkarren zum Schieben und Ziehen.

5. Erweitern Sie das Rollenspiel des Kindes: Es soll die Darstellung seines Verhaltens in der Spielsituation affektiv mit vollziehen.

Die Einübung des Rollenspiels, beginnend mit den Imitationsspielen, erfordert viel Zeit, Geduld und Einfühlungsvermögen vom Erwachsenen. Sie dauert vielleicht einige Wochen, Monate, manchmal auch Jahre. Lassen Sie sich nicht entmutigen! Wenn die einzelnen Schritte genügend lange geübt und eingespielt werden, überrascht Sie das Kind eines Tages mit eigenem Spiel. Dafür gibt es viele Beispiele aus der Praxis.

Weniges, gutes Material anbieten. Vor Einführung des Kaufladens oder der Puppenstube, des Bauernhofes oder des Zoos, einer Spielzeug-Stadt oder eines Spielzeug-Dorfes dem Kind die einzelnen Gegenstände vorstellen, sie einzeln benennen und in die Hand nehmen lassen. Die Betätigungsmöglichkeit genau aufzeigen. Das Kind nach eigenem Rhythmus hantieren lassen.

Nach und nach weitere Gegenstände in das Spiel einbeziehen. Jeder neue Gegenstand muss benannt und seine Funktion gezeigt werden. Einfache Erzählungen/Märchen für das Kind mit kleinen Puppen (evtl. selbst angefertigt) darstellen: mit bekannten Situationen aus dem täglichen Leben des Kindes beginnen und langsam zu komplexeren affektiven Erlebnisdarstellungen erweitern.

Spiele zur Einübung sozialer Verhaltensweisen

Ziele

Das Kind soll sich mit Personen und mit deren spezifischen Tätigkeiten und Beziehungen zueinander auseinandersetzen und im Rahmen seiner Möglichkeiten zu ihnen Kontakt aufnehmen.

Es soll verschiedene Formen sozialen Verhaltens erproben und die jeweils üblichen Umgangsformen im Rahmen seiner Möglichkeiten situativ einsetzen. Es soll sich im Rahmen seiner Möglichkeiten in seiner weiteren Umgebung situativ angemessen verhalten.

Vorbereitetes Material

Puppen, Tiere, Puppenwagen
Kaufladen
Verkehrsspiele
Bilderbücher
Geschichten
Sandspielzeug

Übungsvorschläge

1. Begrüßen Sie das Kind, wenn es zu Ihnen kommt.

Die Hand reichen, die Hand drücken, dabei das Kind anschauen, freundlich lächeln und „Guten Morgen, ... (Name)!" sagen. Puppen und Tiere, die im Kreis um den Tisch sitzen, werden vom Erwachsenen und vom Kind einzeln begrüßt.

Puppe/Tier in den Wagen setzen und damit durch den Raum fahren. Puppe oder Tier darf nicht herausfallen.

Puppe aus dem Wagen nehmen, auf den Arm, sie wiegen: „Eia popeia, was raschelt im Stroh ..."; „Hoppe, hoppe Reiter ..."

Kind, Puppe, Erwachsener fassen sich an den Händen und gehen spazieren.

2. Spielen Sie mit dem Kind „Einkaufen" und treffen Sie dafür gemeinsame Vorbereitungen: „Was wollen wir einkaufen?"

Das Wesentliche in dieser Übung ist die Einführung des Verhaltenskomplexes „Einkaufen". Wenn der Kaufladen betreten wird, sollten sich Käufer und Verkäufer begrüßen. Die Begrüßung erfolgt nicht so wie in der Übung zwischen Kind und Puppe. Die andersartige Form des Kontaktes muss dem Kind im nachfolgenden Spiel bewusst werden.

Mit Korb/Tasche und Spielgeld zum Kaufladen gehen, der vom Erwachsenen vor der HPÜ-Einheit aufgebaut wird mit einigen – aber wenigen – Lebensmitteln, die das Kind kennt: Zucker, Salz, Nudeln, Milch, kleinen Schokoladenplätzchen mit bunten Streuseln. Die einzelnen Waren, die gekauft werden sollen, anschauen, aussuchen und benennen.

Hier übernehmen der Erwachsene und das Kind abwechselnd die Rollen des Verkäufers und des Käufers. Einzelne Schritte beachten: Waren anschauen, aussuchen, benennen.

„Geben Sie mir bitte Zucker ..." (Menge, Zahl, Gewicht noch nicht berücksichtigen). – „Danke, ... auf Wiedersehen." – „Auf Wiedersehen."

Die Ware bezahlen, wenn der Mengenbegriff vorhanden ist, evtl. mit 1 EURO (1 Stück Hartgeld), 2 EURO (2 Stück Hartgeld).

3. Übertragen Sie die vorhergehende Übung in die Realität: Gehen Sie mit dem Kind in die Stadt und kaufen Sie dort ein.

Das wesentliche dieser Übung ist die Übertragung des Verhaltenskomplexes „Einkaufen", also die Begegnung zwischen Käufer und Verkäufer in der realen Situation.

Der Erwachsene und das Kind gehen auf die Straße. Adäquate Verhaltensweisen gegenüber Menschen und Situationen, die ihnen begegnen, zeigen. Das gilt auch für die Fahrt mit öffentlichen Verkehrsmitteln.

Ein Geschäft betreten, grüßen, Ware anschauen, aussuchen, benennen. Einkaufs-Vorgang aus dem vorhergehenden Spiel rekonstruieren.

Ein Stadtbesuch mit Einkaufsbummel muss sehr sorgfältig vorbereitet werden. Hilfsmittel dazu: Bilderbücher, Geschichten, Lege- und Zusammensetzspiele, die dieses Thema wiedergeben.

4. Üben Sie mit dem Kind die einfachen Verkehrsregeln in der Spielsituation und in der realen Situation.

Erwachsener und Kind bauen eine Straße aus Holzblöcken, Bausteinen oder/und Stäbchen.

Autos auf der Straße fahren lassen, erst einspurig (Einbahnstraße), dann im Gegenverkehr.

Straßenkreuzung bauen, Ampeln aufstellen (rote, grüne, gelbe Muggelsteine), Zebrastreifen (Fußgängerweg) mit weißer Kreide malen oder mit weißen Stäbchen legen.

Stehpüppchen und Autos aufstellen und einfache Straßenverkehrssituationen spielen.

Übertragung der Spielsituation in die Realität beim Spaziergang.

5. Gehen Sie mit dem Kind auf den Spielplatz und vermitteln Sie den Kontakt zwischen ihm und den anderen Kindern. Behutsame Einführung und Vorbereitung durch Geschichten und Bilderbücher, evtl. Sandspielzeug mit zum Spielplatz nehmen.

Dem Kind den Spielplatz mit allen Spielmöglichkeiten zeigen und erklären. Im Sandkasten spielen.

Wenn das Kind nicht sprechen kann, sollte der Erwachsene den anderen Kindern (je nach Schweregrad der Behinderung) eine entsprechende sachliche Information geben, z.B. „Walter kann (noch) nicht sprechen, er möchte aber mit euch spielen ..."

In Gegenwart des Kindes nicht mit anderen über seine Behinderung sprechen, außer in Situationen, in denen es sachlich notwendig ist. Dann aber muss das Kind mit Behinderung einbezogen werden: Hand des Kindes halten, sich neben das Kind setzen oder stellen, den Arm um seine Schulter legen.

Die Beziehung, die die HP dem Kind vermittelt, wird auf ähnliche Weise hergestellt wie in den vorhergehenden Übungen. Der Kontakt zu den Dingen der Umwelt, den das behinderte Kind spontan und aus eigenem Vermögen nicht herstellen kann, wird ihm erst über die Bezugsperson möglich, so auch der Kontakt zu den Kindern seiner Umgebung.

Je selbstverständlicher die Begegnung mit Kindern durchgeführt wird, um so leichter wird sie vom behinderten Kind und vom nichtbehinderten Kind aufgenommen und akzeptiert. Dabei sollte die Andersartigkeit im Vergleich zwischen den Kindern bewusst gesehen und, soweit erforderlich, klar formuliert werden.

2.1 Spielmaterial zur Einübung des Rollenspiels

Puppenspielzeug (Haus- und Familienspiel)

Puppen
Stoffpuppe, Babypuppe, Steh- und Sitzpuppe, Kämm- und Badepuppe

Puppenzubehör
Kleider, Wasch- und Frisierutensilien, Badewanne, Puppenbett, -wiege, -wagen, -korb, Puppenschrank, Wickelkommode, Sitzgarnitur, Tragetasche, Arztkoffer

Haushaltsgeräte
Besen, Schrubber, Handbesen, Kehrschaufel, Eimer,
Speise- und Kaffeeservice, Besteckkasten, Küchengeschirr, Rührlöffel, Herd, Kochtöpfe, Pfanne, Backgarnitur, Bügeleisen, Telefon

Puppenmöbel
Küche, Bad, Wohn- und Schlafzimmer, Puppenstube, Puppenhaus mit Mobiliar und kleinen Puppen

Plüsch- und Stofftiere
Teddybär u. a.

Rollenspielzeug (erweitertes Umweltspiel)

Handpuppen
Kasper, Seppel, Gretel, Großmutter, Prinzessin, Polizist, Hund, Löwe, Räuber, Hexe

Stockpuppen
Kinder, Frauen, Männer, Tiere

Fingerpuppen
Kinder, Frauen, Männer, Tiere

Kaufladen (Wochenmarkt)
Waage, Kasse, Geld, Papier und Tüten, Ware, Schachteln, Dosen, Tasche, Korb

Öffentliche Einrichtungen
Straßenbau, Hafenanlage, Flugplatz, Stadtbausteine, Dorfbausteine, Postspiel, Bahnhof-, Eisenbahnerspiel

Schule
Sitzmöbel und Pulte, dazu kleine Puppen

Bauernhof
Stall, Zäune, Bäume, Tiere, Figuren, Schäferei, Arche, Zoo

Straßenverkehrsspiel
Straßen, kleine Autos, Bus, Straßenbahn, Verkehrszeichen, Ampeln, Polizeimütze

Verkleidungsspiele
abgelegte Kleider, Jacken, Hosen, Schlafanzüge, Nachthemden, Hüte und Mützen, Schuhe, Tücher; Bänder, Gürtel, Schals in verschiedenen Größen und Farben, Handtaschen, Koffer

3 Übungen zum Konstruktionsspiel

Lege- und Zusammensetzspiele

Ziele
Das Kind soll Farben und Formen benennen und einfache Mengenbegriffe erfahren.
Es soll die Zuordnung von Teilen zum Ganzen begreifen.
Es soll Teile sinnvoll zum Ganzen zusammenfügen.
Das Kind soll aus Teilen kreativ ein Ganzes formen.

Vorbereitetes Material
Farben-Formspiele
Legematerial
Lege-Spiele
Einsetzbilder
Puzzle-Spiele

Übungsvorschläge

1. Beginnen Sie mit dem Spiel „Farben und Formen". Eine der sechs Karten, jeweils mit neun Feldern verschiedener Farbkompositionen, liegt vor dem Kind, die dazu passenden Kärtchen in einer Schale. Mit dem einfachsten beginnen, Schwierigkeitsgrad langsam und kontinuierlich steigern.

Die Abbildungen der Kärtchen werden mit den Abbildungen der Sammelkarten verglichen, dann die gleichen Formen und Farben zugeordnet. Form und Farbe jeweils benennen: „Das ist ein Kreis. Der Kreis ist rot." Variationen: Ausgewählten Form-Farb-Kärtchen gleichfarbige Muggelsteine oder Plastik-Püppchen zuordnen; kleine farbige Bausteine in verschiedenen Formen den dazugehörigen farbigen Formkärtchen zuordnen.

Mit dem Kärtchen in der Hand die abgebildete Form (Farbe) im Zimmer suchen.

Hohlformen in verschiedenen Farben und Formen auf den Tisch stellen. Form- und Farbkärtchen mit den Formen und Farben der Gefäße vergleichen und einwerfen.

Farb-Form-Material kann selbst hergestellt werden; Übungen mit nur einer Grundfarbe und einer Grundform beginnen.

2. Stellen Sie Farbscheiben in den vier Grundfarben aus festem Papier oder Karton selbst her. Von jeder Farbe werden ein Paar ganz, ein Paar halbiert und ein Paar geviertelt bereitgelegt.

Die Farbscheiben werden in Abständen nebeneinander vor dem Kind auf den Tisch gelegt. Mit dem Finger umkreisen: „Wir fahren immer rund herum."

Die Form benennen: „Das ist ein Kreis. Der Kreis ist rund."

Die Farbe benennen: „Der Kreis ist rot (gelb, grün, blau)."

Die halbierten Kreise auf den Tisch legen und benennen: „Das ist ein halber Kreis." Mit dem Finger umfahren. Dann jeweils die beiden halben Kreise auf den gleichfarbigen ganzen Kreis legen. Den Satz liegen lassen.

Der zweite Satz ganzer Farbscheiben wird nebeneinander gelegt. Die geviertelten Kreise nun vor das Kind legen, einzeln betrachten, benennen, umfahren und dann erst auf die entsprechenden Farbscheiben legen. Den Satz liegenlassen.

Dann ohne Farbscheiben üben:

Die gleichfarbigen Halbkreise zu Kreisen legen und benennen. Die gleichfarbigen Kreis-Viertel zu Kreisen legen und benennen.

3. Wählen Sie für das Kind Einsetzbilder/Holztafeln mit und ohne Griffe von der einfachsten Darstellung eines Gegenstandes bis zu komplizierteren Bilddarstellungen: Tasse, Puppe, Bauernhof, Dorf.

Mit einem einfachen, dem Kind bekannten Gegenstand beginnen. Den Gegenstand auf der Holztafel gemeinsam anschauen.

Einzelne Teile aus der Holztafel nehmen und auf den Tisch legen. Einzelne Teile wieder einfügen.

4. Nehmen Sie aus dem reichhaltigen Angebot der Legespiele dasjenige Material, das Ihnen für die nachfolgende Übung mit dem Kind besonders geeignet erscheint: Muggelsteine, Stäbchen, Legematerial aus Holz in verschiedenen Farben und Formen.

Das Material wird dem Kind in Schälchen angeboten, z.B. Muggelsteine. Das Kind legt die Muggelsteine auf eine feste Unterlage nach eigenen Vorstellungen. Wird es nicht selbst aktiv, müssen Anregungen gegeben werden durch Vorlegen, vorgemalte Muster, Abbildungen. Schwierigkeitssteigerung: zunächst einfache Muster legen, dann gemeinsam anschauen, zudecken und dann vom Übenden aus dem Gedächtnis nachlegen lassen.

Dem Kind beliebiges Legematerial in Teilen anbieten, aus denen es kreativ ein Ganzes formen kann.

Dem Kind ein Bild vorlegen, das ihm bekannt ist, dem aber ein Teil fehlt. Den fehlenden Teil suchen und das Bild vervollständigen lassen.

5. Stellen Sie mit dem Kind ein Gedeck zusammen.

Morgens: Teller, Untertasse, Tasse, Löffel, Messer, Gabel.

Mittags: Suppenteller, flacher Teller, Messer, Gabel, großer und kleiner Löffel (Tischdecke).

Wäsche sortieren:

Aus vielen Topflappen oder Waschlappen die jeweils zusammengehörigen Paare heraussuchen und zu Paaren aufeinander legen.

Strümpfe und Schuhe paarweise zusammenstellen.

Obst (Apfel, Banane, Tomate) teilen und die Stücke den Tellern oder Personen zuordnen lassen. Die gleiche Anzahl Teller oder/und Personen müssen vorhanden sein.

Gläser (Einmachgläser, Büchsen, Dosen, Flaschen) auf den Tisch oder den Boden stellen. Das Kind sucht die dazugehörigen Deckel (Ringe, Verschlüsse), die in einem Korb bereitstehen.

Eine Scheibe Brot mit kleinen Wurst- und Gurkenstückchen belegen; eine Obst- oder Aufschnittplatte belegen.

Bauen und Konstruieren

Ziele

Das Kind soll vertikal und horizontal bauen.
Es soll nach Vorlage werkgerecht bauen.
Es soll kreativ bauen.

Vorbereitetes Material

Holzklötze
Holzbaukasten
Fröbelwürfel
„Rosa Turm" (Montessori)
"Braune Treppe" (Montessori)
Kiddycraft-Stecksteine

Übungsvorschläge

1. Bauen Sie mit dem Kind einen Turm aus den würfelförmigen Bausteinen von Montessori (Rosa Turm).

Die Bausteine werden auf den Tisch oder den Bau-Teppich gelegt. Zuerst die Hälfte oder nur ein Drittel der Bausteine einführen, z.B. den 1., 3., 5., 7. und 9. Baustein, dann den 2., 4., 6., 8. und 10. Baustein. Dadurch wird dem Kind der Größenunterschied deutlicher, das Aufeinanderstellen leichter. Je nach Behinderung des Kindes beginnt man nur mit zwei oder drei Bausteinen.

Den größten Würfel vor das Kind stellen und langsam in anschaulicher Weise den nächst kleineren auf den jeweils größeren zu einem Turm zusammensetzen und ebenso langsam abbauen.

Den Turm vom Kind auf- und abbauen lassen.

Bausteine in einen Korb legen.

2. Zeichnen Sie auf Karton oder gestalten Sie aus Holz Schablonen für die Bausteine. Setzen Sie das Kind an den Tisch oder auf den Bau-Teppich. Das Kind ordnet die Würfel in die Schablonen. (Je nach Behinderung mit zwei oder drei Würfeln beginnen und langsam die Anzahl steigern.) Horizontale Reihenbildung, vom größten zum kleinsten.

Püppchen oder kleine (Plastik-)Tiere aufstellen.

Fingerspiel: „Geht ein Mann die Treppe hinauf ..."

3. Legen Sie alle Bausteine des rosa Turms auf den Tisch oder auf den Bau-Teppich.

Das Kind ordnet die Würfel nach Schablonen.

Turmbildung, vertikales Bauen, vom größten Würfel zum kleinsten: den größten Würfel aus der Schablone holen und vor das Kind stellen. Den nächst kleineren vom Kind auf den jeweils größeren aufstellen lassen, bis der Turm fertig ist.

Den Turm vom Kind abbauen lassen.

Bausteine in einen Korb legen.

4. Zeigen Sie dem Kind das spezifische Hantieren mit Bausteinen (Holzpflöckchen).
Reihenbildung: Straße.

Übungen zum Konstruktionsspiel

Mit dem Kind über die Straße gehen.
Gemeinsam ein Auto über die Straße fahren lassen.
Ein Püppchen auf die Straße stellen.
Neben die Straße aus Bausteinen (Holzpflöckchen) einen Turm bauen. Einen zweiten Turm neben den ersten setzen:

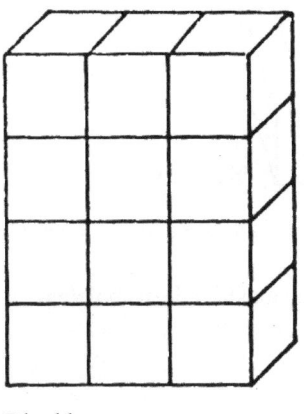 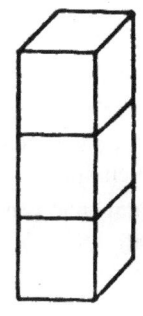

Blockbau Turmbau

5. Legen Sie drei rechteckig-flache Bausteine auf den Tisch oder Bau-Teppich. Zeigen Sie dem Kind langsam, anschaulich und einprägsam, wie man alle drei Bausteine nacheinander zu einer Brücke zusammenfügen kann.

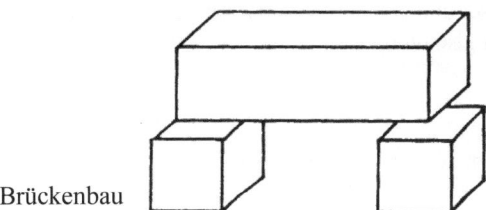

Brückenbau

Dem Kind drei gleiche Bausteine vorlegen und es auffordern, die Brücke nachzubauen, mit/ohne Handführung. Eventuell einen Baustein aufsetzen, vom Kind nachbauen lassen, dann den zweiten aufsetzen und wieder nachbauen lassen, dann den dritten quer darüber legen und es vom Kind nachvollziehen lassen.

Viele „Brücken", im Wechsel oder gemeinsam vom Erwachsenen und vom Kind gebaut, ergeben einen Tunnel, durch den ein Ball rollen oder ein Zug fahren kann.

Beim Raumbau werden vier gleiche Bausteine gebraucht. Sie werden vom Erwachsenen vor- und vom Kind nachgelegt. Dann Tiere und Puppen hineinstellen.

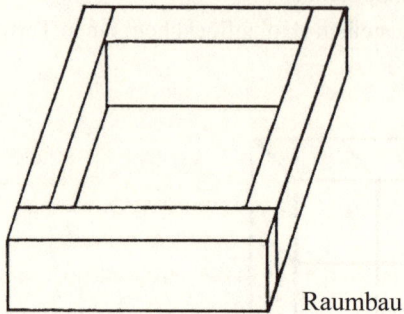
Raumbau

Turm-, Block-, Brücken- und Raumbau mit dem Kind nacheinander wiederholen bis zum werkgerechten Spiel.

Das Kind zum kreativen Bauen motivieren, Belebungsmaterial dazu anbieten.

Spiele mit Wasser und Sand

Ziele

Das Kind soll Wasser, Sand und Steine in ihrer verschiedenenartigen Beschaffenheit erfahren.

Es soll mit Wasser, Sand und Steinen adäquat umgehen können. Es soll mit Wasser, Sand und Steinen selbständig gestalten.

Vorbereitetes Material

Sand, Steine

Wasser, Bade-Utensilien, Wasser-Spielzeug

Sand-Spielzeug

Übungsvorschläge

1. Machen Sie das Kind mit Wasser vertraut.

Das Kind in die Badewanne setzen in weiches, duftendes, wohltemperiertes Badewasser mit Zusatz.

Wasser-Spiele: Wasser in die Hände des Kindes tropfen, rechts und links in die Innenflächen und auf die Handrücken, auf Arme, Füße, Beine, Körper.

Schwamm-Spiele: Den Schwamm ins Wasser tauchen und ausdrücken, ins Wasser tauchen und abwechselnd den Schwamm in die Hände des Kindes und des Erwachsenen ausdrücken, den Schwamm voll saugen lassen; über eine schwarze Tafel wischen; eine Puppe oder ein Schwimmtier waschen; über die eigenen Hände, Arme, Füße, Beine und den Körper streichen.

Übungen zum Konstruktionsspiel

2. Veranstalten Sie im Sommer ein Wasserspritzen im Garten.

Mit weichem Wasserstrahl den Körper, die Arme und Beine des Kindes anspritzen.

In Gefäße (Eimer, Schüssel) verschieden temperiertes Wasser gießen zur Begriffsbildung von warm – kalt – heiß. Beide Hände und abwechselnd die rechte und linke Hand eintauchen.

Mit Seifenblasen spielen: blasen, Seifenblasen in der Luft fangen, zerplatzen lassen, auf dem Handrücken tanzen lassen, in der Hand oder in einem Gefäß auffangen. Wasser in verschiedene Behälter füllen, umfüllen und ausgießen. Hände waschen: im Waschbecken oder in einer Schüssel, dabei darauf achten, dass die Ärmel aufgerollt sind. Beide Hände eintauchen, dann einseifen und die Seife zurücklegen. Innenfläche, Handrücken und die einzelnen Finger waschen. Die Hände wieder ins Wasser tauchen und abspülen, dann abtrocknen, die Finger einzeln, dann die ganze Hand, und mit einer guten duftenden Handcreme leicht einreiben.

3. Laufen Sie mit dem Kind mit bloßen Füßen durch den Sand im Sandkasten oder am Strand entlang.

Sand rieseln lassen über Füße und Hände.

Sand schöpfen und durch die Hände rieseln lassen, Sand mit den Zehen greifen, Füße im Sand vergraben.

In den Sand malen mit dem Zeigefinger, mit dem rechten und linken Zeigefinger, mit beiden Händen, mit der gespreizten Hand, der geballten Hand, mit den Zehen, mit den Füßen.

4. Laufen Sie mit dem Kind abwechselnd durch Sand und Wasser. Suchen und sammeln Sie Steine mit dem Kind.

Im warmen Sommerregen durch den Wald laufen – wenn Regen von den Blättern tropft.

Nach warmem Sommerregen barfuss durch Pfützen, Schlamm, Bäche und nassen Sand laufen. Mit dem Kind Steine, Muscheln, Schneckenhäuschen suchen und sammeln.

Sand und Wasser im Sandkasten mischen. Im nassen Sand matschen, patschen, klopfen, rühren, malen.

Nassen Sand einfüllen, ausschütten, drücken, formen.

Mit den Händen abwechselnd in nassem und trockenem Sand (gesonderte Gefäße) graben.

5. Zeigen Sie dem Kind das selbständige Gestalten mit Wasser, Sand und Steinen. „Kuchenbacken" im Sandkasten.

Burgen bauen und mit Wassergräben umgeben.

Schiffchen und Entchen aus Papier falten und schwimmen lassen.

Eine Brücke über einen Wassergraben bauen mit Hilfe von Steinen oder/und Holzstückchen, z.B. Zweigen.

Das Wasser- und Sandspiel als Lockerung, Entspannung und Ausdrucksmöglichkeit kann mit anderen Spielübungen verknüpft werden.

Modellieren mit Knete, Wachs, Ton und Plastilin

Ziele

Das Kind soll Wachs und Ton als formbares Material erfahren.

Es soll die zur Arbeit nötigen Techniken beherrschen.

Es soll mit Wachs und Ton selbständig gestalten.

Vorbereitetes Material

Knete, Wachs, Ton, Plastilin, Salzteig

Übungsvorschläge

1. Zeigen Sie dem Kind, dass Knete, Wachs, Ton und Plastilin formbares Material sind, und legen Sie dazu das modellierfähige Wachs auf eine Unterlage auf den Tisch.

Das Material wird benannt, dem Kind die Eigenschaften von Knete/Wachs/Ton/ Plastilin und die Tätigkeiten des Knetens und Formens aufgezeigt. In die Hand des Kindes eine Wachskugel legen, der Hand des Kindes angemessen. (Statt Wachs auch Knete/Ton/Plastilin). Der Erwachsene nimmt ebenfalls eine Wachskugel in die Hand. Das Wachs mit beiden Händen drücken.

Das weiche Wachs auf die Unterlage legen und das Kind rollen, kneten, drücken, hantieren lassen nach eigenem Rhythmus.

2. Formen Sie mit dem Kind Kugeln und Würste und zeigen Sie ihm die dafür nötigen Techniken auf.

Wachs kneten, bis es weich und gebrauchsfertig ist, erst in der Hand, dann auf dem Tisch. Aus einer großen Kugel kleine Kugeln formen: die Wachsstücke zwischen den Handflächen mit kreisenden Bewegungen rollen, bis sich Kugeln formen, oder/und die Waschsstücke in gleicher Weise auf einer Unterlage rollen.

Kugeln zu Würstchen rollen: die Wachskugeln zwischen den Händen hin- und her- oder/und auf einer Unterlage vor- und zurückrollen, bis die Kugeln zu Würstchen geformt sind.

Aus Wachsstücken Kugeln und Würste formen. Je eine Kugel und eine Wurst miteinander verbinden und aufrecht hinstellen: Pilz, Blume, Baum.

3. Zeigen Sie dem Kind Gestaltungsmöglichkeiten, wie z.B. „Äpfel im Korb".

Wachs zu einer Wurst rollen.

Anfang und Ende zu einem Kreis zusammendrücken.

Eine Kugel rollen und mit der Hand auf einer Unterlage flachdrücken zu einem runden Boden.

Die Kreisrolle auf den Boden legen und leicht andrücken: Korb. Kleine Kugeln
rollen und in den Korb legen: Äpfel.

Wurst rollen, zum Halbkreis biegen und als Henkel am Korb befestigen.

4. Erweitern Sie die Gestaltungsmöglichkeit des Formens.

Einen runden Boden = „Untersetzer formen":

Verschiedene Wachsstücke zu Würsten rollen.

Die erste Rolle auf den äußersten Rand des Untersetzers legen, leicht andrücken: Teller.

Mehrere Rollen übereinander auf das Grund-Modell „Untersetzer" legen und mit den Fingern so drücken und formen, dass daraus ein Gefäß mit Rand entsteht: Schüssel.

Jeder zu formende Gegenstand sollte dem Kind als Anschauungsmaterial vor der jeweiligen Übung vorgestellt werden. Die Gestaltung wird dem Kind in kleinen Schritten aufgezeigt und die einzelnen Schritte werden vom Kind nachgeahmt.

5. Zeigen Sie dem Kind eine weitere Modelliertechnik und formen Sie mit ihm aus einem Wachs-/Tonklumpen ein Werkstück.

Das fertige Werkstück vorzeigen, benennen und den Arbeitsgang erklären. Wachs/Ton (modellierfertig) anbieten und mit dem Kind die einzelnen Schritte des Modellierens aus *einem* Wachs-/Tonklumpen besprechen. Das Kind vom einfachen unspezifischen Hantieren mit Wachs/Ton bis zu selbständigem Gestalten führen.

Fertige Teile können an der Luft trocknen oder gebrannt werden.

Bildnerisches Gestalten

Ziele

Das Kind soll verschiedene Arten von Papier erfahren und damit hantieren können.

Es soll das Papier mit bereitgestellten Farben bemalen.

Es soll mit Farben auf Flächen nach einer Erzählung – oder ohne Vorgabe – selbständig gestalten können.

Vorbereitetes Material

Papier (unbedrucktes Zeitungspapier, Karton-Papier, Rückseite von Tapetenresten)

Farben (Fingerfarben, Erdfarben, Wachsmalblöcke, Filzschreiber mit Ventil – ungiftige Spezialtusche, wasserlösliche Beize-Farben selbst herstellen)

Tafel

Pinsel

Schere

Kleister

Übungsvorschläge

1. Legen Sie Seidenpapier in den Grundfarben bereit und setzen Sie sich mit dem Kind an einen Tisch oder auf den Boden. Die Übungen mit der Lieblingsfarbe des Kindes beginnen.

Dem Kind zeigen, was man alles mit dem Papier machen kann: darüber streichen, auf die rechte und linke Hand legen, mit beiden Händen festhalten, fallenlassen, aufheben, wegtragen, in die Luft werfen, wegpusten, auffangen, knistern lassen, zusammenknüllen, glatt streichen, in kleine Stücke oder in Streifen reißen, auf den Boden werfen, mit den Füßen aufheben und in einen Behälter legen, Papierkugeln formen und damit werfen: in einen Papierkorb, an die Wand, auf eine Zielscheibe.

2. Singen, spielen, malen Sie mit dem Kind „Ringel, rangel, Rose ..." und „Ri-ra-rutsch ... " Befestigen Sie weißes, nicht zu dünnes Zeichenpapier an der Wand, auf der Tischplatte oder/und auf dem Boden.

Mit dem Kind „Ringel, rangel, Rose ..." singen und im Kreis spielen. Das Kind an den Tisch oder auf die Erde setzen. Wachsmalblöcke, der Hand des Kindes entsprechend, in den Grundfarben einführen. Die Lieblingsfarbe vom Kind bestimmen lassen.

Mit dem Wachsmalblock in Kreisbewegungen auf das befestigte Papier malen, dazu rhythmisch-musikalische Begleitung: „Ringel, rangel, Rose ..." und je nach Behinderung die Hand des Kindes führen. Dann setzt sich der Erwachsene dem Kind gegenüber, beide malen „Ringel, rangel, Rose ...", wobei das Kind die Malbewegungen des Erwachsenen nachahmt. Zum Schluss der Übung führt das Kind die Mal-Kreis-Bewegungen allein aus, während der Erwachsene und das Kind singen.

Variationen: rechtsherum, linksherum, mit der rechten, dann mit der linken Hand, mit beiden Händen malen. Auf die große Wandtafel, auf eine kleine Schiefertafel, mit nassem Schwamm/bunter Kreide malen. „Ri-ra-rutsch ..." singen, spielen und malen in Auf-/Abwärtsbewegungen.

Die Übungen im Wechsel mit „Ringel, rangel, Rose ..." durchführen.

Stellen Sie mit dem Kind aus Erdfarben/Pulverfarben in den Grundtönen eine weiche, streichfähige Farbe her.

Bewahren Sie die Farbe in leeren Gläsern mit Schraubverschluss auf.

Den Tisch mit alten Zeitungen gut abdecken.

Einen Teil der Farbe auf einen Blechteller geben.

Mit breitem Pinsel Farbe auf unbedrucktes Zeitungspapier (bei Druckereien erhältlich) auftragen.

Das eingefärbte Papier gut trocknen lassen.

3. Das eingefärbte Papier können Sie mit dem Kind reißen, schneiden, bekleben. Zuvor müssen dem Kind die drei Techniken des Reißens, Schneidens und des Klebens vermittelt und nacheinander mit ihm eingeübt werden. Buntpapier in kleine Schnipsel reißen/schneiden.

Die Schnipsel nach Farben in Schalen sortieren.

Einen Kreis oder andere Grundformen, die das Kind kennt, malen und mit Schnipseln ausfüllen.

Einen Kreis malen, gut mit Klebstoff bestreichen und die Schnipsel aufkleben.

4. Zeigen Sie dem Kind das bildnerische Gestalten mit Filzschreibern.

Farben einführen: dem Kind Handhabung aufzeigen, mit den Farben hantieren lassen nach eigenem Rhythmus.

Nach entsprechender Vor-/Einübung dem Kind einfache anschauliche Erlebnis-Darstellung (Erzählung, Geschichte) anbieten, kein Bildmaterial. Auf ein weißes Karton-Papier DIN A4 oder DIN A2 für das Kind einen „Rahmen" malen.

In diesen Rahmen malt das Kind, was es aus der Erzählung darstellen möchte.

Werken (freies Gestalten)

Ziele

Das Kind soll verschiedene Arten bearbeitbaren Materials und das jeweils zum Arbeitsvorgang passende Werkzeug kennenlernen.

Es soll mit Material und Werkzeug adäquat umgehen können.

Es soll mit Material und Werkzeug kreativ gestalten.

Vorbereitetes Material
Werkmaterial
Werkzeug
Restmaterial („wertloses Material") Stoffreste

Übungsvorschläge

1. Werken Sie mit dem Kind eine Stockpuppe, in entsprechenden Motivationssituationen: z.B. in der Vorbereitung auf ein Kinderfest, zum Geburtstag der Eltern, Geschwister oder Freunde u. a. m.

Beginnen Sie mit einfachen Werkarbeiten, die dem Kind möglichst bald ein Erfolgserlebnis vermitteln und während einer Behandlungseinheit fertig gestellt werden können.

Material: Kochlöffel, Kartoffelstampfer, Pelz- und Fellreste, Knöpfe, Farben, bunte Woll- und Stoffreste.

Ein vom Erwachsenen gebasteltes Exemplar erheitert in einem kleinen Begrüßungsauftritt das behinderte Kind zu Beginn der HPÜ-Einheit. Auf den Kochlöffel Augen, Nase, Mund aufmalen, ein Stückchen Fell als Haarschopf aufkleben, Stoff- und Gardinenreste werden zu Kleid (Umhang) und Schleier, Goldfolie zu einem Reifen, einer Krone. Das Spiel mit der Stockpuppe kann beginnen.

2. Gestalten Sie mit dem Kind zum Erntedankfest ein Gemüse-Puppen-Theater. Treffen Sie alle Vor-Überlegungen und Vorbereitungen gemeinsam. Kaufen Sie mit dem Kind verschiedene Gemüsesorten auf dem Markt ein. Möglichst noch am gleichen oder am darauf folgenden Tag damit spielen, weil das Gemüse schnell eintrocknet. Im Keller aufbewahren.

Gurken, Möhren, Porree z.B. bilden den Körper.

Augen, Nase, Mund und Ohren sind aus Beeren und werden aufgeklebt oder aufgesteckt, die Kopfbedeckung wird aus Blättern oder Petersilie hergestellt, Rhabarber wird zu einem Sonnenschirm u. a. m. Das „Spiel" kann in einer einfachen Vorstellung der Puppe bestehen, im Vortragen eines Liedes, Gedichtes oder Tanzes und bis zu einer Spielhandlung erweitert werden, allein oder/und mit einer zweiten Puppe. Je nach Behinderung wird nur eine Gemüsepuppe gebastelt.

Entscheidend für dieses Spiel ist die Freude des Kindes an der Ausdrucksmöglichkeit, ganz gleich, in welcher Form sie sich darstellt.

3. Sammeln Sie ausgediente Garn- und Papierrollen, Streichholz- und Zigarrenschachteln sowie Käsedosen in einen Behälter. Bieten Sie dem Kind das „wertlose Material" zum Werken an.

In einem Planungs-Gespräch mit dem Kind das Gestaltungsthema erarbeiten, je nach Entwicklungsalter ein Umwelt-Thema wählen, z.B. Haus, Bauernhof, Dorf, Stadt, Zoo.

Die Phantasie und Kreativität des Kindes anregen, jedoch seine Gestaltungsmöglichkeit und -willigkeit berücksichtigen und akzeptieren.

Möglichst ohne Anschauungsmaterial gestalten.

Soll eine Stadt entstehen, baut das Kind zunächst aus dem vorhandenen Material diese Stadt vor sich auf. Die einzelnen Teile werden dann auf einen entsprechend großen Karton aufgeklebt.

Werken Sie mit dem Kind aus alten Holzkisten, Schuhkartons, Dosen, Deckeln, Büchsen und Gläsern einen Kaufladen.

Kaufladen-Spiel anregen durch einen Einkaufsbummel, bei dem das Material besorgt wird.

Im Haus oder im Freien mit dem Kind einen Kaufladen einrichten. Theke: Holzkiste; Gefäße für die Waren: Dosen, Deckel, Büchsen, Gläser; Ware: Blätter, Zweige, Steine, Sand, Wasser, Muscheln, Schneckenhäuser u. a. m. Der Erwachsene und das Kind spielen abwechselnd Käufer und Verkäufer.

4. Werken Sie mit dem Kind im Winter ein Futterhäuschen für die Vögel. Stellen Sie das Material vor der Übungsstunde zusammen: geschnittene Holzbretter, Nägel, Hammer und Kneifzange.

Material und Werkzeuge benennen. Dem Kind die Funktion der einzelnen Werkzeuge nacheinander aufzeigen.

Das Kind mit den Werkzeugen hantieren lassen.

Vorübung: Nägel in ein Brett schlagen, mit der Kneifzange die Nägel wieder herausziehen.

Das Häuschen mit den Holzbrettern vorbauen.

Einen Bauplan des Futterhäuschens zeichnen, der in mehreren Teilschritten die genaue Zusammensetzung des Häuschens in einzelnen Arbeitsgängen wiedergibt.

An Hand des Bauplans das Vogelfutterhaus zusammennageln oder -leimen. Eigene Ideen des Kindes nicht nur berücksichtigen, sondern auch bestärken.

3.1 Spielmaterial zur Einübung des Konstruktionsspiels

Die *kursiv* gedruckten Materialien haben sich in der Arbeit besonders bewährt.

Lege- und Zusammensetzspiele
Muggelsteine, Stäbchen, Fröbel-Legetäfelchen, Montessori-Tafeln, *Lotto-Spiele, Domino-Spiele,* Memory, Nagelspiele, *Einlegespiele* (geometrisches Übungsbrett, kleines Formenbrett, Einordnungsbrettchen mit Griff, Einlegebrettchen, Einsetzbilder), *Sortierspiele* (Sortierbrett, Formen- und Farbenlegebrett), Puzzle-Spiele *(Knopf-Puzzle,* Einlegepuzzle mit Greifstöpsel, *Didacta-Puzzle,* Decor-Puzzle), Naturmaterial (Steine, Muscheln, Zweige, Blätter, Kastanien, Eicheln, Tannenzapfen); Pertra-Spielsatz

Spielzeug zum Bauen und Konstruieren
Holzklötze, Fröbel-Bausteine, Fröbel-Würfel, Würfelsatz, *Rosa Turm* (Montessori), *Braune Treppe* (Montessori), Holzbaukasten, Großbauelemente (Würfel, Quader, Bretter), Lochsteinbaukasten, Nutbauklötze, Steckbausteine, Baufix, Konstruktionsbaukasten, Lego, Steckwürfel, Schienenbahn, Hochbahn, Flughafen

Material zum Gestalten
Knetwachs, Ton, *Salzteig, Knete,* Plastilin, Plastica-Modelliermasse, *Pappmaché, Fingerfarben,* Schultempera, Placa-Farben, Wasserfarben, *Erdfarben,* Tafelkreide, Ölkreide, *Wachsmalblöcke,* Wachsfarbstifte, Filzstifte, Buntstifte, Bleistifte, Jaxtusche (giftig), Pinsel, Farbschalen, Wasserschalen
Tafel, Malpapier, *unbedrucktes Zeitungspapier,* Tapete, Pappe, Wellpappe, farbiges Papier, Krepp-Papier, Tonpapier, Transparentpapier, Klebstoff, Kinderschere, Faltblätter, Flechtblätter, Flechtnadel, Webrahmen, Wollreste, Stoffreste, Bast, Hanf, Holz, Steine. *Werkzeug* (Hammer, Nägel, Säge, Zange, Messer, Schere, Schraubenzieher), *Naturmaterial,* „wertloses" Material (Pappschachteln, Pappkartons, Streichholzschachteln, Flaschen, Dosen, Gläser)

4 Übungen zum Regelspiel

Organisierte Kreis-, Sing- und Bewegungsspiele

Ziele
Das Kind soll Regeln verstehen und sich danach verhalten können. Es soll an Regelspielen in einer Gruppe teilnehmen können.

Vorbereitetes Material
Kreisspiele
Bewegungsspiele
Gesellschaftsspiele
Wettrennspiele

Übungsvorschläge

1. Einfache Kreisspiele: „Häschen in der Grube ..."
„Ringel, rangel, Rose ..."
„Wir treten auf die Kette ..."
„Wir woll'n den Zaun binden ..."
„Zeigt her eure Füße ...".
Setzen Sie die Kreisspiele, die im Raum oder draußen gespielt werden können, als Entspannungsübung an den Anfang oder/und an den Schluss einer HPÜ-Einheit. Die beste Einführung erfolgt in einer größeren Spielgemeinschaft, zu der auch ältere bzw. Kinder ohne Behinderung gehören. Ist das nicht möglich, sollten mehrere Erwachsene mitspielen. Die Spielregel ergibt sich aus dem Text und der begleitenden Bewegung. Deshalb müssen dem Kind mit Behinderung Text, Melodie und Bewegung des Spiels langsam, klar und deutlich, anschaulich und einprägsam vorgesprochen, vorgesungen und vorgespielt werden. Das geschieht am besten durch Mitspielen.

2. Kreis- und Bewegungsspiele:
„Es geht eine Zipfelmütze ..."
„Brüderchen, komm tanz mit mir ..."
„Ri-ra-rutsch, wir fahren mit der Kutsch' ..."
„Ting-tang-Tellerlein, wer klopft an meiner Tür ...".
Wenn das Kind die einfachen Kreisspiele kennt, zeigen Sie ihm weiterführende Kreis-, Sing- und Bewegungsspiele. Auch hier gilt, was schon zuvor gesagt wurde: Die beste Motivation ist der große Spielkreis mit älteren Kindern und/oder Erwachsenen und der große Raum für die Bewegungen.
Die Spielregeln, der Text, die Melodie und die auszuführenden Bewegungen erweitern sich.
Wenn das Kind diesen differenzierten Bewegungsspielen noch nicht folgen kann, sollte unbedingt auf einfache, dem Kind schon bekannte Spiele zurückgegriffen werden.
Das Partnerspiel in der Zweiersituation eignet sich z.B. gut als Einführung in das Regelspiel: „Ri-ra-rutsch ..." und/oder „Brüderchen, komm tanz mit mir... .

3. Spiele im Kreis:
„Katze und Maus"
„Machet auf das Tor"
„Plumpsack"
„Schornsteinfeger ging spazieren"
„Reise nach Jerusalem".
Am Anfang müssen Sie die Spielregeln vielleicht vereinfachen. Dem Kind sollten diese Spiele im Kreis vorher erklärt werden.

4. Gesellschaftsspiele im Kreis:
„Mein rechter Platz ist leer"
„Die Tante aus Amerika ist da"
„Mäuschen, piep einmal"
„Bäumchen, Bäumchen, wechselt euch".
Bei diesen Gesellschaftsspielen im Kreis wird vorausgesetzt, dass der Mitspieler bis sieben zählen und einfache Sätze nachsprechen kann.
Geben Sie dem behinderten Kind eine gute Einführung durch einfache Spielregelerklärungen.
Diese Spiele sollten unter Nichtbeachtung der Wettspielsituation und Gleichsetzung des Gewinnens und Verlierens mit dem Kind durchgeführt werden.

5. Wettspiele:
„Mutter, wie weit darf ich reisen?"
„Leise Schritte"
„Ein Uhr, da kommt er nicht".
Bei diesen Wettrennspielen gibt es noch keine Parteien, sondern einen Spielführer und die Gruppe der Mitspieler. Am Anfang übernehmen Sie die Spielleitung. Festgelegte Regeln gelten für alle, z.B. bei „Mutter, wie weit darf ich reisen?" gilt die Antwort: „Bis Amerika" als Aufforderung, so viele Schritte vorzugehen, wie A-me-ri-ka Silben hat. Bei „Leise Schritte" gilt es zu laufen, solange der Spielführer sich umdreht, bei „Ein Uhr, da kommt er nicht" gilt es, sich vom Wolf nicht fangen zu lassen, wenn alle rufen: „12.00 Uhr, da kommt er!"

Gesellschaftsspiele

Ziele
Das Kind soll sich an die vereinbarte Spielregel halten und die notwendigen Entscheidungen treffen können.
Es soll das Gesellschaftsspiel als Spiel begreifen und Verlieren nicht als persönliches Versagen erleben.

Vorbereitetes Material
Farben-, Formen-, Domino-, Lotto-Spiele
(Erste) Gesellschaftsspiele

Brett-, Karten- und Pfänderspiele
Kegel
Würfel

Übungsvorschläge

1. Geben Sie dem Kind eine Einführung in einfache Spielregeln durch Farben-, Formen-, Steckspiele, die dem Kind aus den Übungen des Funktionsspiels bekannt sind.
Fünf gelbe/rote Bausteine für das Kind und für den Erwachsenen bereithalten.
Die Spielregel erklären: Im Wechsel setzen der Erwachsene und das Kind einen gelben Baustein, dann einen roten und wieder einen gelben Baustein, dann einen roten und wieder einen gelben aufeinander zu einem Turm. Die Spielregel eventuell aufmalen als Anschauungsmaterial: einen Turm mit der Anzahl der gesamten Bausteine im Wechselspiel der Farben Gelb und Rot.

2. Zeigen Sie dem Kind ein Spiel mit Farbwürfeln.
Spielregel: Auf dem Tisch oder Boden liegen eine Anzahl Bau- oder Muggelsteine in allen Grundfarben. Mit dem Farbwürfel wird abwechselnd gewürfelt. Bleibt der Würfel mit der roten Farbe nach oben liegen, setzt der Spieler einen roten Baustein vor sich hin oder in eine vorgezeichnete Schablone, in ein Gefäß oder in einen Behälter mit einer Öffnung. Wenn der Farbwürfel eine Farbe zeigt, die nicht mehr vorhanden ist, darf der Partner würfeln.

3. Erklären Sie dem Kind das Farbtürmchen-Spiel und ändern Sie die Spielregeln je nach Entwicklungsalter ab.
Türmchen in der gleichen Anzahl ohne Perlen auf den Tisch vor das Kind und den Erwachsenen stellen.
Die dazugehörigen Perlen in einem Körbchen bereitstellen.
Spielregel: Das Kind und der Erwachsene würfeln abwechselnd mit dem Farbwürfel. Die gewürfelte Farbe gibt die Farbe der Perle an, die auf das Türmchen gesteckt werden soll.
Erschwert wird die Spielregel, wenn jedes Farbtürmchen nur mit einer bestimmten Farbe gesteckt werden darf.
Variationen: Die Spielregel jeweils mit dem Kind vor Beginn des Spiels bestimmen. Die eigenen Ideen des Kindes aufgreifen und bestärken.

4. Spielen Sie mit dem Kind „Vier erste Spiele" (erste Gesellschaftsspiele für Kinder). Ähnliche Spiele können auch selbst angefertigt werden. Auf einem Brett/Karton befinden sich Bilddarstellungen aus der bekannten Umwelt des Kindes. Eine Leiter oder aneinander gereihte quadratische Kästchen malen, die zu einem Ziel (Mittelpunkt dieser Bilddarstellungen) führen.
Würfel mit Farben oder Zahlen (von 1-3, je nachdem, wie viele Zahlen das Kind kennt) und Spielfiguren bereitlegen.
Spielregel: Das Kind und der Erwachsene würfeln abwechselnd. Die Farbe oder die Zahl bestimmen das Vorwärtsgehen der Spielfiguren auf der Leiter bzw. auf den Kästchen bis zum Ziel.
Ein Spiel-Püppchen als Spielfigur erhöht die Freude der Spielreise und übt den Dreifinger-Griff.

5. Sie können Gesellschaftsspiele ohne Material in größeren Spielgemeinschaften bei Geburtstags- und Namenstagsfesten einführen:

„Kofferpacken"

„Liederraten"

„Vier-Ecken-Raten"

„Ich sehe was, was du nicht siehst"

„Verreisen".

Bei allen Spielen gibt es einen Spielführer, der das Spiel beginnt. Beim „Kofferpacken" z.B. wird er hinausgeschickt, damit er nicht hört, für wen die Gruppe den Koffer packt. Zurückgerufen, fragt er nacheinander jeden einzelnen: „Was packst du in den Koffer?" Der Gefragte muss einen Gegenstand nennen, der zu derjenigen Person gehört, für die der Koffer gepackt wird.

Anhand dieser Aufzählungen soll der Ratende herausfinden, für wen der Koffer gepackt wurde.

Parteienspiele

Ziele

Das Kind soll die Spielregeln anerkennen und sich in die Spielgruppe einordnen.
Es soll sich für die Gruppenleistung einsetzen und diese auch als eigene Leistung erleben können.
Es soll im Rahmen der Regeln zum Gruppenerfolg aktiv beitragen.

Vorbereitetes Material
Bälle, Rhythmikmaterial, Gestaltungsmaterial.

Übungsvorschläge

1. Wählen Sie Wettspiele erst dann, wenn die Beteiligten die Regeln anerkennen und sich in die Spielgruppe einordnen können. Das Wettspiel mit Schlaghölzern ist eine soziale Gruppenübung, die hohe Anforderungen an die Konzentration und an die aktive und passive Anpassung des einzelnen stellt.

Zwei Gruppen stehen oder sitzen sich gegenüber.

Auf ein Startzeichen wird den beiden ersten Mitspielern jeder Gruppe ein Klangholz in die Hand gegeben. Dieses Holz soll so schnell wie möglich von einem zum anderen weitergereicht werden. Die Gruppe, die das Holz zuerst durchgereicht hat, wird Sieger.

Variationen: einen beliebigen Gegenstand weiterreichen – mit dem Fuß, auf dem Handrücken, auf dem Kopf.

Spielerweiterung: Der letzte Mitspieler jeder Gruppe läuft, wenn er das Holz erhält, um die Stuhlreihe. Alle Spieler rutschen einen Stuhl weiter, so dass der letzte Spieler auf dem ersten Stuhl sitzt. Das Spiel beginnt von neuem und endet, wenn alle wieder auf ihrem richtigen Platz sitzen.

Eine soziale Gruppenübung: Die beiden Gruppen knien sich auf dem Boden gegenüber, etwa drei bis fünf Meter voneinander entfernt. Jeder Spieler bekommt zwei Schlaghölzer oder einen Stab. Sie werden mit beiden Händen über den Boden auf die andere Gruppe zugerollt, dabei müssen sich alle Hölzer einer Gruppe berühren und der einzelne muss beim Rollen immer das Tempo des rechten und linken Nachbarn berücksichtigen.

Die Gruppe, deren Schlagholzreihe ohne abzureißen die andere Gruppe erreicht, ist Sieger.

2. Führen Sie Parteienspiele ein, bei denen der kreative Einsatz des Einzelnen für die Gruppe gefordert wird: Bauen, Konstruieren, Malen, Gestalten, Werken.

Zwei Gruppen wählen ein Thema, das von jeder Gruppe in einem bestimmten Zeitraum durchgeführt werden muss, z.B. Dekorationen malen für ein Fastnachtsfest, aus Bausteinen ein Schloss bauen, ein Stegreifspiel einüben u. a. m.

Man kann mit sehr einfachen Überlegungen (Themen) beginnen und jede Gruppe malt gemeinsam ein Bild, baut gemeinsam einen Turm, verkleidet gemeinsam einen Spieler aus der Gruppe.

Wenn die vorgeschriebene Zeit verstrichen ist, führt jede Gruppe das Ergebnis der Aufgabe vor.

Preisgekrönt wird das Produkt, das von den meisten Spielern zum „Sieger" bestimmt wird.

3. Luftballon-Wettspiele können Sie drinnen und draußen spielen. Die Mitspieler bilden zwei Gruppen.

Spielmaterial und Spielregel mit einfachen Erklärungen langsam und anschaulich einführen.

Zwei Papierkörbe und zwei Luftballons stehen bereit. Ein Kreidestrich oder Seil zeigt Start und Ziel an.

Am Start stehen die beiden Gruppen in zwei Riegen, die Papierkörbe stehen am Ziel, eventuell Hindernisse auf den Weg bauen.

Die zwei ersten Spieler der Gruppe laufen auf ein Startzeichen mit dem Luftballon los und werfen ihn in den Papierkorb. Sie laufen so schnell wie möglich zurück und geben dem nächsten Mitspieler einen Schlag. Wer den „Schlag" erhält, startet und holt den Luftballon für den folgenden Mitspieler seiner Riege.

Sieger wird die Gruppe, die am schnellsten ist.

Das Spiel mit den Luftballons hat viele Variationsmöglichkeiten, z.B.: den Luftballon auf der flachen Hand, auf der flachen Hand mit ausgestrecktem Arm und im Laufschritt in den Papierkorb befördern.

4. Zu den Parteienspielen gehören Ball-Wettspiele, die Sie z.B. auch im Wasser durchführen können.

Die Mitspieler stehen in zwei Riegen bis zu den Knien im Wasser. Auf ein Startzeichen reichen die beiden ersten Mitspieler jeder Riege einen Ball über die Köpfe weiter.

Jeder Mitspieler der Riege berührt den Ball mit den Händen (Arme sind hochgehoben) und gibt ihn dabei so schnell wie möglich an den nächsten weiter.

Sobald der Ball beim letzten der Riege angekommen ist, läuft er damit nach vorne und stellt sich vor die Riege. Er hebt die Arme und reicht, so schnell es geht, den Ball nach hinten weiter.

Der Schnelligkeit, Konzentration und Reaktionsfähigkeit des einzelnen verdankt die Gruppe, die zuerst am Ziel ist, ihren Sieg.

Variation: den Ball zwischen den Beinen unter Wasser weiterreichen.

5. Eine Anzahl lustiger Wettspiele mit und ohne Material zur Auswahl: Zwei Parteien laufen auf ein Startzeichen zu einem bezeichneten Ziel, z.B. zu einer Mauer, einem Zaun, in vorgezeichnete Kreise.

Zwei Parteien stehen sich gegenüber. Auf ein Zeichen wechseln sie ihre Plätze und dürfen sich beim Rennen nicht anstoßen.

Zwei Parteien sitzen sich gegenüber. Der Spielleiter sagt ein Wort, z.B. „Haus", zu dem jeder Mitspieler einen Gegenstand nennen muss (hier einen Gegenstand, der ins Haus gehört); oder er nennt eine Farbe, zu der von jedem Spieler ein Gegenstand im Raum gesucht und benannt werden muss.

Zwei Parteien sitzen im Kreis. Ein Startschuss eröffnet ein Kartoffel-Wettschälen. Auch alltägliche Verrichtungen, beispielsweise Aus- und Anziehen vor und nach dem Bad, können zu lustigen Wettspielen werden.

4.1 Spielmaterial zur Einübung des Regelspiels

Organisierte Kreis-, Sing- und Bewegungsspiele
Einfache Kreis-, Sing- und Bewegungsspiele
„Häschen in der Grube", „Ringel, rangel, Rose", „Wir treten auf die Kette", „Wir woll'n den Zaun binden", „Zeigt her eure Füße"
Weiterführende Kreis-, Sing- und Bewegungsspiele
„Es geht eine Zipfelmütze", „Brüderchen, komm tanz mit mir", „Ri-ra-rutsch, wir fahren mit der Kutsch", „Ting-Tang-Tellerlein"
Spiele im Kreis
„Katze und Maus", „Machet auf das Tor", „Schornsteinfeger ging spazieren", „Reise nach Jerusalem"
Gesellschaftsspiele im Kreis
„Mein rechter Platz ist frei", „Die Tante aus Amerika ist da", „Die böse Sieben", „Bäumchen wechselt euch"
Wettrennspiele
„Mutter, wie weit darf ich reisen", „Leise Schritte", „Ein Uhr, da kommt er nicht"

Gesellschaftsspiele
Zur Einübung des Regelspiels
Klötzchen, Farbwürfel, Perlen, Holzleiste, Zahlenwürfel, Muggelsteine
Erste Gesellschaftsspiele
Farbtürmchen, bunte Ballons, Fang den Hut, Obstgarten, Quips, Vier erste Spiele (Spielesammlung), Schnipp-Schnapp, Schwarzer Peter, Lotto-Spiele, Domino-Spiele, Memory, Farben und Formen
Gesellschaftsspiele ohne Material
Kofferpacken, Liederraten, Vier-Ecken-Raten, Ich sehe was, was du nicht siehst, Verreisen

Parteienspiele
Material: Bälle, Luftballons, Klanghölzer, Staffelhölzer

Musikinstrumente
Geräuschinstrumente
Deckel, Pfannen, Töpfe, Gläser, Flaschen, Dosen, Holzkästen, Büchsen, Holz- und Metallstäbchen, Löffel, Murmeln, Erbsen, Bohnen, Reis, Sand, Wasser, Steine
Musikinstrumente
Orffsche Instrumente

Rhythmikmaterial
Bälle, Holzkugeln, Holzreifen, Holzstäbe und -stäbchen, Schlaghölzchen, Rasselbüchsen, Holzbauklötze, Seile, Zauberschnur, Stühle, bunte Tücher, Holzspäne

5 Übungen zur Förderung des Sozialspiels

Spiele in der Gruppe

Ziele

Das Kind soll im gemeinsamen Spiel verschiedene Möglichkeiten der Kontaktaufnahme kennen lernen und in neuen Situationen einsetzen können. Es soll zunehmend gruppenfähig werden, d. h. soziale Eigenschaften entwickeln, Anpassung *und* Durchsetzung angemessen einsetzen.

Es soll in der angstfreien Atmosphäre der Gruppe sein jeweiliges emotional-affektives Zumutesein ausdrücken können. Der Einzelne soll sich angenommen und in seinem Selbstwert in Bezug auf den anderen bestärkt fühlen.

Vorbereitetes Material

Funktionsspielzeug

Material für bildnerisches Gestalten

Konstruktionsspielzeug

Spielzeug für das Rollenspiel

Übungsvorschläge

1. Sie können jetzt ein oder zwei Kinder mit in die Übungsbehandlung einbeziehen. Die Gruppenzusammensetzung muss nach verschiedenen Gesichtspunkten bedacht werden: Schweregrad der Behinderung, Erscheinungsform der Behinderung, Entwicklungsalter, vorausgegangene Lernerfahrung, Lernziel u. a. m. Voraussetzung ist, dass die Kinder kurzfristig Kontakt zum anderen aufnehmen können und Funktionsspiele kennen. An den Anfang Spiel-Übungen der Kontaktaufnahme setzen. Alle drei Kinder sitzen z.B. mit dem Erwachsenen im Kreis auf dem Boden. Ein Ball wird reihum zugerollt und dabei jeweils der Name des Kindes, das den Ball erhält, gesagt oder gesungen.

Variationen: Ball werfen, hüpfen, bringen – jetzt nicht nur reihum. Das Kind, das den Ball im Augenblick hat, sucht sich mit Namensnennung ein anderes Kind aus, dem es den Ball überreichen möchte.

Bei Saft und Keks wird der Einstieg in die Gruppe gefeiert. Der Erwachsene erzählt dabei, woher das einzelne Kind kommt, von seiner Familie, seinen Interessen, was es bisher gemacht hat und warum es jetzt mit den anderen hier ist.

Das wichtigste in dieser Übung ist das gegenseitige Kennen lernen der Kinder untereinander. Es wird wesentlich bestimmt durch das Kontaktverhalten des Erwachsenen zu dem einzelnen Kind, durch seine Fähigkeit, Kontakt aufzunehmen, zu vermitteln und durchzutragen. Das Kind mit Behinderung verfügt über besondere soziale Eigenschaften, die vom Erwachsenen gepflegt und weiterentwickelt werden müssen.

2. Bieten Sie den Kindern nach der erfolgten ersten Kontaktaufnahme einfache gemeinsame Spiele an; bauen Sie z.B. mit ihnen gemeinsam einen Turm (Hochhaus, Brücke u. a. m.).

Dieses Bauen setzt Übungen des Funktionsspiels und des Konstruktionsspiels voraus. Wichtig ist, dass jedes Kind das Erlebnis des Erfolges hat („Ich kann ...") und spürt, dass sein Können auch dem Anderen dienlich ist (gegenseitige Hilfestellung).

Um den gemeinsam erstellten Turm werden Häuser gebaut. Jedes Kind baut für sich ein Haus.

Gemeinsames Betrachten der Häuser.

Weitere gemeinsame Übungen: einen Bauernhof (einen Zoo, ein Dorf, eine Stadt) bauen und damit spielen; im Sandkasten eine Burg bauen; Zylinderblöcke von Montessori aus- und einräumen; ein Bilderbuch betrachten; Kreis- und Bewegungsspiele machen; erste Gesellschaftsspiele; ein Wandbild malen, reißen, kleben, schneiden u. a. m.

3. Erweitern Sie die Umwelterfahrungen der Kinder. Bestimmen Sie mit dem Kind ein Umweltthema, z.B. „Bahnhof", „Post".

Alles, was zum Bahnhof gehört, im Bilderbuch zeigen. (Bilderbuch eventuell selbst zusammenstellen, auf jeder Seite eine typische Abbildung bringen: Zug, Gepäckwagen, Speisewagen, Bahnhofsgebäude, Fahrkartenschalter, Reisende, Koffer, Zeitungsstand, Waschraum, Toiletten.)

Eine Geschichte erzählen, die die einzelnen Bilder miteinander verbindet, z.B. von einer gemeinsamen Reise in eine bekannte Stadt.

„Reise" im Bild darstellen (Gemeinschaftsarbeit im bildnerischen Gestalten).

Verreisen spielen.

Tatsächlich mit der Bahn verreisen.

4. Entwickeln Sie mit den Kindern ein gemeinsames Rollenspiel, das Haus- und Familienspiel. Kinder mit Behinderung müssen Sie dazu ermuntern und anleiten. Die Bereitstellung von entsprechendem Material ist wichtig, z.B. bunte Tücher und Hüte zum Verkleiden, Theaterrequisiten, Arztkoffer, Telefon u. a. m.

Die Tische im Raum können mit Decken behängt zu Höhlen werden, Stühle, aneinandergestellt, ergeben einen Zug. Die Puppenecke wird umgestellt zu einem Haus.

„Wir spielen Familie".

Rollen aufzählen. Die Kinder wählen aus oder werden zu Beginn auf die Rolle hingewiesen, die für sie am leichtesten zu bewältigen ist. Die Kinder verkleiden sich ihren Rollen entsprechend – mit/ohne Hilfestellung. Der Erwachsene wird jede einzelne Rolle – die des Vaters, der Mutter, der Kinder u. a. m. – genau erklären und das einzelne Kind in seiner Rolle sich selbst und den anderen vorstellen.

Das Spiel sollte sich spontan entwickeln. Der Erwachsene wird „Entwicklungshilfe" bieten und im rechten Augenblick die richtige Anweisung geben. Die Entwicklung des Einzelnen in seinem Selbstwertgefühl in Bezug auf den Anderen muss vom Erwachsenen gesehen und im günstigsten Augenblick gefördert werden.

5. Laden Sie zum gemeinsamen Spiel in der Gruppe Gäste Ihrer Kinder ein, z.B. Eltern, Geschwister, Freunde. Die Gäste können am Ende einer HPÜ-Einheit, etwa in den letzten 15 Minuten, in das Gruppenspiel einbezogen werden.

Der Kontakt der Kinder untereinander wird nun bewusst auf die Bezugspersonen aller Kinder der Gruppe ausgedehnt. Meist kennen sie sich schon durch das Bringen und Abholen der Kinder.

Bilder-Lotto, Domino-Spiele, Gesellschaftsspiele mit und ohne Material eignen sich gut für diese kurze gemeinsame Spielzeit. Das Kontaktverhalten zwischen Eltern und Kindern wird dabei beobachtet, aufgebaut, entwickelt, bestärkt, korrigiert, gesteuert, je nach Erfordernis. Übungen aus den vorhergehenden HPÜ-Einheiten können von den Kindern für die „Gäste" gespielt werden, wenn alle Kinder der Gruppe damit einverstanden sind.

Fest- und Feiergestaltung

Ziele
Das Kind soll im immer wiederkehrenden Jahreskreislauf alle Feste mitfeiern und den Jahreszeiten entsprechend erleben, was die Freude am Dasein bestärkt.
Es soll durch die Einbeziehung in alle Jahresfeste und -feiern Geborgenheit, Sicherheit und besondere Lebensfreude erfahren.
Es soll durch aktive Teilnahme an der Gestaltung von Festen und Feiern Freude erleben und Freude vermitteln. Es soll den eigentlichen Sinngehalt des gegenseitigen Schenkens und des Beschenktwerdens begreifen.

Vorbereitetes Material
Die zur geplanten Feier nötigen Materialien.

Übungsvorschläge
Vorbemerkung: Die Fest- und Feier-Vorschläge sind vornehmlich für die HPÜ im Haus- und Heimbereich gedacht.

1. Feiern Sie mit dem Kind Geburtstag und Namenstag. Das sind Anlässe, bei denen die Gemeinschaft ihre Aufmerksamkeit einem Mitglied besonders zuwendet, es für eine begrenzte Zeit zum Mittelpunkt macht. Das Festtags-Programm darf nicht zu überladen sein. Wählen Sie klug aus, was dem Kind Freude macht – und was es verkraften kann.
Alle Feste muss man sehen, riechen, schmecken, fassen, fühlen, verkosten können.
Vorbereitung: Bilder/Prospekte aus dem evtl. noch unbekannten Geburtsort zeigen. Geschichten/Erlebnisse aus der frühen Kindheit anhand von Fotos erzählen. Den Namen und das Geburtsdatum auf ein großes buntes Kartonpapier schreiben, malen und mit Blumen umkränzen, an die Tür oder Wand heften. Den Raum mit Girlanden, Papierketten und Blumen schmücken.
Gemeinsam Zutaten für den Kuchen kaufen, Geschenke aussuchen, Blumen pflücken, Gäste (nicht die eigenen Freunde, sondern die Freunde des Kindes) einladen, Tischschmuck herstellen (Tischkärtchen, Servietten bemalen, bedrucken). Gemeinsam Kuchen backen, Tisch decken. Kann sich das Kind aufgrund seiner Behinderung nicht an den Vorbereitungen beteiligen, sollte es doch einbezogen werden. Die immer wieder freudige Äußerung: „Bald hast Du Geburtstag (Namenstag)" versteht das Kind mit Behinderung, auch wenn es sich nicht dazu äußert.
Durchführung: Die Festgestaltung sollte sich aus dem Alltag herausheben. Das Kind und alle Mitfeiernden tragen Festtags-Kleider. Die Raumgestaltung ist bunt und fröhlich, der Tisch festlich geschmückt, kleine Geschenke werden hübsch verpackt überreicht. Alle Anwesenden singen ein Dreimal-Hoch auf das Geburtstagskind. Es wird musiziert, eine CD übernimmt diese Dienste, falls keine aktiven Musiker vorhanden sind. Nach dem gemein-

samen Kaffee wird gemeinsam gespielt: Luftballon-Wettspiele, Topfschlagen, Sackhüpfen, Eierlaufen, Farbensuchen, Eckenraten, Rätselspiele, Verstecken. Der Abschluss: eine Verlosung. Symbolzeichen oder Farbkreise auf die Lose malen, keine Zahlen, die das Kind nicht kennt. Das gilt für alle Spiele. Sie können nur dann durchgeführt werden, wenn sie dem Geburtstagskind bekannt sind oder vermittelt werden können. Es ist *sein* Fest.

2. Feiern Sie mit den Kind Advent und Weihnachten. Vermitteln Sie dem Kind den Sinn von Advent und Weihnachten, an den auch Sie glauben. Die Bedeutung kann dem Kind mit einfachen Worten und Bildern vermittelt werden.

Äußere Festgestaltung: Alle äußeren Fest- und Feiergestaltungen sollen dazu beitragen, den eigentlichen Sinn von Advent und Weihnachten besser zu verstehen und tiefer zu erfassen: Kerzen, Laternen, Adventskranz, Apfelpyramide, Adventskalender, Weihnachtsbaum, Bratäpfel, Schokoladen- und Zuckergehänge, Geschenke, Lieder, Musik, Glockenspiel, Krippe, Kirchenbesuch; d. h. Freude und Dankbarkeit empfinden und am Glauben der Erwachsenen teilnehmen.

Die eigene Bereitschaft, Feste zu feiern, Freude zu erleben und Freude zu vermitteln, sich zu lösen vom Alltäglichen, sich auf das Besondere, Andersartige einzustellen, das mehr ist als man selbst, überträgt sich auf die Kinder und Mitfeiernden.

3. Wenn Sie mit dem Kind Nikolaus feiern, vergessen Sie nicht, dass es ein Kinderfest ist.

Die Legenden um St. Nikolaus vermitteln den Kindern ein Bild des Heiligen. Allerdings müssen sie modifiziert erzählt werden, wenn sie unzeitgemäße, grausame Inhalte haben. Diese Legenden können von den Kindern im Stegreifspiel dargestellt werden. Nikolaus-Lieder, begleitet von Orffschen Instrumenten, leiten die Nikolausfeier ein.

Achten Sie darauf, dass nichts geschieht, was dem Kind Angst machen könnte. Am besten spielt ein Erwachsener oder ein Kind den Nikolaus und zieht sich vor den Kindern entsprechend an.

Das gegenseitige Schenken und Beschenktwerden ist der eigentliche Sinngehalt dieses Festes. Das Kind wird durch die Teilnahme an der Vorbereitung und an der eigentlichen Gestaltung des Festes dessen Sinn begreifen.

4. Feiern Sie mit dem Kind Ostern, entsprechend Ihrem Glauben. Weil das Kind mit Behinderung sehr stark empfindet und ungeschützt den Darbietungen der Erwachsenen ausgeliefert ist, sollte in großer Behutsamkeit seine affektive Erlebniswelt erschlossen werden. Keine Übungen aufzwingen, die vom Kind nicht erfasst werden können. Die eigene, andersartige Beantwortungsfähigkeit des behinderten Kindes, ganz gleich, wie sie sich darstellt, muss der Erwachsene akzeptieren.

Äußere Festgestaltung: Ostereier färben und bemalen, Körbchen flechten und Osterdekoration basteln, Schlüsselblumen pflücken, Gras in Schalen einsäen u. a. m.; das Festtagsessen mitplanen, mit einkaufen und mit vorbereiten. Zu Ostern Ostereier verstecken und suchen. Erzählen Sie die biblische Ostergeschichte.

5. Feiern Sie mit dem Kind alle Feste den Jahreszeiten entsprechend: Frühling, Sommer, Herbst und Winter. Dazu gehören Fastnacht, Sommer- und Erntedankfest und alle familieneigenen Feste, in die alle Kinder einbezogen werden.

Das Sommerfest und das Erntedankfest können in den Garten oder in die freie Natur verlegt werden. Damit wird das Kind in die Naturereignisse einbezogen. Sie erschließen sich ihm durch den sich immer wiederholenden Jahreskreislauf in zunehmender Weise.

Die familieneigenen Feste können mit Ausflügen, Wanderungen, Spaziergängen, Spazierfahrten, Picknick im Wald, Zoobesuchen und Museumsbesuchen verbunden werden.

Die selbstverständliche Einbeziehung des Kindes mit Behinderung in alle Jahresfeste und -feiern geben ihm einen Geborgenheitsraum und eine Sicherheit, aus der viel leichter das Wagnis der Auseinandersetzung mit der Umwelt versucht wird. An Karneval sollte man das Kind allerdings nicht durch falsche Kostümierung zur Zielscheibe des Spottes herabwürdigen. Eine geschmackvoll-geschickte Verkleidung und die schon vorher besprochene Einführung in das zu feiernde Fest, werden die Kinder mit Behinderung in der Begleitung der Bezugsperson alles das erleben lassen, was die Freude am Dasein bestärkt.

Die Vorbereitung und Durchführung der Feste und Feiern sollte sich für die Kinder mit Behinderung zeitlich nicht zu sehr ausdehnen, sondern ihrer Fassungskraft entsprechen und nach dem Höhepunkt langsam auslaufen.

Material zur Fest- und Feiergestaltung

Lieder, Spiele und Dekorationen dem Fest und der Feier entsprechend

Geburtstag/Namenstag

Bilder vom Geburtsort, Fotos aus der frühen Kindheit, Blumen, Girlanden, Kerzen, Laternen, Tischkärtchen, Servietten, Kuchen, Gebäck, Gesellschaftsspiele

Advent

Adventskalender, Kerzen, Laternen, Adventskranz, Adventsgesteck, Apfelpyramide, Apfelmännchen

Nikolaus/St. Martin

Nüsse, Gebäck, gebastelte Geschenke

Weihnachten

Weihnachtsbaum, Krippe, Krippenspiel, Geschenke

Ostern

Ostereier, gefärbt, bemalt; Tischschmuck gestalten

Frühlingsfest

Blumen

Sommerfest

Laternen, Wettspiele, Wettrennspiele, Verlosungen

Erntedankfest

Früchte, Gemüse

6 Übungen zur Förderung der Sprachentwicklung

Voraussetzungen einer Sprachförderung
Die Freude am Sprechen – an der Sprache – wird wesentlich von der Umwelt des Kindes bestimmt. Das gilt auch für die HP in der Übungsbehandlung. Erste Voraussetzung ist auch hier der persönliche Kontakt zwischen der HP und dem Kind. Die ruhige, spannungsfreie und frohe Atmosphäre ist ein verlässlicher Geborgenheitsraum, in dem das Kind die Bezugsperson hört und sich angstfrei äußern kann. Er bildet das sprachfreudige Klima für die folgenden Übungen. Zuvor noch ein Hinweis für die HP und die häuslichen Bezugspersonen des Kindes: Kein Spielzeug kann dem Kind die Stimme, die Nähe und die Zuneigung der Mutter, des Vaters, der Geschwister und aller weiteren Bezugspersonen ersetzen. Mit dem Kind sollte oft, freudig und ruhig in klaren, einfachen und korrekten Formulierungen gesprochen werden.

Übungsvorschläge zur Förderung der Sprachentwicklung

Ziele
Das Kind soll bewusst und gezielt hauchen, blasen und Töne erzeugen. Es soll verschiedenartige Geräusche nachahmen.
Es soll durch Verse, Reime und Wortspiele den Rhythmus und Klang der Sprache wahrnehmen.
Es soll Personen, Gegenstände und Sachverhalte benennen können. Es soll seine Bedürfnisse formulieren und von Erlebnissen berichten.

Vorbereitetes Material
Blasspielzeug
Kinderlieder und -verse in Verbindung mit Finger-, Sing-, Kreis- und Bewegungsspielen
Bilderbücher
Lotto-Spiele (Bilder- und Farb-Lotto)
Bild-Karten (Selbstanfertigung)
Spiegel
Rhythmikmaterial
Musikinstrumente

Übungsvorschläge

1. Mundmotorische Spiele mit Material
Sie können entsprechendes Spielzeug preiswert erwerben. Es gehören dazu: Flöten, Pfeifen (Trillerpfeife, Kinderpfeife), Trompeten, Mundharmonika, Melodika, Wattebälle, Blasrohre, Luftballone, Seifenblasen, Windrad und Papierschlangen zum Aufblasen.

Die richtige Auswahl des Spielzeugs und der entsprechenden Übungen muss individuell für jedes Kind je nach Behinderung, Beziehung zum Material, Motivationsfreudigkeit und Zielsetzung getroffen und zusammengestellt werden.

Diese Spiele können drinnen oder draußen gespielt werden. Das Kind kann dabei entweder am Tisch sitzen oder im Raum herumhüpfen.

Faltspielzeug, das der Erwachsene mit dem Kind oder für das Kind gestaltet (Schiffchen, Ente), kann auf dem Wasser geblasen werden. Schwimmtiere aus Gummi oder Celluloid, Schiffchen, Kork, Borke, kleine Hohlformen aus Plastik eignen sich für lustige Blasspiele in der Badewanne, im Waschwasser (Becken, Schüssel, Eimer, Wanne) oder im Bach.

Die mundmotorischen Spiele im Wasser und mit dem Wasser können mit Sinnesübungen verbunden werden. Steine und Papierkugeln werden abwechselnd ins Wasser geworfen. Die Steine versinken, die Papierkugeln werden gepustet. Kleine Spielzeuge aus unterschiedlichem Material werden auf das Wasser gesetzt, ein großer Wind kommt (blasen, pusten). Welches Spielzeug (Material) kann sich am längsten auf dem Wasser halten?

Hauchübungen werden spielerisch durchgeführt: einen Spiegel anhauchen, eine Tafel, Glas (Fensterscheibe), lackiertes Holz (Tisch), kalte Hände. Hauchübungen im Wechsel mit Blasübungen auf heiße Speisen und Getränke.

2. Mundmotorische Spiele ohne Material

Sie können Kinder in spielerischer Weise zum Blasen motivieren durch Sing- und Bewegungsspiele, kleine Spielgeschichten aus dem Erlebnisbereich und durch Märchenerzählungen. Dazu eignen sich: „Steigt ein Büblein auf den Baum ...", „Wind, Wind, brause ...", „Die Geschichte vom schlafenden Apfel", die Märchen vom kleinen Häwelmann, vom süßen Brei und anderes mehr.

Für das Kind mit Behinderung sind kleine Geschichten aus seinem Erlebnisbereich als mundmotorisches Spiel geeignet, wenn sie in einfachen, klaren Formulierungen und Darstellungen in Verbindung mit Bewegungen ausgeführt werden: „Der Wind rüttelt und schüttelt die Bäume."

Die erhobenen Arme des Kindes und sein ganzer Körper schwingen hin und her – mit und ohne Hilfestellung des Erwachsenen.

„Er bläst und bläst ...".

Hände seitwärts an den Mund legen und blasen.

„Alle Blätter fallen, fallen, fallen ... auf die Erde."

Ausgebreitete Arme, die langsam immer tiefer fallen, fallen, fallen ..., bis der Erwachsene und das Kind auf der Erde hocken.

„Der Wind will mit den Blättern spielen. Er pustet alle durcheinander." In Hockestellung sich im Kreise drehen und dabei pusten, blasen.

„Da fliegen die Blätter in die Luft."

Aufspringen, mit ausgebreiteten Armen durch den Raum laufen und blasen: „Auf einmal werden Wind und Blätter müde. Der Wind hört langsam auf zu blasen."

Der Erwachsene fängt das laufende Kind in den Armen auf, und beide blasen langsam, leise – drei- bis viermal.

Solche Geschichten können beliebig verkürzt oder verlängert und die Bewegungen mit unterschiedlichen Geräuschen (Lautveränderungen) verbunden werden.

3. Übungen zur Lockerung der Mundmotorik

Zeigen Sie dem Kind Kiefer-, Lippen- und Zungenübungen.

Übungen mit dem Kiefer: Zähne aufeinander schlagen, langsam und schnell im Wechsel. Kiefer hin- und herbewegen. Mund weit öffnen und auf- und zuklappen.

Übungen mit den Lippen, am besten vor dem Spiegel: Mund weit auf- und zumachen, Lippen runden und vorstülpen und wieder in normale Ruhestellung zurückziehen. Mit der Zunge langsam über die Lippen fahren. Lippen zusammenpressen und wieder loslassen. Unterlippe über die Oberlippe schieben und umgekehrt.

Übungen mit der Zunge vor dem Spiegel: Die Zunge weit herausstrecken und wieder zurückziehen. Versuchen, mit der Zunge die Nase und das Kinn zu berühren. Die Zunge im geöffneten Mund hin- und herbewegen. Mit der Zunge schnalzen, schmatzen und die Zähne putzen.

4. Sprechübungen (Silben, Worte, Sätze) in Verbindung mit Bilderbüchern, Funktions- und Rollenspielen.

Eltern und Erzieher hören, horchen genau auf das, was das Kind lautlich äußert.

Protokollieren Sie die Äußerungen des Kindes. Es ist wichtig zu wissen, in welchen Situationen das Kind spricht, wie oft, in wie vielen Wiederholungen und in welchen Abständen welche Worte gesagt werden, um mit den Übungen der Sprachentwicklung sinnvoll anzufangen.

Beim Anschauen eines Tierbilderbuches, das auf jeder Seite nur eine Abbildung haben sollte, werden die Tierstimmen nachgeahmt, später werden die Tiere benannt.

Ein Bilderbuch mit Fahrzeugen motiviert zu Geräuschnachahmungen, die sich deutlich unterscheiden müssen: Geräusche des Autos, des Motorrades, der Eisenbahn, der Feuerwehr, des Krankenwagens und andere mehr. Später werden die Fahrzeuge benannt. Bei der Puppe (siehe Rollenspiel) werden die Sinnesorgane, Arme und Beine benannt, beim An- und Ausziehen die Kleidungsstücke, beim Waschen das Waschzeug.

Es ist sinnvoll, ein Album als Bilderbuch zusammenzustellen, in das alle Dinge aus der Umwelt des Kindes gemalt oder geklebt werden, die das Kind kennt und benennt.

Dieses Bilderbuch sollte immer wieder einmal vorgeholt und mit dem Kind angeschaut werden: das Kind soll erkennen, benennen und wieder erkennen. Alle neu dazugelernten Wort-Begriffe werden in das Buch gemalt.

5. Sprechübungen in Verbindung mit bildnerischem Gestalten

Durch großflächiges Malen und Gestalten mit selbst angerührten Erdfarben können Sie das Kind zu Lautäußerungen verlocken. Material: unbedrucktes Zeitungspapier auf gut abgedeckten Tischen, breite Pinsel, viel Farbe in leuchtenden Grundtönen. Später können Farben auch gemischt werden.

Papier wird mit Farben eingefärbt, die das Kind selbst wählt. Jedes einzelne Kind – falls diese Übung in der Gruppe durchgeführt wird – färbt so viel Papier ein, wie es möchte. Das eingefärbte Papier wird zu weiterem bildnerischem Gestalten verwandt: zum Reißen, Schneiden, Gestalten.

Mit Fingern oder Händen großflächig malen (an die Wand, auf die Tafel, auf den Tisch, auf den Boden) nach Musik, in rhythmischen Bewegungen, singend oder sprechend in Versen, Reimen, Wortspielereien, mit der rechten und der linken Hand, mit beiden Händen und Armen in kreisenden Bewegungen. Erlebnisse durch bildnerisches Gestalten wiedergeben und verbalisieren.

7 Das Bilderbuch

Das Bilderbuch ist ein wichtiger Bestandteil des Materials, das in der HPÜ verwandt wird. Es bietet sich an als eine besondere Form der Umwelterfassung. Im Bilderbuch stellt sich dem Kind die Welt im Einzelnen dar, losgelöst von der Vielfalt der Bildeindrücke. Das Einzelne tritt in den Wahrnehmungsbereich, es wird erfasst, aufgenommen und übertragen. Das Kind erkennt im Bild bekannte, vertraute Gegenstände aus der Welt, die es umgibt. Es überträgt die Bildeindrücke der Wirklichkeit auf das Bild im Bilderbuch und erkennt im Bild seine Umwelt wieder. Die Vorstellungswelt weitet sich durch Bilder. Die nahe und die entfernte Umwelt treten dem Kind im Bild entgegen.

Die ersten Bilder sind ein Spiegelbild dessen, was es umgibt und entsprechen seiner Wahrnehmungsfähigkeit: der Löffel, der Teller, die Flasche, das Lätzchen, das Kind, der Teddy, die Puppe u. a. m. Die ersten Bilder sollten aus dem unmittelbaren Interessenkreis und Erlebnisbereich des Kindes kommen. Die Wortbegriffe verbinden sich langsam mit Vorstellungen aus dem realen Lebensbereich.

Der Ball hängt über dem Bettchen des Kindes. Man kann ihn in die Hand nehmen. Im Bilderbuch findet das Kind den Ball wieder. Er wird in die Zweidimensionalität übertragen. Das Kind erkennt im Bild den Ball aus seiner Umwelt. Das Erfassen des realen Balles und das Wiedererkennen des Balles im Bilderbuch müssen abwechselnd geübt werden.

Übungsvorschläge mit Bilderbüchern

Ziele
Das Kind soll im Bilderbuch Gegenstände seiner näheren Umwelt wiedererkennen und benennen.
Es soll durch das Bilderbuch seine Erfahrungswelt erweitern.
Es soll die Gliederung des Bildes, Zusammenhänge und zeitliche Abläufe sprachlich darstellen.

Vorbereitetes Material
Bilder
Bilderbücher, selbst hergestellt
Bilderbücher, gekauft

Übungsvorschläge

1. Einführung des ersten Bilderbuches (Leporello):
Das erste Bilderbuch für das Kind mit Behinderung müssen Sie sehr sorgfältig und individuell aussuchen. Das Format soll so sein, dass es gut in die Hand genommen werden kann. Dicke Blätter erleichtern das Umblättern. Ein einzelner Gegenstand auf einer Bilder-

buchseite genügt. Dieser Gegenstand sollte aus dem engeren Erlebnisbereich des Kindes sein und zu seinem jeweiligen Interessenkreis gehören, also möglichst bekannt sein und wieder erkannt werden.

Die einzelnen Darstellungen in leuchtend klaren Grundfarben und Grundformen ohne schmückendes Beiwerk vermitteln entsprechend klare Vorstellungen.

Abwaschbare Leporellos mit drei bis fünf Bilddarstellungen können vom Kind auch in den Mund genommen werden.

Das erste Bilderbuch darf nicht zu umfangreich sein. Es kann aus wenigen selbst gemalten oder ausgeschnittenen Bildern (aus Katalogen, Prospekten, Zeitschriften) bestehen, die auch zeitweilig über dem Bett oder in der Spielecke des Kindes an die Wand geheftet werden.

Das Bilderbuch dem Kind in die Hand geben.

Zeigen Sie dem Kind das Umblättern. Es kann sein, dass dies das Kind im Anfang am meisten fasziniert und dass es zunächst zu stereotypem Verhalten ausartet. Trotzdem sollte man das Kind bis zu einem gewissen Sättigungsgrad damit hantieren lassen. Das Bilderbuch muss als neues Spielmaterial zunächst erfasst werden können nach eigenem Rhythmus. Auf das erste Bild zeigen und den Gegenstand benennen, z.B. „Ball". Das nächste Bild zeigen und benennen: „Teddy", dann ein drittes Bild: „Puppe". Das Kind kann im Anfang den Blick nur kurzfristig auf das Bild fixieren: Wahrnehmungsfähigkeit und Konzentration sind noch gering. Lange Erklärungen, wie der Ball, der Teddy, die Puppe aussehen und was man damit macht, sind zu Anfang nicht möglich. Das Kind blättert meist schnell weiter.

Zu Beginn nur eine kurze, klare verbale Information und den Wortbegriff geben, z.B. „Ball", „Teddy", „Puppe". Langsam erweitern (in der nächsten HPÜ-Einheit), z.B. „Der Ball ist rot (rund)",

„Der Teddy hat Ohren (Augen)", „Die Puppe heißt Lisa".

später: „ …damit kann man rollen, hüpfen, werfen ..."

Den Ball (den Teddy, die Puppe) holen und mit dem Bild vergleichen. Vom Kind Bild und Ball (Teddy, Puppe) greifen und damit hantieren lassen. Die Übung in den nächsten HPÜ-Einheiten wieder aufnehmen.

2. Bilderbücher zum Funktionsspiel

Sie können das Bilderbuch in Verbindung mit Übungen des Funktionsspiels einführen. Es ist sinnvoll, die Funktionsübungen, die gerade im Spiel vermittelt werden, mit entsprechenden Bildeindrücken zu unterstreichen. Die Themen werden individuell und sorgfältig ausgewählt, z.B. Bilddarstellungen zur zweiten Übung des Funktionsspiels „Spiel mit erstem Spielzeug". Dazu werden zunächst Bildkarten verwandt, die Sie selbst herstellen können.

Jede Karte zeigt einen Spielgegenstand, den das Kind aus dem Funktionsspiel kennt. Dieser Spielgegenstand wird benannt und in der Umwelt wieder erkannt. Die einzelnen Bilder können später zu einem Leporello oder zu einem Bilderbuch zusammengestellt (geklebt, gebunden, geheftet, geknotet) werden.

Bildgeschichten können auch das Funktionieren des Spielzeugs in einleuchtenden, klaren Darstellungen aufzeigen. Die Reihenfolge der Bilder entspricht dem Funktionsvorgang, der in kleinen Schritten, vom Einfachen zum Komplexeren, dargestellt wird, z.B. beim Hampelmann die Bewegungen der Arme und Beine.

Das Farben- und Formenlegen und das Zusammensetzen können in selbst gemalten, geklebten, geschnittenen Bilderbüchern oder auf Bildkarten ergänzend zu den Übungen des Funktionsspiels gezeigt werden.

Eine Bilddarstellung dem Kind vorlegen, z.B. ein Windrädchen oder einen Hampelmann. Möglichst mit einem Gegenstand beginnen, der dem Kind bekannt ist.

Den Gegenstand benennen: „Windrädchen", „Hampelmann".

Das Funktionieren des Windrädchens am Windrädchen selbst zeigen. Dem Kind das Hantieren mit dem Spielzeug nach eigenem Rhythmus überlassen. Bewegungsspiel einführen: „Wind, Wind, brause ...".

Kontroll-Übung: „Gib mir bitte das Windrad!" um zu erfahren, ob das Kind Namen und Gegenstand schon miteinander verbindet.

„Was macht man mit dem Windrad?"

Die Übungen so oft wiederholen und immer wieder aufgreifen, bis das Kind weiß, dass sich das Windrad durch Blasen oder schnelles Laufen dreht.

3. Bilderbücher zum Rollenspiel

Zur Einübung des Rollenspiels können Sie die Bilderbücher als zusätzliches Material gut verwenden. Alles Spielzeug des Rollenspiels – Puppen, Puppenhaus, Tiere, Bauernhof, Zoo und anderes mehr – wird in vielfältiger Weise in den vorhandenen Bilderbüchern angeboten. Die HP muss auch hier eine sorgfältige Auswahl treffen: zuerst nur eine Puppe bzw. ein Tier auf einer Seite aufzeigen. Puppe und Tier im Rollenspiel, Kinder in lebenspraktischen Situationen (beim Essen, Waschen, Anziehen, Einkaufen) werden im Bilderbuch vorgeführt. Folgerichtig, anschaulich und einprägsam werden Verhaltens- und Handlungsweisen in kleinen Schritten gezeigt. Dem Kind können diese Bilder, Bilderbücher und Bildgeschichten als Anschauungs- und Vorstellungsmaterial bei den Imitationsspielen dienen. Das Bilderbuch zeigt ihm Rollen, die es in Wirklichkeit nicht spielen kann. Hier fährt das Kind Rollschuh, obwohl es im Rollstuhl sitzt. Was es in Wirklichkeit vermisst oder gar nicht kann, wird in eine fremde Rolle übertragen.

Eine Bildkarte, auf der eine Puppe (Teddy) dargestellt ist, dem Kind zeigen.

„Das ist eine Puppe. Sie heißt Lotte." Einen Namen wählen, mit dem das Kind positive Erlebnisse verbindet.

„Lotte sitzt auf dem Stuhl." Die Puppe (den Teddy) in bestimmten Haltungen und Verhaltensweisen vorführen.

4. Bilderbücher zum Konstruktionsspiel

Die Übungen der Konstruktionsspiele können Sie durch Bildmaterial und Bilderbücher unterstützen und erweitern. Die Bilder sollen das Kind zum Nachgestalten motivieren und die einzelnen Handgriffe des Konstruierens anschaulich aufzeigen. Auch die Übungen des Bauens – vertikal und horizontal, Turm-, Block-, Brücken- und Raumbau – werden durch Bilddarstellungen unterstützt.

Es empfiehlt sich auch hier, die entsprechenden Bild-Geschichten selbst herzustellen. Man nimmt dazu Karton-Karten, die als so genannte Bilderbuch-Karten für das Kind in der Übungsbehandlung zur Verfügung stehen. Das erste Bild, das vorgelegt wird, zeigt mehrere Bausteine, mit denen ein Kind hantiert: „Das Kind spielt mit Bauklötzen."

Das zweite Bild zeigt, wie das Kind die Bausteine zu einer Straße zusammenfügt: „Das Kind baut eine Straße" (Turm, Haus, Brücke, Raum). Die einzelnen Schritte des Bauens bis zum fertigen Projekt „Straße" (Turm, Haus, Brücke, Raum) werden dem Kind auf verschiedenen Bildern langsam mit entsprechenden Erklärungen nacheinander vermittelt.

Bewegungsspiel einführen: „Wer will fleißige Handwerker seh'n ...". Nach und nach mit dem Kind so bauen, wie es in der dargestellten Reihenfolge (Bilder/Bilderbücher) aufgezeigt wird.

Darüber hinaus sollten zum alltäglichen Spielzeug des Kindes unterschiedliche Bilderbücher gehören, die dem Entwicklungsalter entsprechen und ebenso wie Puppen und Tiere zum eigentlichen Lebensbereich des Kindes gehören. Sie teilen sein Geschick, gehören ihm allein und werden oft ebenso geliebt wie die Puppe und der Teddy.

5. Bilderbücher als Übungsmaterial zur Förderung der Sprachentwicklung

Die Sprachförderung ist ein Lernziel, das alle heilpädagogischen Übungsbehandlungen begleitet. Neben den genannten Spielzeugen bietet sich das Bilderbuch als kindgemäßes, ansprechendes Übungsmaterial an. Man beginnt mit dem ersten Bilderbuch, mit einfachsten Darstellungen, die das Kind zum Nachsprechen motivieren.

„Ball" – als Einwort-Satz

„Ball rollt" – als Zweiwort-Satz

„Ball ist rund (rot) – als Dreiwort-Satz

später: „Der Ball rollt unter den Tisch ..."

Nach den einfachsten Darstellungen werden dann auch differenziertere Darstellungen von Handlungsabläufen verbalisiert.

Die nahe und die entferntere Umwelt des Kindes werden im Bilderbuch und über Bilderbücher – neben allen realen Vermittlungen von Umwelteindrücken – übend in immerwährender Wiederholung langsam begriffen. Die Namen der Personen und Gegenstände, die das Kind umgeben, sollten klar und deutlich aus- bzw. vorgesprochen werden.

Die Vorstellung und Einprägung der Wort-Begriffe aus dem engeren und weiteren Lebensbereich des Kindes gelingt am besten in Verbindung mit Bildern, Bilderbüchern und Bildgeschichten. Bilderbücher werden in Verbindung mit Spielzeug und Spielübungen in der HPÜ verwandt.

8 Rhythmikmaterial

Rhythmikmaterial gehört zur HPÜ. Es ist und bleibt ein ständiges Handwerkszeug der HP. Allerdings ist es notwendig, dass sie sich mit diesem Rhythmikmaterial gründlich auseinandersetzt, ehe es in der Übungsbehandlung verwandt wird.

Das Rhythmikmaterial fordert durch seine Farbe, seine Form, sein Gewicht und sein Geräusch zur Bewegung, zum Spielen und zum Gestalten heraus. Deshalb ist es als erstes Material in der Übungsbehandlung besonders geeignet, vor allem auch bei Kindern mit schwerst-mehrfacher Behinderung. Die rollende Holzkugel, die Rasselbüchse, der rollende Holzstab, die Klanghölzer, die buntfarbenen Holzstäbchen, das schwingende Seil und die gestapelten Holzpflöcke verlocken jeden zu kurzfristigem Hinhorchen und mindestens zu einem flüchtigen Blickkontakt. Über Rhythmik und Musik wird die Kontaktaufnahme zum Kind erleichtert. Es kann damit aus seiner Isolation herausgelockt und zu einem neuen Erleben seiner selbst und seiner Umwelt geführt werden. Laufen, kriechen, krabbeln, sich bücken und aufrichten, hüpfen, springen, hopsen, sich drehen und klettern sind Bewegungsübungen, die durch den sinnvollen, gezielten Einsatz von Rhythmikmaterial und Musikinstrumenten spielend durchgeführt werden können. Im Rahmen dieses Buches können wohl Vorschläge zu rhythmischen Übungen, aber damit kein Ersatz für die Ausbildung in der Rhythmik geboten werden.

Übungsvorschläge mit Rhythmusmaterial

Ziele
Das Kind soll sich im Raum gesteuert frei bewegen.
Es soll durch zunehmende Sicherheit in der Beherrschung seiner Motorik mehr Selbständigkeit und Vertrauen gewinnen.
Es soll rhythmische Bewegungsabläufe kreativ gestalten.

Vorbereitetes Material

Ball	Tücher
Holzreifen	Holzpflöcke
Holzkugeln	Holzstäbchen
Holzstab	Holztäfelchen
Rasselbüchse	Späne
Schlag-(Klang-)Hölzer	Stühle
Seile	

Übungsvorschläge
1. Übung mit dem Ball
Diese Übung kann an den Anfang einer Behandlungszeit bei Kindern mit schwersten Beeinträchtigungen gesetzt werden.
Material: ein roter Ball, eine rote Kugel, ein roter Hocker.

Der Ball wird ertastet, dabei die Hände des Kindes auf den Ball legen und den Ball leicht hin- und herrollen.

Die HP setzt sich hinter das Kind und umfasst das Kind und den Ball mit den Armen. Die Rundung des Balls, der vom Körper des Kindes gehalten wird, soll auf diese Weise intensiv erfahren werden. Schaukelbewegungen machen und dazu summen, singen: „Wir schaukeln hin, wir schaukeln her ...".

Rollbewegungen mit dem Ball auf dem Körper des Kindes ausführen. Die Empfindung des Begriffes „runder Ball" erfahren lassen durch wiederholtes Ertasten, Ergreifen, Hantieren.

Nach der Kontaktaufnahme durch den Tastsinn und wenn eine Reaktion des Kindes erfolgt ist, wird der rote Ball unter den Hocker gerollt: „Rrrrrrroll ...".

Nach dem Reagieren des Kindes werden Weg und Intensität verändert. Der Ball wird jetzt über den Hocker gerollt, weit – eng, stark – schwach. Die Lautgebung zu den Übungen mit den verschiedenen Gegenständen schult das Gehör: „Rrrrrroll".

Das Kind soll auf zwei Klangfarben reagieren. Das Ballrollen über den Hocker mit hohem Ton begleiten, unter dem Hocker mit tiefem Ton. Nach dem „Ballspiel" ein neues Element, die Kugel, hinzunehmen. Ball: leise; Kugel: laut. Die Kugel wird nicht über Tisch und Stuhl, sondern nur auf dem Holz-/Stein-Boden gerollt.

Ein erster Kontakt mit dem Material „Ball" ist dann hergestellt, wenn das Kind ihn selbständig hält, festhält, fallen lässt, anstößt, rollt und andere Spielübungen damit ausführt.

2. Übung mit Schlaghölzern

Geben Sie dem Kind ein Schlagholz in die Hand und schlagen Sie mit einem zweiten dagegen: einmal – mehrmals, leise – laut.

Dem Kind ein zweites Schlagholz geben, so dass es in jeder Hand ein Schlagholz hat und beide aneinander- und aufeinander schlagen kann: laut – leise, schnell – langsam, auch nach eigenem Rhythmus damit hantieren lassen.

Ein neuer Geräuscheindruck wird dem Kind mit dem Schlagholzrollen gegeben. Mit kleinen Bewegungen unter und auf dem Hocker Schlaghölzer rollen in zwei Klangfarben.

Mit einem Schlagholz hin- und herrollen: auf dem Tisch, Stuhl, Boden, Hocker, dann zwischen den Tisch- oder Stuhlbeinen hindurch. Partnerübungen: sich gegenseitig ein Schlagholz zurollen und dazu singend sprechen, z.B. „hin-her" oder „rrrrroll".

Dem Kind in jede Hand ein Schlagholz geben. Bis zu einem gewissen Sättigungsgrad schlagen lassen nach eigenem Rhythmus, dann selbst den Rhythmus angeben, der vom Kind übernommen werden soll.

Imitationsspiele: Schlaghölzer aneinander schlagen, schnell – langsam, laut – leise; öfters unterbrechen und umschalten durch Ausstrecken der Arme seitwärts, über den Kopf, hinter den Rücken. Das Kind ahmt nach. Ein Schlagholz auf den Tisch oder Boden stellen, später ein zweites, drittes. Einen weichen Tennisball auf jedes Schlagholz legen und mit bunten Holzstäbchen „weiterbauen" und „konstruieren".

Mit Schlaghölzern in der Hand gehen, das rhythmische Aneinanderschlagen bestimmt das Tempo. Durch akustisch-visuelle Signale umschalten: laut – leise, vorwärts – rückwärts, schnell – langsam.

Schlaghölzer im Raum verteilt aufstellen und durch den Raum gehen, ohne ein Schlagholz umzuwerfen.

3. Übung mit Rasselbüchsen

Führen Sie die Rasselbüchse ein. Sie hat für das Kind einen besonderen Aufforderungscharakter durch die Farbe, das harte Geräusch bei der Bewegung und das Rollen.

Das Kind nach eigenem Rhythmus mit der Büchse hantieren lassen. Das Schütteln der Dose durch Signale (Töne) ablösen, beides abwechselnd durchführen.

Das Rollen der Büchse einführen, zuerst ohne Einschränkungen. Später dann durch Signale, z.B. „hopp", die Büchse abstoßen, dabei sitzen bleiben und die Dose ausrollen lassen. Erst wenn sie liegen bleibt, die Dose zurückholen und auf ein erneutes Zeichen (immer dasselbe Zeichen benutzen) die Dose wieder rollen lassen.

Die zuvor genannten Übungen mit den Schlaghölzern können zum Teil auch mit der Rasselbüchse durchgeführt werden.

Weitere Übungen mit der Rasselbüchse in Verbindung mit anderem Rhythmikmaterial:

die Rasselbüchse mit dem Seil nachziehen;

eine Holzkugel oder einen Tennisball auf die Rasselbüchse legen, dann die Büchse herumtragen oder mit dem Seil ziehen;

mehrere Rasselbüchsen zu einem Turm aufbauen oder den Turm abbauen; nach einem akustischen oder/und visuellen Signal (hoher Ton – tiefer Ton, rotes Tuch – gelbes Tuch) auf- oder abbauen.

4. Übung mit Holzkugeln

Die bunte Holzkugel lassen Sie am besten auf einem Holzfußboden rollen, damit die Wirkung des Geräusches beim Rollen nicht verloren geht. Die Einführungsübungen sind ähnlich wie beim Ball oder der Rasselbüchse, abgesehen vom Schütteln.

Zuerst das Kind frei hantieren und rollen lassen, dann auf ein Signal hin rollen. Horchen, wohin die Kugel rollt. Welche Kugel rollt am längsten? Wohin rollt meine Kugel?

Das Rollen der Kugel als Partnerübung ausführen: „hin – her" mit der rechten und linken Hand abwechselnd, dann mit beiden Händen gleichzeitig. Durch ein Tor rollen, evtl. zuerst mit Handführung hin und her rollen, später auf ein Zeichen hin abstoßen. Zu zweit die Kugel im Reifen abwechselnd abstoßen. Auf ein Signal hin die Kugel anhalten, festhalten, hochhalten. Die Kugel um den Reifen herumrollen (auch um Tisch, Stuhl, Behälter). Dabei muss eine Hand immer an der Kugel bleiben.

Im Wechsel auf Ball, Kugel, Tennisball, Rasselbüchse aufmerksam machen:

Ball: weich, glatt, rollt leise.

Kugel: hart, kleiner und schwerer als der Ball, rollt laut.

Tennisball: weich, flauschig, klein, leicht, rollt leise.

Rasselbüchse: macht Lärm, ist laut, hart, kalt, hat Ecken und daher eine andere Art der Bewegung, rollt nicht so gut.

5. Übung mit Holzpflöcken

Dieses Material in Ziegelformat (alle Pflöcke sind gleich groß) können Sie auch für die Spiel-Übungen des Funktions- und Konstruktionsspiels „Bauen" einsetzen.

Holzpflöcke einführen: Kind und HP holen die Holzpflöcke einzeln aus dem Schrank oder aus einem Korb und stellen sie wahllos auf den Boden.

Die Pflöcke können zur Begriffsbildung verwandt werden: senkrecht, dann waagerecht und zum Schluss die Diagonale einführen. Eventuell eine Wandtafelzeichnung anfertigen und sie mit den Pflöcken nachvollziehen lassen. Das Kind kann auf die Pflöcke in den verschiedenen Lagen etwas legen oder stellen.

Einen Holzpflock durch den Raum tragen. Auf Signale (Musik) umschalten: vor – zurück, schnell – langsam. Dann den Pflock möglichst leise auf die Erde stellen und sich auf den Pflock setzen. Eventuell auf den Pflock eine Rasselbüchse stellen und dann die Übung wiederholen. Aus Pflöcken eine Straße bauen und darüber gehen oder mit einer Holzkugel bzw. einem Schlagholz darüber rollen.

Eine Mauer oder verschieden hohe Hindernisse in den Raum bauen und darüber steigen oder –hüpfen, mit einem Bein, mit geschlossenen Beinen. Mit Holzpflöcken bauen. Das Kind hantieren, experimentieren lassen. Im Wechsel bauen: Kind und HP bekommen die gleiche Anzahl Bausteine und bauen. Im Wechsel aufstapeln, aufstellen, anlegen. Tunnel bauen, Wandtafelzeichnung, z.B. Tor, machen und nachbauen lassen, Kugel hindurchrollen.

Reifen auf den Boden legen und darüber ein oder mehrere Tunnels bauen, Kugel hindurchrollen.

9 Musikinstrumente und CDs

Musikinstrumente und CDs gehören ebenso wie Bilderbücher und Rhythmikmaterial zu den Mitteln und Materialien einer HPÜ. Das Funktions-, Rollen-, Konstruktions- und Regelspiel mit dem Kind erfährt durch Musik Anregung, Ergänzung und Harmonisierung.

Der Zugang zum Kind wird über die Musik wesentlich erleichtert – häufig überhaupt erst durch Musik möglich. Der akustische Reiz, das Hören und Horchen, sind beim Kind mit Behinderung oft scheinbar verstummt. Gegenüber normalen und gewöhnlichen alltäglichen Geräuschen bleibt dieses Kind (je nach Schweregrad seiner Behinderung) unempfindlich und interesselos.

Wer einmal den Versuch unternommen hat, ein Kind mit einer geistigen Behinderung aus dieser Isolation und Passivität zu befreien, wird neben der direkten, sich immer neu wiederholenden persönlichen Ansprache als erstes Mittel Musik eingesetzt haben.

Das Hören der Musik ist kein passiver Vorgang. Er löst physische und psychische Resonanzerscheinungen aus. Wenn aber die Musik ein Mittel ist, das das Kind mit einer geistigen Behinderung erreicht, anspricht, beruhigt und aktiviert, muss eine persönliche klangvolle Ansprache in der Zuwendung ihn ebenso aktivieren. Das lehrt auch die Praxiserfahrung. Allerdings darf hier nicht übersehen werden, dass in der HPÜ das Kind personenabhängig ist und die Musik als indirektes Mittel ihren Vorzug hat: Das Ziel in der HPÜ ist eine möglichst person-unabhängige Selbständigkeit.

Die Auswahl der Musikstücke und der Musikinstrumente wird je nach Behinderungsart, -grad und der individuellen Ansprechbarkeit sowie Zielsetzung getroffen. Ein erethisches Kind wird beruhigt durch harmonisierende ruhige Klangfolgen, während das passiv-teilnahmslose Kind geweckt und interessiert wird durch aktivierend-rhythmische Tonfolgen.

Übungsvorschläge mit Musikinstrumenten und CDs

Ziele
Das Kind soll verschiedene Arten von Musik kennen lernen. Es soll selbst musizieren. Es soll Musik als Ausdruck erleben und begreifen.

Vorbereitetes Material
CDs, Kassetten
Kinderlieder
Sing-, Kreis-, Finger- und Bewegungsspiele
Haushaltsgeräte
Musikinstrumente

Übungsvorschläge

1. Musik können Sie zur Beruhigung oder Hebung der Stimmungslage zu Beginn einer HPÜ-Einheit einsetzen. Weil der Aufbau von Kenntnissen, Fertigkeiten und Verhaltensweisen in kleinen Schritten erfolgt, kann Musik auch als Bekräftigung eingesetzt werden. Außerdem wird sie als entspannendes Element zwischen konzentrierten Spielübungen verwandt.

CDs und Kassetten – Märchen und Erzählungen als Inhalt – eignen sich weniger als Material für die HPÜ.

Zu Beginn einer HPÜ-Einheit eine CD mit Musik einsetzen, die das Kind besonders anspricht, evtl. auch eine Kassette mit Lieblingsstücken des Kindes, von ihm selbst gespielt und durch den Erwachsenen aufgenommen oder Aufnahmen von einzelnen Stücken mit entsprechenden Pausen.

Durch nonverbale Aufforderung werden die musikalischen Impulse in Bewegung umgesetzt. Die HP fasst die Hände des Kindes und geht mit ihm durch den Raum im Rhythmus der Musik: vorwärts, rückwärts, seitwärts; mit Armbewegungen: seitlich ausgestreckt, zurückführend zur Mitte, in die Höhe, nach unten u.a.m.

2. Die Motivation des Kindes zu Funktions-, Rollen-, Konstruktions- und Regelspielen können Sie durch entsprechende musikalische Begleitung (Kassetten und CDs) unterstützen und fördern. Die Auswahl der Musikelemente für jedes Kind individuell treffen. Es ist durchaus möglich, dass die von Ihnen ausgewählte Musik das Kind aufregt und/oder vom Spiel ablenkt.

Jede bestimmte Übung hat die ihr entsprechende begleitende Musik. Sie darf nicht ausgetauscht oder für verschiedene Übungen verwandt werden. Das Kind verbindet eine bestimmte Handlungsaufforderung mit der bestimmten Übung und der sie begleitenden Musik. Diese klare Orientierung sollte besonders in den Anfängen der heilpädagogischen Übungsbehandlung gegeben sein. Malen und bildnerische Gestaltung können ebenfalls durch entsprechende musikalisch-rhythmische Begleitung aktiviert und harmonisiert werden. Die Musik wirkt bei diesen Übungen bewegungsauslösend und entspannend.

3. Körpereigene Instrumente

Zu den körpereigenen Instrumenten gehören die Stimme, die Hände und die Füße. Sie können durch den Einsatz von Kinderliedern in Verbindung mit Finger- und Bewegungsspielen, Sing- und Kreisspielen, Versen und Reimen die Freude an den sich wiederholenden Übungen im Spiel erhöhen.

Kinderlieder zum Bauen: „Wer will fleißige Handwerker seh'n ...", „Geht ein Mann die Treppe hinauf ...",

Kinderlieder zum Malen von Kreisen: „Ringel, rangel, Rose, Butter in die Dose ...",

zu Auf-, Abwärtsbewegungen beim Malen: „Ri-ra-rutsch, wir fahren mit der Kutsch' ...",

Liedbegleitung bei Farbübungen (beim Stecken, Legen, Reihen): „Rot, rot, rot sind alle meine Farben ..." (gelb, grün, blau).

Kinder mit Behinderung nehmen eher Melodien als Worte auf. Diese Melodien werden zur eigenen Freude nach- und wieder gesummt und gebrummt. Die lebenspraktischen Übungen, so auch alle Bewegungsarten, z.B. Treppensteigen, werden durch begleitendes Singen leichter übernommen und ausgeführt. Auch hier wirkt die Musik, die eigene Singstimme, bewegungsauslösend.

Das Bewegen der Finger, Hände und Füße (klatschen, patschen, stampfen, tippen) in der Partnersituation und allein wird durch Singen erleichtert.

4. Körperfremde Instrumente

Die Übungen mit körpereigenen Instrumenten führen zum Spiel mit körperfremden Instrumenten, die Sie zunächst aus der vertrauten Umwelt des Kindes nehmen können. Dazu gehören: Deckel, Pfannen, Töpfe, Gläser, Flaschen, Dosen, Holzkästen, Büchsen, Holz- und Metallstäbchen, Löffel, Klicker (Murmeln), Erbsen, Bohnen, Reis, Sand, Wasser und Steine.

Ausrangierte Haushaltsgeräte bezeichnen, evtl. anmalen, damit sie sich von den gebrauchsfähigen unterscheiden, um das Kind nicht zu irritieren.

Die Übung mit Instrumenten aus der näheren Umwelt des Kindes wird nur kurze Zeit, eventuell während einer Übungsstunde, durchgeführt und von der nächstfolgenden Übung abgelöst. Die Bewegungsfreude, die sie auslöst, sollte dem Kind mit Behinderung ebenso wenig vorenthalten werden wie dem altersgerecht entwickelten Kind.

5. Musikinstrumente im engeren Sinn

Das Orffsche Instrumentarium können Sie wegen der einfachen Handhabung und Spielbarkeit, der klaren Tonfülle und der Zuordnung zu orchestralem Gemeinschaftsspiel in besonderer Weise für die HPÜ verwenden. Das Instrumentarium hat auch für das Kind mit Behinderung einen Anregungs- und Auslöse-Effekt.

Zu den Orffschen Instrumenten gehören Metallklinger: Glockenspiel, Metallophon, Becken, Cymbeln und Triangeln; Holzklinger: Klangstäbe, Holzblocktrommel, Xylophon; Fellinstrumente: Pauken und Handtrommeln.

Die Einführung erfolgt durch „Horchspiele". Das Kind hört zu, bis der Ton verklungen ist.

„Suchspiele" folgen: Aus welcher Ecke kommt der Klang?

Danach lernt das Kind, mit und ohne Handführung, selbst anschlagen, laut und leise, auf die Mitte, an den Rand. Verschiedene Schlegel werden ausprobiert.

Im Partnerspiel abwechselnd anschlagen, einfache Lieder begleiten. Hören und horchen, reagieren, antworten werden spielend eingeübt, ebenso die Funktionen des Greifens, Festhaltens und Anschlagens.

10 Sing- und Bewegungsspiele in Verbindung mit Mal-Schreib-Übungen

Ringel, rangel, Rose,
Butter in die Dose,
Schmalz in den Kasten,
Morgen woll'n wir fasten,
übermorgen Lämmchen schlachten,
das soll sagen bäh.

Ri-ra-rutsch,
wir fahren mit der Kutsch',
wir fahren mit der Eisenbahn, Ri-ra-rutsch.

Häschen in der Grube
saß und schlief,
armes Häschen bist du krank,
daß du nicht mehr hüpfen kannst,
Has' hüpf, Has' hüpf.

Rinke, ranke, Rosenschein,
liebe Sonne, komm herein.
Alle unsere Fensterlein
sollen dir geöffnet sein,
alle unsere Herzen.

Punkt, Punkt,
Komma, Strich,
fertig ist das Mondgesicht.

1, 2, 3, 4, 5, 6, 7,
wo ist denn mein Schatz geblieben,
ist nicht hier,
ist nicht da,
ist wohl in Amerika.

Große Uhren gehen
tick, tack, tick, tack.
Kleine Uhren gehen
tick, tack, tick, tack.
Und die ganz, ganz kleinen Uhren
ticke tacke, ticke tacke, ticke tacke.

Spiel mit dem Gesicht

Kinnewippchen, rote Lippchen,
Nuppelnäschen, Augenklärchen,
zipf, zipf, mein Härchen.

Spiele mit den Händen

Mein Häuschen ist nicht g'rade,
das ist aber schade,
mein Häuschen ist ganz krumm,
das ist aber dumm,
kommt ein großer Wind daher,
bums, fällt das Häuschen um!

Heile, heile Segen,
sieben Tage Regen,
sieben Tage Schnee,
es tut mir nimmer (nicht mehr) weh!

Fingerspiele

Montag fängt die Woche an,
Dienstag sind wir übel dran.
Mittwoch sind wir mitten drin,
Donnerstag gibt's Kümmerling,
Freitag gibt's gebrat'nen Fisch,
Samstag tanzen wir am Tisch,
Sonntag gibt's ein Schweinebrätle
und dazu ein Krautsalätle.

Alle mein Fingerlein
wollen heut' mal Tierlein sein:
Dieser Daumen ist das Schwein,
dick und rund und ganz allein.
Zeigefinger ist der Ziegenbock
mit dem langen Zottelrock.
Mittelfinger ist die bunte Kuh,
die sagt immer muh, muh, muh.
Ringfinger ist das stolze Pferd,
von dem Reiter hoch verehrt.
Und das kleine Fingerlein
soll mein liebes Schäfchen sein.

Tiere laufen im Galopp,
laufen immer hopp, hopp, hopp,
laufen über Stock und Stein,
laufen in den Stall hinein.

Das ist der Vater
lieb und gut,
das ist die Mutter
mit frohem Mut,
das ist der Bruder
schlank und groß,
das ist die Schwester
mit dem Püppchen auf dem Schoß,
das ist das Kindelein, Kindelein klein,
das wird wohl die ganze Familie sein.

Das ist der Daumen,
der schüttelt die Pflaumen,
der hebt sie auf,
der bringt sie nach Haus',
und der Kleine ißt sie alle, alle auf.

Der ist ins Wasser gefallen,
der hat ihn herausgeholt,
der hat ihn ins Bett gelegt,
der hat ihn zugedeckt,
und der kleine Schelm da
hat ihn wieder aufgeweckt.

Geht ein Männchen (Mäuschen)
die Treppe hinauf,
klopft an,
klingelingeling:
„Guten Tag,
ist das Kind (Name ...) zu Haus?"

Mein Häuschen ist nicht g'rade,
das ist aber schade.
Mein Häuschen ist ganz krumm,
das ist aber dumm.
Kommt ein großer Wind daher,
(blasen) bums, fällt das Häuschen um.

Lieder
Kuckuck, Kuckuck, ruft's aus dem Wald,
lasset uns singen, tanzen und springen,
Frühling, Frühling, Frühling wird's bald.

Summ, summ, summ, Bienchen summ herum,
ei, wir tun dir nichts zuleide,
flieg nur aus in Wald und Heide,
summ, summ, summ, Bienchen summ herum.

Such in Blumen, such in Blümchen
dir ein Tröpfchen, dir ein Krümchen.
Kehre heim mit reicher Habe,
bau uns manche volle Wabe.

In einem kleinen Dorfe,
da gab es einen Sturm,
da zankten sich fünf Hühnerchen
um einen Regenwurm. –
Und als der Sturm vorüber war,
da sagten alle „Piep",
da hatten die fünf Hühnerchen
einander wieder lieb.

Es war eine Mutter,
die hatte vier Kinder,
den Frühling, den Sommer,
den Herbst und den Winter.
Der Frühling bringt Blumen,
der Sommer bringt Klee,
der Herbst bringt die Äpfel,
der Winter den Schnee.

Schlafliedchen
Kindlein mein, schlaf doch ein,
weil die Sternlein kommen,
und der Mond kommt auch schon wieder angeschwommen.
Eia, Wieglein, Wieglein mein,
schlaf doch, Kindlein, schlafe ein.

Schlaf, Kindlein, schlaf,
dein Vater hütet die Schaf,
deine Mutter schüttelt's Bäumelein,
da fällt herab ein Träumelein,
schlaf, Kindlein, schlaf.

Muh, Kälbchen, muh,
Turteltaub, ruckediku,
Hündchen, Hündchen wau, wau, wau,
Kätzchen, Kätzchen, miau, miau,
Hähnchen kikeriki,
schlaf bis morgen früh.

10.1 Herstellung von Leimfarben

Kaufen Sie Trockenfarben: weiß, schwarz, Gelbsorten, Rotsorten, Brauntöne, Grüntöne, blaue Pulverfarben und gebrauchsfertigen Leim (auch Binder genannt) in Malergeschäften.

Binden der Pulverfarben

Das Farbpulver wird in Gläser oder Blechdosen gefüllt und Wasser darüber geschüttet, ohne dabei umzurühren, bis es zwei bis drei Zentimeter über der Farbmasse stehen bleibt. Schütten Sie am nächsten Tag das überflüssige Wasser ab und geben Sie gebrauchsfertigen Leim in den Farbbrei im Verhältnis 1:3 (ein Teil Leim, drei Teile Farbbrei).

Streichfertig machen Sie die jeweilige Farbe auf (Blech-)Tellern, eventuell unter Zugabe von weiterem Leim oder Wasser. Wenn bei einer Farbprobe (kleine Papiere anmalen) die Farben noch wischen, geben Sie Leim in die Farbmasse. Leimfarben werden mit breiten Flachpinseln auf unbedrucktes Zeitungspapier aufgetragen. Bildformate: 0,60 m x 0,80 m; 0,80 x 1,00 m.

Am besten lassen Sie die Kinder das Papier an der Wand, auf dem Boden oder auf einem größeren Tisch bemalen. Das eingefärbte Papier kann als Buntpapier gerissen, geschnipselt, geschnitten und geklebt werden.

Die angerührten Leimfarben halten sich lange, wenn sie nach Gebrauch mit Wasser abgedichtet werden. Ein Verkrusten wird auf diese Weise verhindert.

Der Spiel-Beobachtungsbogen
– ein förderpädagogischer Beitrag zur Durchführung der heilpädagogischen Übungsbehandlung

Zu Beginn der HPÜ dient die Spiel-Beobachtung dazu, eine differenzierte und qualitative diagnostische Einschätzung des Kindes zu formulieren (Beschreibung des Entwicklungsstands). Diese ermöglicht es, einen verstehenden Zugang zum Kind zu finden, ein verantwortungsvolles, zielorientiertes Handeln abzuleiten und die notwendige heilpädagogische Hilfe zu begründen.

Im Prozess der HPÜ ist die Spiel-Beobachtung ein durchgängig relevantes Element, um in den einzelnen Spiel-Szenen angemessen pädagogisch-therapeutisch intervenieren zu können, die jeweiligen Spiel-Stunden zu reflektieren, die Lernziele zu kontrollieren, die Vorgehensweise zu modellieren und um die Entwicklungsfortschritte im Prozess zu überprüfen, zu dokumentieren und zu evaluieren.

Zum Ende der Begleitung ermöglicht eine Dokumentation der Spiel-Beobachtung im Verlauf eine Auswertung der heilpädagogischen Entwicklungsförderung und Begleitung.

Ein differenziertes Wissen über die Spielentwicklung und ihre Formen bildet die Grundlage der Spiel-Beobachtung und die Basis für eine Entwicklungsförderung und Begleitung, in der das Spiel als ein zentrales Medium eingesetzt wird.

Ausdifferenzierung der Spielformen im Laufe der kindlichen Entwicklung

In dem dynamischen Veränderungsprozess der Entwicklung treten mit jeder fortschreitenden Differenzierung, Integration und Organisation unterschiedliche Spielqualitäten auf. Das Spiel als kindliches Grundphänomen ist von Anfang an als Fähigkeit gegeben und zugleich an Entwicklung gebunden: Somit hat es eine doppelte Eigenschaft. Für die Entwicklung kann das Spiel mit seinen Bedeutungen und Wesensmerkmalen als der antreibende Motor gesehen werden. Im frühen Kindesalter nimmt das Spiel einen herausragenden Rang im gesamten Verhaltensrepertoire ein.

Im Laufe der frühkindlichen Entwicklung zeichnen sich unterschiedliche Spielformen ab: Funktionsspiel, Rollenspiel, Konstruktionsspiel und Regelspiel.

Die kindliche Persönlichkeitsentwicklung bringt einen lebendigen Wandel der Spielentwicklung mit sich. Das Funktionsspiel, das am Anfang der kindlichen Entwicklung steht, liefert die Ausgangsbasis für die Weiterentwicklung höherer kindlicher Spielformen. Aus den körper- und gegenstandsbezogenen Aktivitäten im Funktionsspiel differenziert sich das Konstruktionsspiel heraus. Die im Funktionsspiel erworbene Objektkonstanz ist der Vorläufer der Symbolfunktion, aus der sich das Rollenspiel entwickelt. Somit kommen parallel zwei weitere Formen des Spiels hinzu. Das Regelspiel differenziert sich aus allen drei Hauptgruppen heraus und entspricht den Erfahrungen des Kindes, dass alle Spiele bestimmten Ordnungen folgen. Der Wandel im Spiel bedeutet nicht, dass die jeweils früheren Spielformen aufgegeben werden, sondern sie werden vielmehr in höher entwickelte Spiele integriert. Somit lösen sich die Spielformen im Verlauf der Entwicklung nicht auf, sondern sie differenzieren sich aus, gehen auseinander hervor, bauen aufeinander auf und überschneiden sich vielfach in ihrem gegenseitigen Bezug.

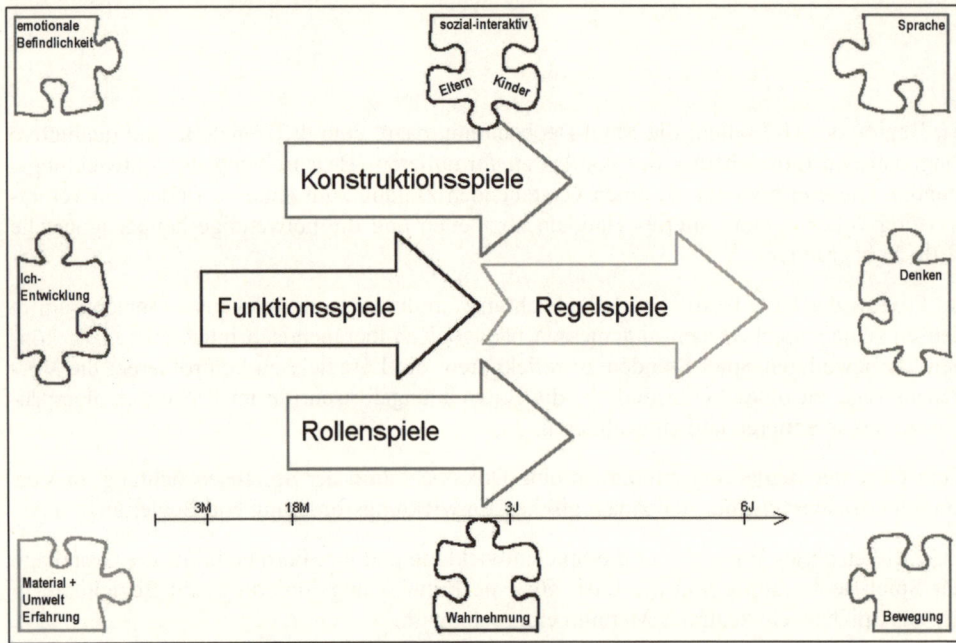

Abb.22: Spielformen im Kontext der Entwicklungsdimensionen

Spiel als Integral aller Entwicklungsdimensionen

Das Spiel der frühen Kindheit kann nie isoliert betrachtet werden, da alle Entwicklungsbereiche darin integriert sind. In jede Spielform fließen die unterschiedlichen Entwicklungsdimensionen ein, die sich wechselseitig beeinflussen und überschneiden. Die dynamische Veränderung im Spiel steht immer in Bezug zu der jeweiligen Entwicklungsphase, in der das Kind sich befindet und die es durchlebt.

Eine vertiefende Auseinandersetzung findet sich im Kapitel *Grundphänomen Spiel*.

Spieldiagnostik

Das Spiel ist das zentrale förderdiagnostische Medium. Als methodisches Hilfsmittel gilt die Spiel-Beobachtung mit den richtungsweisenden Fragestellungen: **Wie spielt das Kind und was spielt es?**

In seiner diagnostischen Funktion weist das Spiel zwei Hauptrichtungen auf: die entwicklungspsychologische Spieldiagnostik im gelenkten Spiel, um das Spielentwicklungsniveau zu ermitteln, und die spieltherapeutisch orientierte Spieldiagnostik im freien Spiel, um die emotionale Befindlichkeit und die Lebensthemen zu entschlüsseln. Im Spiel als Symbol der kindlichen Entwicklung fließen beide Ausrichtungen zu einer einheitlichen, aber in sich komplexen, vielschichtigen und zum Teil widersprüchlichen Gestalt zusammen, die mittels einer Beobachtung diagnostisch erhoben und für heilpädagogische Zwecke genutzt werden sollte, um dem Kind in seiner personalen Ganzheit zu begegnen und es zu begleiten.

Die Spiel-Beobachtung kann in unterschiedlichen Formen durchgeführt werden und auf verschiedene Schwerpunkte ausgerichtet sein:

- Spiel-Beobachtung im freien Spiel
- Spiel-Beobachtung im gelenkten Spiel
- Spiel-Beobachtung im natürlichen Umfeld
- Spiel-Beobachtung im Spiel mit anderen Kindern
- Beobachtung der Mutter/Vater-Kind-Interaktion im Spiel

Die Auswertung der Spielbeobachtung kann sich auf folgende drei Dimensionen beziehen:

- Das *Spielverhalten* – bezieht sich auf die Qualität des Spiels, darauf, *wie* das Kind spielt.
- Das *Spielentwicklungsniveau* – orientiert sich an den Spielformen, an dem, *was* das Kind spielt.
- Die *Spielthemen* – verweisen auf die emotionale Befindlichkeit des Kindes und auf seine bisherige „Welt-Bewältigung".

Eine Gesamtauswertung der gezielten Spielbeobachtung ermöglicht eine diagnostische Einschätzung im Rahmen der Beschreibung des Entwicklungsstands, um das Kind da abzuholen, wo es steht. Daraus lassen sich die Zielsetzungen in der Förderung ableiten und das weitere methodische Vorgehen planen.

Die theoretischen Grundlagen der Spieldiagnostik finden sich in den Kapiteln zu der psychologischen und der heilpädagogischen Sichtweise und zum Förderkonzept der HPÜ.

Hinweise zur Benutzung des Spiel-Beobachtungsbogens

Der Spiel-Beobachtungsbogen liefert ein praxisorientiertes Hilfsmittel für die Förderdiagnostik in der HPÜ. Er gliedert sich in zwei Teile.

Der erste Teil bezieht sich auf die Frage „Wie spielt das Kind?", um die Qualität des Spielverhaltens zu beschreiben. Zu den Aspekten Spielverhalten, Umgang mit Materialien, Ausdrucksbewegung und emotionale Befindlichkeit werden Anregungen gegeben, die für die Reflexion und Interpretation genutzt werden können. Ein besonderer Punkt ist das Spiel mit anderen Kindern, bei dem sowohl die sozialen Kompetenzen als auch das Niveau des Sozialspiels berücksichtigt werden. Auf dem Bogen werden unterschiedliche Qualitäten beschrieben, die beobachtet und entsprechend angekreuzt werden können. Wenn mehrere Qualitäten, die sich zum Teil widersprechen, in einem Kästchen stehen, dann sollten die, die nicht zutreffen, gestrichen werden. In der rechten Spalte ist Platz für ergänzende Anmerkungen. Auch gibt es am Ende der Auflistung freigelassene Zeilen für weitere Kriterien, da der Bogen keinen Anspruch auf Vollständigkeit erhebt. In der Wiederholung werden die Veränderungen im Prozess deutlich.

Der zweite Teil bezieht sich auf die Frage „Was spielt das Kind?", um das Spielentwicklungsniveau zu erfassen. Unterteilt in die vier Spielformen werden die aufeinander aufbauenden Spielfähigkeiten beschrieben. Eine Besonderheit ergibt sich im Funktionsspiel: Diese Spielform ist unterteilt in a) körperbezogen, b) gegenstandsbezogen und in c) Ich- und Beziehungsentwicklung, die sich auf die Theorie von Mahler bezieht und über die Qualität des Spiels die Einschätzung des Entwicklungsniveaus ermöglicht. Hier überschneiden sich die Fragen: Wie spielt das Kind? Was spielt das Kind? Die Kriterien können für eine gezielte Beobachtung im freien und/oder gelenkten Spiel genutzt werden oder als Grundlage für eine Befragung der Eltern dienen. Das Beobachtungsergebnis, ob das Kind diese Spielfähigkeit sicher, in Ansätzen (ZNE) oder noch nicht zeigt, kann in der entsprechenden Spalte eingetragen werden. Hierdurch lässt sich die *Zone der nächsten Entwicklung* (ZNE) im Spiel ermitteln. Darunter wird das „Entwicklungsniveau oberhalb des aktuellen Entwicklungsstandes, auf dem das Kind mit Hilfe kompetenter Partner Aufgaben lösen kann, zu deren Bewältigung es allein nicht fähig ist" (Oerter 1996, S. 268 f.), verstanden. Dieser Bereich des „Noch-nicht-allein-Könnens" ist für die Förderung im Spiel, die entsprechende Lernzielableitung und für das methodische Vorgehen von Bedeutung. Der Bezug zum angegebenen Durchschnitts-Alter ermöglicht eine orientierende normative Einschätzung, um das Entwicklungsalter zu beschreiben. Ein regelmäßiger Eintrag im Verlauf zeigt die Entwicklungsfortschritte im Prozess auf.

Der Entwurf vom Spiel-Beobachtungsbogen stammt aus Schroer 2005 (Anhang). Die Angaben sind aus unterschiedlichen Quellen zusammengetragen: Brandt 2001; Nielsen 2002; Senckel 1998 u. 2002; Pfluger-Jakob 2007; Zukunft-Huber 2002; Weinberger 2001; Doering 2001; Dornes 2004; Zollinger 2008; Largo 2000; Oerter/Montada 2002; Hellbrügge 1994; Petermann 2008; Reuner 2007.

Der Spiel-Beobachtungsbogen steht unter der DOI: https://doi.org/10.33675/2011-82539300 im PDF-Format zum Download bereit. Alternativ kann er auch über info@winter-verlag.de bezogen werden.

Schlusswort

Anstelle des üblichen Schlusswortes erzählt Ihnen Rabbi Mosche Leib aus seinem Leben:

„WIE MAN DIE MENSCHEN LIEBEN SOLL, habe ich von einem Bauern gelernt. Der saß mit andern Bauern in einer Schenke und trank. Lange schwieg er, wie die andern alle. Als aber sein Herz vom Wein bewegt war, sprach er seinen Nachbarn an: ‚Sag du, liebst du mich oder liebst du mich nicht?' Jener antwortete: ‚Ich liebe dich sehr.' Aber er sprach wieder: ‚Du sagst, ich liebe dich, und weißt doch nicht, was mir fehlt. Liebtest du mich in Wahrheit, du würdest es wissen.' Der andere vermochte kein Wort zu erwidern, und auch der Bauer, der gefragt hatte, schwieg wieder wie zuvor. Ich aber verstand: Das ist die Liebe zu den Menschen, ihr Bedürfen zu spüren und ihr Leid zu tragen."

Verzeichnis der verwendeten und der weiterführenden Literatur

Affolter, F. 1992: Wahrnehmung, Wirklichkeit und Sprache, Villingen-Schwenningen
Aly, M. 2002: Mein Kind im ersten Lebensjahr, Berlin
Arndt, M. 1974: Didaktische Spiele, Stuttgart
Asperger, H. 1970: Heilpädagogik. Einführung in die Psychopathologie des Kindes, Wien
Asperger, H. 1974: Heilpädagogik, Wien
Atzesberger, M. 1978: Sprachaufbauhilfe bei geistig behinderten Kindern, Berlin
Axline, V. M. 1984: Kinder-Spieltherapie im nicht direktiven Verfahren, München
Axline, V. M. 1999: Kinder-Spieltherapie im nicht-direktiven Verfahren, 7. Auflage, München/Basel
Ayres, A. J. 2002: Bausteine der kindlichen Entwicklung, 4. Auflage, Berlin/Heidelberg u. a.

Bach, H. 1964: Grundformen der Fehlerziehung und der Heilerziehung bei geistig behinderten Kindern, in: Handbuch der Lebenshilfe (Band IV), Marburg
Bach, H. 1984: Geistigbehindertenpädagogik, Berlin
Bach, H. u. a. 1981: Früherziehungsprogramme für geistig behinderte und entwicklungsverzögerte Säuglinge und Kleinkinder, Berlin
Bach, H. (Hrsg.) 1979 a: Familien mit geistig behinderten Kindern, Untersuchungen zur psychischen, sozialen und ökonomischen Lage, Berlin
Bach, H.(Hrsg.) 1979 b: Sonderpädagogik im Grundriß, Berlin
Bach, H. u. a. (Hrsg.) 1976–1981: Handbuch der Sonderpädagogik (11 Bände), Berlin
Baer, U. 1996: Spielpraxis. Eine Einführung in die Spielpädagogik, 2. Auflage, Seelze-Velber
Balzer, B. 1975: Sozialtherapie mit Eltern Behinderter, Weinheim
Bamberger, G. G. 2005: Lösungsorientierte Beratung, 3., vollständig überarbeitete Auflage, Weinheim
Barakat, L.P., Linney, J.A. 1992: „Children with physical handicaps and their mothers: The interrelation of social support maternal adjustment and child adjustment" in: Journal of Pediatric Psychology, 17, 725-739
Beck, I. 2005: Evaluation des Lebensumfeldes, in: Stahl, B. u. Irblich, D. (Hrsg.) 2005, S. 439-454
Behr, H. (Hrsg.) 1970: Dein behindertes Kind, Göttingen
Bettelheim, B. 1967: The empty fortress, New York
Bettelheim, B. 1986: Die Geburt des Selbst, München
Biene, E. 1988: Zusammenarbeit mit den Eltern (Arbeitshefte zur heilpädagogischen Übungsbehandlung, Band 5), Heidelberg
Biene-Deißler, E. 2007 a: Kindertagesstätte, in: Greving, H. (Hrsg.) 2007 (Band 2), S. 17-26
Biene-Deißler, E. 2007 b: Spielen, in: Greving, H. (Hrsg.) 2007 (Band 2), S. 237-248

Bigger, A. u. Strasser, U. 2005: Diagnostik bei schweren Formen geistiger Behinderung, in: Stahl, B. u. Irblich, D. (Hrsg.) 2005, S. 245-268

Binswanger, R. u. a. 1971: Spielsachen für das bewegungsbehinderte Kind, Zürich

Binswanger, R. u. a. 1974: Spielsachen für das geistig behinderte Kind, Zürich

Bleidick, U. 1968: Das behinderte Kind in anthropologischer Sicht, in: Heckel, G. u. a. (Hrsg.) 1968

Bleidick, U. 1977: Einführung in die Behindertenpädagogik (3 Bände), Stuttgart

Bleidick, U. 1982: Pädagogik der Behinderten, Berlin

Bleuler, E. 1972: Lehrbuch der Psychiatrie, Berlin

Blochmann, E. u. a. (Hrsg.) 1969: Beiträge zur Theorie des Spiels (Kleine pädagogische Texte, Bd. 23), Weinheim

Blumenthal, E. 1976: Bewegungsspiele für Vorschulkinder, Schondorf

Bochinger, R. (Hrsg.) 1967: Hilfe für das geistig behinderte Kind, Stuttgart

Boeck-Singelmann, C. u. a. (Hrsg.) 2002/03: Personzentrierte Psychotherapie mit Kindern und Jugendlichen (3 Bände, Band 1: Grundlagen und Konzepte (2., überarbeitete u. erweiterte Auflage, 2002), Band 2: Anwendung und Praxis (2., überarbeitete u. erweiterte Auflage, 2002), Band 3: Störungsspezifische Falldarstellungen (2003)), Göttingen

Bollnow, O. F. 1991: Vom Geist des Übens, 3., durchgesehene u. erweiterte Auflage, Stäfa

Bondy, C. u. a. 1992: Die Testbatterie für geistig behinderte Kinder (TBGB), 3., überarbeitete u. erweiterte Auflage, Weinheim

Bondzio, M. u. Vater, W. 1981: Frühförderungs- und Entwicklungshilfen für behinderte Kinder, Bonn

Bos, F. v. d. 1967: Neues Spielmaterial für behinderte Kinder, Heidelberg

Bosch, G. 1962: Der frühkindliche Autismus, Berlin

Brack, U. 1986: Frühdiagnostik und Frühtherapie, München

Bracken, H. v. 1970: Entwicklungsgestörte Jugendliche (Deutsches Jugendinstitut, Bd. 18), München

Bracken, H. v. 1976: Soziale Vorurteile gegen behinderte Kinder abbauen, in: Lebenshilfe 4/1976, S. 193 ff

Bracken, H. v. (Hrsg.) 1976: Vorurteile gegen behinderte Kinder, ihre Familien und Schulen, Berlin

Bracken, H. v. (Hrsg.) 1978: Erziehung und Unterricht behinderter Kinder, 2., verbesserte Auflage, Wiesbaden

Brandt, I. 2001: Griffiths Entwicklungsskalen zur Beurteilung der Entwicklung in den ersten beiden Lebensjahren (GES), 2., überarbeitete und erweiterte Auflage, Göttingen

Braun, K. 2002: Frühe emotionale Erfahrungen und ihre Relevanz für die Entstehung und Therapie psychischer Erkrankungen, in: Strauss, B., Buchheim, A. u. Kächele, H. (Hrsg.): Klinische Bindungsforschung – Methoden und Konzepte, Stuttgart, S.121-128

Braun, K. u. Bock, J. 2003: Die Narben der Kindheit, in: Gehirn & Geist 3/2003, S. 50-53

Brisch, K. H. 2005: Bindungsstörungen als frühe Marker für emotionale Störungen, in: Suchodoletz, W. v. (Hrsg.): Früherkennung von Entwicklungsstörungen, Göttingen, S. 23-43

Broedel, W. 1981: Religiöse Erziehung zur Förderung des entwicklungsgestörten und behinderten Kindes (Arbeitshefte zur heilpädagogischen Übungsbehandlung, Band 6), Ravensburg

Broedel, W. 1983: Zum Menschenbild in der Heilpädagogischen Übungsbehandlung, in: Zur Orientierung, 4/1983, S. 354 ff

Brown, Ch. 1985: Mein linker Fuß, Berlin
Brunner-Danuser, F. 1984: Mimi Scheiblauer – Musik und Bewegung, Zürich
Buber, M. 1969: Reden über Erziehung, Heidelberg
Buber, M. 1981: Der Weg des Menschen nach der chassidischen Lehre, Heidelberg
Buber, M. 1984: Ich und Du, in: Persönlichkeitsentwicklung durch Begegnung, Wien
Buber, M. 2002: Nachlese, 3. Auflage, Gütersloh
Buber, M. 2005: Reden über Erziehung, 11. Auflage, Gütersloh
Buchka, M. 1973: Der Geistigbehinderte – ein Mehrfachbehinderter, in: Zeitschrift für Kinderpsychologie, 1973, 22/5, S. 171
Buck, P. S. 1961: Die springende Flut, Hamburg
Bundschuh, K. 1995: Heilpädagogische Psychologie, 2., ergänzte Auflage, München
Bundschuh, K. 1999: Einführung in die sonderpädagogische Diagnostik, 5., neubearbeitete u. erweiterte Auflage, München/Basel
Bundschuh, K. 2008: Psychologische Grundlagen und Herausforderungen, in: Fischer, E. (Hrsg.) 2008, S. 184-207
Bunk, U. 2004: Spiel und spieltherapeutische Methoden, Troisdorf
Bühler, G. u. Hetzer, H. 1970: Kleinkindertests – Entwicklungstests vom 1.-6. Lebensjahr, München
Bühler, K. 1924: Die geistige Entwicklung des Kindes, Jena
Bühler, K. 1958: Abriß der geistigen Entwicklung des Kleinkindes, 8., erweiterte Auflage, Heidelberg

Carr, J. 1978: Down-Syndrom in früher Kindheit, München
Chateau, J. 1969: Das Spiel des Kindes, Paderborn
Chateau, J. 1974: Spiele des Kindes, Stuttgart
Cloerkes, G. 2007: Soziologie der Behinderten, 3. Auflage, Heidelberg
Cratty, B. 1979: Aktive Spiele und soziales Lernen, Ravensburg

Dank, S. 1987: Individuelle Förderung Schwerstbehinderter, Dortmund
Danuser-Zogg, E. 2002: Die Welt begreifen. Bewegungsarbeit und Rhythmik mit geistig behinderten Kindern, Sankt Augustin
Danuser-Zogg, E. u. Neikes, J. L. 1993: Scheiblauer-Rhythmik, 4., überarbeitete und neu herausgegebene Auflage, Sankt Augustin
Danziger, L. u. Hetzer, H. 1930: Pflegemutter und Pflegekind, Leipzig
Degner, M. u. Müller, C. M. (Hrsg.) 2008: Autismus. Besonderes Denken – Förderung mit dem TEACCH-Ansatz, Nordhausen
Dennerlein, H. u. Schramm, K. H. (Hrsg.) 1979: Handbuch der Behindertenpädagogik (2 Bände), München
Derbolav, J. 1987: Grundriss einer Gesamtpädagogik, Frankfurt a. M.
Diem, L. 1974: Sport im 1. bis 3. Lebensjahr, München
Diem, L. 1976: Auf die ersten Lebensjahre kommt es an, Stuttgart
DIMDI 2005: Internationale Klassifikation der Funktionsfähigkeit, Behinderung und Gesundheit (ICF), herausgegeben vom Deutsches Institut für medizinische Dokumentation und Information (DIMDI)
Dittmann, W. u. a. (Hrsg.) 1979: Zum Problem der pädagogischen Förderung schwerstbehinderter Kinder und Jugendlicher, Rheinstetten

Doering, W. 2001: Wie Kinder unsere Entwicklung begleiten, in: Doering, W. u. Doering, W. (Hrsg.) 2001: Von der Sensorischen Integration zur Entwicklungsbegleitung, Dortmund, S. 8-49

Dornes, M. 1999: Die frühkindliche Entwicklung, 3. Auflage, Frankfurt a. M.

Dornes, M. 2004 a: Die emotionale Welt des Kindes, 4. Auflage, Frankfurt a. M

Dornes, M. 2004 b: Der kompetente Säugling, 11. Auflage, Frankfurt a. M.

Dührssen, A. 1980: Psychotherapie bei Kindern und Jugendlichen, Göttingen

Ebersole, M. u. a. 1976: Lernen Schritt für Schritt, München

Egg, M. 1963: Ein Kind ist anders, Zürich

Egg, M. 1965: Andere Kinder – andere Erziehung, Zürich

Egg, M. 1972: Die Entwicklung des geistig behinderten Kindes, Ravensburg

Eggert, D. 1970: Tests für Geistig-Behinderte, Weinheim

Eggert, D. 2008: Theorie und Praxis der psychomotorischen Förderung (Textband), 7., verbesserte Auflage, Dortmund 2008

Eggert, D., Reichenbach, Ch. u. Bode, S. 2003: Das Selbstkonzept Inventar (SKI) für Kinder im Vorschul- und Grundschulalter, Dortmund

Eichler, L. 1968: Einführung in die heilpädagogische Arbeit mit geistig schwer- und schwerstbehinderten Kindern, Berlin

Einsiedler, W. 1991: Das Spiel der Kinder. Zur Pädagogik und Psychologie des Kinderspiels, Bad Heilbrunn

Eisenberg, L. 1956: The Autistic Child in Adolescence, in: American Journal of Psychology 112/1956, S. 606 ff.

Eller, M. 1967: Seelsorger in der Sonderschule, in: Bochinger, R. (Hrsg.): Hilfe für das geistig behinderte Kind, Stuttgart

Erikson, E. H. 1968: Kindheit und Gesellschaft, 3. Auflage, Stuttgart

Erikson, E. H. 1995 a: Identität und Lebenszyklus, 15. Auflage, Frankfurt a. M.

Erikson, E. H. 1995 b: Der vollständige Lebenszyklus, 3. Auflage, Frankfurt a. M.

Eschenbach, U. (Hrsg.) 1978: Das Symbol im therapeutischen Prozeß bei Kindern und Jugendlichen, Stuttgart

Fenichel, O. 1977: Psychoanalytische Neurosenlehre, Olten

Feuser, G. 1979: Grundlagen der Pädagogik autistischer Kinder, Weinheim

Finkel, K. 1978: Förderung der Kreativität bei Geistigbehinderten. Praktische Anregungen für die Arbeit in einem sozialpädagogischen Feld, Weinheim

Fischer, D. 1978: Neues Lernen mit Geistigbehinderten. Eine methodische Grundlegung, Würzburg

Fischer, E. 2008: Geistige Behinderung im Kontext der ICF – ein interdisziplinäres, mehrdimensionales Modell?, in: Fischer, E. (Hrsg.) 2008, S. 385-417

Fischer, E. (Hrsg.) 2008: Pädagogik für Menschen mit geistiger Behinderung, 2., überarbeitete Auflage, Oberhausen

Flehmig, I. 1979: Normale Entwicklung des Säuglings und ihre Abweichungen. Früherkennung und Frühbehandlung, Stuttgart

Flitner, A. 1978: Einführung, in: Flitner, A. (Hrsg.): Das Kinderspiel, 4., völlig neubearbeitete Auflage, München, S. 7 ff.

Flitner, A. 1986: Spielen – Lernen. Praxis und Deutung des Kinderspiels, 8. Auflage, München

Florin, I. u. Tunner, W. 1970: Behandlung kindlicher Verhaltensstörungen, München

Freitag, C. M. 2005: Medizinische Diagnostik zur Feststellung von Behinderungsursachen, in: Stahl, B. u. Irblich, D. (Hrsg.) 2005, S. 329-348
Freud, A. 1936: Das Ich und die Abwehrmechanismen, Wien
Freud, A. 1956: Einführung in die Psychoanalyse für Pädagogen, Stuttgart
Freud, A. 1984: Einführung in die Technik der Kinderanalyse, Frankfurt a. M.
Freud, S. 1972: Analyse der Phobie eines fünfjährigen Knaben, in: Werke aus den Jahren 1906-1909, (Gesammelte Werke, Band VII), 4. Auflage, S. 243 ff., Frankfurt a. M.
Fricke, Ch. u. a. 2007: Qualität in der Sozialpädiatrie (Band 2), Altötting
Friis, B. 1969: Bamse soll nicht fort, Aarau
Fritz, J. 2004: Das Spiel verstehen, Weinheim/München
Fromm, E. 1990: Die Kunst des Liebens, 43. Auflage, Frankfurt a. M.
Frostig, M. 1972: Wahrnehmungstraining – 3 Übungshefte und 1 Anweisungsheft, Dortmund
Frostig, M. 1974: FEW-Frostig Entwicklungstest zur visuellen Wahrnehmung mit Manuel (bearbeitet von Lockowandt, O.), Weinheim
Frostig, M. u. Müller, H. (Hrsg.) 1981: Teilleistungsstörungen. Ihre Erkennung und Behandlung bei Kindern, München
Fröhlich, A. 1978: Ansätze zur ganzheitlichen Frühförderung schwer geistig Behinderter unter sensomotorischem Aspekt, in: Schriftenreihe der Lebenshilfe (Band 3), Marburg, S. 42 ff.
Fröhlich, A. 1979: Basale Stimulation als Basistherapie bei schwer geschädigten ICP-Kindern, in: notabene medici 1979, 9/7-8, S. 1060 ff.
Fröhlich, A. 2001: Basale Stimulation, 3. Auflage, Düsseldorf
Fröhlich, A. 2004: Leitfaden zur Förderdiagnostik mit schwerstbehinderten Kindern, 7., verbesserte Auflage, Dortmund
Fröhlich, A. (Hrsg.) 1979: Wahrnehmungsstörungen und Wahrnehmungstraining bei Körperbehinderten, Heidelberg
Fröhlich, A. (Hrsg.) 1988: Die Förderung Schwerstbehinderter. Erfahrungen aus sieben Ländern, Luzern 1988

Gagné, R. 1973: Die Bedingungen menschlichen Lernens, Hannover
Geißler, K. u. Hege, M. 1985: Konzepte sozialpädagogischen Handelns, 3. Auflage, Stuttgart
Georgens, J. D. u. Deinhardt, H. M. 1861: Die Heilpädagogik mit besonderer Berücksichtigung der Idiotie und der Idiotenanstalten (Band 1), Leipzig
Ginsburg, H. u. Opper, S. 1993: Piagets Theorie der geistigen Entwicklung, 7. Auflage, Stuttgart
Goedmann, M. H. u. Koster, H. 1977: Was tun mit diesem Kind? Wege zur Förderung geistig behinderter Kinder, Weinheim
Goetze, H. 2002: Handbuch der personenzentrierten Spieltherapie, Göttingen
Gottwald, P. u. Redlin, W. 1973: Verhaltenstherapie bei geistig behinderten Kindern, Göttingen
Görres, S. 1974: Leben mit einem behinderten Kind, Zürich 1974
Grampp, G. 2005: Diagnostik in der Rehabilitation Erwachsener, in: Stahl, B. u. Irblich, D. (Hrsg.) 2005, S. 269-291
Greving, H. 2000: Heilpädagogische Organisationen. Eine Grundlegung, Freiburg i. Br.
Greving, H. (Hrsg.) 2007: Kompendium der Heilpädagogik (2 Bände), Troisdorf
Greving, H. u. Ondracek, P. 2005: Handbuch Heilpädagogik, Troisdorf

Greving, H. u. Ondracek, P. 2009: Heilpädagogisches Denken und Handeln. Eine Einführung in die Didaktik und Methodik der Heilpädagogik, Stuttgart
Groos, K. 1899: Die Spiele der Menschen, Jena
Grosch, J. 1969: Was schenken wir unseren Kindern? in: Das behinderte Kind, 1969, 6/6, S. 268 ff.
Gröschke, D. 1991 a: Das Spiel in der Entwicklung des geistig behinderten Kindes, in: Lernen Konkret, Heft 4, November 1991, S. 2-8
Gröschke, D. 1991 b: Das Spiel in der Heilpädagogischen Übungsbehandlung, in: Lernen Konkret, Heft 4, November 1991, S. 22 f.
Gröschke, D. 1997: Praxiskonzepte der Heilpädagogik, 2., neubearbeitete Auflage, München/Basel
Gröschke, D. 2003: Entwicklungsdiagnostik im Überblick: Befragen, Beobachten, Inventarisieren und Testen kindlicher Entwicklungsprozesse, in: „Doppelpunkt", Fortbildungs-institut der Deutschen Gesellschaft für Sprachheilpädagogik, Landesgruppe Westfalen-Lippe e.V. (Hrsg.): Sprache für alle. Neue Möglichkeiten der Sprachheilpädagogik, Karlsruhe, S. 108-123
Gröschke, D. 2004: Psychologische Mittel und heilpädagogische Zwecke? – Zur Diagnose der heilpädagogischen Diagnostik, in: Jahrbuch Heilpädagogik 2004, S. 9-31
Gröschke, D. 2005: Psychologische Grundlagen für Sozial- und Heilpädagogik. Ein Lehrbuch zur Orientierung für Heil-, Sonder- und Sozialpädagogen, 3. Auflage, Bad Heilbrunn
Gröschke, D. 2007 a: Behinderung, in: Greving, H. (Hrsg.) 2007 (Band 1), S. 97-109
Gröschke, D. 2007 b: Handlungstheorie, in: Greving, H. (Hrsg.) 2007 (Band 1), S. 308-316
Gröschke, D. 2007 c: Konzept, in: Greving, H. (Hrsg.) 2007 (Band 2), S. 67-75
Gruen, A. 2003: Wie man ein Kind lieben soll, in: Publik-Forum 6/2003
Guardini, R. 2008: Die Lebensalter, Kevelaer
Günther, W. 1972: Neue Erkenntnisse über die Ursachen geistiger Behinderungen, in: Zeitschrift für Kinderpsychologie, 1972, 21/2, S. 41 ff.
Gysi, B. 1979: Pädagogische Förderung Behinderter in der Schweiz, Luzern

Haeberlin, U. 1985: Allgemeine Heilpädagogik, Bern
Haeberlin, U. 2005: Grundlagen der Heilpädagogik, Basel
Hainstock, E. G. 1971: Montessori zu Hause. Die Vorschuljahre, Freiburg i. Br.
Hainstock, E. G. 1973: Montessori zu Hause Die Schuljahre, Freiburg i. Br.
Hanselmann, H. 1970: Einführung in die Heilpädagogik, Zürich
Harbauer, H. 1971: Geistig Behinderte. Ein Ratgeber für Eltern, Erzieher und Ärzte, Stuttgart
Harbauer, H. u. a. (Hrsg.) 1980: Lehrbuch der speziellen Kinder- und Jugendpsychiatrie, Berlin
Harding, G. 1973: Spieldiagnostik, München
Haupt, U. u. Fröhlich, A. 1982: Entwicklungsförderung schwerstbehinderter Kinder, Mainz
Hänsel, D. 1974: Die „physiologische Erziehung" der Schwachsinnigen (Edouard Séguin 1812-1880), Freiburg i. Br.
Häußler, M., Wacker, E. u. Wetzler, R. 1996: Lebenssituation von Menschen mit Behinderung in privaten Haushalten. Bericht zu einer bundesweiten Untersuchung im Forschungsprojekt „Möglichkeiten und Grenzen selbständiger Lebensführung", Baden-Baden
Heckel, G. u. a. 1968: Das behinderte Kind in Schule und Gesellschaft, Hamburg

Heckhausen, H. 1974 a: Einflüsse der Erziehung auf die Motivationsgenese, in: Hermann, Th. (Hrsg.): Psychologie der Erziehungsstile, Göttingen
Heckhausen, H. 1974 b: Entwurf einer Psychologie des Spielens, in: Hermann, Th. (Hrsg.): Psychologie der Erziehungsstile, Göttingen
Heese, G. (Hrsg.) 1975: Behinderte – inmitten oder am Rande der Gesellschaft, Berlin
Heese, G. (Hrsg.) 1978: Frühförderung behinderter und von Behinderung bedrohter Kinder, Berlin
Heese, G. (Hrsg.) 1979: Rehabilitation Behinderter durch Förderung der Motorik, Berlin
Heese, G. u. Wegener, H. (Hrsg.) 1965-1969: Enzyklopädisches Handbuch der Sonderpädagogik und ihrer Grenzgebiete, Berlin
Heimlich, U. 1995: Behinderte und nichtbehinderte Kinder spielen gemeinsam. Konzept und Praxis integrativer Spielförderung, 1. Auflage, Bad Heilbrunn
Heimlich, U. 2001: Einführung in die Spielpädagogik, 2., überarbeitete und erweiterte Auflage, Bad Heilbrunn
Hellbrügge, Th. 1994: Münchener Funktionelle Entwicklungsdiagnostik (MFED), 4., korrigierte und erweiterte Auflage, Göttingen
Hellbrügge, Th. u. Montessori, M. (Hrsg.) 1978: Die Montessori-Pädagogik und das behinderte Kind. Referate und Ergebnisse des 18. Internationalen Montessori Kongresses, München
Henault, M. 1977: Manuel. Mein behindertes Kind auf dem Weg ins Leben, München
Hengstenberg, H.-E. 1966: Philosophische Anthropologie, Stuttgart
Hering, W. 1979: Spieltheorie und pädagogische Praxis. Zur Bedeutung des kindlichen Spiels, Düsseldorf,
Herzka, H. S. 1984: Das Kind von der Geburt bis zur Schule, Basel
Herzka, H. S. u. Binswanger, R. 1974: Spielsachen für das gesunde und das behinderte Kind, Basel
Heslinga, K. 1972: Über die lebenspraktische Erziehung blinder Kinder, Berlin
Hetzer, H. 1968: Spielpflege bei geistig zurückgebliebenen Kindern als heilpädagogische Aufgabe, in: Bracken, H. v. (Hrsg.): Erziehung und Unterricht behinderter Kinder, Frankfurt
Hetzer, H. 1982: Spielen lernen – Spielen lehren, München
Hetzer, H. 1995: Entwicklung des Spielens, in: Hetzer, H. u. a. (Hrsg.): Angewandte Entwicklungspsychologie des Kindes- und Jugendalters, 3., unveränderte Auflage, Heidelberg, S. 77-103
Heubrock, D. 2005: Neuropsychologische Diagnostik, in: Stahl, B. u. Irblich, D. (Hrsg.) 2005, S. 74-90
Hilgard, E. R. u. Bower, G. H. 1970/73: Theorien des Lernens (2 Bände), Stuttgart
Hirler, S. 2004: Mit Rhythmik durch die Jahreszeiten, Freiburg i. Br.
Hirs, M. 1971: Spielsachen für das bettlägerige Kind, Zürich
Hoffmann, E. 1966: Spielpflege, in: Blochmann, E. u. a. (Hrsg.): Beiträge zur Theorie des Spiels, Weinheim
Hofmann, Th. (Hrsg.) 1980: Beiträge zur Geistigbehindertenpädagogik, Neuburgweier
Homburger, A. 1926: Vorlesungen über Psychopathologie des Kindesalters (Nachdruck 1967), Berlin
Hoof, D. 1977: Handbuch der Spieltheorie Fröbels. Untersuchungen und Materialien zum vorschulischen Lernen, Braunschweig
Hoppe, H. 1983: Pädagogische Funktionen und Implikationen des Kinderspiels, in: Kreuzer, H. J. (Hrsg.) 1983, S. 159-179

Horney, K. 1951: Neue Wege in der Psychoanalyse, Stuttgart
Horney, K. 1980: Unsere inneren Konflikte, München
Hug-Hellmuth, H. v. 1921: Zur Technik der Kinderanalyse, in: Internationale Zeitschrift für Psychoanalyse 7/1921
Huppertz, N. u. Schinzler, E. 1995: Grundfragen der Pädagogik. Eine Einführung für sozialpädagogische Berufe, 10. Auflage, Köln
Hurrelmann, K. u. Jaumann, O. 1985: Sozialisations- und interaktionstheoretische Konzepte in der Behindertenpädagogik, in: Bleidick, U. (Hrsg.): Theorie der Behindertenpädagogik (Handbuch der Sonderpädagogik, Band 1) Berlin
Hülshoff, Th. 2000: Das Gehirn, 2., überarbeitete und ergänzte Auflage, Bern
Hülshoff, Th. 2005: Medizinische Grundlagen der Heilpädagogik, München

Itard, J. 1965: Victor, das Wildkind von Aveyron, Zürich 1965

Jaede, W. 2002: Der entwicklungsökologische Ansatz in der personzentrierten Kinder- und Jugendpsychotherapie, in: Boeck-Singelmann, C. u. a. (Hrsg.) 2002/03 (Band 1), S. 123-149
Jantzen, W. 1992: Allgemeine Behindertenpädagogik (Band 1), 2., korrigierte Auflage, Weinheim/Basel
Jantzen, W. 2007: Kritisch-materialistische Behindertenpädagogik, in: Greving, H. (Hrsg.) 2007 (Band 2), S. 86-95
Jorch, G. 2006: Frühgeborene, Stuttgart
Josef K. 1974: Lernen und Lernhilfe bei geistig Behinderten, Berlin
Josef, K. 1975: Früherziehung bei geistig behinderten und entwicklungsverzögerten Kindern, Berlin
Josef, K. u. Böckmann, J. 1986: Spracherziehungshilfen bei geistig behinderten und sprachentwicklungsgestörten Kindern, Berlin
Jussen, H. (Hrsg.) 1967: Handbuch der Heilpädagogik in Schule und Jugendhilfe, München
Just, H. 1982: Kindzentrierte Spieltherapie mit aggressiven Kindern, in: Benecken, J. (Hrsg.): Kinderspieltherapie-Fallstudien, Stuttgart, S. 149-179

Kaatz, St. 1998: Personenzentrierte Kinderspieltherapie, in: Körner, W. u. Hörmann, G. (Hrsg.): Handbuch der Erziehungsberatung (Band. 1), Göttingen, S. 357 ff.
Kalstad, M. 1971: Meine Schwester Goldi, Balve
Kane, J. F. u. Kane, G. 1976: Geistig schwer Behinderte lernen lebenspraktische Fertigkeiten, Bern
Kanner, L. 1943: Autistic Disturbances of Affective Contact, in: Nervous Child 2, S. 217-250 (wiederabgedruckt in: Donnellan, A. M. (Hrsg.): Classic Readings in Autism, New York 1985)
Kanner, L. 1962: Child Psychiatry, Springfield
Kaschade, H. J. 1980: Übungen zur Förderung behinderter Kinder; Arbeitshaltung, Gedächtnis, Wahrnehmen, Denken, Sprachentwicklung, Schreiben, Logik, Motorik, Kreativität, Ravensburg
Kast, V. 2008: Sich einlassen und loslassen. Neue Möglichkeiten bei Trauer und Trennung, Freiburg i. Br.
Kasten, H. 2005: 0-3 Jahre. Entwicklungspsychologische Grundlagen, Weinheim/Basel
Kastner-Koller, U. 2002: Wiener Entwicklungstest (WET), 2., überarbeitete und neu normierte Auflage, Göttingen

Kaufhold, T. 1979: Bildnerisches Gestalten zur Förderung des entwicklungsgestörten und des behinderten Kindes (Arbeitshefte zur heilpädagogischen Übungsbehandlung), Ravensburg
Kehrer, H. E. 1980: Zur Nosologie und Therapie des frühkindlichen Autismus, in: Sozialpädiatrie 4/1980
Kiphard, E. J. 1969: Wir bauen einen Bewegungsspielplatz, in: Lebenshilfe, 1969, 4/8, S. 210 ff.
Kiphard, E. J. 1984: Wie weit ist ein Kind entwickelt?, Dortmund
Kiphard, E. J. 1985: Psychomotorische Elementarerziehung, Gütersloh
Kiphard, E. J. 1994/95: Mototherapie I u. II (Psychomotorische Entwicklungsförderung, Band 2), 4. Auflage, Dortmund
Kiphard, E. J. 1998: Motopädagogik (Psychomotorische Entwicklungsförderung, Band 1), 8., verbesserte u. erweiterte Auflage, Dortmund
Kiphard, E. J. u. Huppertz, H. 1983: Erziehung durch Bewegung, Bonn-Bad Godesberg
Kleber, E. W. 1978: Lehrbuch der sonderpädagogischen Diagnostik, Berlin
Klein, F. 1979: Die häusliche Früherziehung des entwicklungsbehinderten Kindes, Erlanger pädagogische Studien 1979
Klein, F. 1998: Janusz Korczak, in: Grimm, R. (Hrsg.): Selbstentwicklung des Erziehers in heilpädagogischen Aufgabenfeldern, Luzern
Klein, F. 1999: Heilpädagogik, 10., überarbeitete und erweiterte Auflage, Bad Heilbrunn
Klein, F. u. Neuhäuser, G. 2006: Heilpädagogik als therapeutische Erziehung, München
Klein, M. 1923: Zur Frühanalyse, in: Imago 9/1923
Klein, M. 1932: Die Psychoanalyse des Kindes, Wien 1932
Klein, M. 1962: Die psychoanalytische Spieltechnik, in: Das Seelenleben des Kleinkindes, Stuttgart
Klein Jäger, W. 1987: Fröbel-Material (Arbeitshefte zur Heilpädagogischen Übungsbehandlung, Band 4), Heidelberg
Klenner, W. 1996: Heilpädagogische Übungsbehandlung, in: Berufsverband der Heilpädagogen (BHP) e.V. (Hrsg.): Methodensuche – Methodensucht in der Heilpädagogik? Eine Standortbestimmung, Rendsburg, S. 69 ff.
Kluge, N. 1980: Spielpädagogik, Bad Heilbrunn 1980
Kneer, G. u. Nassehi, A. 2000: Niklas Luhmanns Theorie sozialer Systeme, München
Kobi, E. E. 1977: Heilpädagogik im Abriß, München
Kobi, E. E. 1998: Paul Moor, in: Grimm, R. (Hrsg.): Selbstentwicklung des Erziehers in heilpädagogischen Aufgabenfeldern, Luzern
Kobi, E. E. 2004: Grundfragen der Heilpädagogik. Eine Einführung, 6., bearbeitete und ergänzte Auflage, Berlin
Konietzko, Ch. 1985: Sing-, Kreis-, Finger- und Bewegungsspiele. Material zur Förderung des entwicklungsgestörten und des behinderten Kindes (Arbeitshefte zur heilpädagogischen Übungsbehandlung), Heidelberg
Kooij, R. v. d. 1983: Die psychologischen Theorien des Spiels, in: Kreuzer, H. J. (Hrsg.) 1983, S. 297-336
Korczak, J. 1973 a: Das Recht des Kindes auf Achtung, Göttingen
Korczak, J. 1973 b: Wie man ein Kind lieben soll, Göttingen
Köhler, G. u. Egelkraut, H. 1984: Münchener funktionelle Diagnostik für das 2. und 3. Lebensjahr, München
Köhn, W. 2001: Heilpädagogische Erziehungshilfe und Entwicklungsförderung (HpE), 2., überarbeitete u. ergänzte Auflage, Heidelberg

Köhn, W. 2002: Heilpädagogische Begleitung im Spiel, Heidelberg
König, K. 1980: Der Mongolismus, Stuttgart 1980
Krause, M. P. 2002: „Gesprächspsychotherapie und Beratung mit Eltern behinderter Kinder", München
Krawitz, R. 1996: Pädagogik statt Therapie, 3., überarbeitete Auflage, Bad Heilbrunn
Krenz, A. 1986: Kompendium zur Beobachtung und Beurteilung von Kindern und Jugendlichen, Heidelberg
Kreuzer, H. J. (Hrsg.) 1983: Das Spiel unter pädagogischem, psychologischem und vergleichendem Aspekt (Handbuch der Spielpädagogik, Band 1), Düsseldorf
Kreuzer, H. J. (Hrsg.) 1984: Das Spiel im therapeutischen und sonderpädagogischen Bereich (Handbuch der Spielpädagogik, Band 4), Düsseldorf
Krevelen, D. A. v. 1963: On the Relationship between Early Infantile Autism and Autistic Psychopathie, in: Acta Paedopsychiatrica 30/1963, S. 303 ff
Krimm-von Fischer, C. 1974: Musikalisch-rhythmische Erziehung, Freiburg i. Br.
Krimm-von Fischer, C. 2002: Rhythmik und Sprachanbahnung (Arbeitshefte zur heilpädagogischen Übungsbehandlung, Band 2), 2. Auflage, Heidelberg
Kristen, U. 2003: Das Spiel. Die Sprache des Kindes, in: Zusammen 3/2003, S. 16-19
Krucker, W. 1997: Spielen als Therapie. Ein szenisch-analytischer Ansatz zur Kinderpsychotherapie, München
Kuhlen, V. 1977: Verhaltenstherapie im Kindesalter, München
Kummer, I. 1995: Ich bin die Frau, die ich bin, 2. Auflage, München
Kunert, U. 1970: Das Bauen bei geistig behinderten Kindern, in: Zeitschrift für Heilpädagogen, 1970, 21/1, S. 17 ff.

Largo, R. H. 2001: Babyjahre. Die frühkindliche Entwicklung aus biologischer Sicht, aktualisierte Neuauflage, München
Largo, R. H. 2006: Kinderjahre, 12. Auflage, München
Lazarus, R.S., Folkmann, S. 1984: „Appraisal, stress and coping", New York
Liebmann, A. 1970: Untersuchung und Behandlung geistig zurückgebliebener Kinder, München
Liepmann, M. 1979: Geistig behinderte Kinder und Jugendliche, Bern
Liljeroth, I. u. Nimeus, B. 1973: Praktische Bildung für geistig Behinderte, Weinheim
Lotz, D. 1983: Heilpädagogische Übungsbehandlung als Suche nach Sinn, Bielefeld
Lotz, D. 1996: Heilpädagogische Übungsbehandlung, in: Berufsverband der Heilpädagogen (BHP) e. V. (Hrsg.): Methodensuche – Methodensucht in der Heilpädagogik? Eine Standortbestimmung, Rendsburg, S. 66 ff.
Löscher, W. 1982: Hör-Spiele, München
Löscher, W. 1989: Riech- und Schmeck-Spiele, München
Löwe A. 1969: Lesespiele für behinderte Kleinkinder, Berlin
Löwe A. 1980: Sprachfördernde Spiele für hörgeschädigte und sprachentwicklungsgestörte Kinder, Berlin

Mahler, M. S. 1952: Über Psychose und Schizophrenie im Kindesalter. Autistische und symbiotische frühkindliche Psychosen, in: Psyche 21/1952, S. 895 ff.
Mahler, M. S. 1996: Die psychische Geburt des Menschen. Symbiose und Individuation, Frankfurt a. M.
Mall, W. 2003 a: Sensomotorische Lebensweisen. Wie erleben Menschen mit geistiger Behinderung sich und ihre Umwelt?, 2., aktualisierte Auflage, Heidelberg

Mall, W. 2003 b: Geistig behindert – was heißt das eigentlich? (unveröffentlicht)
Mall, W. 2006: Sensomotorische Lebensweisen - Patienten mit „geistiger Behinderung" besser verstehen, in: Zeitschrift für Physiotherapeuten 58.4 (2006), 325-338, München
Mall, W. 2008: Kommunikation ohne Voraussetzungen mit Menschen mit schwersten Beeinträchtigungen, 6. Auflage, Heidelberg
Markowetz, R. 2008: Geistige Behinderung in soziologischer Perspektive, in: Fischer, E. (Hrsg.) 2008, S. 238-291
Mattheis, R. 1964: Früherfassung geistig behinderter Kinder, in: Handbuch der Lebenshilfe (Band IV), Marburg
McGoldrick, M. 2008: Genogramme in der Familienberatung, 3., vollständig überarbeitete u. erweiterte Auflage, Bern
Meile, R. 1974: Frühförderung geistig behinderter Kinder, Berlin
Mertens, K. 1986: Körperwahrnehmung und Körpergeschick, Dortmund
Meyer, D. 1973: Erforschung und Therapie der Oligophrenien in der ersten Hälfte des 19. Jahrhunderts, Berlin
Meyer, H. 1974: Trainigsprogramm zur Lernzielanalyse, Frankfurt
Meyer, H. 1978: Elternarbeit in Geistigbehinderten-Einrichtungen. Ein Erziehungskurs für Eltern und Erzieher geistig behinderter Kinder, Berlin
Michels, J. 1973: Frühe Spracherziehung für hörgeschädigte und sprachentwicklungsgestörte Kinder, Berlin
Mogel, H. 1994: Psychologie des Kinderspiels, 2., aktualisierte und erweiterte Auflage, Berlin/Heidelberg u. a.
Mogel, H. 2002: Spiel – ein fundamentales Lebenssystem des Kindes, in: Boeck-Singelmann, C. u. a. (Hrsg.) 2002/03 (Band 1), S. 237-257
Mollenhauer, K. 1982: Theorien zum Erziehungsprozeß, München
Montada, L. 1970: Die Lernpsychologie Jean Piagets, Stuttgart
Montada, L. 2002: Grundlagen der Entwicklungspsychologie. Fragen, Konzepte, Perspektiven, in: Oerter, R. u. Montada, L. (Hrsg.) 2002, S. 3-53
Montessori, M. 1952: Kinder sind anders, Stuttgart
Montessori, M. 1956: Sinnvollere Lebensgestaltung trotz schwerster Behinderung, Zürich
Moor, P. 1965: Heilpädagogik. Ein pädagogisches Lehrbuch, Bern/Stuttgart
Moor, P. 1973 a: Die Bedeutung des Spiels in der Erziehung, Bern
Moor, P. 1973 b: Das Spiel in der Entwicklung des Kindes. Entfaltung des Unbewußten im Spielverhalten, 2. Auflage, Ravensburg
Moor, P. 1974: Heilpädagogische Psychologie (2 Bände), Bern 1974
Morgenstern, B. 1979: Feste und ihre Gestaltung zur Förderung des entwicklungssgestörten und des behinderten Kindes (Arbeitshefte zur heilpädagogischen Übungsbehandlung), Ravensburg
Morgenstern, M. 1969: Spezialmaterial zur Förderung der Fähigkeiten Geistes- und Körperbehinderter
Morgenstern, M. 1973: Heilpädagogische Praxis. Methoden und Material, München
Myschker, N. 1999: Verhaltensstörungen bei Kindern und Jugendlichen, 3., überarbeitete Auflage, Stuttgart

Naville, S. u. Marbacher, P. 1987: Vom Strich zur Schrift, Dortmund
Nef, M. 1969: Die Bedeutung von Fest und Feier in Erziehung und Heilerziehung, Bern
Neikes, J. L. 1969: Scheiblauer-Rhythmik, Düsseldorf
Nielsen, L. 2002: Beobachtungsbogen für mehrfachbehinderte Kinder, Würzburg

Nissen, G. 1980: Der kindliche Autismus, in: Harbauer, H. u. a. (Hrsg.): Lehrbuch der speziellen Kinder- und Jugendpsychiatrie, Berlin

Oelkers, J. u. Wegenast, K. (Hrsg.) 1991: Das Symbol – Brücke des Verstehens, Stuttgart
Oerter, R. 1984: Moderne Entwicklungspsychologie, Donauwörth
Oerter, R. 1993: Psychologie des Spiels. Ein handlungstheoretischer Ansatz, München
Oerter, R. 1996: Fördert Spiel Entwicklung?, in: Opp, G. u. Peterander, F. (Hrsg.): Focus Heilpädagogik – „Projekt Zukunft", München, S. 260-271
Oerter, R. 2001: Spieltherapie. Ein handlungstheoretischer Ansatz, in: Röper, G u. a. (Hrsg.): Entwicklung und Risiko. Perspektiven einer Klinischen Entwicklungspsychologie, Stuttgart, S. 118-139
Oerter, R. 2002: Spiel und kindliche Entwicklung, in: Oerter, R. u. Montada, L. (Hrsg.) 2002, S. 221-234
Oerter, R. u. Montada, L. (Hrsg.) 2002: Entwicklungspsychologie, 5., vollständig überarbeitete Auflage, Weinheim/Basel/Berlin
Ohlmeier, G. 1983: Frühförderung behinderter Kinder, Dortmund
Olbrich, I. 1985: Frühförderung behinderter und von Behinderung bedrohter Kinder, Dortmund
Olbrich, I. 2002: Auditive Wahrnehmung und Sprache, 3. Auflage, Dortmund
Oy, C. M. v. 1976: Behinderte Kinder im Kindergarten, in: Kindergarten heute 4/1976, S. 147 ff.
Oy, C. M. v. 2008: Montessori-Material (Arbeitshefte zur heilpädagogischen Übungsbehandlung, Band 3), 2. Auflage, Heidelberg
Oy, C. M. v. 2002: Erinnerungen an eine geschenkte Zeit. Ergänzende Gedanken zum Lehrbuch der heilpädagogischen Übungsbehandlung, Heidelberg
Oy, C. M. v. u. Sagi, A. 1975: Lehrbuch der heilpädagogischen Übungsbehandlung. Hilfe für das geistig behinderte Kind, 1. Auflage, Ravensburg

Petermann, F. 2000 a: Klinische Kinderpsychologie. Begriffsbestimmung und Grundlagen, in: Petermann (Hrsg.) 2000 b, S. 1-14
Petermann, F. 2000 b: Grundlagen und Konzepte der Entwicklungspsychopathologie, in: K. Bundschuh: Wahrnehmen, Verstehen, Handeln. Perspektiven für die Sonder- und Heilpädagogik im 21. Jahrhundert, Bad Heilbrunn
Petermann, F. 2008: Entwicklungstest für Kinder von 6 Monaten bis 6 Jahren (ET 6-6), 3. Auflage, Göttingen
Petermann, F. (Hrsg.) 2000 a: Lehrbuch der Klinischen Kinderpsychologie und -psychotherapie, 4., vollständig überarbeitete und erweiterte Auflage, Göttingen
Petermann, F. (Hrsg.) 2000 b: Fallbuch der Klinischen Kinderpsychologie und -psychotherapie, 2., überarbeitete Auflage, Göttingen
Petermann, F. u. Winkel S. 2005: Entwicklungspsychologische Diagnostik im frühen Kindesalter, in: Frühförderung interdisziplinär 24/2005, S. 19 ff.
Pfeffer, Ch. 1958: Bewegung aller Erziehung Anfang, Zürich
Pfeffer, Ch. 1961: Lobpreisungen der Musik, Zürich
Pfeffer, W. 1979: Sensomotorische Entwicklung und materiale Erfahrung, Schorndorf
Pfeffer, W. 1983: Die Förderung schwerst geistig Behinderter auf der Grundlage der Entwicklung der sensomotorischen Intelligenz nach J. Piaget, in: Heilpädagogik 34/1983, S. 357 ff.

Pfluger-Jakob, M. 2007: Kinder mit Wahrnehmungsstörungen erkennen, verstehen, fördern, Freiburg i. Br.
Piaget, J. 1969: Nachahmung, Spiel und Traum. Die Entwicklung der Symbolfunktion beim Kinde, Stuttgart
Piaget, J. 1975: Das Erwachen der Intelligenz beim Kinde, Stuttgart
Piaget, J. 1984: Psychologie der Intelligenz, Zürich
Piaget, J. u. Inhelder, B. 1980: Die Psychologie des Kindes, Stuttgart
Pieper, J. 1988: Kleines Lesebuch von den Tugenden des menschlichen Herzens, Ostfildern
Polinski, L. 1993: Spiel und Bewegung mit Babys. Das Prager-Eltern-Kind-Programm, Reinbek
Prekop, I. 1980: Förderung der Wahrnehmung bei entwicklungsgestörten Kindern, in: Geistige Behinderung 2-4/1980
Prekop, I. (Hrsg.) 1979: Wir haben ein behindertes Kind. Eltern berichten. Mit einem Kommentar aus der Erfahrung der Kinderpsychologin mit geistig behinderten Kindern. Stuttgart
Prekop, J. 1982: Festhalten – Erste praktische Erfahrungen nach Tinbergen und Welch, in: Autismus 13/1982

Remschmidt, H., Schmidt, M. u. Poustka, F. (Hrsg.) 2006: Multiaxiales Klassifikationsschema für psychische Störungen des Kindes- und Jugendalters nach ICD-10 der WHO, 5., vollständig überarbeitete und erweiterte Auflage, Bern
Rett, A. 1983: Mongolismus: Biologische, erzieherische und soziale Aspekte, Bern
Reuner, G. u. a. 2007: Bayley Scales of Infant Development-Second Edition (Bayley-II, deutsche Version), Frankfurt a. M.
Richter, H. E. 1972: Eltern, Kind und Neurose, Stuttgart
Rimland, B. 1964: Infantile Autism. The Syndrom and its Implications for a Neutral Theory of Behavior, New York
Rimland, B. 1968: On the Objective Diagnosis of Infantile Autism, in: Acta Paedopsychiatrica 35/1968, S. 146 ff.
Rogers, C. R. 2003: Die klientenzentrierte Gesprächspsychotherapie, Frankfurt a. M.
Roh, J. 1958: Altes Spielzeug, München
Roth, H. 1983: Pädagogische Psychologie des Lehrens und Lernens, 16. Auflage, Hannover
Röhrs, H. u. Meyer, E. 1979: Die pädagogischen Ideen Martin Bubers, Wiesbaden
Rudolf, H. 1986: Graphomotorische Testbatterie (GMT), Göttingen 1986
Rösnick, M. 1998: Heilpädagogische Übungsbehandlung/Heilpädagogisches Spiel, in: Krause, K. (Hrsg.): Spielort: Heilpädagogische Praxis. Ein Werkstattbuch, Dortmund, S. 41-49
Rüssel, A. 1972: Spiel und Arbeit in der menschlichen Entwicklung, in: Thomae, H. (Hrsg.): Entwicklungspsychologie (Handbuch der Psychologie, Band 3), Göttingen

Sagi, A. 1979: Behinderte, in: Wörterbuch medizinischer Grundbegriffe, Freiburg i. Br.
Sandre, F. u. Raute, H. 1972: Das geistig behinderte Kind. Sexualität und Gefühlswelt in seiner Erziehung, Zürich
Sarimski, K. 2000: Frühgeburt als Herausforderung, Göttingen
Sarimski, K. 2005 a: Psychische Störungen bei behinderten Kindern und Jugendlichen, Göttingen

Sarimski, K. 2005 b: Frühdiagnostik bei Intelligenzstörungen, in: Suchodoletz, W. v. (Hrsg.): Früherkennung von Entwicklungsstörungen, Göttingen, S. 137-154
Schenk-Denzinger, L. 1972: Entwicklungspsychologie, Wien
Schenk-Danzinger, L. 1983: Zur entwicklungspsychologischen Bedeutung des Spiels, in: Kreuzer, H. J. (Hrsg.) 1983, S. 369-384
Scheuerl, H. 1994: Das Spiel. Untersuchungen über sein Wesen, seine pädagogischen Möglichkeiten und Grenzen, 12., unveränderte Auflage, Weinheim/Basel
Schilling, F. 1986: Spielen – Malen – Schreiben, Dortmund
Schmid, P. 2003: Otto Friedrich Bollnows Werk in seiner Bedeutung für die Heilpädagogik. Zum 100. Geburtstag des Pädagogen und Philosophen am 14. März 2003, in: Vierteljahresschrift für Heilpädagogik und ihre Nachbargebiete 72/2003, S. 77-81
Schmidt-Thimme, D. 1970: Chancen für Ihr geistig behindertes Kind, Heidelberg
Schmidtchen, St. 1974: Klientenzentrierte Spieltherapie, 2. Auflage, Weinheim/Basel
Schmidtchen, St. 1976: Analyse des Kinderspiels. Ein Überblick über neuere psychologische Untersuchungen, Köln
Schmidtchen, St. 2001: Allgemeine Psychotherapie für Kinder, Jugendliche und Familien. Ein Lehrbuch, Stuttgart
Schmidtke, H. P. 1981: Frühförderung behinderter Kinder, Stuttgart
Schmitz, E. 1969: Elternprogramm für behinderte Kinder, München
Schomburg, E. 1964: Frühe Hilfe für das geistig behinderte Kind, in: Handbuch der Lebenshilfe (Band IV), Marburg
Schomburg, E. 1968: Der Bildungsanspruch des geistig behinderten Kindes, in: Bracken, H. v. (Hrsg.): Erziehung und Unterricht behinderter Kinder, Frankfurt
Schopler, E. u. a. 1987: Übungsanleitungen zur Förderung autistischer und entwicklungsbehinderter Kinder, Dortmund
Schopler, E. u. Reichler. R. J. 1981: Entwicklungs- und Verhaltensprofil, Dortmund
Schönfelder, Th. 1964: Über frühkindliche Antriebsstörungen, in: Acta Paedopsychiatrica 31/1964, S. 112 ff.
Schraml, W. I. 1983: Einführung in die moderne Entwicklungspsychologie, Stuttgart
Schroer, B. 2005: Das Spiel als Symbol der kindlichen Entwicklung. Ein heilpädagogisches Handlungskonzept zur Entwicklungsbegleitung und -förderung im Spiel, unveröffentlichte Diplomarbeit, vorgelegt am 14. Juni 2005, KFH NW, Abteilung Münster
Schroer, B. 2007: Heilpädagogische Übungsbehandlung, in: Greving, H. (Hrsg.) 2007 (Band 1), S. 369-379
Schuck, K. D. u. Lemke, W. 2005: Grundlagen psychologischer Diagnostik, in: Stahl, B. u. Irblich, D. (Hrsg.) 2005, S. 4-29
Schumann, M. 2009: Die Behindertenrechtskonvention in Kraft!, in: heilpaedagogik.de 3/2009, S. 21-25
Schwarting, J. 1976: Klingende Geschichten, Boppard
Schwarting, J. 1979: Musik und Musikinstrumente zur Förderung des entwicklungsgestörten und des behinderten Kindes (Arbeitshefte zur heilpädagogischen Übungsbehandlung), Ravensburg
Schwidder, W. 1957: Die Bedeutung der Psychoanalyse und der aus ihr hervorgegangenen Behandlungsmethoden für die Psychotherapie im Kindes- und Jugendalter, in: Praxis der Kinderpsychologie und Kinderpsychiatrie, 1957, S. 41 ff.
Seidel, M. 2005: Grundlagen medizinischer Diagnostik, in: Stahl, B. u. Irblich, D. (Hrsg.) 2005, S. 298-317
Seitz, R. (Hrsg.) 1982: Sehspiele, München

Seitz, R. (Hrsg.) 1983: Tast-Spiele, München
Senckel, B. 1998: Du bist ein weiter Baum. Entwicklungschancen für geistig behinderte Menschen durch Beziehung, München
Senckel, B. 2002: Mit geistig Behinderten leben und arbeiten. Eine entwicklungspsychologische Einführung, 6., unveränderte Auflage, München
Senckel, B. 2007: Eine heilpädagogische Maxime. Anderssein fordert Verstehen, in: heilpaedagogik.de 2/2007, S.14
Simon, T. 2004: Plädoyer für den Einsatz Projektiver Verfahren in der Heilpädagogischen Diagnostik, in: Jahrbuch Heilpädagogik 2004, S. 32-49
Simon, T. u. Weiss, G. 2008: Heilpädagogische Spieltherapie, Stuttgart
Sinnhuber, H. 1983: Optische Wahrnehmung und Handgeschick, Dortmund
Sinnhuber, H. 1986: Spielmaterial zur Entwicklungsförderung, Dortmund
Solnzewa, L. L. 1969: Die Entwicklungsbesonderheiten blinder Vorschulkinder beim konstruierenden Bauen, in: Die Sonderschule 4/1969, S. 226 ff.
Speck, O. 1972: Der geistigbehinderte Mensch und seine Erziehung, München
Speck, O. 1974: Die Rehabilitation der Geistigbehinderten, München
Speck, O. 1999: Menschen mit geistiger Behinderung und ihre Erziehung, 9., überarbeitete Auflage, München
Speck, O. (Hrsg.) 1977: Behindertenhilfe durch Erziehung, Unterricht und Therapie, Basel
Speck, O. u. Warnke, A. (Hrsg.) 1989: Frühförderung mit den Eltern, 2., ergänzte Auflage, München
Spiegel, Y. 1973: Der Prozess des Trauerns. Analyse und Beratung, Gütersloh
Spock, B. u. Lerrigo, M. O. 1973: Du und dein behindertes Kind, Berlin
Sporken, P. 1975: Eltern und ihr behindertes Kind. Das Bejahungsproblem, Düsseldorf
Solle, R. 1969: Der feldtheoretische Ansatz, in: Graumann, C.-F. (Hrsg.): Sozialpsychologie. Theorien und Methoden (Handbuch der Psychologie, Band 7, 1. Halbband), Göttingen
Stahl, B. u. Irblich, D. (Hrsg.) 2005: Diagnostik bei Menschen mit geistiger Behinderung, Göttingen
Stein, R. 2008: Grundwissen Verhaltensstörungen, Hohengehren
Stemme, G. u. Eickstedt, D. v. 1998: Die frühkindliche Bewegungsentwicklung. Vielfalt und Besonderheiten, Düsseldorf
Stemmer-Lück, M. 2004: Beziehungsräume in der sozialen Arbeit, 1. Auflage, Stuttgart
Stern, D. 1992: Die Lebenserfahrung des Säuglings, 2. Auflage, Stuttgart
Stoppenbrink-Buchholz, F. 1966: Montessoripädagogik und Hilfsschule, in: Heese, G. u. Wegener, H. (Hrsg.) 1965-1969, Sp. 2199
Stöckmann, F. 1976: Das geistig behinderte Kind im Heim, Berlin
Strasser, U. 2001: Wahrnehmen, Verstehen, Handeln. Förderdiagnostik für Menschen mit einer geistigen Behinderung, 4. Auflage, Luzern
Straßburg, H.-M., Dacheneder, W. u. Kreß, W. 1997: Entwicklungsstörungen bei Kindern. Grundlagen der interdisziplinären Betreuung, Lübeck/Stuttgart u. a.
Straßmeier, W. 1981: Frühförderung konkret, München
Stuckenhoff, W. 1983: Das Verhältnis von Spielalter und Spielformen als Basis für eine Spielförderung, in: Kreuzer, H. J. (Hrsg.) 1983, S. 181-195

Tarnow, G. 1966: Autismus in der Reifezeit als differentialdiagnostisches Problem, in: Fortschritte der Medizin 17/1966, S. 674 ff.

Taubitz, M. 1984: Dort geht Katharina oder Gesang im Feuerofen. Eine dokumentarische Erzählung, Sigmaringen
Theile, R. 1976: Frühförderung geistig behinderter Kinder. Psychomotorische Übungsbehandlung und rhythmische Erziehung, Berlin
Theunissen, G. 2005: Pädagogik bei geistiger Behinderung und Verhaltensauffälligkeiten. Ein Kompendium für die Praxis, 4. Auflage, Bad Heilbrunn
Theunissen, G. (Hrsg.) 1980: Ästhetische Erziehung bei Behinderten, Ravensburg
Thieme, G. 1971: Leben mit unserem autistischen Kind, Lüdenscheid
Thimm, W. 1974: Zur sozialen Situation der Familien mit behinderten Kindern, in: Institut für HP Luzern (Hrsg.): VHN 1/1974, S. 11 f.
Thimm, W. 1977: Mit Behinderten leben, Freiburg
Thimm, W. 1984: Das Normalisierungsprinzip. Eine Einführung, Marburg
Thimm, W. 1994: Leben in Nachbarschaften. Hilfen für Menschen mit Behinderungen, Freiburg i. Br.
Thimm, W. (Hrsg.) 1972: Soziologie der Behinderten, Heidelberg
Thompson, T. u. Grabowski, J. (Hrsg.) 1976: Verhaltensmodifikation bei Geistigbehinderten, München
Thurmair, M. u. Naggl, M. 2007: Praxis der Frühförderung, 3. Auflage, München
Tietze-Fritz, P. 1995: Wahrnehmungs- und Bewegungsentfaltung. Heilpädagogische Förderung des Kindes in seinen ersten 24 Monaten, 3., verbesserte Auflage, Heidelberg
Tietze-Fritz, P. 1996: Handbuch der heilpädagogischen Diagnostik, 3. Auflage, Dortmund
Tinbergen, N. u. Tinbergen, E. 1984: Autismus bei Kindern, Berlin

Vanier, J. 1983: Gemeinschaft. Ort der Versöhnung und des Festes, Salzburg
Vanier, J. 1984: Heilende Gemeinschaft, Salzburg
Vanier, J. (Hrsg.) 1985: Herausfordernde Gemeinschaft, Salzburg
Vater, W. u. Bondzio, M. 1983: Vom ersten Laut zum ersten Wort, Bonn
Verheyden, C. 1967: Unser Kind ist körperbehindert. Die Erziehung körperbehinderter Kinder vom 1. bis 10. Lebensjahr, München
Vetter, Th. 1972: Das geistig behinderte Kind, seine Bildung und Erziehung, Villingen
Vries-Kruyt, T. 1974: Jan de – Die ergreifende Lebensgeschichte eines mongoloiden Kindes, München

Walburg, W. R. 1986: Lebenspraktische Erziehung Geistigbehinderter, Berlin
Weber, D. 1966: Zur Ätiologie autistischer Syndrome des Kindesalters, in: Praxis der Kinderpsychologie 15/1966, S. 12 ff.
Wegener, H. 1970: Die Rehabilitation der Schwachbegabten, München
Weinberger, S. 1994: Klientenzentrierte Gesprächsführung. Eine Lern- und Praxisanleitung für helfende Berufe, 6., überarbeitete u. erweiterte Auflage, Weinheim/Basel
Weinberger, S. 2001: Kindern spielend helfen. Eine personenzentrierte Lern- und Praxisanleitung, Weinheim/Basel
Wendeler, J. 1976: Psychologische Analysen geistiger Behinderung, Weinheim
Werner, G. 1973: Das behinderte Kind, Stuttgart
Wilken, E. 2000: Sprachförderung bei Kindern mit Down-Syndrom. Mit ausführlicher Darstellung des GuK-Systems, 8., völlig neu bearbeitete Auflage, Berlin
Wing, J. K. (Hrsg.) 1973: Frühkindlicher Autismus, Weinheim

Winnefeld, F. 1972: Psychologische Analyse des pädagogischen Lernvorganges, in: Lersch, Ph. u. Gottschaldt, K. (Hrsg.): Pädagogische Psychologie (Handbuch der Psychologie, Band 10), Göttingen
Winnicott, D. W. 1976: Von der Kinderheilkunde zur Psychoanalyse, München
Winnicott, D. W. 1987: Vom Spiel zur Kreativität, 4. Auflage, Stuttgart
Wunderlich, Ch. 1970: Das mongoloide Kind, Stuttgart

Zenger, E. 1981: Durchkreuztes Leben. Hiob, Hoffnung für die Leidenden, Freiburg i. Br.
Zimmer, R. 1980: Sport und Spiel im Kindergarten, Stuttgart
Zimmer, R. 1987: Motoriktest für vier- bis sechsjährige Kinder (MOT 4-6), 2., überarbeitete u. erweiterte Auflage, Göttingen
Zimmer, R. 1995: Handbuch der Sinneswahrnehmung. Grundlagen einer ganzheitlichen Erziehung, 6. Auflage, Freiburg i. Br.
Zimmer, R. 2004: Toben macht schlau! Bewegung statt Verkopfung, Freiburg i. Br.
Zimmer, R. 2006: Handbuch der Psychomotorik, Freiburg i. Br.
Zollinger, B. 1997: Die Entdeckung der Sprache, 3. Auflage, Bern/Stuttgart/Wien
Zollinger, B. 2008: Kinder im Vorschulalter, 3., korrigierte Auflage, Bern
Zottmann, Th. M. 1972: Die ersten 5 Jahre, Stuttgart
Zukunft-Huber, B. 2002: Die ungestörte Entwicklung Ihres Babys, Stuttgart
Zulliger, H. 1959: Heilende Kräfte im kindlichen Spiel, Stuttgart
(8., unveränderte Ausgabe, Eschborn 2007)

Abbildungsverzeichnis

Abb. 1:   Behinderungszustand, aus: Kobi, Emil E.: Grundfragen der Heilpädagogik. Eine Einführung, 6., bearbeitete und ergänzte Auflage, Berlin: BHP-Verlag 2004, S. 116.
Abb. 2:   Das bio-psycho-soziale Modell der ICF, in Anlehnung an: Internationale Klassifikation der Funktionsfähigkeit, Behinderung und Gesundheit (ICF), herausgegeben vom Deutsches Institut für medizinische Dokumentation und Information (DIMDI). o.O. 2005.
Abb. 3:   Modell der Genese von Verhaltensstörungen nach Seitz, aus: Stein, R.: Grundwissen Verhaltensstörungen, Baltmannsweiler: Schneider Verlag Hohengehren GmbH 2008, S. 52.
Abb. 4:   Risiko- und Schutzfaktoren der kindlichen Entwicklung, in Anlehnung an: Petermann, F.: Grundlagen und Konzepte der Entwicklungspsychopathologie, in: Bundschuh, K.: Wahrnehmen, Verstehen, Handeln. Perspektiven für die Sonder- und Heilpädagogik im 21. Jahrhundert, Bad Heilbrunn: Klinkhardt 2000, S. 143.
Abb. 5:   Das Selbstkonzept, in Anlehnung an: Eggert, D., Reichenbach, Ch. u. Bode, S.: Das Selbstkonzept Inventar (SKI) für Kinder im Vorschul- und Grundschulalter, Dortmund: Verlag Modernes Lernen Borgmann GmbH & Co. KG, S. 28 ff.
Abb. 6:   Entwicklungsmodelle, in Anlehnung an: Montada, L.: Grundlagen der Entwicklungspsychologie. Fragen, Konzepte, Perspektiven, in: Oerter, R. u. Montada, L. (Hrsg.): Entwicklungspsychologie, 5., vollständig überarbeitete Auflage, Weinheim/Basel/Berlin: Beltz 2002, S. 3-53.
Abb. 7:   Normverteilungskurve, Darstellung der PR-, t-. MQ-, C- und Stanine-Skala, aus: Zimmer, R.: Motoriktest für vier- bis sechsjährige Kinder (MOT 4-6), 2., überarbeitete u. erweiterte Auflage, Göttingen: Hogrefe 1987, S. 37.
Abb. 8:   Die pädagogische Aufgabenstellung, in Anlehnung an: Speck, O.: Menschen mit geistiger Behinderung und ihre Erziehung, 9., überarbeitete Auflage, München: Reinhardt 1999, S. 191.
Abb. 9:   Handlungskonzept, in Anlehnung an: Gröschke, D.: Praxiskonzepte der Heilpädagogik, 2., neubearbeitete Auflage, München/Basel : Reinhardt 1997, S. 120.
Abb. 10: Systematik heilpädagogischer Förderkonzepte, in Anlehnung an: Gröschke, D.: Praxiskonzepte der Heilpädagogik, 2., neubearbeitete Auflage, München/Basel: Reinhardt 1997, S. 278.
Abb. 11: Analyse von Behinderung, Biene-Deißler, E. u. Schroer, B., 2011.
Abb. 12: Sensomotorische Lebensweisen: Das „Haus" der Persönlichkeit, aus: Mall, W. Sensomotorische Lebensweisen - Patienten mit „geistiger Behinderung" besser verstehen, in: Zeitschrift für Physiotherapeuten 58.4 (2006), 325-338, München: Richard Pflaum Verlag GmbH & Co. KG, S. 327.

Abb. 13: Das Zusammenspiel der Entwicklungsstränge in der Persönlichkeitsentfaltung des Kindes, aus: Schroer, B.: Das Spiel als Symbol der kindlichen Entwicklung. Ein heilpädagogisches Handlungskonzept zur Entwicklungsbegleitung und -förderung im Spiel, unveröffentlichte Diplomarbeit, vorgelegt am 14. Juni 2005, KFH NW, Abteilung Münster 2005, S. 57.

Abb. 14: Veränderungsprozesse im Laufe der Spielentwicklung, aus: Schroer, B.: Das Spiel als Symbol der kindlichen Entwicklung. Ein heilpädagogisches Handlungskonzept zur Entwicklungsbegleitung und -förderung im Spiel, unveröffentlichte Diplomarbeit, vorgelegt am 14. Juni 2005, KFH NW, Abteilung Münster 2005, S. 24.

Abb. 15: Die frühkindliche Bewegungsentwicklung – Vielfalt und Besonderheiten, aus: Stemme, G. u. Eickstedt, D. v.: Die frühkindliche Bewegungsentwicklung. Vielfalt und Besonderheiten, Düsseldorf: Verlag Selbstbestimmtes Leben 1998, S. 64.

Abb. 16: Stadien der kognitiven Entwicklung nach Piaget, aus: Straßburg, H.-M., Dacheneder, W. u. Kreß, W.: Entwicklungsstörungen bei Kindern. Grundlagen der interdisziplinären Betreuung, München: Elsevier GmbH, Urban und Fischer 1997, S. 177.

Abb. 17: Psychische Instanzen, aus: Köhn, W.: Heilpädagogische Erziehungshilfe und Entwicklungsförderung (HpE), 2., überarbeitete u. ergänzte Auflage, Heidelberg: Winter 2001, S. 154.

Abb. 18: Spielverhalten mit räumlichen Charakteristiken, aus: Largo, R. H.: Babyjahre. Die frühkindliche Entwicklung aus biologischer Sicht, aktualisierte Neuauflage, München: Piper Verlag GmbH 2001, S. 288.

Abb. 19: Der Erwerb von Spielkompetenzen, Biene-Deißler, E. u. Schroer, B., 2011.

Abb. 20: Schematische Darstellung des Förderkonzepts der HPÜ – überarbeitetes Schema, aus: Schroer, B.: Das Spiel als Symbol der kindlichen Entwicklung. Ein heilpädagogisches Handlungskonzept zur Entwicklungsbegleitung und -förderung im Spiel, unveröffentlichte Diplomarbeit, vorgelegt am 14. Juni 2005, KFH NW, Abteilung Münster 2005, S.75.

Abb. 21: Kreislauf im förderdiagnostischen Prozess, Biene-Deißler, E. u. Schroer, B., 2011.

Abb. 22: Spielformen im Kontext der Entwicklungsdimensionen, Biene-Deißler, E. u. Schroer, B., 2011.

Zu den Autoren

Alexander Sagi, Dr. habil.
- geboren 1929 in Budapest (Ungarn)
- Theologe und Psychologe
- Gründer des Heilpädagogischen Seminars in Freiburg (1965)
- Leiter der Planungsgruppe „Vorschulische Erziehung", Freiburger Modellkindergarten (1968–77)
- Professor und Fachbereichsleiter (seit 1972) an der Katholischen Fachhochschule, Fachbereich Heilpädagogik in Freiburg (Brsg.), ebendort auch Rektor (1973)
- Lehrbeauftragter an der Universität (Freiburg), Theologische Fakultät, Caritaswissenschaft
- Direktor einer Grosseinrichtung der Behindertenhilfe (seit 1977)
- gestorben 1993 in Grenzach-Wylen

Clara Maria von Oy
- geboren 1929 in Borken/Westf.
- Heilpädagogin und Diplom-Pädagogin
- langjährige praktische Tätigkeit in Einrichtungen der Behinderten- und Erziehungshilfe
- von 1969–1989 Lehrtätigkeit, seit 1979 Professorin an der Katholischen Fachhochschule, Fachbereich Heilpädagogik in Freiburg
- seit 1989 Begleitung Kontemplativer Exerzitien

Elke Biene-Deißler
- geboren 1943 in Münster/Westf.
- Heilpädagogin und Supervisorin
- langjährige praktische Tätigkeit in Einrichtungen der Behinderten- und Erziehungshilfe
- von 1976–1984 lehrende Heilpädagogin an der Katholischen Fachhochschule, Fachbereich Heilpädagogik in Freiburg
- von 1984–2006 lehrende Heilpädagogin an der Katholischen Fachhochschule NW, Studiengang Heilpädagogik in Münster

Barbara Schroer
- geboren 1976 in Coesfeld/Westf.
- als Heilerziehungspflegerin in der Behindertenhilfe tätig
- Studium der Heilpädagogik an der Katholischen Fachhochschule NW in Münster
- seit 2006 Heilpädagogin in einem Sozialpädiatrischen Zentrum
- seit 2006 Lehrbeauftragte an der Katholischen Hochschule NRW, Studiengang Heilpädagogik in Münster